老子疏解

黄克剑　著

中華書局

图书在版编目(CIP)数据

老子疏解/黄克剑著. —北京:中华书局,2017.6 (2025.5 重印)
ISBN 978-7-101-12353-1

Ⅰ.老… Ⅱ.黄… Ⅲ.①道家②《老子》-研究 Ⅳ.B223.15

中国版本图书馆 CIP 数据核字(2016)第 299133 号

书　　名　老子疏解
著　　者　黄克剑
责任编辑　石　玉
责任印制　韩馨雨
出版发行　中华书局
　　　　　(北京市丰台区太平桥西里 38 号　100073)
　　　　　http://www.zhbc.com.cn
　　　　　E-mail:zhbc@zhbc.com.cn
印　　刷　河北新华第一印刷有限责任公司
版　　次　2017 年 6 月第 1 版
　　　　　2025 年 5 月第 2 次印刷
规　　格　开本/880×1230 毫米　1/32
　　　　　印张 25⅞　插页 2　字数 645 千字
印　　数　4001-5000 册
国际书号　ISBN 978-7-101-12353-1
定　　价　138.00 元

目　录

道经疏解

德经疏解

附　录

自　序

当这部书的初稿告竟时，忘神于故纸的我已是古稀之年。

尘累中的我毕竟是幸运的，在年逾花甲后才有了训释《论语》的念头，而年逼七旬时也才更多了些诠解《老子》的意兴。诚然，领略这两部经典的要谛，于生命局度的涵养尚须再假以时日，但领略者气血的盛衰也终是一种遭际，我担心在酝酿出更虚灵的运思境地前会永远失去当下这难得的属文机遇。就这样，经由五年断而又续的撰述，《老子疏解》脱稿了，我庆幸它的还算晚出，却也为它的仍嫌早成而忐忑。

老子虽以特操卓尔的一代隐者著称，但《老子》一书在此后的两千多年里却从未在人们的视野中隐没。《庄子》、《荀子》、《吕氏春秋》等先秦典籍对老子的道术已多有褒贬、品评，而《韩非子》中的《解老》、《喻老》则是阐绎《老子》的专篇文字。创始于汉末的道教"上标老子，次述神仙，下袭张陵"（刘勰：《灭惑论》），以张陵为始祖的正一道所尊奉的经典即为《老子五千文》。魏晋之际玄风大畅，为融通儒、道的玄学所推尚的"三玄"亦首称《老子》。自汉魏以降，标举、称引、诠释、研琢《老子》者代不乏人，其或为道士，或为僧徒，或为仕宦，或为帝王，或为隐者，或为学究，凡所撰述单是传之于世或著录于载籍的注疏文本便不下四百种。仿佛是永远猜不透的哑谜，《老子》之秘旨至今仍在人们不懈的寻蹑中。不过真正说来，历来研治老学者多是由于当下人生忧患的激发才问途于《老子》的，而寓了某种终极眷注的《老子》也因此得以养其神韵以至于经久不衰。事实上，既已付梓的《老子疏解》亦复如此，疏解者的思绎中自始就涵泳了触悟于时势的人文运会的消息。

《老子》五千言辐辏于“道”，但“道”并不就是老子所拓辟的神思王国的君长。它不可拟想为本原性的物质实体，也不可拟想为宰制万有的精神实体。即使老子有“道之物”(《老子》二十一章)之说，这称“物”以论“道”也不过是对“道”的拟物而谈；犹如以拟人方式所描绘的对象决不就是人，由拟物所申示的“道”亦决不就是万物之上或万物之外的又一物。考其源始，“道”字之形意所出颇耐人玩味。甲骨文中已有“道”的异构字“衜”()，最早出现于西周金文的“道”字写作“”，但无论是从行(甲骨文写作)从人的“衜”()，还是从行从首(首指代人)的“道”()，其初始之意皆为人于十字路口寻路或辨路而行。寻路或辨路而行隐含着“导”向某一方位的意趣，而这则正可印证于唐人陆德明所谓“‘道’本或作‘导’”(《经典释文·尔雅音义》)。其实，“道”在老子这里是一个哲理化了的隐喻，它是对“道”字的源始“导”义的升华。这“道”意味着一种人生导向，也意味着此一导向上某种极致境地。从人生导向看“道”之所导，老子之“道”最深微、最亲切的宗趣乃在于因任自然，此即所谓“道法自然”(《老子》二十五章)。对“道”的如此训解，使《老子疏解》有了进于老子玄理之域的别一蹊径。

“法自然”而导人以“自然”，“道”之所导取方便以为言，“自然”亦可理解为相对于人之施为的天然。倘把人为的创设一言以蔽之为“文”，自然或天然则可一言以蔽之为“朴”。老子致思于“礼坏乐崩”的春秋末季，而礼乐的崩坏不过是诸多文事凋敝的表征；“郁郁乎文”的种种规制在萎谢了内在精神后徒然流为一种缘饰，这用汉代史家司马迁的话说即是“文敝”(《史记·高祖本纪》)。由消除“文敝”极而推之以摈绝任何人为之“文”，老子主张

“见素抱朴”(《老子》十九章)或“复归于朴”(《老子》二十八章)。一如“道”,“朴”在老子这里也是一个富有哲理的隐喻,它以未经刀斧砍斫的本始之木喻示为“道”所法亦为“道”所导之自然。浑然之“朴”是对世俗的善恶、美丑之分的消解,因而似乎不再有价值取向的圭角,但消去价值抉择之圭角的“朴”本身即构成一种价值取向。由此,《老子疏解》遂把“朴”的价值取向与“反”(“反也者,道之动也”——《老子》四十章)或“复”(“各复归于其根”——《老子》十六章)的践修途径的一致,视为老子学说的阃机所在。

老子以“法自然”之“道”导人以“朴”,规诫作为这一世间唯一有着未可穷尽之欲求的生灵的人“知足”、“知止”(《老子》四十四章),讽劝沉迷于“五色”、“五音”、“五味”、“驰骋田猎”、贵“难得之货”(《老子》十二章)的尘网中的人们“少私寡欲”(《老子》十九章),并非出于对人生的厌薄,而是因着对生的根蒂保任的看重。依老子之见,逞欲而为以增益其生适为取死之途,唯有“不欲以静”(《老子》三十七章)方可生机不败而有望“长生久视”(《老子》五十九章)。“生”始终为老子所属念,从一定意义上说,老子之“道”诚可谓“生”之“道”或“生”之“导”。中国先民即重“生”,从殷商时期由神化花蒂——植物结果、生籽的生长点所在——而来的“帝”崇拜,到殷周之际以“生”为“天地之大德”(《周易·系辞下》)的《周易》的发生,“生”一直是中国古人致思以成学的根荄,老子虽称其“道”之要眇“玄之又玄”,而这玄微之理却终是相承于古来重“生”之一脉。立足于可切己体验的“生”,以悟解《老子》诸多最终系之于“生”的“恍惚”之辞,并就此分辨古来重生意识在老子这里发生的变化,是《老子疏解》窥寻老学底蕴的隐在法门。

对于人说来,“生”而“长生”的最可直观的楷范是天地;相形于总在生灭兴败之运遇中的万物,不见衰朽的天地堪称之以长久。天地不谋其始,也不虑其终,不呈其所好,也不示其所恶。它没有生的眷注，反倒留住了生机的朴讷；它无心于自身的永存，反倒赢得了绵延中的长久。此所谓“天地之所以能长且久者，以其不自生也，故能长生”（《老子》七章）。“不自生”而“长生”即无所施为、自然以生，这“生”倘以“有”视之，则“不自生”亦可以“无”视之，其“无”、“有”的相即于一体正可谓之“玄”。“地法天，天法道，道法自然”，天地“不自生”而“长生”原是“法道”、“法自然”以生，因而天地“不自生”而“长生”之“玄”乃为“法道”、“法自然”之“玄”。由天地之喻了悟“道”的“无”（“无名”、“恒无欲”）、“有”（“有名”、“恒有欲”）一体之“玄”性，了悟作为“道”的发用的“生而弗有，为而弗恃，长而弗宰”的“玄德”（《老子》五十一章），有化诡晦为平易之效，于此则略可瞥见《老子疏解》自亲近可感处冥会老学玄致的思绎特征。

《老子》可视为一首诗，一首由玄澹之雅怀唱出的朴浑的大诗。诗自是不会有达诂的，但若找到了诗眼，也总能看出几分究竟。毋庸讳言，与两千多年前老子遭遇的时势相比，今日人类或正处在范域更大而危机更深的“文敝”之世。当年以“道”、“德”立论而以“复朴”规讽世人的《老子》并未为时彦所青睐，而今日重诵《老子》亦多被视为旧籍之考释。然而，老子那种种“若反”的“正言”（《老子》七十八章）果然迂远而不切时弊么？老子曾自谓，他怀揣的乃是一颗“愚人之心”（《老子》二十章）；这位“独异于人”的愚者甚至会祈望过久沉迷于“智慧”（“智慧出，安有大伪”——《老子》十八章）的世人“复归于婴儿”（《老子》二十八章）以“比于赤子”（《老子》五十五章）。不过，有谁能说对于此城府已深的世道的窥破不需要赤子的眼光呢？或者，《老子》这首大诗的诗眼就在这里，《老子疏解》正是从这里冒昧地看入去。

二〇一六年六月三十日

于北京回龙观

凡　例

一、本书《老子》章句之勘校以帛书乙本为底本，以帛书甲本、郭店楚简本、王弼本为主校本，以从历代碑刻本、刊刻本、敦煌写本中选出的七十余种传世本为参校本①。

二、帛书《老子》未分章，且《德经》在前，《道经》在后。顾及积久形成的诠注习惯，今依王弼本等诸多传世本之常例将帛书《老子》分作八十一章，并将其编次作《道经》居前而《德经》置后的调整。编次调整后的帛书本尚有七章之章次与传世本不侔，今亦以后者为准作相应的变通处理。

三、《老子》诸章之勘校，悉依其文脉分节（每章分二节至五节不等）为之。每节先以帛书甲本校帛书乙本，复以帛书乙本校帛书甲本，次以郭店楚简本与帛书甲、乙本互校，再次以王弼本与帛书甲、乙本互校，由此勘定帛书乙本之字句，并对各版本间字句之出入及版本之善否作扼要分辨。

四、作为对上述勘校的补充，本书亦比勘了七十余种传世本与王弼本之异同，借此以考见诸传世本间的分歧及其与帛书本缘契的远近。

五、经勘定的帛书乙本章句，其所用假借字、异体字皆随文于

① 拙著着笔于2011年春，其时北京大学藏西汉竹书《老子》尚在整理中，因此既经拟定的勘校体例并未涉及这一《老子》古本。为弥补阙遗，兹另撰《〈老子〉汉简本及其与帛书本之勘校》一文，作为本书之附录辑之于后。

其后加( )注出相应之本字或常用字,其所补残损字句则加[ ]予以标示,所补脱漏文字加〔 〕予以标示,酌定删落的衍文废字亦加〖 〗予以标示,而其讹误字则于其后加〈 〉标出相应之正字。

六、各章均依既经勘定的帛书乙本之字句作注,注释悉在每节的校勘之后。勘校与注释往往密切关联,本书对其标以【校释】。

七、本书对《老子》逐章作了迻译,依惯例迻译本在校勘、注释之后,兹为了便于与原文对照,将译文置于校释之前,与对应的原文同行排版。相应于老子属文所具之诗彩,本书迻译《老子》时,在尽可能切近原意以求"信"、"达"的前提下亦于其辞色、韵略不无留心。尝试将译文撰为韵文,虽不求尽合老子属文之本韵,却仍不免为韵脚所牵萦,其或对原文某用词之义多少有所损益,但毕竟大旨未乖。

八、本书每章皆有疏解,其为该章寻究老子所言之宗趣的最后环节,亦为该章前此诸环节意脉所汇的中心环节,兹以【疏解】标示。综括诸章"疏解"而试图融会之,遂又有了全书之绪论。勘校、注释、迻译、疏解以至于绪论,此为本书借诠释以致思于《老子》的大致线索。

绪 论

一、老子与《老子》

老子的身世扑朔迷离，但意脉同样扑朔迷离的《老子》却处处都在确指一位个性俨然而运思卓异的人物的存在。

先秦典籍《庄子》、《荀子》、《韩非子》、《吕氏春秋》等对老子之言皆有援引、评度或诠解，但只是到了司马迁结撰《史记》时，这位道家创始人的生平事略才被史家所考述。《史记·老庄申韩列传》称：

> 老子者，楚苦县厉乡曲仁里人也。姓李氏，名耳，字[伯阳，谥曰]聃，周守藏室之史也。
>
> 孔子适周，将问礼于老子，老子曰："子所言者，其人与骨皆已朽矣，独其言在耳。且君子得其时则驾，不得其时则蓬累而行。吾闻之，良贾深藏若虚，君子盛德，容貌若愚；去子之骄气与多欲、态色与淫志，是皆无益于子之身。吾所以告子，若是而已。"孔子去，谓弟子曰："鸟，吾知其能飞；鱼，吾知其能游；兽，吾知其能走。走者可以为罔，游者可以为纶，飞者可以为矰，至于龙吾不能知，其乘风云而上天。吾今日见老子，其犹龙邪！"
>
> 老子修道德，其学以自隐无名为务。居周久之，见周之

衰，乃遂去。至关，关令尹喜曰："子将隐矣，强为我著书。"于是老子乃著书上、下篇，言道德之意五千余言而去，莫知其所终。

在同一篇传记中，谨慎的史家对老子的相关传闻亦有所录，如谓："或曰：老莱子亦楚人也，著书十五篇，言道家之用，与孔子同时云。盖老子百有六十余岁，或言二百余岁，以其修道而养寿也。自孔子死之后百二十九年，而史记周太史儋见秦献公，曰：始秦与周合，合五百岁而离，离七十岁而霸王者出焉。或曰儋即老子，或曰非也，世莫知其然否。"从"或曰"的措辞看，司马迁把传闻只是作为传闻写了下来，而他倾向认可的老子，显然是那个做过"周守藏室之史"而终于"以自隐无名为务"的姓李名耳字聃的人[①]。

在"信以传信，疑以传疑，故两言之"[②]的《老子传》中，即使是"传信"，而关于"名耳，字聃，姓李氏"的部分，太史公之笔触亦未必斤斤于细谨。这固然与其"无韵之《离骚》"（鲁迅语）的行文风致密不可分，不过真正的原由还在于可据以为老子立传的史料到西汉时已多有阙略而难以确考。后世学者或可寄望于久已湮轶的老子之事迹的一朝抉露，然而至今关于老子见于载述的种种说法中，其大端或要略最可信恃者仍是《史记·老子传》。

诚然，孔子问礼于老子至今仍是一桩异说纷纭的疑案，但没有问题的是，这疑案所触及的"礼"的当下背景却真切可考而决非虚

---

① 司马贞《史记索隐》称，老子"名耳，字聃，姓李氏"。其"姓李氏"三字在后，而无"伯阳，谥曰"四字。陆德明《经典释文·叙录》、《文选·征西官属送于陟阳侯作诗》李善注、《文选·游天台山赋》李善注、《后汉书·桓帝纪》李贤注引《史记》并云：老子"字聃"或老子"名耳，字聃，姓李氏"，陆氏与二李所见《史记》与司马贞所据本从同。清人王念孙对此有考辨，详见其《读书杂志》。

② 《史记·太史公自序》。

拟。“礼崩乐坏”——司马迁曾准确地称其为“文敝”[①]——是孔子和老子共同关注的时代症候,孔子“问礼”出自这位儒家始祖连着深层人文根荄的救世念愿,老子答言则牵系着别一种人生趣尚上的终极眷注,而其去“骄气”、去“多欲、态色与淫志”以“若虚”、“若愚”之谈亦大体与传世《老子》之要旨相契。

在礼乐愈益流于乡愿以致孔子不免作“是可忍也,孰不可忍也”[②]之叹的春秋末造,时人中已出现了不少被孔子称为“隐者”的人。见于《论语》的记载,无论是讥诮孔子为“知其不可而为之者”的晨门,还是嘲笑孔子“鄙哉”的“荷蒉而过孔氏之门者”[③],抑是以“凤兮”歌儆示孔子的楚狂接舆、只顾“耦而耕”而对“子路问津”答非所问的长沮、桀溺,或者严词申斥孔门弟子“四体不勤,五谷不分”[④]的荷蓧丈人,都是孔子或孔子弟子遇见过的隐者。孔子对隐者一向是敬重的,他即使每每遇到这类人的讥评、奚落,也只是聊作“鸟兽不可与同群,吾非斯人之徒与而谁与”[⑤]的感慨,而他自己也常常会由衷地说出“天下有道则见,无道则隐”[⑥]、“贤者避世”[⑦]、“隐居以求其志”[⑧]一类话。可见,当时出现老聃这样的“隐者”或“隐君子”(司马迁语)原是很自然的事,而儒学的创始人也并非与真正的隐者或隐君子在心灵深处扞格不入。《论语》中提及的隐者无一不是敏于洞察而智慧内敛的人,他们有自己的非可摇夺的人生信念。但人生信念确然的隐者们未必都能或都愿意在一个足够

---

① 《史记·高祖本纪》:“周秦之间,可谓文敝矣。”

② 《论语·八佾》。

③ 《论语·宪问》。

④ 《论语·微子》。

⑤ 《论语·微子》。

⑥ 《论语·泰伯》。

⑦ 《论语·宪问》。

⑧ 《论语·季氏》。

高的境界上把这些信念提升为一种人生哲理，能够做到这一点并且终于做到了的，只是那有过“周守藏室之史”履历而又悟出了“法自然”之“道”以“自隐”的老子。

在今人所能看到的文献中，孔子问礼于老子的故事最早见载于《庄子》，于是就有学者认为《史记·老庄申韩列传》所述孔子问礼一事出于《庄子》，《庄子》引述人物常以一种寓言、重言或卮言的方式喻说自己的理趣，而司马迁竟把这寓言、重言或卮言当作史料用了①。显然，这样说，不只是低估了《史记》修纂者的判断力，也还贬低了这位以“整齐其世传，非所谓作”②为职分的史家的学术品格。司马迁评说庄子“其学无所不窥，然其要本归于老子之言，故其著书十余万言，大抵率寓言也”③，可谓中肯而贴切。不能设想对庄子论道的“寓言”——这里所说“寓言”因包含了“重言”而可称作“卮言”——风致了然于心的史家，会从几篇寓言中拼凑出一段老子回答孔子和孔子称叹老子的话来载入史册，如果真的是这样，他为什么不把《庄子·大宗师》所述孔子与颜回谈“坐忘”的对话和《庄子·人间世》孔子为颜回讲述“心斋”的故事写进《孔子世家》或《仲尼弟子列传》中？即使太史公为老子立传时果真参阅了《庄子》

① 钱穆在撰于1924年的《孔子与南宫敬叔适周问礼老子辨》一文中说：“孔子适周问礼于老聃，其事不见于《论语》、《孟子》。《史记》所载，盖袭自《庄子》。而《庄子》寓言十九，固不可信。后人必信为真者，徒以有《曾子问》从老聃助葬日食诸语为之旁证故也。”（钱穆：《老子辨》，北京：中国书店，1988，第1－2页）罗根泽在其所著《再论老子及老子书的问题》一文中指出：“关于《老子传》部分，我在《老子及老子书的问题》一文里，曾分析他的史料来源为：（一）自‘周守藏室之史也’，至‘独其言在耳’，本于《庄子·天道篇》。（二）自‘君子得其时则驾’，至‘如是而已’，本于《庄子·外物篇》。（三）自‘孔子云’，至‘其犹龙乎’，本于《庄子·天运篇》。”又谓：“孔、老的言论与关系，是寓言、重言或卮言不可知，但如三者居其一，则所述的言论与关系，即是有作用的伪造，不是真的事实。”（罗根泽：《诸子考索》，北京：人民出版社，1958，第255、244页）

② 《史记·太史公自序》。所谓“整齐其世传，非所谓作”，其意为：分辨而核正那些世间的传述，并非所谓创作。

③ 《史记·老子韩非列传》。

中的若干篇章，他也一定只是参阅罢了，而更大的可能倒会是这样：庄子或庄学后人借以撰写寓言的那些“世传”，到司马迁修《史记》时尚能目睹或耳闻，史家只是凭着他的审慎在对传世的各种素材作了“整齐”——严格去取以存真迹——的处理后才写进史籍的。老子生于乱世，起先不过是守藏图书典籍的小吏，后来自隐而不知所终，其生平不可能被当世的人们看重，而他的不求炫示于世的学说终于缓慢流播开来后，相隔若干代的学人再去追述他的生平自然不免会陷于迷离惝恍。但从《论语》记载的那些特立独行、出语玄微的隐者看，产生某种“隐者”哲学的时代契机和学思条件在春秋末年已经成熟。有如孔子和儒家教化的出现，作为“轴心时代”①的产儿，老子和他的“法自然”之“道”学说的发生可以说是正当其时。

老子学说作为隐者之学，决定了它不可能像孔子学说那样在此后的传衍中有严格的师承可言。师承有序的儒家之学在孔子身后尚会有“儒分为八”的嬗变，老子论道之言在道家后学那里可能有一定程度损益就更不足为怪了。依朱熹《四书章句集注·论语序说》所引程颐语，“《论语》之书，成于有子、曾子之门人，故其书独二子以子称”，《论语》中有曾子临终遗训的记载，而曾子死于孔子身后四十三年，可见此书的辑纂完成应在孔子去世半个世纪左右。由《论语》推测《老子》，《老子》在师承散逸的道家后学那里系统成书当不会早于《论语》。不过，无论如何，在庄子著述的年代，《老子》一书的那些格言式文字已经较普遍地为学人——尤其是隐者型的学人——所知。可以断言，那个与孔子同时而比孔子年岁略

① 任何一个文明发祥较早并在此后以其最初成就持久地参与了人类文化创造的民族，都有过这样的时代：它之前的所有时代都向着它而趋进，似乎都在为它的到来做一种准备，它之后的所有时代又都一次次地回味于它；这时代俨然是它前后那些时代环绕的轴心。二十世纪德国哲学家雅斯贝斯意味深长地称它是人类文化史上的“轴心时代”。中国的“轴心时代”当在诸子蜂起的春秋战国之际，其时中国人心灵眷注之焦点的转移可一言以蔽之为由“命”而“道”。

长的老聃在他生前已经对所谓“法自然”之“道”的奥旨有所了悟，因此对“致虚”、“守静”以“复归于朴”的人生态度有所体认，并且留下了若干或以文字或以口授的述作。所以，尽管《老子》其书也许几经老子后学的补缀、集录和编次，而且这过程已经无从考实，我们仍不妨以传世之“论道德之意”的五千言为研究老子或老聃思想的主要依据，甚至可以就此认定老子其人为《老子》一书的命意者和撰拟者。

元人张与材为杜道坚《道德经原旨》作序云：“《道德》八十一章，注者三千余家。”这说法未必可信从，但谓战国后期以来注家不下四百家或当是事实①。就《老子》之版本而言，诸多注家之所据本及碑刻本、抄写本中，最可注意者当推严遵本、河上公本、想尔本、王弼本、傅奕本、范应元本、吴澄本、敦煌写本、易州景龙碑本、遂州龙兴观碑本。1973 年 12 月出土于湖南长沙马王堆三号汉墓的帛书《老子》甲、乙本，1993 年 10 月出土于湖北荆门郭店楚墓的竹简本《老子》，可能更近于《老子》之原始，较之传世诸本有更高的版本价值。

二、“道法自然”

老子学说辐辏于“道”，五千言由此说起，又悉归结于此。“道”意味着某种虚灵不执的境地，亦意味着导向这境地的非可言喻的路径。老子亦以“玄”、“深”、“大”、“微”、“远”等称举“道”之所示，而在他这里最契之于“道”之趣致的则是所谓“自然”。“自

① 王重民《老子考》（北京中华图书馆，1927）著录历代《老子》刻本、写本、注本四百五十余种。严灵峰编《无求备斋老子集成》（台北：艺文印书馆，1969）、《无求备斋老子集成续编》（台北：艺文印书馆，1970）、《无求备斋老列庄三子集成补续》（台北：成文出版社，1982），影印《老子》诸本凡三百五十六种。仅从王、严二氏所录《老子》流传至今的这些刻本、写本、注本，即可看出《老子》一书版本衍生之复杂及历代注疏文字之繁富。

然”，依王弼之训释，乃“无称之言，穷极之辞也”①。

当老子说“道之物，唯恍唯惚”②或“有物混成，先天地生”③时，“道”似乎被喻示为一种“物”，但真正说来，属辞以“道之物”或“先天地生”的“混成”之“物”，却只是拟物而谈。为便于言称，“道”姑且被拟为一“物”，所谓“道之物”略相当于“道这个东西”，说“道这个东西”并不在于肯定“道”是一个“东西”，说“道之物”决不是要确指道为一物或一个实体，尽管这物是不同于天地万物那样的物或实体。老子从未为“道”作某种界说，也从不曾作“道是什么”的设问，对于“道”，他只是借“惚呵恍呵，中有象呵。恍呵惚呵，中有物呵。窈呵冥呵，其中有情呵。其情甚真，其中有信”④等“恍惚”之辞一味形容，以此引导人们悉心体悟而默识冥证。这里所说“物”、“象”、“情”皆不可执着，“其中有物”只是拟“物”论道；“其中有象”只是拟“象”论道，“其中有情”也只是拟“情”论道；真正说来，“道”既非“物”，又不具“象”，也无所谓情愫，拟物、拟象、拟情以说“道”，不外是要人们心领神会那通于天地万物的“道”的真确而可信的消息。近世以来，学者们多以宇宙本体诠释“道”，也有人以所谓规律性理解“道”，然而无论是宇宙本体还是规律性，都与老子“道”之所指不无睽隔。

甲骨文未见“道”字，但已出现“道”之异构字“衍”（）。“衍”亦见于周之石鼓文，石鼓四有“首车载衍”句，石鼓九有“佳舟以衍”句，宋人薛尚功、明人杨升庵俱释“衍”为“道”，清人钱大昕则释“衍”为“行”。此后，学者多从钱氏之说，以“行”训“衍”遂成近世

① 王弼：《老子道德经注》。见楼宇烈：《王弼集校释》，北京：中华书局，1980，第65页。

② 《老子》二十一章。

③ 《老子》二十五章。

④ 《老子》二十一章。

金石学、甲骨学主流之见。然亦有学人受启于宋、明金石家言，训甲骨文、石鼓文之“衜”字为“道”，如严一萍（1912－1987）云：“余谓此‘衜’字，当读如《礼·学记》‘道而弗牵’之‘道’。（郑玄）注：‘道，示之以道途也。’正为卜辞‘衜王’的诂。是‘衜’即‘道’，为‘导’之本字也。田猎卜辞每向祖先神祇祈求‘亡戋’、‘弗每’，今缀以‘道王’成语，乃更进而祈求‘示王以道途’，期以多获。”[1]惜严氏其人终究未能一睹郭店楚墓出土之竹简本《老子》，但楚简本《老子》中三处“道”字写作“衜”[2]，则为这位睿智的甲骨学家的精到甄辨作了最好的见证。比甲骨文“衜”（）字略晚，出现于西周金文的“道”字写作“”。甲骨文已有“行”字，写作“”；已有“人”字，写作“”；亦已有“首”字，写作“”。“衜”字从行从人，“道”字从行从首[3]；而“首”指代“人”，“衜”与“道”当同为一字。就初始寓意而言，甲骨文“衜”、金文“道”皆为人于十字路口寻路或辨路而行；寻路或辨路涉及所行方向的选择，因而“衜”或“道”自始就隐含了朝向某一方位的“导”的意趣，而对这意趣的领会却只能在可喻之以行走的人生践履中。唐人陆德明就曾指出：“‘道’本或作‘导’。”[4]《左传》所记郑国执政大夫子产之言“大决所犯，伤人必多，吾不克救也，不如小决使道”[5]，《论语》所辑孔子语“道之以政，

① 严一萍：《释衜》。见于省吾主编：《甲骨文字诂林》，北京：中华书局，1996，第三册，第2273页。

② 郭店楚简本三处有“衜”字的文句如下：“以衜差（佐）人宔（主）者，不谷（欲）以兵但于天下”；“保此衜者不谷（欲）竘呈（盈）”；“衜亙（恒）亡为也，侯王能守之，而万勿（物）䐹（将）自憍（化）”。其分别相应于今本《老子》三十章、十五章、三十七章有关文句。

③ “行”与“辵”同义（王筠《说文解字句读》：“辵与行同意”），而“辵”即是“辶”，“道”从辶从首，亦即从行从首。

④ 陆德明：《经典释文·尔雅音义》。

⑤ 《左传·襄公三十一年》。

齐之以刑,民免而无耻;道之以德,齐之以礼,有耻且格”①,其“道”字的用法也都在“导”的含义上。“导”是动词,《老子》一书虽以名谓方式用“道”指称“形而上者”②,但“道”所蕴涵的那种“导”的意味却并未因此而消失,它默默提示着人们切不可把“道”静态化、实体化了。正像后来《易传》就形而上之“道”所说的“神无方而易无体”③,老子之“道”没有涯际、没有形体,然而它导之于人的价值取向确凿、真切而毫不含浑。

《吕氏春秋》评点诸子说:“老耽(聃)贵柔,孔子贵仁,墨翟贵廉,关尹贵清,子列子贵虚,陈骈贵齐,阳生贵己,孙膑贵执(势),王廖贵先,兒良贵后。”④其意固在辨别诸家之分歧以求“定其是非”,但用一言以蔽其学说的“柔”、“仁”、“廉”、“清”、“虚”、“齐”、“己”、“执”(势)、“先”、“后”等却都是一种价值观念,而非认识或知解范畴。事实上,自老子发端的先秦诸子,虽所究义理各异,其学说却无不以某一主导价值为纲脉。价值归趋意味着一种人生引导,“道”作为典型的中国式的运思范畴自始即有其价值导向的德用。老子之“道”原是要从终极处对世道人心作某种诱导,领悟到了这一点,也就把握住了进于老子玄理之域的要津。

从价值取向看“道”之所“导”(导引),老子之“道”最深微、最亲切的旨趣适可谓因任“自然”而以“自然”为然。老子有这样的说法:

> 道大,天大,地大,王亦大。国中有四大,而王居一焉。人

---

① 《论语·为政》。

② 《周易·系辞上》:“形而上者谓之道,形而下者谓之器。”

③ 《周易·系辞上》。所谓“神无方而易无体”,其意为:“阴阳不测”意味上的“神”没有固定方所,可理解为“生生不已”的“易”不牵累于形体。

④ 《吕氏春秋·审分览·不二》。

法地，地法天，天法道，道法自然。①

“法自然”是对“道”之所导的究竟趋向的道破，是对人于天地间终当若何以生的指点。在似乎不可躐等的层层取法中，人之于“道”宛然有地、天中介其间，其实，“法道”从而“法自然”说到底乃是对人而言。不过，这段话的确存在意脉贯通上的一重曲折，这曲折即在于整段文字的前两句中与“道”、“天”、“地”并称为“四大”的是“王”，而后一句中由法地、法天、法道而法自然的却是“人”。为求文句的前后一贯，遂有学者试图依自己的理解对这段文字作字词的校改。如宋人范应元把前文“王亦大”、“王居一焉”的“王”改作“人”，以就后文“人法地，地法天，天法道，道法自然”的“人”；金人寇才质则将后文的“人”改作“王”，以就前文之“王”。然而，如此改动并无版本上的依据，而且对于疏通文脉也无多大必要。探老子本意，“王居一焉”的“四大”之“大”乃称叹之辞，其称“王亦大”，非对于在位之王的那种身份的颂扬，而在于对体道或“法自然”达到极高境地而足以使天下人归往的王者的推许。老子所谓“王亦大”之“王”，其原型为心目中的上古之王，上古之王可谓人中之大者，其大——在老子看来——因“法道”、“法自然”而大。《说文》有云：“大，天大，地大，人亦大，故大象人形，古文大也。”依古时人的观念，“天”、“地”、“人”为三

---

① 《老子》二十五章。王弼本等诸多传世本此段文字为：“故道大，天大，地大，王亦大。域中有四大，而王居其一焉。人法地，地法天，天法道，道法自然。”其除“道”上多一“故”字、“一”上多一“其”字而“国”字作“域”（“域”、“国”在此同义）外，与这里所引帛书甲、乙本之字句从同，而整段文字的句脉、文义全然相侔。郭店楚简本此段文字为：“天大，陛（地）大，道大，王亦大。囿（域）中又（有）四大安（焉），王凥（居）一安（焉）。人法陛（地），陛（地）法天，天法道，道法自肰（然）。”其除“国”作“囿（域）”、“四大”下多一“安（焉）”字、“王居一”上少一“而”字、“道大”置于“地大”之后外，与这里所引帛书甲、乙本之字句大略无异，而句脉、文义亦完全一致。

"大",老子称"王"为"大"说到底不过是称"人"中之"大"者为"大"。称"人"中之"大"者为"大"即是称人中之典型(人成其为人的最佳体现者)为"大";"王"在《老子》中原只是"人"之典型,谓"王亦大"仍不过是取典型而说"人亦大"。所以楚墓竹简本、帛书甲乙本、王弼本等诸多传世本皆在"王亦大"、"四大……王其一焉"句后,接之以"人法地,地法天,天法道,道法自然"。"王"透露的乃是"人"的消息,"人"因"法地"、"法天"、"法道"以"法自然"而真正成为人,也因此堪与"天"、"地"配称为三,以至于与"天"、"地"、"道"配称为四。"天地不仁"①,本无意欲、念愿,由"道"之所导的"自然"趣向真正说来只是对人而言。因此,唐人李约对"法自然"之文也作如是断句:"人法地地,法天天,法道道,法自然。"他疏解谓:"其义云,'法地地',如地之无私载;'法天天',如天之无私覆;'法道道',如道之无私生而已矣。如君君、臣臣、父父、子子之例也。"②近人高亨极称李约句读之圆通,他只是补充说:"人法地"四句"当作'人法地,法天,法道,法自然',地、天、道三字传抄误重"③。李约、高亨对这段文字的读法与诸多注本不合,但别出心裁的断句除开更多地强调了"法自然"主要对人而言外,与通行的诠释并无大端处的抵牾。

老子以之称"道"而为"天"、"地"、"人"之"法"的"自然",虽谓"无称之言,穷极之辞",却亦可从方便处了解为未染涉人为之天然。《庄子·秋水》如此分辨"天"、"人":"牛马四足,是谓天;落马首,穿牛鼻,是谓人。故曰:无以人灭天,无以故灭命,无以得殉名。"其所说"天"即天然,而这"天"或天然当贴近甚或契合于老子之"自然"。由天然会意自然,老子"法自然"之"道"亦正可谓为

① 《老子》五章。

② 李约:《道德真经新注》。

③ 高亨:《老子注释》,郑州:河南人民出版社,1980,第64页。

“天道”或“天之道”。因此，遮诠以言，“人法地，地法天，天法道，道法自然”之说，乃在于借“道”引导人以“地”、“天”为楷范，从而因循“自然”而摈却一切人为之造作。老子痛感晚周“文敝”对人的天性的戕贼，而依他之见，所有人为之“文”，诸如典章、制度、礼乐、法物等，则又必致“文敝”的发生，所以在他这里克除“文敝”也被归结为对“文”的决绝弃逐。由弃“文”，老子申示“无为”，亦倡导“不言”。他说：

> 圣人居无为之事，行不言之教。①
>
> 不言之教，无为之益，天下希能及之矣。②

一如“无为”，老子诫人以“不言”出自某种本体意义上的断制：其决绝地捐弃“言”，是因为在他看来“言”的发生和运用是与“自然”不无扞格的人为之举。“无为”必致“绝圣弃智”、“绝仁弃义”、“绝巧弃利”③，而“圣”、“智”、“仁”、“义”、“巧”、“利”等“文”事的衍生则无不与“言”相系，既然要弃绝上述“文”事，便不可不弃绝同样属于“文”的范畴的“言”。当然，言也是一种人之所为，“不言”未始不可以归之于“无为”。这里，“不言”与“无为”的一致，在于“人法地，地法天，天法道，道法自然”；“自然”意味着“无为”，亦意味着“不言”（“希言自然”④），而人“法地”（地“无为”而“不言”）、“法天”（天“无为”而“不言”）、“法道”（道“无为”而“不言”）归根结底在于“法自然”。

“道法自然”，导人以因任自然而“无为”，这是言其“不言”的

① 《老子》二章。

② 《老子》四十三章。

③ 《老子》十九章。

④ 《老子》二十三章。

五千言的命意所在。

三、“道”之性:“玄”

“法自然”之“道”以其一任自然而“无为”,然而,这“无为”既然在于听凭天地万物自化、自正,那也就意味着对天地万物无所不予成全而堪称之以“无不为”;“无为”同时即“无不为”,此所谓“无为而无不为”①。就“道”一任天地万物自己化育自己、自己匡正自己而对其无所不予成全(“无不为”)而言,它有“有”的性状,就“道”毕竟对天地万物无所干涉、无意施为(“无为”)而言,它有“无”的性状。“道”自是其然,既“无”(“无为”)且“有”(“无不为”)、既“有”又“无”,这自然而然的“有”、“无”一体使“道”呈现出某种玄微之性。

《老子》“道经”开篇即谓:

> 道,可道也,非恒道也;名,可名也,非恒名也。无名,万物之始也;有名,万物之母也。故恒无欲也,以观其眇;恒有欲也,以观其所噭。两者同出,异名同谓,玄之又玄,众眇之门。②

此章是老子“道”论的总纲,也是老子“名”(言)论的总纲,“道”论与“名”论的相即相成意味着道家价值形态的形而上学与道家名言观的相即相成。言说必至于命名,命名而言说是对被命名、

---

① 《老子》四十八章。王弼本等传世本《老子》三十七章悉有“道常(恒)无为而无不为”句,而绝大多数传世本四十八章有“无为而无不为”句(傅奕本、宋李荣本、范应元本作“无为则无不为”,易州景龙碑本、敦煌写本之己本作“无为无不为”,严遵本作“而无以为”,遂州龙兴观碑本作“无为无所不为”,其与多数传世本略异)。帛书甲、乙本《老子》三十七章相应文句作“道恒无名”,而四十八章相应文句悉皆残损。但早于帛书的郭店楚简本却有“亡为而亡不为”句,其可印证“无为无不为”句确系老子语。

② 《老子》一章。

言说者的开示，也是对被命名、言说者的遮蔽。老子以“道”立论，先须名“道”——标示出“道”来必得以“名”称之，以“道”名其所欲道（言说）是道（言说）“道”，而如此道“道”却不免有碍于“道”之所当道，因此他分外要指出以“道”为其所道之“名”乃是以可名之名名不可名之“恒名”。单是对可名、可道者殊非“恒道”的指出，已足见言其“不言之教”者对名言的审慎和对所名所言者可能见毁于名言的敏感。诚然，他终是不得不对不可言说的“道”——所谓“恒道”——作勉为其难的言说，不过他毕竟把言说那不可言说者的可能后果在言说一开始就告诉了人们。把言说那不可言说者的可能后果告诉人们后仍强为之说①，这实际上是提醒那些听他言说的人不可执着于言说，而要透过这言说去体悟那不可言说者。依老子所言，“道”作为“万物之始”，其浑朴而一任自然，因而无可名状或无从描摹（“无名”）；“道”作为“万物之母”，其所成全的森然万象可予名状、可予描摹（“有名”），因而其对可名状或描摹之万物的成全本身遂亦勉可名状、勉可描摹。承此，老子又指出，“道”本无所欲求（“恒无欲”），却恒常有所趋就（“恒有欲”），自其无所欲求可体察“道”的幽微与眇默（“观其眇”），而自其有所趋就可谛视“道”的运作与呈现（“观其曒”）。由此老子进而申说：这“无欲”、“无名”而“无”与“有欲”、“有名”而“有”，两者“名”虽相异，却是同在称谓原非可道的“道”。倘将老子所言换一种说法，“两者同出，异名同谓”亦可谓“无”（“无名”而“恒无欲”）、“有”（“有名”而“恒有欲”）两者相即不离而同一于“道”。

① 老子“不言之教”之“不言”，略相应于其所谓“上德无为而无以为”之“无为”；一如“无为”不可以有所图谋的策略视之，“不言”也决不就是言默斟酌中的修辞技巧。《老子》八十一章皆为言其“不言”的“不言”之言，其或诉诸“恍惚”之辞，或诉诸种种隐喻以求“强为之容”（《老子》十五章），或为讽戒世人而作“若反”之“正言”（《老子》七十八章）。拙文《老子“不言之教”义趣疏证》（载《哲学研究》2013 年第 9 期）对此有较详论列，可参看。

"道"既"有"且"无",其"有"之性同时即贯穿"无"之性,"无"之性同时即隐含"有"之性,这"有"、"无"而一之——因而"有"而不有、"无"而不无——所体现的"道"之性正可借老子所谓的"玄"而一言以蔽之。

"道"的"有"性使"道"有了"有"的导向,"道"的"无"性亦使"道"得以有"无"的导向。上文所引《老子》二十一章,其"有象"、"有物"、"有情"、"有信"的措辞固不在于以"物"、"象"、"情"、"信"论"道",但如此拟"物"、拟"象"、拟"情"、拟"信"以说"有",毕竟更多地阐示了兼具"有"、"无"之性因而兼具"有"、"无"导向的"道"的"有"的性状,尽管这"有"与"无"相即不离以至"恍惚"、"窈冥"而难以言喻。与之相应,《老子》中的如下一段文字则对兼具"有"、"无"之性或"有"、"无"导向的"道"的"无"之一维多有所重:

> 视之而弗见,名之曰微;听之而弗闻,名之曰希;播之而弗得,名之曰夷。三者不可致诘,故混而为一。一者,其上不皦,其下不昧,寻寻呵不可名也,复归于无物。是谓无状之状,无物之象,是谓惚恍。①

同为"惚恍"之辞,这里所谓"弗见"、"弗闻"、"弗得"、"不可名"、"无状之状"、"无物之象"更多是对"道"的"无"性或"无"的导向的摹状。合观"道之物,唯恍唯惚"章与"无状之状,无物之象,是谓惚恍"章,可谓"道"之性亦"有"亦"无",亦可谓"道"之性非"有"非"无",正因为其亦"有"亦"无",所以其又非"有"非"无",

---

① 《老子》十四章。

此乃"道"性所在的"玄"之微旨①。

亦"有"亦"无"而非"有"非"无"之"玄",说到底无非自然以"生"。老子所说"道生一,一生二,二生三,三生万物"②,通常是被理解为一种宇宙生成论的,但这由"一"而"二"而"三"而"万"的"生"也许作为一种生的情势而非生的时序去领悟会更切当些。如果把"道生一"理解为"道"先于"一",然后生出"一"来,把"一生二,二生三,三生万物"理解为"一"先于"二"、"二"先于"三"、"三"先于万物,然后依次生出"二"、"三"、万物来,那可能是理解者囿于经验事物的生而过分拘泥于老子不得已而用之的言词了。其实"一"即是"道","道生一"不过是"道"由"生"而把它的"有"的导向与"无"的导向相即于"一"动态地显现出来罢了。"一生二",则是说这"有"、"无"相即于"一"的情势中蕴含了"二",而"二"即所谓"阴"与"阳"。"二生三",亦可谓"二"生多,是指阴阳相感以生庶物。"三"非与阴、阳之"二"并列的又一种性状,因而"三生万物"只是说庶物既生,生而又生,多而益多,以至于万;"万"极言其多,亦极言其殊,"三"而"万"亦不过殊多之物生生不已之谓。一如"一"并不独立于"二"、"二"并不独立于"三"、"三"并不独立于"万","三"而"万"不在"二"之外,

---

① 东晋道教思想家、丹术家葛洪有云:"玄者,自然之始祖,而万殊之大宗也。……(其)因兆类而为有,托潜寂而为无。"(葛洪:《抱朴子内篇・畅玄》)唐初道士、道教学者成玄英则云:"玄者,深远之义,亦是不滞之名。有无二心,徼妙两观,源于一道,同出异名。异名一道,谓之深远。深远之玄,理归无滞。既不滞有,亦不滞无,二俱不滞,故谓之玄也。"(成玄英:《道德经开题序诀义疏》,见严灵峰辑《成玄英道德经开题序诀义疏》卷一,辑于严灵峰《无求备斋老子集成初编》之三,台北:艺文印书馆,1969,第5页)前者由亦"有"亦"无"抉发"玄"之底蕴,后者由亦非"有"亦非"无"开示"玄"之微趣,合二者之说,略可会老子"玄"意之全。然成氏亦云:"有欲之人,唯滞于有;无欲之人,又滞于无。故说一玄,以遣双执。又恐学者滞于此去,今说'又玄',更祛后病。既而非但不滞,亦乃不滞于不滞,此则遣之又遣,故云'玄之又玄'。"(同上)

② 《老子》四十二章。

“二”而“一”亦不在“道”之外，因此一本散为万殊，而万殊终归于一本。同样，老子所说“天下之物生于有，有生于无”①，也不是指“无”、“有”、“万物”在时序上一条线地生，似乎先有一个纯粹的“无”，然后由“无”生出一个纯粹的“有”，再然后由“有”生出万物。这上溯万物所以生之语的谛解或当是这样：天下万物之“生”显现“道”的“有”的导向，而“有”与“无”同出于“道”，这“有”不是有意而为之的“有”，它毋宁又只是“无”——“有生于无”之谓无非是说“有”以其为“无为”之“有”却仍不过是“无”而已。因此，就“有”、“无”以“生”而言，老子之“道”终究未始不可谓为“生”之“道”或“生”之导②。

因“有”、“无”一体而“玄”的“道”使天地恒久，也把人引向“长生久视”③。“生”是一个过程，这过程本身当然意味着一种“有”，它体现着“道”的“有”的导向；但作为过程的“生”往往因为它不着意于“生”或为了“生”而生，又正可以说是一种“无”，它体现着“道”的那种“无”的导向。老子谈到“天长地久”时说：“天地之所以能长且久者，以其不自生也，故能长生。”④换一种说法，天地所以能够长生不衰，是因为它从来都不曾经意为自己而生，从来就没有以自己的生为念。不经意、不以自己的生为念即是“无”（不执着于生），这因为“无”（不执着于生）而“有”的“生”是自然而然的“生”。“道”行于或显现于天地，天地长久；

---

① 《老子》四十章。

② 对“生”的眷注为古代中土生灵之神思所系，上古的“帝”、“天”崇拜，中古“生生”之《易》的产生无不关联着“生”，春秋战国之际诸子蜂起，百家之学大都连着“生”的根荄，而一脉相承于“生生”之《易》的儒、道两家最为典型。葛洪曾说：“天地之大德曰生；生，好物者也。是以道家之所至祕而重者，莫过乎长生之方也。”（葛洪：《抱朴子内篇·勤求》）其所称“道家”诚然指道教，但道教与老子所创始的道家在“长生”祈向上毕竟有着某种微妙的关联。

③ 《老子》五十九章。

④ 《老子》七章。

“道”行于或显现于万物,万象森罗。依老子之见,天地万物的盎然生机原在于“有”、“无”同体的“道”的导引,他说:“万物作而弗始也,为而弗恃也,成功而弗居也。夫唯弗居,是以弗去。”①所谓“作”、“为”、“成功”都可以说是“有”,所谓“弗始”、“弗恃”、“弗居”,又都可以说是“无”,天地万物的一线命脉尽在于“有”与“无”的相即不离,这“有”、“无”相即之“道”维系着天地万物的生生不息。由天、地、万物到人,人生导之于“道”而“法自然”,也正可以看作人从天、地、万物那里默默体认“有”、“无”以“生”的玄趣。

历来诠注《老子》不乏以“无”释“道”之人,而以“无”释“道”最为典型、最有深度者莫过于王弼。王弼申言:“道者,无之称也,无不通也,无不由也。况之曰道,寂然无体,不可为象,是道不可体(摹状——引者注),故但志慕而已。”②因此他也这样训释“有”、“无”:“天下之物,皆以有为生。有之所始,以无为本。将欲全有,必反于无也。”③显然,“道者,无之称”、“以无为本”的提法与老子所谓“无”(“无名”而“恒无欲”)、“有”(“有名”而“恒有欲”)“两者同出,异名同谓”之说并不相侔:王弼“以无为本”是把“有”归结于“无”,从而径直以“无”称“道”;老子则以“道”涵摄“有”、“无”,而以“无”、“有”二者为同一“本或作导”之“道”的相异之“名”。这微妙的差异意味着王弼为老子之所论注入了别一种致思性状,它使那种被后世称作“玄学”的学术范域得以就此拓辟出来。与“以无为本”、以“无”称“道”相应,玄学的创始者虽以“玄”与

① 《老子》二章。

② 王弼:《论语释疑·述而注》,见楼宇烈:《王弼集校释》,第624页。

③ 王弼:《老子》四十章注,见楼宇烈:《王弼集校释》,第110页。

“道”相提并论[①],却未能切近老意由“无”、“有”之“异名同谓”释“玄”。其或谓“‘玄’也者,取乎幽冥之所出也”,或谓“凡有皆始于无……万物以始以成而不知其所以然,玄之又玄也”[②],此“玄”终不过在于“不知其所以然”的“无”之“幽冥”,殊非恍惚于“无”却又窈冥于“有”而竟可发用为“玄德”的那种“玄”。

四、“道”之用:“弱”

上文称引老子之言“万物作而弗始,为而弗恃也,成功而弗居也”,谓其“作”、“为”、“成功”为“道”的“有”的导向的体现,谓其“弗始”、“弗恃”、“弗居”为“道”的“无”的导向的体现;倘换言之,“道”的这两种导向在万物中的体现,正可以说是“道”的“无”的导向与“道”的“有”的导向在万物那里的发用。此用非手段意义上的功用,而是那种有着价值意味的德用。为此,同论说“有”(“有名”而“恒有欲”)与“无”(“无名”而“恒无欲”)异名而同出的所谓“玄”相应,老子先后在两处明确申示了“玄德”的观念。他就修道者说:

> 载营魄抱一,能毋离乎?抟气致柔,能婴儿乎?修除玄鉴,能毋有疵乎?爱民治国,能毋以知乎?天门启阖,能为雌乎?明白四达,能毋以智乎?生之畜之,生而弗有,长而弗宰

① 王弼《老子指略》曾这样说到“道”的未可命名及不得已而“强为之”的几种名称:“名之不能当,称之不能既。名必有所分,称必有所由。有分则有不兼,有由则不尽;不兼则大殊其真,不尽则不可以名,此可演而明也。夫‘道’也者,取乎万物之所由也;‘玄’也者,取乎幽冥之所出也;‘深’也者,取乎探赜而不可究也;‘大’也者,取乎弥纶而不可极也;‘远’也者,取乎绵邈而不可及也;‘微’也者,取乎幽微而不可睹也。然则,‘道’、‘玄’、‘深’、‘大’、‘微’、‘远’之言,各有其义,未尽其极者也。”(见楼宇烈:《王弼集校释》,第196页)

② 王弼:《老子注》一章注,见楼宇烈:《王弼集校释》,第1页。

也,是谓玄德。[1]

又就“道”本身说:

道生之,德畜之,物形之,而器成之。是以万物尊道而贵德。道之尊也,德之贵也,夫莫之爵也,而恒自然也。道生之畜之,长之遂之,亭之毒之,养之覆之。生而弗有,为而弗恃,长而弗宰,是谓玄德。[2]

“道”由它的发用而显现出来的“德”或所谓“玄德”,是与“道”的“有”、“无”玄同——“(有、无)两者同出,异名同谓”——的性态或导向一致的;“生”、“为”、“长”等“有”的德用当然是“玄德”的应有之义,但在老子这里,“玄德”成其为“玄德”更重要的还在于与“生”、“为”、“长”同时就有的“弗有”、“弗恃”、“弗宰”等“无”的德用。一如“道”的性态或导向在于“有”(“有名”而“恒有欲”)与“无”(“无名”而“恒无欲”)的玄同一致,“道”见之于天地万物的德用或所谓“生之”、“畜之”、“长之”、“遂之”、“亭(成)之”、“毒(熟)之”、“养之”、“覆(护)之”,则在于它对天地万物既能“有之”而又能“无之”,在于这“有之”与“无之”的相辅相成。老子取譬以喻“有之”与“无之”谓:

三十辐同一毂,当其无、有,车之用也。埏埴而为器,当其无、有,埴器之用也。凿户牖,当其无、有,室之用也。故有之以为利,无之以为用。[3]

① 《老子》十章。
② 《老子》五十一章。
③ 《老子》十一章。

其所谓“有之以为利”亦未始不可表述为“有之以为用”，“有之”与“无之”作为“道”之“用”缺一不可。不过，比起“有之”来，“无之”显然在“道”之“用”或“道”的“玄德”中占有主导地位。“三十辐同一毂”不能没有揉以为轮——包括车轮周边的轮辋和连接轮辋与车轮中心部位的诸多辐木等——的材质之“有”，“埏埴而为器”不能没有被制陶器械所加工的陶泥之“有”，“凿户牖”以为室不能没有砌墙架屋所用的灰、木、砖石之“有”，但对于“车之用”、“埴器之用”、“室之用”来说，重要的还在于由那些“有”构成的可用空间“无”——这“无”使车毂可以容纳车轴于其中，这“无”可使器皿盛贮什物于其中，这“无”使房屋有了可供居住的空间和便于出入的门户。由“车之用”、“埴器之用”、“室之用”所论及的“有”、“无”皆从经验的实有与虚空说起，这“有”、“无”对于老子出自“恒道”、“玄德”所指称的“有”、“无”只具有比喻的意义。但这比喻是贴切的，其深意在于“有之以为利”和“无之以为用”始终浑然一体于“道”之“用”，亦在于这浑然一体的“道”之“玄德”中“无之”毕竟对于“有之”有着价值定向上的主动。

诚然，关于“道”之用，老子也有这样的说法：

> 弱也者，道之用也。[①]

“弱”，亦可谓弗逞强或毋争胜；持“弱”守“柔”既以其毋逞强争胜通着“无”的德用，又以其“柔以胜刚也，弱以胜强也”[②]而通着“有”的德用。“飘风不终朝，暴雨不终日”[③]，人事要想长久就不能像狂风那样迅猛，像骤雨那样剧烈；去除峻急而免于激切，其实就

① 《老子》四十章。
② 《老子》七十八章。
③ 《老子》二十三章。

是要诱劝人们不恃强任能而虚怀用“弱”。老子诲导世人：“不自是，故彰；不自见，故明；不自伐，故有功；弗矜，故能长。夫唯不争，故莫能与之争。”①他所谓“不自是”、“不自见”、“不自伐”、“弗矜”，乃是教人不要自以为是、自我表著、自我炫耀、骄矜自满，只是一味谦下、以“弱”德为用，而不与人争强斗胜。老子尚有“知其雄，守其雌，为天下溪”、“知其荣，守其辱，为天下谷”、“知其白，守其黑，为天下式”②之说，这可视为对“不自是”、“不自见”、“不自伐”、“弗矜”的另一种表达。其主张“守雌”、“守辱”、“守黑”，无非是要人们摈绝逞“雄”、争“荣”、夺“白”之心，孜孜以“弱”为德，而这“弱”德则正合于“道”之所导的“玄德”。

此外，老子亦引“天下莫柔弱于水”③之水为譬以喻示“弱”德。他说：

> 上善如水。水善利万物而有静，居众人之所恶，故几于道矣：居善地，心善渊，予善天，言善信，正善治，事善能，动善时。夫唯不争，故无尤。④

所谓“居众人之所恶，故几于道”，是指水安于众人所厌弃的卑下之地而具“弱”德，因此与以“弱”为其德用的“道”相近。所谓“居善地，心善渊，予善天，言善信，正善治，事善能，动善时”，是指水之自处像地那样以谦下不矜为善，其居心像渊那样以深沉能容为善，其施予像天那样以无为为之为善，其不言言之以真诚不佞为善，其取静为正以和洽平顺为善，其处事自如以能止能进为善，其

① 《老子》二十二章。
② 《老子》二十八章。
③ 《老子》七十八章。
④ 《老子》八章。

取动为奇以适时有恒为善。水的所有这些善性可用“不争”一言以蔽之,这“不争”的“弱”德最终使其不至于有过错发生。不过,无论如何,可直观的水只是“几于道”,只是“道”的未可执着的象征物——这象征的深致在于:水犹“道”那样以“弱”为用而“无为”,但正是这“无为”之“弱”使它得以摹状“道”那样的“无不为”。

老子以“弱”称“道之用”原是对人生当有之德或人生根本态度的一种指点,此“弱”意味着谦让、朴厚、“常宽容于物,不削(苛求)于人”①;它完全可能产生以弱胜强、以柔克刚的效果,只是这效果并不是在预期中早有谋划。如果把“弱”仅仅用为一种以退为进、韬光养晦的策略,那与其说是对“弱也者,道之用也”的践行,倒不如说是对老子学说的乡愿化。真正说来,“道法自然”的提法并没有给那些带着机心作政治博弈的人留下多大余地,以权术设想老子学说与这学说的“道德”——导之以“玄德”——的价值取向全然相悖。《庄子·天地》有云:“机心存于胸中,则纯白不备;纯白不备,则神生不定;神生不定者,道之所不载也。”这是庄门后学对其心目中的“道”的剖白,也是其对老子之“道”的品格的辨正。老子在《庄子·天下》中被称为“古之博大真人”,应当说,这个被认为是“以本为精,以物为粗”、“澹然独与神明居”的“博大真人”决不会是那种以“弱”为巧智而“机心存于胸”的人。

《老子》一书也称《道德经》,“道德”一语,正可以借孔子的“道(导)之以德”的说法去理解,当然,这并不意味着否认老子的“道德”与孔子的“道德”在内蕴上的差异。与《老子》一章作为“道”论的总纲相当,《老子》三十八章可把握为“德”论——就“道”的发用而立论——的总纲。此章云:

---

① 《庄子·天下》。

上德不德，是以有德。下德不失德，是以无德。上德无为而无以为也。上仁为之而无以为也。上义为之而有以为也。上礼为之而莫之应也，则攘臂而扔之。故失道而后德，失德而后仁，失仁而后义，失义而后礼。夫礼者，忠信之薄也，而乱之首也。前识者，道之华也，而愚之首也。是以大丈夫居其厚而不居其薄，居其实而不居其华，故去彼而取此。

老子分“德”为上、下，其实以“道”观之，唯“上德”堪谓之“德”，而“下德”已不配以“德”相称。这里，所谓“上德”指“法道”、“法自然”而其德近于“玄德”——“生之畜之，生而弗有，长而弗宰也，是谓玄德”——之人。德对于上德之人不是求取的对象，而他不经意的践履却处处冥合于“道”而默契于“德”，此“德”为“不德”之德，而“不德”之德既然不落于身外，其人遂可称之以“有德”。与“上德”相对的“下德”，指德流于外饰而愈求取愈与德相暌隔的那种人；求德的那份刻意既然已非“自然”，这非“自然”之德则正可以说是“无德”。德丧质朴，不再有本然之真切可言，动念于“不失德”却因着人为造作而终至于“失德”。“下德”毕竟“无德”，“有德”之“上德”遂可径称之以“德”。承“上德”、“下德”之辨，老子继而分说“上德”、“上仁”、“上义”、“上礼”之别，此“上”非上、下之上，而为推尚之尚。“上德”即是尚“德”或以“德”为尚，“上仁”即是尚“仁”或以“仁”为尚，“上义”即是尚“义”或以“义”为尚，“上礼”即是尚“礼”或以“礼”为尚；以“德”为尚亦即以与“下德”相对的“上德”为尚，而“仁”、“义”、“礼”则皆属于“无德”之“下德”或“德”的范畴之下，尽管其降之于“德”之下的程度不同。“上德”或尚“德”的特征在于“无为而无以为”，这即是说，尚“德”之人不仅“无为”，而且不以“无为”为意或不执着于“无为”；“上仁”或以“仁”为尚的特征在于“为之而无以为”，这即是说，尚“仁”

之人出于恻怛、笃爱之心而有所为，但恻怛、笃爱之心乃油然而发，其虽有为却并不刻意，无所造作；“上义”或以“义”为尚的特征在于“为之而有以为”，这即是说，尚“义”之人看重他认可的所谓公义而有所作为，这有为既然为着某种公义便不可能不“有以为”或有意而为；“上礼”或以“礼”为尚的特征在于“为之而莫之应也”，则“攘臂而扔之”，这即是说，尚“礼”之人以“礼”为规范要求人们依例遵守，而当人们不愿就范时执着于“礼”者就会诉诸外在的强制。由此看来，“上德”与“上仁”、“上义”、“上礼”的根本差别，乃是“无为”与“有为”的迥异；而“上仁”与“上义”、“上礼”同是“为之”，其明显分野则为“无以为”（无心而为）与“有以为”（有心而为）的不侔；至于“上义”、“上礼”，虽皆在于“为之而有以为”，但“上礼”自是更外在些，比之“上义”，其去“德”愈甚。从“上德”到“上礼”，相应于世风之颓势的治术诚可谓每况愈下。在老子看来，“道”失而继之以“德”，“德”失而继之以“仁”，“仁”失而继之以“义”，“义”失而继之以“礼”。相继而出的“上德”、“上仁”、“上义”、“上礼”之治，呈递次降格之势。这递次降格的情状，用老子另一番话说即是：“太上，下知有之；其次，亲誉之；其次，畏之；其下，侮之。”[①]“太上”、“其次”、“其（再）次”、“其下”，治理者分为四等；“上德”、“上仁”、“上义”、“上礼”，治术亦分为四级。就“道”无处不在而言，“上德”（尚“德”）者这里固然可谓有“道”，而“上仁”、“上义”、“上礼”者那里亦未必可以说全然无“道”，不过“上礼”、“上义”乃至“上仁”者所有的“道”却只是“道之华”。因此，“礼”终究是“乱之首”（祸乱之肇迹），而“义”与“仁”也与“礼”一样是“愚之首”（愚惑之起始）。老子于此申诫人们，尤其是那些握有治理国家权力的人，要做“大丈夫”便须有大端处的抉择：取“道”之“实”而居“德”

---

① 《老子》十七章。

之“厚”，不取“道”之“华”而落于由“仁”、“义”降格至“礼”之“薄”。

老子以“无为”、“为之”、“无以为”、“有以为”的错落关联，对“上德”、“上仁”、“上义”、“上礼”所作的高下有别的分判有着一以贯之的价值取向，这即是“道”见之于德用的“弱”。“弱”，首先意味着“无为”，而这“无为”本身即因着其以“自然”为法而“无不为”。老子说“恒德不离，复归于婴儿”①、“含德之厚者，比于赤子”②，这“恒德”、“厚德”是“上德”之“德”或所谓“玄德”，而“婴儿”、“赤子”，说到底，不过是“弱”德的形象化或直观化。

五、“道”之动：“反”

“弱”作为“道之用”，是一种不逞强争胜的势态。笃守这一势态，即是所谓“致虚”、“守静”③或“守中”④。与“弱也者，道之用也”相应，老子把得之于“道”的事物的自然而本真的品格称作“朴”。对于他来说，“恒德不离，复归于婴儿”就是“恒德乃足，复归于朴”⑤，因此“恒德”——“上德”之“德”或所谓“玄德”——也正可径直理解为“朴”德。“朴”是“道”的“玄德”的告白，是老子“言道德之意”的价值宗趣所在。它意味着一切文饰、奢华的泯除，一切刻意、造作的消弭，一切机心、筹谋的摈弃，一切以自然为然的自然而然。

依“道”的本性与德用，它的动势或趋向在于“反”，所以老子在指出“弱也者，道之用也”时也以如下之说与其相提并论：

---

① 《老子》二十八章。
② 《老子》五十五章。
③ 《老子》十六章。
④ 《老子》五章。
⑤ 《老子》二十八章。

反也者，道之动也。[①]

“反”，即是“返”，它意味着一种还原或返回。所谓“有无之相生也，难易之相成也，长短之相形也，高下之相盈也，音声之相和也，先后之相随也，恒也”[②]，似是在援引经验之常例由对立双方的相反相成以说“反”，而实则是别有所喻。发论者并不要重复世人尽知的有“无”即有“有”、有“难”即有“易”、有“长”即有“短”——从而有“美”即有“丑”——之类的常识性道理，而是要由其相对的性状导示某种恒常而未加剖判、分别的境地，以求对那种对立中之双方相互转换的超越。换句话说，老子是不驻念于世俗“有、无”、“难、易”、“长、短”、“高、下”、“音、声”、“先、后”的任何一方的，他以“相生”、“相成”、“相形”、“相盈”、“相和”、“相随”泯却其界限不是要调和二者，而是为着扬弃二者以归于“恒道”所指示的浑朴、圆备之境。即如“美”、“善”，他并不执着于相对于“丑”的“美”或相对于“恶”的“善”，其所求乃在于不落尘网之好恶、迎拒的“大美”、“大善”；此“大美”、“大善”犹“大方无隅”、“大音希声”、“大象无形”[③]，其不可“言”、不可“知”而无从觅其端崖。与此相类，所谓“祸，福之所倚；福，祸之所伏”、“正复为奇，善复为妖”[④]，也并非随附世俗述说“祸”与“福”、“奇”与“正”、“妖”与“善”的相反相成；依老子本旨，“福”与“祸”、“正”与“奇”、“善”与“妖”的分别犹如“难”与“易”、“长”与“短”、“高”与“下”等的分别，其本身已意味着“朴散”[⑤]。若循此思路果真要就“福、祸”、“正、奇”、“善、妖”

---

① 《老子》四十章。
② 《老子》二章。
③ 《老子》四十一章。
④ 《老子》五十八章。
⑤ 《老子》二十八章。

之类相反相成的范畴说“反”，那么，对老子而言，这“反”乃在于“复归于朴”以返回“朴散”之前。老子也曾如此说“反”：

> 有物混成，先天地生。寂呵寥呵，独立而不改，可以为天地母。吾未知其名也，字之曰道，吾强为之名曰大。大曰逝，逝曰远，远曰反。①

此处“道”为先天地“混成”之“物”的“字”，“大”则为其“名”，“道”与“大”诚可谓“异名同谓”；而“反”由“大”而“逝”而“远”说起，亦未始不可谓为“反者，大之动”。显然，“大曰逝，逝曰远，远曰反”之“反”，所指的仍不过是返回原初的自然无华而无任何藻饰的“朴”。庄子是与老子心灵相通的，他在一则寓言中把老子以“无名之朴”②相喻的“道”描绘为不可稍加雕饰的“浑沌”：

> 南海之帝为倏，北海之帝为忽，中央之帝为浑沌。倏与忽时相与遇于浑沌之地，浑沌待之甚善。倏与忽谋报浑沌之德，曰：“人皆有七窍，以视听食息，此独无有，尝试凿之。”日凿一窍，七日而浑沌死。③

这寓言告诉人们，在喻示为“浑沌”的“道”这里，没有文明教化的涉足之地。老子学说可一言以蔽之为致“道”之学，亦可一言以蔽之为致“朴”之学，“道”之所导归根结底只在于“朴”。趋向“朴”的境地，对于尘世中被种种功名利禄所累的人来说意味着一种返回，这返回是要人们消解或摒弃那些被文明刺激起来的意欲和情

---

① 《老子》二十五章。
② 《老子》三十七章。
③ 《庄子·应帝王》。

志，以恢复生命本有的天趣。因此，如果说“玄德”之“朴”是以“道”之“玄”性为依据而确立的价值取向，那么“反”或“复”——“复归于朴”、“复归于婴儿”之“复”——就是由“道”之“玄”性所决定的趋向“朴”的境地的修养方式。以“朴”为中心的价值观与以“反”或“复”为主导的修养途径的一致，述说着老子学说的真正秘密。

“反”而“复朴”，是从深陷其中的“文敝”世界的抽身，是从充斥着“五色”、“五音”、“五味”而恣肆于“驰骋田猎”、争竞于“难得之货”①的尘嚣中的告退，这抽身或告退的契机则在欲望的节制。在世间一切有生的存在中，人是唯一有着未可穷尽之欲求的生灵。人的任何一次欲求的满足都会带来新的不足，新的不足必致产生新的欲求。造化为植物、动物几乎一次性地规定了其生存方式、生存范围，因而它们的需要和满足需要的手段单纯而有限。人却不同，人的需要无休止地拓展着，满足需要的手段也无底止地更新着，这永在增益着的需要与永在发明着的满足需要的手段的相互刺激使人的欲求加速度地趋于膨胀。欲求膨胀伴随着人的“益生”②，而这正是所谓“文敝”的渊源所在。由此，老子一力贬责尘域之“为学者日益”，而倡导所谓“闻道者日损”③。“为学者日益”是说务于“学”者其情欲文饰日日见增，“闻道者日损”则指修于“道”者其情欲文饰日日消损。“闻道”对于万物原是自然而然的事，没有情嗜和意欲可言的万物对于“虚”、“静”而“朴”的笃守在默然无言之中。但人与物不同，人要“闻道”、要“日损”其情嗜和意欲，有待于心灵的觉悟。老子为此着意指出：

---

① 《老子》十二章。

② 《老子》五十五章。

③ 《老子》四十八章。

夫物芸芸，各复归于其根。归根曰静，静，是谓复命。复命常也，知常明也；不知常，妄，妄作，凶。知常容，容乃公，公乃王，王乃天，天乃道，道乃久。没身不殆。[①]

“夫物芸芸，各复归于其根”原是一个隐喻，老子以此是要提醒人们当如万物的枝叶之于其根荄那样，时时不忘自身生命亦有可归之根：不失其根的生可永葆生机，生而长生。躁动的枝叶归束于静默的根，这用老子的另一句话说即是“静为躁君”[②]。由“归根”而以“静”为“动”的主宰，做到了这一点遂又被老子称作“复命”。“命”在这里并不神秘，它只不过被用以指称天对万物的禀授，而此天乃自然之天。对于老子来说，“复命”即是复归于天之所命或天之所禀授，亦即复归于天然或所谓“复归于朴”。不过，这里要强调的是：“复命”是一种无论何物在何时何地都不可违忤的常则，而觉悟到这常则并能真正对其循守不弃者方称得上明智之人。昧于这常则而逞欲妄为的人必致遭遇凶险，而懂得这常则并据以成全自己的人则“知常容，容乃公，公乃王，王乃天，天乃道，道乃久。没身不殆”。所谓“明”（明智）、“容”（包容）、“公”（公正）、“王”（为人所归往）、“天”（与天之德配称）、“久”（久视而长生），都属于价值观念；从“道”启示给人们“朴”这一根本价值所可能带来的上述诸多价值中，可多少窥见老子论“道”以返“朴”的苦心所在。

“大道废，安有仁义；智慧出，安有大伪。”[③]当老子如此说时，他实际上把人间世之所历分作了两个时期，一是现实的“大道废”的时期，一是这之前的“大道”未废的时期——他悬设这一寄托了其人生、社会理想时期的存在，乃是要就此提示人们向之作一种“复

① 《老子》十六章。
② 《老子》二十六章。
③ 《老子》十八章。

归”的努力。在他看来，人类既已沉滞于自己造成的人文泥淖中，倘欲自拔于此，便当引万物“复归其根”为鉴，以“日损”其巧利的牵累、浮文的诱惑与情嗜的羁縻。老子痛切申诫世人：

> 绝圣弃智，民利百倍；绝仁弃义，民复孝慈；绝巧弃利，盗贼无有。此三言也，以为文未足，故令之有所属：见素抱朴，少私寡欲，绝学无忧。[①]

“圣”、“智”、“仁”、“义”、“巧”、“利”皆属人为之“文”的范畴，皆有背于自然而然之“自然”。对其“弃”而“绝”之即是要彻底否定而放逐一切关联着“文”的创设的人的作为。在老子看来，“私”、“欲”是人为之“文”创制的缘起，而“学”则是推动诸“文”扩而大之的又一种“文”，克除人为之“文”从原委处说即在于去“私”、节“欲”并根绝为“私”、“欲”张目之“学”。如此去“私”、节“欲”、绝“学”最终却是要“见素抱朴”或所谓“复归于朴”。“复朴”——“见素”亦是“复朴”——在这里是真正的主题词，它述说着老子心目中“道”之所导的究竟归着。

去“私”节“欲”以“复朴”，自近易处说，亦可谓“去甚”、“去奢”、“去泰”[②]。“甚”（过分）、“奢”（奢侈）、“泰”（骄逸）皆属于逞欲之举，不过，这些即使衡之以儒家之道亦俱在摒除之列。孔子就曾说过“过犹不及”[③]，并主张“泰而不骄”[④]、“礼，与其奢也，宁俭”[⑤]。但孔子“去甚”、“去奢”、“去泰”的衡准为“中”或“中庸”，

---

① 《老子》十九章。
② 《老子》二十九章。
③ 《论语·先进》。
④ 《论语·子路》。
⑤ 《论语·八佾》。

老子“去甚”、“去奢”、“去泰”的终极参照则是“朴”。以“中”为尺度并不一概鄙弃人为，其只是更大程度地求取所为无“过”无“不及”而“文质彬彬”①；而以“朴”为依归则不同，其于人文的摈斥是彻底的，非尽弃“圣”、“智”、“仁”、“义”、“巧”、“利”以至于“五色”、“五音”、“五味”、“驰骋田猎”、“难得之货”等而不可谓之自然。诚然，老子也说“为”、“事”、“味”，甚至也说“学”、“欲”，但他所谓“为无为”、“事无事”、“味无味”②、“学不学”、“欲不欲”③，乃是以“无为”为其所为，以“无事”为其所事，以“无味”为其所味，以“不学”为其所学，以“不欲”为其所欲。由“为”、“事”、“味”、“学”、“欲”复返于“无为”、“无事”、“无味”、“不学”、“不欲”，这是“反”之于赤子之“朴”，亦是归之于人的天性之“真”。老子学说是不可贬责为虚无主义的，它把尘俗中人们从未检讨而只是一味认同的那些价值全然予以弃绝，最终所要允纳的是连着人的生命之根而给人以无尽生机的“朴”的价值。天道自然而朴讷，人“法道”、“法自然”说到底是要取法“道”的自然之“朴”，此为“道”之所导，而如是之导亦正是“道”之所“动”。

六、“以道莅天下”

《老子》中有不少由“无为”、“无事”、“无知”、“无欲”论说“治国”、“取天下”的章节，但如果由此把它归结为一部专为王侯们出谋划策的书，那便不免于失之本末倒置。处在礼乐失范、天下纷争而人心浮动的时代，老子不可能不关注政治，不过他的政治见地从不曾落在急功近利处。他固然是在受了纷乱的现实刺激后才去寻绎那形而上的天地人生之“道”的，但这被体悟的“道”决不仅仅在

① 《论语·雍也》。

② 《老子》六十三章。

③ 《老子》六十四章。

于为着设想中的政治方略提供理由。对于老子之致思来说，真实的情形反倒可能是这样：由“道”所确立的某种终极信念必发而为勉可以“教”相称的人生态度，而这人生态度见之于政治，遂有了一种相应的“治国”、“取天下”的道理。

“道经”的前三章或非随机编次，从贯穿其间的理路略可窥知老子治化思想之所由。扼要而言，一章的主题词可谓“道”，二章的主题词可谓“教”，三章的主题词可谓“治”；修“道”以行“教”，施教而成“治”，这是一、二、三章属文缀句的意脉所在。一章所论在于摹略非可道之“道”的“无名”而“有名”、“恒无欲”而“恒有欲”的那种有无相即之玄致，二章以修“无”、“有”相即之“道”而诲示人“居无为之事”——“作而弗始”、“为而弗恃”、“成功而弗居”——这一“不言之教”，三章则循“道”依“教”而如此申致其“弗为”之“治”：

> 不上贤，使民不争；不贵难得之货，使民不为盗；不见可欲，使民不乱。是以圣人之治也，虚其心，实其腹，弱其志，强其骨。恒使民无知无欲也，使夫知不敢，弗为而已，则无不治矣。

诚然，一章自是“道”论之总纲，二章可谓“教”论之总纲[①]，而

① “不言之教”虽告之以“不言”，却已尽在“万物作而弗始也，为而弗恃也，成功而弗居也”数语中。此后，十章所谓“生之畜之，生而弗有，长而弗宰也，是谓玄德”，五十一章所谓“道生之畜之，长之遂之，亭之毒之，养之覆之，生而弗有，为而弗恃，长而弗宰，是谓玄德”，皆是对二章既称之“不言之教”的重申或敷训。老子之“教”亦可谓成德之教，此教所尚之德就其体现“有”、“无”相即而言可称作“玄德”，就其因任自然无所造作（“无以为”）而言可称作“不德”之“上德”（三十八章），就其持“弱”守“柔”不逞强争胜而言可称作“不争之德”（六十八章）。成就此德唯在于不言之践履，所以其教遂名之以“不言”。“不言”配称于“无为”，亦可归结于“无为”；二章有云“圣人居无为之事，行不言之教”，作为一种呼应，四十三章则有谓“不言之教，无为之益，天下希能及之矣”。

三章未始不可以“治”论之总纲视之。所谓“不上贤”、“不贵难得之货”、“不见可欲”，无不就“治人”者发论，其可概而言之以“弗为”或“无为”；所谓“使民不争”、“使民不为盗”、“使民不乱”，皆相应于治人者之“弗为”而说“民”之所为，其可概而言之以“不争”或“无争”。被称之以“圣人之治”的“虚其心，实其腹，弱其志，强其骨，恒使民无知无欲也，使夫知不敢，弗为而已”，是老子期冀中的国家治理的至高之境，其可概而言之以“朴”。这“弗为”、“不争”而趋归于“朴”为老子治化思想之崖略，其系于推重“上德不德”的“不言之教”，而终究为“法自然”之“道”所导引。依老子的逻辑，任何一种人为之“文”都是有伤于人与万物的天性自然的，而“文”既然无一不出于人的造作，这“有以为”之“为”便当一概予以拒斥。“难得之货”，甚至于“贤”者（难得之人才），其本身还很难说是严格意义上的“文”——至少不是老子决无容忍可能的“文”，然而对其“上”（尊尚）之“贵”（推重）之，这“上”、“贵”因而“见可欲”之“见”则已全然属于必致留下“文敝”孽根的人为之“文”了。“不上”、“不贵”、“不见”说到底乃是对“文”的摈绝，对所有人为造作或所谓“有以为”之“为”的否弃，老子遂因此以“弗为”而“复朴”——“虚其心”、“弱其志”而“使民无知无欲”亦即“复归于朴”——为其所祈望的“圣人之治”。

不过，此所谓“圣人之治”毕竟着重于治人者对所治之民的诱导，而如此治人却终需以治人者自治其身为前提。老子对治人者必得治身有多方的讽劝，其或谴诫为君者“求生之厚”而谓“夫唯无以生为者，是贤贵生”①，其或斥责为君者“代司杀者杀”而谓“夫代大匠斲，则希不伤其手”②，其或喻示为君者“江海所以能为百谷王者，以其善下之”而谓“欲上民也，必以其言下之；其欲先民也，必以

① 《老子》七十五章。

② 《老子》七十四章。

其身后之”[1],其或提醒为君者“民之不畏威,则大畏将至矣”而谓“圣人自知而不自见也,自爱而不自贵也”[2]。然而,《老子》中,于人君修德治身劝诱至为明切者则莫过于如下文字:

> 善建者不拔,善抱者不脱,子孙以祭祀不绝。修之身,其德乃真;修之家,其德有馀;修之乡,其德乃长;修之国,其德乃丰;修之天下,其德乃博。以身观身,以家观家,以乡观乡,以国观国,以天下观天下。吾何以知天下之然哉?以此。[3]

有所建立,有所抱持,即是有所施为,但老子于此意味深长地提出了“善建”、“善抱”。事功中的任何一种建立、抱持都是有待的,都对外部境遇有所凭借而有所依赖;既如此,则未始不可说凡尘俗中事无建不可拔,无抱不可脱,因为外部境遇不可能一成不变。老子所谓“善建”、“善抱”,不是要对世俗中的“建”、“抱”作某种改善,而是要从根本上另作一种选择。因此这里首先重要的不在于如何“建”、“抱”,而在于“建”、“抱”什么。从下文看,老子说“建”、“抱”是就“德”而言,就“法自然”之“道”的德用——“玄德”之“朴”——而言。此德即“上德不德”之“德”,此“朴”即“见素抱朴”之“朴”;建此“不德”之“德”乃不建而建,抱此“素朴”之“朴”乃不抱而抱。不建而建可谓“善建”,不抱而抱可谓“善抱”,这“善建”至于“不拔”、“善抱”至于“不脱”的秘密,则在于建“德”抱“朴”最终无待于外。老子把“建”、“抱”引向了一种无待,其既然无待,遂亦无从摇拔而无从夺移。

对于老子来说,“建”、“抱”亦即是“修”,建德抱朴亦即是“修

---

① 《老子》六十六章。

② 《老子》七十二章。

③ 《老子》五十四章。

之身”,“德”、“朴”之修不在知解的路径上,它的真切见之于生命的践履,老子所谓“修之身,其德乃真”即是指此。其实,在道家的创始者这里,非“朴”即“伪”,伪则不“真”,“朴”与“真”的意味并无二致。后来《庄子》亦曾有“复朴”①之说,同时其又将之归结为“反其真”②,这或可视为对老子即“朴”即“真”以“修之身”之微旨的切近阐示。一如孔子由“修己以敬”必至于推及“修己以安百姓”③,老子对建德抱朴的称述并不限于“修之身”。由“修之身”推而衍之,他遂说到“修之家”、“修之乡”、“修之国”、“修之天下”,亦即修德以治家、修德以治乡、修德以治国、修德以治天下。治家、治乡、治国、治天下皆基于修德以治身,只是从家到天下所治范域愈大,而从“馀”到“博”,其修德亦当臻于更高的境地。就治理家、乡、国、天下必有赖于修德以治身而言,老子所赞可的治化未尝不可谓之德治。不过,这德治与孔子所说“为政以德”④义趣上的德治终是有别——其“德”之所由一在于“法自然”之“道”,一在于“道二:仁与不仁而已矣”⑤之“道”。

“修之身”通于“修之天下”,由治身以“朴”而可知治家、治乡、治国、治天下以“无为”。因此,老子“以道莅天下”⑥之谓见之于践行亦正可说是修德治身以临天下。当然,“修之身”不唯治人者,作为治于人者的庶民也不例外,甚至“君子(君人者或治人者——引者注)之德,风;小人(治于君长的百姓——引者注)之德,草”⑦的训言在一定意味上也更早为老子所认可,他指出:

---

① 《庄子·天地》。
② 《庄子·秋水》。
③ 《论语·宪问》。
④ 《论语·为政》。
⑤ 《孟子·离娄上》所引孔子语。
⑥ 《老子》六十章。
⑦ 《论语·颜渊》。

以正治国，以奇用兵，以无事取天下。吾何以知其然也哉？夫天下多忌讳，而民弥贫；民多利器，而国家滋昏；人多知巧，而奇物滋起；法物滋彰，而盗贼多有。是以圣人之言曰："我无为而民自化，我好静而民自正，我无事而民自富，我欲不欲而民自朴。"①

老子并不主张"以兵强天下"②，因此他不可能赞赏诡道中人所谓出奇制胜的"以奇用兵"；不过，这也决不意味着他鄙"奇"好"正"而认可那种倚重政令、刑罚——"道之以政，齐之以刑"③——的所谓"以正治国"。对于老子而言，无论是"奇"以"用兵"，还是"正"以"治国"，都是有背自然的人为造作，而真正可取的只是"无为"。所以，他借着"治国"、"用兵"之"正"、"奇"有为的反衬，要分外告诫"以无事取天下"。对于"以无事取天下"，老子是以遮诠的方式——借重"及其有事也，不足以取天下"④的逻辑——予以论证的，这"有事"即"多忌讳"、"多利器"、"多知巧"、"法物滋彰"。真正说来，"忌讳"（使人的所思所行受限于禁忌、避讳而不得顺其自然）的日繁，"利器"（为满足滋长着的欲求而发明、使用的精利器具）的日增、"知巧"（与"利器"的使用、"奇物"的创制相表里的趋智觅巧之风）的见重，根蒂本在于居上位者，但居于国家治理地位的人对由此引发的事端往往诉诸法规、刑禁以求遏止，其结果则往往适得其反：所制定的规度法禁愈是严细详明，被居上位者称作"盗贼"的人愈是蜂起不绝。在老子看来，"忌讳"、"利器"、"知巧"皆可谓"有事"，而"法物"（规度法禁）亦属于"有事"范畴，既然"及

① 《老子》五十七章。
② 《老子》三十章。
③ 《论语·为政》。
④ 《老子》四十八章。

其有事,不足以取天下”,那么“取天下”或天下得以治理则唯有取“无事”之途。于是,他遂借重“圣人之言”称:“我无为而民自化,我好静而民自正,我无事而民自富,我欲不欲而民自朴。”化民、正民、富民、朴民是治民以治天下的应有之义,倘“我”(治民而取天下者)能“无为”、“好静”、“无事”、“欲不欲”,则民会自然而化、自然而正、自然而富、自然而朴。这是老子所主张的“以无事取天下”(以无所施为使天下治平),亦是老子学说见之于政教的所谓“无为而治”。

至于“无为”而“治”可能达到的理想之境,老子则有这样的憧憬:

> 小国寡民,使有十百人之器而勿用,使民重死而远徙。有舟车无所乘之,有甲兵无所陈之,使民复结绳而用之。甘其食,美其服,乐其俗,安其居。邻国相望,鸡犬之声相闻,民至老死不相往来。①

理想之治是从“小国寡民”说起的,但这并非如前贤所推度:老子“言其所志,愿得小国寡民以试焉”②。老子主张“法自然”以致治,“小国寡民”最契于自然;与之不侔,后世崛起的地广人众之大国多是人为兼并的结果。老子也有“治大国若烹小鲜”③、“大国以下小国,则取小国”④之说,不过如此谈论大国之治是因为不得不面对春秋末年诸大国相继崛起这一现实。同是申诫“弗为而已,则无不治矣”的道理,着眼于大国是从现实出发,而说“小国寡民”则更

① 《老子》八十章。

② 苏辙:《道德真经注》。

③ 《老子》六十章。

④ 《老子》六十一章。

宜于因任自然以推阐一种治国理想。细玩老子描绘的邦国治理的理想画图,可以说从"使有十百人之器而勿用"到"复结绳而用之",所述治国理想侧重于治国者的"我无为"——这"无为"之"我"不难由"使民"这一并非无关紧要的措词推断出来,而从"甘其食"到"民至老死不相往来",则侧重于述说理想社会中的"民自化"而"民自朴"。人人皆自甘其饮食,自美其服饰,自乐其习俗,自安其所居,以至邻国之人近在可望,却终于各自"知足"、"知止"而决无通过交往以谋求一己之利的欲念,这正可谓"民"在"自朴"中"自化"或在"自化"中"自朴"。为老子所称述的这一治化理想,近世以来往往被注家诟病以"愚民",然而,可予分辨的是,其由"天下浑心"①、"无知无欲"、"为腹而不为目"②而说"愚",此"愚"却只是"朴"的同义语。老子学说一以贯之于"复朴"之"道",倘不是以尚"智"为准矱评量这位伟大隐者的救世祈愿,也许我们才有可能真正理解其自嘲以"昏昏"、"闽闽"的"愚人之心"③。

七、余论

(一)老子之思致辐辏于"道",这辐辏一如"三十辐同一毂"。"毂"非实体,它因"三十辐"的凑集而有,但凑集所向的中心却空无一物;"道"非实体,它只是因天、地、万物向着它的凑集——所谓"得一":"天得一以清,地得一以宁,神得一以灵,谷得一以盈,侯王得一以为天下平"④——而"有",这虚灵的"有"却还是"无":"有"由于这虚灵的"无"而为虚灵的"有"。"道"作为一种终极性的导向及这导向所指示的某种极致境地,其性分("有"、"无"两者同出

① 《老子》四十九章。
② 《老子》十二章。
③ 《老子》二十章。
④ 《老子》三十九章。

而“异名同谓”之“玄”）只在其德用（“弱也者，道之用也”）与动势（“反也者，道之动也”）中呈现出来，这呈现出来的导向以“见素抱朴”为标的。因此，由“道”敷演而出的形而上学非实体形而上学，而为价值形而上学，它看似连涉天地万有，却终是归着于人“法自然”以“为无为”而趋之弥高的境界。

二十世纪德国哲学家海德格尔曾崇尚老子学说，这崇尚除开种种可理解的原因外，甚至也隐含了对老子之“道”的并非无关宏旨的误解。这位存在主义哲学家对“天命”多有托望，而如此看重“天命”恰与他对前苏格拉底的古希腊哲学——尤其是赫拉克利特哲学和巴门尼德哲学——的情有独钟相互印可，但老子之“道”的神致却并不系于“命运”。处在前“轴心时代”的前苏格拉底哲学几乎无一不笼罩在“命运”的信念下，而发生在中国“轴心时代”的老子学说则全然是“境界”形态的。老子的“道”不是赫拉克利特的“逻各斯”，它对于人不是彼在的有着强制的必然性指令的“命运”，而是人在“日损”其欲中可从自身反观到的那种生命自然之韵致。“逻各斯”是一种纯粹的他律，“道”则只是意味着一种“法自然”的导向，这导向从终极处示人以“朴”的价值，却终是把此价值的实现归结于人的“自化”、“自正”。

（二）老子所谓“不言之教”之“不言”，略相应于“上德无为而无以为”之“无为”；一如不可将“无为”以有所图谋的策略视之，“不言”也决不就是言默斟酌中的修辞技巧。由“恒道”之非可道、“恒名”之非可名相推，“不言”所晓示的乃是老子在本体意味上对“言”的贬斥。“不言之教”是配称于“法自然”之“道”或不可道之“道”的，践修此不可道之“道”必至于“行不言之教”；这里的“不言”当然是一种“无为”，不过其终究是见之于言语的“无为”。如此见之于言语的“无为”没有对语言底蕴的相当程度的把握而不可思议，而由对“不言”的强调所透出的关于语言底蕴的消息正可谓一种独特的语言自觉。在老子这里,“道”第一次作为核心思想范畴的提出与“言”第一次在深层意趣上被反省是相因相成的,它构成中国思想史上一个寓托了灵思开合之契机的玄纽。

即使主张“不言”,把这“不言”的主张说出来仍不能不“言”。老子深知他所遭遇的悖论,不过,这并不妨碍他“言”其“不言”。“不言”是根本的断制,“言”其“不言”乃是出于不得已。这用后来东传中土的佛学的话说,即是“不言”有着“究竟”的意义,而“言”则只是为达于“究竟”而采取的“方便”施设。《老子》五千言皆是为着传示“不言之教”而运用的权变之“言”,其或措辞“恍惚”、设譬相喻而“强为之容”,或遣词造句不拘常例而借重诠表的陌生化示人以“正言若反”。这类终于不落言筌之束缚的话语可谓真正的玄言,它在步其后尘的庄子那里被演绎为“寓言”、“重言”、“卮言”。老子依“道”施“教”还不曾诉诸“寓言”,但已有“重言”(如“圣人云”、“建言有之曰”、“用兵有言曰”等)的使用。至于那些“恍惚”之辞、设譬之语、“若反”之“正言”,则皆可以“卮言”视之。这类可称作“卮言”的言说方式为老子所始创,它最大程度地消除了常用语言由形式逻辑所赋予的措思圭角,让一种言外之意灵动地透示出来。词语的内涵与外延间的张力被引向某种极致,这样锤炼而出的语言固然别有审美价值,但它的主要功能则在于对人的有待觉悟的心灵的启示。

(三)老子“独异于人”,其以“俗人昭昭,我独若昏;俗人察察,我独闽闽”、“众人皆有以,我独顽以鄙”①的姿态决绝地宣告了他对尘垢世界的隐遁,然而无论如何,这位特操卓尔的隐者终是未能隐去他的惓惓救世之心。“圣人恒无心,以百姓心为心”,老子救世是从人心救起的,此即所谓“为天下浑心”②——使天下之人心归于

① 《老子》二十章。

② 《老子》四十九章。

浑朴。在“天下无道,戎马生于郊”[①]的乱世,救治人心首先在于救治那些身居上位的治人者,因为唯其“无为”百姓才可能“自化”,唯其“欲不欲”百姓才可能“自朴”。如此救治自治人者以至治于人者而使之“载营魄抱一”[②]——魂魄相合而抱朴——是一种教化,亦是一种政治,老子遂有了自成一家之说的治化思想。这治化思想的终极目标在于“复归于朴”,而其真正的难题则为如何使治人者“欲不欲”从而“使民无知无欲”。

然而,教化对人类欲望的疏导或人的心灵境界的开示固然不可轻忽,而欲望的必要制约却也不能没有合理之制度、律法等提供相应的规范。换一种说法,教化对于人的心灵的开悟主要落在人生的无待维度上,而政治这一涉及人际权利关系的领域终究属于人生的有待维度。老子把“治国”、“取(治)天下”一元化于“欲不欲”而“无知无欲”的“浑心”引导上了,其以此对人生终究不能没有的有待维度的消解,使其治化理想最终适成为幻梦般的美谈。“吾言易知也,易行也,而天下莫之能知也,莫之能行也”[③],这是老子对其道不行于天下的喟叹,亦是对其始终不渝之所行所守的告白。后世学人或不至于狐疑这份感喟或告白的真诚,但其中所寓托的悲情毕竟是浑浩的,它以别一种方式把对人生当有的更深切的反省启示给了人们。

(四)人“法地”、“法天”、“法道”、“法自然”之“法”(取法、师法)是人自觉地“法”,自觉地以“自然”为法而达于“自然”已不再是本始意义上的自然而然之“自然”。老子之学也可谓为“无为”之学,但这无为是被觉悟的“无为”,是人必当“为”之的那种“无为”,即所谓“为无为”。与之相应,“不言之教”亦必得取超越常例的奇

---

① 《老子》四十六章。

② 《老子》十章。

③ 《老子》七十章。

诡言说方式言其“不言”，而既然奇诡之言说毕竟亦是“言”，其与“希言”的“自然”便不可能全然没有扞格。《老子》以五千言抉发“见素抱朴”的“自然”之“道”终于可能，非对人生之究竟有所“觉”因而非对前哲所遗的人世沧桑的道理有所“学”而不可拟想，非有“言”的传示（诸如“圣人”之言、“建言”、“用兵有言”）与“言”的不落常言窠臼的运作（所谓“善言者无瑕谪”[①]）而不可拟想。而这正表明，“言”、“学”到底未可全然废黜。“言”、“学”因而“文”的终究不可尽弃，这使老子浑然一体的玄言露出诡谲的裂隙。或者，裂隙也是一种敞开，别有宗趣的诸子其他学说——尤其是主张“或默或语”[②]而“文质彬彬”[③]的儒家学说——有可能从这里找到其另辟蹊径的最初的灵感。

---

① 《老子》二十七章。
② 《周易·系辞上》。
③ 《论语·雍也》。

道经疏解

一　章

道,可道也,	道,若可晓告,
[非恒道也;	便不是恒常之道;
名,可名也,	名,若可言称,
非]恒名也。①	便不是恒常之名。
无名,	道无名可称,
万物之始也;	——当它为万物所本;
有名,	道勉可命名,
万物之母也。②	——当它为万物母君。
故恒无欲也,	所以,以其恒常无所欲求,
[以观其眇];	体察道的幽微杳冥;
恒又(有)欲也,	以其恒常有所趋就,
以观其所噭(皦)。③	观瞩道的呈露有征。
两者同出,	无欲、有欲共其所出,
异名同胃(谓),	无名、有名同其所谓,
玄之又玄,	这意趣玄而又玄呵,
众眇之门。④	乃是通着那众多奥义的门径。

【校释】

①道,可道也,[非恒道也;名,可名也,非]恒名也。

帛书乙本"恒名"上残损九字，据甲本当为"非恒道也；名，可名也，非"；补损阙后，其字句如上。帛书甲本此节文字所存完好，乙本存留之字句与甲本从同。

郭店楚简本未见此章文字。

王弼本此节文字为："道，可道，非常道；名，可名，非常名。"与帛书甲、乙本相勘校，甲、乙本"恒道"、"恒名"，王本作"常道"、"常名"；"常"与"恒"同义，"恒"当为《老子》所用本字，汉以降改"恒"为"常"乃因避汉孝文帝刘恒讳之故。甲、乙本四"也"字王本俱无。

※诸传世本皆同于王弼本；张君相本无首句，由其注"经术政教之道也"可推知此当属抄写之脱漏。

"道，可道也，非恒道也"，其第一个"道"字为名词，用以喻示人生而天地万物的终极性理趣；《韩非子·解老》所谓"道者，万物之所然也，万理之所稽也"，此"所然"、"所稽"亦即《周易·系辞上》所谓"形而上者谓之道"的那种"形而上者"。其第二个"道"字为动词，意为言说，一如《诗·鄘风·墙有茨》"中冓之言，不可道也"之"道"，亦如《广雅·释诂》所释"道，说也"。"恒道"，恒常不移之"道"；"道"既然为"形而上者"，便不会像时空中的"形而下"之"器"那样委从于兴衰、生灭之运。"道，可道也，非恒道也"乃是说"道"不落言诠，一旦诉诸言语，那表之于言说的道就不再是有着恒常不移之品格的"道"了。

"名，可名也，非恒名也"，其第一个"名"字为名词，此"名"指名称或名谓；第二个"名"字为动词，意为命名或称说。"恒名"，恒常不易之"名"；"恒名"相应于"恒道"。"名，可名也，非恒名也"乃是说与"恒道"相称的"恒名"是无从命名的，倘如命名"形而下"之"器"那样命名"道"，则这由命名而有的名即不再是相应于恒常不移之“道”的恒常不易的“名”了。

②无名，万物之始也；有名，万物之母也。

帛书乙本字句如上。甲本字句与乙本从同。

王弼本此节文字为：“无（無）名，天地之始；有名，万物之母。”帛书甲、乙本“万物之始”王本作“天地之始”，今从帛书本。《史记·日者列传》引此句云“无名者，万物之始也”，王弼注亦云：“凡有皆始于无，故未形无名之时，则为万物之始。及其有形有名之时，则长之、育之、亭之、毒之，为其母也。”其正可与甲、乙本相印证。此外，甲、乙本“无”（非“無”之简体字）王本作“無”（“无”为六体书中奇字之“無”）；甲、乙本“始”下、“母”下并有“也”字，王本俱无。

※诸传世本多同于王弼本，其与王弼本略异者则有：易州景龙碑本、易州开元幢本、遂州龙兴观碑本、敦煌写本之甲本、唐李荣本，二“之”字并无，整节文字为：“无名，天地始；有名，万物母。”

“无名，万物之始也；有名，万物之母也”，司马光《道德真经论》、王安石《老子注》皆将此句读为“无，名天地之始；有，名万物之母”。衡之《老子》三十二章经文“道恒无名”、“始制有名”，三十七章经文“吾将镇之以无名之朴”，四十一章经文“道褒无名”，复衡之以《史记·日者列传》所引古本《老子》语“无名者，万物之始也”，可知“无名”、“有名”俱为老子专用术语，不可破而读之。魏源《老子本义》援丁易东所引《老子》三十二章经文即已指出“上二句以‘有’、‘无’为读者，非也”，蒋锡昌《老子校诂》则再度申说“‘有名’、‘无名’为老子特有名词，不容分析”（蒋锡昌：《老子校诂》，上海：商务印书馆，1937，第6页）。梁启超《老子哲学》、高亨《老子正诂》蹈司马、王之前辙，依然以“无”、“有”为逗，张松如《老子校读》遂引蒋说又一次予以矫正。

“无名”、“有名”皆喻“道”之称，其相系与相异可由“万物之始”、“万物之母”之“始”与“母”之蕴意辨其大略。“始”，《说文》释其“女之初也”；“母”，《说文》解为“从女，象褱子之形。一曰象乳子也”。“女之初”为处女，“母”则为“褱（怀）子”之女或乳子（以乳哺子）之女；处女与怀子之女或哺子之女原是一女，前者有孕育、生养之潜质而未孕，后者则既已孕乳而使其生之潜质得以显现。以“女之初”（处女）与“褱子”或“乳子”之女——一女而为未母之女、既母之女——隐喻“道”的朴壹与“道”的生生之德的微妙关联，遂就此晓示了“道”由“无名”而“有名”所称举的“无”、“有”两种性状。

③故恒无欲也，[以观其眇]；恒又（有）欲也，以观其所噭（皦）。

帛书乙本首句“也”后残损四字，据甲本当为“以观其眇”；补损阙后，其字句如上。帛书甲本首句句首残损一字，据乙本当为“故”字。甲、乙本互校，其字句略从同，唯乙本“有”作“又”（“又”为“有”之借字）。

王弼本此节文字为：“故常无（無）欲，以观其妙；常有欲，以观其徼。”与帛书甲、乙本相勘校，甲、乙本“无”（非“無”之简体字）王本作“無”（“无”同“無”）；甲、乙本两“欲”字下并有“也”字，王本俱无；甲、乙本“眇”王本作“妙”，甲、乙本“所噭”王本作“徼”，“噭”当与“眇”相对而言，据此宜从帛书本。

※诸传世本中多有与王弼本略异者，其如：易州景龙碑本、易州开元幢本、遂州龙兴观碑本，无“故”字，两“以”字亦并无，整节文字为：“常无欲，观其妙；常有欲，观其徼。”敦煌写本之甲本，无“故”字，两“以”字亦并无，“徼”作“噭”，整节文字

为："常无欲，观其妙；常有欲，观其曒。"李约本，无"故"字，"徼"作"儌"，整节文字为："常无欲，以观其妙；常有欲，以观其儌。"黄茂材本，"徼"作"窍"，"以观其徼"为"以观其窍"。邢州开元幢本、易州景福碑本、庆阳景祐幢本、周至至元碑本、楼观台碑本、磻溪大德幢本、北京延祐石刻本、唐李荣本、唐《御注》本、唐《御疏》本、张君相本、杜光庭本、强思齐本、道藏无注本、陈景元本、吕惠卿本、司马光本、苏辙本、陈象古本、宋《御解》本、邵若愚本、李霖本、彭耜本、董思靖本、宋李荣本、林希逸本、文如海本、无名氏本、吕知常本、赵志坚本、寇才质本、赵秉文本、时雍本、邓锜本、杜道坚本、吴澄本、张嗣成本、明《御注》本、《永乐大典》本，无"故"字，"故常无欲"为"常无欲"。

河上公、王弼诸家之注皆以"常无欲"、"常有欲"为句，宋人司马光、王安石、苏辙、范应元、林希逸、明人释德清等则断句于"常无"、"常有"；近人马叙伦、劳健、高亨、朱谦之等亦步武上述宋、明人，而陶绍学、東世澂、蒋锡昌等却又上追河上公、王弼，遂于此处颇有争讼。马叙伦《老子校诂》指出："详此二句，王弼、孙盛之徒，并以'无欲'、'有欲'为句；司马光、王安石、范应元诸家，则并以'无'字、'有'字为句。近有陶绍学依本书后文曰'常无欲可名于小'，谓'无欲'、'有欲'仍应连读。易顺鼎则依《庄子·天下篇》曰'建之以常无有'，谓《庄子》已以'无'字、'有'字为句。伦校二说，窃从易也。"（见中华书局"四部要籍注疏丛刊"《老子》，1998，第1587页）蒋锡昌《老子校诂》却认为："此文'无欲'、'有欲'皆老子特有名词，不可分割。三章'常使民无知无欲'、三十七章'无名之朴，夫亦将无欲'、五十七章'我无欲而民自朴'，皆其证也。東世澂曰：'《老子》中"以"字作介词用者，有后置之例……此处"常无欲，以观其妙;常有欲,以观其徼"文例正同,犹云"常以无欲观其妙,常以有欲观其徼"也。于"无"、"有"读,失其旨矣。'(《国立东南大学校刊》第十三号《老子研究法》)束氏以文例来定'无欲'、'有欲'为读,亦极精确。又以文谊而论,此文'无欲'、'有欲'正分承上文'无名'、'有名'而言。三十七章'无名之朴,夫亦将无欲',以'无欲'紧接'无名'之下,可知二者有密切之关系也。安可以'无'、'有'为读乎?"(蒋锡昌:《老子校诂》,第7-8页)两相校雠,显然以"常无欲"、"常有欲"为逗更契于句脉,但最后之定论尚须勘验于帛书《老子》。无论是帛书甲本,还是帛书乙本,其"无欲"、"有欲"后皆有一"也"字,此汉初古本足可印证河上公、王弼至束世澂、蒋锡昌等之判断不误。

"欲"有多种涵义,此处意为愿望、欲求;"无欲"当指无所欲求,"有欲"则为有所趋就。"妙",依帛书甲、乙本,当为"眇"。清人黄生所撰《义府》云:"篆文妙作纱,本训精微之意。《易》'神也者,妙万物而为言者也',《老子》'常无欲以观其妙',又'玄之又玄,众妙之门',正得本训。后遂以妙为美好之称,故隶字变而从女。"(《义府》卷下《隶释》)又云:"(要妙)本字当作幺纱……自汉以来,又借为美好之称,因改其字从女作妙,其实古无此字。《老子》之妙,必后人所改也。"(《义府》卷下《幼眇》)据此可知,先秦无"妙"字,《老子》"观其妙"之"妙"乃汉人用隶书后由"眇"所改。"眇"之本义在于微小、微茫、眇默,此处以"眇"形容"道"之微茫、眇默,正与《老子》二十一章"道之为物,惟恍惟惚"("惚兮恍兮"、"恍兮惚兮"、"窈兮冥兮")之意味相通。从"恒无欲"、"恒有欲"之对举,可知"观其眇"之"眇"与"观其徼"之"徼"的对举;"眇"为眇茫、眇默之意,则"徼"(jiào)或当作"曒"(jiǎo)。敦煌本即作"曒",校之以帛书甲、乙本"以观其所噭"之"噭"(jiào),"曒"较之河上公、王弼以下诸本之"徼"更合老子本义。"徼"、"曒"、"噭"以至李约本"常有欲以观其儌"之"儌"(jiāo)、《老子》十四章河上公、王弼诸本"其上不皦"之"皦"(jiǎo),皆本之于"敫"(jiǎo)而由"敫"孳乳以生。《说文》释"敫":"光景流也。"段玉裁注云:"谓光景(影)流行,煜燿昭著。""敫"之"光景流"所喻示的昭著、显著、彰显之意,无不隐含于"曒"、"噭"、"皦"、"儌"、"徼"之中。"曒",光明之谓,寓昭著、彰显之意于其中;"噭",声音响亮之谓,亦寓昭著、彰显之意于其中;"皦",光亮洁白之谓,仍寓昭著、彰显之意于其中;至于"徼"、"儌"皆边界、边际之谓,其对界限、畛域的指示亦未尝不寓有"昭著"、"彰显"之意。不过,与"眇"对举,在诸多由"敫"孳乳的字中,"曒"显然更相宜些。于是,所谓"恒无欲也,以观其眇;恒有欲也,以观其所噭(曒)",便应作如是理解:以其恒常无所欲求,体察道的幽微与眇默;以其恒常有所趋就,观览道的运作与呈现。

④两者同出,异名同胃(谓),玄之又玄,众眇之门。

帛书乙本字句如上。甲本下一"之"下残损一字,据乙本当为"门"。乙本"又"甲本作"有"("有"为"又"之借字);除此外,甲、乙本字句从同。

王弼本此节文字为:"此两者同出而异名,同谓之玄,玄之又玄,众妙之门。"与帛书甲、乙本相勘校,王本于"两者"上多一"此"字,于"出"字下多一"而"字,于"同谓"下多"之玄"二字,"眇"则作"妙";甲、乙本"谓"作"胃"("胃"为"谓"之借字),甲本"又"作"有"("有"为"又"之借字)。王本此节文字与帛书甲、乙本文义略从同,然上半节文字之句脉有异。

※诸传世本俱同于王弼本。

"两者",其所指者何,历来争议颇多。凡对上句以"常(恒)无"、"常(恒)有"为读者,如司马光、王安石、苏辙、范应元以至梁启超、马叙伦、朱谦之、高亨等，必以“两者”为“无”与“有”或“常（恒）无”与“常（恒）有”；凡以“常（恒）无欲”、“常（恒）有欲”为读者，则或如河上公所谓“两者，谓‘有欲’、‘无欲’也”，或如王弼所谓“两者，‘始’与‘母’也”，或如吴澄所谓“此两者，谓‘道’与‘德’也”，不一而足。其实，细审全章，“恒无欲”、“恒有欲”何尝不通于“无名”、“有名”，“恒无欲”而“无名”、“恒有欲”而“有名”又何尝不可以“无”、“有”概而言之，诚然，这既不必将“无名，万物之始；有名，万物之母”读为“无，名万物之始；有，名万物之母”，也不必将“恒无欲，以观其眇；恒有欲，以观其所噭（皦）”读为“恒无，欲以观其眇；恒有，欲以观其所噭（皦）”。

与“两者”的歧说纷纭相应，“同出”亦有不同诠注。自大端而言，河上公注、王弼注是最具代表性的两种说法。河上公注：“同出者，同出人心也。”王弼注：“同出者，同出于玄也。”前者以“无欲”、“有欲”之“欲”为人之“欲”，所以称其“同出”于“人心”；后者以“无名”（“始”）、“有名”（“母”）喻示“道”，所以称其“同出”于“玄”。依王弼之见，“夫‘道’也者，取乎万物之所由也；‘玄’也者，取乎幽冥之所出也；‘深’也者，取乎探赜而不可究也；‘大’也者，取乎弥伦而不可极也；‘远’也者，取乎绵邈而不可及也；‘微’也者，取乎幽微而不可睹也。然则，‘道’、‘玄’、‘深’、‘大’、‘微’、‘远’之言，各有其义，未尽其极者也。然弥伦无极，不可名细；微妙无形，不可名大。是以篇云‘字之曰道’、‘谓之曰玄’，而不名也”（王弼：《老子指略》）。这即是说，在王弼这里，尽管“道”、“玄”、“深”、“大”、“微”、“远”皆是对“常道”（“恒道”）的各取一端而“未尽其极”的形容，但比勘而言，“道”与“玄”是用于此一形容的最相宜的术语。亦即是说，“道”、“玄”之所指原只是同一“惚恍”之“状”（“无状之状，无物之象”——《老子》十四章），因此，“同出”于“玄”正可谓“同出”于“道”。不过，真正说来，“无欲”、“有欲”可对人而言,却也未始不可对“道”而言;谓“道”之“无欲”、“有欲”,乃是拟人以言道。如此,“两者”既可以说是“无名”(“始”)、“有名”(“母”),也可以说是“恒无欲”、“恒有欲”,因而,“同出”既可以说“无名”、“有名”同出于“道”,也可以说“恒无欲”、“恒有欲”同出于“道”。“无名”与“恒无欲”相贯,“有名”与“恒有欲”相贯,全章主旨乃在于“道”(“恒道”)的标示,而其一以贯之的致思线索则在于“无”(“无名”而“恒无欲”)、“有”(“有名”而“恒有欲”)两者相即不离而同一于“道”(“恒道”)。

这“无”(“无名”而“恒无欲”)、“有”(“有名”而“恒有欲”)相即不离而同一于“道”(“恒道”)的理致是玄微而又玄微的,懂得了如此玄微而又玄微的理致,也就找到了领悟“道”(“恒道”)的诸多奥趣的门径。此之谓:“玄之又玄,众眇之门。”

【疏解】

此章乃是老子“道”论的总纲,亦可视为整部《道德经》的眼目。“道”(“恒道”)由此而导,“名”(“恒名”)由此而明;老子之属意,于此可窥其大略,五千言的致思脉络亦就此敷演而出。

“道”是老子运思的至极范畴,它由通常所谓“道路”(导路)之“道”升华而来,至老子时它已有了“形而上者谓之道”的那种“形而上”的品格。甲骨文未见“道”字,但已有“道”之异构字“衜”()出现。“衜”亦见于周之石鼓文,宋明金石学家薛尚功、杨升庵等已将“衜”训作“道”。郭店楚简本《老子》中三处“道”字写作“衜”,这印证了甲骨文、石鼓文中的“衜”字即“道”字之异构。比“衜”晚出,“道”在西周金文中写作“”。“衜”字从行(甲骨文“行”字写作“”)从人(甲骨文“人”字写作“”),“道”字从行从首(甲骨文“首”字写作“”),而“首”指代“人”,因此“衜”与“道”同为一字。就初始之意而言,甲骨文“衜”、金文“道”皆为人于十字

路口寻路或辨路而行。寻或辨涉及所行方向的选择，其在于对所行方向的辨而导之，而这正可印证于唐人陆德明"'道'本或作'导'"（《经典释文·尔雅音义》）之说。

老子遭逢春秋末季，周代"郁郁乎文"（《论语·八佾》）数百年后这时已日见"文敝"（《史记·高祖本纪》）——"文胜质则史（饰）"（《论语·雍也》）——而"礼坏乐崩"。"文敝"的现实逼使敏感于此的老子从终极处反省人为之"文"对于人生而天地万物的意义，其"恒道"意味上的"道"的提出乃在于导示世人弃"文"复"朴"以返回生命之自然。在老子看来，朴浑而自然是人生与万物本始之常态，而任何"文"——相对于自然它涵括了所有措意为之的人为——的出现都会打破这种常态的浑全或纯备。人的言说是人为之"文"的一种，为"道"之所导的那种浑化之自然一旦诉诸言说即可能为言说所析离。所以，从根本上说，言喻这一人为之"文"与朴壹的自然之"道"终究是不相应的，此所谓"道，可道也，非恒道也"。

"名"字的出现早于"道"字，其在甲骨文中写作"ㅂD"。一如后来篆体、隶体的"名"字，甲骨文的"ㅂD"亦"从口从夕"，只是《说文》对其所作"名，自命也"、"夕者，冥也，冥不相见，故以口自名"的解释，尚难以从既经发现的甲骨卜辞中得到印证。但酝酿并初成篇章于春秋末期的《老子》，其"名"已具有"自命"之"命"意（命名、称呼、告诉）而与"明"相通："名，明也，名实使分明也。"（刘熙：《释名·释言语》）命名使浑沌中的世界得以依类判物，而为人所分辨，然而，先前浑沌中的那种圆备也因着如此的察识而被打破。因此，通常所谓"名"是对万物中的此一（种）物或彼一（种）物的命名，其"名"是可称说的（"可名"）；但这样的"名"不是那种可喻示或可称述恒常之"道"的恒常之"名"（"恒名"）。此所谓"名，可名也，非恒名也"。"道"作为"万物之始"，其浑朴而一任自然，因而无可名状或无从描摹（“无名”）；“道”作为“万物之母”，其所成全的森然万象可予名状、可予描摹，所以其对可予名状或描摹的万物的成全本身遂亦勉可予以名状或描摹（“有名”）。此所谓“无名，万物之始也；有名，万物之母也”。

与“道”的无可名状、无从描摹相应的是“道”的恒常无所欲求（“恒无欲”），与“道”因着成全可名状的万物而自身遂亦勉可名状、勉可描摹相应的是“道”的恒常有所趋就（“恒有欲”）。“道”的恒常有所趋就（“恒有欲”）唯在于对万物的“生之、畜之、长之、遂之、亨之、毒之、养之、覆之”（《老子》五十一章），但“道”的这种有所趋就本身即体现了“道”在究竟处的无所欲求，亦即其“生而弗有，为而弗恃，长而弗宰”（同上）。“道”在对万物的成全中恒常显现，而“道”之显现的深眇终在于其“弗有”、“弗恃”、“弗宰”的“恒无欲”，此即所谓“恒无欲也，以观其眇；恒有欲也，以观其所噭（曒）”。

老子之“道”不像古希腊哲学中的“逻各斯”（λὸγoς）那样把一种势所必至的“命运”——所谓“不可挽回的必然”（伊壁鸠鲁）——强加于宇宙万物和人，它没有那种一匡天下的咄咄逼人的霸气，它对于万物和人并不意味着一种强制性的他律（人和万物之外或之上的某种律令）。“道”也决非黑格尔以思辨所悬设的那种“绝对理念”（absolute Idee）；作为精神实体的“绝对理念”利用人类的“热情”（利欲、权势欲等）对人施以“理性的狡计”，从而在一种“正、反、合”的逻辑节奏中为自己的既定目标开辟道路，“道”则决无预谋，亦决不把人与万物用作达到自己某种目的——真正说来“目的”之谓对于它全然不相应——的资具。“道”不是实体，既非不同于诸物态实体（“万物”）的另一物态实体，也非“逻各斯”、“绝对理念”那样的精神实体。它只意味着一种对“文”之所“蔽”消而除之的引导，一种对摈绝一切造作以使人与万物归于自然而然的开示。“道”之所“导”无所谋取,无所执着,这诚可谓其始终无所欲求(“恒无欲”)而无可标示(“无名”),但既然其确有所“导”而从不间断,则又不可不谓之始终有所趋就(“恒有欲”)而未始不可称述(“有名”)。“无”(“无名”而“恒无欲”)与“有”(“有名”而“恒有欲”)同出于“道”之所导,名虽相异却相即于一,这“异名”而“同谓”的玄眇趣致乃在于:其形而上境地的持存同其对形而下俗世导引的相因相成,与其说是对“道”的阏机的最后吐露,不如说是对领悟“道”的诸多奥义之门径(“众眇之门”)的深切喻示。

二　章

天下皆知美之为美，	(若是)天下人都知道美之为美，
亚(恶)已；	这(尽人皆知的美)就丑了；
皆知善，	(若是)天下人都知道善之为善，
斯不善矣。[①]	这(尽人皆知的善)就不善了。
	(其犹如)
[有无之相]生也，	有与无相转化而发生，
难易之相成也，	难与易相比较而互成，
长短之相刑(形)也，	长与短相对照而见形，
高下之相盈也，	高与下相补足而互明，
音声之相和也，	音与声相附丽而应和，
先后之相隋(随)〔也〕，	先与后相伴随而追从，
恒也。[②]	这是一种常则呵，一种恒训。
是以耶(圣)人居无为之事，	所以圣人从事无为之事业，
行不言之教：	施行不言之教化：
万物昔(作)而弗始〔也〕，	听任万物生息而无所谋图，
为而弗侍(恃)也，	成全万物化育而不自恃，
成功而弗居也。	功业有成而不居功自负。

夫唯弗居，	正因着不以有功者自居，
是以弗去。[3]	所以那功烈才永远不会失去。

【校释】

①天下皆知美之为美，亚(恶)已；皆知善，斯不善矣。

帛书乙本字句如上。甲本上一“美”字下无“之”字(当系脱漏)，“亚”作“恶”(同“亚”)，“斯”作“訾”(“訾”通“此”，与“斯”同义)。甲、乙本虽用字有别，但其句脉、文义无异。

郭店楚简(甲)本此节文字为：“天下皆智散之为娧也，亚已；皆智善，此其不善已。”“散”、“娧”皆为“美”之异体字。“智”，即“知”，为“知”之古字。与帛书甲、乙本相勘校，其个别用字——如乙本“斯”、甲本“訾”楚简本作“此其”等——略有出入，而句脉、文义并无不同。

王弼本此节文字为：“天下皆知美之为美，斯恶已；皆知善之为善，斯不善已。”与帛书甲、乙本相勘校，王本“恶”(同“亚”)字上有“斯”字，上一“善”字下比甲、乙本多出“之为善”三字，但此节文字之文义与帛书甲、乙本并无不侔。

※诸传世本多同于王弼本，其略异者则有：李道纯本，上一“已”字作“矣”，“斯恶已”为“斯恶矣”。达真子本、范应元本、刘骥本，下一“皆”字上有“天下”二字，“皆知善之为善”为“天下皆知善之为善”。道藏无注本、苏辙本、董思靖本、吕知常本、张嗣成本、薛蕙本，两“已”字并作“矣”，“斯恶已”为“斯恶矣”，“斯不善已”为“斯不善矣”。唐《御疏》本、宋李荣本，下一“已”字作“矣”，“斯不善已”为“斯不善矣”。

《淮南子·道应训》篇首转述《庄子·知北游》中寓言人物泰清

与无穷、无为、无始的一段对话，其文句略有变通，谓："太清问于无穷曰：'子知道乎？'无穷曰：'吾弗知也。'又问于无为曰：'子知道乎？'无为曰：'吾知道。''子之知道亦有数乎？'无为曰：'吾知道有数。'曰：'其数奈何？'无为曰：'吾知道之可以弱，可以强；可以柔，可以刚；可以阴，可以阳；可以窈，可以明；可以包裹天地，可以应待无方。此吾所以知道之数也。'太清又问于无始，曰：'乡者，吾问道于无穷，无穷曰："吾弗知之。"又问于无为，无为曰："吾知道。"……若是，则无为知与无穷之弗知，孰是孰非？'无始曰：'弗知之深而知之浅，弗知内而知之外，弗知精而知之粗。'太清仰而叹曰：'然则不知乃知邪？知乃不知邪？孰知知之为弗知，弗知之为知邪？'无始曰：'道不可闻，闻而非也；道不可见，见而非也；道不可言，言而非也。孰知形[形]之不形者乎！'故《老子》曰：'天下皆知善之为善，斯不善也。'故知者不言，言者不知也。"由这一致思路径领悟所谓"天下皆知美之为美，亚（恶）已；皆知善，斯不善矣"，或可契会于《老子》如此置辞之初衷。

"天下皆知"即尘俗之世人皆知，其对"美"、"善"之知必为世俗之好恶、弃取之眼光与局度所囿；如此之"美"、"善"非恒常之"美"、"善"，以这样的"美"、"善"为"美"、"善"而争相趋求则必至落于"恶（丑）"与"不善（恶）"。"亚"，同"恶"，丑之谓。段玉裁注《说文·亚部》"亚，丑也"云："此亚之本义。亚与恶音义皆同。"老子处于"文敝"之世，其时天下"美"、"善"观念流于文饰，不再有朴茂的生命情调融于其中，"皆知美之为美，亚（恶）已；皆知善，斯不善矣"的喟叹正可谓有感而发。

②[有无之相]生也，难易之相成也，长短之相刑（形）也，高下之相盈也，音声之相和也，先后之相隋（随）〔也〕，恒也。

帛书乙本"生"上残损四字，据甲本当为"有无之相"；依上下文之句脉，"隋（随）"后脱一"也"字，当补。补损阙、脱文后，其字句如上。甲本“音”作“意”(当为“音”字抄写之误),其他字句则与乙本从同。

郭店楚简(甲)本此节文字为:“又亡之相生也,難悬之相城也,长耑之相型也,高下之相涅也,音圣之相和也,先后之相墮也。”“又”,通“有”,为“有”之借字。“亡”,与“无”同义,此处读作 wú。“難”,读作“难”。“悬”,读作“易”。“城”,通“成”,为“成”之借字。“耑”,“端”之古字,借作“短”。“型”,通“形”,为“形”之借字。“涅”,此处与“盈”音义皆同。“圣”,通“声”,为“声”之借字。“墮”,或为“隋”之误,通“随”。其与帛书甲、乙本句脉、文义略从同,唯甲、乙本此节之末有“恒也”句,楚简本无。

王弼本此节文字为:“故有无(無)相生,难易相成,长短相较,高下相倾,音声相和,前后相随。”与帛书甲、乙本相勘校,王本首句句首多一“故”字,甲、乙本前六句句中六“之”字(乙本残损其一,据甲本补之)、句末六“也”字王本并无,甲、乙本“相刑(形)”、“相盈”、“先后”王本分别作“相较”、“相倾”、“前后”,甲本“无”(此字乙本残损,该“无”非“無”之简体字)王本作“無”,“无”同“無”。其最大的差异则在于,王本无帛书甲、乙本“恒也”句,而此则与楚简本同。

※诸传世本中多有与王弼本略异者,其如:遂州龙兴观碑本、张君相本,无“故”字,“较”作“形”,“前”作“先”,整节文字为:“有无相生,难易相成,长短相形,高下相倾,音声相和,先后相随。”敦煌写本之甲本,无“故”字,“故有无相生”为“有无相生”;“较”作“形”,“长短相校”为“长短相形”;“前”作“先”,“前后相随”为“先后相随”。唐李荣本、强思齐本,“较”作“形”,“长短相较”为“长短相形”;“前”作“先”,“前后相随”为“先后相随”。吕惠卿本、苏辙本、陈象古本、宋《御解》

本、邵若愚本、彭耜本、董思靖本、文如海本、杜道坚本，六“相”字上并有“之”字，“较”作“形”，“音声”作“声音”，整节文字为：“故有无之相生，难易之相成，长短之相形，高下之相倾，声音之相和，前后之相随。”易州景福碑本、邢州开元幢本、庆阳景祐幢本、周至至元碑本、楼观台碑本、磻溪大德幢本、北京延祐石刻本、傅奕本、李约本、唐《御注》本、唐《御疏》本、陆希声本、杜光庭本、王真本、道藏无注本、陈景元本、司马光本、李霖本、白玉蟾本、宋李荣本、范应元本、无名氏本、吕知常本、寇才质本、赵秉文本、时雍本、邓锜本、张嗣成本，六“相”字上并有“之”字，“较”作“形”，整节文字为：“故有无之相生，难易之相成，长短之相形，高下之相倾，音声之相和，前后之相随。”（周至至元碑本“无”作“亡”）泰州广明幢本，六“相”字上并有“之”字，整节文字为：“故有无之相生，难易之相成，长短之相较，高下之相倾，音声之相和，前后之相随。”李道纯本、焦竑本、周如砥本，“较”作“形”，“长短相较”为“长短相形”；“音声”作“声音”，“音声相随”为“声音相随”。河上公（影宋、道藏）本、林希逸本、刘惟永本、吴澄本、明《御注》本、危大有本、释德清本、薛蕙本、潘静观本，“较”作“形”，“长短相较”为“长短相形”。

清毕沅《老子道德经考异》云：“古无‘较’字。本文以‘形’与‘倾’为韵，不应用‘较’。”近人刘师培《老子斠补》亦指出：“《文子》云：‘长短不相形。’《淮南子·齐俗训》曰：‘短修相形。’疑《老子》本文亦作‘形’，与‘生’、‘成’、‘倾’协韵。‘较’乃后人旁注之字，以‘较’释‘形’，校者遂以‘较’易‘形’矣。”这对有的传世本“长短相较”所作“长短相形”的矫正，乃至不少传世本于“相生”、“相成”、“相形”、“相倾”、“相和”、“相随”前加“之”字以别于诸多别一些传世本，其裁正之准确皆可证之以帛书本，单是这一点即足以表明帛书本较传世本更可信从。帛书本“高下之相盈”在传世本中或为“高下之相倾”，或为“高下相倾”，“倾”、“盈”虽词义有异，然“相盈”、“相倾”之于“高下”之趣致略通。至于帛书本句末之“恒也”为传世本所无，其涉及义理之是否完足，由此则更可窥知二者的优绌。

显然，此句的“有无”、“难易”、“长短”、“高下”、“音声”、“先后”承上句的“美亚（丑）”、“善不善（恶）”而来，“相生”（相互显现）、“相成”（相互确定）、“相刑（形）”（“刑”通“形”，相互对照）、“相盈”（相互补足）、“相和”（相互附和）、“相隋（随）”（相互追从）则皆有相对而相即之义；由“有无”、“难易”、“长短”、“高下”、“音声”、“先后”的相即不离，所申论的乃是为人所判别、分辨的一切皆无恒常可言。要想真正领悟恒常之美、善，不可同流于为世人所言辩而一再文饰的所谓美、善；要想真正领悟恒常之道，不可同流于为世人所言辩而一再文饰的所谓道，这是老子借“有无相生”、“难易相成”等话题以喻说其耿耿孤诣的苦心所在。

③是以耶（圣）人居无为之事，行不言之教：万物昔（作）而弗始〔也〕，为而弗侍（恃）也，成功而弗居也。夫唯弗居，是以弗去。

据帛书甲本及乙本上下句脉，乙本“弗始”下脱一“也”字；补脱文后，其字句如上。甲本“行”下残损十字，据乙本当为“不言之教：万物作而弗始”。甲本所存文字与乙本相勘校，乙本“耶”（聖之省写）甲本作“声”，“声”借作“圣”（聖）；乙本“侍”甲本作“志”（“侍”、“志”同为“恃”之借字）；乙本“夫唯弗居”甲本作“夫唯居”，甲本“居”前脱一“弗”字，当系书写之误。甲、乙本用字不尽同，但二者句脉、文义无别。

郭店楚简（甲）本此节文字为：“是以圣人居亡为之事，行不言之教，万勿復而弗怡也，为而弗志也，城而弗居。天唯弗居也，是以弗去也。""勿",通"物",为"物"之借字。"復",即"作",为"作"之异体字。"忖",通"始",为"始"之借字。"志",通"恃",为"恃"之借字。"城",通"成",为"成"之借字。与帛书甲、乙本相勘校,楚简本"城"字下脱一"功"字,"天"当是"夫"字之误。其用字与帛书甲、乙本多有差异,然二者句脉、文义并无不同。

王弼本此节文字为:"是以圣人处无(無)为之事,行不言之教:万物作焉而不辞,生而不有,为而不恃,功成而弗居。夫唯弗居,是以不去。"与帛书甲、乙本相勘校,甲、乙本"居"王本作"处"("居"、"处"同义),甲、乙本"无"(非"無"之简体字)王本作"無"("无"同"無"),甲、乙本"始"王本作"辞"("辞"通"始"而为"始"之借字),甲、乙本"成功"王本作"功成",而二者的最大差别则在于王本多出"生而不有"句,其或为衍文,宜从帛书本。

※诸传世本多有与王弼本略异者,其如:遂州龙兴观碑本、敦煌写本之甲本,"人"下有"治"字,无"焉"字,"辞"作"为始",无"生而不有"句,"功成"作"成功",无后一"而"字,二"弗"字并作"不",二"居"字并作"处",整节文字为:"是以圣人治,处无为之事,行不言之教:万物作而不为始,为而不恃,成功不处。夫唯不处,是以不去。"(遂州龙兴观碑本"为而不恃"作"为而恃",无"不"字,显系书写脱误,今补一"不"字以复其原貌。)唐李荣本,"人"下有"治"字,无"焉"字,"功成"作"成功",无后一"而"字,二"弗"字并作"不",整节文字为:"是以圣人治,处无为之事,行不言之教:万物作而不辞,成功不居。夫唯不居,是以不去。"张君相本,"人"下有"治"字,无后一"而"字,下一"弗"字作"不",整节文字为:"是以圣人治,处无为之事,行不言之教:万物作焉而不辞,生而不有,为而不恃,功成弗居。夫唯不居,是以不去。"强思齐本,"人"下有

"治"字,其下又有"也"字,无"焉"字,无后一"而"字,二"弗"字并作"不",整节文字为:"是以圣人治也,处无为之事,行不言之教:万物作而不辞,生而不有,为而不恃,功成不居。夫唯不居,是以不去。"易州景龙碑本,无"焉"字,"功成"作"成功",无后一"而"字,二"弗"字并作"不",整节文字为:"是以圣人处无为之事,行不言之教:万物作而不辞,生而不有,为而不恃,成功不居。夫唯不居,是以不去。"易州开元幢本、周至至元碑本、楼观台碑本、磻溪大德幢本、北京延祐石刻本、唐《御注》本、陆希声本、杜光庭本、道藏无注本、陈景元本、吕惠卿本、司马光本、苏辙本、陈象古本、宋《御解》本、邵若愚本、李霖本、彭耜本、董思靖本、文如海本、吕知常本、寇才质本、赵秉文本、时雍本、李道纯本、杜道坚本、张嗣成本、危大有本,无"焉"字,无后一"而"字,二"弗"字并作"不",整节文字为:"是以圣人处无为之事,行不言之教:万物作而不辞,生而不有,为而不恃,功成不居。夫唯不居,是以不去。"(磻溪大德幢本、道藏无注本、苏辙本、宋《御解》本、彭耜本、董思靖本、吕知常本、李道纯本、杜道坚本、张嗣成本、危大有本,"唯"作"惟")傅奕本,无"焉"字,"辞"作"为始",无后一"而"字,二"弗"字并作"不",二"居"字并作"处",整节文字为:"是以圣人处无为之事,行不言之教:万物作而不为始,生而不有,为而不恃,功成不处。夫唯不处,是以不去。"邢州开元幢本、李约本、唐《御疏》本、无名氏本、吴澄本、明《御注》本、薛蕙本,无"焉"字,二"弗"字并作"不",整节文字为:"是以圣人处无为之事,行不言之教:万物作而不辞,生而不有,为而不恃,功成而不居。夫唯不居,是以不去。"易州景福碑本、宋李荣本,无"焉"字,"万物作焉而不辞"为"万物作而不辞";无后一"而"字,上一"弗"字作"不","功成而弗居"为"功成不居"。邓锜本,无"焉"字,上一“弗”字作“不”，无“夫唯弗居”句，整节文字为：“是以圣人处无为之事，行不言之教：万物作而不辞，生而不有，为而不恃，功成而不居，是以不去。”白玉蟾本，无“焉”字，“万物作焉而不辞”为“万物作而不辞”。范应元本，“辞”作“为始”，二“弗”字并作“不”，二“居”字并作“处”，整节文字为：“是以圣人处无为之事，行不言之教：万物作焉而不为始，生而不有，为而不恃，功成而不处。夫唯不处，是以不去。”河上公（道藏）本，无后一“而”字，“功成而弗居”为“功成弗居”；下一“弗”字作“不”，“夫唯弗居”为“夫唯不居”。庆阳景祐幢本、王真本，无后一“而”字，二“弗”字并作“不”，“功成而弗居”为“功成不居”，“夫唯弗居”为“夫唯不居”。《永乐大典》本，无后一“而”字，“功成而弗居”为“功成弗居”。林希逸本、释德清本、焦竑本、周如砥本、潘静观本，二“弗”字并作“不”，“功成而弗居”为“功成而不居”，“夫唯弗居”为“夫唯不居”（林本、释德清本、周本、潘本“唯”作“惟”）。林志坚本，上一“弗”字作“不”，“功成而弗居”为“功成而不居”。

“居”有“治”意，办理、处置之谓；“居无为之事”即所谓“事无事”（《老子》六十三章），亦即以无为的态度处事。“行”有实施意，从事、施行之谓；“行不言之教”，即从事不落于言诠的教化。此“无为”、“不言”，承上文剖判“有”与“无”、“难”与“易”、“长”与“短”、“高”与“下”、“音”与“声”、“先”与“后”以至于“美”与“亚（丑）”、“善”与“不善（恶）”而来，其旨趣乃在于泯除刻意之人为以顺遂事物之自然。苏辙注：“当事而为，无为之之心；当教而言，无言之之意。夫是以出于长短之度，离于先后之数，非美非恶，非善非不善，而天下何足以知之。”魏源注：“圣人知有名者之不可常，是故终日为而未尝为，终日言而未尝言，岂自知其为美为善哉？斯则观徼

(曒)而得妙(眇)也。”苏、魏之说颇切老学根柢,可允为笃论。

此段文字是对上句“耶(圣)人居无为之事,行不言之教”的敷演,“昔(作)而弗始”之“弗始”、“为而弗侍(恃)”之“弗侍(恃)”、“成功而弗居”之“弗居”皆在于阐示“无为”、“不言”。“昔”(措)通“作”,意为发生、兴起;“始”,谋之谓,“弗始”即无所图谋;“侍”通“恃”,意为自负、自恃;“居”,依《广雅·释言》可释为“据”,意为占有、占据。“昔(作)”、“为”、“成功”皆可探微于一章所谓“恒有欲”,而“弗始”、“弗侍(恃)”、“弗居”则与一章所谓“恒无欲”意脉相贯,因此“昔(作)而弗始”、“为而弗侍(恃)”、“成功而弗居”之旨趣,亦可关联着所谓“两者同出,异名同胃(谓)”默识而冥会。

【疏解】

此章承续上章,由上章论“道”推而于此章说“教”:与非“可道”之“道”相应和,这里所申示的是“不言之教”;与“道”的“恒有欲”而“恒无欲”相贯洽,这里所演述的是“居无为之事”的圣人对于“万物”的“昔(作)而弗始〔也〕,为而弗侍(恃)也,成功而弗居也”。

有其“道”必有其“教”,先秦儒者“修道之谓教”(《礼记·中庸》)的说法在纯然逻辑的意味上未尝不可以用来推绎老子所谓“道”与“教”的内在关联。第二章没有出现“道”字,但标举“教”即是在由修“道”而喻说“道”。自西周以来,风行之“礼”、“乐”无不以“美”、“善”为教,至春秋末季,与“礼坏乐崩”一致的是“美”、“善”流于乡愿——“乡原(愿),德之贼也”(《论语·阳货》)——而变为媚曲之辞。演为缘饰的“美”、“善”盛称于天下人之口,却适成一种“丑”、“恶”而戕败天下人之心。所以,老子遂宁可拒斥这削夺了人之朴真天性的“美”、“善”,而痛切告诫世人:“天下皆知美之为美,亚(恶)已;皆知善,斯不善矣。”

老子如此讽论“美”而至于“亚(丑)”、“善”而至于“不善(恶)”,也取譬于“有无”、“难易”、“长短”、“高下”、“音声”、“先后”之关系以作印证。在他看来,“有无之相生也,难易之相成也,长短之相刑(形)也,高下之相盈也,音声之相和也,先后之相隋(随)也,恒也”。近人多以“辩证”思致领会老子之所喻,但由此而把特定语境下谈及的“美”与“亚(丑)”、“善”与“不善(恶)”归结为一种被几乎说滥了的“对立统一”,可能并不切合其原意。

其实,只要关联着《老子》二十章“唯与呵,其相去几何?美与恶,其相去何若”而细审其趣,即不难明了老子取譬“无有”、“难易”、“长短”等以说“美”与“亚(丑)”、“善”与“不善(恶)”的意致所在。论主并不是要重复世人尽知的有“无”即有“有”、有“难”即有“易”、有“长”即有“短”——从而有“美”即有“亚(丑)”——之类的常识性道理,而是要由其相对的性状导示某种恒常而未加剖判、分别的境地,以求对那种对立中之双方相互转换的超越。老子是不驻念于世俗“有无”、“难易”、“长短”、“高下”、“音声”、“先后”的任何一方的,他以“相生”、“相成”、“相形”、“相盈”、“相和”、“相随”泯却其界限不是要调和二者,而是为着扬弃二者以归于“恒道”所指示的浑朴、圆备之境。因此,他不会执着于世俗的“美”、“善”,反倒是要淡化这些过多地浸染了人的文饰的价值。倘一定要说老子心目中自有其“美”、“善”,这“美”、“善”也当是不在尘网的好恶、迎拒中的“大美”、“大善”。有如“大方无隅”、“大音希声”、“大象无形”(《老子》四十一章),“大美”、“大善”乃是不可“言”“知”、无从觅见其端崖的美、善。

如果说“天下皆知美之为美,亚(丑)已;皆知善,斯不善矣”是对陷于“文敝”的世俗教化的遮拨,那么所谓“耶(圣)人居无为之事,行不言之教”即是老子对自己所主张的相称于“恒道”的教化的昭布。“道”既然不“可道”,修“道”之“教”便决不可诉诸言诠;“不言之教”只在于行此“教”者的切实躬行,这躬行即在于“居无为之事”——以“无为”为其所从事。尽管“行不言之教”可以说是全章的点睛之语,但“不言之教”的施行则终是要落在“圣人”的“居无为之事”上。“圣人”是指晓悟“恒道”而居于治理国家、天下之地位的人,其“居无为之事”的做法即是表述于此章之末段的“万物昔(作)而弗始也,为而弗侍(恃)也,成功而弗居也”。这里的“万物”可理解为天地间的万事万物,此即“无名,万物之始也;有名,万物之母也”之“万物”;“万物”之“物”亦可理解为人,所以“万物”亦未尝不可称之为百姓。应该说,前一种意义上的“万物”涵括了后一种意义上的“万物”,然而即使是在前一种意义上,“万物”中的人亦是其重心或焦点所在。听任万物生息而无所谋图,惠及万物而不恃之自负,成全万物之化育而不以有功者自居,这“无为”不是无所事事,其毋宁说又是“无不为”。“无为”而“无不为”之“无为”不可理解为一种策略,而“无不为”亦决不可看作是事先即已谋虑于此的某种目的。同样,章末两句“夫唯弗居,是以弗去”,其意蕴也不可带着功利之机心妄作诠度,不可将“弗去”与“弗居”分别以既定的目标与相应的手段视之。

老子由“耶(圣)人居无为之事,行不言之教”所示之天下的教化诚然可施用于政治,但这并不意味着“不言之教”唯政治是务,因此,所谓“居无为之事”自始便不可理解为某种不无权谋性智慧的“君人南面之术”。

三　章

不上贤，	不崇尚所谓贤者，
使民不争；	使世人不为才略相争；
不贵难得之货，	不看重难得的财货，
使民不为盗；	使世人不为利赂而起盗心；
不见可欲，	不显耀可诱发欲望的东西，
使民不乱。①	使世人不至于迷性乱神。
是以耶(圣)人之治也，	所以圣人这样治理天下，
虚其心，	淡泊人们的争心，
实其腹，	饱足人们的肚腹，
弱其志，	削弱人们的志虑，
强其骨。	强壮人们的骨筋。
恒使民无知无欲也，	常使世人无知无欲，
使夫知不敢。	使人们懂得不逞强争胜。
弗为而已，	只是无为而已，
则无不治矣。②	这样天下就不会不进于治平。

【校释】

①不上贤，使民不争；不贵难得之货，使民不为盗；不见可欲，使民不乱。

帛书乙本字句如上。甲本“贤”下残损十一字，据乙本当为“使民不争；不贵难得之货，使”；“为”下残损一字，据乙本当为“盗”；第五个“不”字下残损四字，据乙本当为“见可欲，使”。甲本残存文字与乙本相应文字从同。

郭店楚简本未见此章文字。

王弼本此节文字为：“不尚贤，使民不争；不贵难得之货，使民不为盗；不见可欲，使民心不乱。”与帛书甲、乙本相勘校，甲、乙本“上”王本作“尚”（“上”、“尚”古字通）；甲、乙本“使民不乱”王本作“使民心不乱”；“民不乱”与“民心不乱”虽语义不相悖牾，但依上文“使民不争”、“使民不为盗”之例似应以“使民不乱”为是。今从帛书本。

※诸传世本多有与王弼本略异者，其如：易州景龙碑本，“尚”作“上”，无“为”字，无后一“民”字，整节文字为：“不上贤，使民不争；不贵难得之货，使民不盗；不见可欲，使心不乱。”遂州龙兴观碑本，“尚”作“上”，前二“民”作“人”，无“为”字，无后一“民”字，整节文字为：“不上贤，使人不争；不贵难得之货，使人不盗；不见可欲，使心不乱。”敦煌写本之甲本，“尚”作“上”，“贤”作“宝”，无“为”字，无后一“民”字，整节文字为：“不上宝，使民不争；不贵难得之货，使民不盗；不见可欲，使心不乱。”易州开元幢本、强思齐本，无“为”字，“使民不为盗”为“使民不盗”；无后一“民”字，“使民心不乱”为“使心不乱”。邢州开元幢本、易州景福碑本、泰州广明幢本、楼观台碑本、磻溪大德幢本、北京延祐石刻本、河上公（影宋、道藏）本、《群书治要》本、李约本、唐李荣本、唐《御注》本、唐《御疏》本、陆希声本、张君相本、杜光庭本、王真本、道藏无注本、吕惠卿本、司马光本、苏辙本、陈象古本、宋《御解》本、邵若愚本、李霖本、白玉蟾本、彭耜本、董思靖本、宋李荣本、林希逸本、文如

海本、无名氏本、吕知常本、寇才质本、赵秉文本、时雍本、李道纯本、刘惟永本、张嗣成本、危大有本、释德清本、薛蕙本、焦竑本、周如砥本、潘静观本，无后一“民”字，“使民心不乱”为“使心不乱”。

“上”通“尚”，崇尚、推重之谓。“不上贤”即不推重那些图谋世俗功利之能者。

“贵”，推尚、看重之谓，亦即“以……为贵”。“不贵难得之货”即不以难得的财货为贵。

“见”(xiàn)，显现、显露之谓，这里有凸显、彰显意；“不见可欲”即不凸显才能、利货等可诱发人的求取欲望的东西。如此，方能使世人不陷于竞争，不沦为盗贼，而民心遂不至于为利欲所乱。

②是以耶(圣)人之治也，虚其心，实其腹，弱其志，强其骨。恒使民无知无欲也，使夫知不敢。弗为而已，则无不治矣。

帛书乙本字句如上。甲本损毁严重，“之”字下残损十一字，据乙本当为“治也，虚其心，实其腹，弱其志”；次一“使”字下悉残损，据乙本，此节所损当为“夫知不敢。弗为而已，则无不治矣”。除“耶”(圣)作“声”(“声”为“圣”之借字)外，甲本残留文字与乙本相应文字从同。

王弼本此节文字为：“是以圣人之治，虚其心，实其腹，弱其志，强其骨。常使民无(無)知无(無)欲，使夫智者不敢为也。为无(無)为，则无(無)不治。”与帛书乙本勘校，乙本三“无”(甲本残存一字)王本并作“無”，此“无”非“無”之简体字，同“無”；乙本“使夫知不敢、弗为而已”王本作“使夫智者不敢为也。为无为”。朱谦之曾考辨传世本文句之异云：“据罗(振玉)氏影印贞松堂藏《西陲秘籍丛残》校敦煌本，‘敢’下有‘不’字，罗《考异》中失校。又遂州碑本亦作‘不敢不为也’。强思齐引成玄英疏：‘前既舍有欲无欲，复恐无欲之人滞于空见，以无欲为道，而言不敢不为者，即遣无欲也。恐执此不为，故继以不敢也。’是成《疏》本亦作‘不敢不为’。惟顾本成《疏》作‘而言不敢为者，即遣无欲也’，脱此‘不’字。今案‘不敢’、‘不为’乃二事，与前文‘无知、无欲’相对而言，‘不敢’断句。经文三十章‘不以取强’，各本‘不’下有‘敢’字，‘敢’字衍文。但六十七章‘不敢为天下先’，六十九章‘吾不敢为主而为客，不敢进寸而退尺’，七十三章‘勇于不敢则活’，以‘不敢’与‘不为’对，知顾本成《疏》经文有误脱。老子原意谓常使一般人民无知、无欲，常使少数知者不敢、不为，如是则清静自化，而无不治。”（朱谦之：《老子校释》，中华书局，1984，第16－17页）高明引其说云：“朱说诚是，帛书乙本则为其说得一确证。”（高明：《帛书老子校注》，中华书局，1996，第238页）朱、高之见可参酌，然其由传世本之误而就此执着于“圣人之治”下的“民”与“智者”的区别却未必妥当。今以帛书乙本更近于《老子》之本始，并对“知不敢”依上下文别作一种诠解。

※诸传世本与王弼本字句相异者多有，其如：易州景龙碑本、敦煌写本之甲本，无“是以”二字，无“之”字，无“夫”字，“智”作“知”，无“也”字，无“为无为”句，整节文字为：“圣人治，虚其心，实其腹，弱其志，强其骨。常使民无知无欲，使知者不敢为，则无不治。”遂州龙兴观碑本，无“是以”二字，无“之”字，无“民”字，“智”作“知”，“敢”下有“不”字，整节文字为：“圣人治，虚其心，实其腹，弱其志，强其骨。常使无知无欲，使夫知者不敢、不为也。为无为，则无不治。”易州开元幢本，无“之”字，“民”作“人”，“智”作“知”，无“也”字，整节文字为：“是以圣人治，虚其心，实其腹，弱其志，强其骨。常使人无知无欲，使夫知者不敢为。为无为，则无不治。”唐李荣本，

无“之”字,“智”作“知”,末句句末有“矣”字,整节文字为:“是以圣人治,虚其心,实其腹,弱其志,强其骨。常使民无知无欲,使夫知者不敢为也。为无为,则无不治矣。”张君相本,无“之”字,“民”作“心”,无“夫”字,“智”作“知”,无“也”字,整节文字为:“是以圣人治,虚其心,实其腹,弱其志,强其骨。常使心无知无欲,使知者不敢为。为无为,则无不治。”河上公(影宋)本,无“之”字,“是以圣人之治”为“是以圣人治”。李约本,无“之治”二字,“民”作“人”,“智”作“知”,整节文字为:“是以圣人,虚其心,实其腹,弱其志,强其骨。常使人无知无欲,使夫知者不敢为也。为无为,则无不治。”王真本,无“之治”二字,“民”作“人”,末句句末有“矣”字,整节文字为:“是以圣人,虚其心,实其腹,弱其志,强其骨。常使人无知无欲,使夫智者不敢为也。为无为,则无不治矣。”李道纯本,无“之治”二字,“智”作“知”,无“也”字,整节文字为:“是以圣人,虚其心,实其腹,弱其志,强其骨。常使民无知无欲,使夫知者不敢为。为无为,则无不治。”危大有本,无“之治”二字,“是以圣人之治”为“是以圣人”;“智”作“知”,“使夫智者不敢为也”为“使夫知者不敢为也”。傅奕本,首句句末有“也”字,“智”作“知”,“为”下无“也”字,末句“治”作“为”,其下有“矣”字,整节文字为:“是以圣人之治也,虚其心,实其腹,弱其志,强其骨。常使民无知无欲,使夫知者不敢为。为无为,则无不为矣。”北京延祐石刻本、吕惠卿本、苏辙本、文如海本、无名氏本,首句句末有“也”字,“智”作“知”,末句句末有“矣”字,整节文字为:“是以圣人之治也,虚其心,实其腹,弱其志,强其骨。常使民无知无欲,使夫知者不敢为也。为无为,则无不治矣。”崇宁《五注》本,首句句末有“也”字,“是以圣人之治”为“是以圣人之治也”;无“敢”字,“使夫智者不敢为也”为“使夫智者不为也”。范应元本，首句句末有“也”字，“是以圣人之治”为“是以圣人之治也”；“智”作“知”，“使夫智者不敢为也”为“使夫知者不敢为也”；末句“治”作“为”，句末有“矣”字，“则无不治”为“则无不为矣”。叶梦得本，首句句末有“也”字，“是以圣人之治”为“是以圣人之治也”。张嗣成本，无“民”字，“常使民无知无欲”为“常使无知无欲”；“智”作“知”，“使夫智者不敢为也”为“使夫知者不敢为也”。邵若愚本，“智”作“知”，无“也”字，“使夫智者不敢为也”为“使夫知者不敢为”；末句句末有“矣”字，“则无不治”为“则无不治矣”。磻溪大德幢本、唐《御注》本、唐《御疏》本、陆希声本、杜光庭本、强思齐本、道藏无注本、陈景元本、司马光本、陈象古本、宋《御解》本、李霖本、彭耜本、董思靖本、宋李荣本、寇才质本、赵秉文本、时雍本、刘惟永本、杜道坚本、吴澄本、明《御注》本、薛蕙本，“智”作“知”，“使夫智者不敢为也”为“使夫知者不敢为也”；末句句末有“矣”字，“则无不治”为“则无不治矣”。河上公(道藏)本、《经典释文》本、《群书治要》本、白玉蟾本、林希逸本、吕知常本、邓锜本、林志坚本、周如砥本、潘静观本，“智”作“知”，“使夫智者不敢为也”为“使夫知者不敢为也”。邢州开元幢本，“智”作“知”，无“敢”字，“使夫智者不敢为也”为“使夫知者不为也”；末句句末有“矣”字，“则无不治”为“则无不治矣”。易州景福碑本，无“也”字，“使夫智者不敢为也”为“使夫智者不敢为”。楼观台碑本，“智”作“知”，“使夫智者不敢为也”为“使夫知者不敢为也”；末句句末有“矣”字，“则无不治”为“则无不治矣”。

此处之“心”、“志”皆关联于嗜欲、贪求，因而与机诈、诡谋、取巧、作伪相涉；“虚”、“弱”俱可作捐弃、消除解，“虚其心”、“弱其志”则意为捐弃贪取之心、削弱谋求之志。“腹”、“骨”为躯体之自然构成，“实”、“强”意即充实、强壮；“实其腹”、“强其骨”则在于指出，充实而强壮朴茂之躯体以顺应渊默之自然。

“无知无欲”之“知”即欲望、欲求，郑玄注《礼记·乐记》“好恶无节于内，知诱于外，不能反躬，天理灭矣”云：“知，犹欲也。”“无知无欲”，即无所欲求之意。“敢”，这里可训为进取、争胜。《说文·受部》：“敢(敢)，进取也。”《玄应音义》(唐释玄应撰《一切经音义》)卷十六“相敢”注：“敢，亦进也，谓相竞也。”“使夫知不敢”，意为使人们懂得不竞逐、争胜。

【疏解】

此章承上章论“不言之教”而说“无为”之“治”，所措意的重心由修“道”之“教”转向施“教”以为政。二章以“居无为之事”喻示“不言之教”而称道“作而弗始也，为而弗恃也，成功而弗居也”，其已隐含了为政施治之方略，但侧重点毕竟在于“圣人”修身以“道”而躬自行“教”以为天下人示范；三章则更多地立于将修“道”之“教”作一种政治引导，把问题聚焦于“使民”——“使民不争”、“使民不为盗”、“使民不乱”、“使民无知无欲”、“使夫知不敢”——的相宜蹊径的探讨上。

相应于“难得之货”，“贤”当可理解为难得之才或难得之人，难得之人、难得之货未必一定会遗患于世或有碍于天下的治理，然而一旦“上”(尊尚)之、“贵”(推重)之，则必至于诱发人们的竞进、攫取的欲念，此欲念一动，机巧、伪诈、诡取、强夺诸行为遂随之而生。此真可谓朴澹一失而百弊从之。依老子的逻辑，对“贤”与“难得之货”的“上”而“贵”之，即是彰显那些引发人们欲虑的东西，而欲虑的滋漫则势必导致民心的败乱。显然，这里最重要的诲戒在于“不见可欲”，它既是对“不上贤”、“不贵难得之货”的缘由的晓示，也是对下文所述“虚其心，实其腹，弱其志，强其骨，恒使民无知无欲也，使夫知不敢，弗为而已”的“圣人之治”之底里的道破。为老子所忧心的是在世人那里潜存默藏而随时随处都可能显露、泛涌的“欲”，他所要导示人们的则为“不见可欲”而对“欲”的兴作“镇之以无名之朴”(《老子》三十七章)。

其实，“难得之货”，甚至于“贤”，其本身都还很难说是严格意义上的“文”——至少不是老子决无容忍可能的“文”，然而对其“上”(尊尚)之、“贵”(推重)之，这“上”、“贵”因而“见可欲”之“见”，则已全然属于定会留下孽根的人为之“文”了。老子提出“不上贤”、“不贵难得之货”、“不见可欲”的主张是受了“文敝”现实的刺激的，不过，其确然蕴含了一重非止于应激而发的终极性考虑。对于老子来说，任何一种人为之“文”都是有害于人与万物的天性自然的，而“文”既然无一不出于人的造作，其便一概应予决绝地排拒。“不上”、“不贵”、“不见”说到底乃是对“文”的摈绝，对所有人为造作或所谓“为”的否弃，老子由此遂一再强调真正理想的政治或“圣人之治”自当“弗为”或“无为”。

从一章到三章，老子的三则文字略成一理路通洽的单元。一章的主题辞为“道”，二章的主题辞为“教”，三章的主题辞为“治”；修“道”以行“不言之教”，施教而成“弗为”之“治”，这是一、二、三章属文缀句的意脉所在。一章描摹非可道之“道”的“无名”而“有名”、“恒无欲”而“恒有欲”的那种有无相即之玄致，二章以修“无”、“有”相即之“道”而诲示人“居无为之事”——“作而弗始”、“为而弗恃”、“成功而弗居”——这一“不言之教”，三章则循“道”依“教”而由“不上贤”、“不贵难得之货”、“不见可欲”、“恒使民无知无欲”为“治”于“弗为”。三章末句傅奕本、范应元本作“为无为，则无不为”，虽与帛书措辞相去颇大，亦与多数传世本之“为无为，则无不治”略异，但未始不可视为对于帛书“弗为而已，则无不治矣”的浅近而不失其韵致的诠释。

同是说到“欲”，三章所谓“不见可欲”或“恒使民无知无欲”之“欲”乃世俗小己之私欲，一章所称“恒有欲”之“欲”则是与“恒无欲”相即而言的廓然大公之“欲”。一为人于才具的竞取或对财货的贪求，一为“道”对万物成全于自然而然的那种趋就，二者不可相提并论，更不可混为一谈。

四　章

道沖，	道虚澹无形，
而用之有(又)弗盈也。	而作用又不可穷尽。
渊呵，	深沉静默呵，
佁(似)万物之宗。①	似为万物之宗本。
锉(挫)其兑(锐)，	挫抑其锋芒，
解其芬(纷)；	消解其争竞。
和其光，	柔和其光曜，
同其尘。②	不立异于世尘。
湛呵，	隐而不见呵，
佁(似)或存。	似又久在而常存。
吾不知其谁之子也，	我不知其为谁所生，
象帝之先。③	像是在天帝之先就已莅临。

【校释】

①道沖，而用之有(又)弗盈也。渊呵，佁(似)万物之宗。

帛书乙本字句如上。甲本“盈”上残损多字，据乙本，此节所损当为“道沖，而用之又弗”；乙本“渊”甲本作“潚”(sù)，乙本“佁”甲本作“始”(“佁”通“似”，“始”为“似”之借字)。

郭店楚简本未见此章文字。

王弼本此节文字为:“道沖,而用之或不盈。渊兮,似万物之宗。”以帛书乙本勘校,乙本“有(又)弗盈也”王本作“或不盈”;乙本“佁”王本作“似”,“佁”通“似”;乙本“呵”王本作“兮”。二者句脉、文义相侔。

※诸传世本多同于王弼本,其与王弼本稍异者则有:周至至元碑本,“沖”作“盅”,“道沖”为“道盅”;“或”下有“似”字,“而用之或不盈”为“而用之或似不盈”。傅奕本,“沖”作“盅”,“道沖”为“道盅”;“或”作“又”,“盈”作“满”,“而用之或不盈”为“而用之又不满”。遂州龙兴观碑本,“或”作“又”,“而用之或不盈”为“而用之又不盈”;无“兮”字,无“之”字,“渊兮,似万物之宗”为“渊似万物宗”。敦煌写本之甲本,“或”作“又”,“而用之或不盈”为“而用之又不盈”;无“兮”字,“渊兮,似万物之宗”为“渊似万物之宗”。范应元本,“或”作“又”,“而用之或不盈”为“而用之又不盈”。易州景龙碑本,“或”作“久”,“而用之或不盈”为“而用之久不盈”;“渊”作“深”,“兮”作“乎”,无“似”字,无“之”字,“渊兮,似万物之宗”为“深乎万物宗”。楼观台碑本、磻溪大德幢本、唐《御注》本、道藏无注本、苏辙本、李霖本、赵秉文本,“或”下有“似”字,“而用之或不盈”为“而用之或似不盈”。易州景福碑本,“或”下有“则”字,“而用之或不盈”为“而用之或则不盈”。潘静观本,“盈”作“穷”,“而用之或不盈”为“而用之或不穷”;“兮”作“乎”,“渊兮,似万物之宗”为“渊乎,似万物之宗”。易州开元幢本,无“兮”字,无“之”字,“渊兮,似万物之宗”为“渊似万物宗”。河上公(影宋)本、张君相本、白玉蟾本、宋李荣本、林希逸本、李道纯本、邓锜本、刘惟永本、林志坚本、薛蕙本,“兮”作“乎”,“渊兮,似万物之宗”为“渊乎,似万物之宗”。

“冲”通“盅”，虚泊、虚寂之谓。俞樾《诸子平议》云：“《说文·皿部》：‘盅，器虚也’，‘老子曰：道盅而用之’。‘盅’训‘虚’，与盈正相对；作冲者，假字也。河上公训冲为中，失之。第四十五章‘大盈若冲’，‘冲’亦当作‘盅’。”

“盈”通“逞”，尽或穷尽之谓。郝懿行《尔雅义疏》释《尔雅·释诂下》“鞠，盈也”云：“‘盈’，通作‘逞’。”高亨云：“疑‘盈’当读为‘逞’。《左传·襄公二十五年传》：‘不可亿逞。’杜注：‘逞，尽也。’《文选·思玄赋》李注引《字林》：‘逞，尽也。’‘盈’、‘逞’古通用。……‘道冲而用之或不盈’者，谓道虚而用之或不尽也。六章称道曰‘用之不勤’，勤亦尽也。三十五章称道曰‘用之不可既’，既亦尽也。并与此句同意。又五章曰‘虚而不屈’，屈亦尽也。四十五章曰‘大盈若冲，其用不穷’，穷亦尽也。亦可作此句左证。”（高亨：《老子正诂》，北京：古籍出版社，1956，第11页）蒋锡昌亦云：“四十五章：‘大盈若冲，其用不穷。’然则‘不盈’犹言‘不穷’矣。潘本（潘静观《道德经妙门约》——引者注）‘盈’作‘穷’，盖以意改之也。”（蒋锡昌：《老子校诂》，第29页）高、蒋之说并有胜义，皆可从。

②銼（挫）其兑（锐），解其芬（纷）；和其光，同其尘。

帛书乙本字句如上。甲本脱一“兑”（锐）字，“芬”作“纷”（“芬”为“纷”之借字）；“同”下残损多字，据乙本，此节所损当为“其尘”。

王弼本此节文字为：“挫其锐，解其纷；和其光，同其尘。”王本用字与帛书甲、乙本略异，如甲、乙本“銼”王本作“挫”（“銼”通“挫”），乙本“兑”（甲本脱漏）王本作“锐”（“兑”通“锐”），然其句脉、文义无别。谭献《读老子》、马叙伦《老子校诂》皆以五十六章亦有“挫其锐，解其纷，和其光，同其尘”句，而断言传世本此章之四句为错简所致羼误。今以帛书本校之，可知谭、马之说未可信纳。

※诸传世本多同于王弼本，其略异者如：易州景龙碑本、易州开元幢本、遂州龙兴观碑本、敦煌写本之甲本、张君相本、赵秉文本，“纷”作“忿”，“解其纷”为“解其忿”。

“锉”通“挫”，摧折、抑制之意；“兑”通“锐”，指锋芒、锐气。“锉其兑”，即去除其锋芒或抑制其锐气。“芬”通“纷”，纠纷、争执之意；“解其纷”，即排解其争执或消除其争竞之冲动。“和”，与“锉（挫）”、“解”相应，此处当训作“柔”或“柔和”；“和其光”，即柔其光或柔和其光曜。“同”则不异，“尘”即世间、世尘；“同其尘”，不立异于世尘之谓。王弼注云：“锐挫而无损，纷解而不劳，和光而不污其体，同尘而不渝其真。”其颇得“锉（挫）其兑（锐），解其芬（纷），和其光，同其尘”诠说“道冲”之深意，可允为的论。

③湛呵，佁（似）或存。吾不知其谁之子也，象帝之先。

帛书乙本字句如上。甲本“或存”之上残损多字，据乙本及甲本用字之常例，此节所损当为“湛呵，始”；“吾不知”下残损一字，据乙本当为“谁”。甲、乙本互校，乙本“其谁之子”甲本作“谁子”，甲本或有脱字，然其义亦通。

王弼本此节文字为：“湛兮，似或存。吾不知谁之子，象帝之先。”以帛书乙本勘校（甲本残损严重），乙本“呵”王本作“兮”，乙本“佁”王本作“似”，乙本“其谁之子也”王本作“谁之子”；其所用字略有出入，但二者句脉、文义从同。

※诸传世本有与王弼本略异者，其如：易州景龙碑本、易州开元幢本，“湛兮，似或存”作“湛常存”；无上一“之”字，“吾不知谁之子”为“吾不知谁子”。遂州龙兴观碑本、敦煌写本之甲本，“湛兮，似或存”作“湛似常存”；无上一“之”字，“吾不知

谁之子”为“吾不知谁子”。北京延祐石刻本、河上公(道藏)本、时雍本、周如砥本,“或”作“若”,“湛兮,似或存”为“湛兮,似若存”;“知”下有“其”字,“吾不知谁之子”为“吾不知其谁之子”。河上公(影宋)本、白玉蟾本、林希逸本、李道纯本、邓锜本、刘惟永本、林志坚本、周如砥本,“或”作“若”,“湛兮,似或存”为“湛兮,似若存”。易州景福碑本、庆阳景祐幢本、磻溪大德幢本、唐《御注》本、陆希声本、王真本、道藏无注本、李霖本、范应元本,“知”下有“其”字,“吾不知谁之子”为“吾不知其谁之子”。邢州开元幢本、周至至元碑本、楼观台碑本、唐李荣本、杜光庭本、司马光本、陈象古本、赵秉文本,无上一“之”字,“吾不知谁之子”为“吾不知谁子”。

“湛”,隐没之谓;《说文·水部》释“湛”为“没”,奚侗《老子集解》云:“道不可见,故云‘湛’。”“或”,常、时常之谓。“湛呵,似或存”意为:隐约不可见呵,似又时常存在。

“象”,像或好像之谓。“象帝之先”,意即像是在天帝之先。

【疏解】

本章绍述一章,再度描摹“不可道”之“道”。“道冲(盅),而用之有(又)弗盈”之谓是耐人寻味的,为全章之意致所辐辏。“道”虽冲虚,但并不就是一无所有,它以其无尽的作用显现其非同寻常的存在。“渊呵”、“湛呵”是对“道”的存在状态的形容和称道,其隐约不可直观,却又深沉静默而无所不被涵煦。其抑制自己的锐气,消解自己争竞的冲动,柔和自己的光曜,泯其行迹而不标立其异致。因此,其若隐若存,淡然自处而为万物所宗法,却比人们所崇奉的天帝更古久。

有如一章,四章亦是称“道”而谈。“道”是一章一以贯之的主语,也是四章一以贯之的主语。一章“恒无欲”、“恒有欲”原是拟人而说“道”,四章“锉(挫)其兑(锐),解其芬(纷);和其光,同其尘”也是拟人而说“道”。河上公注“常无欲,以观其妙;常有欲,以观其徼”云:“人常能无欲,则可以观道之要,要谓一也”;“常有欲之人,可以观世俗之所归趣也”。其将“有欲”、“无欲”皆释为“人”之所“欲”与“无欲”,因此,遂注“此两者,同出而异名”云:“两者,谓有欲无欲也。同出者,同出人心也。”同样,河上公也这样注四章所谓“挫其锐,解其纷;和其光,同其尘”:“锐,进也;人欲锐精进取功名,当挫止之,法道不自[见]也”;“纷,结恨也;当念道无为以解释[之]”;“虽有独见之明,当如闇昧,不当以曜乱人也”;“当与众庶同[垢尘],不当自别殊”。自此以降,古来注家多有以人说“欲”,以人为“挫”、“解”、“和”、“同”之主体者,而近人尤甚。马叙伦《老子覈诂》云:“易顺鼎据《文选·魏都赋》注及《运命论》注引五十六章‘知者不言,言者不知,是谓玄同’,无‘塞其兑,闭其门,挫其锐,解其纷,和其光,同其尘’六句,谓‘挫其锐’四句乃此章(指四章——引者注)之文。伦谓此文‘挫其锐’四句乃五十六章错简,而校者有增无删,遂复出也。”(见“丛刊”《老子》,第1593页)如此将四章与五十六章所重四句或判属四章而以五十六章所出者为衍文,或判属五十六章而以四章所出者为衍文,其致误除版本校雠上的失察外,一个隐而不显的原由则在于二者都不曾留意所重四句在两章中的不同意趣:四章中的四句是就“道”而言,或者说是以“道”为“挫”、“解”、“和”、“同”的主体,尽管这作为主体的“道”是拟人化了的;五十六章中的四句是就人而言,或者说是以人为“挫”、“解”、“和”、“同”的主体,尽管这作为主体的人是体“道”而行之人。蒋锡昌《老子校诂》指出:“复文为《老子》特有文体,不能因其复出,遂谓之错简,马说非是。”(蒋锡昌:《老子校诂》,第32页)这自然是对马氏所见的匡正,但其并未真正辨明四章与五十六章之“复文”间的微妙差异。实际上,他将两章中所重四句的主语——或“挫”、“解”、“和”、“光”的主体——皆认定为人了,这用以解五十六章固无不可,但用于解四章却不免有主体误置之讹。他说:“‘锐’、‘纷’二字皆指欲望而言。盖人欲之锐,可起争盗,其纷可至乱心。故‘挫其锐,解其纷’,即前章‘不尚贤……不贵难得之货……不见可欲’之意,皆圣人所以减少人民之欲望”;“‘和其光,同其尘’,即前章所谓‘圣人之治……常使民无知无欲’,亦即六十五章所谓‘古之善为道者,非以明民,将以愚之’也。”(上书,第31、32页)蒋氏此说颇具代表性,而近人亦有就此将“挫”、“解”、“和”、“同”者由人推扩至万物者,如张松如译“挫其锐,解其纷;和其光,同其尘”谓:“钝挫它们的锋芒,消解它们的纠纷;调和它们的光耀,混同它们的埃尘。”(张松如:《老子校读》,长春:吉林人民出版社,1981,第27页)“它们”,当然指万物,不过这里是依“道”而说万物(“它们”)的一种应然状态的,因此其与四章中这四句拟人以描摹“道”之意趣就相去更远了。

从“道冲(盅),而用之有(又)弗盈”到“象帝之先”,四章的语脉前后贯通而无所阻隔。“挫其锐,解其纷;和其光,同其尘”之“其”乃拟人化了的“道”,“道”自挫其锐、自解其纷、自和其光、自同其尘而示之于人,原是要对人作一种自挫、自解、自和、自同的引导。倘使以“道”君临万物,由“道”挫“它们”(万物)之锐,解“它们”之纷,和“它们”之光,同“它们”之尘,那么,“道”对于以“它们”为代称的万物便不免成为某种外在的主宰或施以他律之威棱的霸夫,而如此,也就与老子设“道”立论以求法自然而行的初衷全然相悖了。这里,分外值得留意的是,老子以“渊”、“湛”、恒久称叹“道”时用了“似万物之宗”、“似或存”、“象帝之先”之类的语句。措辞以“似”、“象”,表明老子并不要让他所谓的“道”坐实为“万物之宗”或“帝之先”的某种更早的实体存在。“‘道’本或作‘导’”

(陆德明),它意味着一种不无价值指归的导向,一种在这导向上达于极致状态的境地,却并不就是不同于时空中的种种实体的又一种实体。倘把“道”理解为万物、天地之前的一种实存,那如此理解者也许已经同诠释中的《道德经》失之交臂——从此再也无从寻缘于因着“道”的虚灵而“行不言之教”的老子了。

五 章

天地不仁，	天地无意于施与，
以万物为刍狗；	任万物如刍狗般成而又毁；
耶(圣)人不仁，	圣人无意于施惠，
[以]百姓为刍狗。[①]	任百姓如刍狗般福祸相随。
天地之间，	天地之间，
其猷(犹)橐籥輿(与)？	不正像那鼓风的橐籥吗？
虚而不淈(屈)，	看似空虚却充气无匮，
动而俞(愈)出。[②]	愈是鼓动愈出之不馁。
多闻数穷，	博闻益智反倒速见衰颓，
不若守于中。[③]	不如守持虚冲无损无亏。

【校释】

①天地不仁，以万物为刍狗；耶(圣)人不仁，[以]百姓为刍狗。

帛书乙本“百姓”上残损一字，据甲本当为“以”；补损阙后，其字句如上。甲本下一“狗”上残损二字，据乙本当为“为刍”。两本互校，乙本“耶”(圣)甲本作“声”(“声”为“圣”之借字)，乙本“姓”甲本作“省”(“省”为“姓”之借字)，其用字略异，但句脉、文义从同。

郭店楚简本所见此章不全，无本节文字。

王弼本此节文字为："天地不仁，以万物为刍狗；圣人不仁，以百姓为刍狗。"其字句与帛书乙本悉皆相同。

※诸传世本多同于王弼本，略异者则如：易州景龙碑本、泰州广明幢本，两"刍"并作"芻"，二"刍狗"并为"芻狗"。易州景福碑本、遂州龙兴观碑本、《群书治要》本、唐《御疏》本、宋李荣本、释德清本，两"刍"并作"蒭"，二"刍狗"并为"蒭狗"。北京延祐石刻本、敦煌写本之甲本，两"刍"并作"芻"，二"刍狗"并为"芻狗"。"芻"、"蒭"、"芻"同"刍"，皆为"刍"之异体字。

"仁"，这里指施恩、行惠。"刍狗"，古代祭祀时以草扎制的狗。《庄子·天运》有云："夫刍狗之未陈也，盛以箧衍，巾以文绣，尸祝斋戒以将之；及其已陈也，行者践其首脊，苏者取而爨（cuàn）之而已。"魏源《老子本义》亦云："结刍为狗，用之祭祀，既毕事则弃而践之。""天地不仁"、"圣人不仁"句，王弼注颇得其要义，其云："天地任自然，无为无造，万物自相治理，故不仁也。仁者必造立施化，有恩有为。造立施化，则物失其真。有恩有为，则物不具存。物不具存，则不足以备载。"又云："圣人与天地合其德，以百姓比刍狗也。"不过，王弼对"刍狗"之喻所作的"天地不为兽生刍，而兽食刍；不为人生狗，而人食狗"的解说，却未妥。对此，蒋锡昌已指出："王弼以刍狗分解，非是。"老子所谓"不仁"乃天地、圣人一任万物之自然而不有所施与，此"不仁"正如庄子所称"大仁不仁"（《庄子·齐物论》）或"至仁无亲"（《庄子·庚桑楚》）。

②天地之间，其猷（犹）橐籥舆（与）？虚而不淈（屈），动而俞（愈）出。

帛书乙本字句如上。甲本"天地"下残损一字，据乙本当为

“之”；“间”下残损一字，据乙本当为“其”。甲本“犹”乙本作“猷”，“猷”、“犹”（猶）古字通用；甲本“踵（chòng）”乙本作“动”，“踵”为“动”（動）之借字。除此，二本其余字句从同。

郭店楚简（甲）本此节文字为：“天陉之刎，其猷囩籊與？虚而不屈，逼而愈出。”“陉”，“地”之异体字；“刎”，楚系文字之“间”字；“囩籊”即“橐籥”；“逼”，“动”之异体字。除“與”作“与”、“淈”作“屈”、“俞”作“愈”等用字有本字借字之别外，其与帛书本从同。

王弼本此节文字为：“天地之间，其犹橐籥乎？虚而不屈，动而愈出。”其用字皆为本字，帛书甲、乙本之“淈”、“踵”、“俞”等字为借字，然三者句脉、文义俱相侔。

※诸传世本多同于王弼本，其略异者则如：遂州龙兴观碑本，无“之”、“乎”二字，“天地之间”为“天地间”，“其犹橐籥乎”为“其犹橐籥”。易州景龙碑本，无“乎”字，“其犹橐籥乎”为“其犹橐籥”；“愈”作“俞”，“动而愈出”为“动而俞出”。易州开元幢本、李约本，无“乎”字，“其犹橐籥乎”为“其犹橐籥”。傅奕本，“屈”作“诎”，“虚而不屈”为“虚而不诎”；“愈”作“俞”，“动而愈出”为“动而俞出”。邢州开元幢本，“愈”作“逾”，“动而愈出”为“动而逾出”。范应元本，“愈”作“俞”，“动而愈出”为“动而俞出”。

“橐籥”，古时冶炼用来鼓风吹火的器具，犹今人所称之风箱。林希逸注云：“籥者，橐之管也。橐籥用而风生焉。其体虽虚，而用之不屈，动则风生，愈出愈有。天地之间，其生万物也亦然。橐籥之于风，何尝容心？天地之于生物，亦何尝容心？故以此喻之。”

“淈”通“屈”，竭尽之谓；杨倞注《荀子·宥坐》“其洸洸乎不淈尽，似道”云：“淈，读为屈，竭也。”“俞”通“愈”，更加、愈益之意。

"虚而不淈(屈),动而俞(愈)出"是对橐籥鼓风情景的描述,以此隐喻"道"之体虚而其用见于天地间却永无穷尽。

③多闻数穷,不若守于中。

帛书甲、乙本字句皆如上。

郭店楚简本未见此节文字。

王弼本此节文字为:"多言数穷,不如守中。"其"言"帛书甲、乙本作"闻",其"如"甲、乙本作"若",且甲、乙本"中"前多一"于"字,但三者句脉、文义略同。

※诸传世本多同于王弼本,其略异者则如:遂州龙兴观碑本,"言"作"闻","中"作"忠",整节文字为:"多闻数穷,不如守忠。"。

"数"通"速"。郑玄注《礼记·曾子问》"不知其已之迟数,则岂如行哉"云:"数,读为速。"裴骃《史记集解》释《史记·屈原贾生列传》"淹数之度兮"引徐广语云:"数,速也。"卢辩注《大戴礼记·曾子立事》"行无求数有名,事无求数有成"亦云:"数,犹促速。""数穷",急速穷尽之谓。"多闻"关联着博学,其与老子"绝学"(《老子》十九章)之议恰构成反、正之对举;古本、古注虽罕有作"多闻"者——除遂州龙兴观碑本外尚见之于《文子·道原》所引、强思齐本成玄英疏等,但其与帛书相印合,显然比诸多传世本之"多言"更具胜义。

"中"借作"沖"。黄生《义府·司中》云:"《周礼》有司中、司命二神。始不解司中之义,偶读《老子》'万物负阴而抱阳,沖气以为和',乃知中即指此沖气而言。'沖气以为和',谓阴阳两相和合,不偏不杂,人得之以生,此所以为万物之灵。……司中主生,司命主死,故并祀之。"近人严灵峰《马王堆帛书试探》云:"《文选·张华

〈鵾鷄赋〉》注引《字书》曰:‘冲,中也。’是古‘中’、‘冲’通用。四十二章‘冲气以为和’句,小篆本原文正作‘中气以为和’。足证此帛书本乃叚‘中’作‘冲’。”据此,“守于中”,可释为持守内心之冲泊或冲虚。

【疏解】

此章以另一种措辞进而申说上章所谓“道冲,而用之又弗盈”的理致,并由“道”而论及“圣人”。其以“不仁”作点题之语,而诲戒惑于“多闻”的人反躬以求“守于中”——在内心默守一份虚灵的澹漠。宛如四章之于一章皆描摹那非可直言的“道”,五章则相应于二章由“道”而至于“教”。

章首“天地不仁”即是在示谕“道”的“不仁”。“地法天,天法道”(《老子》二十五章),“天”、“地”皆取法于“道”,“不仁”见之于“天地”而终究以“道”为其所据。“圣人不仁”是“天地不仁”的延伸,唯“圣人”能冥通“天地”而心契于“道”,此所谓人“法地”、“法天”、“法道”——“法自然”(同上)。对于老子来说,“仁”意味着有心施与,既有心施与便随之有好恶迎拒的判别,相应于这判别则诸多人为之“文”从然以生。人“文”既生,自然之“朴”的浑全必致被打破,而“朴”的浑化一旦打破,“文敝”的发生遂在所难免。从“天地不仁”说到“圣人不仁”,老子所警示的原在于由“仁”而“文”、由“文”而至于“文敝”。

“天地之间,其犹橐籥与”,这是老子以一个形象的比喻诱导人们体味所谓“天地不仁”。橐籥无心于火,亦无心于风,其体腔虚廓而煞似空无所有,但鼓而动之,气流不绝,风出无已,火焰以此而炽盛,冶炼遂因之而得以成功。天地之间其大无比,其虚廓则略如一个巨大橐籥的体腔,阴阳相荡其间而“冲气以为和”,万物因此生生不息,亦灭灭无已,然而,却从未见天地对万物有丝毫的生的措意或灭的留心。如此对万物生灭的无所措意、无所留心,足可见其对万物无施无为的那种“不仁”。如果说“刍狗”之喻更多地在于指出“天地”对“万物”的淡漠,那么“橐籥”之喻则重在点化“天地”而“道”对于万物的淡漠并非出于一般意义上的绝情或无情,而是因着其本身的冲虚、淡泊、无可执念。不过,正是这“橐籥”般的冲虚淡漠中涵淹了“虚而不淈(屈),勭(动)而俞(愈)出”的生机,森然万象才得以展露,得以被成全。

正像“圣人不仁,以百姓为刍狗”毕竟从“天地不仁,以万物为刍狗”导引而出,“多闻数穷,不若守于中”乃是由形容“天地”而“道”的“橐籥”之喻推得的见之于“教”的结论。在老子这里,摈弃“多闻”以“守于中”诚然主要是对居于上位而可以“圣人”相祈的治人者的规箴,但其作为一种教化也未始不适用于其他所有人。

六　章

浴(谷)神不死,	("道"这一)生养之神不会消陨,
是胃(谓)玄牝;	这是说它有那微眇的母性;
玄牝之门,	微眇的母性乃生殖之门径,
是胃(谓)天地之根。①	这是说它原为天地的根本。
緜緜呵其若存,	绵绵不绝呵像是有不竭的积存,
用之不堇(勤)。②	怎么施其用也不至于穷尽。

【校释】

①浴(谷)神不死,是胃(谓)玄牝;玄牝之门,是胃(谓)天地之根。

帛书乙本字句如上。甲本"神"下残损一字,据乙本当为"不"字;"地"上残损一字,据乙本当为"天"字。甲本补损阙后,与乙本字句从同。

郭店楚简本未见此章文字。

王弼本此节文字为:"谷神不死,是谓玄牝;玄牝之门,是谓天地根。""谷神",帛书甲、乙本作"浴神"("浴"与"谷"古音义皆同);"天地根",甲、乙本作"天地之根",但王弼注云"门,玄牝之所由也。本其所由,与[太]极同体,故谓之'天地之根'也",其注所引此经文多一"之"字,与帛书本从同。王本与帛书甲、乙本个别用字稍异,然句脉、文义从同。

※诸传世本多同于王弼本，其略异者则如：易州景龙碑本、易州开元幢本、遂州龙兴观碑本，无“之”字，“玄牝之门”为“玄牝门”；无下一“是谓”二字，“是谓天地根”为“天地根”。邢州开元幢本，无“之”字，“玄牝之门”为“玄牝门”。易州景福碑本、河上公（道藏）本、傅奕本、陆希声本及《列子·天瑞》、《文子·精诚》所引此句，“天地”与“根”之间有“之”字，“是谓天地根”为“是谓天地之根”，与帛书本从同。

“浴”同“谷”，涵“生”、“养”义；“浴（谷）神”，乃生养之神，老子以生养之神喻“道”。王念孙《广雅疏证》云：“《老子》：‘谷神不死。’河上本作‘浴’。注云：‘浴，养也。’‘浴’与‘谷’，古声同，义亦同。”《尔雅·释天》：“东风谓之谷风。”邢昺疏引孙炎语云：“谷之言穀；穀，生也。谷风者，生长之风也。”依“谷风者，生长之风”之说，“浴（谷）神”自亦可谓生长之神。高亨即云：“‘谷神’者，道之别名也。‘谷’读为‘穀’。《尔雅·释言》：‘穀，生也。’《广雅·释诂》：‘穀，养也。’实借为‘㝅’（gòu）。《说文》：‘㝅，乳也。从子，𣪊声。’《广雅·释诂》：‘㝅，生也。’谷神者，生养之神。道能生天地养万物，故曰谷神。”（高亨：《老子正诂》，第16页）

“牝”，鸟兽之雌性，亦指雌性之阴户；以其能生，亦用来喻“道”。“玄牝”与“谷神”相应，“玄”用以形容富有生机的“道”的深微、幽眇。“玄牝”与“玄牝之门”或当同义，正如薛蕙《老子考异》所云：“《老子》书大抵用韵，故其遣词多变文以叶韵，非取义于一字之间也。如此章曰‘是谓玄牝’，则读‘牝’如‘否’，以叶上句，曰‘玄牝之门’，则特衍其词与下句相叶。或者乃随语生解，既释玄牝，复指一处为‘玄牝之门’，殊失之矣。”“玄牝之门”之“门”与“天地之根”之“根”相对举而言，“门”乃出所必经，“根”则生所必由，而天地万物为“道”之所出，亦由“道”之所生：“玄牝之门”与“天地之根”皆喻道之称。

②緜緜呵其若存,用之不堇(勤)。

帛书乙本字句如上。甲本“緜緜”作“绵绵”,“若存”前无“其”字。

王弼本此节文字为:“緜緜若存,用之不勤。”其无帛书甲、乙本句中所用虚词“呵”,“堇”作“勤”(“勤”为“堇”之本字),然文义无异。

※诸传世本多同于王弼本,其略异者则如:易州景龙碑本、磻溪大德幢本、河上公(影宋、道藏)本、傅奕本、张君相本、道藏无注本、白玉蟾本、彭耜本、范应元本、吕知常本、潘静观本,“緜”作“绵”,“緜緜若存”为“绵绵若存”。邢州开元幢本,“緜緜”作“绵緜”,“緜緜若存”为“绵緜若存”;易州景福碑本,“緜緜”作“绵绵”,“绵绵”下有“兮”字,“緜緜若存”为“绵绵兮若存”。

“緜”同“绵”;《玉篇》:“绵,与緜同。”“緜緜”即绵绵,相续不绝貌。“存”,积存、聚积之谓。“緜緜呵其若存”,意为相续不绝而像是有积存。

“堇”,通“勤”,穷尽之谓。高诱注《淮南子·原道训》“旋县而不可究,纤微而不可勤”云:“勤,尽也。”“用之不堇(勤)”,谓无论怎么用也不会穷尽。

【疏解】

此章以“谷神”、“玄牝”为喻描摹“道”,重在抉示“道”孕毓天地万物的“緜緜”、“不勤”的生机。

老子以“道”为天地所由生之“根”和万物所由出之“门”,这是在宣说一种崇生重养的信念，也是在阐发一种措思于“一”与“多”之关联的哲理。中国先民向来重生，而在对生的关注中也一直由经验的“多”探寻某种虚灵的“一”。从甲骨卜辞可知，殷商时期的中国人就已经有了确然可考的“帝”崇拜意识：“帝”起先是商人所信诸神之一，到后来——至晚在殷商末季——则成为人们心目中的至上神。“帝”字的写法在甲骨文中大致定型，这字形本身即透露着“帝”崇拜的耐人寻绎的秘密。宋人郑樵就已发现：“帝，象花蒂之形。”（郑樵：《通志·六书略》）此后，清人吴大澂进而指出：帝，“象花蒂之形。……蒂落而成果，即草木之所由生，枝叶之所由发。生物之始，与天合德，故帝足以配天”（吴大澂：《字说·帝字说》）。吴氏之说是对先民的“帝”崇拜这一千古之谜的道破，是对中国古华夏族人文致思之心灵趣向的晓告。先民们所崇仰的“帝”由神化花蒂而来，花蒂又是植物结果、生籽以繁衍后代的生机所在。“帝”崇拜，说到底是对生的崇拜，在这崇拜中，寓托了崇拜者对生命的珍爱和对生命的秘密的眷注。而且，与之相伴随的是一种指向终极关切的思考：花蒂是“一”，由花蒂结果所生出的籽是“多”，这可感的经验作为一种隐喻深藏在初民们的心中，悄悄地催动着那种对事关世界、人生之究竟的“一”与“多”的关系的求索。老子所谓“谷神”或正与古昔为人们所崇奉的“帝”相系于一脉，只是由“帝”而“道”尚历经了“生生之谓易”（《周易·系辞上》）这一中间环节。

出现于殷周之际的《周易》把殷人“帝”崇拜意识中关联着生命机运的“一”与“多”的隐喻转换为一种象征，其在古经卦爻的推演变化中所道出的主旨可一言以蔽之为“天地之大德曰生”（《周易·系辞下》）。“易有太极，是生两仪，两仪生四象，四象生八卦”（《周易·系辞上》），“生”是《易》的真正的命脉，而“生”的秘密则在于“- -”、“—”两种动势的感通与交合。“太极”生“两仪”乃“一生二”,“两仪”生“四象”、“八卦”则为“二生三”(“三”即“多”);如此之“生”既是对“帝”崇拜中重生意识的绍述,又是对老子由“道”而说天地万物所涵淹之生机的启示。从一定意义上说,老子之“道”可谓生养之“道”。诚然,所谓“道生之、畜之、长之、遂之、亭之、毒之、养之、覆之”(《老子》五十一章)是对这生养之道的告白,“万物负阴而抱阳,冲气以为和”(《老子》四十二章)亦是对这生养之道的告白,而“玄牝之门,是胃(谓)天地之根。緜緜呵其若存,用之不堇(勤)”则未始不是对这生养之道的告白。

学者或有以“欲”解“浴(谷)”而将“谷神”释为“欲神”者,如洪颐煊《谈老子丛录》即谓:“‘谷’、‘浴’并‘欲’之借字。《易·损》:‘君子以惩忿窒欲。’孟喜本‘欲’作‘浴’,其例证也。《孟子·尽心章》:‘养心莫善于寡欲。’是以欲神不死。”其于字词之训诂不无所据,但以“谷神”为“欲神”,且由此关联于“窒欲”、“寡欲”而对“欲”作消极意味上的解读,显然与整章从“谷神”说到“玄牝”、从“玄牝”说到“天地之根”而对其以“緜緜”、“不勤”相称道的语脉不合。

当然,更多的注家解“谷神不死”是另一种情形。其将“谷神”分而读为“谷”、“神”两词,遂释其意为“道”若“谷”之中虚而若“神”之不测。司马光注云:“中虚故曰谷,不测故曰神,天地有穷而道无穷,故曰不死。”严复《老子道德经评点》亦云:“以其虚,故曰谷;以其因应无穷,故称神;以其不屈愈出,故曰不死。”如此分解“谷神”,语义未尝不通,然而就“谷神”而“玄牝”、“玄牝”而“天地之根”的韵调节奏细细体味,将其作为一个与“玄牝”对应的复合词训释可能更为妥切。一如“玄牝”为一复合词,“牝”为主词,“玄”为定语,“谷神”亦当为一复合词,其“神”为主词,“谷”为定语。倘“谷神”果然为一复合词,则不外两解:或训“谷”为山谷、溪谷而以“谷神”为山谷之神,或训“谷”为生养而以“谷神”为生养之神。毋庸赘说，作为对“道”的隐喻，以“谷神”为山谷之神不若以其为生养之神更具胜义。

此外，将“谷神”、“玄牝”诸语作所谓胎息导引或胎息养生之术的解读，古今亦不乏其人。从河上公注到《太平御览·方术部》所引《修养杂诀》，以至近人蒋锡昌《老子校诂》于此章所加按语，皆以此章所述为道家的调息养生之法。其说似亦可自圆，然而，倘不是对此章作孤立之疏解，而是将之置于前后相续的诸章中探其所云，则不难看出其执着于寿考之养生眼界的狭隘。蒋氏云：“‘浴’、‘縠’、‘欲’虽可与‘谷’并通，然以《老》校《老》，仍当以‘谷’为当。但此‘谷’字，与他处不同，乃用以象征吾人之腹，即道家所谓丹田，以腹亦空虚深藏如谷也。‘神’者，腹中元神，或元气也。‘玄’者，幽远微妙之意。‘牝’，母也，为生物之本。‘玄牝’者，即微妙之生长，以‘谷神’生之而不见其所以生也。‘谷神不死，是谓玄牝’，言有道之人，善引腹中元气，便能长生康健，此可谓之微妙之生长也。此章言胎息导引之法，诸家多不明此旨，故于‘谷’字曲为异解而不知其非也。”（蒋锡昌：《老子校诂》，第 39 页）其实，自迷者往往不知所迷，责他人“曲为异解而不知其非”者或正当引此语以作反观自照。

七　章

天长地久。	天长地久。
天地之所以能长且久者,	天地之所以能如此长久,
以其不自生也,	由于它并不着意为自己而生,
故能长生。①	所以反倒能长生。
是以耶(圣)人	因此圣人
退其身而身先,	自身谦退反倒被天下推尊,
〖外其身而身先,〗	
外其身而身存。	忘其身反倒可让身存。
不以其无私舆(与)?	岂不正因为他没有私念吗?
故能成其私。②	所以反倒成全了他自身。

【校释】

①天长地久。天地之所以能长且久者,以其不自生也,故能长生。

帛书乙本字句如上。甲本"天地之所以能"下残损一"长"字。

郭店楚简本未见此章文字。

王弼本此节文字为:"天长地久。天地所以能长且久者,以其不自生,故能长生。"其比之帛书本,"天地"下少一"之"字,"不自生"下少一"也"字。

※诸传世本多同于王弼本，其略异者则如：遂州龙兴观碑本，“天长地久”作“天地长久”，无“且”字，下一“生”字作“久”，整节文字为：“天地长久。天地所以能长久者，以其不自生，故能长久。”李道纯本、危大有本，“天长地久”作“天地长久”，下一“生”字作“久”，整节文字为：“天地长久。天地所以能长且久者，以其不自生，故能长久。”黄茂材本，“天地”下有“之”字，“天地所以能长且久者”为“天地之所以能长且久者”，其与帛书本从同。邢州开元幢本，无“以”字，“天地所以能长且久者”为“天地所能长且久者”。易州景龙碑本，无“且”字，下一“生”字作“久”，整节文字为：“天长地久。天地所以能长久者，以其不自生，故能长久。”易州开元幢本、张嗣成本，无“且”字，“天地所以能长且久者”为“天地所以能长久者”。程大昌本，无“者”字，“天地所以能长且久者”为“天地所以能长且久”。寇才质本、吴澄本、明《御注》本、薛蕙本，下一“生”字作“久”，“故能长生”为“故能长久”。

此节文字之“以其不自生也，故能长生”句最耐人寻味。“不自生”，不经心于自己之生或不为自己而生之谓。古来注家多于此留意。河上公注云：“天地所以独长且久者，以其安静，施不求报。”王弼注云：“自生则与物争，不自生则物归也。”范应元注云：“（天地）所以能长且久者，以其安于无私而不自益其生。”林希逸注云：“天地之生万物，自然而然，无所容心，故千万岁犹一日也。”诸家所云皆有契于老趣。

②是以耶（圣）人退其身而身先，〖外其身而身先〗，外其身而身存。不以其无私舆（与）？故能成其私。

帛书乙本字句如上，其衍“外其身而身先”句。帛书甲本“耶”（圣）作“声”（“声”为“圣”之借字），“退”作“芮”（“芮”为“退”之借字),"无"下残损一字,据乙本当为"私";无乙本所衍句"外其身而身先"。乙本删其衍文后与甲本句脉、文义从同。

王弼本此节文字为:"是以圣人后其身而身先,外其身而身存。非以其无(無)私邪?故能成其私。"以帛书甲、乙本校之,其"后"乙本作"退"(甲本作"芮"),其"非"甲、乙本作"不",其"無"甲、乙本作"无"(非"無"之简体字,同"無"),其"邪"帛书甲、乙本作"舆"(与),然其与帛书甲、乙本句脉、文义从同。

※诸传世本多同于王弼本,与之略异者则如:杜光庭本,无前二句,整节文字为:"非以其无私邪?故能成其私。"易州景龙碑本、河上公(道藏)本,无"非"字,无"邪"字,"非以其无私邪"为"以其无私"。遂州龙兴观碑本,无"非"字,二"私"字并作"尸",无"邪"字,"非以其无私邪?故能成其私"为"以其无尸,故能成其尸"。傅奕本,"非"作"不","非以其无私邪"为"不以其无私邪"。易州开元幢本、易州景福碑本,无"邪"字,"非以其无私邪"为"非以其无私"。邢州开元幢本、北京延祐石刻本、道藏无注本、白玉蟾本、吕知常本、潘静观本,"邪"作"耶","非以其无私邪"为"非以其无私耶"。

"退",退后、退让之谓,亦有谦退之意;《说文·彳部》:"復(退),却也。一曰行迟也。""先",前、前进之谓,亦有尊尚之意;《说文·先部》:"先,前进也。""外",忘怀、遗忘之谓。《说文·夕部》:"外,远也。"成玄英疏《庄子·大宗师》"参日而后能外天下"云:"外,遗忘也。""存",在、生之谓,这里有"保其终之意";孔颖达疏解《易·系辞上》"成性存存"云:"存,谓保其终也。""退其身而身先",谓自身谦退反倒受到尊尚;"外其身而身存",谓忘其自身反倒能使自身得以保全。

"私",利己之谓。"无私"而"成其私",意即不以利己为念反倒成全了自己。河上公注云:"圣人无私而己自厚,故能成其私也。"王弼注云:"无私者,无为于身也。身生身存,故曰'能成其私'也。"苏辙注云:"彼其无私,非以求成私也,而私以之成,道则固然耳。"林希逸注云:"此一'私'字,是就身上说来,非公私之私也。若以私为公私之私,则不得谓之无容心矣。"其所云,俱有会心于老子之本怀处。

【疏解】

此章先称述"天地",再标举"圣人",以"不自生"而"长生"、"外其身而身存"的道理化导人们"无私"而"成其私"——一任自然而成全切己的人生。

相形于总在生灭兴败之运会中的万事万物,不见衰朽的天地当堪谓之长久。在老子看来,天地之所以长久不衰是因为它从未措意于自己的存在。天地不谋其始,也不虑其终,不呈其所好,也不示其所恶。它畜养了万物,却"以万物为刍狗";它没有生的眷注,反倒留住了生机的朴讷;它无心于自身的永存,反倒赢得了绵延中的长久。说到底,天地只是浑朴而无为,却在这无为中因任自然以至于生意不绝。依老子之意,"人法地,地法天,天法道,道法自然"(《老子》二十五章),天地"不自生"而"长生"乃是因着"法道"、"法自然",而如此"不自生"而"长生"则为人"法道"、"法自然"提示了一个最好的可直观的范本。

"圣人",在老子这里是至可期待的邦国、天下的理想治理者,却也是其所认可的价值取向上达到极高境界的人。称道"圣人"是要为当下的治人者树立一个不为经验所囿的楷模,也在于为奔竞于利尘而纷争不已的世人指点迷津。"退",意味着对身陷其中的权势欲、利欲的消减或贬损,它可以使人在治者所以为治者、人所以为人的本真意趣上有所进(“先”);“外”意味着对关涉一己之身的利害权度的远离或超越,它可以在不为机心、权谋所累的情形下使人的真实生存得以保全(“存”)。“圣人”以其“退其身而身先,外其身而身存”效法天地的“不自生”而“长生”,世俗的治人者以及为势利牵累的所有尘海中人自当效法“圣人”而不负其为天地所生。“天地”而“圣人”,“道”一以贯之于“天”、“人”。无疑,导而归朴的“道”没有“文”的消息,借默然无“文”的天地向人间世传示这一消息显然寓了老子去除“文敝”的祈愿。

“不以其无私舆(与)?故能成其私。”这章末的论断是因“圣人”之所为而发,但也未始不是就“天地”之默运而言。圣人“退其身”、“外其身”固然是“无私”,天地“不自生”又何尝不是“无私”;圣人因“退”、“外”而“身先”、“身存”固然是“成其私”,天地因“不自生”而得以“长生”亦何尝不是“成其私”。这里的“成其私”乃从亲切处作切己的成全讲,而非可与关联着预谋的私欲混为一谈。因而,“成其私”是一体于“无私”的,切不可把“无私”手段化、策略化而把“成其私”理解为成就其功利逐求上的私欲。倘以一时的“无私”为谋略而所图竟在于私欲更大程度的满足,那这“无私”又“成其私”便无异于有意作伪与欺诈,然而,虚伪与欺诈却正是老子以五千言立论所要决绝否弃的。事实上,一部《老子》,其底蕴只在于“复归于朴”(《老子》二十八章),而复“朴”对于老子与整个道家来说本身即意味着归“真”。

诠释此章,最可经意处即在于对“无私”而“成其私”一语的领悟。若是曲解了“私”义而终于为“私”所误,则不仅此句之本旨尽失,亦且有可能由此迁怨而深责老子。宋儒程颐曾因此谓“老子之言”为“窃弄阖辟者”,今人任继愈亦剽剥老氏“以退为进”、“以‘无私’来达到自私的目的”(任继愈:《老子新释》,上海:上海古籍出版社,1985年,第74页),乃至于将第七章所论尽归于“反对进取的自私、保守思想”(上书,第256页)。明人薛蕙撰《老子集解》尝引程氏语辨而正之,其似亦可用来回应任氏之非老之谈。兹录之如下:

> 夫圣人之无私,初非有欲成其私之心也。然而私以之成,此自然之道耳。如欲成其私,即有私也,未有有私而能成其私者也。程子有云:“老子之言,窃弄阖辟者也。”予尝以其言为然,乃今观之,殆不然矣。如此章者,苟不深原其意,亦正如程子之所诃矣。然要其归,乃在于无私。夫无私者,岂窃弄阖辟之谓哉?

八　章

上善如水。	至高的善就像那水。
水善利万物而有争(静),	水善于滋养万物而求静,
居众人之所亚(恶),	安于众人所嫌弃的卑下之地,
故几于道矣:①	所以与道相近:
居善地,	处身喜好像地那样谦下不矜,
心善渊,	居心喜好像渊那样深沉能容,
予善天,	施与喜好像天那样无为为之,
言善信,	以不言为言而喜好真诚不佞,
正善治,	以静为正而喜好和洽平顺,
事善能,	遇事善于因应而能止能进,
动善时。②	以动为奇而有常则依循。
夫唯不争,	正因着与物无争,
故无尤。③	所以才不至于会有过眚(shěng)。

【校释】

①上善如水。水善利万物而有争(静),居众人之所亚(恶),故几于道矣。

帛书乙本字句如上。帛书甲本“如”作“治”(“治”为“似”之借字),“众”下无“人”字;“争”作“静”(“争”通“静”),“亚”作“恶”

(“亚”为“恶”之古字)。甲、乙本用字有异,但句脉文义从同。

郭店楚简本未见此章文字。

王弼本此节文字为:“上善若水,水善利万物而不争,处众人之所恶,故几于道。”其“若水”,帛书乙本作“如水”,甲本作“治(似)水”,“若”、“如”、“治(似)”用字稍异而词义相通;其“不争”,甲本作“有静”,乙本作“有争(静)”,“不争”与“有静”义亦通。

※诸传世本多同于王弼本,与王弼本略异者则有:刘惟永本,“上”作“其”,“上善若水”为“其善若水”。易州景龙碑本、易州开元幢本、邢州开元幢本、庆阳景祐幢本、周至至元碑本、楼观台碑本、磻溪大德幢本、唐李荣本、强思齐本、司马光本、陈象古本、李霖本、曹道冲本、寇才质本、赵秉文本,“而”作“又”,“水善利万物而不争”为“水善利万物又不争”。遂州龙兴观碑本,“而”作“又”,“水善利万物而不争”为“水善利万物又不争”;无“所”字,“处众人之所恶”为“处众人之恶”。傅奕本,“处”作“居”,“处众人之所恶”为“居众人之所恶”,与帛书本从同;末句句末有“矣”字,“故几于道”为“故几于道矣”。宋《御解》本、彭耜本,无“之”字,“处众人之所恶”为“处众人所恶”。林希逸本、文如海本,无“之”字,“处众人之所恶”为“处众人所恶”;末句句末有“矣”字,“故几于道”为“故几于道矣”。范应元本,“处”作“居”,“处众人之所恶”为“居众人之所恶”,与帛书本从同。崇宁《五注》本,无“人”字,“处众人之所恶”为“处众之所恶”;末句句末有“矣”字,“故几于道”为“故几于道矣”。达真子本、叶梦得本、释德清本、薛蕙本,末句句末有“矣”字,“故几于道”为“故几于道矣”。

“上”,高之谓,这里有至、最之义;高诱注《淮南子·氾论训》

"而令行为上"云:"上,最也。"又,李贤注《后汉书·宝宪传》"昭昭上德"云:"上,犹至也。""上善",指最高或至高的善。"上善如水",谓至高的善就像水那样。

"善",好(hào)、喜好之谓;俞樾《群经平议·论语一》释"守死善道"云:"善,亦好也。""利",养、滋养之谓;郑玄注《仪礼·士虞礼》"西面告利成"云:"利,犹养也。""有",求、取之谓;《广雅·释诂一》:"有,取也。""水善利万物而有争(静)",意为水善于滋养万物而求静。

"居",安,安处之谓;马瑞辰《毛诗传笺通释》释《诗·小雅·角弓》"式居娄骄"云:"居,犹安也。"又,成玄英疏《庄子·齐物论》"何居乎"云:"居,安处也。""恶",厌恶、嫌弃之谓;俞樾《诸子平议·晏子春秋》释"其立恶以禁暴也"云:"恶,乃爱恶之恶。""居众人之所恶",意为安于众人所嫌弃的卑下之地。

"几",近、接近之谓;陆德明《经典释文·周易音义》释《易·小畜》"月几望"云:"几,作近。""几于道",即近于道或与道相近。

②居善地,心善渊,予善天,言善信,正善治,事善能,动善时。

帛书乙本字句如上。甲本"渊"作"潚"(《说文·水部》:"潚,深[而]清也"),"予善天,言善信"作"予善信",而似脱漏"善天,言"三字,"动"作"踵"(通"动")。

王弼本此节文字为:"居善地,心善渊,与善仁,言善信,正善治,事善能,动善时。"除"与善仁"异于帛书"予善天"外,其字句与帛书乙本从同。

※诸传世本中有与王弼本略异者,其如:易州景龙碑本、北京延祐石刻本、河上公(道藏)本、傅奕本、邓锜本,"仁"作"人","与善仁"为"与善人";"正"作"政","正善治"为"政善治"。庆阳景祐幢本、宋李荣本,"仁"作"人","与善仁"为"与

善人”。易州开元幢本、邢州开元幢本、易州景福碑本、周至至元碑本、楼观台碑本、磻溪大德幢本、遂州龙兴观碑本、唐《御注》本、唐《御疏》本、陆希声本、张君相本、杜光庭本、强思齐本、王真本、道藏无注本、陈景元本、吕惠卿本、司马光本、苏辙本、陈象古本、宋《御解》本、邵若愚本、李霖本、彭耜本、董思靖本、林希逸本、范应元本、文如海本、无名氏本、吕知常本、寇才质本、赵秉文本、时雍本、李道纯本、邓锜本、刘惟永本、杜道坚本、吴澄本、林志坚本、张嗣成本、明《御注》本、《永乐大典》本、危大有本、释德清本、薛蕙本、焦竑本、周如砥本、潘静观本，“正”作“政”，“正善治”为“政善治”。

“地”，下之谓，这里指谦下；《荀子·礼论》：“地者，下之极也。”“居”，处之谓，这里指处身或自处；陆德明《经典释文·周易音义》释《易·系辞下》“则居可知矣”云：“居，处也。”“居善地”，意为处身喜好像地那样谦下。

“心”，指心志、心尚，可引申为居心、存心。“渊”，有深义；孔颖达疏《左传·文公十八年》“齐圣广渊”云：“渊，深也。知能周备，思虑深远也。”“渊”，亦有藏意；郝懿行《尔雅义疏》释《尔雅·释天》“太岁在亥曰大渊献”引李巡语云：“渊，藏也。”“心善渊”，意为居心喜好像渊那样深藏能容。

“予”，与、赐与、施予之谓；《广雅·释诂三》：“予，与也。”又，《广雅·释诂一》：“予，犹施也。”“天”，这里指像天那样无私无为或无为为之；《庄子·天地》云：“无为为之之谓天。”又，郭象注《庄子·在宥》“广成子之谓天矣”云：“天，无为也。”“予善天”，谓施与喜好像天那样无为为之。

“言”，这里指不言之言，即《庄子·寓言》所谓“言无言”。“言善信”，意为以不言为言喜好真诚不欺。

“正”，这里与“奇”相对，指水以静为其正态；梅圣俞注《孙子·势》“奇正是也”云：“动为奇，静为正。”“治”，平顺、和顺之谓；《韩非子·解老》云“圣人在上则民少欲，民少欲则血气治”，其“治”义即在于平或平顺。“正善治”，意为水以静为正而喜好平顺。

“能”，指决断行止的那种能力；段玉裁注《说文·心部》“忍，能也”云：“凡敢于行曰能，今俗所谓能榦（gàn）也；敢于止亦曰能，今俗所谓能耐也。”“事善能”，谓水遇事善于果断作出决定而能进能止。

“动”，相对于“静”这一水的“正”态而为“奇”，是水的另一状态。“时”，指适时，亦指有常、有常则；杨倞注《荀子·王制》“政令时则百姓一”云：“时，谓有常。”“动善时”，谓水以动为奇而有常则依循。

③夫唯不争，故无尤。

帛书乙本字句如上。甲本“争”作“静”，“静”通“争”，此处本字为“争”。

王弼本此节文字为：“夫唯不争，故无（無）尤。”帛书甲、乙本“无”（非“無”之简体字）王本作“無”，“无”同“無”。王本其余字句与乙本从同。

> ※诸传世本多同于王弼本，其略异者则如：北京延祐石刻本、傅奕本、张君相本、陈景元本、宋《御解》本、邵若愚本、白玉蟾本、彭耜本、董思靖本、林希逸本、文如海本、无名氏本、寇才质本，句末有“矣”字，“故无尤”为“故无尤矣”。

“尤”，过失、过眚、罪愆之谓；孙星衍《今古文注疏》释《书·君奭》“越我民罔尤违”引《尔雅·释言》云：“尤，过也。”“无尤”

是因着“不争”，这“不争”正与本章首节文字之“有静”相应。

【疏解】

此章以“水”喻“道”，而将“不争”或“有静”推重为“上善”。全章以水为线索，以“不争”为辐辏，以水之“几于道”引导人们由可直观的形而下者领悟那无形无象、非可言辩的形而上者。

孔子也曾以水论道，《荀子·宥坐》就有这样的记载：“孔子观于东流之水。子贡问于孔子曰：‘君子之所以见大水必观焉者，是何？’孔子曰：‘夫水，遍与诸生而无为也，似德；其流也埤下，裾拘必循其理，似义；其洸洸乎不淈尽，似道；若有决行之，其应佚若声响，其赴百仞之谷不惧，似勇；主量必平，似法；盈不求概，似正；淖约微达，似察；以出以入，以就鲜絜，似善化；其万折也必东，似志。是故君子见大水必观焉。”由水而喻“德”、“义”、“道”、“勇”、“法”、“正”、“察”、“善化”、“志”，亦未尝不可借老子语一言以蔽之曰“上善如水”，但同是称善而谈，孔子与老子心目中的“上善”大有径庭。单就所谓“遍与诸生而无为也，似德”与“洸洸乎不淈尽，似道”看，或可以为孔子有取于老子而儒道因此当不无内在关联，但孔子也以水喻“义”、“勇”诸德，且所借重的喻体主要是流水，这便使其与以“静”为水之正态而把“不争”作为喻说之主旨的老子有了微妙的差异。

无论是孔子还是老子，都未尝执着于水，都不曾像《管子》的作者那样断言水为“万物之本原”、“诸生之宗室”（《管子·水地》）。正像孔子终究只是说水德“似”道，老子从水那里抽绎出用以喻“道”的“利万物”而处下“不争”的品性后也仅仅称其“几于道”。至于水如何“几于道”，老子则以其有“七善”作了概括，此即所谓：“居善地，心善渊，予善天，言善信，正善治，事善能，动善时。”“居善地”，即所谓“居众人之所恶”，亦即其处身或自处喜好像地那样谦下不矜；“心善渊”，即居心喜好像渊那样深沉可容；“予善天”，即施与喜好像天那样无所为而为。这三“善”皆切近于水性而不难理解，唯所余诸“善”却须悉心体味而不可浅识于字面。

“言善信”，历来注家多有以言语真诚不妄解之者。但水静无言而水动亦无语，且为水所喻之“道”本不“可道”，而修养此“道”之教亦为“不言之教”，若以言而有信诠释“言善信”则与老子“道”、“教”之谓难免扞格。近人蒋锡昌曾就此指出：“二章，‘是以圣人处无为之事，行不言之教。’五章，‘多言数穷。’十七章，‘信不足，焉有不信焉。悠兮其贵言。’四十三章，‘不言之教，无为之益，天下希及之。’四十九章，‘信者吾信之，不信者吾亦信之，德信。’八十一章，‘信言不美，美言不信。’综此以观，知老子所谓‘言’者，只是不言，‘不言’即是‘无为’。其所谓‘信’者，只是实行无为之治，而于民之善恶得失，浑浑噩噩，毫不加以分别理会也。故‘言善信’者，犹言圣人实行无为之治，因此即为圣人好信之表示也。”（蒋锡昌：《老子校诂》，第47页）蒋氏此说诚可取信，今依之疏解“言善信”如是：老子所谓“言”乃不言之言，这借用庄子的话说即是“言无言”而“终身不言，未尝不言”（《庄子·寓言》）；水“终身不言，未尝不言”，以水所喻之“道”亦可谓“终身不言，未尝不言”。这不言之言所重不在言，而在于以其所行为其所言者的真诚无欺。“言善信”，乃是说（水）以不言为言而喜好真诚不佞。

“正善治”，历来注家亦多有以听政或为政善于治理解之者，这从传世本大都“正”作“政”即可窥知作如此诠释者的思路所趋。蒋锡昌《老子校诂》对之颇有辨正，其谓：“五十七章‘以正治国，以奇用兵’，五十八章‘正复为奇’，皆‘正’、‘奇’对言，则此‘正’当读如字。老子治国，主张清静无为，故即以清静之道为正，此《老子》特有名词也。四十五章‘清静为天下正’，五十七章‘我好静而民自正’，皆‘正’、‘静’互言，可证‘正’即清静之道，而清静之道亦即

‘正’也。五十七章‘以正治国’，谓以清静之道治国也。此文‘正善治’，谓好以清静之道为治也。”（上书，第47－48页）如此解“正善治”是中肯的，只是与以水为喻所关联的水之性并不相切。今参酌蒋说而贴近水之喻予以疏解：“正”，指水以静为正，借此喻说“道”之所导在于致虚守静；“治”，即平和、平顺，此则借水的平静——是为其正态——喻祈愿中的天下的和洽。“正善治”，其意则为（水）以静为正而喜好和洽、平顺。

同样，“事善能”的诠解亦不可落在字面的浅近处。“事”固然可训解为遇事或处事，但“能”则特指《说文》“忍，能也”之谓所隐含的“能榦”（能进）、“能耐”（能止）的两重意趣。因此，“事善能”当可诠释为：（水）遇事善于因应而能进能止、一任自然。至于“动善时”，诸家解以待时而动或应时而动也许大体不错，然而，如果以静为水之“正”态，动便应被看作水的“奇”形，“时”于此训为有常或有恒则会更恰切些。“动善时”遂亦当作另一种疏解，此即（水）以动为奇，善于应时而不失其常则。

诚然，“居善地”意味着“不争”，而“心善渊”、“予善天”、“言善信”、“事善能”、“动善时”却又何尝有一“善”不蕴含“不争”。水“不争”，但只是“几于道”，这表明“道”所导示的“不争”之境比之水更为高卓而虚灵。因此，就此章以水喻“道”因而“道”为主体、水为喻体言之，可以说，全章字句的疏解愈切于水因之愈使人能从可经验的水想见那非可逼视的“道”，则这疏解便愈有会于老子之用心。

九　章

揗(持)而盈之，	储聚(财物)而至于盈满，
不若其已。	不如适可而止；
搵(揣)而允(锐)之，	锻打(锋刃)而臻于锐利，
不可长葆(保)也。①	难以长久保持。
金玉盈室，	金银珠玉堆满屋室，
莫之能守也；	没有人能常守不失；
贵富而骄，	富贵而孳生骄逸，
自遗咎也。②	难免把祸患留给自己。
功遂身退，	功成业就了就该引身而退，
天之道也。③	(须知)这可是自然的常理。

【校释】

①揗(持)而盈之，不若其已。搵(揣)而允(锐)之，不可长葆(保)也。

帛书乙本字句如上。甲本上一“不”字下残损五字，据乙本当为“若其已。揣而”；次一“之”字上之字残存右半“兑”，“兑”疑为残其下部之“兑”，其与左旁(或“金”或“木”等)相合当为读作“兑”(ruì)之字(或“锐”或“棁”等)；次一“之”下衍两字，首字残不可辨，次字为“之”；“可”上残损一字，据乙本当为“不”；末句句末，乙本“也”甲本作“之”。甲、乙本用字略异，而句脉、文义从同。

郭店楚简(甲)本此节文字为：“朱而涅之，不不若已。湍而群之，不可长保也。”“朱”，通“持”，为“持”之借字。“涅”，通“盈”，为“盈”之借字。“不不若已”，衍一“不”字而脱一“其”字，当为“不若其已”。“湍”或为“揣”(zhuī)之误(“揣”亦读作 tuán)，“群”(群纽文部字)与“允”(匣纽文部字)音近而借作“允”，“允”与“兑”因形近相混而通用，“湍而群之”当为“揣而兑之”。正误后，其句脉、文义与帛书本略从同。

王弼本此节文字为：“持而盈之，不如其已；揣(zhuī)而梲(ruì)之，不可长保。”校之以帛书乙本(甲本多有残损)，其用字虽有异，如帛书乙本“植”(zhì)王本作“持”(“植”、“持”同义)，乙本“若”王本作“如”，乙本“掫”王本作“揣”(“掫”为“揣”之别构)，乙本“允”王本作“梲”(“允”、“梲”皆通“锐”)，但二者句脉、文义并无不同。

※诸传世本多有与王弼本略异者，其如：陈景元称引严遵“持”作“殖”，“持而盈之”为“殖而盈之”。司马光本，“持”作“恃”，“持而盈之”为“恃而盈之”；“梲”作“锐”，“揣而梲之”为“揣而锐之”。易州景龙碑本，“如”作“若”，“已”作“以”，“不如其已”为“不若其以”；“梲”作“锐”，“揣而梲之”为“揣而锐之”。遂州龙兴观碑本，“如”作“若”，“梲”作“锐”，“保”作“宝”，整节文字为：“持而盈之，不若其已；揣而锐之，不可长宝。”傅奕本，“揣”作“敳”，“揣而梲之”作“敳而梲之”。苏辙本，“梲”作“锐”，“揣而梲之”为“揣而锐之”；“可”作“如”，“不可长保”为“不如长保”。易州开元幢本、邢州开元幢本、易州景福碑本、庆阳景祐幢本、楼观台碑本、磻溪大德幢本、北京延祐石刻本、河上公(影宋、道藏)本、李约本、唐李荣本、唐《御

注》本、唐《御疏》本、陆希声本、张君相本、杜光庭本、强思齐本、王真本、道藏无注本、陈景元本、吕惠卿本、陈象古本、宋《御解》本、邵若愚本、李霖本、白玉蟾本、彭耜本、董思靖本、宋李荣本、林希逸本、范应元本、文如海本、无名氏本、吕知常本、寇才质本、赵秉文本、时雍本、李道纯本、邓锜本、刘惟永本、杜道坚本、吴澄本、林志坚本、张嗣成本、明《御注》本、危大有本、释德清本、薛蕙本、周如砥本、潘静观本,"梲"作"锐","揣而梲之"为"揣而锐之"。

"植",传世本多作"持",郭店楚简本作"桊"(持)。蒋锡昌《老子校诂》按语云:"《越语》'持盈者与天',《史记·楚世家》'此持满之术也',《诗·凫鹥序》'能持盈守成',皆'持盈'连言,盖为古人成语。'盈'之作'满',则以惠帝讳而改。老子欲与下句'揣而梲之'相对,故将'持盈'二字变作'持而盈之'也。《说文》:'持,握也。'《凫鹥序》疏:'执而不释谓之持。'是'持盈',犹执盈而不失也。"(蒋锡昌:《老子校诂》,第50页)所解可通,亦颇有理据。

"掇"同"揣",有治、捶、锻义;《说文·手部》:"揣,量也。……一曰捶之。"帛书整理小组注云:"'掇'从手,短声,与'揣'音近通假。揣,治也。"高明《帛书老子校注》亦云:"乙本'掇'字即'揣'别构,二字声符一作'短',一作'耑','短'与'耑'皆端纽元部字,读音相同。"(高明:《帛书老子校注》,第259页)高亨《老子正诂》则谓:"'揣'疑借为'段'。《说文》:'段',椎物也,从殳,耑省声。字衍为'锻'。《说文》:'锻,小冶也,从金,段声。'冶金必以椎椎之,故'段'、'锻'古今字也。'揣'、'段'、'锻'同声系,古通用。"(高亨:《老子正诂》,第22页)"兑"通"锐",锐利、锋利之意;《类篇·儿部》释"兑"为"锐",王先谦《荀子集解》释《荀子·不苟》"见由则兑而倨"云:"兑,与锐同。""掇(揣)而兑(锐)之,不可长葆

(保)”，谓锻打(锋刃)而臻于锐利，则难以长久保持。

②金玉盈室，莫之能守也；贵富而骄，自遗咎也。

帛书乙本字句如上。甲本“莫之”下少一“能”字，“骄”作“騙”(“骄”之异体)，其他字句则与乙本从同。

郭店楚简(甲)本此节文字为：“金玉浧室，莫能兽也。贵福乔，自遗咎也。”其“盈”作“浧”，郭沫若等《管子集校》释《管子·宙合》“浧儒”引王念孙语云：“‘浧’当为‘逞’，‘儒’当为‘偄’(nuò)，皆字之误也。‘逞’与‘盈’同，‘偄’与‘緛’(ruǎn)同。盈緛犹盈缩也。”其“兽”为“守”之借字，“福”为“富”之借字，“乔”为“骄”之借字，“贵富”(“贵福”)下少一“而”字，整节文义与帛书本略相侔。

王弼本此节文字为：“金玉满堂，莫之能守；富贵而骄，自遗其咎。”其用字与帛书本略有别，但句脉、文义无异。

※诸传世本多同于王弼本，其稍异者则有：傅奕本、范应元本，“堂”作“室”，“金玉满堂”为“金玉满室”，除“盈”为避汉孝惠帝讳改“满”外，与帛书本从同。范应元注云：“‘室’字，严遵、杨孚、王弼同古本。”由此可知，范氏所见王弼本与今传之王弼本有异，其亦与帛书本从同。易州开元幢本、邢州开元幢本、周至至元碑本、楼观台碑本、陈景元本，“骄”作“憍(悉)”，“富贵而骄”为“富贵而憍(悉)”。《群书治要》本，“自遗其咎”作“还自遗咎”。

“盈”，满、充、充满之意；《广雅·释诂四》释“盈”为“充”，张志聪《黄帝内经素问集注》释《素问·五运行大论》“其化为盈”云：“盈，充满也。”“金玉盈室，莫之能守也”，谓金银珠玉堆满屋室，没有人能常守不失。

“遗”，留、遗留之意；胡三省注《资治通鉴·汉纪二》“此所谓养虎自遗患也”云：“遗，留也。”“贵富而骄，自遗咎也”，谓富贵而孳生骄逸，难免把祸患留给自己。

③功遂身退，天之道也。

帛书乙本字句如上。甲本“遂”作“述”（“述”为“遂”之借字），“退”作“芮”（“芮”为“退”之借字），“天”字后残损多字，据乙本此节所损当为“之道也”。

郭店楚简（甲）本此节文字为：“攻述身退，天之道也。”“攻”为“功”之借字，“述”为“遂”之借字，字句与帛书乙本大致从同。

王弼本此节文字为：“功遂身退，天之道。”除句末少一“也”字外，与帛书乙本从同。

※诸传世本中多有与王弼本略异者，其如：易州景福碑本，“功”与“遂”间多“成名”二字，“道”下有“也”字，整节文字为：“功成名遂身退，天之道也。”易州景龙碑本、易州开元幢本、庆阳景祐幢本、周至至元碑本、楼观台碑本、磻溪大德幢本、北京延祐石刻本、河上公（影宋、道藏）本、唐李荣本、唐《御注》本、唐《御疏》本、陆希声本、张君相本、强思齐本、王真本、道藏无注本、陈景元本、吕惠卿本、司马光本、苏辙本、陈象古本、宋《御解》本、邵若愚本、李霖本、白玉蟾本、彭耜本、董思靖本、宋李荣本、林希逸本、范应元本、文如海本、无名氏本、吕知常本、寇才质本、赵秉文本、时雍本、李道纯本、邓锜本、刘惟永本、杜道坚本、吴澄本、林志坚本、张嗣成本、明《御注》本、危大有本、释德清本、薛蕙本、焦竑本、周如砥本、潘静观本，“功”与“遂”间多“成名”二字，“功遂身退”为“功成名遂身退”。遂州龙兴观碑本，“功遂身退”作“名成功遂身退”。傅奕本，“功遂身退”作“成名功遂身退”。李约本，“功遂身退”作“功成事遂身退”。易州景福碑本、《群书治要》本，“功”与“遂”间多“成

名"二字，末句句末有"也"字，"功遂身退"为"功成名遂身退也"，"天之道"为"天之道也"。

"遂"，成、完成之意；郑玄注《礼记·月令》"百事乃遂"云："遂，成也。""天"，这里指自然；郭象注《庄子·大宗师》"庸讵知吾所谓天之非人乎"云："天也者，自然者也。""功遂身退，天之道也"，谓功成业竟之时引身而退乃是自然之常则。

【疏解】

本章依然取譬以喻理；上章以"水"为喻而导人于"不争"，本章则以"持盈"、"揣锐"等为喻而导人于"不盈"。"不争"而"无为"所趋在于"静"，"不盈"而"无欲"所致在于"虚"，因而由"不争"、"不盈"这一否定语态所要肯定的则正如此后之十六章所云："致虚极"而"守静笃"。

"掟(持)而盈之，不若其已"，这是以敛财为譬晓喻"不盈"之理。积贮钱物以求盈满原是世俗中的一种人生常态，然而处在这常态中的人们却很少反省这样一个事实，即嗜财的欲望一旦被激起便永无厌足之日，其结果反倒是人为外物所累而不能自拔。人牵累于物不合于人生之自然，老子遂规劝人们与其为了没有底止的盈满而折损人生，不如趁早止息追逐盈满的欲念而使存心归于朴真。"搋(揣)而允(锐)之，不可长葆(保)也"，乃是以锻造兵刃为喻对那种不厌其足求取锐利的欲心予以警示。锋刃欲利必至于其愈薄，而薄则易于损毁、难以历久。"持盈"、"揣锐"都是极浅近的喻例，却又都含有耐人寻味的幽趣，老子就此把问题引向对人的欲求未可恣意盈衍的告诫。

"金玉盈室，莫之能守也"是"持盈"之譬的又一种表达，"贵富而骄，自遗咎也"则道出了"揣锐"之喻的真正寓意。从"掟(持)而盈之,不若其已”到“金玉盈室,莫之能守也”,其所述理趣可一言以蔽之为抑其“盈”;从“揣(揣)而允(锐)之,不可长葆(保)也”到“贵富而骄,自遗咎也”,其所述理趣亦可一言以蔽之为挫其“锐”。倘以无欲或去欲对前后贯穿的义理作一种总体把握,抑其“盈”或挫其“锐”又皆可归结于“不盈”。

“不盈”见之于事业与为人,尤其是见之于那些治理邦国、天下的“圣人”,即是所谓“功遂身退”。老子把与功成业就相随的谦退处下称作“天之道”,这是在以“天”为范本诱示人。“天”对万物的施与无所为而为之,因而总是“功遂”即“身退”。“退”是“不居”,也是“不争”而“不盈”,其终极依据则在于所谓“道冲”——道冲虚淡泊而无欲无为,而这无欲无为却又正是它的所欲所为,亦即所谓“为无为”(《老子》六十三章)而“欲不欲”(六十四章)。

一如孔子喻道以水可用来比勘老子论道的水之喻,孔子所倡说的“挹(yì)而损之之道”亦可用来比勘老子由“道冲”而诲导的“不盈”之说。《荀子·宥坐》载:“孔子观于鲁桓公之庙,有攲(qī)器焉。孔子问于守庙者曰:‘此为何器?’守庙者曰:‘此盖为宥坐之器。’孔子曰:‘吾闻宥坐之器者,虚则攲,中则正,满则覆。’孔子顾谓弟子曰:‘注水焉!’弟子挹水而注之。中而正,满而覆,虚而攲。孔子喟然叹曰:‘吁,恶有满而不覆者哉!’子路曰:‘敢问持满有道乎?’孔子曰:‘聪明圣知,守之以愚;功被天下,守之以让;勇力抚世,守之以怯;富有四海,守之以谦。此所谓挹而损之之道也。”这“挹而损之之道”与老子抑“盈”挫“锐”之意致约略相通,儒、道两家的学缘也可就此探其梗概。不过,“挹而损之”毕竟以“仁”为价值取向而其所据在于“执中”,而抑“盈”挫“锐”却以“复朴”为要旨且终究趣归于“守冲”,这是孔、老之道所以通而不同之大较。

十　章

戴（载）营袙（魄）抱一，	魂魄相合而持守于道，
能毋离乎？	能够做到不违不离吗？
抟（抟）气至（致）柔，	专心敛聚生命元气而达于柔静，
能婴儿乎？①	能够做到像婴儿那样天真纯一吗？
修除玄监（鉴），	涤除心镜上的尘垢，
能毋有疵乎？	能够做到不留一点瑕疵吗？
爱民栝（治）国，	爱恤百姓而治理国家，
能毋以知乎？②	能够做到无所为而为之吗？
天门启阖，	心机发动，
能为雌乎？	能够做到恃弱而守雌吗？
明白四达，	明了天下事理而无所不晓达，
能毋以知（智）乎？③	能够不凭借通常的俗慧巧智吗？
生之畜之，	生育万物而畜养万物，
生而弗有，	生育而不据之为己，
长而弗宰也，	畜养而不干预宰制，
是胃（谓）玄德。④	这就是所谓玄德的无为为之。

【校释】

①戴(载)营袙(魄)抱一,能毋离乎?枵(抟)气至(致)柔,能婴儿乎?

帛书乙本字句如上。甲本“能婴儿乎”句上残损多字,据乙本此节所损当为“载营魄抱一,能毋离乎?抟气致柔”。

郭店楚简本未见此章文字。

王弼本此节文字为:“载营魄抱一,能无离(離)乎?专气致柔,能婴儿乎?”校之以帛书乙本(甲本残损严重),“戴”作“载”(“戴”通“载”),“袙”作“魄”(“袙”为“魄”之异体字),“离”(非“離”之简体字)作“離”(“离”同“離”),“枵”作“专”(“枵”通“抟”而“抟”通“专”),然其句脉、文义悉从同。

※诸传世本中有与王弼本稍异者,其如:周至至元碑本、傅奕本,“抱”作“襃”(袌),“载营魄抱一”为“载营魄襃一”;末句“能”下有“如”字,“能婴儿乎”为“能如婴儿乎”。磻溪大德幢本,“营”作“盈”,“载营魄抱一”为“载盈魄抱一”;“婴儿”上有“如”字,“能婴儿乎”为“能如婴儿乎”。易州景龙碑本、易州开元幢本、遂州龙兴观碑本、敦煌写本之乙、丙、英本、河上公(影宋)本、李道纯本、刘惟永本、林志坚本,句末两“乎”字并无,“能无离乎”为“能无离”,“能婴儿乎”为“能婴儿”。易州景福碑本、楼观台碑本、北京延祐石刻本、河上公(道藏)本、李约本、唐李荣本、唐《御注》本、陆希声本、张君相本、杜光庭本、强思齐本、王真本、道藏无注本、陈景元本、吕惠卿本、司马光本、苏辙本、陈象古本、宋《御解》本、邵若愚本、李霖本、白玉蟾本、彭耜本、董思靖本、宋李荣本、林希逸本、范应元本、文如海本、无名氏本、吕知常本、寇才质本、赵秉文本、时雍本、邓锜本、杜道坚本、张嗣成本、释德

清本、薛蕙本,"婴儿"上有一"如"字,"能婴儿乎"为"能如婴(孾)儿乎"(易州景福碑本,"婴"作"孾")。

俞樾《诸子平议》云:"河上公本无'乎'字,唐景龙碑亦无'乎'字。然《淮南子·道应篇》引《老子》曰:'载营魄抱一,能无离乎?专气致柔,能如婴儿乎。'则古本固有'乎'字。"俞氏这一判断今为出土之帛书所印证,诚可以先见之明许之。但其亦云:"'能如婴儿'句,河上公及王弼本均无'如'字,于文义未足,惟傅奕本有'如'字,与古本合。"衡之以帛书,此推断则不可谓无误。其实,"能婴儿乎"义即"能如婴儿乎","如"字并非必不可略,《庄子·庚桑楚》引老子语云"能侗然乎?能儿子乎",其句式恰亦如此。

"载",自南宋褚伯秀以来,注家以其通"哉"而将其断于上章句末——"天之道"或"天之道也"作"天之道哉"或"天之道也哉"——者不乏其人。褚伯秀《老子解》云:"篇首'载'字诸解难通,盖以前三字为句,'抱一'属下文,与后语不类,所以费辞牵合。尝深考其义,得之郭忠恕《佩解集》引开元诏语云:'朕钦承圣训,覃思玄宗,顷改正《道德经》十章"载"字为"哉",仍属上句。及乎议定,众以为然。遂错综真诠,因成注解。'此说明当可去千载之惑。盖古本不分章,后人误以'天之道哉'句末字,加次章之首,传录又讹为'载'耳。五十三章末'非道也哉'句法可证。"(见刘惟永《道德真经集义》所引)此后,清人孙诒让、近人马叙伦、蒋锡昌等皆因袭褚说。然而细玩帛书乙本九章末句"功遂身退,天之道也",其语气、节奏已臻完整,似不必再加一"哉"字,其与五十三章句末"是谓盗竽,非道也哉"以四字为句而必得有"哉"字之情形非可相提并论。

"戴",通"载",而"载"有"行"义。韦昭注《国语·周语中》"若登年以载其毒,必亡"云:"登年,多历年也;载,行也。""营袙"即魂魄,"袙"为"魄"之异体,"营"则为"魂",刘良注《文选·陆机〈吊魏武帝文〉》"迨营魄之未离"云:"营,魂也。""抱一"则为抱朴或守道;"一"即纯一,指"道",亦即指"朴"。"戴(载)营袙(魄)抱一,能毋离乎",意即魂魄相合而持守于道以行,能够做到不违不离吗?

"梼"通"抟"(zhuān),通"专",专一之意;裴骃《史记集解》释《史记·天官书》"卒气抟"引如淳语云:"抟,专也。"又,司马贞《史记索隐》释《史记·秦始皇本纪》"抟心揖志"云:"抟,古专字。""至"通"致",臻于、达到之意;孙诒让《墨子间诂》释《墨子·明鬼下》"至明罚焉"云:"至,同致。"释玄应《一切经音义》卷八"致问"注引《三苍解诂》云:"致,至也,到也。""梼(抟)气至(致)柔,能婴儿乎",谓专心敛聚生命元气以臻于柔静,能够做到像婴儿那样天真纯一吗?

②修除玄监(鉴),能毋有疵乎?爱民栝(治)国,能毋以知乎?

帛书乙本字句如上。甲本"玄监(鉴)"作"玄蓝"("蓝"为"监"之借字,"监"即"鉴"),"毋"字下少一"有"字,"爱"下悉皆残损。

王弼本此节文字为:"涤除玄览,能无疵乎?爱民治国,能无知乎?"其用字与帛书乙本稍有异,如帛书乙本"修除"王本作"涤除"("修除"、"涤除"同义),乙本"玄监"王本作"玄览"("览"借作"监","玄监"即所谓心镜),乙本"能毋有疵"王本作"能无疵",乙本"栝国"王本作"治国"("栝"为"治"之借字),乙本"毋以知"王本作"无知",但二者句脉、文义无异。

※诸传世本有略异于王弼本者,其如:易州景龙碑本,两

“乎”字并无,“民”作“人”,“知”作“为”,“能无疵乎”为“能无疵”,“爱民治国,能无知乎”为“爱人治国,能无为”。易州开元幢本、敦煌写本之英本、李道纯本、刘惟永本、林志坚本,两“乎”字并无,“能无疵乎”为“能无疵”;“知”作“为”,“能无知乎”为“能无为”。遂州龙兴观碑本,两“乎”字并无,“民”作“人”,下一“能”字作“而”,整节文字为:“涤除玄览,能无疵?爱人治国,而无知?”敦煌写本之丙本,两“乎”字并无,下一“能”字作“而”,“知”作“为”,“能无疵乎”为“能无疵”,“能无知乎”为“而无为”。敦煌写本之乙本、河上公(影宋)本,两“乎”字并无,“能无疵乎”为“能无疵”,“能无知乎”为“能无知”。唐李荣本、王真本,“民”作“人”,“爱民治国”为“爱人治国”;“知”作“为”,“能无知乎”为“能无为乎”。傅奕本、范应元本,“知”上有“以”字,“能无知乎”为“能无以知乎”。邢州开元幢本、庆阳景祐幢本、周至至元碑本、楼观台碑本、磻溪大德幢本、北京延祐石刻本、河上公(道藏)本、李约本、唐《御注》本、唐《御疏》本、陆希声本、张君相本、杜光庭本、强思齐本、道藏无注本、陈景元本、吕惠卿本、司马光本、苏辙本、陈象古本、宋《御解》本、邵若愚本、李霖本、白玉蟾本、彭耜本、董思靖本、宋李荣本、林希逸本、文如海本、无名氏本、吕知常本、寇才质本、赵秉文本、时雍本、邓锜本、杜道坚本、吴澄本、张嗣成本、明《御注》本、危大有本、释德清本、薛蕙本、焦竑本、周如砥本、潘静观本,“知”作“为”,“能无知乎”为“能无为乎”。

“修”,打扫之谓,“修除”即扫除;郑玄注《周礼·天官·大宰》“祀五事,则掌百官之誓戒与其具修”云:“修,扫除粪洒。”又,郑玄注《周礼·春官·典祀》“若以时祭祀,则帅其属而修除”云:“修除,芟(shān)扫之。”“监”、“鉴”为古今字,“玄监”即玄妙之镜,这里喻指心镜;贾谊《新书·胎教》“明监所以照形也,往古所以知今也”之“监”,与帛书《老子》“监”用法同。“修除玄监,能毋有疵乎”,意即清洁心镜能够做到不留一点瑕斑吗?

“栝”,“治”之借字。帛书整理者读“栝”为“活”,注云:“通行本作‘治国’,《经典释文》释‘民治’云:‘河上本又作“活”。’帛书中‘活’写作‘栝’,此‘栝国’即‘活国’,河上公本旧本盖与此同。”高明《帛书老子校注》则云:“‘活国’甚不辞,古籍不见。李翘《老子古注》云:‘“爱民治国”,河上本“治”作“活”,讹。’乙本中‘栝’字,不应读作‘活’,应当读作‘治’,‘栝国’即今本之‘治国’,‘栝’字与‘治’乃声之转也。《广韵》:‘栝,他玷切。’读音近似于‘胎’,与‘治’字通。‘栝’字古音属透纽谈部,‘治’字属定纽之部,‘透’、‘定’古同为舌头,‘之’、‘谈’旁对转也,音同通假。”(高明:《帛书老子校注》,第266页)高说可从。“知”,为、作之意,高亨《周易大传》注《易·系辞上》“乾知大始,坤作成物”引王念孙语云:“知犹为也,为亦作也。”“爱民栝(治)国,能毋以知乎”,意为爱恤百姓治理国家能够做到无所为而为之吗?

③天门启阖,能为雌乎?明白四达,能毋以知(智)乎?

帛书乙本字句如上。甲本此节文字尽损。

王弼本此节文字为:“天门开阖,能无雌乎?明白四达,能无为乎?”以帛书乙本勘校,王本讹误有二:其一,乙本“为雌”王本作“无雌”。“为雌”即“知其雄,守其雌”之意,而“无雌”则与老子用“弱”守“柔”之旨不合,“无”当为“为”之传写之误。其二,乙本“毋以知(智)”王本作“无为”。“明白四达,能毋以知(智)乎”,即明白事理无所不晓达可不凭借俗慧巧智之意,而“无为”用于“明白四达”虽勉强可通,但终是不如“毋以知(智)”更切老子所言之趣致。对此,清人俞樾、今人高明皆有指出,可参酌。

※诸传世本与王弼本多有相异处,其如:易州景龙碑本、易州开元幢本、敦煌写本之英本,两"乎"字并无,"无雌"作"为雌","无为"作"无知",整节文字为:"天门开阖,能为雌?明白四达,能无知?"遂州龙兴观碑本,两"乎"字并无,"天门"二句与"明白"二句句序互倒,两"能"字并作"而","无雌"作"为雌",整节文字为:"明白四达,而无为?天门开阖,而为雌?"敦煌写本之丙本,两"乎"字并无,"无雌"作"为雌","天门"作"天地","天地"二句与"明白"二句句序互倒,两"能"字并作"而",整节文字为:"明白四达,而无为?天地开阖,而为雌?"河上公(影宋)本、刘惟永本、林志坚本,两"乎"字并无,"无为"作"无知",整节文字为:"天门开阖,能无雌?明白四达,能无知?"李道纯本,两"乎"字并无,"无雌"作"为雌","四"作"洞","无为"作"无知",整节文字为:"天门开阖,能为雌?明白洞达,能无知?"敦煌写本之乙本,两"乎"字并无,"无雌"作"为雌",整节文字为:"天门开阖,能为雌?明白四达,能无为?"邢州开元幢本、易州景福碑本、庆阳景祐幢本、磻溪大德幢本、楼观台碑本、李约本、唐《御注》本、唐《御疏》本、陆希声本、杜光庭本、强思齐本、陈景元本、吕惠卿本、司马光本、苏辙本、陈象古本、宋《御解》本、邵若愚本、李霖本、彭耜本、董思靖本、宋李荣本、文如海本、无名氏本、吕知常本、赵秉文本、时雍本、杜道坚本、吴澄本、薛蕙本、周如砥本,"无雌"作"为雌","无为"作"无知",整节文字为:"天门开阖,能为雌乎?明白四达,能无知乎?"傅奕本、范应元本,"无雌"作"为雌",原"为"字上有"以"字,整节文字为:"天门开阖,能为雌乎?明白四达,能无以为乎?"唐李荣本,"无雌"作"为雌","能无雌

乎”为“能为雌乎”。张君相本,“天门”二句与“明白”二句句序互倒,“无为”作“无知”、“无雌”作“为雌”,整节文字为:“明白四达,能无知乎?天门开阖,能为雌乎?”周至至元碑本、北京延祐石刻本、河上公(道藏)本、王真本、道藏无注本、白玉蟾本、林希逸本、吕知常本、寇才质本、邓锜本、张嗣成本、明《御注》本、危大有本、释德清本、焦竑本、周如砥本、潘静观本,“无为”作“无知”,“能无为乎”为“能无知乎”。

“天门”,古来注家说法颇众。河上公注云:“天门谓北极紫微宫,开阖谓终始五际也。治身,天门谓鼻孔,开谓喘息,阖谓呼吸也。”王弼注云:“天门,谓天下之所由从也。开阖,治乱之际也。或开或阖,经通于天下,故曰‘天门开阖’也。”然而,相形而论,《庄子》中所谓“天门”似更切近老子本意。《庄子·庚桑楚》有谓:“入出而无见其形,是谓天门。天门者,‘无’、‘有’也,万物出乎‘无’、‘有’。”郭象注云:“天门者,万物之都名也。谓之天门,犹云众妙之门也。”又,《庄子·天运》谓:“故曰:正者,正也。其心以为不然者,天门弗开矣。”成玄英疏云:“其心之不能如是者,天机之门,拥而弗开。天门,心也。”从上下文所贯穿的语脉看,“天门启阖”之“天门”当为用以领悟“万物出乎‘无’、‘有’”之“心”;其诚然为人之心,然唯其可体会“众眇之门”,方可被称为“天门”。“雌”,相对于“雄”,其用以喻说柔弱;高诱注《淮南子·原道》“是故圣人守清道而抱雌节”云:“雌,柔弱也。”“天门启阖,能为雌乎”,谓心机发动能够做到恃弱而守雌吗?

“明白”,懂得、了解之意,其与《庄子·天道》所谓“夫明白于天地之德者,此之谓大本大宗,与天和者也”之“明白”意趣相同。“四达”,通晓天下之事理。“明白四达,能毋以知(智)乎”,谓明了天下之事理而无所不晓达能不凭借俗常的智慧吗？

④生之畜之，生而弗有，长而弗宰也，是胃（谓）玄德。

帛书乙本字句如上。甲本“德”字上残损九字，据乙本当为“有，长而弗宰也，是谓玄”。

王弼本此节文字为：“生之畜之，生而不有，为而不恃，长而不宰，是谓玄德。”其“弗”作“不”，且比帛书本多“为而不恃”句。

> ※诸传世本多同于王弼本，其略异者如：李约本，无“生之畜之”句，其整节文字为：“生而不有，为而不恃，长而不宰，是谓玄德。”磻溪大德幢本，“谓”作“为”，“是谓玄德”为“是为玄德”。

“畜”，养或养育之意；陆德明《经典释文·周易音义》释《易·师·象传》“君子以容民畜众”引王肃语云：“畜，养也。”“生之畜之”，谓生长之养育之。

“有”，占有、据有之意；“生而弗有”，谓生育之而不占有之。

“宰”，主宰、控制之意；“长而弗宰”，谓畜养之而不宰制之。

“玄德”，无所为而为之之德；王弼注云：“凡言玄德，皆有德而不知其主，出乎幽冥。”

【疏解】

此章的主题词为“玄德”，亦即无所为而为之之德。前六组问句在于引导养民治国者反躬自省其德量的修持，后一节文字则相应于既已涉及的修德之准矱明确喻示何谓之玄德。

“戴（载）营袙（魄）抱一，能毋离乎”，这一反躬自问是从人所当取法的“一”或“道”说起的。“抱一”即守一或守道，魂魄（“营魄”）持守于道或与道为一是修德的标的。对于老子来说，修德是一种生命的践履,须得全身心的投入,所以他分外要提出修德之人不可不诉诸魂魄;同时,在老子这里,修德即是“法道”——所谓“人法地,地法天,天法道,道法自然”(《老子》二十五章),因此,他强调了“抱一”或对“道”的持守。魂魄可否守道而不离,这是老子心目中修德的至要前提,也是德量修持的至高境地。

“桍(抟)气至(致)柔,能婴儿乎”,这是对“抱一”(守道)之境的取譬言说。“柔”有“弱”意,而“弱也者,道之用也”(《老子》四十章),因此,“致柔”即是致“弱”,而致“弱”亦即是致“道”。“道法自然”,其自然而然,无所造意,无诈无伪,如婴儿般纯一不欺,所以从一定意义上说,专心敛聚元气而“致柔”如同婴儿,乃是“营袙(魄)抱一”而“毋离”的同义语。不过,“柔”更多地见之于“道”的发用,而“婴儿”则是“柔”这一“道”之发用的最可直观的比喻。其实,老子亦曾说“恒德不离,复归于婴儿”(《老子》二十八章),而“复归于婴儿”也是“复归于朴”、“复归于无极”(同上),亦即复归于“道”。

“修除玄监(鉴),能毋有疵乎”,是对修德而达于“抱一”(守道)之境的再度取譬相喻。“玄鉴”即玄妙之镜,其用以喻说人的心灵之镜或人的似镜的心灵。以涤除“玄鉴”上的瑕斑比拟消弭可照见于心镜的欲念,如此“抱一”、“致柔”正可谓“闻道者日损”(《老子》四十八章)。“修除玄鉴”是从否定的意趣上作修德以为道的肯定的,这否定使修德见诸具体的生命践履,而“能毋有疵乎”的反身自问则隐示了日损其欲者必得达于“损之又损,以至于无为”(同上)所趋向的那种彻底。

“爱民栝(治)国,能毋以知乎”,是“修鉴”、“致柔”而“抱一”的德量修持向邦国治理的推衍。“知”在这里取“作”、“为”之意,“毋以知”即“毋以为”或“无以为”。不下五十种传世本“知”作“为”而“能无知(乎)”作“能无为(乎)”或“能无以为(乎)”,显然并非偶然，而帛书"能毋以知乎"亦决非有的注家所说的误"为"为"知"。"知"既然作"为"解，则帛书本与传世本于义皆可通，且二者并无扞格。但就版本而言，帛书或更近于《老子》原本之真，而河上公（影宋）本之"能无知"，河上公（道藏）本、王弼本等传世本之"能无知乎"，亦可谓更契合于帛书。

"天门启阖，能为雌乎"，其所导示在于泯除好胜之心以求谦下做人而与世无争。"为雌"一如"致柔"，处弱原是对自然而无为之道的应和。在老子这里，"为雌"不是谋略，更不是诈术，它从根本上被关联于人的心机的发动，被认可为"道"之所导的趋向本身。

如果说"天门启阖，能为雌乎"重在反身自问于"不争"，那么"明白四达，能无以知（智）乎"所反身自问的便更大程度地在于"弃知（智）"（《老子》六十三章）。"明白四达"说到底乃是心通自然而与自然相融浃；领悟自然之道须得自然而然。智巧之知有悖于自然，取法自然而融会自然便不可不尽弃智巧之知或所谓聪明才智。帛书此章六组问句中"能毋以知乎"出现两次，似是重句，但实际上因着"知"的所指——前一"知"为"为"、后一"知"为"智"——的相异而意致并不相同。

以上六组问句以问为述，所述皆不外于省身以修德。"德者，道之功"（《韩非子·解老》），此"功"乃功用，所以又可谓"德，道之用也"（陆德明《经典释文·老子音义》）。"致柔"、"修除玄鉴"、"为雌"以至于"爱民治国"而"毋以知（为）"、"明白四达"而"毋以知（智）"，诸修德之目无不环集于"抱一"或守"道"。老子之道"无名"而"有名"、"恒无欲"而"恒有欲"，其玄致乃在于"有"（"有名"、"有欲"）、"无"（"无名"、"无欲"）相即而至于"异名同谓"。修德而得此玄致，其德可谓之"玄德。"《老子》五十一章称"道生之畜之……生而弗有，为而弗恃，长而弗宰，此之谓玄德"，这"玄德"

是对“道”的“功”、“用”径直称说,本章后一节文字“生之畜之,生而弗有,长而弗宰也,是谓玄德”似是对五十一章文字的重复,然而这看似重复申说的“玄德”却是就修德者守“道”或“法道”而其终于得之于“道”而言的。

十一章

卅(三十)楅(辐)同一轂,	三十根辐木辏集于同一车毂,
当其无、有,	当它空其中(无)而实其外(有),
车之用也。①	才成全了车的功用。
燃(埏)埴而为器,	拌和泥土而制作器皿,
当其无、有,	当它空其中(无)而实其外(有),
埴器之用也。②	才有了容放物品的功用。
凿户牖,	砌墙盖屋而开窗凿门,
当其无、有,	当它空其中(无)而实其外(有),
室之用也。③	才有了供人栖居的功用。
故有之以为利,	所以,“有”在于提供便利,
无之以为用。④	“无”在于体现功用。

【校释】

①卅(三十)楅(辐)同一轂,当其无、有,车之用也。

帛书乙本字句如上。甲本“卅”下残损五字,据乙本当为“辐同一毂,当”;“其无”下残损二字,据乙本当为“有,车”;“用”下残损一字,据乙本当为“也”。

郭店楚简本未见此章文字。

王弼本此节文字为:“三十辐共一毂,当其无(無)、有,车之用。”其与所存完整的帛书乙本个别用字略异，但句脉、文义从同。

※诸传世本多同于王弼本，其稍异者则有：易州景龙碑本、泰州广明幢本、敦煌写本之乙本、丙本，“三十”作“卅”，“三十辐共一毂”为“卅辐共一毂”。潘静观本，“共”作“其”，“三十辐共一毂”为“三十辐其一毂”。

古来注家俱以“当其无”为读，清人毕沅《老子道德经考异》对此提出异议。其云：“本皆以‘当其无’断句，按《考工记》‘利转者以无有为用也’，是应以‘有’字断句。下并同。”陶绍学校《老子》云：“毕说是也。”此后，近人马叙伦之《老子校诂》、劳健之《老子古今考》、高亨之《老子正诂》等，皆依毕、陶之说为句读。再后，蒋锡昌《老子校诂》、钱锺书《管锥编》先后以“毕氏误读《考工记》，以为‘无有’即同俗语所谓‘没有’”（或“‘无有’即‘无’”）而诘难之，而张松如之《老子校读》则又对蒋氏之诘难引高亨所云予以辩驳。张氏云：“蒋谓毕氏误读《考工记》，复据误读者来误读《老子》，而《老子》此‘有’，乃常语耳。这判断似嫌主观，恐怕是又误读毕氏《考异》了吧。《考异》是否‘以为“无有”即同俗语所谓“没有”’，毕氏虽未明言，马、高、劳已经代为阐释矣，正如前引高氏《正诂》所说：‘无谓轮之空处，有谓辐之实体。’无论是毕与陶，无论是马、高、劳，凡以‘有’字断句者，都不曾把‘无有’读作俗语‘没有’也。且蒋氏谓此‘有’字乃常语耳，亦牵强无据。不知《老子》于此，正以‘无、有’为二名，其义全同于《考工记》，不独此‘无’与《考工记》谊同。”（张松如：《老子校读》，第65－66页）细审两种断句之说，复以本章章末“有之以为利，无之以为用”所含“有”、“无”对举之意味衡之，当可谓毕、陶、马、劳、高、张诸家所云更具胜义。

“楅”为“辐”之借字；“辐”为车轮的构件之一，乃连接车毂与轮圈的直木。古代车轮之辐以三十为数,《周礼·考工记》载:“轮辐三十,以象日月也。”“毂”,车轮的构件之一,位于轮的中央,由三十根辏泊其上的辐木与轮圈相接,空其中以贯车轴。“卅(三十)楅(辐)同一毂”,谓三十根辐木辏集于同一车毂;“当其无、有,车之用也”,谓当车毂空其中(无)而实其外(有)才有了车的功用。

②燃(埏)埴而为器,当其无、有,埴器之用也。

帛书乙本字句如上。甲本“燃”作“然”(“然”为“燃”之借字),“然(燃)埴”下脱一“而”字,“埴器”下残损多字,据乙本此节所损当为“之用也”。

王弼本此节文字为:“埏埴以为器,当其无(無)、有,器之用。”其与所存完整的帛书乙本个别用字略异,但句脉、文义从同。

※诸传世本多同于王弼本,其稍异者则如:易州开元幢本、邢州开元幢本、周至至元碑本、范应元本,“埏”作“挻”,“埏埴以为器”为“挻埴以为器”。磻溪大德幢本,“埴”作“填”,“埏埴以为器”为“埏填以为器”。

“燃”为“埏”字之别构,以水和泥之意;“燃埴”,即和泥。河上公注云:“埏,和也;埴,土也;和土以为饮食之器。”“燃(埏)埴而为器”,谓和泥而制作容器。“当其无、有,埴器之用”,谓当所制器皿空其中(无)而实其外(有)时才有了这器皿的功用。

③凿户牖,当其无、有,室之用也。

帛书乙本字句如上。甲本“当其无、有”上残损多字,据乙本,此节所损当为“凿户牖”;“当其无、有”下残损一字,据乙本当为“室”。

王弼本此节文字为:“凿户牖以为室,当其无(無)、有,室之用。”与帛书乙本勘校(甲本多有残损),乙本首句无“以为室”三字，虽亦通，但王本之义更胜；乙本“无”（非“無”之简体字）王本作“無”（“无”同“無”）。

※诸传世本，悉与王弼本同。

“凿”，开、开凿之意；户，指门；牖，指窗。“凿户牖”，谓从所砌墙壁上开凿门窗。“当其无、有，室之用也”，谓当所造屋室空其中（无）而实其外（有）时，便有了供人栖居的功用。河上公注云：“谓作屋室，户牖空虚，人得以出入观视；室中空虚，人得以居处，是其用。”所说颇平易、亲切，唯可补充的是：屋室之“空虚”（所谓“无”），乃是被实物（屋顶、墙壁等所谓“有”）建构出来的“空虚”，因而应当说，这屋室之“用”有赖于屋室的“无”（“空虚”），亦有赖于屋室之“有”（建构一定形态的空间或“空虚”所必要的材料的有序组合）。

④故有之以为利，无之以为用。

帛书甲、乙本字句皆如上。

王弼本此节文字为：“故有之以为利，无（無）之以为用。”与帛书甲、乙本勘校，甲、乙本“无”（非“無”之简体字）王本作“無”（“无”同“無”）；其余字句王本与帛书本从同。

※诸传世本多同于王弼本，其略异者则如：易州景龙碑本、遂州龙兴观碑本、敦煌写本之乙、丙本无“故”字，此节文字遂为“有之以为利，无之以为用”。

“利”，其关联于“用”而言，有便于用、利于用之意。杨倞注《荀子·王制》“尚完利”云：“利，谓便于用，若车之利转之类也。”这里，“利”与“用”的对举相应于“有”与“无”的对举。“无”因

"有"而得以显现,"有"因"无"而得以有其意义;"用"因"利"而得以保障,"利"因"用"才堪称其有益。一如"有"凑泊于"无"才是有价值的"有","利"归落在"用"上才真正堪称为"利"。对于老子来说,"无"与"用"总是主导的,"有"与"利"则为"无"与"用"之辅翼,这从"车之用"、"埴器之用"、"室之用"的实例可大略窥知其机奥。

【疏解】

此章由三个相关的譬喻和一个富有涵盖性的论断构成。论断看似从所举譬喻中推绎而出,实则其并不着迹于诸如此类的实例。"无"、"有"是本章的两个关键词,二者的关系牵动着老子所谓"恒道"、"玄德"的至深意趣。

车得以行走,机缄在于车毂。毂位于轮的中央,其状若环,外接三十根辐木以与轮圈结成一体,中有圆孔可容车轴穿过。正是这车毂,其实于外的部分连着车轮,空于中的部分贯穿车轴而承载车身,车遂因此得以成为一个有着特殊功用的整体。若将车毂实于外的部分视为"有",则其空于中的部分即可视为"无",这种"无"、"有"一体于毂成全了车毂之"用",亦成全了整个车之"用"。此"无"、"有"而"用",即所谓"卅(三十)楅(辐)同一毂,当其无、有,车之用也"。

一个由粘土塑形的器皿,其亦外实而中空:器皿的内壁与外壁之间是器皿的实于外的部分,为内壁围裹而被赋形的空间是器皿空于中的部分;空于中的部分可容物,实于外的部分则可使用于容物的空于中的部分得以以一定的造型持续存在。这器皿有容物之"用"固然因着其中有所空,但中有所空终究离不开其外有所实。若将实于外的部分视为"有",则空于中的部分即可视为"无",这"无"、"有"一体于粘土塑制的器皿,成全了器皿之"用"。此"无"、

“有”而“用”，即所谓“燃(埏)埴而为器，当其无、有，埴器之用也”。

同样，修筑屋室亦是一例。屋室之需在于辟出一个与外境相隔的空间来供人栖居，而辟出一个与外境相隔的空间则不可不砌砖盖瓦以筑墙造顶，亦不可不凿门开窗以便于出入、采光与通风。若以屋内空间为“无”，则造成这空间的屋顶与四壁即为“有”，这“无”与“有”共同成就了屋室之功用。一如车毂、埴器各以其“无”、“有”而致“用”，屋室的“无”、“有”而“用”亦正可谓“凿户牖，当其无、有，室之用也”。

由“车之用”、“埴器之用”、“室之用”所论及的“有”、“无”皆从经验的实有与虚空说起，这“有”、“无”对于老子出自“恒道”、“玄德”而指称的“有”、“无”只具有比喻的意义。“有之以为利，无之以为用”的“有”、“无”是“有名”、“有欲”与“无名”、“无欲”的“有”、“无”，是“两者同出，异名同胃(谓)”的“有”、“无”，亦是“作而弗始，为而弗恃，成功而弗居”或“生之，畜之，生而弗有，长而弗宰”的“有”(“作”、“为”、“成功”、“生”、“长”)、“无”(“弗始”、“弗恃”、“弗居”、“弗有”、“弗宰”)。因此本章的意脉是上贯十章以至二章、一章的，其由浅近的比喻所晓示的“利”、“用”而“有”、“无”，乃是对虚灵的“玄德”的别一种诠释，并且正因着如此，这微妙趣致亦正通着那恍惚、窈冥而非“可道”之“恒道”。

十二章

五色使人目盲，	缤纷的色彩使人眼花目盲，
驰骋田腊(猎)使人心发狂，	驰射狩猎使人气躁心狂，
难得之货使人之行仿(妨)，	难得的财货使人行为邪妄，
五味使人之口爽，	美味佳肴使人味败口伤，
五音使人之耳[聋]。①	悦耳的音乐使人听觉失常。
是以耶(圣)人之治也，	所以圣人对国家天下的治理，
为腹而不为目，	只在于满足肚腹的淳朴之需，而不去滋长眩目惑心的种种欲望，
故去彼而取此。②	因此他鄙弃那样而选取这样。

【校释】

①五色使人目盲，驰骋田腊(猎)使人心发狂，难得之货使人之行仿(妨)，五味使人之口爽，五音使人之耳[聋]。

帛书乙本“耳”下残损一字，据甲本当为“聋”；补损阙后，其字句如上。甲本“盲”作“明”，或为抄写之误；“难”上残损三字，据乙本当为“心发狂”；“货”作“𧷸”，“仿(妨)”作“方”，“爽”作“㗊”。甲、乙本虽用字有异，但句脉、文义从同。

郭店楚简本未见此章文字。

王弼本此节文字为："五色令人目盲，五音令人耳聋，五味令人口爽，驰骋畋猎令人心发狂，难得之货令人行妨。"帛书本"使"王本作"令"，帛书本"田"王本作"畋"，帛书三、四、五句"使人"下多一"之"字；此外，帛书第二、三句为王本之四、五句，帛书第四句为王本之第三句，帛书第五句为王本之第二句。从句序看，王本似更合理些，但整节文字的义理并无异致。

※诸传世本多同于王弼本，其略异者则有：易州景龙碑本、易州开元幢本、邢州开元幢本、易州景福碑本、庆阳景祐幢本、周至至元碑本、楼观台碑本、磻溪大德幢本、北京延祐石刻本、遂州龙兴观碑本、河上公（影宋、道藏）本、敦煌写本之乙、丙本、《群书治要》本、傅奕本、李约本、唐李荣本、唐《御注》本、张君相本、强思齐本、道藏无注本、陈景元本、吕惠卿本、司马光本、苏辙本、陈象古本、宋《御解》本、邵若愚本、李霖本、白玉蟾本、彭耜本、董思靖本、宋李荣本、林希逸本、范应元本、文如海本、无名氏本、寇才质本、赵秉文本、时雍本、李道纯本、邓锜本、杜道坚本、吴澄本、林志坚本、张嗣成本、明《御注》本、危大有本、释德清本、薛蕙本、周如砥本、潘静观本，"畋"作"田"，"驰骋畋猎"为"驰骋田猎"。

"五色"，指青、赤、黄、白、黑五种颜色，古人以此为五正色。孙星衍《尚书今古文注疏》释《书·益稷》"以五采彰施于五色，作服，汝明"云："五色，东方谓之青，南方谓之赤，西方谓之白，北方谓之黑，天谓之玄，地谓之黄，玄出于黑，故六者有黄无玄为五也。""五色"，在本章泛指多种色彩。"五色使人目盲"，谓缤纷的色彩令人眼花目盲。

"驰骋"，指驰射、田猎；高诱注《吕氏春秋·任数》"君臣扰乱，上下不分别,虽闻曷闻,虽见曷见,虽知曷知,驰骋而因耳矣"云:"驰骋,田猎也。""田腊"即田猎;《风俗通义·祀典》云:"腊者,猎也。言田猎取兽,以祭祀其先祖也。""驰骋田腊(猎)使人心发狂",谓驰射狩猎会令人气躁心狂。

"仿"为"妨"之借字,害、妨害之意;韦昭注《国语·越语下》"将妨于国家"云:"妨,害也。""难得之货使人之行仿(妨)",谓珍贵难得的财货会使人的行为邪妄。

"五味",指酸、甜、苦、辣、咸五种味道;郑玄注《礼记·礼运》"五味,六和,十二食,还相为质也"云:"五味,酸、苦、辛、咸、甘也。"这里,"五味"泛指多种美味。"爽",指伤或伤害;李善注《文选·张衡〈南都赋〉》"其甘不爽"引《广雅·释诂四》云:"爽,伤也。""爽"而"伤",乃味败之意,蒋骥《山带阁注楚辞》注《楚辞·招魂》"厉而不爽些"云:"爽,味败也。""五味使人之口爽",谓美味佳肴会使人味败口伤。

"五音",指古代五声音阶中的五个音级,即宫、商、角、徵、羽;赵岐注《孟子·离娄上》"不以六律,不能正五音"云:"五音,宫、商、角、徵、羽。"这里,"五音"泛指多种乐音。"五音使人之耳聋",谓动情的音乐会使人听觉失灵。

②是以耶(圣)人之治也,为腹而不为目,故去彼而取此。

帛书乙本字句如上。甲本"耶(圣)"作"声","为腹"下少一"而"字;"不"字下残损二字,据乙本当为"为目";"故去彼而取此"为"故去罢(彼)耳(取)此","耳"为"取"之误书。甲、乙本用字有出入,但句脉、文义大致无异。

王弼本此节文字为:"是以圣人为腹不为目,故去彼取此。"勘校以帛书本,王本"圣人"下少"之治也"三字,"为腹"下少一"而"字,帛书本义胜。

※诸传世本悉皆同于王弼本。

以“为腹”与“为目”对举而说“圣人之治”所作的“去彼而取此”的选择,其意略相当于三章所谓“圣人之治也,虚其心,实其腹,弱其志,强其骨”。“为腹”,是就满足生命自然之所需而言;“为目”——“目者,心之符也”(《韩诗外传》卷四)——则必致为“文敝”所陷,以至于目迷于“五色”,耳惑于“五音”,口败于“五味”,心狂于“驰骋田腊(猎)”,行妨于“难得之货”。王弼注云:“为腹者以物养己,为目者以物役己,故圣人不为目也。”所谓“以物役己”,是指纵“心”、“志”之欲以逐物——人既以逐物为标的,则势必为外物所牵羁。王氏此解,颇得老子之谛趣。

【疏解】

此章再度申衍祈愿中的“圣人之治”,其大旨与三章相应和。全章之措思略可分两层:一是对“五色”、“五音”、“五味”、“驰骋田猎”、“难得之货”所可能造成伤生后果的警示,一则是“为腹不为目”这一“圣人之治”方略的提出。

“五色”、“五音”、“五味”以至“驰骋田猎”而贵“难得之货”,皆可一言以蔽之谓人为之“文”,其无一不关联着已见崩坏的“礼”、“乐”而俱在以克除“文敝”为宗归的老子之学的贬斥之列。老子不像比其略晚的孔子那样,在礼坏乐崩的春秋之末力图重新厘定“礼”、“乐”的当有分际以求“文质彬彬”(《论语·雍也》),而是在终极意义上不再信从“礼”、“乐”。在儒者所认可的传统视野中,礼是天经地义的,这用春秋时郑国大夫子大叔的话说则略如下:“吉(子大叔之名——引者注)也闻诸先大夫子产曰:‘夫礼,天之经也,地之义也,民之行也。’天地之经,而民实则之。则天之明,因地之性,生其六气,用其五行。气为五味,发为五色,章为五声。淫则混乱,民失其性。是故为礼以奉之:为六畜、五牲、三牺,以奉五味;为九文、六采、五章,以奉五色;为九歌、八风、七音、六律,以奉五声。为君臣上下,以则地义;为夫妇外内,以经二物;为父子、兄弟、姑姊、甥舅、昏媾、姻亚,以象天明;为政事、庸力、行务,以从四时;为刑罚威狱,使民畏忌,以类其震曜杀戮;为温慈惠和,以效天之生殖长育。……"(《左传·昭公二十五年》)老子却不同,他视"礼"("乐")为"忠信之薄也,而乱之首也"(《老子》三十八章)。在他看来,问题不在于崩坏后的"礼"、"乐"如何依从某一标准再度予以制订,而在于这无论怎样制订都必至于崩坏的"礼"、"乐"终当予以摈弃。换句话说,在老子这里,不存在无"敝"之"文",凡"文"不可能不"敝",因此消除"文敝"的唯一可行的途径乃在于扫"文"以"复朴"或所谓"见素抱朴"。老子将其义理之根追溯到"生",而"法自然"以"复朴"则被认定为"长生久视"的不二法门。"五色使人目盲"、"五音使人之耳聋"、"五味使人之口爽(伤)"皆对人之生有伤,"驰骋田腊(猎)使人心发狂"、"难得之货使人之行仿(妨)"亦皆于人之生有伤;一切于生机有伤害的所作所为自当去除,"五色"、"五音"、"五味"的讲求以及对"驰骋田猎"、"难得之货"的推尚遂并在弃绝之列。

借用三章的话说,见诱于"五色"、"五音"、"五味",纵欲于"驰骋田猎"、"难得之货"即是"见可欲"。三章申释"圣人之治"是从"不见可欲"——"不上贤"、"不贵难得之货"——说起的,与之相应,本章则转换了一个角度,告诫人们如果"见可欲"便可能使人"目盲"、"耳聋"、"口爽(伤)"、"心狂"、"行仿(妨)"而伤身害生。于是,由此引出的"圣人之治"遂颇可与三章的说法相比拟:三章将其归结为"虚其心,实其腹,弱其志,强其骨",本章则谓之为"为腹而不为目"。其实,"为腹"与"为目"的对举,正相当于"实"与"虚"、"强"与"弱"的对举。"为腹"即是"实其腹"、"强其骨","为目”即是放纵而非“虚”、“弱”其“心”、“志”;前者乃顺应自然之需求而不失人生之浑朴,后者则使心志孜孜于攫取而逞其巧智与诡诈。老子如此称述“圣人之治”或被后世注者视为愚民的策略,然而,可予分辨的是,其由“腹”、“目”之别而说“愚”,这“愚”原只是“朴”的同义语,而且,这“朴”而“愚”的教化的践履正在于求取“圣人之治”者的“我欲不欲而民自朴”(《老子》五十七章)。

十三章

弄(宠)辱若惊，	受宠受辱犹若遭遇惊恐，
贵大患若身。①	看重大患犹若看重其身。
何胃(谓)弄(宠)辱若惊?	何谓受宠受辱犹若遭遇惊恐?
弄(宠)之为下也，	宠原本不值得高看，
得之若惊，	得宠犹若受惊，
失之若惊，	失宠犹若受惊，
是胃(谓)弄(宠)辱若惊。②	这就叫作受宠受辱犹若遭遇惊恐。
何胃(谓)贵大患若身?	何谓看重大患犹若看重其身?
吾所以有大患者，	我之所以患得患失而有大患，
为吾有身也；	是因为有这滋生欲念的躯体；
及吾無身，	如果我没有了身的牵累，
有何患?③	还有什么令我忧心?
故贵为身于为天下，	因此以治身重于治天下者，
若可以槖(托)天下[矣]；	才可以托之以天下；
爱以身为天下，	笃好由治身而治天下者，
女可以寄天下矣。④	才可以寄之以天下。

【校释】

①弄(宠)辱若惊,贵大患若身。

帛书乙本字句如上。甲本“弄(宠)”作“龙(宠)”,“患”作“梡”(“患”之借字)。甲、乙本用字有异,但句脉、文义并无不同。

郭店楚简(乙)本此节文字为:“憃辱若缨,贵大患若身。”“憃”为“宠”(寵)之别构,“缨”为“惊”之借字。楚简本与帛书甲、乙本句脉、文义无别。

王弼本此节文字为:“宠辱若惊,贵大患若身。”除“弄”作“宠”(“弄”通“宠”)外,其字句与帛书乙本从同。

※诸传世本悉同于王弼本。

“弄”借作“龙”,而“龙”为“宠”之古字,甲骨文、金文书“宠”为“龙”。郑玄注《诗·商颂·长发》“何天之龙”云:“龙作宠。”李富孙《诗经异文释》释《诗·小雅·蓼萧》“为龙为光”云:“龙、宠亦古今字。”“弄(宠)辱”,即受宠信与遭辱贱,亦即后文所谓“得之”与“失之”。“弄(宠)辱若惊”,谓受宠信与遭辱贱有如受了惊扰。

“贵”,看重、重视、以其为贵之意;韦昭注《国语·晋语七》“贵货而易土”云:“贵,重也。”“大患”,指患得患失这一得失之患;其所以“大”,一在于其普遍,一在于其深重。“大”有广、遍之义;郑玄注《礼记·郊特牲》“大报天而主日也”云:“大,犹遍也。”“大”亦有深、甚之义;刘淇《助字辨略》卷四云:“大,甚也。”“贵大患若身”,谓以得失这一大患为重犹如以其身为重。

②何胃(谓)弄(宠)辱若惊?弄(宠)之为下也,得之若惊,失之若惊,是胃(谓)弄(宠)辱若惊。

帛书乙本字句如上。甲本“何”作“苛”(“何”之借字),“宠”作“龙”,第二句句末无“也”字;第四句“失”字后残损一字,据乙本当为"之"。甲、乙本用字略有出入,但句脉、文义从同。

郭店楚简(乙)本此节文字为:"可胃憩辱?憩为下也,得之若缨,遊之若缨,是胃憩辱辱缨。"其"可"为"何"之借字,"憩"、"缨"如前所训;唯首句无"若缨(惊)"二字,第二句"憩(宠)"后无"之"字,第五句"憩(宠)辱"后无"若"字,然"辱"字下有一类似句读符号的符号,释读之学者对其各有所辨。李天虹云:"'辱'字下标识可能也是重文符,或当读作'辱辱(若)'。"今姑从李说,以后一重文"辱"为"若"之借字。

王弼本此节文字为:"何谓宠辱若惊?宠为下,得之若惊,失之若惊,是谓宠辱若惊。"除第二句无"之"、"也"二字而"弄(宠)之为下也"为"宠为下"外,王本其他字句与帛书乙本从同。

※诸传世本有异于王弼本者,其如:吴澄本、明《御注》本,首句无"若惊"二字,次一"宠"字作"辱",无"是谓宠辱若惊"句,整节文字为:"何谓宠辱?辱为下,得之若惊,失之若惊。"易州景龙碑本、河上公(影宋、道藏)本、白玉蟾本、宋李荣本、林志坚本,首句无"若惊"二字,次一"宠"字作"辱",整节文字为:"何谓宠辱?辱为下,得之若惊,失之若惊,是谓宠辱若惊。"林希逸本,首句无"若惊"二字,无"是谓宠辱若惊"句,整节文字为:"何谓宠辱?宠为下,得之若惊,失之若惊。"强思齐本,首句无"若惊"二字,末句"谓"作"为",整节文字为:"何谓宠辱?宠为下,得之若惊,失之若惊,是为宠辱若惊。"北京延祐石刻本,首句无"宠"、"若惊"等字,"何谓宠辱若惊"为"何谓辱"(疑其脱字)。易州开元幢本、周至至元碑本、磻溪大德幢本、楼观台碑本、遂州龙兴观碑本、敦煌写本之丙本、李约本、唐李荣本、唐《御注》本、唐《御疏》本、陆希声本、张君相本、杜光庭本、道藏无注本、吕惠卿本、司马光本、苏辙本、陈象古

本、宋《御解》本、邵若愚本、李霖本、彭耜本、董思靖本、范应元本、文如海本、无名氏本、吕知常本、赵秉文本、时雍本、邓锜本、杜道坚本、薛蕙本,首句无"若惊"二字,"何谓宠辱若惊"为"何谓宠辱",与郭店楚简(乙)本略从同。易州景福碑本、陈景元本、张嗣成本,首句无"若惊"二字,次句"宠为下"作"宠为上,辱为下",整节文字为:"何谓宠辱?宠为上,辱为下,得之若惊,失之若惊,是谓宠辱若惊。"寇才质本、李道纯本,次句"宠为下"作"宠为上,辱为下",其他字句与王弼本同。潘静观本,次句同寇、李本,然无末句。

"弄(宠)之为下",意为宠原本无须高看。紧承此句,下句"得之"、"失之"皆就"宠"而言,意为得宠、失宠;得宠便惊喜,失宠(受"辱")即惊惧,惊喜、惊惧皆牵累于境遇而未如致虚守静超然于宠辱之外者有得人生之谛义。

③何胃(谓)贵大患若身?吾所以有大患者,为吾有身也;及吾无身,有何患?

帛书乙本字句如上。甲本三"患"字皆作"梡"("患"之借字),其余字句与乙本从同。

郭店楚简(乙)本此节文字为:"[何胃(谓)贵大患]若身?虗所以有大患者,爲虗又身。退虗亡身,或〔可〕[患]。"首句"若身"前残损五字,可依帛书甲、乙本补以"何胃贵大患";二、三、四句与帛书本句脉一致,唯"吾"作"虗"、次一"有"作"又"、"及"作"退",其俱为相应字之借字;末句"有"作"或"("或"通"有"),"或"下一字残损不全,似为"可","可"为"何"之借字;"可"下残损多字,据帛书甲、乙本,此节所损当为"患",其义似略与帛书本相侔。

王弼本此节文字为:"何谓贵大患若身?吾所以有大患者,为吾有身;及吾無身,吾有何患?"勘校以帛书本,王本第二句少一

“也”字,末句多一“吾”字;甲、乙本“无”王本作“無”,此“无”非“無”之简体字,同“無”。

※诸传世本多同于王弼本,其略异者则如:遂州龙兴观碑本,“谓”作“为”,“何谓贵大患若身”为“何为贵大患若身”;次一“吾”字作“我”,“为吾有身”为“为我有身”。易州景龙碑本、敦煌写本之丙本,无“者”字,第二、三两“吾”字并作“我”,整节文字为:“何谓贵大患若身? 吾所以有大患,为我有身;及我无身,吾有何患?”唐李荣本,无“者”字,“吾所以有大患者”为“吾所以有大患”;第三“吾”字作“我”,“及吾无身”为“及我无身”。张君相本、刘骥本,无“者”字,“吾所以有大患者”为“吾所以有大患”。敦煌写本之乙本,第二、三“吾”字并作“我”,“为吾有身”为“为我有身”;“及吾无身”为“及我无身”。傅奕本,“及”作“苟”,“及吾无身”为“苟吾无身”;末句句末有“乎”字,“吾有何患”为“吾有何患乎”。范应元本,“及”作“苟”,“及吾无身”为“苟吾无身”。

“及”,若、若使、如果之意;王念孙《读书杂志·管子第三·大匡》释“及齐君之能用之也,管子之事济也”云:“及,犹若也。”“及吾无身,有何患”,谓如果我没有了这有欲念的躯体,还有什么祸患可忧虑呢?

④故贵为身于为天下,若可以橐(托)天下[矣];爱以身为天下,女可以寄天下矣。

帛书乙本第二句句末残损一字,据甲本当为“矣”;补损阙后,其字句如上。甲本“橐”作“迈”(“托”之借字),“女”下“何”字当为“可”字之误,末句句末无“矣”字。甲、乙本用字略有异,然句脉、文义无别。

郭店楚简(乙)本此节文字为:“[故贵为身于]为天下,〔若可以〕厇天下矣;炁以身为天下,若可以迲天下矣。”校之于帛书本,其首句残损五字当为“故贵为身于”;“厇”一如帛书甲本之“迈”、乙本之“橐”,乃“托”之借字;“厇”字前疑有脱文,所脱字据帛书甲、乙本当为“若可以”;“炁”为“爱”之古字,“迲”当为“寄”之借字。楚简本与帛书本用字略有别,但其句脉、文义大致从同。

王弼本此节文字为:“故贵以身为天下,若可寄天下;爱以身为天下,若可托天下。”其用字与帛书本不无出入,但句脉、文义大致相侔。

※诸传世本不同于王弼本者情形较为复杂。其所涉及,或一、三句句末是否有“者”,或二、四句句末是否有“矣”,或首句“为天下”作“于天下”,或一、三句“为天下”作“于天下”,或第二句“若”作“则”,或第四句“若”作“则”,或二、四句“若”皆作“则”……。兹举其较有代表性者数种如下:易州景龙碑本作“故贵以身于天下,若可托天下;爱以身为天下者,若可寄天下”;易州景福碑本作“故贵以身为天下者,则可以寄于天下;爱身以为天下者,乃可以托于天下”;泰州广明幢本作“故贵以身为天下,若可寄天下矣;爱以身为天下,乃可以托于天下”;楼观台碑本作“故贵以身为天下,若可寄天下;爱以身为天下,若可托天下”;遂州龙兴观碑本作“故贵以身于天下者,可托天下;爱以身于天下者,可寄天下”;敦煌写本之丙本作“故贵以身于天下,若可托天下;爱以身为天下,若可寄天下”;河上公(影宋)本作“故贵以身为天下者,则可寄于天下;爱以身为天下者,乃可以托于天下”;河上公(道藏)本、林志坚本作“故贵以身为天下者,则可以寄于天下;爱以身为天下者,乃可以托于天下”;傅奕本、范应元本作“故贵以身为天下者,则可

以托天下矣；爱以身为天下者，则可以寄天下矣”；唐《御注》本、强思齐本作“故贵以身为天下，若可寄天下；爱以身为天下，若可托天下”；司马光本作“故贵以身为天下者，可以托天下矣；爱以身为天下者，则可以寄天下矣”；林希逸本作“故贵以身为天下，则可寄于天下；爱以身为天下，乃可以托于天下”；吕知常本、邓锜本、吴澄本作“故贵以身为天下，则可以寄天下；爱以身为天下，则可以托天下”；薛蕙本、焦竑本作“故贵以身为天下者，可以寄天下；爱以身为天下者，可以托天下”等。

“为”，治之意；皇侃疏《论语·子路》“善人为邦百年”云：“为者，治也。”又，杜预注《左传·昭公元年》“弗可为也已”、韦昭注《国语·周语上》“是故为川者决之使导”皆云：“为，治也。”“若”，乃、则、才之意；韦昭注《国语·周语中》“若能有济也”云：“若，犹乃也。”又，王引之《经传释词》卷七云：“若，犹则也。”“槖”，借作“托”，寄托、委托之意。“贵为身于为天下，若可以槖（托）天下矣”，谓以治身重于治天下（者），才可以托之以天下。

“爱”，好、喜好之意；焦循《易章句》释《易·家人·象传》“交相爱也”云：“爱，犹好也。”“女”通“若”，有乃、则、才之意；高亨《古字通假会典》云：“《战国策·燕策二》：‘女无不为也。’汉帛书本‘女’作‘若’。《史记·曹相国世家》：‘若归，试私从容问而父。’《汉书·曹参传》‘若’作‘女’。”“爱以身为天下，女可以寄天下矣”，谓喜好由治身而治天下（者），才可以寄之以天下。

【疏解】

此章的眼目在于“贵为身于为天下”、“爱以身为天下”。上章所谓“为腹不为目”的教化主要在于对所治百姓的引导，然而“不言之教”所借重的与其说是诉诸诠辩的道理，不如说是可为人们直观而仿效的范本。本章以治身贵于治天下的义训告诫“为天下”者，唯重于治身者——从自己的躬行做起者——方可担得起天下治理的重任。

“宠辱若惊”，这“惊”系于得失；为受宠或受辱而“惊”，表明尘俗中人总不免因利害而动心。动心于利害则必至于患得患失，这患得患失作为人之大患——普遍而甚深之患——为人所看重犹如人的有生之躯体为人所看重，其正可谓“贵大患若身”。对于老子来说，“惊”、“患”皆不合于自然，而欲去除“惊”、“患”，则须勘破宠辱、不为得失利害所牵累。诚然，人不甘受辱，辱遂因此不足以惑人心志，但“宠”却不同，人在“宠”中失其天真之朴而不自知，其最易误人。因而老子要分外提醒人们：“宠之为下也。”“宠”总是自上而下的，宠人者在上，受宠者在下；上下之分已有违于自然，而要紧的是处于下位的人受宠便惊喜，失宠便惊恐，这惊喜、惊恐，皆大迕于自然之常态。所以当老子阐释“宠辱若惊”一语时，他将“宠”视为全部问题的要害。

人由得宠、失宠而患得患失，这患得患失被称作“大患”，其根深蒂固并遍及所有的人。究寻到终极处，老子指出，人有大患是由于人有其身，有其滋生种种欲求的血肉之躯。当然，可以设想，人如果没有了血肉之躯，那也就不再有得失之“患”可言，但人有其身毕竟是一个未可回避的事实，于是，问题遂被归结于“为身”。“为身”即是“治身”，在老子这里治身意味着一个人如何“法地”、“法天”、“法道”、“法自然”而“见素抱朴，少私寡欲”（《老子》十九章）。“为身”对于每个人来说都是不可忽视的，而对于身负治理天下之责的人尤其重要。依老子的看法，只有把“为身”看得比“为天下”更要紧的人才可以治理好天下（“贵为身于为天下，若可以橐［托］天下”），只有不忘“为身”因而由此“为天下”的人才可以把天下托付给他("爱以身为天下,女可以寄天下矣")。

历来注家,或有以"忘身"、"无身"而"为天下"诠解此章者,但更多的人则以"贵身"、"爱身"而"为天下"阐释老意。前者如苏辙、王夫之、高亨等,后者则多至不胜枚举,然而其俱可寻源到《庄子》。"忘身"、"无身"之说,显然执着于老子所谓"及吾无身,有何患",殊不知老子以"身"言"患"是就患得患失的俗思之人而论,并非一般地指称包括他心目中的"圣人"在内的所有人。人可以有"身"而不必患得患失,非患得患失之"身"即不必"忘"而"无"之。换句话说,老子并不一般地鄙弃"身",他只是出于"身"有可能患得患失的考虑而强调"为身"或"治身"。"为身"亦未尝不可以借用儒家的术语称之为"修身",所不同的是,老子自有其不同于孔子的修身的标准。至于"贵身"、"爱身"之说,其关涉"养生"而颇不易检讨,因此须得在下面予以较为从容的分辨。

《庄子·在宥》云:"故君子不得已而临莅天下,莫若无为。无为也,而后安其性命之情。故贵以身于为天下,则可以托天下;爱以身于为天下,则可以寄天下。"《庄子·让王》亦云:"越人三世弑其君,王子搜患之,逃乎丹穴,而越国无君。求王子搜不得,从之丹穴。王子搜不肯出,越人薰之以艾,乘之王舆。王子搜援绥登车,仰天而呼曰:'君乎,君乎!独不可以舍我乎?'王子搜非恶为君也,恶为君之患也。若王子搜者,可谓不以国伤生矣。……道之真以治身,其绪余以为国家,其土苴以治天下。由此观之,帝王之功,圣人之余事也,非所以完身养生也。"《庄子·在宥》引老子语在于证其所谓"君子不得已而临莅天下,莫若无为",而《让王》中的文字则颇可视为对老子之言的诠解。庄子也说"治身",但"治身"只在于"完身养生",而"为国家"、"治天下"的"帝王之功"在他那里终不过是"圣人之余事",这与老子由"为身"必得推及"为天下"的思路并不全然相契。后世以"贵身"、"爱身"注老子"贵以身为天下"、

“爱以身为天下”之意蕴者，乃是以庄子注老子，而非真正对老庄差异之微妙有所悟以别老子于庄子。

其实，老子在所谓“贵为身于为天下”、“爱以身为天下”中对“为身”与“为天下”之当有关系的默示并不难理解，为避免陷于阐释这两句话所可能产生的种种歧义，我们可以借助《老子》关于“为身”与“为天下”之关联的另一种表述，此即：“我无为而民自化，我好静而民自正，我无事而民自富，我欲不欲而民自朴。”（《老子》五十七章）倘扼其要而分别说之，则“我无为”、“我好静”、“我无事”、“我欲不欲”属于“我”之“为身”，而“民自化”、“民自正”、“民自富”、“民自朴”则已是所谓“为天下”，前者并非只是“完身养生”，后者亦决不只是“不得已”之“余事”。

十四章

视之而弗见，	看它而看不见，
[命](名)之曰微；	称它为“微”；
听之而弗闻，	听它而听不到，
命(名)之曰希；	称它为“希”；
捪之而弗得，	摸它而摸不着，
命(名)之曰夷。	称它为“夷”。
三者不可至(致)计(诘)，	三者难以穷根究底，
故绲(混)而为一。[①]	它们原本就浑然一体。
一者，	这浑然的“一”，
其上不谬(皦)，	其上不会因为向阳而明亮，
其下不忽(昧)，	其下不会因为背阴而黯昧，
寻寻呵不可命(名)也，	浑沦没有边际呵难以称说，
复归于无物。	复归于无物可寻的虚寂。
是胃(谓)无状之状，	这没有形状的情状，
无物之象，	没有物象的境象，
是胃(谓)沕(惚)望(恍)。[②]	它可称之为“惚恍”。
隋(随)而不见其后，	跟着它望不着它的颈背，
迎而不见其首，	迎着它看不见它的面目，
执今之道，	把握这里所说的道，

以御今之有，	用以治理当今的邦域，
以知古始，	用以窥知上古的端倪，
是胃（谓）道纪。③	这便是道的要归。

【校释】

①视之而弗见，[命]（名）之曰微；听之而弗闻，命（名）之曰希；撍之而弗得，命（名）之曰夷。三者不可至（致）计（诘），故绢（混）而为一。

帛书乙本“见”下残损一字，由下文可推知此所损缺之字当为“命”；补损阙后，其字句如上。甲本“命”作“名”，“绢”作“圂”，“圂”字下残损三字，据乙本当为“而为一”。甲、乙本用字略异，而句脉、文义从同。

郭店楚简本未见此章文字。

王弼本此节文字为：“视之不见名曰夷，听之不闻名曰希，搏之不得名曰微。此三者不可致诘，故混而为一。”其与帛书本的最大差异在于：帛书本“命（名）之曰微”之“微”对应于“视之而弗见”，王本“名曰微”对应于“搏之不得”；帛书本“命（名）之曰夷”对应于“撍之而弗得”，王本“名曰夷”之“夷”则对应于“视之不见”。比勘二者，帛书本义胜，今从帛书本。王本或当以帛书本为据，将文中之“微”、“夷”二字对调为宜。

※诸传世本多同于王弼本，其略异者则如：范应元本，“夷”作“几”，“名曰夷”为“名曰几”。遂州龙兴观碑本，“搏”作“博”，“搏之不得”为“博之不得”。易州景龙碑本、傅奕本、陆希声本、文如海本、李道纯本、吴澄本，“搏”作“抟”，“搏之不得”为“抟之不得”。道藏无注本，“搏”作“抟”，“搏之不得”为“抟之不得”；“故”下有“复”字，“故混而为一”为“故复混而

为一”。刘骥本,无“此”字,“此三者不可致诘”为“三者不可致诘”。林志坚本,“搏”作“抟”,“搏之不得”为“抟之不得”;“可”下有“以”字,“此三者不可致诘”为“此三者不可以致诘”。庆阳景祐幢本、磻溪大德幢本、唐《御注》本、苏辙本、李霖本、杜道坚本,“故”下有“复”字,“故混而为一”为“故复混而为一”。

“命”,同“名”,命名之意;《广雅·释诂三》:“命,即名也。”帛书甲本、诸传世本皆作“名”,与“命”意同;马瑞辰《毛诗传笺通释》释《诗·周颂·赉》“时周之命”云:“古音‘命’与‘名’近,通用。”

“微”,隐而不见;马瑞辰释《诗·小雅·十月之交》“彼月而微,此日而微”云:“微,有隐匿之义。”又,孔颖达疏《礼记·檀弓下》“礼有微情者”引何胤语云:“微者,不见也。”

“希”,静而无声;陆德明《经典释文·老子音义》云:“希,静也。”河上公注云:“无声曰希。”

“捪”,抚、摸之意;《说文·手部》:“捪,抚也。从手,昏声。一曰摹也。”

“夷”,体虚而不可触摸。

“至”,最、极之意;刘淇《助字辨略》卷四:“至,最也,极也。”“计”,计虑、考察之意。“至计”,即穷究或深究。

“绲”,各字书均未见载,依上下文意并参酌诸传世本,其当为“混”之借字。另,“绲”或因字形相近而为“缗”字之误;“缗”有“合”义,成玄英疏《庄子·天地》“其合缗缗”云:“缗,合也。”

帛书本以“视”、“听”、“捪”三种感觉(视觉、听觉、触觉)对应“微”、“希”、“夷”三种状态(隐而不见、静而无声、体虚而不可触摸),较之诸传世本以“视”对应“夷”、“听”对应“希”、“搏”(抓、握)对应“微”,显然字词搭配更妥当而语意亦稍见长。

②一者,其上不谬(皦),其下不忽(昧),寻寻呵不可命(名)也,复归于无物。是胃(谓)无状之状,无物之象,是胃(谓)沕(惚)望(恍)。

帛书乙本字句如上。甲本“谬”(皦)作“攸”(攸),“命”作“名”;“无物之”下残损多字,据乙本及甲本用字之常例,此节所损当为“象,是胃忽望”。

王弼本此节文字为:“其上不皦,其下不昧,绳绳不可名,复归于無物。是谓無状之状,無物之象,是谓惚恍。”以帛书甲、乙本勘校,甲、乙本句首皆有“一者”二字而王本则无,乙本“谬”(甲本作“攸”)王本作“皦”,甲、乙本“忽”王本作“昧”,甲、乙本“寻寻呵”王本作“绳绳”,甲本残存两“无”字、乙本三“无”字(非“無”之简体字)王本俱作“無”(“无”同“無”),然三者句脉、文义大致无别。

※诸传世本多有略异于王弼本者,其如:傅奕本,句首有“一者”二字,“上”下、“下”下并有一“之”字,“绳绳”下有“兮”字,“惚恍”作“芴芒”,整节文字为:“一者,其上之不皦,其下之不昧,绳绳兮不可名,复归于无物。是谓无状之状,无物之象,是谓芴芒。”敦煌写本之丙本,“皦”作“皎”,“其上不皦”为“其上不皎”;无上一“谓”字,“是谓无状之状”为“是无状之状”。强思齐本,“皦”作“皎”,“其上不皦”为“其上不皎”。磻溪大德幢本,“皦”作“曒”,“其上不皦”为“其上不曒”。陆希声本,“皦”作“曒”,“其上不皦”为“其上不曒”;“绳绳”下有“兮”字,“绳绳不可名”为“绳绳兮不可名”;“惚恍”作“惚怳”。王真本、焦竑本,“皦”作“曒”,“其上不皦”为“其上不曒”;“绳绳”下有“兮”字,“绳绳不可名”为“绳绳兮不可名”。薛蕙本,“皦”作“曒”,“其上不皦”为“其上不曒”;下一“物”作“像”,“象”亦作“像”,“无物之象”为“无像之像”;

“惚恍”作“惚怳”，“是谓惚恍”为“是谓惚怳”。周如砥本，“绳绳”下有“兮”字，“绳绳不可名”为“绳绳兮不可名”；下一“物”字作“象”，“无物之象”为“无象之象”。遂州龙兴观碑本，“昧”作“忽”，“绳绳”作“蝇蝇”，无上一“谓”字，“象”作“像”，“惚恍”作“忽怳”，整节文字为：“其上不皦，其下不忽，蝇蝇不可名，复归于无物。是无状之状，无物之像，是谓忽怳。”李道纯本，二“其”字并作“在”，“其上不皦，其下不昧”为“在上不皦，在下不昧”；下一“物”字作“象”，“无物之象”为“无象之象”；“惚恍”作“忽恍”，“是谓惚恍”为“是谓忽恍”。唐李荣本，“绳绳”作“乘乘”，“绳绳不可名”为“乘乘不可名”。易州景福碑本，“绳绳”下有“兮”字，“绳绳不可名”为“绳绳兮不可名”；“惚恍”作“忽恍”，“是谓惚恍”为“是谓忽恍”。河上公（道藏）本，“绳绳”下有“兮”字，“绳绳不可名”为“绳绳兮不可名”；“惚恍”作“忽怳”，“是谓惚恍”为“是谓忽怳”。道藏无注本，“绳绳”下有“兮”字，“无物之象”句上有“无象之象”句，整节文字为：“其上不皦，其下不昧，绳绳兮不可名，复归于无物。是谓无状之状，无象之象，无物之象，是谓惚恍。”司马光本，“绳绳”下有“兮”字，“绳绳不可名”为“绳绳兮不可名”；“无物之象”句下重一“无物之象”句。宋《御解》本、邵若愚本、彭耜本、时雍本，“绳绳”下有“兮”字，“绳绳不可名”为“绳绳兮不可名”；“惚恍”作“恍惚”，“是谓惚恍”为“是谓恍惚”。董思靖本、潘静观本，“绳绳”下有“兮”字，“绳绳不可名”为“绳绳兮不可名”；下一“物”字作“象”，“无物之象”为“无象之象”，“惚恍”作“恍惚”，“是谓惚恍”为“是谓恍惚”。林希逸本、邓锜本、吴澄本、张嗣成本、明《御注》本、危大有本，“绳绳”下有“兮”字，“绳绳不可名”为“绳绳兮不可名”；下一“物”字作“象”，“无物之象”为“无象之象”。范应元本，“绳绳”下有

“兮”字,“绳绳不可名”为“绳绳兮不可名”;“惚恍”作“芴芒”,“是谓惚恍”为“是谓芴芒”。吕惠卿本、白玉蟾本、文如海本、吕知常本、杜道坚本、《永乐大典》本,“绳绳”下有“兮”字,“绳绳不可名”为“绳绳兮不可名”。黄茂材本,“绳绳”下有“乎”字,“绳绳不可名”为“绳绳乎不可名”;“惚恍”作“惚怳”,“是谓惚恍”为“是谓忽怳”。苏辙本、释德清本,下一“物”字作“象”,“无物之象”为“无象之象”。易州景龙碑本、易州开元幢本、北京延祐石刻本,“惚恍”作“忽恍”,“是谓惚恍”为“是谓忽恍”。河上公(影宋)本,“谓”作“为”,“惚恍”作“忽恍”,“是谓惚恍”为“是为忽恍”。宋李荣本、寇才质本、林志坚本,“惚恍”作“恍惚”,“是谓惚恍”为“是谓恍惚”。邢州开元幢本,“惚恍”作“忽怳”,“是谓惚恍”为“是谓忽怳”。《经典释文》本、陈景元本、曹道冲本,“惚恍”作“惚怳”,“是谓惚恍”为“是谓惚怳”。

“谬”,借作“皦”,明、明白之貌;汪继培笺《潜夫论·明闇》“忧心相皦而终不得遇者也”引王先生语云:“皦,明白之貌。”高明云:“帛书甲本‘其上不攸,其下不忽’,乙本作‘其上不谬,其下不忽’,今本多同王本作‘其上不皦,其下不昧’。……从字音分析,‘攸’、‘谬’、‘皦’三音虽用字各异,而读音相同。如‘攸’字古属喻纽幽部,‘谬’字属明纽幽部,‘喻’、‘明’二纽古相通转。……‘皦’在见纽,‘明’、‘见’二纽相通。……‘攸’、‘谬’、‘皦’通假……今本用本字,帛书用借字,当从今本。”(高明:《帛书老子校注》,第285-286页)“忽”,借作“昧”,暗、晦冥之貌;“忽”从“勿”发声,而“勿”、“昧”同属明纽物部,可通假。颜师古注《汉书·中山靖王刘胜传》“昧不见泰山”云:“昧,暗也。”“其上不谬(皦),其下不忽(昧)”,谓作为“一”的“道”不像有形物体那样其上为光所被而其下必有阴影。苏辙注云："物之有形者，皆丽于阴阳，故上皦下昧不可逃也。道虽在上而不皦，虽在下而不昧，不可以形数推也。"其当可允为确论。

"寻寻"，传世本作"绳绳"，二者同音，前者当为后者之借字。"绳绳"，无边际可寻貌；朱骏声《说文通训定声·升部》释"绳绳"引梁简文帝注云："无涯际之皃。""寻寻呵不可命(名)"，谓其浑沦无边际可寻而难以名状。

"沕望"，借作"惚恍"，亦即"恍惚"；"沕(惚)望(恍)"用以形容"道"，谓其隐约不清、似无还有。

③隋(随)而不见其后，迎而不见其首，执今之道，以御今之有，以知古始，是胃(谓)道纪。

帛书乙本字句如上。甲本"而不见其首"前残损多字，据乙本及甲本用字之常例，此节所损当为"隋而不见其后，迎"；末句句末残损二字，据乙本当为"道纪"。甲本存留字句与乙本相应字句从同。

王弼本此节文字为："迎之不见其首，随之不见其后，执古之道，以御今之有，能知古始，是谓道纪。"勘校以帛书甲、乙本，王本"而"作"之"，"迎之"句在"随之"句前，"执今之道"作"执古之道"。从整节文字之语脉看，"执今之道"较"执古之道"义胜，今从帛书本。

※诸传世本多同于王弼本，其相异者则如：易州景龙碑本，无前二"之"字，"御"作"语"，"能"作"以"，"纪"作"己"，整节文字为："迎不见其首，随不见其后。执古之道，以语今之有，以知古始，是谓道己。"敦煌写本之丙本，无前二"之"字，"能"作"以"，整节文字为："迎不见其首，随不见其后。执古之道，以御今之有，以知古始，是谓道纪。"易州开元幢本、邢州

开元幢本、敦煌写本之英本、唐李荣本,无前二"之"字,"迎之不见其首,随之不见其后"为"迎不见其首,随不见其后"。傅奕本,"以"上有"可"字,"以御今之有"为"可以御今之有"。易州景福碑本、泰州广明幢本、河上公(影宋、道藏)本、李道纯本、林志坚本、潘静观本,"能"作"以","能知古始"为"以知古始"。张君相本,末句句末有"也"字,"是谓道纪"为"是谓道纪也"。

"今",此、这之意;刘淇《助字辨略》卷二云:"《周语》惠王十五年,王问于内史过曰:'今是何神也?'此'今'字犹'此'也。""执今之道",谓把握这里所说的道。

"御",驾驭,这里指治理;李贤注《后汉书·钟离意传》"以御于家邦"云:"御,治也。""有","域"之古字;《毛传》训《诗·商颂·玄鸟》"古帝命武汤,正域彼四方,方命厥后,奄有九有"云:"域,有也。九有,九州也。"又,李富孙《诗经异文释》释《诗·商颂·玄鸟》"奄有九有"云:"'有'作'域'。""御今之有",谓治理今日之邦国州域。

"古始",即古初,言其久远。"以知古始",谓用以推知古初。

"纪",丝之头绪,引申为纲纪、法度;"道纪",谓道之总要或道之要归。

【疏解】

此章继六章对"道"所作的"谷神"、"玄牝"之喻,八章对"道"所作的"如水"之喻,比照有形之"物"以遮诠的方式称说"道"。六、八章道非"可道"之"道"借助比喻,本章道非"可道"之"道"则主要在于形容。此章与一章相呼应而为一章之敷演,不过一章论"道"晓示其所是,主要在于表诠,本章称"道"述说其所非——"弗见”、“弗闻”、“弗得”、“不可致诘”、“上不皦”、“下不昧”、“不可名”、“无状之状”、“无物之象”、“不见其后”、“不见其首”，主要诉诸遮诠。

“一”是点睛之笔，它相对于万物之“多”道出了“道”的不囿于时空局限的形而上品格。物的任何形体皆可见之于目，任何声响皆可闻之于耳，任何物之硬度皆可触之以手，而非可见之于目、闻之于耳、触之以手者显然不是通常所谓物。然而这非所谓物毕竟存在，以其视而不可见可以称之为“微”，以其听而不可闻可以称之为“希”，以其触而不可得可以称之为“夷”；“微”、“希”、“夷”三者所称谓的只是一个对象，这浑然的“一”即是所谓“道”。

这由“一”指称的“道”不是万物中的一物，也不是万物之外的又一物。老子这样描述“道”：它不像任何有形物体那样其上受光而明亮，其下背阴而黯昧，也不像任何有形物体那样有轮廓可见，有边际可寻。它难以名状；倘以寻常物体相比量，也可谓之“无物”。它没有形状，没有物象，似有还无，似无还有，老子称其为“惚恍”。“惚恍”似是一种名号称谓，实际上却只是对无从确指的对象的形容。二十一章“道之物，唯恍唯惚，惚呵恍呵，中有象呵，恍呵惚呵，中有物呵”，其“惚恍”、“恍惚”即这里的“惚恍”，虽是称“道”之言，亦终不过“强为之容”(《老子》十五章)——勉为其难而对之摹状、形容。王弼注云：惚恍，“不可得而定也”。又云：“恍惚，无形不系之叹。”谓“惚恍”、“恍惚”为对“道”的叹嗟之语，略可见注者于老子谛趣的真切处用心之深。

凡有象可状之物皆上“皦”下“昧”，凡有象可状之物亦皆可考其始而推其终，但“其上不谬(皦)，其下不忽(昧)”而“无状之状，无物之象”的“道”，则既无从究其原初(“首”)，也无从知其归宿(“后”)。不过，“道”总是与“今”同在，不可舍“今”以求“道”；倘能把握与“今”同在的“道”以治理当今的天下邦域，亦便有可能探得与“今”未始不通的远古的端倪。懂得了这一点,也就真正领悟到了“道”之要归。

天地万物皆形而下者,“道”则为形而上者。形而上者无从把捉,唯借形而下者以相喻,于是字里行间“弗”、“不”随处可见,而措辞遂至于“惚恍”。老子以“弗”、“不”消去了问“道”者可能的感知的执着,为人们指示了一个煞似确凿而又终嫌朦胧的体悟“道”的心灵空间。他对“道”有所道(言),而这道(言)却又无宁是“无言”或“不言”。这“无言”或“不言”是相应于“无物”的,然而此“无物”只意味着非形而下之物,却并不是了无所有。换句话说,“道”对于老子来说是真实不妄的,不过如此之真实决非感性的真实,而为虚灵的真实。

十五章

古之仙（善）为道者，	古时善于依道而行的人，
微眇玄达，	精微玄奥无所不通，
深不可志（识）。	高深博洽莫测其究竟。
夫唯不可志（识），	正因为莫测其究竟，
故强为之容。①	所以只能对他勉强予以形容。
曰：	可以这样说：
与（豫）呵，其若冬涉水；	犹豫呵，就像冬日徒步渡河；
猷（犹）呵，其若畏四哭（邻）；	踌躇呵，就像忧虑如何睦处四邻；
严呵，其若客；	庄重呵，就像一副端谨模样的客人；
涣呵，其若淩（凌）泽（释）；	涣然呵，就像正在消融的冰凌；
沌呵，其若朴；	浑沌呵，就像未经削斫的朴木；
湷（混）呵，其若浊；	混沦呵，就像浊水那样深沉；
莅（旷）呵，其若浴（谷）。②	空旷呵，就像山谷那样能容。
浊而静之，徐清；	浊流静下来，可以缓缓澄清；
女（安）以重（动）之，徐生。③	静水动起来，可以徐徐流淌行进。
葆此道［者不］欲盈，	守持这道的人不贪图满盈，

〔夫唯不欲盈,〕	正因为不贪图满盈,
是以能褩(敝)而不(丕)成。[④]	所以反倒能由不无蔽短而臻于大成。

【校释】

①古之仙(善)为道者,微眇玄达,深不可志(识)。夫唯不可志(识),故强为之容。

帛书乙本"之"下之字残损大半,帛书整理者注云:"此字缺大半,似上从人,下从山,即仙字,假为善。"补损阙后,乙本字句如上。甲本"深"字前残损多字,据乙本,此节所损当为"古之善为道者,微眇玄达"。甲本存留文字与乙本相应文字从同。

郭店楚简(甲)本此节文字为:"古之善为士者,必非溺玄达,深不可志,是以为之颂。""非溺",借作"微眇"。"颂",即"容",为"容"之古字;段玉裁注《说文·页部》"颂,皃也"云:"古作颂皃,今作容皃,古今字之异也。"校之以帛书乙本,帛书本"道"楚简本作"士",帛书本"微眇"楚简本作"非溺"("微眇"之借字),帛书本"故"楚简本作"是以",帛书本"容"楚简本作"颂"(同"容"),帛书本无楚简本之"必"字,楚简本无帛书本之"夫唯不可志"句及"强"字。二者用字乃至造句多有出入,但文义大致相侔。

王弼本此节文字为:"古之善为士者,微妙玄通,深不可识。夫唯不可识,故强为之容。"以帛书乙本勘校,"为道"作"为士","玄达"作"玄通","志"作"识",然其句脉、文义相侔。王本"为士"与帛书本"为道"异而与楚简本"为士"同,其指为道之士,与帛书本并无扞格。

※诸传世本多同于王弼本,其有异者则如:周至至元碑本、傅奕本,"士"作"道","古之善为士者"为"古之善为道

者”，与帛书本从同而与郭店楚简本异。白玉蟾本，“玄”作“圆”，“微妙玄通”为“微妙圆通”。范应元本，“识”作“测”，“深不可识”为“深不可测”。司马光本，无后一“可”字，“夫唯不可识”为“夫唯不识”。遂州龙兴观碑本，无“故”字，“故强为之容”为“强为之容”。寇才质本，无“之”字，“故强为之容”为“故强为容”。

“微眇”，汉后多作“微妙”，精微杳远貌，这里有见微知著、见始知终意；高诱注《淮南子·说山训》“此皆微眇可以观论者”云：“微眇，为见始知终也。”“玄达”，传世本作“玄通”，即大通而无所不通；河上公以“天”释“玄”则略嫌执着，其注“微妙玄通”云：“玄，天也。言其志节玄妙，精与天通也。”“微眇玄达”，谓见始知终、冥通万有而无所不达。

“志”，通“识”；段玉裁注《说文·心部》“意，志也”云：“志，即识，心所识也。”“深不可志(识)”，谓其深沉博洽而难以窥知。

“强”，勉强之意；朱熹《四书章句集注》注《孟子·尽心下》“强恕而行”云：“强，勉强也。”“容”，形容、摹状之意；易顺鼎《读老札记》云：“《文选·魏都赋》张载注引老子曰：‘古之士，微妙元通，深不可识。夫惟不可识，故强为之颂。’……作‘颂’者，古字；作‘容’者，今字。……‘强为之容’，犹云强为之状。”“强为之容”，谓勉强对其形容。

②曰：与(豫)呵，其若冬涉水；猷(犹)呵，其若畏四哭(邻)；严呵，其若客；涣呵，其若淩(凌)泽(释)；沌呵，其若朴；湷(混)呵，其若浊；莊(旷)呵，其若浴(谷)。

帛书乙本字句如上。甲本“冬”字下残损六字，据乙本当为“涉水；犹呵其若”；“四”字下残损二字，据乙本当为“邻；严”；“沌”作“㐂”，“朴”作“楃”；“湷”字下残损七字，据乙本当为“呵，其若浊；

旷呵,其"。甲本存留文字与乙本相应文字虽有些用字不同,但句脉、文义略无异。

郭店楚简(甲)本此节文字为:"夜虐,奴冬涉川;猷虐,其奴愄四哭;敢虐,其奴客;觀虐,其奴怿;屯虐,其奴樸;坉虐,其奴浊。"整节文字前无"曰"字,"奴冬涉川"前无"其"字,亦无"旷呵,其若谷"句。其他各句与帛书本略从同。其"夜"借作"豫","虐"读作"乎","奴"读作"如","愄"读作"畏","敢"为"严(嚴)"之省写,"觀"借作"涣","怿"借作"释","屯"借作"沌","樸"为"朴(樸)"之异构字,"坉"借作"混"。

王弼本此节文字为:"豫焉,若冬涉川;犹兮,若畏四邻;俨兮,其若容;涣兮,若冰之将释;敦兮,其若樸;旷兮,其若谷;混兮,其若浊。"整节文字前无"曰"字,"其若客"作"其若容",后两句句序与帛书本相异,此外,其用字尚多有与帛书甲、乙本相出入者,但句脉、文义大略一致。

※诸传世本有与王弼本略异者,其如:傅奕本,"豫"上有"曰"字,"焉"作"兮","豫焉,若冬涉川"为"曰:豫兮,若冬涉川";"容"作"客","俨兮,其若容"为"俨兮,其若客";"涣"下无"兮"字,"冰"下无"之"字,"涣兮,若冰之将释"为"涣若冰将释"。河上公(影宋)本,"豫"作"与","焉"作"兮","豫焉,若冬涉川"为"与兮,若冬涉川";"容"作"客","俨兮,其若容"为"俨兮,其若客";"樸"作"朴","敦兮,其若樸"为"敦兮,其若朴";"混"作"浑","混兮,其若浊"为"浑兮,其若浊"。易州景福碑本,"焉"作"兮","豫焉,若冬涉川"为"豫兮,若冬涉川";"容"作"客","俨兮,其若容"为"俨兮,其若客";"旷兮"句与"混兮"句互倒,"旷兮,其若谷;混兮,其若浊"为"混兮,其若浊;旷兮,其若谷"。楼观台碑本,无"焉"字,"豫焉,若冬

涉川”为“豫若冬涉川”；“犹”下无“兮”字，“犹兮，若畏四邻”为“犹若畏四邻”；“俨”下无“兮”、“其”二字，“容”作“客”，“俨兮，其若容”为“俨若客”；“涣”下无“兮”字，“冰”下无“之”字，“涣兮，若冰之将释”为“涣若冰将释”；“混”作“浑”，“混兮，其若浊”为“浑兮，其若浊”。河上公（道藏）本，“焉”作“兮”，“豫焉，若冬涉川”为“豫兮，若冬涉川”；“容”作“客”，“俨兮，其若容”为“俨兮，其若客”；“混”作“浑”，“混兮，其若浊”为“浑兮，其若浊”。唐《御疏》本，“焉”作“兮”，“豫焉，若冬涉川”为“豫兮，若冬涉川”；“犹”下无“兮”字，“犹兮，若畏四邻”为“犹若畏四邻”；“俨”下无“兮”、“其”二字，“容”作“客”，“俨兮，其若容”为“俨若客”；“涣”下无“兮”字，“冰”下无“之”字，“涣兮，若冰之将释”为“涣若冰将释”；“混”作“浑”，“混兮，其若浊”为“浑兮，其若浊”。司马光本、吴澄本、明《御注》本，“焉”作“兮”，“豫焉，若冬涉川”为“豫兮，若冬涉川”；“容”作“客”，“俨兮，其若容”为“俨兮，其若客”；“混”作“浑”，“混兮，其若浊”为“浑兮，其若浊”。宋《御解》本、邵若愚本、彭耜本，“焉”作“兮”，“豫焉，若冬涉川”为“豫兮，若冬涉川”；“俨”下无“兮”、“其”二字，“俨兮，其若容”为“俨若客”；“涣”下无“兮”字，“冰”下无“之”字，“涣兮，若冰之将释”为“涣若冰将释”；“混”作“浑”，“混兮，其若浊”为“浑兮，其若浊”。董思靖本、林希逸本、时雍本、杜道坚本，“焉”作“兮”，“豫焉，若冬涉川”为“豫兮，若冬涉川”；“俨”下无“兮”、“其”二字，“容”作“客”，“俨兮，其若容”为“俨若客”；“涣”下无“兮”字，“冰”下无“之”字，“涣兮，若冰之将释”为“涣若冰将释”；“混”作“浑”，“混兮，其若浊”为“浑兮，其若浊”。宋李荣本，“焉”作“兮”，“豫焉，若冬涉川”为“豫兮，若冬涉川”；“容”作“客”，“俨兮，其若容”为“俨兮，其若客”；无

"之"字,"涣兮,若冰之将释"为"涣若冰将释";"混"作"浑","混兮,其若浊"为"浑兮,其若浊"。范应元本,"焉"作"兮","豫焉,若冬涉川"为"豫兮,若冬涉川";"樸"作"朴","敦兮,其若樸"为"敦兮,其若朴";"混"作"浑","混兮,其若浊"为"浑兮,其若浊"。文如海本、无名氏本,"焉"作"兮","豫焉,若冬涉川"为"豫兮,若冬涉川";"俨"下无"兮"、"其"二字,"俨兮,其若容"为"俨若容";"涣"下无"兮"字,"冰"下无"之"字,"涣兮,若冰之将释"为"涣若冰将释";"混"作"浑","混兮,其若浊"为"浑兮,其若浊"。李道纯本,"焉"作"兮","豫焉,若冬涉川"为"豫兮,若冬涉川";无"其若容"、"涣兮"、"之"等字,"俨兮,其若容;涣兮,若冰之将释"为"俨兮,若冰将释";"樸"作"朴","敦兮,其若樸"为"敦兮,其若朴";"混"作"浑","混兮,其若浊"为"浑兮,其若浊"。张嗣成本,"焉"作"兮","豫焉,若冬涉川"为"豫兮,若冬涉川";无"其"字,"容"作"客","俨兮,其若容"为"俨兮若客";无"之"字,"涣兮,若冰之将释"为"涣兮,若冰将释";"樸"作"朴","敦兮,其若樸"为"敦兮,其若朴";"混"作"浑","混兮,其若浊"为"浑兮,其若浊"。危大有本,"焉"作"兮","豫焉,若冬涉川"为"豫兮,若冬涉川";"容"作"客","俨兮,其若容"为"俨兮,其若客";无"之"字,"涣兮,若冰之将释"为"涣兮,若冰将释";"混"作"浑","混兮,其若浊"为"浑兮,其若浊"。薛蕙本,"焉"作"兮","豫焉,若冬涉川"为"豫兮,若冬涉川";"俨"下无"兮"、"其"二字,"容"作"客","俨兮,其若容"为"俨若客";"涣"下无"兮"字,"冰"下无"之"字,"涣兮,若冰之将释"为"涣若冰将释";"混"作"浑","混兮,其若浊"为"浑兮,其若浊"。周如砥本,"焉"作"兮","豫焉,若冬涉川"为"豫兮,若冬涉川";无"其"字,"容"作"客","俨兮,其若容"为

"俨兮若客";无"之"字,"涣兮,若冰之将释"为"涣兮,若冰将释";"混"作"浑","混兮,其若浊"为"浑兮,其若浊"。潘静观本,"焉"作"兮","冬涉"作"涉冬","豫焉,若冬涉川"为"豫兮,若涉冬川";"容"作"客","其若容"为"其若客"。易州景龙碑本,无"焉"字,"犹"下无"兮"字,"俨"下无"兮"、"其"二字,"容"作"客","涣"下无"兮"字,"冰"下无"之"字,后三句作"敦若楼,混若浊,旷若谷",整节文字为:"豫若冬涉川,犹若畏四邻,俨若客,涣若冰将释,敦若樸,混若浊,旷若谷。"易州开元幢本,无"焉"字,"犹"下无"兮"字,"俨"下无"兮"、"其"二字,"容"作"客","涣"下无"兮"字,"冰"下无"之"字,后三句作"敦若樸,旷若谷,浑若浊",整节文字为:"豫若冬涉川,犹若畏四邻,俨若客,涣若冰将释,敦若樸,旷若谷,浑若浊。"邢州开元幢本、磻溪大德幢本、唐《御注》本、陆希声本、杜光庭本、强思齐本、道藏无注本、陈景元本、吕惠卿本、陈象古本、李霖本、邓锜本、释德清本,无"焉"字,"犹"下无"兮"字,"俨"下无"兮"、"其"二字,"容"作"客","涣"下无"兮"字,"冰"下无"之"字,"混"作"浑",整节文字为:"豫若冬涉川,犹若畏四邻,俨若客,涣若冰将释,敦兮其若樸,旷兮其若谷,浑兮其若浊。"周至至元碑本,无"焉"字,"犹"下无"兮"字,"俨"下无"兮"、"其"二字,"涣"下无"兮"字,"冰"下无"之"字,"混"作"浑",整节文字为:"豫若冬涉川,犹若畏四邻,俨若容,涣若冰将释,敦兮其若樸,旷兮其若谷,浑兮其若浊。"遂州龙兴观碑本,无"焉"字,"犹"下无"兮"字,"俨"下无"兮"、"其"二字,"涣"下无"兮"字,"冰"下无"之"字,"释"作"汋",后三句作"混若樸,旷若谷,沌若浊",整节文字为:"豫若冬涉川,犹若畏四邻,俨若容,涣若冰将汋,混若樸,旷若谷,沌若浊。"敦煌写本之丙本,无"焉"字,"豫焉,若冬涉川"为"豫若冬涉川"。李约本,无"焉"字,"犹"下无"兮"字,"俨"下无"兮"、"其"二字,"容"作"客","涣"下无"兮"字,"混"作"浑",整节文字为:"豫若冬涉川,犹若畏四邻,俨若客,涣若冰之将释,敦兮其若樸,旷兮其若谷,浑兮其若浊。"唐李荣本,无"焉"字,"犹"下无"兮"字,"俨"下无"兮"、"其"二字,"涣"下无"兮"字,"冰"下无"之"字,"敦兮"、"旷兮"后并无"其"字,整节文字为:"豫若冬涉川,犹若畏四邻,俨若容,涣若冰将释,敦兮若樸,旷兮若谷,混兮其若浊。"张君相本,无"焉"字,"犹"下无"兮"字,"俨"下无"兮"、"其"二字,"容"作"客","涣"下无"兮"字,"冰"下无"之"字,后三句作"敦若朴,旷若谷,浑兮若浊",整节文字为:"豫若冬涉川,犹若畏四邻,俨若客,涣若冰将释,敦若朴,旷若谷,浑兮若浊。"苏辙本、赵秉文本,无"焉"字,"犹"下无"兮"字,"俨"下无"兮"、"其"二字,"涣"下无"兮"字,"冰"下无"之"字,"混"作"浑",整节文字为:"豫若冬涉川,犹若畏四邻,俨若容,涣若冰将释,敦兮其若樸,旷兮其若谷,浑兮其若浊。"曹道冲本,无"焉"字,"豫焉,若冬涉川"为"豫若冬涉川";"俨"下无"兮"、"其"二字,"容"作"客","俨兮,其若容"为"俨若客"。吕知常本,无"焉"字,"豫焉,若冬涉川"为"豫若冬涉川";"犹"下无"兮"字,"犹兮,若畏四邻"为"犹若畏四邻";"俨"下无"兮"、"其"二字,"俨兮,其若容"为"俨若容";"涣"下无"兮"字,"冰"下无"之"字,"涣兮,若冰之将释"为"涣若冰将释";"混"作"浑","混兮,其若浊"为"浑兮,其若浊"。寇才质本,无"焉"字,"豫焉,若冬涉川"为"豫若冬涉川";"犹"下无"兮"字,"犹兮,若畏四邻"为"犹若畏四邻";"俨"下无"兮"、"其"二字,"容"作"客","俨兮,其若容"为"俨若客";"涣"下无"兮"字,"冰"下无"之"字,"涣兮,若冰之将释"为"涣若冰将释"。王守正本,无

"焉"字,"豫焉,若冬涉川"为"豫若冬涉川";"犹"下无"兮"字,"犹兮,若畏四邻"为"犹若畏四邻"。焦竑本,无"焉"字,"豫焉,若冬涉川"为"豫若冬涉川";"犹"下无"兮"字,"犹兮,若畏四邻"为"犹若畏四邻";"俨"下无"兮"、"其"二字,"容"作"客","俨兮,其若容"为"俨若客"。北京延祐石刻本,"焉"作"兮","豫焉,若冬涉川"为"豫兮,若冬涉川";"容"作"客","俨兮,其若容"为"俨兮,其若客";无"之"字,"涣兮,若冰之将释"为"涣兮,若冰将释";"混"作"浑","混兮,其若浊"为"浑兮,其若浊"。王真本,"容"作"客","俨兮,其若容"为"俨兮,其若客"。白玉蟾本,"容"作"客","俨兮,其若容"为"俨兮,其若客";"混"作"浑","混兮,其若浊"为"浑兮,其若浊"。林志坚本,"容"作"客","俨兮,其若容"为"俨兮,其若客";"樸"作"朴","敦兮,其若樸"为"敦兮,其若朴";"混"作"浑","若"作"如","混兮,其若浊"为"浑兮,其如浊"。敦煌写本之英本,"俨"下无"兮"、"其"二字,"容"作"客","俨兮,其若容"为"俨若客";"涣"下无"兮"字,"冰"下无"之"字,"涣兮,若冰之将释"为"涣若冰将释"。达真子本,"俨"下无"兮"、"其"二字,"容"作"客","俨兮,其若容"为"俨若客"。

"与",通"豫",犹豫之意;王逸注《楚辞·九章·惜诵》"壹心而不豫兮,羌不可保"云:"豫,犹豫也。""与(豫)呵,其若冬涉水",谓其犹豫不决,就像冬日徒步渡水一样。

"猷",同"犹(猶)",踌躇疑惧之意;杨倞注《荀子·非十二子》"世俗之沟犹瞀儒"云:"犹,犹豫也,不定之貌。"畏,忧虑,担心。"哭","邻"之异体字。"猷(犹)呵,其若畏四哭(邻)",谓其踌躇不定,就像忧虑四邻的和睦。

"严"通"俨",严肃、庄重之意;孔颖达疏《礼记·祭义》"严威俨恪”云:“俨,谓俨正。”“严呵,其若客”,谓其庄重俨正,就像端谨做客一样。

“涣”,解、散之意,舒散而不郁积貌;韩康伯注《易·序卦》“涣者,离也”云:“涣者,发畅而无所壅滞。”“淩”,即“凌”,冰。“泽”,借作“释”,消溶之意;马瑞辰《毛诗传笺通释》释《诗·周颂·载芟》“其耕泽泽”云:“泽、释古通用。”“涣兮,其若淩(凌)泽(释)”,谓其舒散而无所壅滞,就像冰凌化解消溶一样。

“沌”,传世本作“敦”,浑沌而无所判分貌。“朴”,未经刀斧削斫的朴木。“沌呵,其若朴”,谓其浑沌不分,像是未经刀斧削斫的朴木。

“湷”,借作“混”,混沦不分貌。“湷(混)呵,其若浊”,谓其混沦不分,就像浑浊的流水。

“莊”,借作“旷”,空旷、开阔之意;“莊(旷)呵,其若浴(谷)”,谓其开阔大度,就像旷奥的山谷。

③浊而静之,徐清;女(安)以重(动)之,徐生。

帛书乙本字句如上。甲本“静”作“情”,“徐”作“余”。“情”通“静”;《广雅·释诂四》:“情,静也。”“余”,“徐”之省写。

郭店楚简(甲)本此节文字为:“竺能浊以束者,酒舍清;竺能庀以迬者,酒舍生。”“竺”,借作“孰”;“束”,借作“静”;“酒”,借作“将”;“舍”,借作“徐”;“庀”,或为“安”之异体;“迬”,借作“动”。楚简本两句句首有“竺(孰)能”二字,与帛书本略异,而与传世本从同。

王弼本此节文字为:“孰能浊以静之徐清?孰能安以久动之徐生?”帛书甲、乙本两句句首并无“孰能”二字,“动”上无“久”字(王本之“久”自句脉及王注看当为衍文),其他用字王本与甲、乙本亦略有出入,但其文义大体一致。

※诸传世本中略异于王弼本者则如：易州景龙碑本为"孰能浊以静之徐清？安以动之徐生"；易州景福碑本为"孰能浊以静之徐清？孰安以久动之徐生"；周至至元碑本、北京延祐石刻本、陆希声本、吕惠卿本、宋《御解》本、邵若愚本、彭耜本、董思靖本、文如海本、无名氏本、赵秉文本、时雍本、杜道坚本、吴澄本、明《御注》本、《永乐大典》本为"孰能浊以静之徐清？孰能安以动之徐生"；河上公（道藏）本为"孰能浊以止静之徐清？孰能安以久动之徐生"；傅奕本为"孰能浊以澄靖之而徐清？孰能安以久动之而徐生"；道藏无注本为"孰能浊以澄静之徐清？孰能安以久动之徐生"；司马光本、林希逸本、邓锜本、薛蕙本为"孰能浊以静之徐清？孰能安以久之徐生"；范应元本为"孰能浊以靖之而徐清？孰能安以久动之而徐生"；林志坚本为"孰能浊以久静之徐清？孰能安以久动之徐生"；遂州龙兴观碑本为"浊以静之徐清，安以动之徐生"，与帛书本略从同；张君相本作"浊以静之徐清，安以久动之徐生"，与帛书本略相侔。白玉蟾本作"孰能浊以澄之徐清，孰能安以名动之徐生"。

"徐"，缓、缓慢之意；杜牧注《孙子兵法·军争》"其徐如林"云："徐，缓也。""浊而静之，徐清"，谓浊水静止下来可缓慢澄清。

"女"，"安"字之省写；《广雅·释诂四》："安，静也。""重"，借作"动"；郭沫若等《管子集校》释《管子·轻重丁》"地重投之哉兆"云："'重'乃'动'之假字，金文每以'童'字为'动'。""生"，有"进"意；《说文·生部》："生，进也。""女（安）以重（动）之，徐生"，谓静态的水动起来可缓慢流淌行进。

④葆此道[者不]欲盈，〔夫唯不欲盈，〕是以能褩（敝）而不（丕）成。

帛书乙本"葆此道"与"欲盈"间残损两字，据甲本及王弼本当为"者不",脱"夫唯不欲盈"句;补损阙、脱文后,乙本字句如上。甲本无"者"字,"夫唯不欲"下残损二字,据乙本及王弼本当为"盈,是";"以能"下残损三字,据乙本当为"敝而不"。

郭店楚简(甲)本此节文字仅一句:"保此衍者不谷端呈。""衍","道"之异构字。"谷",古"欲"字;晁说之注《费氏易》(见《玉函山房辑佚书》)"君子以登忿窒谷"云:"谷,古文欲字。""端",读作"尚",推重之意。"呈",借作"盈"。

王弼本此节文字为:"保此道者不欲盈,夫唯不盈,故能蔽不新成。"首句比帛书甲本多一"者"字,与乙本从同;次句比甲、乙本少一"欲"字;末句"蔽不新成"与甲、乙本"褩(敝)而不(丕)成"相异。依上下文义,今从帛书本。

※诸传世本与王弼本有异者则如:刘骥本,首句无"者"字,"保此道者不欲盈"为"保此道不欲盈",与帛书甲本从同。遂州龙兴观碑本,次一"不"下有"欲"字,"夫唯不盈"为"夫唯不欲盈",与帛书甲本从同。吕知常本,无"夫唯不盈"四字,"蔽"作"弊",整节文字为:"保此道者不欲盈,故能弊不新成。"末句诸本相异颇多,如:易州景龙碑本、遂州龙兴观碑本、唐李荣本为"能弊复成",傅奕本为"是以能敝而不成"而与帛书本略从同,司马光本为"是以能弊复成",崇宁《五注》本、叶梦得本、林希逸本、文如海本、潘静观本为"是以能敝不新成",刘骥本为"是以敝不新成"。至于末句"蔽"作"弊"或作"敝"而与王弼本一字相异者,传世本所在多有,其如:易州开元幢本、邢州开元幢本、易州景福碑本、周至至元碑本、楼观台碑本、磻溪大德幢本、北京延祐石刻本、河上公(道藏)本、李约本、唐《御注》本、唐《御疏》本、陆希声本、张君相本、王真本、杜光庭本、道藏无注本、陈景元本、苏辙本、陈象古本、李霖本、白

玉蟾本、董思靖本、宋李荣本、寇才质本、赵秉文本、时雍本、李道纯本、杜道坚本、张嗣成本，“蔽”作“弊”，“故能蔽不新成”为“故能弊不新成”。强思齐本、吕惠卿本、宋《御解》本、邵若愚本、彭耜本、范应元本、无名氏本、邓锜本、林志坚本、吴澄本、明《御注》本、《永乐大典》本、危大有本、释德清本、薛蕙本、焦竑本、周如砥本，“蔽”作“敝”，“故能蔽不新成”为“故能敝不新成”。

“嫳”通“敝”，有故、旧义，亦有蔽短、亏缺之义。“不成”之“不”通“丕”，大之意；马瑞辰《毛诗传笺通释》释《诗·大雅·文王》“有周不显”云：“不、丕古通用。”又，郭沫若等《管子集校》释《管子·宙合》“君臣各能其分，则国宁矣，故名之曰不德”引丁士涵语云：“古字多以‘不’为‘丕’，此‘不’字当读为‘丕’，‘丕’，大也。”“能嫳（敝）而不（丕）成”，谓能由蔽短而至于大成。

【疏解】

《老子》对“道”与“为道”的称论往往交替进行，十四、十五章的行文安排再一次体现了这种意味深长的交替。在十四章对非可名状的“道”以遮诠方式作了描摹后，十五章则借了譬况之词对“深不可识”的“善为道者”勉为其难地予以了形容。“不欲盈”是本章措思的归着点，种种浅近却又深微的比况只是在这里才吐露了它的真实蕴意。

冬日徒步渡水，其冷之彻骨可想而知，此举虽属有为为之，而逼不得已的苦衷却尽可设身处地以默然体味。欲进又止，止而却进，进止中的那一份犹豫记录着切己之生命考量的亲切。质言之，冬日涉水犹豫于进止，以一种柔缓呼应着自然，其既无矫饰之情，亦决不逞强而为，于此颇可想见“善为道者”那种“不欲盈”的心态与状貌。

四邻相处贵于自然而和睦,亦难于自然而和睦;刻意以求和睦不免与自然相违,不以和睦为意则又可能失却和睦于不觉中。于是,善于处理与四邻之关系者便有了一份“畏”,一份忧虑。一如“冬涉水”,对于四邻关系的“畏”或忧虑遂显现为一种踌躇——在经意于和睦与不经意于和睦之态度间的踌躇。这踌躇(“犹”)模糊了经意与不经意的界限,消解了致意于四邻和睦的那种“欲盈”的存心。

“若客”那样的端谨、庄重(“严”)应出于自然,“若凌释”那样的舒散(“涣”)亦当出于自然,刻意的庄重或刻意的舒散会失却庄重或舒散之真切,全然不经意于庄重或舒散则又可能无庄重或舒散可言。而且,这里的庄重(“严”)与舒散(“涣”)恰构成一种相互的鉴照和提醒,遂使庄重不至于一味庄重而舒散亦不至于一味舒散。在经意于庄重与不经意于庄重、经意于舒散与不经意于舒散、庄重而舒散、舒散而庄重的张力下,不再有“欲盈”的锋棱。

“若朴”(如同未经刀斧削斫的朴木)那样原始朴茂(“沌”),“若浊”(如同浊水)那样混沦不分(“混”),却也“若谷”(如同山谷)那样旷阔能容(“旷”),这是对“善为道者”的质局、气象和胸臆的摹绘。“沌”、“混”、“旷”皆自然之象,只是“沌”重在摹状其浑厚而无造饰,“混”重在摹状其同尘而不孤高,“旷”重在摹状其冲虚而能博纳。四章谓“道”云:“道冲,而用之有弗盈也。渊呵,似万物之宗。锉其锐,解其纷,和其光,同其尘。湛呵,似或存。”本章对“善为道者”的“沌呵”、“混呵”、“旷呵”的感喟,正可视为对人之“法道”——师法或效法自然之“道”——的称叹。“道”乃“善为道者”的至高范本;“善为道者”由“沌呵”、“混呵”、“旷呵”而“不欲盈”,恰可从“渊呵”、“湛呵”的“道”那里找到最后的依据。

“道”即动即静,“善为道者”也因着“法道”而亦浊亦清。浊流静下来会慢慢澄清，静水动起来又会缓缓由清变浊而流淌行进；犹如水兼动、静两种性状于一身，“善为道者”不一味执着于动，也不一味执着于静。“道”非静、清而无以自守，“道”非动、浊而无以发用，“善为道者”则“法道”以优柔于动、静、清、浊而无所偏至，因循于自然之天趣而不求盈成。

本章末句传世本多作“夫唯不盈，故能蔽不新成”，历来注家就此所作的诠解分歧颇大。今以帛书本校之，经文当为“夫唯不欲盈，是以能嫳（敝）而不（丕）成”。比勘《老子》七章所谓“以其不自生也，故能长生”、六十三章所谓“是以圣人终不为大，故能成其大”，此句之意趣或应作如是领会：正因为不贪求满盈，所以反倒可能由不无蔽短而臻于大（丕）成。《文子·上仁》解此章有“自亏缺，不敢全也”之说，亦有“自亏缺，故盛全”之说，前后看似相扞格，实则正契于《老子》二十三章“曲则全，枉则正，洼则盈，敝则新，少则得，多则惑”的理致。“自亏缺，不敢全也”乃在于指出“善为道者”对“全”的无所措意、无所谋图，而“自亏缺，故盛全”却是在说“善为道者”的自然无为反倒可能得到“全”而至于“盛全”的结果。“不敢全”而“盛全”，如此诠释“不欲盈”而“丕成”（大成），直可叹为对老意的妙悟而神解。

十六章

至(致)虚极也,	求取冲虚而至于极境,
守静督(笃)也,	守持清静而至于笃深,
万物旁(并)作,	万物同生育共长成,
吾以观其复也。①	我据此窥察其盈而复虚、动而复静。
天(夫)物袪袪,	万物纷繁争胜,
各复归于其根。	终究各复归其本根。
〔归根〕曰静,	返回本根可谓归于虚静,
静,是胃(谓)复命。	归于虚静可谓归于天之所禀。
复命常也,	复归天之所禀本是万物的常则,
知常明也;	懂得这常则才称得上心地清明;
不知常,芒(妄),	不知晓这常则就会妄行其事,
芒(妄)作,凶。②	妄行其事就难免罹祸逢凶。
知常容,	领悟了“复命”的常则才能无所不予包容,
容乃公,	无所不予包容才能公正而无所偏徇,
公乃王,	公正而无所偏徇才能为天下人所归往,
[王乃]天,	为天下人所归往才能与上天之德配称,
天乃道,	与上天之德配称才能通于自然之道,
道乃〔久〕。	通于自然之道才能长久而不会困窘。

没身不殆。[3]　　如此，终其一生也不会遭遇危穷。

【校释】

①至(致)虚极也,守静督(笃)也,万物旁(并)作,吾以观其复也。

帛书乙本字句如上。甲本“静”作“情”,“笃”作“表”。“静”、“情”古音同,可通假;“表”系讹失,帛书整理者云“‘表’或是‘裻’字误”,而“裻”(dū)则通“督”,段玉裁《说文解字注·衣部》云:“古多假‘督’为‘裻’。”甲、乙本用字有异,然句脉、文义从同。

郭店楚简(甲)本此节文字为:“至虚亙也,兽中篙也,万勿方乍,居以寡复也。”“亙”,彭浩云:“‘亙’字古文作‘丞’,与‘亟’字形近,帛书本或因此而误。”(彭浩:《郭店楚简〈老子〉校读》,武汉:湖北人民出版社,2001,第49页)但“亟”、“丞”形近亦可作另一种推测,即楚简本因误《老子》古本之“亟”为“丞”而书为“亙”。“兽”,借作“守”。“中”,通“沖”,淡泊、沖虚之谓;“兽(守)中”与帛书乙本、王弼本等传世本“守静”之意相近。“篙”(dū),借作“笃”;马瑞辰《毛诗传笺通释》释《诗·周颂·维天之命》“曾孙笃之”云:“笃者,篙之叚借。”“勿”,通“物”。“乍”,同“作”。“寡”,借作“观”。

王弼本此节文字为:“致虚极,守静笃。万物并作,吾以观复。”一、二、四句句末无“也”字,“复”前无“其”字,帛书甲、乙本“至”王本作“致”(“至”通“致”),帛书乙本“督”(甲本作“表”而为“裻”之误)王本作“笃”(“督”通“笃”,“笃”为本字)。王本与帛书本用字有出入,但句脉、文义相侔。

※诸传世本有与王弼本字句略异者,其如:易州景福碑本、河上公(影宋)本,“致”作“至”,“致虚极”为“至虚极”;“观”下有“其”字,“吾以观复”为“吾以观其复”。傅奕本,

"静"作"靖","守静笃"为"守靖笃";"观"下有"其"字,"吾以观复"为"吾以观其复"。河上公(道藏)本,"以"下有"是"字,"观"下有"其"字,"吾以观复"为"吾以是观其复"。易州景龙碑本、易州开元幢本、邢州开元幢本、庆阳景祐幢本、周至至元碑本、楼观台碑本、磻溪大德幢本、遂州龙兴观碑本、北京延祐石刻本、敦煌写本之英本、李约本、唐李荣本、唐《御注》本、唐《御疏》本、陆希声本、张君相本、杜光庭本、强思齐本、王真本、道藏无注本、陈景元本、吕惠卿本、司马光本、苏辙本、陈象古本、宋《御解》本、邵若愚本、李霖本、白玉蟾本、彭耜本、董思靖本、宋李荣本、林希逸本、范应元本、文如海本、无名氏本、吕知常本、寇才质本、赵秉文本、时雍本、李道纯本、邓锜本、杜道坚本、王守正本、吴澄本、林志坚本、张嗣成本、明《御注》本、危大有本、释德清本、薛蕙本、焦竑本、周如砥本、潘静观本,"观"下有"其"字,"吾以观复"为"吾以观其复"。

"虚",无欲之意,《庄子·人间世》称"虚者,心斋也";高诱注《淮南子·氾论训》"恒虚而易足"云:"虚,无欲也。""极",至极、极致之意;刘淇《助字辨略》卷五云:"极,至极。""督",通"笃",很、甚之意;鲍彪注《战国策·秦策三》"应侯遂称笃"云:"笃,犹甚。""至(致)虚极也,守静督(笃)也",谓求取冲虚无欲而至于极致,持守清静无为而至于笃深。

"旁",并、一起之意;高诱注《淮南子·本经训》"旁薄众宜"云:"旁,竝('并'之古字——引者注)。""万物旁作",谓万物同生共长。

"复",归、归本、返本之意;王弼《周易注》注《易·复·彖传》"复其见天地之心乎"云:"复者,反本之谓也。"又,李鼎祚《周易集解》解《易·复》"复"引何妥注云:"复者,归本之名。""吾以观其复也”,谓我据此窥察其向本原的复归。

②天(夫)物袪袪,各复归于其根。〔归根〕曰静,静,是胃(谓)复命。复命常也,知常明也;不知常,芒(妄),芒(妄)作,凶。

帛书乙本“夫”作“天”(为“夫”之误),“曰静”前脱“归根”二字;据王弼本正其脱误后,其字句如上。甲本亦“夫”作“天”;“袪袪”作“云云”,“袪袪”为“云云”之借字。“各复归于其”下残损多字,据乙本并王弼本当为“根;归根曰静”;两“芒”字皆作“巿”(“茫”、“巿”皆为“妄”之借字)。

郭店楚简(甲)本此节文字仅为:“天道员员,各复其堇。”《说文·员部》:“员,物数也。”《广雅·释诂三》:“员,众多也。”“员员”,通“云云”,纷繁、众多貌;李富孙《诗经异文释》释《诗·商颂·玄鸟》“景员维河”云:“员、云为古今字。”“堇”,借作“根”。

王弼本此节文字为:“夫物芸芸,各复归其根。归根曰静,是谓复命。复命曰常,知常曰明;不知常,妄作凶。”勘校以帛书甲、乙本,其用字略有出入,但句脉、文义大致相侔。

※诸传世本有与王弼本相异者,其如:傅奕本,“夫”作“凡”,“芸芸”作“贠贠”,“夫物芸芸”为“凡物贠贠”;“各”下无“复”字,“各复归其根”为“各归其根”;“静”作“靖”,“归根曰静”为“归根曰靖”;“是谓”作“靖曰”,“是谓复命”为“靖曰复命”。范应元本,“夫”作“凡”,“芸芸”作“贠贠”,“夫物芸芸”为“凡物贠贠”;“各”作“必”,其下无“复”字,“必复归其根”为“各归其根”;“是谓”作“静曰”,“是谓复命”为“静曰复命”。无名氏本,“夫”作“凡”,“夫物芸芸”为“凡物芸芸”;“各”作“必”,其下无“复”字,“各复归其根”为“必归其根”;“是谓”作“静曰”,“是谓复命”为“静曰复命”。《经典释文》本,“夫”作“凡”,“夫物芸芸”为“凡物芸芸”。易州景龙碑本,

“芸芸”作“云云”,“夫物芸芸”为“夫物云云”;“各”下无“复”字,“各复归其根”为“各归其根”;“是谓”作“静曰”,“是谓复命”为“静曰复命”;“妄”作“忘”,“妄作凶”为“忘作凶”。遂州龙兴观碑本,“芸芸”作“云云”,“夫物芸芸”为“夫物云云”;“各”下无“复”字,“各复归其根”为“各归其根”;“是谓”作“静曰”,“是谓复命”为“静曰复命”。彭耜本,“各”下无“复”字,“各复归其根”为“各归其根”;“是谓”作“静曰”,“是谓复命”为“静曰复命”;无下一“曰”字,“知常曰明”为“知常明”,与帛书本从同。李约本,“各复”作“皆复各”,“各复归其根”为“皆复各归其根”;“是谓”作“静曰”,“是谓复命”为“静曰复命”。邢州开元幢本、北京延祐石刻本、唐李荣本、陆希声本、陈景元本、苏辙本、宋《御解》本、邵若愚本、董思靖本、宋李荣本、林希逸本、时雍本、邓锜本、吴澄本、明《御注》本、释德清本、薛蕙本、焦竑本、周如砥本、潘静观本,“各”下无“复”字,“各复归其根”为“各归其根”;“是谓”作“静曰”,“是谓复命”为“静曰复命”。张君相本,“各”下无“复”字,“各复归其根”为“各归其根”。易州开元幢本、邢州开元幢本、庆阳景祐幢本、周至至元碑本、楼观台碑本、磻溪大德幢本、敦煌写本之英本、河上公(道藏)本、唐《御注》本、唐《御疏》本、杜光庭本、强思齐本、王真本、道藏无注本、吕惠卿本、司马光本、陈象古本、李霖本、白玉蟾本、文如海本、吕知常本、寇才质本、赵秉文本、杜道坚本、王守正本、林志坚本、张嗣成本、危大有本,“是谓”作“静曰”,“是谓复命”为“静曰复命”。河上公(影宋)本,“妄”作“萎”,“妄作凶”为“萎作凶”。

“袪袪”通“云云”,纷繁、众多貌;成玄英疏《庄子·在宥》“万物云云,各复其根”云:“云云,众多也。”

"命",禀受于天或禀受于自然者;邢昺疏《论语·为政》"五十而知天命"云:"命,天之所禀受者也。""复命",意即复归于天之所禀受或复归于天然。

"复命常也",谓复归于天之所禀受或复归于自然是一种常则。

"知常明也",谓懂得了复归于自然这一常则那才称得上明达。

"芒",通"妄"。"芒(妄)作,凶",谓一意妄行必致遭逢凶险。

③知常容,容乃公,公乃王,[王乃]天,天乃道,道乃〔久〕。没身不殆。

帛书乙本"公乃王"句后残损二字,据甲本当为"王乃";"道乃"后脱一字,据王弼本当为"久"。补脱漏、损阙后,乙本字句如上。甲本"天乃道"后残损三字,据乙本及王弼本当为"道乃久";"没"作"沕","殆"作"怠"。甲、乙本用字略有别,但句脉、文义从同。

郭店楚简本无此节文字。

王弼本此节文字为:"知常容,容乃公,公乃王,王乃天,天乃道,道乃久。没身不殆。"其与帛书乙本从同。

※诸传世本多同于王弼本,其略异者则有:泰州广明幢本,"常"下有"曰"字,"知常容"为"知常曰容"。易州景龙碑本、唐李荣本,"乃"俱作"能","容乃公,公乃王,王乃天,天乃道,道乃久"为"容能公,公能王,王能天,天能道,道能久"。遂州龙兴观碑本,"乃"亦俱作"能",且"王"皆作"生","容乃公,公乃王,王乃天,天乃道,道乃久"为"容能公,公能生,生能天,天能道,道能久"。易州开元幢本、邢州开元幢本、范应元本,"没"作"殁","没身不殆"为"殁身不殆"。叶梦得本,无"没身不殆"四字。

"容",容受、包容、宽容之意;孔颖达疏《易·临·象传》"容保民无疆"云:"容,谓容受也。"又,李鼎祚《周易集解》释《易·师·象传》"君子以容民畜众"引虞翻云:"容,宽也。"

"乃",有然后、才、然后才之意;刘淇《助字辨略》卷三释《礼记·杂记》"商祝铺席,乃敛"云:"此乃字犹云然后。"

"公",公正无私之意;朱右曾《逸周书集训校释》释《逸周书·大子晋》"伯能移善于众,与百姓同,谓之公"云:"公之为言,公正无私也。"

"王",天下归往之意;《韩诗外传》卷五云:"天下往之,谓之王。"又,朱右曾释《逸周书·谥法》"仁义所往曰王"云:"王,往也,民往归之。"

"天",以德配天、与天之德相配称之意;杨倞注《荀子·礼论》"故王者天大祖"云:"天,谓以配天也。"

历来注家,王弼注"知常容,容乃公,公乃王,王乃天,天乃道,道乃久。没身不殆"最贴近老意,其云:"唯此复('复命曰常'之'复'——引者注),乃能包通万物,无所不容。……无所不包通也;无所不包通,则乃至于荡然公平也;荡然公平,则乃至于无所不周普也;无所不周普,则乃至于同乎天也;与天合德,体道大通,则乃至于穷极虚无也;穷极虚无,得道之常,则乃至于不穷极也。无之为物,水火不能害,金石不能残。用之于心,则虎兕无所投其爪角,兵戈无所容其锋刃,何危殆之有乎!"

【疏解】

此章依然训诲如何"为道",承上章之结语"葆此道者不欲盈",本章开篇即称"致虚极"。"盈"、"虚"对举,"致虚"与"不欲盈"原只是同义语,不过,"不欲盈"对于"为道"是一种遮诠,而"致虚"则是对"为道"的表诠。全章略可分为两部分:前一部分由"致虚"、

"守静"说到"知常"而"明",所喻在于"为道"的蹊径;后一部分是对前部分论述的引申性推理,乃在于指出不为道而"不知常"与为道而"知常"可能产生的两种截然不同的结果。措思的重心在前部分,聚焦于"常"的"致虚"、"守静"、"归根"、"复命"诸论题则是其难点所在。

《老子》四章、五章先后以"冲"、"虚"形容非"可道"之"道",四章有"道冲,而用之又弗盈"之说,五章则以橐籥喻示"天地之间"无处不有的"道",谓其"虚而不屈,动而愈出"。此"冲"——一如高诱注《淮南子·原道训》"原流泉浡(bó),冲而徐盈"所云"冲,虚也"——或"虚"并非一无所有,而其所示乃为一种不执着、不粘滞、不牵累于形色、不挂碍于声象的情状。十一章所谓"无之以为用"这一见之于"用"的"无"是对"道"之"冲"、"虚"的称说,十四章所谓"无状之状,无物之象"的"惚恍"是对"道"之"冲"、"虚"的摹状。"道"因着这"冲"、"虚"而生机不竭,以致"渊呵,似万物之宗"、"湛呵……象帝之先",所以,人之"为道"("法道")而求"长生久视"(《老子》五十九章)便不可不"致虚"。"致虚",对于现实的人来说,即是消解那为"五色"、"五音"、"五味"、"驰骋田猎"、"难得之货"所撩逗起来的情欲;而"致虚极"则意味着"致虚"必当立某种极致境地为标准以作导示,如此"致虚"者方能孜孜以求,不至于半途而废。

如果"虚"依高诱对《淮南子·氾论训》"恒虚而易足"所作之注可意释为"无欲",那么"静"便可理解为"无为"。"无欲"之"虚"更大程度地隐在于内,"无为"之"静"则更大程度地显现于外;"虚"与"静"、"无欲"与"无为",二者的一致乃是内外的通洽。事实上,当老子说"我无为而民自化,我好静而民自正,我无事而民自富,我欲不欲而民自朴"(《老子》五十七章)时,"好静"与"无为"、"无事"、"欲不欲"是全然意趣相贯的,一如"无欲"必至于"无为”,“致虚”则必至于“守静”。同样,“守静”有恒必得臻于笃深,于是与“致虚极”相应,老子亦敦勉“为道”者“守静笃”。

仿佛一粒藏了生机的种子,根源处的生命消息是渊默(“静”)而虚灵(“虚”)的。“致虚”而祈于“极”,“守静”而至于“笃”,乃是向着生命本始或根源处回溯以求贯通生的脉息。芸芸众物,尤其最可直观的植物,繁枝华叶显象于上,而全部生机却下藏于泥土中的根荄。根荄是隐而不露的,但繁枝华叶的种种生意无不发萌于它而终究归之于它,这即是所谓“归根”。“归根”并不就是通常所说的落叶归根,而是伸展于枝叶的生生之机借溯向本来以期守持与延续。“夫物秐秐,各复归于其根”原是一个隐喻,老子以此是要提醒人们当如万物的枝叶之于其根荄那样,时时不忘自身生命亦有可归之根:不失其根的生可永葆生趣,生而又生。

躁动的枝叶归束于静默的根,这用《老子》中的另一句话说即是“静为躁君”(《老子》二十六章)。由“归根”而以“静”为“动”的主宰,做到了这一点遂又被老子称作“复命”。“命”在这里并不神秘,它只不过被用以指称天对万物的禀授,而此天乃天然之天。“天命之谓性”(《礼记·中庸》),这句儒家经典中的话未始不可以用来领悟老子所谓“复命”之“命”:“天命”,即天或自然之所禀授,亦可谓天或自然之所赋与,此所禀所赋即所谓“性”;儒家由“性”而说“仁”、“义”诸德之端倪,老子不像儒家那样称“性”而论,但“性”的原初意义“生”在笼罩于“法自然”之“道”后仍被分外看重。对于老子来说,“复命”即是复归于天之所命或天之所禀受,亦即复归于天然或所谓“复归于朴”。

对于没有意欲和情志可言的万物来说,“归根”、“复命”而生生不息原是极自然的事,但人则不同,人要“致虚”、“守静”以“归根”、“复命”,有待心灵的觉悟。所以老子在说了“夫物秐秐,各复归于其根。归根曰静,静,是胃(谓)复命”一类话后,要着意指出:

“复命常也,知常明也。”“复命”被视为一种无论何物在何时何地都未可违忤的常则,而觉悟到这常则并能真正对其循守不弃者方称得上明达之人。昧于这常则而逞欲妄为的人必致遭遇凶险,而懂得这常则并据以成全自己的人则“知常容,容乃公,公乃王,王乃天,天乃道,道乃久。没身不殆”。由“知常”而得以“容”、“公”、“王”、“天”、“道”、“久”以至“没身不殆”,义理之推阐是顺理成章、环环相扣的,其至可辨悉、玩味者倒是那作为整个思路演绎之前提的“知常”之“常”。

“常”,诚然可理解为通常所谓的常则,但“归根”而“复命”之“常”殊非一般意义上的“常”,这“常”毋宁是对“恒道”之“恒”的别称。王弼注云:“常之为物,不偏不彰,无皦昧之状,温凉之象。”其《老子指略》又云:“无形无名者,万物之宗也。不温不凉,不宫不商。听之不可得而闻,视之不可得而彰,体之不可得而知,味之不可得而尝。”合观所论,可知其指称之“常”即“无形无名”而为“万物之宗”的“道”。而这亦正可印证于《韩非子·解老》所谓之“常”,其云:“故定理有存亡,有死生,有盛衰。夫物之一存一亡,乍死乍生,初盛而后衰者,不可谓常。唯夫与天地之剖判也俱生,至天地之消散也不死不衰者谓常。”正因为老子所云“知常”之“常”乃“恒道”之“恒”或有“恒”之“道”,所以“致虚”、“守静”而“归根”、“复命”终至于归落于“常”,并且,正因为此“常”为“恒道”之“恒”或有“恒”之“道”,从“知常”也才可能推演出“容”、“公”、“王”、“天”、“道”、“久”而“没身不殆”。就此而言,可谓“常”而“知常”恰构成全章致思的枢纽,倘对“知常”终有所知,则自可勘破老子措辞之不得已处的种种奥趣。

十七章

太上，	最可称道的当政者，
下知又(有)[之]；	百姓只知晓有他；
其[次]，	次一等的当政者，
亲誉之；	百姓亲近而赞誉他；
其次，	又次一等的当政者，
畏之；	百姓畏惧而服从他；
其下，	再下一等的当政者，
母(侮)之。①	百姓轻贱而蔑弃他。
信不足，	当政者诚信不足，
安有不信。②	才有百姓的不信任。
猷(犹)呵，	谨敛戒惧呵，
其贵言也。	要慎重发布政令。
成功遂事，	成就了功略和事业，
而百姓胃(谓)我自然。③	而百姓们说我是自自然然——并没有依仰什么人。

【校释】

①太上，下知又(有)[之]；其[次]，亲誉之；其次，畏之；其下，母(侮)之。

帛书乙本“又”下残损一字，据甲本当为“之”；首一“其”字下残损一字，据甲本当为“次”。补损阙后，乙本字句如上。帛书甲本此节文字所存完好，乙本存留之字句，除“有”作“又”（“又”为“有”之借字）外，与甲本从同。

郭店楚简（丙）本此节文字为：“大上，下智又之；其即，新誉之；其既，愄之；其即，柔之。”“又”，通“有”；“即”，借作“次”；“新”，通“亲”（親）；“既”为“即”之误写；“愄”，同“畏”；“柔”，借作“侮”。其与帛书甲、乙本用字有异，但句脉、文义相侔。

王弼本此节文字为：“太上，下知有之；其次，亲而誉之；其次，畏之；其次，侮之。”比帛书本多一“而”字，且末句“其下”为“其次”，“母”作“侮”（“母”通“侮”），除此，则与帛书本从同。

※诸传世本中，略异于王弼本者则如：《经典释文》本，“太”作“大”，“太上”为“大上”。邓锜本、吴澄本、明《御注》本，“下”作“不”，“而”作“之”，无末一“其次”二字，整节文字为：“太上，不知有之；其次，亲之誉之；其次，畏之侮之。”焦竑本、周如砥本、潘静观本，“下”作“不”，“而”作“之”，整节文字为：“太上，不知有之；其次，亲之誉之；其次，畏之；其次，侮之。”易州开元幢本、邢州开元幢本、庆阳景祐幢本、周至至元碑本、楼观台碑本、磻溪大德幢本、北京延祐石刻本、遂州龙兴观碑本、李约本、唐李荣本、唐《御注》本、唐《御疏》本、陆希声本、杜光庭本、强思齐本、道藏无注本、陈景元本、吕惠卿本、苏辙本、宋《御解》本、邵若愚本、李霖本、彭耜本、董思靖本、范应元本、无名氏本、吕知常本、寇才质本、赵秉文本、时雍本、杜道坚本、王守正本、林志坚本、张嗣成本、危大有本，“而”作“之”，无末一“其次”二字，整节文字为：“太上，下知有之；其次，亲之誉之；其次，畏之侮之。”（王守正本“下知”作“下之”）易州景

龙碑本,“而”作“之”,“誉”作“豫”,无末一“其次”二字,整节文字为:“太上,下知有之;其次,亲之豫之;其次,畏之侮之。”傅奕本,“而”作“之”,“誉之”上有“其次”二字,整节文字为:“太上,下知有之;其次,亲之;其次,誉之;其次,畏之;其次,侮之。”易州景福碑本、敦煌写本之英本、《群书治要》本、张君相本、司马光本、陈象古本、白玉蟾本、宋李荣本、林希逸本、李道纯本、释德清本、薛蕙本,“而”作“之”,“亲而誉之”为“亲之誉之”。《永乐大典》本,无末一“其次”二字,“其次,畏之;其次,侮之”为“其次,畏之侮之”。

“太上”,至上、最高之意;孙诒让《墨子间诂》释《墨子·亲士》“太上无败,其次败而有以成,此之谓用民”云:“太上,对其次为文,谓等之最居上者,不论时代今古也。”“太上,下知有之”,谓最好的治理者,百姓只知道有他存在。

“亲誉”,亲近而称誉;“其次,亲誉之”,谓次好的治理者,百姓亲近而赞誉他。

“畏”,畏惧、畏服之意;“其次,畏之”,谓再次一等的治理者,百姓畏惧而服从他。

“母”,通“侮”,轻侮之意;“其下,母(侮)之”,谓比前一种更下一等的治理者,百姓轻慢而蔑弃他。

②信不足,安有不信。

帛书乙本字句如上。甲本“安”作“案”(“案”为“安”之借字)。

郭店楚简(丙)本此节文字为:“信不足,安又不信。”除“又”借作“有”,字句与帛书乙本从同。

王弼本此节文字为:“信不足,焉有不信焉。”首“焉”字与“安”通,句末比帛书本多一“焉”字。

※传世本中，略异于王弼本者则有：傅奕本、宋《御解》本、邵若愚本、彭耜本、林希逸本、释德清本，首句句首有“故”字，无下一“焉”字，整节文字为：“故信不足，焉有不信。”范应元本、林志坚本，首句句首有“故”字，“信不足”为“故信不足”。河上公（道藏）本，首句“信”作“有”，“信不足”为“有不足”。陆希声本，无上一“焉”字，“焉有不信焉”为“有不信焉”。易州景福碑本、北京延祐石刻本，无下一“焉”字，“焉有不信焉”为“焉有不信”。易州景龙碑本、易州开元幢本、邢州开元幢本、庆阳景祐幢本、周至至元碑本、楼观台碑本、磻溪大德幢本、遂州龙兴观碑本、敦煌写本之英本、李约本、唐李荣本、唐《御注》本、唐《御疏》本、张君相本、杜光庭本、强思齐本、道藏无注本、陈景元本、吕惠卿本、司马光本、苏辙本、陈象古本、李霖本、白玉蟾本、曹道冲本、达真子本、宋李荣本、无名氏本、吕知常本、程大昌本、寇才质本、赵秉文本、李道纯本、邓锜本、杜道坚本、王守正本、张嗣成本、危大有本、薛蕙本、焦竑本、周如砥本，上下“焉”字俱无，“焉有不信焉”为“有不信”；潘静观本与之同，唯首句句首有“故”字。时雍本，“有”作“犹”，“焉有不信焉”为“焉犹不信焉”。河上公（影宋）本，无“有不信焉”四字，“信不足，焉有不信焉”为“信不足焉”。

“安”，则、于是之意；王引之《经传释词》卷二云：“安，犹于是也，乃也，则也。字或作‘案’，或作‘焉’，其义一也。”“信不足，安有不信”，谓诚信不足，于是人们不再信任。

③猷（犹）呵，其贵言也。成功遂事，而百姓胃（谓）我自然。

帛书乙本字句如上。甲本首句残损二字，据乙本当为“犹呵”；“姓”作“省”（“省”借作“姓”）。

郭店楚简（丙）本此节文字为：“猷㕀，其贵言也。成事述社，而百眚曰我自肰也。”“猷”，同“犹”（猶），“猷”、“犹”（猶）古通用；“虖”，借作“乎”；“述”，借作“遂”；“社”，借作“功”；“眚”，借作“姓”；“肰”，“然”之省写。其与帛书本用字有异而句脉、文义从同。

王弼本此节文字为：“悠兮，其贵言。功成事遂，百姓皆谓我自然。”其与帛书本用字略异而句脉、文义相侔。

※传世本中，与王弼本有异者则如：易州景龙碑本，“悠”作“由”，无“兮”字，“功成”作“成功”，无“皆”字，整节文字为：“由其贵言，成功事遂，百姓谓我自然。”寇才质本，“悠”作“由”，无“兮”字，无“皆”字，整节文字为：“由其贵言，功成事遂，百姓谓我自然。”易州开元幢本、邢州开元幢本、楼观台碑本、磻溪大德幢本、李约本、唐李荣本、唐《御注》本、陆希声本、张君相本、杜光庭本、强思齐本、道藏无注本、陈景元本、吕惠卿本、苏辙本、陈象古本、李霖本、曹道冲本、无名氏本、赵秉文本，“悠”作“犹”，无“兮”字，无“皆”字，整节文字为：“犹其贵言，功成事遂，百姓谓我自然。”司马光本，“悠”作“犹”，无“兮”字，无“皆”字，“谓”作“曰”，整节文字为：“犹其贵言，功成事遂，百姓曰我自然。”吕知常本，“悠”作“犹”，无“兮”字，无“皆”字，整节文字为：“犹其贵言，功成事遂，百姓谓我自然。”杜道坚本，“悠”作“犹”，无“皆”字，整节文字为：“犹兮，其贵言。功成事遂，百姓谓我自然。”庆阳景祐幢本、敦煌写本之英本、唐《御疏》本、邓锜本，“悠”作“犹”，无“兮”字，“悠兮，其贵言”为“犹其贵言”。傅奕本、范应元本，“悠”作“犹”，“言”下有“哉”字，“谓”作“曰”，整节文字为：“犹兮，其贵言哉！功成事遂，百姓皆曰我自然。”宋《御解》本、邵若愚本、彭耜本、董思靖本、林希逸本、林志坚本、释德清本、薛蕙本、潘静

观本，“悠”作“犹”，“谓”作“曰”，整节文字为：“犹兮，其贵言。功成事遂，百姓皆曰我自然。”时雍本，“悠”作“犹”，“我”作“德”，整节文字为：“犹兮，其贵言。功成事遂，百姓皆谓德自然。”李道纯本，“悠”作“犹”，无“兮”字，“事”作“名”，“谓”作“为”，整节文字为：“犹其贵言。功成名遂，百姓皆为我自然。”北京延祐石刻本、河上公（影宋、道藏）本、白玉蟾本、宋李荣本、文如海本、吴澄本、明《御注》本、危大有本、焦竑本、周如砥本、潘静观本，“悠”作“犹”，“悠兮，其贵言”为“犹兮，其贵言”。程大昌本，无“悠兮，其贵言”句，整节文字为：“功成事遂，百姓皆谓我自然。”遂州龙兴观碑本，“悠兮其”作“其犹”，“功成”作“成功”，“事遂”作“遂事”，无“皆”字，整节文字为：“其犹贵言，成功遂事，百姓谓我自然。”崇宁《五注》本，“事”作“名”，“功成事遂”为“功成名遂”。周至至元碑本，“悠”作“犹”，“言”下有“哉”字，无“皆”字，整节文字为：“犹兮其贵言哉，功成事遂，百姓谓我自然。”易州景福碑本，“功成事遂”为“成功事遂”。

“猷”，同“犹”，本指犹豫，这里可引申为谨敛、戒惧。“贵”，重视、看重之意，可引申为慎重或不轻易。“言”，这里指号令、政令；韦昭注《国语·周语上》“有不祀则修言”云：“言，号令也。”又，刘宝楠《论语正义》释《论语·子路》“名不正则言不顺”云：“言者，所以出令布治也。”“猷（犹）呵，其贵言也”，谓谨敛戒惧呵，慎重发布其政令。

“遂”，成就、完成之意；《广韵·至韵》：“遂，成也。”“成功遂事”，谓成就了功略和事业。

“自然”，自己如此，“然”有“如此”意；成玄英疏《庄子·齐物论》“其心与之然”云：“然，犹如此也。”“百姓胃（谓）我自然”，谓百姓们说我是自然如此，并没有依仰什么人。

【疏解】

承十四章对“道”的摹状，十五、十六章对“为道”的喻示，本章箴戒当政者应如何治理国家、天下。老子分当政者为四类而褒贬有致，其准矱则在于所治是否“贵言”以达于“自然”。

在老子看来，最可称道的治理者政无所施、不治而治，百姓仅仅耳闻其人，却无从感受其所作所为，因而对其情意澹然，殊无好恶、褒贬可言。百姓对于这样的治理者，或如《击壤歌》所称：“吾日出而作，日入而息。凿井而饮，耕田而食。帝力何有于我哉？”（见《群书治要》卷十一所引《帝王世纪》。王充《论衡·艺增》亦对此歌有引，唯末句为“尧何等力”而与《群书治要》略异）此“太上”的治理者诚为“上德”之人，“太上，下知有之”之深意或当关联《老子》三十八章所谓“上德不德，是以有德”去领略。

比“太上”次一等的是为百姓所“亲誉”的治理者。百姓所以对其“亲”（亲近）而“誉”（赞誉）之，乃是因为他们施恩德于百姓而为蒙泽者所感戴。施恩于人已是有为之举，不过这有为之举尚出于仁爱而无利势上的私图。相应于仁爱的由衷，百姓的“亲誉之”是诚挚的，但亲与疏、毁与誉的分别毕竟已是对浑全的自然而然之朴醇的打破。一如“下知有之”的“太上”相应于“不德”之“上德”，为百姓“亲誉之”的当政者的致治境界略相应于“上仁为之而无以为也”。“无为”圆融于“为之”，“上仁”终是“其次”于“上德”。

比百姓“亲誉之”又次一等的当政者，是那些令百姓“畏之”的君主。这类当政者诉诸政令、刑罚治理国家，其所作所为当如孔子所贬责的“道之以政，齐之以刑”（《论语·为政》）。政令、刑罚使百姓畏惧，虽因此维系一种秩序，但治于人者顺从治人者究非心悦诚服。《庄子·天道》有云：“古之明大道者，先明天，而道德次之；

道德已明，而仁义次之；仁义已明，而分守次之；分守已明，而形名次之；形名已明，而因任次之；因任已明，而原省次之；原省已明，而是非次之；是非已明，而赏罚次之。……古之语大道者，五变而形名可举，九变而赏罚可言也。骤而语形名，不知其本也；骤而语赏罚，不知其始也。”“形名”距“大道”已历经“五变”，而“赏罚”则处在“九变”的地位，如果仅以此治理国家，则只能使民“畏之”，而与以“道”致治相去甚远。

比百姓“畏之”再下一等的当政者，是为百姓“侮之”的昏昧之君。为百姓所“畏”的“道政”、“齐刑”或不至于全然没有准限；一旦失了准限而“刑罚不中”以至于“民无所措手足”（《论语·子路》），百姓对当政者就会由“畏之”转而为“侮之”。“侮”意味着轻蔑，意味着鄙弃，被鄙弃之君其厄困而至于危殆的运命则不待说而知。

“信不足，安有不信”，也许对百姓“畏之”的当政者已有所指，但显然着重是就民所“侮”的君主而言。取信于民并不是老子祈愿中的当政者的至高境界，它无宁是天下、国家治理的某种底线——这可以关联着他所谓“失道而后德，失德而后仁，失仁而后义，失义而后礼。夫礼者，忠信之薄也，而乱之首也”（《老子》三十八章）去理解。真正说来，老子从不曾就“信”而论“信”，他所称道的“信”亦可以“不德”而“德”的话语方式称之为不“信”而“信”。这不“信”而“信”乃是大“信”，大“信”则蕴含于当政者由“贵言”得以“成功遂事”后让百姓因无所受其施而感到的“我自然”。

这即是老子所主张的无为而治。“无为”于此决非策谋，其本身即构成非通常所谓目的的目的。

十八章

故大道废，	所以，大道废弃了，
安有仁义。	才有了仁义的推崇。
知（智）慧出，	智慧出现了，
安有［大伪］。①	才有了大伪的发生。
六亲不和，	六亲失和了，
安又（有）孝兹（慈）。	才有了孝慈的倡行。
国家闾（昏）乱，	国家昏乱了，
安有贞臣。②	才有了贞臣的名称。

【校释】

①故大道废，安有仁义。知（智）慧出，安有［大伪］。

帛书乙本此节文字末句残损二字，据甲本当为“大伪”；补损阙后，其字句如上。甲本二“安”字皆作“案”（通“安”），“慧”作“快”（或为“慧”之误）。

郭店楚简（丙）本此节文字为：“古大道登，安又悬义。”脱“智慧出，安有大伪”句。“古”为“故”之借字，“登”为“废”（廢）之借字，“悬”为“仁”之古字。

王弼本此节文字为：“大道废，有仁义。慧智出，有大伪。”勘校以帛书本，二“有”字前均少一“安”字，“慧智”则或为“智慧”传写之误，诚如马叙伦《老子校诂》云："譣(yàn，王念孙《广雅疏证》云：'譣，经传通作验。'——引者注)弼注曰'故智慧出，则大伪生也'，是作'慧智'者，传写误倒耳。"

※传世本中，略异于王弼本者则如：泰州广明幢本，二"有"字上并有"焉"字，"慧智"作"智惠"，整节文字为："大道废，焉有仁义；智惠出，焉有大伪。"傅奕本、陆希声本，二"有"字上并有"焉"字，"慧智"作"智慧"，整节文字为："大道废，焉有仁义；智慧出，焉有大伪。"易州景龙碑本，"仁"作"人"；"慧智"作"智惠"，整节文字为："大道废，有人义；智惠出，有大伪。"范应元本，"义"字下、"伪"字下并有"焉"字，"慧智"作"知惠"，整节文字为："大道废，有仁义焉；知惠出，有大伪焉。"《经典释文》本、司马光本，"慧智"作"知慧"，"慧智出"为"知慧出"。易州景福碑本、河上公(影宋)本、强思齐本、宋李荣本、文如海本，"慧智"作"智惠"，"慧智出"为"智惠出"。邢州开元幢本、周至至元碑本、楼观台碑本、磻溪大德幢本、北京延祐石刻本、遂州龙兴观碑本、河上公(道藏)本、李约本、唐李荣本、唐《御注》本、唐《御疏》本、张君相本、杜光庭本、道藏无注本、陈景元本、吕惠卿本、苏辙本、陈象古本、宋《御解》本、邵若愚本、李霖本、白玉蟾本、彭耜本、董思靖本、林希逸本、无名氏本、吕知常本、寇才质本、赵秉文本、时雍本、李道纯本、邓锜本、杜道坚本、王守正本、吴澄本、林志坚本、张嗣成本、明《御注》本、危大有本、释德清本、薛蕙本、焦竑本、周如砥本、潘静观本，"慧智"作"智慧"，"慧智出"为"智慧出"。

"废"，失、失却之意；高诱注《吕氏春秋·孟夏纪·诬徒》"道术之废也"云："废，失。""安"，则、于是之意，此处之"安"与十七章

“信不足,安有不信”之“安”用法及语义皆同。“大道废,安有仁义”,谓大道失去了,才有了仁义的讲求。

“知(智)慧出,安有大伪”,谓智慧出现了,才有了大伪的发生。

②六亲不和,安又(有)孝茲(慈)。国家阋(昏)乱,安有贞臣。

帛书乙本字句如上。甲本二“安”字皆作“案”(通“安”),“孝”作“畜”(通“孝”),“国”作“邦”。

郭店楚简(丙)本此节文字为:“六新不和,安又孝㜋;邦豪緍[乱,安]又正臣。”“新”,通“亲”(親);“㜋”,“慈”之借字;“緍”,借作“昏”;“緍”下残损二字,据帛书本当为“乱,安”;“正”,与“贞”音近义同。其用字与帛书本多有异,但句脉、文义相侔。

王弼本此节文字为:“六亲不和,有孝慈。国家昬乱,有忠臣。”与帛书本勘校,两“有”之上均少一“安”(案)字,“贞”作“忠”。其整节文字与帛书本略从同。

※诸传世本多同于王弼本,其略异者则如:泰州广明幢本,上一“有”字上有“焉”字,“六亲不和,有孝慈”为“六亲不和,焉有孝慈”。李道纯本、吴澄本、明《御注》本、《永乐大典》本、危大有本、潘静观本,“慈”作“子”,“六亲不和,有孝慈”为“六亲不和,有孝子”。范应元本,“慈”、“臣”下各有一“焉”字,“昬”作“昏”,“忠”作“贞”,整节文字为:“六亲不和,有孝慈焉。国家昏乱,有贞臣焉。”傅奕本,“昬”作“昏”,“忠”作“贞”,“国家昬乱,有忠臣”为“国家昏乱,有贞臣”。此外,尚有若干传世本“昬”作“昏”(“昏”为“昬”之别构),兹不罗举。

“六亲”,王弼注云:“六亲,父子、兄弟、夫妇也”。“茲”,同“兹”,通“慈”。“六亲不和,安又(有)孝茲(慈)”,谓六亲不相合睦,才有了孝慈的倡导。

“贞”，正；孔颖达疏《左传·襄公九年》“元亨利贞”云：“贞，正也。”“贞臣”，忠贞守固之臣；朱熹《楚辞集注》注《楚辞·九章·惜往日》“属贞臣而日娭”云：“贞臣，正固之臣。”“国家阏（昏）乱，安有贞臣”，谓国家昏乱了，才有了“贞臣”的名称。

【疏解】

本章开篇即称“故”，由此略可窥知其同上章文义相贯之紧切。“大道”略相应于上章之“太上”，“有仁义”略相应于“其次，亲誉之”。然而“有仁义”已是“大道废”，上章所提及的“其次，畏之；其下，侮之”与“大道”相去之远就更不待言了。事实上，老子在此章把人间世之所历分作了两个时期，一是现实的“大道废”的时期，一是这之前的“大道”未“废”的时期——老子确信这一寄托了他的理想的时期的存在，并因此一再提示人们向之作一种“复归”的努力。

诚然，老子并不彰扬“仁义”、“孝慈”、“贞臣”，但他也决非要导人于不“仁”、不“义”、不“孝”、不“慈”、不“贞”。在他这里，“大道”——“法自然”之“道”——是对“仁”与不“仁”、“义”与不“义”、“孝”与不“孝”、“慈”与不“慈”、“贞”与不“贞”之对立的超出；他对“仁义”、“孝慈”、“贞臣”诸名目的讥贬，不是站在“仁义”、“孝慈”、“贞臣”的对立面，而是立于“大道”之“自然”的圆融。这“大道”之“自然”的圆融见之于“德”是“不德”而“有德”的“上德”，其不讲求“仁义”等乃在于对“仁义”等的讲求已是孜孜于“不失德”的“下德”。

老子是希望六亲和洽而国家清平的，不过在他看来，这和洽、清平决非人类之“智慧”所可为。他把“智慧出”关联于“大道废”，因而对于他来说，“仁义”——以其不在“自然”的意味上——便可能导致“大伪”。“智慧”系于人为，人之所以在伦理之名分、礼乐之制作、典章之确立、法令之制订上有所施为是因为人有“智慧”。老子否认“智慧”有其“自然”之根，因此由“智慧”而出的伦理、礼乐、典章、法令等，皆被视为与“自然”相悖的人为之“文”。晚周“文敝”的现实对老子的刺激是痛切而深固的，以至他从现实推向终极，在根柢处否定了“文”的价值。“文”必至于“敝”的逻辑使他把“自然”与人为的分别径直归结为“真”与“伪”的相去，所以克除“文敝”以去“伪”，对于他也正是返向“自然”而摒弃人为。

孔子也曾叹及“大道”，其云：“大道之行也，天下为公，选贤与能，讲信修睦。故人不独亲其亲，不独子其子，使老有所终，壮有所用，幼有所长，矜、寡、孤、独、废、疾者皆有所养，男有分，女有归。货恶其弃于地也，不必藏于己；力恶其不出于身也，不必为己。是故谋闭而不兴，盗窃乱贼而不作，故外户而不闭。是谓大同。”（《礼记·礼运》）单以“大道之行”、“谋闭而不兴”全然呼应于老子所谓“大道废”、“智慧出”而言，孔、老所称之“大道”未尝不相通，但“选贤与能，讲信修睦”所昭示的人的当有作为，显然已不再能为“自然”之说所包举。老子所向慕的“大道”乃是“法自然”之“道”，而孔子所赞述的“大道”则为“人能弘道，非道弘人”（《论语·卫灵公》）之“道”，前者所诱导于人的唯在扫“文”以“复朴”，后者所诲示于人的却是“文质彬彬”（《论语·雍也》）。其闻“道”之言皆由克除“文敝”而发，而对于人而至于人文的寄望则相去殊多，此为孔、老“大道”相通却又相异之大较。

十九章

绝耶(圣)弃知(智),	根绝聪睿而摈弃智慧,
〖而〗民利百倍;	百姓会由此获益百倍;
绝仁弃义,	根绝仁德而摈弃义行,
〖而〗民复孝兹(慈);	百姓会重返孝悌慈惠;
绝巧弃利,	根绝巧诈而摈弃贪欲,
盗贼无有。[①]	盗贼自会敛迹而退。
此三言也,	这三句话呵,
以为文未足,	若以为道理还有欠完备,
故令之有所属:[②]	那就使其义有所归:
见素抱朴,	把握纯素而守持淳朴,
少私〖而〗寡欲,	去除私念而节制嗜欲,
绝学无忧。[③]	摈绝学尚而消解忧愦。

【校释】

①绝耶(圣)弃知(智),〖而〗民利百倍;绝仁弃义,〖而〗民复孝兹(慈);绝巧弃利,盗贼无有。

帛书乙本字句如上。甲本"耶(圣)"作"声"("圣"之借字),"倍"作"负"(与"倍"古音同而相通),"孝"作"畜"(与"孝"音近义同),二"民"前皆无"而"字。据帛书甲本、郭店楚简本,乙本二

“民”字前之“而”字当为衍文,宜删。

郭店楚简(甲)本此节文字为:“㡭智弃攴,民利百伓;㡭攷弃利,覜恻亡又;㡭憍弃虘,民复季子。”其后四句的排序与帛书本异,其三、四句为帛书本之五、六句,其五、六句为帛书本之三、四句。“㡭”,“绝”之异体字;“攴”,通“辩”;“伓”,通“倍”;“攷”,通“巧”;“覜”通“盗”,“覜恻”通“盗贼”;“亡”,通“无”;“又”,通“有”;“憍”,读作“伪”;“虘”,当读作“詐”,诈之谓;“季”,或为“孝”之误;“子”,借作“兹”,“兹”通“慈”。校之以帛书甲、乙本,其最可注意的差异在于甲、乙本首句“绝圣弃智”楚简本作“㡭(绝)智弃攴(辩)”,而所有传世本凡有此句者亦皆为“绝圣弃智”。何者更契老旨,殊难最终判定,今且存疑于此,以待后来。

王弼本此节文字为:“绝圣弃智,民利百倍;绝仁弃义,民复孝慈;绝巧弃利,盗贼无(無)有。”其与帛书本用字有出入,但句脉、文义略从同。

※诸传世本多同于王弼本,其略异者则如:易州景龙碑本,“仁”作“民”,“绝仁弃义”为“绝民弃义”。吴澄本、明《御注》本、《永乐大典》本,此节文字之句序与王弼本不同,其一、二句为王弼本三、四句,其三、四句为王弼本一、二句,整节文字为:“绝仁弃义,民复孝慈;绝圣弃智,民利百倍;绝巧弃利,盗贼无有。”遂州龙兴观碑本,“智”作“知”、二“民”字并作“人”,“绝圣弃智,民利百倍”为“绝圣弃知,人利百倍”;“民复孝慈”为“人复孝慈”。易州开元幢本、傅奕本、范应元本,“智”作“知”,“绝圣弃智”为“绝圣弃知”。唐李荣本,二“民”字并作“人”,“民利百倍”为“人利百倍”;“民复孝慈”为“人复孝慈”。释德清本,下一“利”字作“智”,“绝巧弃利”为“绝巧弃智”。周至至元碑本,“无”作“亡”,“盗

贼无有”为“盗贼亡有”。

“耶”为“圣”(聖)之省写,“知”即“智”(“智”与“知”为古今字)。“绝耶(圣)弃知(智),民利百倍”,谓弃绝聪睿与智慧,百姓就会有百倍之利。

“兹”,通“慈”。“绝仁弃义,民复孝兹(慈)”,谓弃绝所谓仁与义,百姓就会复归于孝慈。

“绝巧弃利,盗贼无有”,谓弃绝巧诈与贪欲,盗贼也就无从滋息。

②此三言也,以为文未足,故令之有所属:

帛书甲、乙本字句皆如上。

郭店楚简(甲)本此节文字为:“三言以为史不足,或命之或虐豆。”“史”,通“饰”,而“饰”有显示、表达意;前一“或”当读作“又”,后一“或”当读作“有”,“或”为匣纽职部字,“又”、“有”为匣纽之部字,其同纽而之职对转;“虐”,通“乎”;“豆”,借作“属”。“或命之或虐豆”,意为“又令之有乎属”。其用字与帛书本殊异,然文义略相侔。

王弼本此节文字为:“此三者,以为文不足,故令有所属。”其“三者”即帛书甲、乙本之“三言”;王本与之用字略有出入,但句脉、文义从同。

※诸传世本多同于王弼本,其略异者则如:程大昌本,无“此”字,“此三者,以为文不足”为“三者,以为文不足”。范应元本,无“此”,且“足”之下有“也”字,“此三者,以为文不足”为“三者,以为文不足也”。易州景龙碑本、易州景福碑本,无“以”字,“此三者,以为文不足”为“此三者,为文不足”。遂州龙兴观碑本,“以”作“言”,“此三者,以为文不足”为“此三者,

言为文不足"。傅奕本,"文"下有"而"字,"不"作"未","足"下有"也"字,"此三者,以为文不足"为"此三者,以为文而未足也"。司马光本,"文"下有"而"字,"不"作"未","此三者,以为文不足"为"此三者,以为文而未足"。李约本,"不"作"未","此三者,以为文不足"为"此三者,以为文未足"。

"文",理、道理之意;朱彬《礼记训纂》训《礼记·杂记下》"由文矣哉"引王念孙云:"文,即理也。"

"属",系属、归属之意;陆德明《经典释文·庄子音义》释《庄子·骈拇》"属其性乎仁义者"云:"属,谓系属也。"

"此三言也,以为文未足,故令之有所属",谓若是以为这三句话所说的道理还不完备,那就使其有所系属。

③见素抱朴,少私〚而〛寡欲,绝学无忧。

帛书乙本"私"字下有一"而"字,据楚简本、王弼本等传世本当为衍文,宜删。甲本"抱"字下尽皆残损,据乙本当为"朴,少私寡欲,绝学无忧"。

郭店楚简(甲、乙)本此节文字为:"视索保菐,少厶寡欲,〓学亡忧。""视",意为"见";《说文·见部》:"见,视也。""索",通"素";"保",通"抱";"菐",通"朴";"厶","私"之古字;"〓","绝"之异体字。其与帛书甲、乙本用字多异,而句脉、文义从同。

王弼本此节文字为:"见素抱朴,少私寡欲,绝学无(無)忧。"以帛书甲、乙本勘校,王本"私"下无"而"字,乙本"无"(甲本残损)王本作"無"(此"无"非"無"之简体字,同"無")。除此,王本字句与帛书本从同。

※诸传世本多同于王弼本,其略异者则如:易州开元幢本,"朴"作"扑","见素抱朴"为"见素抱扑";磻溪大德幢本,

"私"作"思","少私寡欲"为"少思寡欲"。"绝学无忧"句,传世本多置其于下章章首,似未妥。蒋锡昌《老子校诂》云:"此句自文谊求之,应属上章,乃'绝圣弃智……绝仁弃义……绝巧弃利'一段文字之总结也。晁公武《郡斋读书志》谓唐张君相《三十家老子注》以'绝学无忧'一句附'绝圣弃知'章末,以'唯之与阿'别为一章,与诸本不同。当从之。后归有光、姚鼐亦以此句属上章,是也。"现据文意并参酌先贤之所断,将其置于本章之末。

"见",知、懂得之意;王聘珍《大戴礼记解诂》释《大戴礼记·诰志》"夫民见其礼"云:"见,犹知也。""见素抱朴",谓懂得并守持素朴。

"少私寡欲",谓去除私念而节制嗜欲。

"绝学无忧",谓弃绝学尚而消解忧虑。

【疏解】

此章是对上章的呼应,两章之宗趣一以贯之:在上章指出由"大道废"、"智慧出"而发生的人文境况后,本章痛说"绝圣弃智"、"绝仁弃义"、"绝巧弃利"以求"见素抱朴"、"少私寡欲"、"绝学无忧",其主旨则不外"大道"的复归。

"圣"、"智"、"仁"、"义"、"巧"、"利"皆属人为之"文"的范畴,皆有背于朴茂之"自然"。对其"弃"而"绝"之,即是要彻底否定而放逐一切关联着"文"的创设的人的作为。在老子看来,"私"、"欲"是人为之"文"创制的动力,而"学"则是推动"文"扩而大之的一种"文",克除人为之"文"从缘起处说即在于去"私"、节"欲"并根绝为"私"、"欲"张目之"学"。如此去"私"、节"欲"、绝"学",最终却是要"见素抱朴"或所谓"复归于朴"。"朴"——"素"亦是

“朴”——在这里是真正的主题词,它述说着老子心目中的“大道”的内在秘密。

传世的诸多注本中,吕惠卿《道德真经传》对本章的注疏最可玩味,亦最具代表性。其云:“圣人知天下之乱,始于迷本而失性,惟无名之朴,为可以镇之。绝圣弃智、绝仁弃义、绝巧弃利,乃所以复吾无名之朴而镇之也。绝圣弃智、绝仁弃义,则不以美与善累其心矣;绝巧弃利,则不以恶与不善累其心矣。内不以累其心而外不以遗其迹,则民利百倍,民复孝慈,盗贼无有,固其理也。盖绝圣弃智、绝仁弃义,不尚贤之尽也;绝而弃之,则非特不尚而已。绝巧弃利,不贵难得之货之尽也;绝而弃之,则非特不贵而已。人之生也,万物皆备于我矣,则有至足之富。能绝圣弃智而复其初,则其利百倍矣;民复孝慈,则六亲皆和,而不知有孝慈矣;盗贼无有,则国家明治,而不知有忠臣矣。不尚贤,使民不争;民利百倍,民复孝慈,则非特不争而已。不贵难得之货,使民不为盗;盗贼无有,则非特不为盗而已。圣智也,仁义也,巧利也,此三者,以为文而非质,不足而非全,故绝而弃之,令有所属。见素抱朴,少私寡欲,乃其所属也。见素,则知其无所与杂而非文;抱朴,则知其不散而非不足。素而不杂,朴而不散,则复乎性,而外物不能惑,而少私寡欲矣。少私寡欲,而后可以语绝学之至道也。”

吕氏所注,其置“绝学无忧”于下章,未始不可再作斟酌;其以“三者”指“圣智”、“仁义”、“巧利”而非“绝圣弃智”、“绝仁弃义”、“绝巧弃利”,亦未始不无失误。但其引三章所谓“不上贤”、“不贵难得之货”及十八章所谓“六亲不和,安有孝慈;国家昏乱,安有贞臣”以印合本章却颇有见地,而其由“镇之以无名之朴”以求复乎人之天性,则尤能深契老学之三昧。

二十章

唯与呵，	应诺与叱呵，
其相去几何？	相差有几多？
美与亚（恶），	美善与丑恶，
其相去何若？	相差又几何？
人之所畏，	为人所畏慑之人，
亦不可以不畏人。[①]	也不可不畏慑他的畏慑者。
望呵，	茫漠无着呵，
其未央才（哉）！	世间的一切没有边郭！
众人巸（熙）巸（熙），	众人熙熙攘攘，
若乡（飨）于大牢，	有如享用太牢宴乐，
而春登台。	有如春日登台欢歌。
我博（泊）焉未垗（兆），	我淡泊而心无所动，
若婴儿未咳。	像是婴儿还不会笑呵。
纍呵，	纍然若失呵，
佁（似）无所归。	仿佛是无着无落。
众人皆又（有）余（馀），	众人皆有盈余，
〔我独遗（匮）〕。[②]	唯我空匮无多。
我愚人之心也，	我揣着一颗愚人的心啊，
湷湷呵。	鲁钝而又迂拙。

鬻(俗)人昭昭,	世人明明白白,
我独若閲(昏)呵。	唯我懵懵懂懂。
鬻(俗)人察察,	世人精审细察,
我独闽闽呵。[③]	唯我浑浑噩噩。
沕(惚)呵,	惚恍呵,
其若海。	犹如那大海之波。
望(恍)呵,	恍惚呵,
若无所止[④]	就像是无处寄托。
众人皆有以,	世人皆有为有作,
我独閌(顽)以鄙。	唯我顽朴而鄙讷。
吾欲独异于人,	我宁愿独与世人相左,
而贵食母。[⑤]	却只是尊“道”而贵“德”。

【校释】

①唯与呵,其相去几何?美与亚(恶),其相去何若?人之所畏,亦不可以不畏人。

帛书乙本字句如上。甲本“呵”作“诃”,“亚”作“恶”;“人之”下残损二字,据乙本当为“所畏”;“亦不”下残损多字,据乙本此节所损当为“可以不畏人”。

郭店楚简(乙)本此节文字为:“唯与可,相去几可?岂与亞,相去可若?人之所禔,亦不可以不禔人。”“可”,通“呵”,亦通“何”;“岂”,“美”之异体字;“亚”,与“恶”音义皆同;“禔”,“畏”之同源字,读作“畏”。“人”,在楚简本中被置于分章号之下,其或当从容分辨;今姑从帛书乙本。

王弼本此节文字为:“唯之与阿,相去几何?善之与恶,相去若何?人之所畏,不可不畏。”王本用字与帛书甲、乙本有异,如甲本

“诃”、乙本“呵”王本作“阿”；乙本“亚”（甲本作“恶”）王本作“恶”；甲、乙本“相去”上并有“其”字，王本则无；甲、乙本“何若”王本作“若何”。然其最重要的差异则在于，末句乙本（甲本残损多字）“亦不可以不畏人”王本作“不可不畏”；今以“人畏”而“畏人”与上文意脉相贯，姑从帛书乙本。

※传世本中，与王弼本略异者则如：潘静观本，“阿”作“呵”，“唯之与阿”为“唯之与呵”。遂州龙兴观碑本、傅奕本，“善”作“美”，“若何”作“何若”，“善之与恶，相去若何”为“美之与恶，相去何若”。易州景龙碑本、易州开元幢本、邢州开元幢本、泰州广明幢本、易州景福碑本、庆阳景祐幢本、周至至元碑本、楼观台碑本、磻溪大德幢本、北京延祐石刻本、河上公（影宋、道藏）本、李约本、唐李荣本、唐《御注》本、唐《御疏》本、陆希声本、张君相本、杜光庭本、强思齐本、道藏无注本、陈景元本、吕惠卿本、司马光本、苏辙本、陈象古本、宋《御解》本、邵若愚本、李霖本、彭耜本、董思靖本、宋李荣本、林希逸本、范应元本、文如海本、无名氏本、吕知常本、寇才质本、赵秉文本、时雍本、李道纯本、邓锜本、杜道坚本、王守正本、吴澄本、林志坚本、张嗣成本、明《御注》本、危大有本、释德清本、薛蕙本、周如砥本、潘静观本，“若何”作“何若”，“善之与恶，相去若何”为“善之与恶，相去何若”。

“唯”，应答之声；用于幼对长、下对上，以示恭顺。“呵”，通“诃”，斥责声；《广韵》：“呵，责也，怒也。”“唯与呵，其相去几何”，谓应诺与叱诃，相去有几多？

“亚”，即“恶”，“丑”意。“何若”，一如上文“几何”，用于询问，意为“多少”。“美与亚，其相去何若”，谓美好与丑恶，相差又有几何？

“人之所畏，亦不可以不畏人”，谓为人所畏慑的人，也不可不畏慑他的畏慑者。

②望呵，其未央才（哉）！众人巸（熙）巸（熙），若乡（飨）于大牢，而春登台。我博（泊）焉未垗（兆），若婴儿未咳。纍呵，佁（似）无所归。众人皆又（有）余（馀），〔我独遗（匮）〕。

帛书乙本脱“我独遗”句，今据帛书甲本补；补脱文后，其字句如上。甲本上一“众人”上残损多字，据乙本，此节所损字当为“望呵，其未央哉”；次一“若”字下残损四字，据乙本当为“婴儿未咳”；“如”下残损五字，据乙本当为“无所归。众人”。甲、乙本互校，虽个别用字——如甲本“泊”乙本作“博”（“博”为“泊”之借字）、甲本“佻”乙本作“垗”（“佻”、“垗”同为“兆”之借字）、甲本“如”乙本作“佁（似）”——有异，但其句脉、文义从同。

郭店楚简本未见此节文字。

王弼本此节文字为：“荒兮，其未央哉！众人熙熙，如享太牢，如春登台。我独泊兮，其未兆，如婴儿之未孩。儽儽兮，若无（無）所归。众人皆有馀，而我独若遗。”与帛书甲、乙本勘校，乙本“望呵”王本作“荒兮”，乙本“才”王本作“哉”，甲、乙本“巸巸”王本作“熙熙”，甲、乙本“若乡于”王本作“如享”，甲本“我泊焉未佻”、乙本“我博焉未垗”王本作“我独泊兮，其未兆”，乙本“若婴儿未咳”王本作“如婴儿之未孩”，甲、乙本“纍”王本作“儽儽”，乙本“似无”、甲本“如无”（“无”字残，据乙本补）王本作“若無”，“无”（非“無”之简体字）同“無”；乙本“又余”（甲本“有馀”）王本作“有馀”，“余”（非“餘”之简体字）通“馀”；甲本“我独遗”（乙本脱此三字）王本作“而我独若遗”。其用字及个别句型有异，但文义大致相侔。

※诸传世本多有异于王弼本者,其如:易州景龙碑本,“荒”作“忙”,三“兮”字并无,无“哉”字,三“如”字并作“若”,无上一“独”字,“泊”作“魄”,无“其”字,无“之”字,“儽儽”作“乘乘”,无上一“若”字,无“而”字,整节文字为:“忙其未央!众人熙熙,若享太牢,若春登台。我魄未兆,若婴儿未孩。乘乘无所归。众人皆有馀,我独若遗。”遂州龙兴观碑本,“荒”作“莽”,三“兮”字并无,无“哉”字,无上一“独”字,“泊”作“魄”,无“其”字,下一“如”字作“若”,“儽儽”作“魁”,无上一“若”字,无“而”字,整节文字为:“莽其未央!众人熙熙,如享太牢,如春登台。我魄未兆,若婴儿之未孩。魁无所归。众人皆有馀,我独若遗。”易州开元幢本,无上一“兮”字,无末一“兮”字,无“哉”字,“儽儽”作“乘乘”,无上一“若”字,无“而”字,整节文字为:“荒其未央!众人熙熙,如享太牢,如春登台。我独泊兮,其未兆,如婴儿之未孩。乘乘无所归。众人皆有馀,我独若遗。”潘静观本,前两“兮”字并作“乎”,“春登”作“登春”,下一“如”字作“若”,“儽儽”作“乘乘”,整节文字为:“荒乎,其未央哉!众人熙熙,如享太牢,如登春台。我独泊乎,其未兆,若婴儿之未孩。乘乘兮,若无所归。众人皆有馀,而我独若遗。”傅奕本,无“哉”字,三“如”字并作“若”,“泊”作“魄”,“儽儽”作“儡儡”,下一“兮”字下有“其不足以”等字,无上一“若”字,无“而”字,整节文字为:“荒兮,其未央!众人熙熙,若享太牢,若春登台。我独魄兮,其未兆,若婴儿之未咳。儡儡兮其不足,以无所归。众人皆有馀,我独若遗。”《经典释文》本,上一“如”字作“若”,“享”作“亨”,“如享太牢”为“若亨太牢”;“泊”作“廓”,“我独泊兮”为“我独廓兮”。陆希声本,上一“如”字作“若”,“如享太牢”为“若享太牢”;“春登”作“登春”,“如春登台”为“如登春台”;“泊”作“怕”,“我

独泊兮”为“我独怕兮”。道藏无注本,上一“如”作“始”,“如享太牢”为“始享太牢”;“春登”作“登春”,“如春登台”为“如登春台”;“泊”作“怕”,“我独泊兮”为“我独怕兮”;“儽儽”作“乘乘”,“儽儽兮”作“乘乘兮”;无“而”字,“而我独若遗”为“我独若遗”。陈景元本,“享”作“飨”,“如享太牢”为“如飨太牢”;“泊”作“怕”,“我独泊兮”为“我独怕兮”;“儽儽”作“乘乘”,“儽儽兮”为“乘乘兮”。唐《御注》本、唐《御疏》本、杜光庭本、吕惠卿本、司马光本、陈象古本、吕知常本、寇才质本、李道纯本、林志坚本,“春登”作“登春”,“如春登台”为“如登春台”;“泊”作“怕”,“我独泊兮”为“我独怕兮”;“儽儽”作“乘乘”,“儽儽兮”为“乘乘兮”。李约本,“春登”作“登春”,“泊”作“怕”,“儽儽”作“乘乘”,无“而”字,整节文字为:“荒兮,其未央哉!众人熙熙,如享太牢,如登春台。我独怕兮,其未兆,如婴儿之未孩。乘乘兮,若无所归。众人皆有馀,我独若遗。”宋李荣本,“春登”作“登春”,“泊”作“怕”,“儽儽”作“乘乘”,无上一“若”字,无“而”字,整节文字为:“荒兮,其未央哉!众人熙熙,如享太牢,如登春台。我独怕兮,其未兆,如婴儿之未孩。乘乘兮,无所归。众人皆有馀,我独若遗。”王真本、无名氏本,“春登”作“登春”,“如春登台”为“如登春台”;“泊”作“怕”,“我独泊兮”为“我独怕兮”。范应元本,“春登”作“登春”,“如春登台”为“如登春台”;“泊”作“怕”,“我独泊兮”为“我独怕兮”;“孩”作“咳”,“如婴儿之未孩”为“如婴儿之未咳”;下一“兮”字下有“其若不足”四字,“儽儽兮”为“儽儽兮其若不足”;上一“若”字作“似”,“若无所归”为“似无所归”。邵若愚本、林希逸本,“春登”作“登春”,下一“如”字作“若”,“儽儽”作“乘乘”,无“而”字,整节文字为:“荒兮,其未央哉!众人熙熙,如享太牢,如登春台。我独泊(邵本作“怕”)兮,其未兆，若婴儿之未孩。乘乘兮，若无所归。众人皆有馀，我独若遗。”董思靖本、杜道坚本，“春登”作“登春”，“泊”作“怕”，下一“如”字作“若”，“儽儽”作“乘乘”，无“而”字，整节文字为：“荒兮，其未央哉！众人熙熙，如享太牢，如登春台。我独怕兮，其未兆，若婴儿之未孩。乘乘兮，若无所归。众人皆有馀，我独若遗。”邓锜本，“春登”作“登春”，“如春登台”为“如登春台”；下一“如”字作“若”，“如婴儿之未孩”为“若婴儿之未孩”；“儽儽”作“乘乘”，“儽儽兮”为“乘乘兮”。吴澄本，“春登”作“登春”，“如春登台”为“如登春台”；次一“兮”字作“然”，“我独泊兮”为“我独泊然”；“儽儽”作“乘乘”，“儽儽兮”为“乘乘兮”；无“而”字，“而我独若遗”为“我独若遗”。张嗣成本，“春登”作“登春”，“如春登台”为“如登春台”；无下一“如”字，“如婴儿之未孩”为“婴儿之未孩”；“儽儽”作“乘乘”，“儽儽兮”为“乘乘兮”；无“而”字，“而我独若遗”为“我独若遗”。明《御注》本，“春登”作“登春”，无上一“独”字，“儽儽”作“乘乘”，无“而”字，整节文字为：“荒兮，其未央哉！众人熙熙，如享太牢，如登春台。我泊兮，其未兆，如婴儿之未孩。乘乘兮，若无所归。众人皆有馀，我独若遗。”危大有本、释德清本，“春登”作“登春”，“如春登台”为“如登春台”；“儽儽”作“乘乘”，“儽儽兮”为“乘乘兮”。《永乐大典》本，无上一“独”字，“我独泊兮”为“我泊兮”；无“而”字，“而我独若遗”为“我独若遗”。邢州开元幢本、周至至元碑本、楼观台碑本、磻溪大德幢本、北京延祐石刻本、敦煌写本之英本、河上公（影宋、道藏）本、李霖本、文如海本、焦竑本、周如砥本，“泊”作“怕”，“我独泊兮”为“我独怕兮”；“儽儽”作“乘乘”，“儽儽兮”为“乘乘兮”。易州景福碑本，“泊”作“怕”，“我独泊兮”为“我独怕兮”；“孩”作“咳”，“如婴儿之未孩”为“如婴儿之未咳”；“儽儽”作“乘乘”，“儽儽兮”为“乘乘兮”；下一“兮”字下有“其”字，“若无所归”为“其若无所归”。唐李荣本、宋《御解》本、彭耜本、时雍本，“泊”作“怕”，“我独泊兮”为“我独怕兮”；下一“如”字作“若”，“如婴儿之未孩”为“若婴儿之未孩”；“儽儽”作“乘乘”，“儽儽兮”为“乘乘兮”；无“而”字，“而我独若遗”为“我独若遗”。张君相本，“泊”作“怕”，无“其”字，下一“如”字作“若”，“儽儽”作“魁”，无下一“兮”字，无上一“若”字，无“而”字，整节文字为：“荒兮，其未央哉！众人熙熙，如享太牢，如春登台。我独怕兮未兆，若婴儿之未孩。魁无所归。众人皆有馀，我独若遗。”苏辙本，“泊”作“怕”，“我独泊兮”为“我独怕兮”；下一“如”字作“若”，“如婴儿之未孩”为“若婴儿之未孩”；“儽儽”作“乘乘”，“儽儽兮”为“乘乘兮”。强思齐本、白玉蟾本、赵秉文本、薛蕙本，“儽儽”作“乘乘”，“儽儽兮”为“乘乘兮”。叶梦得本，无“而”字，“而我独若遗”为“我独若遗”。

“望”，远眺之意，亦有茫茫之意；《释名·释姿容》：“望，茫也，远视茫茫也。”“未央”，未尽之意；王逸《楚辞章句》注《楚辞·离骚》“时亦犹其未央”云：“央，尽也。”“才”，通“哉”；王引之《经义述闻·书·亢才》：“哉、才古字通。《集韵》曰：‘哉，古作才。’”“望呵，其未央才(哉)”，谓茫漠呵，世间的一切没有边郭。

“巸巸”，和乐貌；钱绎《方言笺疏》疏《方言》卷十“纷怡，喜也。湘潭之间曰纷怡或曰巸已”云：“巸、媐、熙，并字异义同。”杨倞注《荀子·儒效》“熙熙兮其乐人之臧也”云：“熙熙，和乐之貌。”“乡(鄉)”，通“飨(饗)”，通“享”。“大牢”，即后世所谓太牢；此处“大”古音tài，后世多径书为“太”。古时祭祀，牛羊豕三牲具备谓之太牢；成玄英疏《庄子·至乐》“具太牢以为膳”云：“太牢，牛羊豖也。”“众人熙(熙)熙(熙),若乡(飨)于大牢,而春登台”,谓众人熙熙攘攘,像是享用太牢宴乐,像是春日登台欢歌。

“博”,通“泊”,淡泊之意。“垗”,通“兆”,征兆、萌兆之意。“咳”,小儿笑谓之咳;《说文·口部》:“咳,小儿笑也。”“我博(泊)焉未垗(兆),若婴儿未咳”,谓我淡泊恬然不为所动,就如同还不曾张开笑口的婴儿。

“纍”,不得志貌;裴骃《史记集解》解《史记·孔子世家》“纍纍若丧家之狗”引王肃语云:“孔子生于乱世,道不得行,故纍然不得志之貌也。”“纍呵,佁(似)无所归”,谓纍然若失呵,仿佛无所归着。

“遗”,借作“匮”,匮乏之意;陆德明《经典释文·礼记音义》释《礼记·祭义》“而老穷不遗”云:“遗,一本作匮。”“众人皆又(有)余(馀),我独遗(匮)”,谓众人都有盈馀,唯独我显得空匮。

③我愚人之心也,湷湷呵。鬻(俗)人昭昭,我独若閲(昏)呵。鬻(俗)人察察,我独闽闽呵。

帛书乙本字句如上。甲本上一“鬻”字下残损六字,据乙本当为“人昭昭,我独若”。甲、乙本互校,乙本“愚”甲本作“禺”(“禺”为“愚”之借字),乙本“湷湷”甲本作“惷惷”(“湷湷”通“惷惷”),乙本“閲”甲本作“閵”(“閲”、“閵”皆“昏”之借字),乙本“察察”甲本作“蔡蔡”(“蔡蔡”为“察察”之借字),乙本“闽闽”甲本作“閲閲”(“闽闽”、“閲閲”皆“闷闷”之借字)。甲、乙本用字有异,但其句脉、文义无别。

郭店楚简本未见此节文字。

王弼本此节文字为:“我愚人之心也哉!沌沌兮!俗人昭昭,我独昏昏。俗人察察,我独闷闷。”与帛书甲、乙本勘校,其用字有本字、借字之别(如王本“俗”甲、乙本作“鬻”等),而句末虚词亦有出入(如甲、乙本“呵”王本作“兮”,甲、乙本第四、六句句末有“呵”

字而王本则未用虚词)，但其句脉、文义从同。

※诸传世本与王弼本字句略异者多有，其如：范应元本，“我”字下有“独”字，后二“人”字下并有“皆”字，上一“昏”字作“若”，“闷闷”作“闵闵”，其上有“若”字，整节文字为：“我独愚人之心也哉！沌沌兮！俗人皆昭昭，我独若昏。俗人皆察察，我独若闵闵。”易州景龙碑本、易州开元幢本、遂州龙兴观碑本，无“也哉”二字，“沌沌”作“纯纯”，无“兮”字，上一“昏”字作“若”，整节文字为：“我愚人之心，纯纯。俗人昭昭，我独若昏。俗人察察，我独闷闷。”张君相本，无“也哉”二字，“沌沌”作“纯纯”，上一“昏”字作“若”，整节文字为：“我愚人之心，纯纯兮！俗人昭昭，我独若昏。俗人察察，我独闷闷。”宋李荣本，无“也”字，“沌沌”作“纯纯”，上一“昏”字作“若”，整节文字为：“我愚人之心哉！纯纯兮！俗人昭昭，我独若昏。俗人察察，我独闷闷。”邢州开元幢本，“沌沌”作“纯纯”，无“兮”字，“我愚人之心也哉！沌沌兮”为“我愚人之心也哉！纯纯”。敦煌写本之英本，“沌沌”作“纯纯”，无“兮”字，“我愚人之心也哉！沌沌兮”为“我愚人之心也哉！纯纯”；上一“昏”字作“若”，“我独昏昏”为“我独若昏”。周至至元碑本、楼观台碑本、磻溪大德幢本、北京延祐石刻本、唐李荣本、唐《御注》本、唐《御疏》本、陆希声本、杜光庭本、强思齐本、道藏无注本、吕惠卿本、司马光本、苏辙本、宋《御解》本、邵若愚本、李霖本、彭耜本、董思靖本、文如海本、吕知常本、寇才质本、赵秉文本、时雍本、杜道坚本、林志坚本、张嗣成本，“沌沌”作“纯纯”，“沌沌兮”为“纯纯兮”；上一“昏”字作“若”，“我独昏昏”为“我独若昏”。李约本，“沌沌”作“纯纯”，上一“昏”字作“若”，“俗人察察，我独闷闷”句在“俗人昭昭，我独若昏”之上，整节文

字为:“我愚人之心也哉！纯纯兮！俗人察察,我独闷闷。俗人昭昭,我独若昏。”河上公(道藏)本,“沌沌”作“纯纯”,二“俗”字并作“众”,上一“昏”字作“若”,整节文字为:“我愚人之心也哉！纯纯兮！众人昭昭,我独若昏。众人察察,我独闷闷。”陈象古本,“沌沌”作“纯纯”,“沌沌兮”为“纯纯兮”。傅奕本,后二“人”字下并有“皆”字,上一“昏”字作“若”,“察察”作“詧詧”,下一“独”字下有“若”字,“闷闷”作“闵闵”,整节文字为:“我愚人之心也哉！沌沌兮！俗人皆昭昭,我独若昏。俗人皆詧詧,我独若闵闵。”庆阳景祐幢本、河上公(影宋)本、林希逸本、无名氏本、李道纯本、邓锜本、释德清本、薛蕙本、周如砥本,上一“昏”字作“若”,“我独昏昏”为“我独若昏”。易州景福碑本,上一“昏”字作“如”,“我独昏昏”为“我独如昏”。

“湷”,通“惷”(帛书甲本作“惷”),愚钝、愚朴之意;释玄应《一切经音义》卷二十一“愚惷”注引《苍颉解诂》云:“惷,愚无所知也。亦钝也。”“我愚人之心也,湷湷呵”,谓我揣着一颗愚人之心,鲁钝而不开窍呵。

“鬻”,借作“俗”。“昭昭”,明、明白之意。“鬻(俗)人昭昭,我独若閪(昏)呵”,谓世人明明白白,唯独我懵懵懂懂。

“閪”,借作“昏”。“察察”,明辨、深察之意。“闽闽”,借作“闷闷”,愚昧、浑噩貌。“鬻(俗)人察察,我独闽闽呵”,谓世人精审细察,唯独我浑浑噩噩。

④沕(惚)呵,其若海。望(恍)呵,若无所止。

帛书乙本字句如上。甲本“沕”作“忽”,上一“若”字下残损一字,据乙本当为“海”,“若无所止”前多一“其”字。

郭店楚简本未见此节文字。

王弼本此节文字为:“澹兮,其若海。飂(liù)兮,若无(無)

止。”王本用字与帛书本有异，如甲本“忽”（乙本作“沕”）王本作“澹”，甲、乙本“望”王本作“飂”，甲、乙本“无”（非“無”之简体字）王本作“無”等，然其句脉、文义略无别。

※诸传世本与王弼本相异者颇多，其如：易州景龙碑本、唐李荣本，整节文字为“淡若海，漂无所止”。易州开元幢本、庆阳景祐幢本、磻溪大德幢本、楼观台碑本、北京延祐石刻本、敦煌写本之英本、唐《御注》本、唐《御疏》本、杜光庭本、强思齐本、吕惠卿本、陈象古本、李霖本、曹道冲本、寇才质本、赵秉文本、邓锜本，整节文字为“忽若晦，寂兮，似无所止”。遂州龙兴观碑本、敦煌写本之馆本为“忽若晦，寂无所止”。泰州广明幢本、易州景福碑本为“忽兮，其若海。漂兮，若无所止”。周至至元碑本为“澹兮，其若海。廖兮，似无所止”。河上公（影宋、道藏）本、白玉蟾本、宋李荣本、林志坚本，整节文字为“忽兮，若海。漂兮，若无所止”。傅奕本为“淡兮，其若海。飘兮，似无所止”。李约本为“忽若海。寂兮，似独所止”。张君相本为“忽若海，飘若无所止”。道藏无注本为“忽若晦，飂兮似无所止”。陈景元本为“忽兮，若海。漂兮，似无所止”。司马光本为“忽兮，其若海。飘兮，似无所止”。苏辙本、薛蕙本为“忽若晦，寂若无所止”。叶梦得本为“淡兮，其若晦。飂兮，若无止”。陆希声本、宋《御解》本、邵若愚本、彭耜本、董思靖本、林希逸本、文如海本、无名氏本、时雍本、张嗣成本，整节文字为“澹兮，其若海。飂兮，似无所止”。程大昌本为“澹乎，其若海。飂飂兮，似无所止”。范应元本为“澹兮，若海。飘兮，似无所止”。吕知常本为“忽若海，漂兮，似无所止”。杜道坚本为“忽兮，若海。寂兮，似无所止”。李道纯本为“忽兮，若晦。漂兮，若无所止”。吴澄本为“漂兮，其若海。飂兮，若无所

止”。明《御注》本、《永乐大典》本为“漂乎，其若海。飂兮，若无所止”。危大有本为“漂兮，其若海。飂兮，似无所止”。焦竑本为“忽兮，若晦。寂兮，似无所止”。周如砥本为“忽兮，若海。漂兮，似无所止”。潘静观本为“澹兮，其若海。飘兮，似无所止”。

“沕”，通“惚”。“沕（惚）呵，其若海”，谓恍惚呵，犹如那大海之波。

“望”，通“恍”。“望（恍）呵，若无所止”，谓惚恍呵，像是没有归止、无所寄托。

⑤众人皆有以，我独闬（顽）以鄙。吾欲独异于人，而贵食母。

帛书乙本字句如上。甲本下一“以”字上残损多字，据乙本当为“众人皆有以，我独顽”；“鄙”作“悝”（俚）。

郭店楚简本未见此节文字。

王弼本此节文字为：“众人皆有以，而我独顽似鄙。我独异于人，而贵食母。”其与帛书甲、乙本用字略有出入（最大差异在于“以”作“似”，然古“似”、“以”相通），但句脉、文义大致无别。

※诸传世本中与王弼本略异者多有，其如：司马光本，无“有”字，“众人皆有以”为“众人皆以”；无上一“而”字，“而我独顽似鄙”为“我独顽似鄙”。易州景龙碑本，“以”作“已”，“众人皆有以”为“众人皆有已”；无上一“而”字，“而我独顽似鄙”为“我独顽似鄙”。敦煌写本之馆本，“以”作“已”，无上一“而”字，下一“独”字作“欲”，整节文字为：“众人皆有已，我独顽似鄙。我欲异于人，而贵食母。”楼观台碑本、磻溪大德幢本、北京延祐石刻本、李约本、唐李荣本、唐《御注》本、唐《御疏》本、杜光庭本、强思齐本、道藏无注本、陈象古本、李霖本、

范应元本、寇才质本、时雍本、张嗣成本、危大有本,无上一“而”字,“贵”下有“求”字,“食”下有“于”字,整节文字为:“众人皆有以,我独顽似鄙。我独异于人,而贵求食于母。”宋《御解》本、邵若愚本、彭耜本、林希逸本、无名氏本、释德清本、潘静观本,无上一“而”字,“似”作“且”,“贵”下有“求”字,“食”下有“于”字,整节文字为:“众人皆有以,我独顽且鄙。我独异于人,而贵求食于母。”遂州龙兴观碑本,无上一“而”字,“似”作“以”,下一“独”字作“欲”,整节文字为:“众人皆有以,我独顽以鄙。我欲异于人,而贵食母。”傅奕本,无上一“而”字,“似”作“且”,“鄙”作“图”,“我”作“吾”,“独”下有“欲”字,整节文字为:“众人皆有以,我独顽且图。吾独欲异于人,而贵食母。”董思靖本、邓锜本,无上一“而”字,“似”作“且”,“而我独顽似鄙”为“我独顽且鄙”;“食”下有“于”字,“而贵食母”为“而贵食于母”。周至至元碑本、陆希声本、张君相本、陈景元本、吕惠卿本、赵秉文本、李道纯本、吴澄本、明《御注》本、薛蕙本、焦竑本、周如砥本,无上一“而”字,“而我独顽似鄙”为“我独顽似鄙”。苏辙本、吕知常本,无上一“而”字,“而我独顽似鄙”为“我独顽似鄙”;下一“而”字作“儿”,“而贵食母”为“儿贵食母”。易州开元幢本、邢州开元幢本、文如海本、杜道坚本,“贵”下有“求”字,“食”下有“于”字,“而贵食母”为“而贵求食于母”。程大昌本,“食”下有“于”字,“而贵食母”为“而贵食于母”。

“以”(“众人皆有以”之“以”),为、作为之意;朱熹《四书章句集注》注《论语·为政》“视其所以”云:“以,为也。”“顽”,通“顽”,愚钝之意;孙星衍《尚书今古文注疏》注《书·皋陶谟》“庶顽谗说”引《广雅》云:“顽,愚也。”又,《广雅·释诂三》云:“顽,钝也。”

“鄙”，陋、鄙陋之意；王聘珍《大戴礼记解诂》解《大戴礼记·文王官人》“鄙心而假气者也”云：“鄙，陋也。”又，李善注《文选·张衡〈东京赋〉》“鄙哉予乎”云：“鄙，固陋不惠。”“众人皆有以，我独闷以鄙”，谓众人皆有所作为，唯独我愚朴而鄙讷。

“食母”，用道（“食”，用；“母”，喻“道”）之意；河上公注“贵食母”云：“食，用也；母，道也。我独贵用道也。”“吾欲独异于人，而贵食母”，谓我宁愿独与世人相异，而只是尊“道”而贵“德”。

【疏解】

此章在上章宣述“绝圣弃智”、“绝仁弃义”、“绝巧弃利”以“见素抱朴，少私寡欲，绝学无忧”后，由“独异于人（众人、俗人）”的“我”申示了一种以“食母”（践“道”）为“贵”的人生态度。“我”以“愚”、“顽”、“鄙”、“湷湷”、“若昏”、“闽闽”自称，诚可谓“正言若反”（七十八章），其对世人的讽告近于后来庄子所谓“以天下为沉浊，不可与庄语”（《庄子·天下》），然而毕竟意趣深晦，耐人寻味。

在世人（“众人”、“俗人”）眼里，“唯”与“呵”、“美”与“恶”、“畏”者与被“畏”者截然对立，而其一为是则其一必为非，但在“我”这一“贵食母”者看来，将事物对立以判其是非的做法本身即是不可取的。把看似相异的双方置于对立地位，乃是把双方的差别绝对化了；这绝对化出于对是非同异之辨的执着，而如此执着必致打破“自然”之“道”的圆融以至引出无尽的辩难。与这无尽之辩难关联着的世俗之学，即是老子所谓“绝学无忧”决然要摈弃的那种“学”。倘立于“自然”之“道”，世俗的“唯”与“呵”、“美”与“恶”的差别原是不足道（“相去几何”、“相去何若”）的，而由此推出的为人所“畏”者亦必“畏”其畏者的论断，则模糊了“畏”与被“畏”的界限。老子超越“唯”与“呵”、“美”与“恶”、“畏”与被“畏”的对立，在于“为道”而“复归于朴”；世人（“众人”、“俗人”）与“我”的歧趋，说到底，不过是“朴散”（二十八章）与“朴”的复归的分异。

人之失“朴”与人之逞欲互为因果，“欲”增一分则“朴”失一分。“众人”多为失朴之人，争名逐利、寻欢觅乐遂为世俗之常情。所谓“众人䣛（熙）䣛（熙），若乡（飨）于大牢，而春登台”，乃是对尘垢中人惟功名利禄是求的形容。享受太牢宴乐，春日登台览胜，皆是比喻，所喻则在于失朴后的人们对使人目盲的“五色”、使人耳聋的“五音”、使人口伤的“五味”、使人心发狂的“驰骋田猎”、使人行妨的“难得之货”的热衷，对于形骸嗜欲的放浪。与“众人”不同，老子之“我”淡泊世俗之所好，其犹如尚不会咳笑的婴儿，天真寡欲而无忧无虑。从“未咳”的“婴儿”这里可以直观老子心目中的“朴”的境地，由“婴儿”反观欲念层出不穷的“众人”则又正可悟识老子一再称述的“复归”的趣致。

与众人熙熙皆为名利所驱、众人攘攘皆为嗜欲所役相比，婴儿般无求无祈的“我”儽然若有所失，似乎无所趋就，无所归附；与众人孜孜谋取而皆有盈余大相径庭，婴儿般的“我”仿佛匮乏得一无所有。老子由此感慨：“我”揣的竟是一颗愚人之心啊，在众人面前显得是那么鲁钝和迂拙！“我”以“愚人”自谓而以“湷湷”（惷惷）自嘲，看似屈己，又若自劝，真正说来则又无宁是对惑于利欲而难以理喻的人们所作的痛切的提醒。

与羁于利禄相应，世人也累于算计；同样，与疏于财货相应，淡泊的“我”也不存在机心。“婴儿”般的人是无嗜无欲的，与无嗜无欲相伴的则是无知无识。于是，老子也对世人和“我”作了这样的比较：世人聪明机巧，“我”却懵懂而无所用心；世人精察细审，“我”却浑噩而不辨所以。这“我独若閽（昏）”、“我独闽闽（闷闷）”，是不可以通常所谓愤世嫉俗或玩世不恭视之的。它是对世人“昭昭”、“察察”的那种精明心思的窥破，是对一种被确然认定了的人生真趣的笃信。一如“儽呵，似无所归”，“沕（惚）呵，其若海。望

(恍)呵,若无所止"的喟叹是老子借"我"自白其心:那茫茫而无所归着、无所寄托之谓所讲说的不是一种荒落感,其所抒发的本趣乃为"众人"、"俗人"所倚重的一切决不足以为"我"所属意。在老子再度将"众人"与"我"作了"有以"(有为)与"顽以鄙"(顽朴、鄙讷而无为)的比勘后,他以"庄语"(庄正的话语)点出了"我"独异于世人之处,此即所谓"贵食母"——以体"道"而践"道"为贵。

"我"与世人("众人"、"俗人")在人生态度及价值取向上的比并是本章运思、行文之线索,而"贵食母"则是"纍呵"、"惚呵"、"恍呵"诸多诗意之朦胧语及种种反说之言最终所要道出的章旨所在。

二十一章

孔德之容，	大德之人的举动，
唯道是从。[①]	仅以道为准绳。
道之物，	“道”这个东西，
唯望（恍）唯沕（惚）。	恍惚而难以辨明。
沕（惚）呵望（恍）呵，	惚惚恍恍呵，
中又（有）象呵。	其中有征象呵。
望（恍）呵沕（惚）呵，	恍恍惚惚呵，
中有物呵。[②]	其中有物状呵。
幼（窈）呵冥呵，	窈窈冥冥呵，
其中有请（情）呵。	其中有精神呵。
其请（情）甚真，	这精神甚是真切呵，
其中有信。[③]	其中有征信。
自今及古，	自当今溯向古昔，
其名不去，	其功业从不曾去离，
以顺众父。	以使人对万物之始的“道”有所依从。
吾何以知众父之然也？	我何以知晓这“众父”是这样的呢？
以此。[④]	由那生物养物的功用。

【校释】

①孔德之容，唯道是从。

帛书甲、乙本字句皆如上。

郭店楚简本未见此章文字。

王弼本此节文字为："孔德之容，惟道是从。"唯"唯"作"惟"，其他字句则与帛书甲、乙本从同。

※诸传世本多同于王弼本，其略异者则如：易州景龙碑本，"德"作"得"，"惟"作"唯"，"孔德之容，惟道是从"为"孔得之容，唯道是从"。李约本、明《御注》本、《永乐大典》本，"是"作"之"，"惟道是从"为"惟道之从"。传世本中颇有"惟"作"唯"者，兹不一一指出。

"孔"，可训为"大"；俞樾《群经平议·尚书一》训"九江孔殷"云："孔，当训大。九江孔殷者，九江大定也。""容"，有"动"意；俞樾《诸子平议·淮南内篇一》训"性之害也"云："害乃容字之误。容，亦动也。""孔德之容，唯道是从"，谓大德之人的举止行动必以道为其准绳。

②道之物，唯望（恍）唯沕（惚）。沕（惚）呵望（恍）呵，中又（有）象呵。望（恍）呵沕（惚）呵，中有物呵。

帛书乙本字句如上。甲本"沕"作"忽"；前一"忽"下残损三字，据乙本当为"忽呵望"；"又"作"有"，"有"为"又"之本字。

王弼本此节文字为："道之为物，惟恍惟惚。惚兮恍兮，其中有象。恍兮惚兮，其中有物。"其与帛书本用字有异，如王本有"为"字与"其"字而帛书本并无，帛书本"唯"王本作"惟"，帛书本"呵"王本作"兮"，但两者句脉、文义从同。

※诸传世本多有与王弼本略异者，其如：邢州开元幢本，“为”作“于”，“道之为物”为“道之于物”。易州景龙碑本，两“惟”字并作“唯”，“惚”作“忽”，四“兮”字并无，两“其”字并无，整节文字为：“道之为物，唯恍唯忽。忽恍中有象，恍忽中有物。”易州开元幢本、李道纯本，“惚”作“忽”，第二、四“兮”字并无，整节文字为：“道之为物，惟恍惟忽。忽兮恍，其中有象。恍兮忽，其中有物。”楼观台碑本，“惟”作“唯”，第二、四“兮”字并无，整节文字为：“道之为物，唯恍唯惚。惚兮恍，其中有象。恍兮惚，其中有物。”陈景元本，“恍”作“怳”，第二、四“兮”字并无，整节文字为：“道之为物，惟怳惟惚。惚兮怳，其中有象。怳兮惚，其中有物。”庆阳景祐幢本“惟”作“唯”，“恍”作“怳”，第二、四“兮”字并无，整节文字为：“道之为物，唯怳唯惚。惚兮怳，其中有象。怳兮惚，其中有物。”薛蕙本、焦竑本，“恍”作“怳”，整节文字为：“道之为物，惟怳惟惚。惚兮怳兮，其中有象。怳兮惚兮，其中有物。”遂州龙兴观碑本，“恍”作“怳”，四“兮”字并无，“惚怳”作“怳惚”，“象”作“像”，“有物”句在“有像”句前，二“其”字并无，整节文字为：“道之为物，唯怳唯惚。怳惚中有物，怳惚中有像。”敦煌写本之馆本，“惟”作“唯”，上下两“恍”字作“慌”，四“兮”字并无，二“其”字并无，“象”作“像”，“有物”句在“有象”句前，整节文字为：“道之为物，唯慌唯惚。恍惚中有物，惚慌中有像。”河上公（影宋）本，“惟”作“唯”，“恍”作“怳”，“惚”作“忽”，“象”作“像”，整节文字为：“道之为物，唯怳唯忽。忽兮怳兮，其中有像。怳兮忽兮，其中有物。”河上公（道藏）本，“惟”作“唯”，“恍”作“怳”，“惚”作“忽”，“有物”句在“有象”句之前，整节文字为：“道之为物，唯怳唯忽。怳兮忽兮，其中有物。忽兮怳兮，其中有象。”傅奕本，“恍”作“芒”，“惚”作“芴”，整节文字

为:“道之为物,惟芒惟芴。芴兮芒兮,其中有象。芒兮芴兮,其中有物。”范应元本,“恍”作“芒”,“惚”作“芴”,“其中有象”作“中有象兮”,“其中有物”为“中有物兮”,整节文字为:“道之为物,惟芒惟芴。芴兮芒兮,中有象兮。芒兮芴兮,中有物兮。”唐李荣本,“惟”作“唯”,“恍”作“怳”,四“兮”字并无,二“其”字并无,“惚怳”与“怳惚”对调,整节文字为:“道之为物,惟怳惟惚。怳惚中有象,惚怳中有物。”陆希声本,“恍”作“怳”,整节文字为:“道之为物,惟怳惟惚。惚兮怳兮,其中有象。怳兮惚兮,其中有物。”张君相本,“恍”作“怳”,四“兮”字并无,二“其”字并无,整节文字为:“道之为物,惟怳惟惚。惚怳中有象,怳惚中有物。”陈象古本,上一“惟”字作“唯”,次一“惟”字作“与”,第二、四“兮”字并无,整节文字为:“道之为物,唯恍与惚。惚兮恍,其中有象。恍兮惚,其中有物。”吴澄本、明《御注》本,“惚兮恍兮,其中有象”句与“恍兮惚兮,其中有物”句对调,整节文字为:“道之为物,惟恍惟惚。恍兮惚兮,其中有物。惚兮恍兮,其中有象。”北京延祐石刻本、敦煌写本之英本,“惚”作“忽”,第二、四“兮”字并无,整节文字为:“道之为物,惟恍惟忽。忽兮恍,其中有象。恍兮忽,其中有物。”文如海本,两“惟”字并作“唯”,下二“惚”字作“忽”,第二、四“兮”字并无,“象”作“像”,整节文字为:“道之为物,唯恍唯惚。忽兮恍,其中有像。恍兮忽,其中有物。”宋《御解》本,“其中有象”作“中有象焉”,“其中有物”作“中有物兮”,整节文字为:“道之为物,惟恍惟惚。惚兮恍兮,中有象焉。恍兮惚兮,中有物兮。”彭耜本,“其中有象”作“中有象兮”,“其中有物”作“中有物兮”,整节文字为:“道之为物,惟恍惟惚。惚兮恍兮,中有象兮。恍兮惚兮,中有物兮。”时雍本,“其中有象”为“中有象焉”,“其中有物”为“中有物焉”,整节文字为:“道之为物，惟恍惟惚。惚兮恍兮，中有象焉。恍兮惚兮，中有物焉。”磻溪大德幢本、唐《御注》本、杜光庭本、强思齐本、道藏无注本、吕惠卿本、司马光本、苏辙本、邵若愚本、李霖本、黄茂材本、崇宁《五注》本、曹道冲本、达真子本、林希逸本、无名氏本、吕知常本、程大昌本、刘骥本、寇才质本、赵秉文本、杜道坚本、王守正本、张嗣成本、危大有本、释德清本，第二、四“兮”字并无，整节文字为：“道之为物，惟恍惟惚。惚兮恍，其中有象。恍兮惚，其中有物。”（其中唐《御注》、吕、司马、苏、李、林、张等本，“惟”作“唯”）

“望”，通“恍”。“沕”，通“惚”。“望（恍）”、“沕（惚）”，皆若有若无、隐约不清之貌。“道之物，唯望（恍）唯沕（惚）”，谓“道”这个东西，恍惚而难以捉摸。

“沕呵望（恍）呵，中又（有）象呵”，谓惚惚恍恍呵，其中有征象呵。

“望（恍）呵沕（惚）呵，中有物呵”，谓恍恍惚惚呵，其中有物状呵。

③幼（窈）呵冥呵，其中有请（情）呵。其请（情）甚真，其中有信。

帛书乙本字句如上。甲本“幼”（窈）作“灂”（幽），“冥”作“鸣”，“其中有请呵”作“中有请吔”；后一“中”下残损二字，据乙本当为“有信”。甲、乙本用字有异，但句脉、文义从同。

王弼本此节文字为：“窈兮冥兮，其中有精。其精甚真，其中有信。”与帛书甲、乙本勘校，其用字有别，如甲、乙本“请”（情）王本作“精”（通“情”）等，然句脉、文义略无异。

※诸传世本中有与王弼本略异者，其如：易州景龙碑本、敦煌写本之馆本、张君相本，二“兮”字并无，无上一“其”字，整

节文字为:“窈冥中有精,其精甚真,其中有信。”遂州龙兴观碑本,二“兮”字并无,无上一“其”字,无“其精甚真”句,整节文字为:“窈冥中有精,其中有信。”易州开元幢本、庆阳景祐幢本、周至至元碑本、敦煌写本之英本、道藏无注本、司马光本、曹道冲本、吕知常本、寇才质本、李道纯本、杜道坚本、危大有本、释德清本,无次一“兮”字,整节文字为:“窈兮冥,其中有精。其精甚真,其中有信。”楼观台碑本、磻溪大德幢本、唐《御注》本、李霖本,“窈”作“杳”,无次一“兮”字,“窈兮冥兮”为“杳兮冥”。傅奕本,“窈”作“幽”,“窈兮冥兮”为“幽兮冥兮”。唐李荣本,“窈”作“杳”,二“兮”字并无,无上一“其”字,整节文字为:“杳冥中有精,其精甚真,其中有信。”杜光庭本,“窈”作“杳”,“窈兮冥兮”为“杳兮冥兮”。宋《御解》本、彭耜本,无上一“其”字,“精”下有“兮”字,“其中有精”为“中有精兮”。范应元本,“窈”作“幽”,“窈兮冥兮”为“幽兮冥兮”;无上一“其”字,“精”下有“兮”字,“其中有精”为“中有精兮”。

“幼”,通“窈”,深远貌;“冥”,昏暗不明。“请”,通“情”,精神;“信”,征信、信验之意。“幼(窈)呵冥呵,其中有请(情)呵”,谓幽深莫测,其中寓有精神。

“其请(情)甚真,其中有信”,谓那精神颇为真切,其中蕴藏着征信。

④自今及古,其名不去,以顺众父。吾何以知众父之然也?以此。

帛书乙本字句如上。甲本“父”作“仪”,“然”后无“也”字。甲、乙本用字略异,但句脉、文义从同。

王弼本此节文字为:“自古及今,其名不去,以阅众甫。吾何以知众甫之状哉?以此。”其与帛书甲、乙本多有差异,如甲、乙本“自今及古”王本作“自古及今”,乙本“以顺众父”、甲本“以顺众仪”王本作“以阅众甫”(“父”、“甫”古通用),乙本“众父之然也”、甲本“众仪之然”王本作“众甫之状哉”,但文义略无异。今姑从帛书乙本。

※诸传世本中多有与王弼本略异者,其如:傅奕本、范应元本,“自古及今”作“自今及古”(此与帛书甲、乙本从同),“何”作“奚”,“状”作“然”,整节文字为:“自今及古,其名不去,以阅众甫。吾奚以知众甫之然哉?以此。”遂州龙兴观碑本,二“众”字并作“终”,“状”作“然”,整节文字为:“自古及今,其名不去,以阅终甫。吾何以知终甫之然哉?以此。”敦煌写本之馆本,二“众”字并作“终”,“状”作“然”,无“哉”字,整节文字为:“自古及今,其名不去,以阅终甫。吾何以知终甫之然?以此。”易州景福碑本,无“之”字,“状”作“然”,“吾何以知众甫之状哉”为“吾何以知众甫然哉”。易州景龙碑本、李约本,“状”作“然”,无“哉”字,“吾何以知众甫之状哉”为“吾何以知众甫之然”。易州开元幢本、邢州开元幢本、周至至元碑本、楼观台碑本、磻溪大德幢本、北京延祐石刻本、河上公(影宋、道藏)本、唐《御注》本、唐《御疏》本、陆希声本、张君相本、杜光庭本、强思齐本、王真本、道藏无注本、陈景元本、吕惠卿本、司马光本、苏辙本、陈象古本、宋《御解》本、邵若愚本、李霖本、白玉蟾本、彭耜本、董思靖本、宋李荣本、林希逸本、文如海本、无名氏本、吕知常本、寇才质本、赵秉文本、时雍本、李道纯本、邓锜本、杜道坚本、吴澄本、林志坚本、张嗣成本、明《御注》本、危大有本、释德清本、薛蕙本、焦竑本、周如砥本、潘静观本,“状”作“然”,“吾何以知众甫之状哉”为“吾何以知众甫之然哉”。唐李荣本,“状”下“哉”字移至“此”后,“吾何以知众甫之状哉,以此”为“吾何以知众甫之状,以此哉”。

“名”,功,功业;韦昭注《国语·周语下》“勤百姓以为己名”云:“名,功也。”“其名不去”,谓其功业常在。

“顺”,循、遵循之意;王聘珍《大戴礼记解诂》释《大戴礼记·主言》“行之以顺”云:“顺,循也,循其理也。”“众父”,即万物之父或万物之始,亦即“道”;俞樾《诸子平议》云:“甫与父通,众甫者众父也。四十二章‘我将以为教父’,河上公注曰:‘父,始也。’而此注亦曰:‘甫,始也。’然则众甫即众父矣。”“以顺众父”,谓使人对作为万物之始的“道”有所遵循。

“之”,是;刘淇《助字辨略》卷一训《论语·为政》“父母唯其疾之忧”云:“此‘之’字亦当训‘是’,乃语助也。”“然”,如此,如是之意;成玄英疏《庄子·逍遥游》“奚以知其然也”云:“然,如此也。”“吾何以知众父之然也?以此”,谓我何以知晓万物之始是这样的呢?其所据即在于此。

【疏解】

此章再度以“惚恍”形容“道”而摹略作为“众父”——万物之始——的“道”之所然。其宜与十四章合观,从似无还有的所谓“象”、“物”、“情”、“信”逼近“道”的有、无玄同的阏机。

二十章由“未孩”之“婴儿”、“蠢蠢”之“愚人之心”而说“我”的“若昏”、“闷闷”之德,本章则开篇即谓“孔德之容,唯道是从”以承接上章章末所言“贵食母”,转而由“德”而论“道”。当老子说“道之物”(“道”这个物)时,他似乎把“道”视为一“物”,然而真正说来,那不过是不得已的“拟物”之谈。“道”非万物中的一物,也非万物之外的一物,把原本不可道、不可名的“道”说给习惯了指物而谈的人们听,只能将“道”姑且拟为一物,否则便无从说起。拟物却又担心如此论“道”不免引发闻“道”者对物的执着,老子遂试图借助修辞以削去拟物谈“道”可能产生的言诠的圭角,于是就有了“唯恍唯惚”这一诡殊的措辞。修辞而至于“惚恍”，足见言说者虽知言说的不堪却又不得不说的无奈。“恍惚”中的“有象”、“有物”，其“象”、“物”是若有若无之“象”、“物”，这“象”、“物”用十四章的话说即是“无状之状”、“无物之象”。在这里，“有”为若有因而又为若无，“无”为若无因而又为若有，“有”、“无”在“恍惚”中一体了。而这“有”、“无”一体却正是“道”的玄同之性。比起“象”、“物”来，以“请(情)”、“信”说“道”也许更适宜些，不过，即使是“情”、“信”，既然用来喻示“道”，那“情”也是虚灵之“情”，“信”也是虚灵之“信”。虚灵的“情”、“信”是经验的“情”、“信”的升华，老子是要借可经验的“情”、“信”而说超越经验的“情”、“信”。正因为如此，老子所称之“道”乃“形而上者谓之道”(《易·系辞上》)之“道”，尽管这是以“复归于朴”为价值取向的形而上者。

十四章也以“惚恍”言“道”，其与本章的“惚恍”之言相比可谓各有侧重。“视之而弗见，名之曰微；听之而弗闻，名之曰希；播之而弗得，名之曰夷。……是谓无状之状，无物之象，是谓惚恍”，十四章由“弗见”、“弗闻”、“弗得”、“无状之状”、“无物之象”更大程度地强调了“道”的“无”的性向；本章与之略异，由“有象”、“有物”、“有情”、“有信”所分外要申说的是“道”的“有”的性向。当然，无论如何，对“道”的“有”的性向的申说是在认可“道”的“无”的性向的前提下，犹如对“道”的“无”的性向的强调是以“道”的“有”的性向的不言而喻为前提一样。同样，本章所谓“自今及古，其名不去，以顺众父”与十四章所谓“执今之道，以御今之有，以知古始”正相应，而作为十四章托底之语的“道纪”亦大致可理解为本章在章末道出的“众父之然”。

“道”虽“恍惚”而莫名，但其为今古常在的“众父”毕竟“甚真”而不妄，就此而言，此“道”为“恒道”。

二十二章

曲则全，	委屈反能求全，
汪(枉)则正，	负枉却可守正。
洼则盈，	低洼才会充盈，
敝(敝)则新，	敝陋则能更新，
少则得，	寡欲往往有得，
多则惑。	贪多反倒迷沉。
是以耶(圣)人执一，	所以圣人奉道致一，
以为天下牧。①	以此为天下法循。
不自视(是)，	不自以为是，
故章(彰)；	所以目明耳聪；
不自见〖也〗，	不自我显耀，
故明；	所以心地清明；
不自伐，	不自作夸示，
故有功；	所以功业有成；
弗矜，	不骄矜自负，
故能长。③	所以久视长生。
夫唯不争，	正因为与人无争，
故莫能与之争。	反倒没有人能与其争。
古之所胃(谓)曲全者，	古昔所谓"曲则全"，

几(岂)语才(哉)?	岂只是一句虚语?
诚全归之。④	若笃行此训可全己全物以终。

【校释】

①曲则全,汪(枉)则正,洼则盈,㢢(敝)则新,少则得,多则惑。是以耶(圣)人执一,以为天下牧。

帛书乙本字句如上。甲本"全"误作"金","正"作"定"。此外,甲本"枉"乙本作"汪"("汪"为"枉"之借字),甲本"敝"乙本作"㢢"("㢢"同"敝"),甲本"声"乙本作"耶"("声"为"聖"之借字,"耶"为"聖"之省写)。二者用字有异,然其句脉、文义从同。

郭店楚简本未见此章文字。

王弼本此节文字为:"曲则全,枉则直,窪则盈,敝则新,少则得,多则惑。是以圣人抱一,为天下式。"其用字与帛书甲、乙本有别,如"正"作"直"、"洼"作"窪"、"执"作"抱"、"牧"作"式"等,但句脉、文义无异。

※诸传世本多有与王弼本略异者,其如:易州景龙碑本、敦煌写本之馆本,"直"作"正","敝"作"弊","惑"作"或",整节文字为:"曲则全,枉则正,窪则盈,弊则新,少则得,多则或。是以圣人抱一,为天下式。"遂州龙兴观碑本,"直"作"正","枉则直"为"枉则正";"敝"作"弊","敝则新"为"弊则新"。傅奕本,"直"作"正","枉则直"为"枉则正";无"是以"二字,"抱"作"褏","一"下有"以"字,"是以圣人抱一,为天下式"为"圣人褏一,以为天下式"。范应元本,"直"作"正","枉则直"为"枉则正"。河上公(道藏)本,"窪"作"窊"(wā),"窪则盈"为"窊则盈";"敝"作"弊","敝则新"为"弊则新"。苏辙本,"敝"作"弊","敝则新"为"弊则新";"惑"下有"矣"字,

“多则惑”为“多则惑矣”。陈象古本,“敝”作“弊”,“敝则新”为“弊则新”;“一”下有“以”字,“是以圣人抱一,为天下式”为“是以圣人抱一,以为天下式”。王守正本,“敝”作“弊”,“敝则新”为“弊则新”;“少”作“小”,“少则得”为“小则得”。易州开元幢本、易州景福碑本、庆阳景祐幢本、周至至元碑本、楼观台碑本、磻溪大德幢本、北京延祐石刻本、河上公(影宋)本、《群书治要》本、李约本、唐李荣本、唐《御注》本、陆希声本、张君相本、杜光庭本、强思齐本、道藏无注本、陈景元本、司马光本、宋《御解》本、邵若愚本、李霖本、白玉蟾本、彭耜本、董思靖本、宋李荣本、林希逸本、文如海本、吕知常本、寇才质本、赵秉文本、时雍本、李道纯本、邓锜本、林志坚本、张嗣成本、危大有本,“敝”作“弊”,“敝则新”为“弊则新”。《经典释文》本,“敝”作“蔽”,“敝则新”为“蔽则新”。刘骥本,“一”下有“以”字,“是以圣人抱一,为天下式”为“是以圣人抱一,以为天下式”。

此节前六句当是老子之前即已流传的古训,老子引此以申示其曲己全身、“苟免于咎”的处世态度。近人蒋锡昌于兹所论甚笃,其《老子校诂》云:“《庄子·天下篇》述老子之道曰:‘人皆求福,己独曲全。曰“苟免于咎”。’是‘曲’者,即‘苟免于咎’之谊。盖唯能苟免于咎,方能全身而远祸也。‘曲则全’一语,为古之遗训,而老子述之。阅下文‘古之所谓“曲则全者,岂虚言哉”可知。’‘枉则正,窪则盈,蔽则新’三语,均文异谊同,皆承‘曲则全’而言。‘全’、‘正’、‘盈’、‘新’为韵,故此四语应作一句读之。”(蒋锡昌:《老子校诂》,第151页)实则,“少则得,多则惑”亦当并之于上而六语作一句读之。

“执”,守或持守之意;“执一”即守道。王弼本等传世本作“抱一”，其意亦为守道。

“牧”，此处可释作“法”或“法度”；孔晁注《逸周书·周祝》“为天下者用牧”云：“牧为法也。”“以为天下牧”，与二十八章“为天下式”之义略同。王弼本等传世本作“为天下式”或“以为天下式”，其“式”意即法或法则，与帛书本“以为天下牧”之“牧”趣致不二；王弼注云“式，犹则也”，河上公注亦云：“抱，守也；式，法也。圣人守一，乃知万事，故能为天下法式也。”“牧”之法、法则、法式义，尚可证诸《庄子·天道》所谓“夫子若欲使天下无失其牧乎？则天地固有常矣，日月固有明矣，星辰固有列矣，禽兽固有群矣，树木固有立矣”。这“固有”的天地之“常”、日月之“明”、星辰之“列”、禽兽之“群”、树木之“立”，正可谓之“天下牧”——天下之法或法式。

②不自视（是），故章（彰）；不自见〖也〗，故明；不自伐，故有功；弗矜，故能长。

帛书乙本字句如上，其“不自见也”之“也”或为衍字。帛书甲本“故章（彰）”句与“故明”句互易，“见”后无“也”字，其他字句则与乙本从同。

王弼本此节文字为：“不自见，故明；不自是，故彰；不自伐，故有功；不自矜，故长。”与帛书乙本勘校，其“不自见，故明”句当在“不自是，故彰”之后；与帛书甲本勘校，其“不自见”句当与“不自是”句互易；甲、乙本“弗矜，故能长”王本则作“不自矜，故长”。三者句脉相近而文义皆可通，今从帛书乙本。

※诸传世本多同于王弼本，其有异者则如：遂州龙兴观碑本、敦煌写本之馆本，“不自是，故彰”句在“不自见，故明”句之上，与帛书乙本从同。李约本，“不自矜，故长”句在“不自伐，故有功”句上。苏辙本，无“有”字，“不自伐，故有功”为“不自伐，故功”。吕惠卿本，“矜”作“钦”，“不自矜”为“不自钦”。

此四句皆是对上文所谓“曲则全，汪(枉)则正”之义旨的发明，而与二十四章“自是者不彰，自见者不明，自伐者无功，自矜者不长”诸语相呼应。

③夫唯不争，故莫能与之争。古之所胃(谓)曲全者，几(岂)语才(哉)？诚全归之。

帛书乙本字句如上。甲本“古”字下残损七字，据乙本当为“之所谓‘曲全’者，岂”。甲、乙本互校，乙本“诚全归之”甲本作“诚金归之”，“金”当为“全”之书写之讹。

王弼本此节文字为：“夫唯不争，故天下莫能与之争。古之所谓‘曲则全’者，岂虚言哉！诚全而归之。”与帛书甲、乙本勘校，甲、乙本“故莫能与之争”王本作“故天下莫能与之争”，多“天下”二字；甲、乙本“曲全者”王本作“曲则全者”，多一“则”字，甲、乙本“几语才”王本作“岂虚言哉”(“几”为“岂”之借字，“才”、“哉”为古字通)，多一“虚”字，“语”作“言”；甲、乙本“诚全归之”王本作“诚全而归之”，多一“而”字。其用字略有出入，但整节文字之句脉、文义大致无别。

※诸传世本多同于王弼本，其相异者则有：河上公(道藏)本，上一“争”作“矜”，“夫唯不争”为“夫唯不矜”；“诚”上有“故”字，“诚全而归之”为“故诚全而归之”。李约本、危大有本，无“故”字，“故天下莫能与之争”为“天下莫能与之争”。遂州龙兴观碑本，无“天下”二字，无上一“之”字，无“者”字，“言哉”二字作“语”，“诚”作“成”而其上有“故”字，整节文字为：“夫唯不争，故莫能与争。古之所谓‘曲则全’，岂虚语？故成全而归之。”敦煌写本之馆本，无“天下”二字，无“者”字，“言哉”二字作“语”，“诚”作“成”而其上有“故”字，整节文字

为："夫唯不争，故莫能与之争。古之所谓'曲则全'，岂虚语？故成全而归之。"唐李荣本，无"天下"二字，无上一"之"字，"故天下莫能与之争"为"故莫能与争"。叶梦得本，"故"作"是以"，无"与之"二字，"故天下莫能与之争"为"是以天下莫能争"。张嗣成本，无"能"字，"故天下莫能与之争"为"故天下莫与之争"。宋李荣本，"古"作"故"，无次一"之"字，"古之所谓'曲则全'者"为"故所谓'曲则全'者"；无"而"字，"诚全而归之"为"诚全归之"。吕知常本，"古"作"吾"，"古之所谓'曲则全'者"为"吾之所谓'曲则全'者"。易州景龙碑本，无"者"字，"古之所谓'曲则全'者"为"古之所谓'曲则全'"；"言哉"作"语"，"岂虚言哉"为"岂虚语"；"诚"作"成"而其上有"故"字，"诚全而归之"为"故成全而归之"。傅奕本，"言"下有"也"字，"岂虚言哉"为"岂虚言也哉"。陆希声本、张君相本，"诚"上有"故"字，"诚全而归之"为"故诚全而归之"。

"几"，"岂"之古字。"才"，通"哉"。裴骃《史记集解》解《史记·黥布列传》"黥布欣然笑曰：'人相我，当刑而王，几是乎'"引徐广云："几，一作'岂'。"王先谦《荀子集解》注《荀子·荣辱》"几直夫刍豢稻粱之县糟糠尔哉"云："几，读为'岂'。"又注"岂非人情固可与如此"引王念孙云："'岂'，本作'几'，古'岂'字也。今作'岂'者，后人不识古字而改之耳。"由此可知，"几（岂）语才（哉）"当如是解：岂只是说说而已吗？

【疏解】

此章之意致在于"不争"，而要归在于"执一"。

"道经"第八章已有"上善如水"之喻，其谓："水善利万物而有静，居众人之所恶，故几于道矣……夫唯不争，故无尤。"水"不争"

而“几于道”，与本章所说圣人“不争”而“执一”之义趣相通。因此吕惠卿《道德真经传》遂以水之喻于此作解：“天下之物，唯水为几于道，一西一东，而物莫之能伤，是‘曲则全’也。避碍万折而必东，是‘枉则直’也。善下而百谷归之，是‘窐则盈’也。受天下之垢而莫清焉，是‘敝则新’也。唯得一者为足以与此，故曰‘少则得’。众人所以不能然者，以其不一故也，故曰‘多则惑’。制财用，必有式。传土木，必有式。所持者约而所应者博也。圣人抱一以为天下式，亦如是而已，故可以曲，可以枉，可以窐，可以敝，无往而非一也。”然而，由“得一者为足以与此”解“少则得”毕竟意犹未恰，则又不如苏辙《道德真经注》所谓“道一而已，得一则无不得矣。多学而无以一之，则惑矣。抱一者，复性者也”之诠释中肯、明切。

其实，“一”即指“道”，“执一”即“守道”，亦即“法自然”或“复朴”。“曲”而得“全”、“枉”而得“正”、“洼”而得“盈”、“敝”而得“新”、“少”而能“得”、“多”而必溺于“惑”，皆至朴之自然之理，其“曲”、“枉”、“洼”、“敝”、“少”亦皆蕴有“不争”之义。若以“执一”为“守道”，而以居“曲”、“枉”、“洼”、“敝”、“少”之势为“不争”，则所寓微旨或当正在于所谓“弱也者，道之用也”（《老子》四十章）。

同样，“不自是”、“不自见”、“不自伐”、“弗矜”，亦可一言以蔽之为处“弱”而“不争”。人处“弱”而“不争”，乃与“损有馀而益不足”的“天之道”（《老子》七十七章）相契；相反，若逞“强”而“争”，则终必陷于“损不足而奉有馀”的“人之道”（同上）。“人之道”何可争于“天之道”？此又正可谓为“夫唯不争，故莫能与之争”。既然“曲全”之说合于“天之道”，便决非虚妄之谈；人果若能奉行此“天之道”，则又岂能不以“全”——全己而全物或人、物俱不失其全——为归？

老子“夫唯不争,故莫能与之争”之谓乃因应“天之道”而发,非属“人之道”范畴。因此,由“不争”以赢得“莫能与之争”之效只是对素朴自然的“天之道”的印证,其不可混同于谋略、权术之类的“人之道”。后世以老学为谋术论者,诚然不必以小人之心度君子之腹置评,却也未始不可谓其坐“人之道”之井而窥“天之道”之天。

二十三章

希言自然。[①]	道因任自然而不言。
剽(飘)风不冬(终)朝,	暴风持续不了一早晨,
暴雨不冬(终)日。	骤雨连绵不了一整天。
孰为此?	谁能做到这样呢?
天地而弗能久,	天地尚且不能使暴风骤雨久延,
有(又)兄(况)于人乎![②]	更何况(暴戾之气)之在人寰!
故从事而道者同于道,	所以修道者认同于道而取法自然,
德者同于德,	修德者认同于德而有得于自然,
失者同于失。	失道失德者认同于失而有违于自然。
同于德者,	认同于德者,
道亦德之。	得之于道而道与之有缘。
同于失者,	认同于失者,
道亦失之。[③]	失之于道而道与之无缘。

【校释】

①希言自然。

帛书甲、乙本字句皆如上。

郭店楚简本未见此章文字。

王弼本此节文字为:“希言自然。”其与帛书甲、乙本从同。

※诸传世本多同于王弼本,唯傅奕本“希”作“稀”,“希言”为“稀言”。

王安石《老子注》云:“多言数穷,故希言则自然。”(见彭耜《道德真经集注》卷六)受此注启示,近人奚侗《老子集解》称:“‘希言’顺乎‘自然’,与第五章‘多言数穷’相反。然以文例求之,必有偶语,上下或有脱简。”马叙伦《老子校诂》亦云:“此句上下有脱文。”今校之于帛书甲、乙本,谓传世本“脱简”或“脱文”显然未妥。

“希言”之“希”,即《老子》第十四章“听之而弗闻,名之曰希”之“希”,乃静默无声之谓。河上公注“听之不闻名曰希”云:“无声曰希。言一无音声,不可得听而闻之。”与之相应,王弼注“希言自然”则云:“听之不闻名曰希。下章言,道之出言,淡兮其无味也,视之不足见,听之不足闻。然则无味不足听之言,乃是自然之至言也。”河上公以“无声”释“希”,王弼以“无味不足以听之言”释“希言”,其说甚是。

②剽(飘)风不冬(终)朝,暴雨不冬(终)日。孰为此?天地而弗能久,有(又)兄(况)于人乎!

帛书乙本字句如上。甲本“天地”下残损六字,据乙本及王弼本当为“而弗能久,又况”。甲、乙本互校,甲本“飘”乙本作“剽”(“剽”为“飘”之借字),其他字句则从同。

王弼本此节文字为:“故飘风不终朝,骤雨不终日。孰为此者?天地。天地尚不能久,而况于人乎!”与帛书甲、乙本相勘校,其差别主要在于:甲、乙本“孰为此?天地而弗能久”王本作“孰为此者?天地。天地尚不能久”。二者文义不悖,而帛书本行文古朴,今从帛书乙本。

※诸传世本与王弼本多有略异者，其如：易州景龙碑本，无“故”字，无“者”字，“尚”作“上”，无“乎”字，整节文字为：“飘风不终朝，骤雨不终日。孰为此？天地。天地上不能久，而况于人！”易州开元幢本，无“故”字，“故飘风不终朝”为“飘风不终朝”；无“者”字，“孰为此者”为“孰为此”。遂州龙兴观碑本、唐李荣本，无“故”字，无“者”字，无“乎”字，整节文字为：“飘风不终朝，骤雨不终日。孰为此？天地。天地尚不能久，而况于人！”敦煌写本之馆本，无“故”字，“骤”作“趋”，无“者”字，无“乎”字，整节文字为：“飘雨不终朝，趋雨不终日。孰为此？天地。天地尚不能久，而况于人！”《群书治要》本、张君相本，无“故”字，“故飘风不终朝”为“飘风不终朝”；“天地”下有“也”字，“孰为此者？天地”为“孰为此者？天地也”。苏辙本，无“故”字，“故飘风不终朝”为“飘风不终朝”；“骤”作“暴”，“骤雨不终日”为“暴雨不终日”。李道纯本，无“故”字，“故飘风不终朝”为“飘风不终朝”；无“于”字，“而况于人乎”为“而况人乎”。傅奕本，二“终”字并作“崇”，“天地”下有“也”字，整节文字为：“故飘风不崇朝，骤雨不崇日。孰为此者？天地也。天地尚不能久，而况于人乎！”范应元本，二“终”字并作“崇”，“骤”作“暴”，“故飘风不终朝，骤雨不终日”为“故飘风不崇朝，暴雨不崇日”。邢州开元幢本、易州景福碑本、泰州广明幢本、庆阳景祐幢本、周至至元碑本、楼观台碑本、磻溪大德幢本、北京延祐石刻本、敦煌写本之英本、河上公（影宋、道藏）本、李约本、唐《御注》本、唐《御疏》本、陆希声本、杜光庭本、强思齐本、道藏无注本、陈景元本、吕惠卿本、司马光本、陈象古本、李霖本、白玉蟾本、曹道冲本、达真子本、宋李荣本、无名氏本、吕知常本、程大昌本、寇才质本、赵秉文本、邓锜本、杜道坚本、王守正本、吴澄本、林志坚本、明《御注》本、

危大有本、释德清本、薛蕙本、焦竑本、周如砥本,无“故”字,“故飘风不终朝”为“飘风不终朝”。叶梦得本,“尚”上有“且”字,“天地尚不能久”为“天地且尚不能久”。崇宁《五注》本,“尚”下有“且”字,“天地尚不能久”为“天地尚且不能久”。邵若愚本,无“于”字,“而况于人乎”为“而况人乎”。

“剽”,通“飘”,迅疾之谓;“剽(飘)风”,旋风,暴风。《毛传》释《诗·大雅·卷阿》“有卷者阿,飘风自南”云:“飘风,迴风也。”又,《毛传》释《诗·小雅·何人斯》“彼何人斯,其为飘风”云:“飘风,暴起之风。”

“冬”,“终”之古字;“终朝”,整个早晨。《毛传》释《诗·小雅·采绿》“终朝采绿,不盈一匊”云:“自旦及食时为终朝。”

“兄”,“况”之古字,何况之谓;郭沫若等《管子集校》释《管子·大匡》“兄与我齐国之政也”引刘绩云:“兄,故况字。”河上公注“而况于人乎”谓:“天地至神,合为飘风暴雨,尚不能使终朝至暮,何况于人欲为暴卒乎?”

③故从事而道者同于道,德者同于德,失者同于失。同于德者,道亦德之。同于失者,道亦失之。

帛书乙本字句如上。甲本“失者同于失”句,误写句首“失”字为“者”;第四句脱一“于”字,“德”字下残损一字,据乙本当为“者”,乙本“同于德者”甲本补损阙后作“同德者”;末一“于”字下残损一字,据乙本当为“失”。

王弼本此节文字为:“故从事于道者,道者同于道,德者同于德,失者同于失。同于道者,道亦乐得之;同于德者,德亦乐得之;同于失者,失亦乐得之。信不足,焉有不信焉。”奚侗《老子集解》云:“(‘信不足焉,有不信焉’)二句与上文不相应,已见第十七章,此重出。”马叙伦《老子核诂》亦云:“此二句疑一本有十七章错简在此,校者不敢删,因复记之,成今文矣。”今校之以帛书本,奚、马之说甚是,“信不足焉,有不信焉”非此章之文,赘于章末当为错简所致。其他传世本多与王弼本同,亦衍“信不足焉,有不信焉”两句,尽管其个别用字有出入。

※诸传世本与王弼本字句相异者颇多,可略举如下:易州景福碑本,首句无“者”字,“故从事于道者”为“故从事于道”;下一“焉”字无,“焉有不信焉”为“焉有不信”。寇才质本,首句无“者”字,三“乐”字并无,末一“得”字作“失”,二“焉”字并无,整节文字为:“故从事于道,道者同于道,德者同于德,失者同于失。同于道者,道亦得之;同于德者,德亦得之;同于失者,失亦失之。信不足,有不信。”易州景龙碑本,“事”下“于”作“而”,无“道者同于道”、“德者同于德”、“失者同于失”句;“同于道者,道亦乐得之”作“道德之”,“德亦乐得之”作“德德之”,“失亦乐得之”作“道失之”,二“焉”字并无,整节文字为:“故从事而道者,道德之;同于德者,德德之;同于失者,道失之。信不足,有不信。”遂州龙兴观碑本、敦煌写本之馆本,“事”下“于”作“而”,无“道者同于道”、“德者同于德”、“失者同于失”句,“同于道者,道亦乐得之”作“道得之”,“德亦乐得之”作“德得之”,“失亦乐得之”作“道失之”,二“焉”字并无,整节文字为:“故从事而道者,道得之;同于德者,德得之;同于失者,道失之。信不足,有不信。”司马光本,“道者同于道”作“同于道”,三“乐”字并无,二“焉”字并无,整节文字为:“故从事于道者同于道,德者同于德,失者同于失。同于道者,道亦得之;同于德者,德亦得之;同于失者,失亦得之。信不足,有不信。”薛蕙本,“道者同于道”作“同于道”,三“乐”字并无,二“焉”字并无,整节文字为:“故从事于道者同于道,德者同于德,失者同

于失。同于道者,道亦得之;同于德者,德亦得之;同于失者,失亦得之。信不足,有不信。”崇宁《五注》本,无次一“道者”,“故从事于道者,道者同于道”为“故从事于道者,同于道”。张君相本,次句下有“道得之”三字,“德者同于德”作“同于德者,德亦得之”,二“焉”字并无,整节文字为:“故从事于道者,道者同于道,道得之。同于德者,德亦得之。失者同于失。同于道者,道亦乐得之;同于德者,德亦乐得之;同于失者,失亦乐失之。信不足,有不信。”傅奕本,“德者同于德”作“从事于得者,得者同于得”,“失者同于失”作“从事于失者,失者同于失”,其下“德”字并作“得”,后三“同”字、三“乐”字并无,无下一“焉”字,整节文字为:“故从事于道者,道者同于道。从事于得者,得者同于得。从事于失者,失者同于失。于道者道亦得之,于得者得亦得之,于失者失亦得之。信不足,焉有不信。”庆阳景祐幢本,三“乐”字并无,末一“得”字作“失”,无上一“焉”字,整节文字为:“故从事于道者,道者同于道,德者同于德,失者同于失。同于通者,道亦得之;同于德者,德亦得之,同于失者,失亦失之。信不足,有不信焉。”北京延祐石刻本、白玉蟾本、吴澄本、明《御注》本、《永乐大典》本,三“乐”字并无,整节文字为:“故从事于道者,道者同于道,德者同于德,失者同于失。同于道者,道亦得之;同于德者,德亦得之;同于失者,失亦得之。信不足,焉有不信焉。”无名氏本、危大有本,三“乐”字并无,无后两句,整节文字为:“故从事于道者,道者同于道,德者同于德,失者同于失。同于道者,道亦得之;同于德者,德亦得之;同于失者,失亦得之。”邢州开元幢本、周至至元碑本、楼观台碑本、磻溪大德幢本、敦煌写本之英本、李约本、唐《御注》本、唐《御疏》本、杜光庭本、强思齐本、王真本、道藏无注本、陈景元本、吕惠卿本、苏辙本、陈象古本、宋《御解》本、邵若愚本、李霖本、彭耜本、董思靖本、范应元本、文如海本、吕知常本、赵秉文本、时雍本、邓锜本、杜道坚本、王守正本，三“乐”字并无，两“焉”字并无，整节文字为：“故从事于道者，道者同于道，德者同于德，失者同于失。同于道者，道亦得之；同于德者，德亦得之；同于失者，失亦得之。信不足，有不信。”唐李荣本，前二“乐”字并无，“失亦乐得之”作“道失之”，二“焉”字并无，整节文字为：“故从事于道者，道者同于道，德者同于德，失者同于失。同于道者，道亦得之；同于德者，德亦得之；同于失者，道失之。信不足，有不信。”陆希声本，三“乐”字并无，上一“信”字上有“故”字，二“焉”字并无，整节文字为：“故从事于道者，道者同于道，德者同于德，失者同于失。同于道者，道亦得之；同于德者，德亦得之；同于失者，失亦得之。故信不足，有不信。”林希逸本、吕知常本、李道纯本、张嗣成本、释德清本、焦竑本、周如砥本、潘静观本，二“焉”字并无，“信不足，焉有不信焉”为“信不足，有不信”。宋李荣本，无下一“焉”字，“焉有不信焉”为“焉有不信”。

传世本之此节字句异文迭出，足见其语脉未畅，而诸异文相互诘抗，反倒显出帛书本之意趣贯通而更为近真。王弼注《老子》去古未远而别具只眼，其所谓“道以无形无为成济万物”而经文诸语“言随其（修行者——引者注）所行，故同而应之”，虽由疏解传世经文以寻言观意而来，却也正可印证于帛书本所载之经文。

经文中，“同于道”、“同于德”、“同于失”分别述说修行者“随其所行，故同而应之”的不同境界，其意旨至可玩味。魏源《老子本义》于此所解深中肯綮，兹引述于下：“道者、德者、失者，统言世上从事于学之人，有此三等也。全其自然之谓道，有得于自然之谓德，失其自然之谓失。同，犹《尚书》‘与治同道，与乱同事’之

‘同’。得之,犹从之。言为道、为德、为失,初非生而分别,但人之从事于学者,所得各有不齐,是以各以类别耳。道本自然,人每以造作失之,无非自取。故王弼有云:‘以无为为君,不言为教,而物得其真,与道同体,故曰“同于道”。累少则得,行得则与德同体,故曰“同于德”。累多则失,行失则与失同体,故曰“同于失”。’其说近之。”

【疏解】

“希言”而“自然”是此章的主题词。“希言”(不言),相应于十七章之“贵言”以至二章“行不言之教”之“不言”;“自然”,则相应于二章“圣人居无为之事”之“无为”与十七章“百姓谓我自然”之“自然”。

“道”因任“自然”而“不言”,修道者当于“自然”的“虚”、“静”之致有所领悟。疾风暴雨来势猛厉,然而来之迅烈者去之亦必速,这律例即使是天地也不能移易,而人又何以能稍有违迕。“剽(飘)风不冬(终)朝,暴雨不冬(终)日”,当是由天地造化讽说人寰之事的一个隐喻,它用以警示终然非可长久的人间暴戾之举:天地尚不能使其所造就的飘风暴雨得以持久,其力势决难与天地相匹的人间之强者又何以能使其所施之暴戾延留不去?

从“希言自然”到“故从事而道者同于道”,穿插其间的“飘风”、“暴雨”之喻显然是对“希言”、“自然”之“道”的遮诠,意即“道”之所导不似“飘风”、“暴雨”那样暴厉、有为,而在于以“曲全”、“弗矜”的方式达于久长。

“故从事而道者同于道”以下诸句皆相对于前此的遮诠而为表诠,正面阐发人于道的得失与其对道的体认、践履状况的关系:修行于“道”而全然认同于“道”以取法“希言自然”者,其必致冥合于“道”或默契于“自然”,从而由无为以达于长生久视;修行于“失道而后德”之“德”而于“希言自然”之道毕竟有所得者，其终究与“道”不无缘契；所修于“希言自然”之“道”有失而认同于此失者，其最终与“道”无缘，则由弃“道”而不免于为“道”所弃。薛蕙《老子集解》云：“无为之谓道，为善之谓德，过差之谓失。虚无、恬淡、寂漠、无为，从事于道者也，同于道亦如道之长久矣，所谓‘希言自然’者是也。孝弟、忠信、乐善不倦，从事于德者也，同于德亦如德之吉善矣。反道背德，安于危亡，从事于失者也，同于失亦如失之凶丑矣。”如此解“道”、“德”、“失”及与之相应的从事于道者“同于道”、从事于德者“同于德”、从事于失者“同于失”，在古来的注释中别具胜义，似更近于《老子》此章所论之微旨（尽管其对“德”之所释与老子所谓“德”尚有一间之隔），而可与既引之魏源所云相发明。

本章以“道”、“德”、“失”而“同于道”、“同于德”、“同于失”为修道治国者高下有次的三种境界，参之以三十八章所谓“失道而后德，失德而后仁，失仁而后义，失义而后礼。夫礼者，忠信之薄也，而乱之首也”，可知“失”乃为“失道”、“失德”后之“仁”、“义”、“礼”。“仁”、“义”已于“朴”德有失，而“礼”在老子这里则被视为“朴”德尽失之“文”，其既不再有“希言”的品格，也不再有“自然”之风致。当所论告竟于“同于失者，道亦失之”时，其确然道出的“失”乃是对“希言自然”的失，而这又恰与章首所称述之“希言自然”相呼应，遂使全章文句就此呵成于一气。

二十四章

炊(企)者不立,	踮起脚而站者不能久立,
自视(是)者不章(彰),	自以为是者耳目晦蒙,
自见者不明,	自我显扬者心智不明,
自伐者无功,	自作夸示者功业无成,
自矜者不长。①	骄矜自负者难以久存。
其在道也,	这些以道相衡,
曰粽(馀)食赘行(形),	真可以说是饱食残剩或附赘之形,
物或亚(恶)之,	人们自会厌弃的,
故有欲(裕)者弗居。②	所以有道之人决不至于身有此行。

【校释】

①炊(企)者不立,自视(是)者不章(彰),自见者不明,自伐者无功,自矜者不长。

帛书乙本字句如上。甲本无次一"者"字,由其下诸句句式看,显系抄写之误;"见"上残损一字,据乙本当为"自"。甲本正脱误补损阙后,其字句与乙本从同。

郭店楚简本未见此章文字。

王弼本此节文字为:“企者不立,跨者不行,自见者不明,自是者不彰,自伐者无(無)功,自矜者不长。”与帛书甲、乙本勘校,多“跨者不行”句,且“自见者不明”句在“自是者不彰”句之前;今姑从帛书本。甲、乙本“无”(非“無”之简体字)王本作“無”,“无”同“無”。

※诸传世本多与王弼本同,其字句有异者则如:泰州广明幢本,章首多“喘者不久”句,且“企”作“跂”,“企者不立,跨者不行”为“喘者不久,跂者不立,跨者不行”。遂州龙兴观碑本、敦煌写本之馆本,“企者不立”作“喘者不久”,后四句无“者”字,“伐”作“饶”,整节文字为:“喘者不久,跨者不行。自见不明,自是不彰,自饶无功,自矜不长。”易州开元幢本,“企”作“跂”,后三句无“者”字,整节文字为:“跂者不立,跨者不行,自见者不明,自是不彰,自伐无功,自矜不长。”易州景龙碑本,“立”作“久”,“跨”作“夸”,后四句无“者”字,整节文字为:“企者不久,夸者不行,自见不明,自是不彰,自伐无功,自矜不长。”唐李荣本,后四句无“者”字,整节文字为:“企者不立,跨者不行。自见不明,自是不彰,自伐无功,自矜不长。”周如砥本,“企”作“跂”,“无”作“不”,整节文字为:“跂者不立,跨者不行。自见者不明,自是者不彰,自伐者不功,自矜者不长。”易州景福碑本,第一、二句句次互易,“企者不立,跨者不行”为“跨者不行,企者不立”。邢州开元幢本、庆阳景祐幢本、楼观台碑本、磻溪大德幢本、北京延祐石刻本、河上公(道藏)本、李约本、唐《御注》本、唐《御疏》本、陆希声本、张君相本、杜光庭本、强思齐本、道藏无注本、陈景元本、吕惠卿本、司马光本、苏辙本、陈象古本、宋《御解》本、邵若愚本、李霖本、白玉蟾本、彭耜本、董思靖本、宋李荣本、林希逸本、范应元本、文如海本、无

名氏本、吕知常本、寇才质本、赵秉文本、时雍本、李道纯本、邓锜本、杜道坚本、王守正本、吴澄本、林志坚本、张嗣成本、明《御注》本、危大有本、释德清本、薛蕙本、焦竑本,"企"作"跂","企者不立"为"跂者不立"。

"炊者不立"之"炊",与"企"古音相近而通假。高明《帛书老子校注》云:"帛书组读'炊'字为'吹',谓为'故导引术之一动作',言无实据,亦不足信。愚以为帛书'炊者不立',当从今本读作'企者不立'。'炊'字古为昌纽歌部,'企'字属溪纽支部,声纽相通,'支'、'歌'为旁对转,故'炊'、'企'二字古音同通假。"(高明:《帛书老子校注》,第335页)其说近是,可从。"企",踮起脚,提起脚踵;颜师古注《汉书·高帝纪》"日夜企而望归"云:"企谓举足而竦身。""炊(企)者不立",谓踮起脚而站者难以久立。

"自视(是)",自以为是。

"自见",自我显扬、显示。

"自伐",自夸,自作夸示。

"自矜",骄矜自负。

②其在道也,曰粽(馀)食赘行(形),物或亚(恶)之,故有欲(裕)者弗居。

帛书乙本字句如上。甲本首句无"也"字,"其在道也"为"其在道","亚"作"恶","者"下残损一字,据乙本当为"弗",其他字句则同于乙本。

王弼本此节文字为:"其在道也,曰馀食赘行,物或恶之,故有道者不处。"勘校于帛书甲、乙本,甲、乙本"粽"王本作"馀",乙本"亚"王本作"恶",乙本"故有欲(裕)者弗居"王本作"故有道者不处"("欲"借作"裕"而指"道"),王本与甲、乙本句脉、文义大略从同。

※传世本中,与王弼本有异者则如:敦煌写本之馆本,“其在”作“其于”,无“也”字,“赘”作“馁”,“或”作“有”,无“者”字,整节文字为:“其于道,曰馀食馁行,物有恶之,故有道不处。”易州景龙碑本,无“也”字,“或”下有“有”字,无“者”字,整节文字为:“其在道,曰馀食赘行,物或有恶之,故有道不处。”遂州龙兴观碑本,无“也”字,“赘”作“馁”,“或”作“有”,无“者”字,整节文字为:“其在道,曰馀食馁行,物有恶之,故有道不处。”张君相本,“其在”作“其于”,无“也”字,“其在道也”为“其于道”。庆阳景祐幢本,“其在”作“其于”,“赘”作“馁”,“其在道也,曰馀食赘行”为“其于道也,曰余食馁行”。北京延祐石刻本、河上公(影宋)本、白玉蟾本、吴澄本、张嗣成本、明《御注》本、危大有本、薛蕙本,“其在”作“其于”,“其在道也”为“其于道也”;末句句末有“也”字,“故有道者不处”为“故有道者不处也”。易州开元幢本、周至至元碑本、楼观台碑本、磻溪大德幢本、敦煌写本之英本、河上公(道藏)本、李约本、唐《御注》本,唐《御疏》本、陆希声本、杜光庭本、强思齐本、道藏无注本、陈景元本、吕惠卿本、司马光本、苏辙本、陈象古本、李霖本、曹道冲本、达真子本、范应元本、吕知常本、刘骥本、崇宁《五注》本、寇才质本、赵秉文本、李道纯本、林志坚本,“其在”作“其于”,“其在道也”为“其于道也”。易州景福碑本,“其在”作“于其”,“其在道也”为“于其道也”。宋李荣本、焦竑本,无“也”字,“其在道也”为“其在道”。潘静观本,“行”作“形”,“曰馀食赘行”为“曰馀食赘形”。林希逸本,“或”作“故”,“物或恶之”为“物故恶之”;末句句末有“也”字,“故有道者不处”为“故有道者不处也”。此外,傅奕本、宋《御解》本、彭耜本、董思靖本、文如海本,末句句末有“也”字,“故有道者不处”为“故有道者不处也”。

“粽食”，即“馀食”；“粽”为“馀”之异体，谓饱食之残剩。“赘行”，即赘形，指赘瘤。王弼注“其在道也，曰馀食赘行”云：“其唯于道而论之，若郤至之行，盛馔之馀也。本虽美，更可薉也。本虽有功而自伐之，故更为肬赘者也。”“行”，借作“形”；郝懿行笺疏《山海经·北三经》“北次三经之首曰太行之山”云：“《列子·汤问篇》作太形山。”陈景元注“馀食赘行”句云：“弃馀之食，适使人恶；附赘之形，适使人丑。”

“故有欲者弗居”之“欲”，通“裕”；朱骏声《说文通训定声·需部》云：“欲”，“叚借为裕”。又，“欲”通“猷”；孙星衍《尚书今古文注疏》疏《书·皋陶谟上》“无教佚欲”云：“欲，当为猷。”《方言》卷三第二十三条：“裕、猷，道也。齐曰裕，或曰猷。”于此可知，此处“欲”由假借为“裕”、“猷”而假借为“道”。孙星衍《尚书今古文注疏》疏《书·康诰》“汝亦罔不克敬典，乃由裕民”云：“言汝亦无不能敬法，乃以道导民。”王引之《经义述闻·尚书下》解《书·康诰》“用康乃心，顾乃德，远乃猷裕，乃以民宁，不汝瑕殄”云：“当以‘远乃猷裕’为句。《方言》曰：‘裕、猷，道也。东齐曰裕，或曰猷。’‘远乃猷裕’，即远乃道也。《君奭》曰‘告君乃猷裕’，与此同。”其皆可证与“欲”通假之“裕”、“猷”及其复合词“猷裕”俱指“道”。由此看来，帛书乙本之“故有欲者弗居”句，其义与王弼本等传世本所谓“故有道者不处”并无不同。

【疏解】

此章与其前两章一脉相牵，所论之焦点皆在于“不争”而“自然”。如果说二十三章重在正面阐发“曲全”、“不争”之旨，此章则主要从非如此而必致别一种结果的意趣上与之相应和。

“企者不立”或为古时谚语，这里借此取譬喻理。踮脚站立非站立之自然，如此站起必难以久立。诚如释德清《道德经解》所言，

"盖跂者止知要强高出人一头,故举踵而立,殊不知举踵不能久立。"跂者"强高出人一头",可见其有争胜或逞强之意,争胜逞强有悖自然之常,则终于不可持久。后此所说之"自是者"、"自见者"、"自伐者"、"自矜者",俱是欲"强高出人一头"的"企者";犹似"企者不立","自是者"必致蔽于事理分辨不清,"自见者"必致于不自知而心智不明,"自伐者"必致在自作夸示中忘乎所以而功业无成,"自矜者"必致自溺骄矜而决难做到久视长生。无论是"自是者"、"自见者",还是"自伐者"、"自矜者",皆不能"曲"、"枉"、"洼"、"敝",因而最终不可能"全"、"正"、"盈"、"新",不可能做到曲己不争以至于"诚全归之"。

"弱也者,道之用也。"(《老子》四十章)"自是"、"自见"、"自伐"、"自矜"既然皆有逞强施为之势,对于以"弱"为"用"的"道"说来便直可说是食之余、形之赘,其亦终将被人厌恶而为"道"的笃守者所鄙弃。并且,"自是"、"自见"、"自伐"、"自矜"者必存己而有我,如此对一己之我的执着乃是有"有"而滞于"有",这用林希逸《老子鬳斋口义》的话说即是"有其有而不化者"。"道"之于万物,"生而弗有,为而弗恃,长而弗宰"(《老子》五十一章),这"生"、"为"、"长"似是一种"有",但这"生"为不生之生因而"弗有",这"为"为不为之为因而"弗恃",这"长"为不长之长因而"弗宰";"弗有"、"弗恃"、"弗宰"乃不有其有而化其有,"有"、"无"同体之德遂有"玄德"之称;今"自是"、"自见"、"自伐"、"自矜"者有其"自"而不能化其"自",因而有其"有"而不能化其"有",此"自"、"有"则必至于作为"馀食"、"赘形"而为"道"所不载。老子谓"其在道也,曰粽(馀)食赘行(形)",其寄意之深或可由此抉发而体悟之。

二十五章

有物昆(混)成，	有“物”混然而自成，
先天地生。	在天地之先就已发生。
萧(寂)呵漻(寥)呵，	寂寞而虚静呵，
独立而不玹(改)，	独立而不失其常性，
可以为天地母。①	可以称它为万物母君。
吾未知其名〖也〗，	我无从知晓它的名号，
字之曰道，	不妨勉强以“道”相称，
吾强为之名曰大。	也不妨勉强以“大”命名。
大曰筮(逝)，	其大无垠而不懈运行，
筮(逝)曰远，	不懈运行而无远不通，
远曰反。②	无远不通而复始返本。
道大，	道大，
天大，	天大，
地大，	地大，
王亦大。	王也大。
国中有四大，	宇内有“四大”可称，
而王居一焉。③	而王作为一大也在其中。
人法地，	人效法地，
地法天，	地效法天，

天法道，	天以道为范准，
道法自然。④	道一任自然而自本自根。

【校释】

①有物昆（混）成，先天地生。萧（寂）呵漻（寥）呵，独立而不玹（改），可以为天地母。

帛书乙本字句如上。甲本“萧”作“绣”，“漻”作“缪”；“独立”下残损三字，据乙本当为“而不改”；其他字句则同于乙本。

郭店楚简（甲）本此节文字为：“又牆蟲城，先天陸生，敚繆蜀立不亥，可以为天下母。”“又”，通“有”。“牆”，通“状”。“蟲”，当为“蚰”，“蚰”同“蜫”，今作“昆”；“昆”，通“混”。“城”，通“成”；“陸”，“地”之异体。“敚”，待考，相应于帛书甲本之“绣”、乙本之“萧”。“繆”，通“缪”，相应于乙本之“漻”。“蜀”，借作“独”（獨）。“亥”，相应于帛书乙本之“玹”，借作“改”。其用字略异，而句脉、文义与帛书本相侔。

王弼本此节文字为：“有物混成，先天地生，寂兮寥兮，独立不改，周行而不殆，可以为天下母。”其与帛书本、郭店楚简本最大的不同处，在于多“周行而不殆”句；此句当是讲求骈体对文的魏晋时人所增益，非先秦《老子》之旧。此外，帛书本“可以为天地母”王本作“可以为天下母”，二者比勘，“天地”义胜。今从帛书。

※传世本中，与王弼本有异者则如：李道纯本，“地”作“而”，“立”下有“而”字，整节文字为：“有物混成，先天而生，寂兮寥兮，独立而不改，周行而不殆，可以为天下母。”范应元本，“寂”作“宗”，“寥”作“寞”，“立”下有“而”字，“天下”作“天地”，整节文字为：“有物混成，先天地生，宗兮寞兮，独立而不改，周行而不殆，可以为天地母。”《经典释文》本，“寂”作

"宗","寥"作"寞","寂兮寥兮"为"宗兮寞兮"。傅奕本,"寥"作"寞","寂兮寥兮"为"寂兮寞兮";"立"下有"而"字,"独立不改"为"独立而不改"。易州景龙碑本、敦煌写本之馆本,"寥"作"漠",无"兮"字,"寂兮寥兮"为"寂漠";无"而"字,"周行而不殆"为"周行不殆"。遂州龙兴观碑本,"寥"作"漠",无"兮"字,"寂兮寥兮"为"寂漠";无"而"字,"周行而不殆"为"周行不殆";无"以"字,"可以为天下母"为"可为天下母"。司马光本、张嗣成本,"立"下有"而"字,"独立不改"为"独立而不改";"天下"作"天地","可以为天下母"为"可以为天地母"。易州开元幢本、邢州开元幢本、易州景福碑本、庆阳景祐幢本、周至至元碑本、楼观台碑本、磻溪大德幢本、北京延祐石刻本、敦煌写本之英本、河上公(影宋、道藏)本、李约本、唐《御注》本、唐《御疏》本、陆希声本、杜光庭本、强思齐本、道藏无注本、陈景元本、吕惠卿本、苏辙本、陈象古本、宋《御解》本、邵若愚本、李霖本、白玉蟾本、彭耜本、董思靖本、宋李荣本、林希逸本、文如海本、无名氏本、吕知常本、寇才质本、赵秉文本、时雍本、邓锜本、杜道坚本、王守正本、吴澄本、林志坚本、明《御注》本、危大有本、释德清本、薛蕙本、焦竑本、周如砥本、潘静观本,"立"下有"而"字,"独立不改"为"独立而不改"。唐李荣本、张君相本,"行"下无"而"字,"周行而不殆"为"周行不殆"。

"物",此"有物昆(混)成"之"物",隐指"道";称"道"为"物"是拟物谈"道",非谓"道"为有象有状之物。

"昆",通"混";"昆(混)成",混然无迹而自然生成。苏辙注云:"夫道,非清非浊,非高非下,非去非来,非善非恶,混然而成体,其于人为性,故曰'有物混成'。"范应元注云:"道本不可以物言,然不曰有物，则无以明道。而言混成，则混然而成，乃自然也。但求之于吾心之初，则得之矣。”此二注颇得老子拟物而说道混然自成之趣致。

“萧”，寂寞，冷落。“漻”，通“寥”，空虚，静默；王先慎《韩非子集解》释《韩非子·主道》“寂乎其无位而处，漻乎莫得其所”引顾广圻曰：“‘漻’，读为‘寥’，正字作‘廫’。”

“玹”，不见于传世之字书，相应于王弼本等传世本之“改”，其当为“改”之借字；“不玹(改)”，谓不失其常性。

②吾未知其名〖也〗，字之曰道，吾强为之名曰大。大曰筮(逝)，筮(逝)曰远，远曰反。

帛书乙本字句如上；校之以帛书甲本、王弼本，首句句末“也”当为衍字。甲本首句句末无“也”字；上一“大”字下残损一字，据乙本当为“大”；“筮曰”下残损多字，据乙本此节所损当为“远，远曰反”。

郭店楚简(甲)本此节文字为：“未智其名，㝹之曰道，虐㢟为之名曰大。大曰潸，潸曰連，連曰反。”校之以帛书本，首句无“吾”字；“智”通“知”；“㝹”，读作“字”；“虐”，读作“吾”；“㢟”，帛书本作“强”，“㢟”为“强”之本字；“潸”，或为“澨”之异体，乃“逝”之借字，其相应于帛书本“筮”、王弼本“逝”；“連”，未见于传世字书，义不详，或为“远”之借字，其相应于帛书本及王弼本之“远”。

王弼本此节文字为：“吾不知其名，字之曰道，强为之名曰大。大曰逝，逝曰远，远曰反。”校之于帛书本，“未”作“不”，第三句句首少一“吾”字；第四、五句“筮”作“逝”，“逝”当为本字，帛书“筮”为借字。

※传世本中，与王弼本有异者则如：周至至元碑本，“字”上有“强”字，“字之曰道”为“强字之曰道”。李约本，“字”上

有“强”字，“字之曰道”为“强字之曰道”；“为之名”作“名之”，“强为之名曰大”为“强名之曰大”；“反”作“返”，“远曰反”为“远曰返”。傅奕本，“字”上有“故强”二字，“字之曰道”为“故强字之曰道”；“反”作“返”，“远曰反”为“远曰返”。范应元本，“字”上有“故强”二字，“字之曰道”为“故强字之曰道”。易州景龙碑本、唐李荣本，“强”上有“吾”字，“强为之名曰大”为“吾强为之名曰大”，与帛书本从同；“反”作“返”，“远曰反”为“远曰返”。河上公(道藏)本、司马光本、达真子本、文如海本、程大昌本，“为之名”作“名之”，“强为之名曰大”为“强名之曰大”。易州开元幢本、楼观台碑本、磻溪大德幢本、北京延祐石刻本、遂州龙兴观碑本、唐《御注》本、唐《御疏》本、张君相本、杜光庭本、强思齐本、邵若愚本、白玉蟾本、寇才质本、杜道坚本，“反”作“返”，“远曰反”为“远曰返”。

“强”，勉强之谓；“吾强为之名曰大”者，谓“道”不可命名而勉强以“大”称之。

“大曰筮(逝)，筮(逝)曰远，远曰反”之“曰”，乃介词，“于是”之谓；孙星衍《尚书今古文注疏》疏《书·益稷》“夔曰戛击鸣球，搏拊琴瑟以咏”云：“此‘曰’当训‘爰’也。《释诂》又云：曰，于也。曹大家注《幽通赋》云：爰，于是也。”

“筮”，通“噬”而通“逝”，往、去之谓；朱骏声《说文通训定声·泰部》：“噬，叚借为逝。”

“反”，同“返”；朱骏声《说文通训定声·乾部》：“反，叚借为返。”

③道大，天大，地大，王亦大。国中有四大，而王居一焉。

帛书乙本字句如上。甲本“天”上残损多字，据乙本此节所损当为“道大”；其他字句则与乙本同。

郭店楚简(甲)本此节文字为:“天大,陛大,道大,王亦大。囿中又四大安,王凥一安。”其“道大”列于“天大,地大”之后,句序与《淮南子·道应训》所引“天大,地大,道大,王亦大”从同。“陛”,“地”之异体。“囿”借作“域”。“又”,通“有”。“安”,通“焉”;刘淇《助字辨略》:“‘安’得为‘焉’者,声相近也。”“凥”,处之谓;《说文解字·几部》:“凥,处也。”楚简本用字与帛书本有异,但其句脉、文义相侔。

王弼本此节文字为:“故道大,天大,地大,王亦大。域中有四大,而王居其一焉。”校之以帛书本,“道大”上多一“故”字;“国”作“域”,“国中有四大”为“域中有四大”;末句多一“其”字,“而王居一焉”为“而王居其一焉”。

※传世本中,与王弼本有异者如:易州景龙碑本,无“故”、“亦”、“其”、“焉”四字,“居”作“处”,整节文字为:“道大,天大,地大,王大。域中有四大,而王处一。”敦煌写本之馆本,无“故”、“亦”、“焉”三字,“居”作“处”,整节文字为:“道大,天大,地大,王大。域中有四大,而王处其一。”傅奕本,无“故”字,“王亦大”之“王”作“人”,“居”作“处”,“焉”作“尊”,整节文字为:“道大,天大,地大,人亦大。域中有四大,而王处其一尊。”范应元本,两“王”字皆作“人”,整节文字为:“故道大,天大,地大,人亦大。域中有四大,而人居其一焉。”遂州龙兴观碑本,无“亦”、“有”、“焉”三字,整节文字为:“故道大,天大,地大,王大。域中四大,而王居其一。”陆希声本,“域”上有“故”字,“域中有四大”为“故域中有四大”。河上公(道藏)本、杜光庭本、李道纯本,无“而”字,“而王居其一焉”为“王居其一焉”。宋《御解》本、邵若愚本、彭耜本、林希逸本、时雍本、释德清本、潘静观本,“居”作“处”,无“其”字,“而王居其一

焉”为“而王处一焉”。陈景元本、吕惠卿本、苏辙本、文如海本、张嗣成本，无“其”字，“而王居其一焉”为“而王居一焉”。陈象古本，无“域中有四大，而王居其一焉”二句。

“国”，与王弼本“域”同义，皆“宇”或“宇宙”之谓；古“国”、“域”俱作“或”。《说文解字·口部》：“国，邦也。从口从或。”段玉裁注云：“邦、国互训，浑言之也。或，邦也；古或、国同用。”王念孙《广雅疏证》疏《广雅·释诂四》“域，国也”云：“或、域、国三字，古声义并同。”

④人法地，地法天，天法道，道法自然。

帛书乙本字句如上。甲本上一“地”下残损一字，据乙本当为“地”；次一“法”下残损一字，据乙本当为“天”；“天法”下残损二字，据乙本当为“道，道”；末一“法”下残损多字，据乙本此节所损当为“自然”。

郭店楚简(甲)本此节文字为：“人法陀，陀法天，天法道，道法自肰。”“陀”，“地”之异体。“肰”，读作“然”，或为“然”之省写。

王弼本此节文字为：“人法地，地法天，天法道，道法自然。”与帛书本从同。

※除寇才质本“人”作“王”而“人法地”为“王法地”外，其他传世本则皆同于王弼本。

在古来的注疏中，王弼为此节文字所作的注最具代表性。其云：“法，谓法则也。人不违地，乃得全安，法地也。地不违天，乃得全载，法天也。天不违道，乃得全覆，法道也。道不违自然，乃得其性，法自然也。法自然者，在方而法方，在圆而法圆，于自然无所违也。自然者，无称之言，穷极之辞也。用智不及无知，而形魄不及精象,精象不及无形,有仪不及无仪,故转相法也。道法自然,天故资焉。天法于道,地故则焉。地法于天,人故象焉。王所以为主,其主之者一也。”唐人李约撰《道德真经新注》于此节文字之句读与他注不同,其断句为:“人法地地,法天天,法道道,法自然。”且云:“盖王者,‘法地’、‘法天’、‘法道’之三自然妙理而理天下也。天下得之而安,故谓之‘德’。凡言人属者耳,故曰:‘人法地地,法天天,法道道,法自然。’言法上三大之自然理也。其义云:‘法地地’,如地之无私载;‘法天天’,如天之无私覆;‘法道道’,如道之无私生成而已矣。如君君、臣臣、父父、子子之例也。”今人高亨、张松如从李约之句读,而高亨尤云:“李约读法,义颖而莹,善矣。但余疑此文原作‘王法地,法天,法道,法自然’,重地、天、道三字,后人所益也。”(高亨:《老子正诂》,第62页)验之于帛书本、郭店楚简本,所谓“重地、天、道三字,后人所益”当属臆断,尽管句读如“人法地地,法天天,法道道,法自然”者仍可聊备一说。

【疏解】

此章承四章、十四章、二十一章对“道”的描摹与阐证,再度摹状非“可道”之“道”的“萧(寂)漻(寥)”而“独立不玹(改)”,进而喻示其“法自然”之性状,以诱导人由取法可直观之“地”、“天”而取法“道”,取法“自然”。

一如二十一章“道之物”之“物”,此章“有物混成”之“物”只是拟物以论“道”,不可由此“物”径直认定“道”为一种物质实体,亦未可据以断言“道”有所谓物质性。称“道”乃“先天地生”而“可以为天地母”,略相当于四章谓“道”为“万物之宗”而“象帝之先”,亦适可印证“道”在十四章被默示为“一”而在二十一章被许之以“众父”(万物之父或万物之始)。“有物昆(混)成”而“萧(寂)呵漻(寥)呵”,乃是对无形无象、无声无嗅、虚灵无着的“道”的摹状,这不得已的摹状犹若四章以“渊呵”、“湛呵”形容“道冲”而“用之又弗盈”，亦如十四章、二十一章以“惚恍”、“窈冥”一类“无形不系之叹”（王弼）拟度“道”之“有物”、“有情”、“有信”（“有”）却又“复归于无物”（“无”）。

“‘大’也者，取乎弥纶而不可极也。”（王弼：《老子指略》）这“弥纶”（充满）而“不可极”（不可穷尽），可指空间广巨而无涯际可寻，亦可指时间久长而无终始可计；空间广巨而无涯际可寻正可谓无远弗届，时间久长而无终始可计又可谓无久弗至。此“大”无垠必有赖其不懈运行，而这运行不懈必至于无远不通，如此致远却不稍失其朴浑或虚静则又必当时时处处复始返本。“大”而有其体，“逝”、“远”、“反”为其用；“逝”、“远”在于显现其“有”（“有名”、“有欲”），“反”则在于返其“无”（“无名”、“无欲”）。其“无为”（“无”）而因此“无不为”（“有”），这“无为而无不为”方能久视而长生——久而长之亦只是所谓“大”。

以“大”名“道”，“道”固有“高而无上，罗而无外，无不包容”（河上公注）之大，遂亦可谓“道大”。“道”乃“天地母”，天地因“道大”而“大”，于是“天大”、“地大”；“王乃天，天乃道”（十六章），既然“道大”、“天大”，“王”则不可不大而“王亦大”。“王亦大”，大其德；所谓“王乃天，天乃道”，乃是说人君为天下人所归往（“王”）才能与上天好生之德相配称，而与上天之德相配称才能与“道”相通、载“道”以德。因此，说到底，王作为人中之大者倘欲不失其大，则不可不取法“地”、“天”而效慕“地”、“天”以之为范准的“自然”之“道”。于是遂有谓：“人法地，地法天，天法道，道法自然。”

在《老子》注释史上，本章注释中分歧最大而最值得分辨者乃在于：从“域（国）中有四大，而王居其一焉”到“人法地，地法天，天法道，道法自然”，由意脉之联贯所引出的“王”、“人”之辨。事实上，《老子》帛书甲、乙本的相关段落，除若干虚词有出入并把“域中有四大"的"域中"写为"国中"外,与王弼本等诸多传世本所载并无差异,而郭店楚简本在同一段话的句词上没有提供须得分外留意的新东西,除一二虚词略有不同,其他文字与帛书甲、乙本全然一致。但《老子》一书的注释者们发现,前节文字"域(国)中有四大,而王居其一焉"中与"道"、"天"、"地"并称为"大"是"王",后一节文字"人法地,地法天,天法道,道法自然"中由法地、法天而法道、法自然的却是"人"。于是,一些学者试图依自己理解老子学说的逻辑对汉魏以来传世的《老子》一书作字词上的校改,以求文句的前后一贯。如范应元把前文"王亦大"、"王居其一焉"的"王"改为"人",以就后文"人法地,地法天,天法道,道法自然"的"人",寇才质则将后文的"人"改为"王"以就前文之"王"。其实,如此校改并无多大必要,而真正的问题在于如何领会前文之"王"与后文之"人"的关系。探老子本意,"王亦大"之"王"是理想中的人君,其原型为上古之王。上古之王或理想中的人君可以说是人中之"大"者,这"大"是由于"法道"、"法自然"而"大"。《说文》这样解释"大":"大,天大,地大,人亦大。故大象人形,古文大也。"依古时人的信念,"天"、"地"、"人"为"三大",老子称"王"为"大",说到底是称"人"中之"大"者为"大"。称"人"中之"大"者为"大"即是称"人"中之典型为"大";"王"在老子那里原只是"人"的典型(人成其为人的最佳体现者),称"王亦大"仍不过是取典型而说"人亦大"。换言之,对于老子来说,"王"所透露的原本即是"人"的消息,"人"因"法地"、"法天"、"法道"、"法自然"而真正成其为"人","人"也因此堪与"天"、"地"配称为三,甚至与"天"、"地"、"道"配称为四。文义既畅达如此,则又何劳注家必得改"王"为"人"或改"人"为"王"呢?

二十六章

重为轻根，	重是轻的根本，
静为趮(躁)君。①	静是动的主君。
是以君子冬(终)日行，	所以君子终日出行，
不远其甾(辎)重。	不会远离随行的辎重。
虽有环官(馆)，	即使眼前宫馆环列，
燕处则昭(超)若。②	也能超然物外而自处闲静。
若何万乘之王，	为什么治理万乘之域的君王，
而以身轻于天下？	反倒身轻于天下而不自重？
轻则失本，	弃重就轻就会失本去根，
趮(躁)则失君。③	弃静趋躁必致亡主丧君。

【校释】

①重为轻根，静为趮(躁)君。

帛书乙本字句如上。甲本上一“为”字前残损多字，据乙本，此节所损当为“重”；“轻”作“巠”(“巠”为“轻”之借字)；“静”作“清”。甲、乙本用字有异，然句脉、文义相侔。

郭店楚简本未见此章文字。

王弼本此节文字为：“重为轻根，静为躁君。”与帛书乙本略从同。

※其他传世本多同于王弼本，唯傅奕本“静”作“靖”，“静为躁君”为“靖为躁君”。

这里，以“重”与“轻”相对而言，当有所借指，“重”乃指自然之“朴”，“轻”则指“朴散则为器”之“器”（物）。“根”，根本之谓。“重为轻根”，谓重是轻的根本。

“静”与“趮”相对而言，亦是如此。“静”是“朴”的存在状态；“趮”，“躁”之异体，动或躁动之谓，乃为“器”（物）的存在状态。“君”，主宰之谓。“静为趮（躁）君”，谓静是动的主君。

②是以君子冬（终）日行，不远其甾（辎）重。虽有环官（馆），燕处则昭（超）若。

帛书乙本字句如上。甲本“冬（终）”作“众”（“冬”为“终”之古字，“众”为“终”之借字）；“远”作“离”（“远”、“离”义同）；“虽”（雖）写作“唯”，“燕处”下残损二字，据乙本当为“则超”。

王弼本此节文字为：“是以圣人终日行，不离辎重。虽有荣观，燕处超然。”其与帛书甲、乙本用字多有不同，如“君子”作“圣人”、“不远”作“不离”、“环官”作“荣观”等，但句脉、文义大致从同。

※其他传世本与王弼本有异者则如：傅奕本，“圣人”作“君子”，“是以圣人终日行”为“是以君子终日行”，与帛书甲、乙本从同；“离”下有“其”字，“不离辎重”为“不离其辎重”，与帛书甲本从同；“燕”作“宴”，“燕处超然”为“宴处超然”。陈景元本、范应元本、李道纯本，“圣人”作“君子”，“是以圣人终日行”为“是以君子终日行”，与帛书甲、乙本从同；“燕”作“宴”，“燕处超然”为“宴处超然”。李约本、遂州龙兴观碑本、危大有本，“圣人”作“君子”，与帛书甲、乙本从同；“终日行”

作"行终日","是以圣人终日行"为"是以君子行终日"。易州景龙碑本、易州开元幢本、周至至元碑本、楼观台碑本、磻溪大德幢本、北京延祐石刻本、敦煌写本之馆本、敦煌写本之英本、唐李荣本、唐《御注》本、唐《御疏》本、陆希声本、杜光庭本、强思齐本、王真本、道藏无注本、吕惠卿本、司马光本、苏辙本、陈象古本、宋《御解》本、邵若愚本、李霖本、彭耜本、董思靖本、林希逸本、文如海本、无名氏本、寇才质本、赵秉文本、时雍本、邓锜本、杜道坚本、王守正本、吴澄本、林志坚本、明《御注》本、薛蕙本、潘静观本,"圣人"作"君子","是以圣人终日行"为"是以君子终日行",与帛书甲、乙本从同。《经典释文》本、吕知常本,"燕"作"宴","燕处超然"为"宴处超然"。

"远",离之谓;颜师古注《汉书·成帝纪》"退远残贼"云:"远,离也。""甾",通"辎"。"甾(辎)重",外出时随行携载的物资;颜师古注《汉书·韩安国传》"王恢、李息别从代主击辎重"云:"辎,衣车也;重,谓载重物车也。故行者之资,总曰辎重。""不远其甾(辎)重",即不离其辎重,借指君子行事周到、稳妥而自重。

"环",通"营","营"乃营造、营建之意;王念孙《读书杂志》释《管子·君臣下》"兼上下以环其私"云:"环之言营也。""营",通"荣";马叙伦《老子校诂》云:"荣、营并从荧省声得通假。""环"通"营"而通"荣",可能是"环官(馆)"在后来的传世本中演为"荣观"("观"、"馆"同音相通)的缘故所在,但帛书"环官(馆)"之"环"当为本字,其乃环列、围绕之意。

"官",古"馆"字,这里指楼台亭阁一类豪华建筑;郭沫若等《管子集释》释《管子·立政》"遂于官致乡属及游宗皆受宪"引俞樾云:"官,古'馆'字。""虽有环官(馆)",谓虽有宫馆环列。

"燕处",闲居。"昭若",超然;"昭",与"超"同音相借;"若",

义同于“然”，孔颖达疏《诗·齐风·甫田》“突而弁兮”郑玄笺“突耳加冠为成人也”云：“言若者，皆然、耳之义，古人语之异耳。”“燕处则昭（超）若”，谓超然物外，安闲自在。

③若何万乘之王，而以身轻于天下？轻则失本，趮（躁）则失君。

帛书乙本字句如上。甲本两“轻”字并作“巠”，“巠”为“轻”之借字；其他字句则与乙本从同。

王弼本此节文字为：“奈何万乘之主，而以身轻天下？轻则失本，躁则失君。”校之以帛书甲、乙本，“王”作“主”，“轻”下无“于”字，“趮”作“躁”，但其句脉、文义无异。

※诸传世本有与王弼本相异者，其如：易州景龙碑本，“奈”作“如”，无“而”字，“本”作“臣”，整节文字为：“如何万乘之主，以身轻天下？轻则失臣，躁则失君。”遂州龙兴观碑本、敦煌写本之馆本，“奈”作“如”，无“而”字，整节文字为：“如何万乘之主，以身轻天下？轻则失本，躁则失君。”傅奕本、范应元本，“奈”作“如”，“何”上有“之”字，“奈何万乘之主”为“如之何万乘之主”。宋《御解》本、邵若愚本、彭耜本、董思靖本、林希逸本、文如海本、无名氏本、时雍本、邓锜本，“奈”作“如”，“本”作“臣”，整节文字为：“如何万乘之主，而以身轻天下？轻则失臣，躁则失君。”潘静观本，“奈”作“如”，“奈何万乘之主”为“如何万乘之主”。易州景福碑本、河上公（道藏）本、《群书治要》本，“身轻”下有“于”字，“本”作“臣”，整节文字为：“奈何万乘之主，而以身轻于天下？轻则失臣，躁则失君。”易州开元幢本、邢州开元幢本、泰州广明幢本、庆阳景祐幢本、周至至元碑本、楼观台碑本、磻溪大德幢本、北京延祐石刻本、敦煌写本之英本、李约本、唐李荣本、唐《御注》本、唐《御疏》本、张君相本、杜光庭本、强思齐本、王真本、道藏无注本、

吕惠卿本、司马光本、苏辙本、陈象古本、李霖本、白玉蟾本、宋李荣本、吕知常本、寇才质本、赵秉文本、李道纯本、杜道坚本、王守正本、林志坚本、张嗣成本、危大有本、薛蕙本,“本”作“臣”,“轻则失本”为“轻则失臣”。吴澄本、明《御注》本、《永乐大典》本、释德清本、焦竑本、周如砥本、潘静观本,“本”作“根”,“轻则失本”为“轻则失根”。

“以身轻于天下”,即“轻以身为天下”,与“贵为身于为天下”(十三章)相对;高明《帛书老子校注》云:“‘以身轻于天下’……即轻以身为天下。则同第十三章‘贵以身为天下’、‘爱以身为天下’之反谊。王弼注:‘无物可以易其身,故曰“贵”也。无物可以损其身,故曰“爱”也。’此可以谓无物可以贱其身,故曰‘轻’也。即以身为天下最轻最贱。万乘之王以身为天下最轻最贱,则纵欲自残,身不能治。身者人之本也,伤身失本,身且不保,焉能寄重托民。万乘之王纵欲自轻,急功好事,必亲离势危,丧国亡身。”(高明:《帛书老子校注》,第361页)

【疏解】

此章之旨趣可由持“重”守“静”以蔽之,而“静”、“重”的究竟意味在于“无为”。

《韩非子·喻老》以赵武灵王(名雍,公元前299年废世子章而传国于少子何后自称主父)让位一事喻说此章寓意云:“制在己曰重,不离位曰静。重则能使轻,静则能使躁。故曰:‘重为轻根,静为躁君。’故曰:‘君子终日行不离辎重也。’邦者,人君之辎重也。主父生传其邦,此离其辎重者也。故虽有代、云中之乐,超然已无赵矣。主父,万乘之主,而以身轻于天下。无势之谓轻,离位之谓躁,是以生幽而死(指赵国内乱中主父被困于沙丘宫饿死一事——

引者注)。故曰:‘轻则失臣(本),躁则失君。’主父之谓也。”韩非借赵武灵王的故事,以“无势”、“离位”释“轻”、“躁”,以“制在己”(宰制之权在于自己)、“不离位”释“重”、“静”,其全然以法家“抱法处势”(《韩非子·难势》)之说附会老意,未可引以为训。

不过,此章所言确是对君临天下的“王”者的训诫,只是“重”、“静”之谈未必出自“势”、“位”的权度。从老子学说“复归于朴”(二十八章)的终极价值取向看,这里所谓“重”借指浑然无迹而厚重不测之“朴”,与之相对的“轻”则借指“朴散则为器”(同上)之“器”(物);以“朴”为“重”而以“器”为“轻”,“重为轻根”则无非是说整全而未析离的“朴”是既已散处的“器”(物)的根本。同样,这里所谓“静”是指“朴”的那种虚灵而静默的存在状态,而“躁”则指散处的器物的变动不居;“器”既然最终笼罩于“朴”,“动”遂必至于受制于“静”,此即相应于“重为轻根”的“静为躁君”。

在明确标举“重”之为“根”、“静”之为“君”后,此章进而以“辎重”、“燕处”为喻,对“重”、“静”的意蕴所指作了亲切而直观的阐释。“辎重”,乃远行必得携带以供随时取用的物资,出行者有了它方可给养自足而无求于外;以“辎重”喻“重”而喻“朴”,老子由此申诫于人们的道理在于:人在其生命的旅途中不可须臾抛离自身所携载之与生俱来的朴真的天性。“燕处”,亦称闲居,人在闲居时往往从功利的竞逐中暂退而得以稍作憩歇;老子由“燕处”喻“致虚”、“守静”(十六章),旨在把人们引向一种即使身在尘嚣而宫馆环列亦当超然物外以恬淡自处的境界。

如果说前两节文字之所论有着更大的普遍性,那么此章第三节则就此着重检讨了现实中的“王”者对天下的治理。“若何万乘之王,而以身轻于天下”,这是一种不无忧患的发问,也是悟道之达者的痛切的感喟。现实的“王”者为物欲所累以至于失朴丧真,不能如“舜禹之有天下也,而不与焉”(《论语·泰伯》),其如此,直可谓"以身轻于天下"。据此,老子警告说:倘失朴去"重"而溺物就"轻",便是丢却了根本("轻则失本");倘逞欲而动、弃"静"趋"躁",就会丧失对天下国家的掌控["趮(躁)则失君"]。

其实,相对于"躁"(动)的"静"固然亦可谓之"无为",而"复朴"守"重"以超然于物欲之"轻"又何尝不是趣归于"无为"?老子于治身、治天下皆主张无为而治,其将二者关联起来的最典型的说法则莫过于:"我无为而民自化,我好静而民自正,我无事而民自富,我欲不欲而民自朴。"(五十七章)"无事"、"欲不欲"即是"好静",而"好静"亦即是"无为";"我无为"、"我无事"、"我好静"、"我欲不欲"是"我"的治身的无为而治,由此关联到"民自化"、"民自正"、"民自富"、"民自朴"则是由治身而治国治天下的无为而治。老子之"道"所导在于此,老子之"德"其得在于此。

二十七章

善行者无达(辙)迹,	善于驾车者行车不留辙迹,
善言者无瑕適(谪),	善于辞令者说话无瑕可觅,
善数者不用梼(筹)笇(策),	善于算术者演算不以竹码,
善闭者无关籥而不可启也,	善于关闭者不用锁钥却无人能开启,
善结者无缫约而不可解也。[①]	善于捆绑者不用绳索却无人能解系。
是以耶(圣)人恒善怵(救)人,	所以圣人总是善于救人,
而无弃人,	因而没有人会被抛置,
物无弃财(材),	没有材物会被遗弃,
是胃(谓)曳(袭)明。[②]	这可谓承袭大道常然之明的契机。
故善人,善人之师;	诚然良善之人会是善人的可范之师,
不善人,善人之资也。	不善之人会是善人的可用之资。
不贵其师,	但不可推尚这可范之师,
不爱其资,	亦不必看重这可用之资,
虽知(智)乎大迷。	虽然这对于用智之人是猜

	不透的谜，
是胃（谓）眇要。[3]	而它却道出了承袭大道之常然的要义。

【校释】

①善行者无达（辙）迹，善言者无瑕適（谪），善数者不用梼（筹）箖（策），善闭者无关籥而不可启也，善结者无纆约而不可解也。

帛书乙本字句如上。甲本“言”上残损一字，据乙本当为“善”；“善结者”下残损二字，据乙本当为“无纆”；“达”（辙）作“勶”（辙），“不用梼（筹）箖（策）”作“不以梼（筹）箖（策）”，“关（關）”作“闬”。

郭店楚简本未见此章文字。

王弼本此节文字为：“善行无（無）辙迹，善言无（無）瑕讁，善数不用筹策，善闭无（無）关楗而不可开，善结无（無）绳约而不可解。”五句皆无“者”字，帛书甲、乙本之“关籥”于此作“关楗”，“启”作“开”，“纆约”作“绳约”，甲本之三“无”（残损一“无”字）、乙本四“无”字王本俱作“無”，“无”（非“無”之简体字）同“無”，但其整节文字之句脉及文义并无不同。

※诸传世本多有与王弼本略异者，其如：周至至元碑本，四“无”字并作“亡”，“讁”作“谪”，“数”作“计”，“策”作“算”，整节文字为：“善行亡辙迹，善言亡瑕谪，善计不用筹算，善闭亡关楗而不可开，善结亡绳约而不可解。”易州景福碑本，五句皆有“者”字，与帛书甲、乙本从同；“讁”作“谪”，“善言无瑕讁”作“善言者无瑕谪”；“数”作“计”，“善数不用筹策”作“善计者不用筹策”。泰州广明幢本，五句皆有“者”字，与帛书甲、乙本从同；“数”作“计”，“善数不用筹策”为“善计者不用

筹策”。河上公(道藏)本,第一、四、五句有“者”字,“数”作“计”,“楗”作“键”,整节文字为:“善行者无辙迹,善言无瑕谪,善计不用筹筭,善闭者无关键而不可开,善结者无绳约而不可解。”傅奕本,五句皆有“者”字,与帛书甲、乙本从同;“辙”作“彻”,“讁”作“谪”,“不用”作“无”,“楗”作“键”,整节文字为:“善行者无彻迹,善言者无瑕谪,善数者无筹策,善闭者无关键而不可开,善结者无绳约而不可解。”陆希声本,五句皆有“者”字,与帛书甲、乙本从同;“讁”作“谪”,“数”作“计”,“策”作“算”,“楗”作“键”,整节文字为:“善行者无辙迹,善言者无瑕谪,善计者不用筹算,善闭者无关键而不可开,善结者无绳约而不可解。”司马光本,五句皆有“者”字,与帛书甲、乙本从同;“讁”作“谪”,“数”作“计”,无“用”字,“策”作“算”,整节文字为:“善行者无辙迹,善言者无瑕谪,善计者不筹算,善闭者无关楗而不可开,善结者无绳约而不可解。”范应元本,五句皆有“者”字,与帛书甲、乙本从同;“讁”作“谪”,“不用”作“无”,无“而不可开”四字,无“而不可解”四字,整节文字为:“善行者无辙迹,善言者无瑕谪,善数者无筹策,善闭者无关楗,善结者无绳约。”敦煌写本之馆本,“辙”作“彻”,“讁”作“適”,“数”作“计”,“策”作“筭”,“楗”作“揵”,两“而”字并无,整节文字为:“善行无彻迹,善言无瑕適,善计不用筹筭,善闭无关揵不可开,善结无绳约不可解。”《经典释文》本,“辙”作“彻”,“迹”作“跡”,“善行无辙迹”为“善行无彻跡”;“讁”作“谪”,“善言无瑕讁”为“善言无瑕谪”。唐李荣本、周如砥本,“迹”作“跡”,“善行无辙迹”为“善行无辙跡”;“讁”作“谪”,“善言无瑕讁”为“善言无瑕谪”;“数”作“计”,“善数不用筹策”为“善计不用筹策”。杜光庭本、吕知常本,“迹”作“跡”,“善行无辙迹”为“善行无辙跡”;“讁”作“谪”,

“善言无瑕讁”为“善言无瑕谪”；“数”作“计”，“策”作“筭”，“善数不用筹策”为“善计不用筹筭”。强思齐本，“迹”作“跡”，“善行无辙迹”为“善行无辙跡”；“讁”作“谪”，“善言无瑕讁”为“善言无瑕谪”；“数”作“计”，“不用”作“无”，“策”作“筭”，“善数不用筹策”为“善计无筹筭”。陈象古本，“迹”作“跡”，“讁”作“谪”，“数”作“计”，“不用”作“无”，“策”作“筭”，后一“而”字作“故”，整节文字为：“善行无辙跡，善言无瑕谪，善计无筹筭，善闭无关楗而不可开，善结无绳约故不可解。”邵若愚本、宋李荣本、寇才质本，“迹”作“跡”，“讁”作“谪”，“数”作“计”，“策”作“筭”，“楗”作“键”，整节文字为：“善行无辙跡，善言无瑕谪，善计不用筹筭，善闭无关键而不可开，善结无绳约而不可解。”薛蕙本，“迹”作“跡”，“数”作“计”，“楗”作“键”，整节文字为：“善行无辙跡，善言无瑕讁，善计不用筹策，善闭无关键而不可开，善结无绳约而不可解。”楼观台碑本、磻溪大德幢本、唐《御注》本、苏辙本、宋《御解》本、李霖本、彭耜本、时雍本，“讁”作“谪”，“善言无瑕讁”作“善言无瑕谪”；“数”作“计”，“策”作“筭”，“善数不用筹策”为“善计不用筹筭”。赵秉文本、王守正本，“讁”作“谪”，“善言无瑕讁”作“善言无瑕谪”；“数”作“计”，“策”作“筭”，“善数不用筹策”为“善计不用筹筭”；“楗”作“键”，“善闭无关楗而不可开”为“善闭无关键而不可开”。张君相本，“讁”作“谪”，“善言无瑕讁”作“善言无瑕谪”；“数”作“计”，“策”作“筭”，“善数不用筹策”为“善计不用筹筭”；两“而”字并无，后一“可”下有“以”字，“善闭无关楗而不可开”为“善闭无关楗不可开”，“善结无绳约而不可解”为“善结无绳约不可以解”。文如海本、无名氏本，“讁”作“谪”，“善言无瑕讁”为“善言无瑕谪”；“数”作“计”，“策”作“筭”，“善数不用筹策”为“善计不用筹算”;“楗”作“揵”,“善闭无关楗而不可开”为“善闭无关揵而不可开”。李约本、吕惠卿本,“讁”作“谪”,“善言无瑕讁”为“善言无瑕谪”;“数”作“计”,“策”作“算”,“善数不用筹策”为“善计不用筹算”。李道纯本、邓锜本、杜道坚本、吴澄本、明《御注》本、潘静观本,“讁”作“谪”,“善言无瑕讁”作“善言无瑕谪”;“数”作“计”,“善数不用筹策”为“善计不用筹策”;“楗”作“键”,“善闭无关楗而不可开”为“善闭无关键而不可开”。白玉蟾本与上述诸本略同,唯“辙”作“彻”。道藏无注本,“讁”作“谪”,“善言无瑕讁”为“善言无瑕谪”;“数”作“计”,“善数不用筹策”为“善计不用筹策”;“楗”作“犍”,“善闭无关楗而不可开”为“善闭无关犍而不可开”。北京延祐石刻本、陈景元本、董思靖本、林希逸本、林志坚本、张嗣成本、危大有本、焦竑本,“讁”作“谪”,“善言无瑕讁”作“善言无瑕谪”;“数”作“计”,“善数不用筹策”为“善计不用筹策”。遂州龙兴观碑本,“讁”作“適”,“善言无瑕讁”为“善言无瑕適”;“数”作“计”,“策”作“算”,“善数不用筹策”为“善计不用筹算”;两“而”字并无,“善闭无关楗而不可开”为“善闭无关楗不可开”,“善结无绳约而不可解”为“善结无绳约不可解”。王真本,“讁”作“谪”,“善言无瑕讁”为“善言无瑕谪”。易州景龙碑本,“数”作“计”,“善数不用筹策”为“善计不用筹策”;“楗”作“键”,两“而”字并无,“善闭无关楗而不可开”为“善闭无关键不可开”,“善结无绳约而不可解”为“善结无绳约不可解”。易州开元幢本、邢州开元幢本、敦煌写本之英本,“数”作“计”,“策”作“筭”,“善数不用筹策”为“善计不用筹筭”。河上公(影宋)本,“数”作“计”,“善数不用筹策”为“善计不用筹策”;“楗”作“揵”,“善闭无关楗而不可开”为“善闭无关揵而不可开”。释德清本,“数”作“计”,“善数不用筹策”为“善计不用筹策”;“楗”作“键”,“善闭无关楗而不可开”为“善闭无关键而不可开”。唐《御疏》本,“数”作“计”,“数”下有“者”字,“策”作“算”,“善数不用筹策”为“善计者不用筹算”;“闭”下有“者”字,“楗”作“揵”,“善闭无关楗而不可开”为“善闭者无关揵而不可开”;“结”下有“者”字,“善结无绳约而不可解”为“善结者无绳约而不可解”。

“达”,通“彻”,通“辙”。《释名·释言语》:“达,彻也。”朱骏声《说文通训定声·履部》:“彻,通也。……字亦作辙。《小尔雅·广诂》:‘彻,达也。’”“达迹”,即“辙迹”,车轮碾过路面留下的痕迹。“善行者无达(辙)迹”,谓善于驾车而行者,行车时不会留下车轮碾地的痕迹。老子以此比喻,晓示通于自然之道者治身治国常以无为为之而不落于有为之迹。下文“善言者”、“善数者”、“善闭者”、“善结者”诸句,亦是取譬以喻理,文虽异而义从同。正如王弼所云:“此五者,皆言不造不施,因物之性,不以形制物也。”

“瑕適(谪)”,原指玉之斑痕,以之喻人的过失、差错。尹知章注《管子·水地》“(夫玉)瑕適皆见,精也”云:“瑕適,玉病也。”

“梼”通“筹”,“笮”或为“策”之异构。“梼笮”,即“筹策”。“梼策”或“筹策”,用于计算的竹码。

“关籥”,锁钥;孙诒让《墨子间诂》释《墨子·备城门》“五十步一方,方尚必为关籥守之”引苏时学云:“关籥,即管钥。”

“纆(méi)约”,绳索;《说文·糸部》:“纆,索也。从糸,黑声。”

②是以耶(圣)人恒善怵(救)人,而无弃人,物无弃财(材),是胃(谓)曳(袭)明。

帛书乙本字句如上。甲本“耶”作“声”,“曳”作“愧”,整节文字与乙本大致从同。

王弼本此节文字为:“是以圣人常善救人,故无(無)弃人;常善救物,故无(無)弃物。是谓袭明。"王本用字与帛书甲、乙本不无出入,如甲、乙本"悈"王本作"救",乙本"曳"、甲本"愧"王本作"袭",甲、乙本"无"(非"無"之简体字)王本作"無"("无"同"無")等,而其最大差异则在于王本"常善救物"句甲、乙本并无。帛书出土前,诸注家对王本等传世本所谓"是以圣人常善救人,故无弃人;常善救物,故无弃物"与《淮南子·道应训》所引老子语"人无弃人,物无弃物"的不侔已多有辨断,帛书出土后,高明则援之以评度诸说。其谓:"帛书甲、乙本皆作'是以圣人恒善救人,而无弃人,物无弃材,是谓袭明'。中间'而无弃人'与'物无弃材'两句衔接,无'常善救物'一句,此正与《淮南·道应训》所引'人无弃人,物无弃物'句型相近,可见《老子》古本当如此。但因《淮南》引文有误,故奚侗疑为脱句。《文子·自然篇》引《老子》此文正作'人无弃人,物无弃材',与帛书甲、乙本相同,只第一个'人'字甲、乙本作'而',从经义分析,前一个'人'字当作虚词'而'字为是。足证帛书甲、乙本'是以圣人恒善救人,而无弃人,物无弃材,是谓袭明'当为老子原本之旧,今本经文与各家校释,皆有讹误。"(高明:《帛书老子校注》,第366页)高说甚笃,今从。

※诸传世本多同于王弼本,其略异者则如:易州景龙碑本、遂州龙兴观碑本、敦煌写本之丁本、叶梦得本,二"故"字并作"而",整节文字为:"是以圣人常善救人,而无弃人;常善救物,而无弃物。是谓袭明。"张君相本,前一"故"字作"而","故无弃人"为"而无弃人"。傅奕本、范应元本,前"故"下有一"人"字,后"故"下有一"物"字,整节文字为:"是以圣人常善救人,故人无弃人;常善救物,故物无弃物。是谓袭明。"周至至元碑本,"无"作"亡","故无弃人"为"故亡弃人";"故无弃物"为"故亡弃物"。

“怺”，即“救”。“耶（圣）人恒善怺（救）人”，此“圣人”在“法自然”以“复朴”的价值向度上，其救人是救人之天性，乃所谓“为天下浑心”（四十九章）。

“财”，通“材”，指物之质性。郑玄注《礼记·中庸》“故天之生物，必因其材而笃焉”云：“材，谓其质性也。”“物无弃材”，指圣人引导人“法自然”而不戕害物之天然质性。

“曳明”，即“袭明”。“曳”借作“愢”，“愢”与“袭”音义相近而可通；“袭”，承袭之谓；张志聪《黄帝内经素问集注》注《素问·六节藏象论》“有不袭乎”云：“袭，承袭也。”“曳明”或“袭明”，乃谓承袭大道之明。

③故善人，善人之师；不善人，善人之资也。不贵其师，不爱其资，虽知（智）乎大迷，是胃（谓）眇要。

帛书乙本字句如上。甲本首句“善”字下残损三字，据乙本当为“人，善人”；“资”作“齎”（通“资”），“虽（雖）”写作“唯”，“迷”作“眯”。

王弼本此节文字为：“故善人者，不善人之师；不善人者，善人之资。不贵其师，不爱其资，虽智大迷，是谓要妙。”与帛书甲、乙本勘校，其至可留意的差异在于：帛书甲、乙本“故善人，善人之师”王本作“故善人者，不善人之师”。就字面之义而言，两者似皆可通，但无论对于“善人”还是“不善人”，通常总出于“善人”的角度予以评说，两相比较，显然帛书本“善人之师”义胜，今从之。

※诸传世本中有与王弼本略异者，其如：易州景龙碑本、敦煌写本之丁本、唐李荣本，无“故”字，二“者”字并无，“智”作“知”，“是”作“此”，整节文字为：“善人，不善人之师；不善人，善人之资。不贵其师，不爱其资，虽知大迷，此谓要妙。”张君相本，无“故”字，无上一“者”字，“智”作“知”，整节文字为：

“善人，不善人之师；不善人者，善人之资。不贵其师，不爱其资，虽知大迷，是谓要妙。”易州开元幢本、庆阳景祐幢本、周至至元碑本、楼观台碑本、磻溪大德幢本、李约本、唐《御注》本、陆希声本、杜光庭本、强思齐本、陈景元本、吕惠卿本、陈象古本、李霖本、范应元本、寇才质本、杜道坚本、王守正本、吴澄本，二“者”字并无，“智”作“知”，整节文字为：“故善人，不善人之师；不善人，善人之资。不贵其师，不爱其资，虽知大迷，是谓要妙。”傅奕本，“智”作“知”，“是”作“此”，整节文字为：“故善人者，不善人之师；不善人者，善人之资。不贵其师，不爱其资，虽知大迷，此谓要妙。”磻溪大德幢本、周如砥本，二“者”字并无，“智”作“知”，“谓”作“为”，整节文字为：“故善人，不善人之师；不善人，善人之资。不贵其师，不爱其资，虽知大迷，是为要妙。”遂州龙兴观碑本，二“者”字并无，“是”作“此”，整节文字为：“故善人，不善人之师；不善人，善人之资。不贵其师，不爱其资，虽智大迷，此谓要妙。”北京延祐石刻本、道藏无注本、苏辙本、宋《御解》本、邵若愚本、彭耜本、董思靖本、宋李荣本、林希逸本、文如海本、无名氏本、吕知常本、赵秉文本、时雍本、李道纯本、邓锜本、《永乐大典》本、危大有本、薛蕙本、焦竑本、周如砥本、潘静观本，二“者”字并无，“故善人者，不善人之师；不善人者，善人之资”为“故善人，不善人之师；不善人，善人之资”。邢州开元幢本，无第二人字，“不善人之师”为“不善之师”；无下一“者”字，“不善人者”为“不善人”。张嗣成本，二“者”字并无，上一“不善”下无“人”字，“故善人者，不善人之师；不善人者，善人之资”为“故善人，不善之师；不善人，善人之资”。《群书治要》本，“师”下、“资”下皆有“也”字，“故善人者，不善人之师；不善人者，善人之资”为“故善人者，不善人之师也；不善人者，善人之资也”；“贵”上无

"不"字,"不贵其师"为"贵其师"。河上公(道藏)本、唐《御疏》本、明《御注》本,"智"作"知","虽智大迷"为"虽知大迷"。

"资",有"借"(凭借)之意,又有"助"意,这里可以借此有所助益或引为鉴戒作解。

"眇要",即"妙要",亦即"要妙",精深微妙之谓。黄生《义府》卷下释"幼眇"云:"《汉·元纪》:'分刌节度,穷极幼眇。'《中山王传》:'每闻幼眇之音。'(《注》作'要妙')《老子》:'是谓要妙。'……本字当作幺纱。陆机赋'弦幺徽急'《注》:'幺,小也。'《说文》:'纱,丝急也。'弦小而急,则其声幽细哀切动人。《汉书》借用幼眇。若《老子》之要妙,则又借作深微之义。自汉以来,又借为美好之称,因改其字从女作妙,其实古无此字。《老子》之妙,必后人所改也。"

【疏解】

此章所喻示之理趣仍在于"自然"、"无为",其意脉所汇而至可玩味者则为"袭明"一语。

行而"无辙迹",言而"无瑕谪",数而"不用筹策",闭而"无关楗",结而"无缥约",方可称"善"。老子设譬而晓告以"善",这"善"是因着一任自然而了无人为造作之迹状。古来注家于此并无异议,且多能领悟老子属文之旨,但"善行"、"善言"、"善数"、"善闭"、"善结"的最好注脚则莫过于《庄子·骈拇》中的一段话,其云:"且夫待钩绳规矩而正者,是削其性也;待绳约胶漆而固者,是侵其德也。屈折礼乐,呴俞仁义,以慰天下之心者,此失其常然也。天下有常然。常然者,曲者不以钩,直者不以绳,圆者不以规,方者不以矩,附离不以胶漆,约束不以缠索。故天下诱然皆生,而不知其所以生；同焉皆得，而不知其所以得。故古今不二，不可亏也。”钩、绳、规、矩、胶漆、纆索皆出于人为，以其为资具而对物作曲、直、圆、方、附离（附着）、约束的处理，势必“削其性”、“侵其德”而使天下“失其常然”。老子以行“无辙迹”、言“无瑕谪”、数“不用筹策”、闭“无关籥”、结“无缧约”为“善”，乃是要诲人以“自然”为天下之“常然”。

“行”、“言”、“数”、“闭”、“结”有其常然之“善”，“救人”——治人——亦必有其常然之“善”，于是遂有谓“圣人恒善救人”。此“善救人”是上文“善行”、“善言”、“善数”、“善闭”、“善结”诸譬语的真正喻意所在，圣人（高明的治国治天下者）“救人”（治人）其善亦善在救人而治世不着于形迹。“救人”而治世，能做到天下无人被遗弃，天下无物（人材）被废置，如此而又不显朕兆、不露端倪，其相应的途径被称作“曳明”或“袭明”。“袭明”之谓，与十六章“知常，明也”（王弼本等诸多传世本作“知常曰明”）、五十二章“是谓袭常”（王弼本作“是为习常”，易州开元幢本、邢州开元幢本、周至至元碑本、北京延祐石刻本、遂州龙兴观碑本、敦煌写本之己本、严遵本、傅奕本、李约本、唐《御注》本、唐《御疏》本、道藏无注本、司马光本、苏辙本、宋《御解》本、邵若愚本、彭耜本、林希逸本、范应元本、邓锜本、吴澄本、明《御注》本、危大有本、薛蕙本等，诸多传世本作“是谓袭常”）之意趣相通。老子以洞晓恒道之常然（“知常”）为“明”而主张因袭或承袭此恒道之常然（“袭常”），所谓“袭明”即是指承袭恒道之常然而有解悟此恒道常然之明。依老子之旨，对恒道之常然的承袭（行）与解悟（知）是浑然而一的，而“圣人”则是真正能做到知行相即不二以达于“袭明”者的典型。恒道所指示或引导的常然在于“万物作而弗始也，为而弗恃也，成功而弗居也”（二章）或“生而弗有，为而弗恃，长而弗宰”（五十一章），其虽“作”、“生”、“为”、“长”、“成功”，却终究“弗始”、“弗有”、“弗恃”、“弗宰”、“弗居”，而这“弗始”、“弗有”、“弗恃”、“弗宰”、“弗居”倘一言以蔽之，即是不着形迹、不见端倪的“无为”。

一般说来，良善之人可供良善之人效法而为其可范之师，而不善之人也可被良善之人引作鉴戒而为其可用之资。但圣人承袭大道之常然而以“无为”为之（“为无为”），因此并不陷于“善”与“不善”的分辨与对立，也因此不至于以世俗方式推崇“善人之师”，也不至于由推崇“善人之师”而看重“善人之资”。这对于那些动用心智的人来说可能是一个不小的谜（“迷”通“谜”）团，而它却道出了圣人承袭大道之常然而得以有“知常”之“明”的要眇，其用《老子》二章的话说即是：“天下皆知美之为美，恶已；皆知善，斯不善矣。”

二十八章

知其雄，	明知雄者刚鸷，
守其雌，	甘守雌者柔易，
为天下雞(溪)。	愿做天下沟溪。
为天下雞(溪)，	愿做天下沟溪，
恒德不离。	恒常的德性就不会去离。
恒德不离，	恒常的德性不去离，
复[归于婴儿。①	就会回归到婴儿般的天真纯一。
知]其白〈日〉，	明知荣者的盛誉，
守其辱，	甘守辱者的卑屈，
为天下浴(谷)。	愿做天下空谷寂峪。
为天下浴(谷)，	愿做天下空谷寂峪，
恒德乃足。	恒常的德性就会丰足不遗。
恒德乃足，	恒常的德性丰足不遗，
复归于朴。②	就会返回脱落雕饰的朴真质直。
知其白，	明知显赫者的威仪，
守其黑，	安于幽居而不闻于世，
为天下式。	愿做天下另一种范例。
为天下式，	愿做天下另一种范例，
恒德不贷(忒)。	恒常的德性就不会乖异。

恒德不贷(忒),	恒常的德性不会乖异,
复归于无极。③	心灵就会归向不着形迹的那种无极。
朴散则为器,	浑朴一旦散离人就见诱于有形之器,
耶(圣)人用则为官长,	于是圣人设立官长以作治理,
夫大制无割。④	而那大治乃是浑然抱一。

【校释】

①知其雄,守其雌,为天下雞(溪)。为天下雞(溪),恒德不离。恒德不离,复[归于婴儿]。

帛书乙本"复"下残损多字,据帛书甲本、王弼本,此节所损当为"归于婴儿"。甲本"雞"作"溪","离"(離)作"雞",校以王弼本,"归"下脱一"于"字。

郭店楚简本未见此章文字。

王弼本此节文字为:"知其雄,守其雌,为天下谿。为天下谿,常德不离(離),复归于婴儿。"以帛书甲、乙本勘校,王本"谿"与甲本"溪"、乙本"雞"通,甲本两"雞"、乙本两"离"(非"離"之简体字,同"離")王本俱作"離";王本"常德不离"后未如甲、乙本重之以"恒德不雞(离)"句。王本之句脉气韵不若甲、乙本丰足,但其文义略无异。

※诸传世本多同于王弼本,其略异者则如:易州景龙碑本,"谿"作"蹊","为天下谿"为"为天下蹊";"德"作"得","常德不离"为"常得不离"。遂州龙兴观碑本,"谿"作"蹊","为天下蹊"后未重之以"为天下蹊"句,整节文字为:"知其雄,守其雌,为天下蹊。常德不离,复归于婴儿。"易州景福碑本、王真本,"谿"作"溪","为天下谿"为"为天下溪"。敦煌写本之丁本,"谿"作"奚","为天下奚"后未重之以"为天下奚"

句，整节文字为："知其雄，守其雌，为天下奚。常德不离，复归于婴儿。"唐李荣本、张君相本，"为天下谿"后未重之以"为天下谿"句，整节文字为："知其雄，守其雌，为天下谿。常德不离，复归于婴儿。"吴澄本、明《御注》本、《永乐大典》本，整节文字与王弼本同，但被置于"复归于无极"句后。

"雌"、"雄"，原指禽鸟之两性，这里以雌喻弱而以雄喻强；"守雌"，即持弱不争之谓。

"雞"，依帛书甲本、王弼本等传世本之相应用字，其当为"溪"或"谿"之借字。邢昺疏《尔雅·释水》"水注川曰谿"引李巡注云："水出于山入于川曰谿。"《玉篇·谷部》："谿，与溪同。"这里，以"谿"（溪）喻低下，"为天下雞（溪）"即甘处世间之卑下地位之谓。

"婴儿"，托喻之辞，喻说那种心机未开的天真、纯朴、无邪之境。

②[知]其白〈日〉，守其辱，为天下浴（谷）。为天下浴（谷），恒德乃足。恒德乃足，复归于朴。

帛书乙本"其"上残损多字，据甲本此句所损当为"知"；补损阙后，其字句如上。据帛书甲本及王弼本等传世本，此"知其白"之"白"当为"知其日（荣）"之"日（荣）"的误写。甲本上一"为天下"下脱一"浴（谷）"字，宜补；上一"乃"后残损一字，据乙本当为"足"；下一"乃"后残损五字，据乙本当为"足，复归于朴"。

王弼本此节文字在"复归于无极"句之后，其为："知其荣，守其辱，为天下谷。为天下谷，常德乃足，复归于朴。"其"常德乃足"后未如帛书甲、乙本重之以"恒德乃足"句。

※诸传世本多同于王弼本，其略异者则有：遂州龙兴观碑本、林希逸本，"为天下谷"后未重之以"为天下谷"句，整节文

字为："知其荣，守其辱，为天下谷。常德乃足，复归于朴。"易州景龙碑本，"德"作"得"，"常德乃足"为"常得乃足"。吴澄本、明《御注》本、《永乐大典》本，整节文字与王弼本从同，但被置于"复归于婴儿"句后。

此节"知其白"之"白"当为"日"之误书，"日"为"荣"之借字。"知其白〈日〉，守其辱"，意为明知荣者的盛誉，甘守辱者的卑屈。

"浴"，通"谷"。"为天下浴（谷）"，意为愿做天下之低谷。

"朴"，天然而未经雕饰之谓。《说文·木部》："朴，木素也。"老子学说以"朴"为终极价值取向，其"道"之所导尽在于此。《老子》十九章所谓"见素抱朴"，三十七章所谓"吾将镇之以无名之朴"，其意致皆在于"复归于朴"。

③知其白，守其黑，为天下式。为天下式，恒德不贷（忒）。恒德不贷（忒），复归于无极。

帛书乙本字句如上。甲本首句"知其"后脱一"白"字，"贷（忒）"作"贞（忒）"，其他字句则同于乙本。

王弼本此节文字紧接"复归于婴儿"句，在"知其荣，守其辱"至"复归于朴"一节文字前。其字句为："知其白，守其黑，为天下式。为天下式，常德不忒，复归于无（無）极。"其"常德不忒"后未如帛书甲、乙本重以之"恒德不忒"句。甲、乙本"无"（非"無"之简体字）王本作"無"，"无"同"無"。

※诸传世本多同于王弼本，其略异者则有：易州景龙碑本，"为天下式"后未重之以"为天下式"句，"德"作"得"，整节文字为："知其白，守其黑，为天下式。常得不忒，复归于无极。"唐李荣本，"为天下式"后未重之以"为天下式"句，整节文字为："知其白，守其黑，为天下式。常德不忒，复归于无

极。”遂州龙兴观碑本、敦煌写本之丁本，“为天下式”后未重之以“为天下式”句，“忒”作“贷”，整节文字为：“知其白，守其黑，为天下式。常德不贷，复归于无极。”林希逸本，无“归”字，“复归于无极”为“复于无极”。吴澄本、明《御注》本、《永乐大典》本，整节文字与王弼本从同，但被置于本章篇首。

“式”，范式、楷模之谓。“为天下式”，意为愿做天下另一种范例。

“贷”，通“忒”，差错之谓。郝懿行《尔雅义疏》疏《尔雅·释言》“爽，忒也”云：“忒，通作贷。”朱熹《诗集传》释《诗·鲁颂·闷宫》“享祀不忒”云：“忒，过差也。”

“无极”，原义为不可穷尽；王弼注云：“不可穷也。”这里隐指“无称之言，穷极之辞”所喻之“自然”。上文所谓“婴儿”、“朴”，皆可视为“无极”的托喻式表达。

④朴散则为器，耶（圣）人用则为官长，夫大制无割。

帛书乙本字句如上。甲本“朴”作“楃”（通“朴”），“散”下残损四字，据乙本当为“则为器，圣”。其他字句则同于乙本。

王弼本此节文字为：“朴散则为器，圣人用之则为官长，故大制不割。”其“用”下有“之”字，“夫”作“故”，“无”作“不”，其他字句则与帛书乙本从同。

※诸传世本多同于王弼本，与王弼本略异者则有：易州景龙碑本、遂州龙兴观碑本，首句无“则”字，次句无“之则”二字，末句“故”作“是以”，“不”作“无”，整节文字为：“朴散为器，圣人用为官长，是以大制无割。”唐李荣本，首句无“则”字，次句无“用之”二字，“则”作“以”，末句“故”作“是以”，“不”作“无”，整节文字为：“朴散为器，圣人以为官长，是以大制无

割。”敦煌写本之丁本，首句无“则”字，次句无“之则”二字，末句“故”作“是以”，“制”作“剬”，“不”作“无”，整节文字为：“朴散为器，圣人用为官长，是以大剬无割。”张君相本，首句无“则”字，末句“不”作“无”，整节文字为：“朴散为器，圣人用之则为官长，故大制无割。”薛蕙本，上一“则”字作“而”，“朴散则为器”为“朴散而为器”。李道纯本，次句“则”作“以”，“圣人用之则为官长”为“圣人用之以为官长”。傅奕本，末句无“故”字，“不”作“无”，“故大制不割”为“大制无割”。《经典释文》本、范应元本，末句“不”作“无”，“故大制不割”为“故大制无割”。

“用”，治，治理。杨倞注《荀子·富国》“仁人之用国，将修志意，正身行”云：“用，为也。”韦昭注《国语·周语下》“实用人也”云：“用人，犹治人也。”“耶（圣）人用则为官长”，意为圣人设立官长以作治理。

“制”，裁、裁制之谓，为治国治天下的托喻之语。“大制无割”，犹大治不割或大治抱一而无为。近人蒋锡昌注此语颇中肯，可从。其云：“《说文》：‘制，裁也。’裁之本谊，训为制衣。此指圣人统治天下以制百物而言。故‘大制’犹云大治，‘无割’犹云无治。盖无治则可以使朴散以后之天下复归于朴；复归于朴，正乃圣人之大治也。‘大制无割’与四十一章‘大方无隅……大象无形’及《庄子·齐物论》‘大仁不仁’词例一律。此句乃本章之主。”

【疏解】

此章之论旨在于“复归于朴”而“大制无割”。前者为老子之“道”所导之于人的一种价值取向，后者则是这一价值取向在天下国家治理上的体现。

尘俗中的人们多以谋取强胜为骛,遂不厌于雌雄之争。老子主张去争,于是有“守雌”——甘守雌弱——之说。争雄犹如峰峦相攀,逐高不已;“守雌”则甘为容纳就下之水的沟溪,乃使“如水”的“上善”——“恒德”——向此而归。如此“守雌”,其实是对争强求胜欲望的消解,是对世俗趋尚的釜底抽薪。人一旦不再把强胜作为标的,其谋图强胜的机巧、诡诈之心便会泯没于无形。而这时,为“五色”、“五音”、“五味”、“驰骋田猎”、“难得之货”所惑而沉溺日久的人就会复归其本然的天性,一如婴儿般天真无邪而矫饰不起。

与强弱相应的另一世间好恶是荣辱,而为人们引为荣辱的最切近于生活者则莫过于贵贱、贫富,此即所谓“富与贵,是人之所欲也”、“贫与贱,是人之所恶也”。以富贵为荣者必以贫贱为辱,荣者通常为人所尊尚,辱者则不免为人所卑视。老子于此以“守辱”讽诫世人,其旨并不在于对无可奈何的被辱者作安于现状的劝慰,也不在于启示被辱者作卧薪尝胆式的自励以求荣辱的转化。“守辱”作为基于别一种价值判断的人生态度,意味着全然不以尘界的荣辱为念,意味着那种淡泊能容而虚怀若谷的坦然。正像“守雌”是对争胜欲望的去除,“守辱”所放逐的是对一切尊荣的在意或向慕。如此,不于德有任何措意的恒德(所谓“不德”之“上德”)才会无所亏欠而臻于丰足,而这也正是向着原始朴真——未经任何雕凿的浑沌之朴——的返回。

雄强、荣盛必至于使争雄求荣者显赫于世,相对于这显赫的则是遁栖者的隐默。与“守雌”、“守辱”意脉相贯,老子亦倡言“守黑”。所谓“知其白,守其黑,为天下式”,乃是说明知显赫者会留下常人企慕的声迹,却宁可安于隐默而不邀取令闻广誉,以此为天下人开示另一种人生范式。或许,这正是隐者(“隐君子”)的自白,它所道出的避世幽居的衷曲只在于如何使天性中的“恒德”终究不至于与人乖离。恒德的根荄是可以透过人对其天性的冥悟作无穷追溯的，而这持续的穷根究源，则正可谓“复归于无极”。

如果说“守雌”、“守辱”、“守黑”以“复归于婴儿”、“复归于朴”、“复归于无极”主要在于导示一种人生态度，那么，“朴散则为器，耶(圣)人用则为官长，夫大制无割”所晓告的则是相应的施政方略。须得在当下人生中“守雌”、“守辱”、“守黑”的尘界，已经是浑朴离散而人嗜欲于有形器物以致为其牵累的世间，治理这“朴散”的世间固然不得不设立官长依职守而为，但天下国家的救治却不可不以“复朴”为究极目标。立官设长依其职守分(“割”)责治之，犹如“耳目鼻口，皆有所明，不能相通；犹百家众技也，皆有所长，时有所用”(《庄子·天下》)，虽出于不得已，但有所为的官长毕竟各蔽于“一曲”而“不该不遍”。依老子之意，“圣人”——高明的君主——即使设立官长以治世，也一定不会局守于此。老子理想中的政治是“大制”，这“大制”亦是“大治”；“大制”是“无割”的，而“无割”亦即是“无为”。所以，“大制无割”于此又可谓大治无治或无为而治，而与这大治无治或无为而治相应和的则是“朴散”向着“朴”的浑然一体的复归。

须得分外申说的是，老子所谓“守雌”、“守辱”、“守黑”是从“雌”与“雄”、“辱”与“荣”、“黑”与“白”相互对待说起的，这在既已“朴散”的现实下全然出于一种言喻的方便，但其如此置词最终却是为了超越“雌”与“雄”、“辱”与“荣”、“黑”与“白”的分别，以求导之于“道”的玄理的圆融。这由分析到非分析的言说是从理致上的“割”向着“无割”的推绎，其措思之逻辑正与其祈愿中的政治由“割”(“朴散则为器”而“圣人用则为官长”)回归“无割”(“大制无割”)的历程全然相契。

二十九章

将欲取[天下而为之,	想要施其作为于天下治理,
吾见其弗]得已。	我料定他不会有所收益。
夫天下神器也,	这天下的人啊,
非可为者也。	不可用有为的方式裁制。
为之者败之,	整治它必至于败绩,
执之者失之。①	统驭它必至于失利。
物,	人间世事,
或行或隋(随),	有前行,就有后随;
或热〔或吹,	有显赫,就有岑寂;
或强〕或硅,	有强亢,就有挫抑;
或陪或堕。②	有增益,就有损毁。
是以耶(圣)人去甚,	所以圣人治世会矫正过分,
去大(泰),	去除骄逸,
去诸(奢)。③	摈弃奢靡。

【校释】

①将欲取[天下而为之,吾见其弗]得已。夫天下神器也,非可为者也。为之者败之,执之者失之。

帛书乙本"取"下残损九字,据帛书甲本及王弼本当为"天下而为之,吾见其弗";补损阙后,其字句如上。甲本"弗"下残损六字,据乙本当为"得已。夫天下神";其末一"为"字下及"执"字下俱无"之"字。

郭店楚简(甲)本仅见此章此节文字两句:"为之者败之,执之者远之。"除"失"作"远"外,字句与帛书乙本从同。郭店楚简(丙)本亦仅见此章此节文字两句:"为之者败之,执之者遊之。""遊"为"失"字之异体。

王弼本此节文字为:"将欲取天下而为之,吾见其不得已。天下神器,不可为也。为者败之,执者失之。"除"弗"作"不"及几处虚词稍有出入外,字句大致与帛书本从同。

※诸传世本多同于王弼本,其略异者则有:傅奕本、范应元本,首句"之"下有"者"字,第三句"天"上有"夫"字,整节文字为:"将欲取天下而为之者,吾见其不得已。夫天下神器,不可为也。为者败之,执者失之。"北京延祐石刻本、司马光本、宋《御解》本、邵若愚本、彭耜本、董思靖本、林希逸本、文如海本、无名氏本、时雍本、李道纯本、危大有本,首句"之"下有"者"字,"将欲取天下而为之"为"将欲取天下而为之者"。寇才质本,首句"之"下有"兵争"二字,"将欲取天下而为之"为"将欲取天下而为之兵争"。明《御注》本、《永乐大典》本,"器"下有"也"字,"天下神器"为"天下神器也"。遂州龙兴观碑本,无"也"字,"不可为也"为"不可为";"为者"作"为故","为者败之"为"为故败之"。易州景龙碑本、易州景福碑本、敦煌写本之丁本、唐李荣本,无"也"字,"不可为也"为"不可为"。《群书治要》本,末句"之"作"也","执者失之"为"执者失也"。

"取",义即"为",而此处"为"义则为"治"。"将欲取天下而为之",乃谓想要以有所为的方式治理天下。近人蒋锡昌释此句颇中肯,其云:"《广雅·释诂三》:'取,为也。'《国语》:'疾不可为也。'韦解:'为,治也。'是'取'与'为'通,'为'与'治'通;故四十八章河上公注:'取,治也。''为'者,为有为也。'将欲取天下而为之,吾见其不得已',言世君将欲治天下而为有为者,吾见其无所得也。"(蒋锡昌:《老子校诂》,第192－193页)

"见",预料、预见之谓。"吾见其弗得已",谓我料定他不会有所得。

"神器",这里指人。"夫天下神器也,非可为者也",乃谓天下之人不可以有为的方式去治理。河上公注此极贴切,其云:"器,物也。人乃天下之神物也。神物好安静,不可以有为治。"

②物,或行或隋(随),或热〔或吹,或强〕或硂,或陪或堕。

帛书乙本或有脱漏,现据王弼本于"或热"后补"或吹",于"或硂"前补"或强",字句遂如上。帛书甲本第四"或"字下残损五字,据王弼本及帛书乙本当为"吹,或强或羸"或"吹,或强或硂";其"隋"作"随(隨)","热"作"炅","陪"作"坏"(培),"堕"作"撱"。甲、乙本用字有别,但句脉、文义略从同。

郭店楚简本未见此节文字。

王弼本此节文字为:"故物或行或随,或歔或吹,或强或羸,或挫或隳。"其与帛书甲、乙本用字有异,然句脉、文义大致无别。

※诸传世本多有与王弼本略异者,其如:易州景龙碑本、遂州龙兴观碑本,"故"作"夫","歔"作"嘘","挫"作"接",整节文字为:"夫物或行或随,或嘘或吹,或强或羸(景龙碑本作"嬴"),或接或隳。"敦煌写本之丁本,"故"作"夫","歔"作

“嘘”,“挫”作“接”,“隳”作“堕”,整节文字为:“夫物或行或随,或嘘或吹,或强或羸,或接或堕。”傅奕本,“故”作“凡”,“歔”作“噤”,“羸”作“剉”,“挫”作“培”,“隳”作“堕”,整节文字为:“凡物或行或随,或噤或吹,或强或剉,或培或堕。”苏辙本、吴澄本、明《御注》本、危大有本,“故”作“凡”,“歔”作“呴”,“挫”作“载”,整节文字为:“凡物或行或随,或呴或吹,或强或羸,或载或隳。”达真子本、叶梦得本,“故”作“凡”,“故物或行或随”为“凡物或行或随”;“歔”作“呴”,“或歔或吹”为“或呴或吹”。宋李荣本、林希逸本、潘静观本,“故”作“凡”,“故物或行或随”为“凡物或行或随”;“歔”作“嘘”,“或歔或吹”为“或嘘或吹”;“挫”作“载”,“或挫或隳”为“或载或隳”。文如海本,“故”作“凡”,“故物或行或随”为“凡物或行或随”;“挫”作“载”,“或挫或隳”为“或载或隳”。李道纯本,“故”作“凡”,“故物或行或随”为“凡物或行或随”;“歔”作“煦”,“或歔或吹”为“或煦或吹”;“挫”作“载”,“或挫或隳”为“或载或隳”。黄茂材本、崇宁《五注》本、程大昌本、刘骥本,“故”作“凡”,“故物或行或随”为“凡物或行或随”。易州开元幢本、邢州开元幢本、楼观台碑本、河上公(影宋、道藏)本、李约本、唐《御疏》本、陆希声本、杜光庭本、陈景元本、陈象古本、赵秉文本、时雍本、林志坚本、释德清本、薛蕙本、焦竑本、周如砥本,“歔”作“呴”,“或歔或吹”为“或呴或吹”;“挫”作“载”,“或挫或隳”为“或载或隳”。司马光本,“歔”作“呴”,“或歔或吹”为“或呴或吹”;“挫”作“载”,“隳”作“堕”,“或挫或隳”为“或载或堕”。曹道冲本,“歔”作“呴”,“或歔或吹”为“或呴或吹”。易州景福碑本、磻溪大德幢本、唐《御注》本、王真本、道藏无注本、李霖本、吕知常本、寇才质本、邓锜本,“歔”作“煦”,“或歔或吹”为“或煦或吹”;“挫”作“载”,“或挫或隳”为“或载或隳”。唐李荣本,

"歔"作"煦","或歔或吹"为"或煦或吹";"挫"作"接","或挫或隳"为"或接或隳"。北京延祐石刻本、张君相本、强思齐本、宋《御解》本、邵若愚本、白玉蟾本、彭耜本、董思靖本、无名氏本,"歔"作"嘘","或歔或吹"为"或嘘或吹";"挫"作"载","或挫或隳"为"或载或隳"。周至至元碑本,"歔"作"欨","或歔或吹"为"或欨或吹";"挫"作"载","或挫或隳"为"或载或隳"。杜道坚本,"歔"作"呴","或歔或吹"为"或呴或吹";"挫"作"载","或挫或隳"为"或载或隳"。范应元本,"歔"作"噤","羸"作"剉","挫"作"培","隳"作"堕",整节文字为:"故物或行或随,或噤或吹,或强或剉,或培或堕。"庆阳景祐幢本、吕惠卿本,"挫"作"载","或挫或隳"为"或载或隳"。

"物",这里指人或世间之事,与上文"神器"相应。

"或",通"有"。孙星衍《尚书今古文注疏》注《书·文侯之命》"罔或耆寿,俊在厥服"云:"或、有通字。"马瑞辰《毛诗传笺通释》释《诗·召南·殷其雷》"莫敢或遑"云:"或、有古通用。"

"隋","随"之借字。"或行或隋(随)",谓有行于前,就有随于后。

"吹",寒之谓;河上公注云:"吹,寒也。""或热或吹",这里以热、冷为喻,谓有显赫(热有显赫义)就有岑寂。

"硣"(cuǒ),通"剉"(cuò)而通"挫",挫败或挫抑之意。"或强或硣",谓有强胜就有挫败。

"陪",增益;杜预注《左传·僖公三十年》"焉用亡郑以陪邻"云:"陪,益也。""堕"(huī),损毁;杜预注《左传·定公十二年》"叔孙州仇帅师堕郈"云:"堕,毁也。""或陪或堕",谓有增益就有损毁。

③是以耶(圣)人去甚,去大(泰),去诸(奢)。

帛书乙本字句如上。甲本"耶(圣)"作"声(圣)","诸(奢)"作"楮(奢)",其与乙本句脉、文义全然一致。

郭店楚简本未见此节文字。

王弼本此节文字为:"是以圣人去甚,去奢,去泰。""奢"为本字,帛书甲本"楮"、乙本"诸"皆为"奢"之借字。王本与帛书甲、乙本之后两句句序有异,但文义并无不同。

※诸传世本,除司马光本"是以"作"是故"外,俱与王弼本从同。

"甚",过分之谓。"大(泰)",骄纵之谓。"诸(奢)",奢靡之谓。其皆由人的贪欲所致,亦皆关联于"有为",因而圣人"去"之。

【疏解】

此章由"为之"必"败之"、"失之"以论说"无为",而"无为"的着手处则被认为是摈除"甚"(过分)、"泰"(骄逸)、"奢"(奢靡)。

在老子看来,如果有谁想以人为干预的方式治理天下,那是一定不会如愿以偿的,因为对于天下万物尚且须得"生而弗有,为而弗恃,长而弗宰"(五十一章),而于人这一万物之灵或天下"神器"又岂可予以人为的宰制。严格地说,人间世是不可裁制的,于此有所为而孜孜不辍者终将遭致挫败,于此有所执着而究心于统御之术者则必至失却天下。与上章"复归于婴儿"、"复归于朴"、"复归于无极"之意脉相衔,本章以"为之者败之,执之者失之"所说的是欲不"败"、不"失"则不可"为之"、"执之"的道理;质言之,这里以反之则反的逻辑告诫人们的仍在于所谓"见素抱朴"而"大制无割"。

世间之事,一旦"为"而"执"之,势必牵缠于相互对待、随机转化的关系中:有行于前,就有随于后;有显赫之日,就有岑寂之时;有强盛亢进,就有挫折抑退;有积聚而增益,就有削减而损毁。因此,为免其随于后,就不必争于前;为避其岑寂,就不必慕求显赫;为不至于挫败,就不可以强盛为骛;为不至于损毁,就不可属意于增益。逆而推之,唯当人不再有行前、随后的区分,不再作显赫、岑寂的计较,不再存强弱、盛衰的执着,不再起损益、成毁的念愿,其在超越种种对待性关系或模糊了种种相对之界限时,方可最终无所检择、无所弃取而淡漠了"为之"、"执之"。此时,可谓为无所检择、无所弃取的自然的择取乃是浑然之"朴"。

如果说老子祈愿中治身而治天下的终极目标在于"抱朴"而"无为",那么可以说,他由此所指点的切近的下手工夫即是所谓"去甚"、"去大(泰)"、"去诸(奢)"。过分("甚")、骄逸("泰")、奢侈(奢)皆属于"为之"或有为,不过,这些即使衡之以儒家之道亦俱在摒除之列。孔子就曾说过"过犹不及"(《论语·先进》),并主张"泰而不骄"(《论语·子路》)、"礼,与其奢也,宁俭"(《论语·八佾》)。但孔子"去甚"、"去泰"、"去奢"的衡准为"中"或"中庸",老子"去甚"、'去泰'、"去奢"的终极参照则是"朴"。以"中"为尺度并不一概鄙弃人为,其只是更大程度地求取所为无"过"无"不及"而"文质彬彬"(《论语·雍也》);而以"朴"为依归则不同,其于人文的摈斥是彻底的,非至于"绝圣弃智"、"绝仁弃义"、"绝巧弃利"、"绝学无忧"(十九章)而不可谓"致虚极也,守静笃也"(十六章)。

三十章

以道佐人主，	以道辅佐君主，
不以兵强于天下，	不以兵戈于天下扬威耀武，
其[事好还。[①]	如此行事有益于返本复朴。
师之所处，	军旅所到之处，
荆]棘生之。	荆棘丛生，田园荒芜。
善者果而已矣，	善于用兵者仅止于取胜而已，
毋以取强焉。[②]	不以争强称霸为骛。
果而毋骄，	虽胜而不骄倨，
果而勿矜，	虽胜而不自负，
果[而勿]伐，	虽胜而不自诩，
果而毋得已居，	取胜只是不得已而为，
是胃(谓)果而[不]强。[③]	此即所谓虽胜而不强横跋扈。
物壮而老，	大凡人威猛逞强就会由盛而衰，
胃(谓)之不道，	这威猛逞强可以说是与道违迕，
不道蚤(早)已。[④]	与道违迕就会早早灭覆。

【校释】

①以道佐人主，不以兵强于天下，其[事好还]。

帛书乙本“其”下残损多字，据王弼本本节所损当为“事好还”，据郭店楚简本则当为“事好长”。依王弼本补损阙后，乙本字句如上。甲本“强”下残损一字，据乙本当为“于”，“天下”下残损多字，据王弼本本节所损当为“其事好还”，据楚简本则“还”作“长”。

郭店楚简（甲）本此节文字为：“以衍差人宔者，不谷以兵但于天下。其事好长。”“衍”，“道”之异体字。“差”，通“佐”，辅佐之谓。“宔”，即“主”，“宔”、“主”，古今字。“谷”，通“欲”，愿之谓。“但”，读作“强”。其首句比帛书甲、乙本多一“者”字；次句比帛书甲、乙本多一“谷（欲）”字。“其事好”句原在“是胃（谓）果而不强”句后，为便于与帛书甲、乙本勘校，姑将其置于“不谷以兵但于天下”句下。须得说明的是，楚简本“其事好”后有一分节号，分节号后有一“长”字与下文不相衔，疑楚简本抄写者误将“长”后之分节号点于其前，今且句读为“其事好长”。此“长”，王弼本等诸多传世本作“还”，然文相异而义则略通。

王弼本此节文字为：“以道佐人主者，不以兵强天下，其事好还。”其首句比帛书甲、乙本多一“者”字，次句比甲、乙本少一“于”字，然句脉、文义从同。

※诸传世本多同于王弼本，其略异者则有：易州景龙碑本，“佐”作“作”，“以道佐人主者”为“以道作人主者”。易州景福碑本、《群书治要》本，无“者”字，“以道佐人主者”为“以道佐人主”，与帛书甲、乙本从同；“强”下有“于”字，“不以兵强天下”为“不以兵强于天下”，亦与帛书甲、乙本从同。敦煌写本之丁本、张君相本、王真本，“强”下有“于”字，“不以兵强天下”为“不以兵强于天下”，与帛书甲、乙本从同。

“还”，返、复之谓。历来注家多以还报、回报注“还”，“其事好还”遂被释为以兵用事必至祸及人身及其子孙。《老子想尔注》及苏辙《道德真经注》于此所注颇有代表性。前者云："以兵定事，伤煞不应度，其殃祸反还人身及子孙。"后者亦云："圣人用兵，皆出不得已。非不得已而欲以强胜天下，虽或能胜，其祸必还报之。楚灵、齐湣、秦始皇、汉孝武，或以杀其身，或以祸其子孙。人之所毒，鬼之所疾，未有得免者也。"然而，此句"其"之所示，从行文之意脉看，似非指"以兵强天下"（或"以兵强于天下"），而是指"以道佐人主者，不以兵强天下"（或"以道佐人主，不以兵强于天下"）。倘如此，此"还"则非还报或回报之谓，而为还返、复归之意。王弼、白玉蟾、李贽等不多的注家持此说，而以王弼注最为典型。其云："为治者务欲立功生事，而有道者务欲还反无为，故云'其事好还'也。""其事好还"，意为"不以兵强于天下"有益于返本复朴。唯返本复朴方可长生久视，于此可知"其事好还"与"其事好长"义趣之相通。

②［师之所处，荆］棘生之。善者果而已矣，毋以取强焉。

帛书乙本"棘"上残损多字，据王弼本此节所损当为"师之所处，荆"；补损阙后，其字句如上。甲本"所"上残损多字，据王弼本此节所损当为"师之"，乙本"处"甲本作"居"，乙本"荆棘"甲本作"楚朸（lì）"（"楚朸"即"荆棘"），其用字异而文义无别。

郭店楚简（甲）本此节仅见"善者果而已，不以取但"二句。首句比帛书甲、乙本少一"矣"字，次句"毋"作"不"，无"焉"字。

王弼本此节文字为："师之所处，荆棘生焉。大军之后，必有凶年。善有果而已，不敢以取强。"其与帛书甲、乙本最大之不同，在于多出"大军之后，必有凶年"二句；此二句或为"师之所处，荆棘生焉"之注语，后被传抄者误入正文。劳健《老子古今考》、马叙伦《老子校诂》对此已有辨正。此外，俞樾《诸子平议·老子》有云："河上公本作'善者果而已'，当从之。王注曰：'果犹济也，言善用师者，趣以济难而已矣。'是其所据本亦作'善者'，故以'善用师者'释之。今作'善有'，以形近而误。"校之以楚简本、帛书甲乙本，俞说甚是。

※诸传世本多有与王弼本相异者，其如：易州景龙碑本、敦煌写本之丁本，无“焉”字，无“大军之后，必有凶年”二句，“善”上有“故”字，“有”作“者”，无“敢”字，整节文字为：“师之所处，荆棘生。故善者果而已，不以取强。”遂州龙兴观碑本，无“焉”字，无“大军之后，必有凶年”二句，“有”作“者”，无“敢”字，整节文字为：“师之所处，荆棘生。善者果而已，不以取强。”张君相本，无“焉”字，“有”作“者”，整节文字为：“师之所处，荆棘生。大军之后，必有凶年。善者果而已，不敢以取强。”《永乐大典》本，“焉”作“也”，“善”上有“故”字，“有”作“者”，“已”下有“矣”字，整节文字为：“师之所处，荆棘生也。大军之后，必有凶年。故善者果而已矣，不敢以取强。”宋李荣本、焦竑本，“军”作“兵”，“大军之后”为“大兵之后”；“有”作“者”，“善有果而已”为“善者果而已”。泰州广明幢本，“凶”作“荒”，“必有凶年”为“必有荒年”；“有”作“者”，“已”下有“矣”字，“善有果而已”为“善者果而已矣”。楼观台碑本，“年”作“季”，“必有凶年”为“必有凶季”；“善”上有“故”字，“有”作“者”，“善有果而已”为“故善者果而已”。傅奕本、宋《御解》本、邵若愚本、彭耜本、林希逸本、时雍本、周如砥本、潘静观本，“善”上有“故”字，“有”作“者”，“已”下有“矣”字，“善有果而已”为“故善者果而已矣”；“强”下有“焉”字，“不敢以取强”为“不敢以取强焉”。易州景福碑本、北京延祐石刻本、董思靖本，“善”上有“故”字，“有”作“者”，“善有果而已”为“故善者果而已”；“强”下有“焉”字，“不敢以取强”为“不敢以取强焉”。白玉蟾本，“善”上有“故”字，“有”作“者”，“已”下有“矣”字，“善有果而已”为“故善者果而已矣”。易州开元

幢本、庆阳景祐幢本、周至至元碑本、磻溪大德幢本、唐李荣本、唐《御注》本、唐《御疏》本、陆希声本、杜光庭本、强思齐本、道藏无注本、陈景元本、吕惠卿本、司马光本、苏辙本、陈象古本、李霖本、白玉蟾本、范应元本、无名氏本、吕知常本、寇才质本、赵秉文本、李道纯本、邓锜本、杜道坚本、王守正本、林志坚本、张嗣成本、危大有本,“善”上有“故”字,“有”作“者”,“善有果而已”为“故善者果而已”。李约本,“有”作“之”,“善有果而已”为“善之果而已”。《群书治要》本、文如海本,“有”作“者”,“善有果而已”为“善者果而已”(文本“已”下有“矣”字);“强”下有“焉”字,“不敢以取强”为“不敢以取强焉”。河上公(影宋、道藏)本、吴澄本、明《御注》本、释德清本、薛蕙本,“有”作“者”,“善有果而已”为“善者果而已”。叶梦得本,“取强”作“强取”,句末有“焉”字,“不敢以取强”为“不敢以强取焉”。

“果”,胜之谓;《尔雅·释诂上》:“果,胜也。”“善者果而已矣”,谓善用兵者仅止于取胜,而不恃强以侵凌他人。

“取强”,争强、逞强之谓。“毋以取强”,谓不可以武力争强或逞强。

③果而勿骄,果而勿矜,果[而勿]伐,果而毋得已居,是胃(谓)果而〔不〕强。

帛书乙本第三“果”字下残损二字,据甲本及王弼本当为“而勿”;“强”上脱一字,据甲本当为“不”字。补损阙后,乙本字句如上。甲本“骄”作“骊”;第三“而”字下残损二字,据乙本及王弼本当为“勿伐”;“胃(谓)”下残损一字,据乙本当为“果”。

郭店楚简(甲)本此节文字为:“果而弗發,果而弗乔,果而弗稐,是胃果而不强。”其第一句对应帛书甲、乙本第三句,第二、三句对应甲、乙本第一、二句，脱漏“果而毋得已居”句。“發”，即“发”，通“伐”，夸示之谓，这里乃自夸之意。“乔”通“骄”，骄横之意。“矜”，即“矜”，其为古今字，自大、自负之谓。其用字及句序与帛书甲、乙本有异，但文义大致相侔。

王弼本此节文字为：“果而勿矜，果而勿伐，果而勿骄，果而不得已，果而勿强。”其第一句对应帛书甲、乙本第二句，第二句对应甲、乙本第三句，第三句对应甲、乙本第一句。王本与帛书甲、乙本句序及相关用字有别，然文义并无大异。

※诸传世本有与王弼本略异者，其如：易州景龙碑本，“果而勿骄”在“果而勿矜”句前，与帛书甲、乙本句序同；“已”作“以”，末句“果”上有“是”字，整节文字为：“果而勿骄，果而勿矜，果而勿伐，果而不得以，是果而勿强。”遂州龙兴观碑本、敦煌写本之丁本，“果而勿骄”在“果而勿矜”句前，与帛书甲、乙本句序同；末句“果”上有“是”字，整节文字为：“果而勿骄，果而勿矜，果而勿伐，果而不得已，是果而勿强。”易州景福碑本，“果而勿骄”在“果而勿矜”句前，与帛书甲、乙本句序同，整节文字为：“果而勿骄，果而勿矜，果而勿伐，果而不得已，果而勿强。”庆阳景祐幢本、周至至元碑本、楼观台碑本，“骄”作“憍”，末句“果”上有“是”字，整节文字为：“果而勿矜，果而勿伐，果而勿憍，果而不得已，是果而勿强。”范应元本，“骄”作“憍”，末句“果”上有“是谓”字，整节文字为：“果而勿矜，果而勿伐，果而勿憍，果而不得已，是谓果而勿强。”易州开元幢本，“骄”作“憍”，“果而勿骄”为“果而勿憍”。司马光本，“果而勿骄”在“果而勿伐”句前，末句“果”上有“是”字，整节文字为：“果而勿矜，果而勿骄，果而勿伐，果而不得已，是果而勿强。”邢州开元幢本、磻溪大德幢本、傅奕本、李约本、唐李荣本、唐

《御注》本、唐《御疏》本、陆希声本、张君相本、杜光庭本、强思齐本、王真本、陈景元本、苏辙本、陈象古本、李霖本、白玉蟾本、曹道冲本、达真子本、无名氏本、刘骥本、吕知常本、寇才质本、赵秉文本、李道纯本、邓锜本、王守正本、杜道坚本、张嗣成本，末句“果”上有“是”字，“果而勿强”为“是果而勿强”。黄茂材本、程大昌本、吴澄本、明《御注》本，末句“果”上有“是谓”二字，“果而勿强”为“是谓果而勿强”。

“居”，这里为语助词，犹“乎”；杨树达《词诠》卷四：“居，语末助词，与乎同。”“果而毋得已居”，谓以兵取胜出于不得已。

“果而不强”，谓虽取胜却并不逞强。《左传·宣公十二年》载：“楚子曰：‘非尔所知也。夫文（字），止戈为武。……夫武，禁暴、戢兵、保大、定功、安民、和众、丰财者也，故使子孙无忘其章。……武有七德，我无一焉，何以示子孙？其为先君宫，告成事而已，武非吾功也。……’”这段话正可视为对老子所谓“善者果而已矣，毋以取强焉”、“果而不强”的注脚。

④物壮而老，胃（谓）之不道，不道蚤（早）已。

帛书乙本字句如上。甲本除“胃（谓）”上有“是”字外，与乙本从同。

郭店楚简本未见此节文字。

王弼本此节文字为：“物壮则老，是谓不道，不道早已。”其“而”作“则”，无“之”字，除此则与帛书甲本相侔。

※诸传世本多同于王弼本，其略异者则有：易州景龙碑本、敦煌写本之丁本，“是谓”作“谓之”，两“不”字并作“非”，整节文字为：“物壮则老，谓之非道，非道早已。”遂州龙兴观碑本，“是谓”作“谓之”，第二句“不”作“非”，末句无“不道”二

字，整节文字为："物壮则老，谓之非道，早已。"傅奕本、唐李荣本、宋《御解》本、邵若愚本、彭耜本、董思靖本、林希逸本、文如海本、时雍本、林志坚本、周如砥本，两"不"字并作"非"，整节文字为："物壮则老，是谓非道，非道早已。"邓锜本，末句无"不道"二字，整节文字为："物壮则老，是谓不道，早已。"

"壮"，这里指威猛逞强；陆德明《经典释文·周易音义》释《易·大壮》"大壮"云："壮，威盛强猛之名。""物壮则老"，谓凡人威盛强猛就会由盛而衰。王弼注"物壮则老"甚切老意，其云："壮，武力暴兴，喻以兵强于天下者也。飘风不终朝，骤雨不终日，故暴兴必不道，早已也。"

"蚤"，通"早"。"已"，终、止之谓，这里指覆亡。"蚤（早）已"，谓早亡。

【疏解】

此章依"道"而说"兵"，申诫用兵者不得已时仅止于以兵济难而决不可恃兵逞强。《老子》"道经"论"兵"始于此章，其要义在于"果而毋得已"（取胜只是不得已）及"果而不强"（虽胜亦不以兵戈争强于人）。

"兵"出于人为而非因任自然，以"法自然"为"道"的老子是不可能对兵戎之事予以赞可的。但身处兵事频仍的春秋乱世，老子又不能对既已如此的现实熟视无睹。这是不得已而谈兵，所谈的着手处也仅为兵的不得已。

以"法自然"之"道"引导世人、世主是老子设想中的无为而治天下的总则，因此他主张"以道佐人主"，鄙弃"以兵强于天下"。依老子之见，若能做到循"道"而不恃"兵"，天下自可治理好。当然，他心目中的天下之治不以"强"为标的，而以"朴"为归着。因此他认为“以道”、“不以兵”而“其事好还”，如此行事方相宜于返本复朴。其实，这里所谓“以道”、“不以兵”，是从“佐人主”的角度说起的，然而老子经意于“佐人主”虽说是对“人主”所处地位的看重，其如此却也不过是把诱导人主“无为”视为导引世人“复朴”的机缄——这用老子的另一番话说即是：“我无为而民自化，我好静而民自正，我无事而民自富，我欲不欲而民自朴。”（五十七章）

亲见军旅所到之处荆棘丛生而田园荒落的境象，老子诱劝那些统辖兵伍之人：善于用兵者之用兵仅限于取胜以济事，不求借重武力以争强称雄。所谓“善者果而已”的“善者”无疑是对真正懂得用兵的人的褒称，这褒之以“善”是善其略近于“道”，而非善其精通于战阵之术，尽管“果”（胜）者不可能于战阵之术全然不通。换句话说，这“善”只是道家之“善”，而非兵家之“善”。诚然，在先秦诸家——即使是兵家——这里，“兵”本身并不构成目的，但诸家对作为手段的“兵”仍会有大相径庭的价值判断；以“富强”为主导价值取向的兵家、法家是把“兵”视为可恒常使用因而可称之以善的手段的，以“朴”为主导价值取向的道家则把“兵”视为非常境况下被迫所取的不得已的手段。因此，当老子说“果而毋骄，果而勿矜，果而勿伐”时，其意味也与兵家、法家通常所作的胜而不骄恣、胜而不自负、胜而不自夸的告诫大异其趣，后者戒骄、戒矜、戒伐是为了确保其无底止地逐强争胜于天下，前者戒骄、戒矜、戒伐则是为了对用兵取胜的不得已有所反省而最终不忘“致虚”、“守静”、“复归于朴”。所以，唯有前者才可能由问津兵事的无奈得出这样的结论：“果而不得已居，是谓果而不强。”

在作了“善者果而已”、“果而不强”的劝诱后，老子对那些置忠告于不顾的人提出了警示：凡以武力逞强者必至于由盛（“壮”）而衰（“老”），如此恃力逞强既已与“道”相乖离（“不道”），则终不免生机消陨而早早覆灭。从断言“物壮则老”为“不道”，到道破“不道”必致“早已”，这意味深长的理致推绎倘用老子一句更直白的话说，即是所谓“强梁者不得其死”（四十二章）。

三十一章

夫兵者不祥之器也。	兵戈是不祥之器，
物或亚（恶）[之，	常为人们所厌弃，
故有欲（裕）者弗居。	所以有道之人不染指兵事。
君]子居则贵左，	君子平时奉行以左为上的常礼，
用兵则贵右，	以右为上唯有在用兵时，
故兵者非君子之器。①	所以兵戈不为君子所属意。
兵者不祥[之]器也，	兵戈是不祥之器，
不得已而用之，	用兵只是出于不得已，
铦㦙（恬淡）为上，	最好淡然处之，
勿美也。②	切不可赞美而激励。
若美之，	如果褒美武力，
是乐杀人也。	那就是以杀人为乐趣。
夫乐杀人，	以杀人为乐趣的人，
不可以得志于天下矣。③	不可逞其志于天下四隅。
是以吉事[上左，	所以凡吉事采用以左为上之礼，
丧事上右]。	凡丧事采用以右为上之礼。
是以偏将军居左，	因而在军中偏将军居左而立，
而上将军居右，	而上将军身处右位，
言以丧礼居之也。④	这即是说，他们按丧事之礼排

	列位次。
杀[人众，	杀人多了，
以悲哀]立(莅)[之。	要以哀伤之心对待。
战]朕(胜)，	打了胜仗，
而以丧礼处之。⑤	要行使丧事的礼仪。

【校释】

①夫兵者不祥之器也。物或亚(恶)[之,故有欲(裕)者弗居。君]子居则贵左,用兵则贵右,故兵者非君子之器。

帛书乙本“亚(恶)”下残损八字,据甲本及乙本用字之常例,当为“之,故有欲者弗居。君”;补损阙后,其字句如上。甲本上一“器”下残损一字,据乙本当为“也”;末句句末比乙本多一“也”字。

郭店楚简(丙)本此节文字仅见“君子居则贵左,甬兵则贵右,古曰兵[非君子之器]”。校之以帛书甲、乙本,“用”作“甬”(借作“用”),“故”作“古”(通“故”),末一“兵”前衍一“曰”字,末一“兵”后则残损多字,据帛书甲、乙本,此节所损或当为“非君子之器”。

王弼本此节文字为:“夫佳兵者不祥之器,物或恶之,故有道者不处。君子居则贵左,用兵则贵右,兵者不祥之器。”校之以帛书甲、乙本,首句多一“佳”字,“佳”或为衍文;首句句末少一“也”字;次句“亚”作“恶”,“亚”为“恶”之古字;第三句“欲(裕)”作“道”,“欲”借作“裕”而“裕”指“道”;其末句“兵者不祥之器”当为下节文字之首句,而下节文字之首句“(兵者)非君子之器”则当为此节文字之末句。

※诸传世本多同于王弼本,其异者则如:周至至元碑本,“佳”作“嘉”,“夫佳兵者”为“夫嘉兵者”;“君子”上有“是以”

二字,“君子居则贵左”为“是以君子居则贵左”。磻溪大德幢本,“佳”作“隹”,“夫佳兵者”为“夫隹兵者”。傅奕本,“佳”作“美”,“夫佳兵者”为“夫美兵者”;“君子”上有“是以”二字,“君子居则贵左”为“是以君子居则贵左”。陈象古本,首句无“者”字,无“物或恶之,故有道者不处”句,整节文字为:“夫佳兵,不祥之器。君子居则贵左,用兵则贵右,兵者不祥之器。”河上公(影宋)本、李道纯本,首句无“者”字,“夫佳兵者不祥之器”为“夫佳兵不祥之器”。吴澄本、明《御注》本,上一“不祥”下无“之器”二字,“夫佳兵者不祥之器”为“夫佳兵者不祥”;“处”下有“也”字,“故有道者不处”为“故有道者不处也”。易州景龙碑本、敦煌写本之丁本,“有道”下无“者”字,“故有道者不处”为“故有道不处”。《永乐大典》本,上一“不祥”下无“之器”二字,“夫佳兵者不祥之器”为“夫佳兵者不祥”。张君相本,“处”作“居”,“故有道者不处”为“故有道者不居”。无名氏本,“处”下有“也”字,“故有道者不处”为“故有道者不处也”;“君子”上有“是以”二字,“君子居则贵左”为“是以君子居则贵左”。危大有本、薛蕙本,“处”下有“也”字,“故有道者不处”为“故有道者不处也”。宋《御解》本、邵若愚本、白玉蟾本、彭耜本、董思靖本、林希逸本、范应元本、文如海本、赵秉文本、时雍本、邓锜本、林志坚本、潘静观本,“君子”上有“是以”二字,“君子居则贵左”为“是以君子居则贵左”。

“欲”,为“裕”之借字,而“裕”指“道”。《方言》卷三:“裕、猷,道也。”(见二十四章校释)“有欲(裕)者”即“有道者”,“有欲(裕)者弗居”即“有道者不处”,亦即于“道”有所了悟之人不从事于此(兵事)。

“贵左”,以左为上或以左为尊;“贵右”,以右为上或以右为尊。

古人以左为阳,以右为阴,“贵左”、“贵右”乃主阳、主阴之谓。郑玄注《礼记·曲礼下》“执主器、操币、圭、璧,则尚左手”云:“愚谓尚左者,谓以左手为尊也……盖凡物之有上下者,则以左手执其上端,右手执其下端,如弓之左执弣,右执箫;冠之右执项,左执前;衣之左执领,右执要,是也。其无上下者,但以左手所执之处为尊。”又,郑玄注《礼记·檀弓上》“二三子皆尚左”云:“丧尚右;右,阴也。吉尚左;左,阳也。”“君子居则贵左”,谓君子所务贵阳尚生。“用兵则贵右”,谓兵事主阴主灭。

②兵者不祥[之]器也,不得已而用之,铦憹(恬淡)为上,勿美也。

帛书乙本“器”上残损一字,据甲本当为“之”;补损阙后,其字句如上。甲本“不祥”上残损二字,据乙本当为“兵者”;乙本“铦憹”(恬淡),甲本作“铦袭”(恬淡)。

郭店楚简(丙)本此节文字为:“[不]得已而甬之。铦纙为上,弗媺也。”其比帛书甲、乙本少“兵者不祥之器也”句;“得”上残损一字,据帛书甲、乙本或当为“不”;甲、乙本之“用”楚简本作“甬”;甲本之“铦袭(恬淡)”、乙本之“铦憹”(恬淡)楚简本作“铦纙”(恬淡);甲、乙本之“勿美”楚简本作“弗媺”(“媺”为“美”之异体字)。

王弼本此节文字为:“(兵者)非君子之器,不得已而用之,恬淡为上,胜而不美。”校之以帛书甲、乙本,此节首句“(兵者)非君子之器”当为上节末句,上节末句“兵者不祥之器”当为此节首句;乙本之“铦憹”、甲本之“铦襲”王本作“恬淡”,后者为正字,前者为“恬淡”之借字;甲、乙本之“勿美也”王本作“胜而不美”。

※诸传世本多同于王弼本,其略异者则有:傅奕本,“恬”上有“以”字,“淡”作“憺”,“恬淡为上”为“以恬憺为上”;“胜

而”作“故”,“美”下有“也”字,“胜而不美”为“故不美也”。易州景龙碑本、敦煌写本之丁本,“淡”作“惔”,“恬淡为上”为“恬惔为上”;“胜而”作“故”,“胜而不美”为“故不美”。庆阳景祐幢本、楼观台碑本、河上公(影宋)本、《群书治要》本、张君相本、李霖本、董思靖本、无名氏本,“淡”作“惔”,“恬淡为上”为“恬惔为上”。唐《御疏》本、道藏无注本、陈景元本、白玉蟾本,“淡”作“憺”,“恬淡为上”为“恬憺为上”。《经典释文》本、强思齐本、李道纯本、林志坚本、危大有本、薛蕙本、焦竑本、周如砥本,“淡”作“澹”,“恬淡为上”为“恬澹为上”。遂州龙兴观碑本,“胜而”作“故”,“胜而不美”为“故不美”。宋《御解》本、邵若愚本、彭耜本、林希逸本、范应元本、文如海本、时雍本,“胜而”作“故”,“美”下有“也”字,“胜而不美”为“故不美也”。

“铦憹”,借作“恬淡”,清静淡泊之谓。吴澄《道德真经注》释“恬淡为上”甚贴切,其云:“恬者不欢愉,淡者不浓厚,谓非其心之所喜好也。为上,谓不好用兵,乃为可尚也。”

“美”,赞美、褒扬之谓。相应于帛书甲、乙本“勿美也”句王弼本为“胜而不美”,后者可视为前者的注脚,乃谓即使不得已用兵而取胜也不可称美其事。

③若美之,是乐杀人也。夫乐杀人,不可以得志于天下矣。

帛书乙本、甲本字句皆如上。

郭店楚简(丙)本此节文字为:“嫐之,是乐杀人。夫乐[杀人不]〔可〕以得志于天下。”“嫐”,读作“美”,或与“媺”同为“美”之异体。“夫乐”下残损三字,据帛书甲、乙本当为“杀人不”,此下或又脱一“可”字。

王弼本此节文字为:“而美之者,是乐杀人。夫乐杀人者,则不可以得志于天下矣。”所用虚词与帛书甲、乙本有出入，但其句脉、文义则从同。

※诸传世本与王弼本略异者多有，其如：易州景龙碑本，“而美之者”作“若美之”，二“杀”字并作“煞”，无下一“人”字，无“则”、“以”、“矣”三字，“志”作“意”，整节文字为：“若美之，是乐煞人。夫乐煞者，不可得意于天下。”敦煌写本之丁本，“而美之者”作“若美必乐之”，无下一“人”字，无“则”、“以”、“矣”三字，“志”作“意”，整节文字为：“若美必乐之，是乐杀人。夫乐杀者，不可得意于天下。”遂州龙兴观碑本，“而美之者”作“若美必乐之”，上一“杀”字作“煞”，下一“杀人”作“之”，无“以”、“矣”二字，“志”作“意”，整节文字为：“若美必乐之，是乐煞人。夫乐之者，则不可得意于天下。”吴澄本、明《御注》本、《永乐大典》本，无“而”字，上一“人”下有“也”字，无“夫”字，无“则”字，整节文字为：“美之者，是乐杀人也。乐杀人者，不可以得志于天下矣。”唐李荣本、张君相本，“而”作“若”，无“则”、“以”、“矣”三字，整节文字为：“若美之者，是乐杀人。夫乐杀人者，不可得志于天下。”司马光本，“而”作“若”，无“则”字，整节文字为：“若美之者，是乐杀人。夫乐杀人者，不可以得志于天下矣。”董思靖本，“而”作“若”，上一“人”下有“也”字，无“则”、“以”二字，整节文字为：“若美之者，是乐杀人也。夫乐杀人者，不可得志于天下矣。”傅奕本，“而美之者”作“若美必乐之，乐之者”，上一“人”下有“也”字，次一“乐”下有“人”字，无“则”字，整节文字为：“若美必乐之，乐之者，是乐杀人也。夫乐人杀人者，不可以得志于天下矣。”宋《御解》本、彭耜本、时雍本，“而美之者”作“若美必乐之，乐之者”，上一“人”下有“也”字，无“夫”字，无“则”、“以”二字，

整节文字为:“若美必乐之,乐之者,是乐杀人也。乐杀人者,不可得志于天下矣。”邵若愚本、林希逸本、文如海本,“而美之者”作“若美必乐之,乐之者”,上一“人”下有“也”字,无“则”、“以”二字,整节文字为:“若美必乐之,乐之者,是乐杀人也。夫乐杀人者,不可得志于天下矣。”易州景福碑本,二“杀”字并作“煞”,上一“人”下有“也”字,整节文字为:“而美之者,是乐煞人也。夫乐煞人者,则不可以得志于天下矣。”范应元本,“而美之者”作“若美之,必乐之。乐之者”,上一“人”下有“也”字,无“则”字,整节文字为:“若美之,必乐之。乐之者,是乐杀人也。夫乐杀人者,不可以得志于天下矣。”吕知常本,无上一“者”字,“是”上有“则”字,“而美之者,是乐杀人”为“而美之,则是乐杀人”;无“则”、“以”、“矣”三字,“则不可以得志于天下矣”为“不可得志于天下”。寇才质本,上一“人”下有“也”字,“是乐杀人”为“是乐杀人也”;无“则”、“以”、“矣”三字,“则不可以得志于天下矣”为“不可得志于天下”。薛蕙本、潘静观本,上一“人”下有“也”字,“是乐杀人”为“是乐杀人也”;无“则”、“以”二字,“则不可以得志于天下矣”为“不可得志于天下矣”。《群书治要》本,上一“人”下有“也”字,“是乐杀人”为“是乐杀人也”。易州开元幢本、周至至元碑本、楼观台碑本、磻溪大德幢本、李约本、唐《御注》本、唐《御疏》本、陆希声本、杜光庭本、强思齐本、陈景元本、吕惠卿本、苏辙本、陈象古本、李霖本、曹道冲本、无名氏本、程大昌本、刘骥本、赵秉文本、李道纯本、邓锜本、杜道坚本、王守正本、张嗣成本、危大有本,无“则”、“以”、“矣”三字,“则不可以得志于天下矣”为“不可得志于天下”。北京延祐石刻本、宋李荣本、焦竑本、周如砥本,无“则”、“以”二字,“则不可以得志于天下矣”为“不可得志于天下矣”。道藏无注本、林志坚本,无“则”

字,“则不可以得志于天下矣”为“不可以得志于天下矣”。白玉蟾本,无“以”字,“则不可以得志于天下矣”为“则不可得志于天下矣”。邢州开元幢本、敦煌写本之英本,无“矣”字,“则不可以得志于天下矣”为“则不可以得志于天下”。

“美”,赞美,称美。“乐”,乐于,乐意。“若美之,是乐杀人也”,谓如果称美武力,那是以杀人为乐。

“得志”,谓实现其志向或意愿。“夫乐杀人,不可以得志于天下矣”,谓那些以杀人为乐的人不可以逞其志于天下。

④是以吉事[上左,丧事上右]。是以偏将军居左,而上将军居右,言以丧礼居之也。

帛书乙本“吉事”下残损六字,据甲本当为“上左,丧事上右”;补损阙后,其字句如上。甲本无残损,“偏”作“便”,“上将军”之上无“而”字。

郭店楚简(丙)本此节文字为:“古吉事上左,丧事上右。是以支牐军居左,上牐军居右,言以丧豊居之也。”“古”,通“故”。“支”,通“偏”。“牐”,通“将”。“豊”即“礼(禮)”,“豊”、“礼”为古今字;《说文·豊部》:“豊,行礼之器也,从豆象形。凡豊之属皆从豊,读与礼同。”其与帛书甲、乙本句脉、文义相侔。

王弼本此节文字为:“吉事尚左,凶事尚右。偏将军居左,上将军居右,言以丧礼处之。”与帛书甲乙本、郭店楚简本用字略异而句脉、文义从同。

※诸传世本多有与王弼本略异者,其如:易州景龙碑本、唐李荣本,“吉”上有“故”字,“偏”上有“是以”二字,无其末句,整节文字为:“故吉事尚左,凶事尚右。是以偏将军居左,上将军居右。”敦煌写本之丁本,“吉”上有“故”字,“凶”作

“丧”,“偏”上有“是以”二字,整节文字为:“故吉事尚左,丧事尚右。是以偏将军居左,上将军居右,言以丧礼处之。”傅奕本、林希逸本、范应元本、文如海本,“吉”上有“故”字,“偏”上有“是以”二字,二“居”字并作“处”,“言”下有“居上势则”四字,整节文字为:“故吉事尚左,凶事尚右。是以偏将军处左,上将军处右,言居上势则以丧礼处之。”潘静观本与上述诸本略同,唯无“居上势则”四字。河上公(道藏)本、李约本、张君相本、道藏无注本、司马光本,“吉”上有“故”字,二“居”字并作“处”,整节文字为:“故吉事尚左,凶事尚右。偏将军处左,上将军处右,言以丧礼处之。”周至至元碑本,“偏”上有“是以”二字,二“居”字并作“处”,“言”作“则”,整节文字为:“吉事尚左,凶事尚右。是以偏将军处左,上将军处右,则以丧礼处之”。白玉蟾本、崇宁《五注》本、达真子本、叶梦得本、刘骥本,“吉”上有“故”字,“吉事尚左”为“故吉事尚左”。邵若愚本、彭耜本、时雍本,“偏”上有“是以”二字,二“居”字并作“处”,“言”下有“居上势则”四字,整节文字为:“吉事尚左,凶事尚右。是以偏将军处左,上将军处右,言居上势则以丧礼处之。”邓锜本,“吉”上有“是故”二字,二“居”字并作“处”,整节文字为:“是故吉事尚左,凶事尚右。偏将军处左,上将军处右,言以丧礼处之。”遂州龙兴观碑本,“凶”作“丧”,下一“事”字作“礼”,“凶事尚右”为“丧礼尚右”。易州景福碑本、《群书治要》本,二“尚”字并作“上”,二“居”字并作“处”,整节文字为:“吉事上左,凶事上右。偏将军处左,上将军处右,言以丧礼处之。”董思靖本,“偏”上有“是以”二字,二“居”字并作“处”,“偏将军居左,上将军居右”为“是以偏将军处左,上将军处右”。赵秉文本,“偏”上有“是以”二字,二“居”字并作“处”,“言”作“则”,整节文字为:“吉事尚左,凶事尚右。是以偏将军处左,上将军处右。

则以丧礼处之。”北京延祐石刻本、宋《御解》本，“偏”上有“是以”二字，二“居”字并作“处”，“言”下有“居上势则”四字，整节文字为：“吉事尚左，凶事尚右。是以偏将军处左，上将军处右，言居上势则以丧礼处之。”无名氏本、焦竑本、周如砥本，二“居”字并作“处”，“言”下有“居上势则”四字，整节文字为：“吉事尚左，凶事尚右。偏将军处左，上将军处右，言居上势则以丧礼处之。”明《御注》本，二“居”字并作“处”，无其末句，整节文字为：“吉事尚左，凶事尚右。偏将军处左，上将军处右。”易州开元幢本、邢州开元幢本、楼观台碑本、磻溪大德幢本、唐《御注》本、唐《御疏》本、陆希声本、杜光庭本、强思齐本、陈景元本、吕惠卿本、苏辙本、陈象古本、李霖本、吕知常本、寇才质本、杜道坚本、王守正本、吴澄本、林志坚本、张嗣成本、《永乐大典》本、危大有本、薛蕙本，二“居”字并作“处”，“偏将军居左，上将军居右”为“偏将军处左，上将军处右”。程大昌本，“言”下有“居上世则”四字，“言以丧礼处之”为“言居上世则以丧礼处之”。周至至元碑本，“言”作“则”，“言以丧礼处之”为“则以丧礼处之”。

“吉事”，古时指祭祀、冠礼、婚嫁等行礼之事。郑玄注《礼记·曲礼上》“丧事先远日，吉事先近日”云：“吉事，祭祀、冠、取(娶)之属也。”“吉事上左”，谓凡祭祀、冠礼、婚嫁等事之礼仪以左方为上。

“丧事”，指人死后殓奠殡葬等事宜。“丧事上右”，谓丧葬之礼仪以右方为上。

“上将军”，行军作战时军中的主帅。“偏将军”，辅佐上将军的将领。“偏将军居左，而上将军居右”，其以右方为上表明用兵之道与丧礼同。陈景元《道德真经藏室纂微篇》注云：“左为阳主生，故居常则尚左，吉也。右为阴主死，故丧礼则尚右，凶也。……夫上将军专杀则处右，偏将军不专杀故处左，言用兵之道同于丧礼。今上将军居右者，是以丧礼处置之也。”

⑤杀［人众，以悲哀］立（莅）［之。战］朕（胜），而以丧礼处之。

帛书乙本“杀”下残损五字，据甲本并校以王弼本，当为“人众，以悲哀”；“朕”上残损二字，据甲本当为“之。战”。补损阙后，乙本字句如上。甲本无残损，唯“哀”作“依”，末句句首无“而”字。

郭店楚简（丙）本此节文字为：“古杀［人众］，则以怅悲位之。战剩，则以丧豊居之。”“杀”下残损二字，据帛书甲本当为“人众”。“古”，通“故”。“怅”，“哀”之异体字。“位”，通“莅”，临、对待之谓。王念孙《读书杂志·战国策三》释《战国策·韩策三》“今王位正”云：“位念为莅，正读为政。……僖三年《穀梁传》曰：‘莅者，位也。’位与涖义同而声相近，故字亦相通。”“剩”，“胜”之异体字。“豊”，即“礼”；“豊”、“礼”为古今字。其用字略异于帛书甲、乙本，然句脉、文义与之从同。

王弼本此节文字为：“杀人之众，以哀悲泣之。战胜，以丧礼处之。”校之以帛书甲、乙本，“众”上多一“之”字，“悲哀”作“哀悲”，“立（莅）”作“泣”，末句句首无“而”字（与帛书甲本同）。

※诸传世本有与王弼本略异者，其如：易州景龙碑本，“杀”作“煞”，“之众”作“众多”，“哀悲”作“悲哀”，“丧”作“哀”，整节文字为：“煞人众多，以悲哀泣之。战胜，以哀礼处之。”易州景福碑本，“杀”作“煞”，“之众”作“众多”，“哀悲”作“悲哀”，“胜”下有“则”字，整节文字为：“煞人众多，以悲哀泣之。战胜，则以丧礼处之。”庆阳景祐幢本、周至至元碑本、楼观台碑本、磻溪大德幢本、唐《御注》本、唐《御疏》本、陆希声本、张君相本、陈景元本、吕惠卿本、司马光本、苏辙本、陈象古本、邵若愚本、李霖本、无名氏本、吕知常本、寇才质本、赵秉文

本,“之众”作“众多”,“哀悲”作“悲哀”,“胜”下有“则”字,整节文字为:“杀人众多,以悲哀泣之。战胜,则以丧礼处之。”易州开元幢本、遂州龙兴观碑本、敦煌写本之丁本、敦煌写本之英本、李约本、唐李荣本、杜光庭本、强思齐本、王真本、道藏无注本、宋《御解》本、彭耜本、董思靖本、林希逸本、文如海本、时雍本、李道纯本、杜道坚本、张嗣成本、危大有本、释德清本、薛蕙本、焦竑本、周如砥本、潘静观本,“之众”作“众多”,“哀悲”作“悲哀”,整节文字为:“杀人众多,以悲哀泣之。战胜,以丧礼处之。”北京延祐石刻本,“之众”作“众多”,两“以”上并有“则”字,“哀悲”作“悲哀”,整节文字为:“杀人众多,则以悲哀泣之;战胜,则以丧礼处之”。傅奕本、范应元本,“之众”作“众多”,上一“以”上有“则”字,“哀悲”作“悲哀”,“胜”下有“者则”二字,整节文字为:“杀人众多,则以悲哀泣之。战胜者,则以丧礼处之。”邓锜本,“之众”作“之众多”,“哀悲”作“悲哀”,“战”上有“故”字,“胜”下有“则亦”二字,整节文字为:“杀人之众多,以悲哀泣之。故战胜,则亦以丧礼处之。”吴澄本、明《御注》本,“之众”作“众多”,“哀悲”作“悲哀”,“处”作“主”,整节文字为:“杀人众多,以悲哀泣之。战胜,以丧礼主之。”《群书治要》本,“之众”作“众多”,“哀悲”作“悲哀”,“胜”下有“则”字,整节文字为:“杀人众多,以悲哀泣之。战胜,则以丧礼处之。”河上公(影宋)本、宋李荣本,“哀悲”作“悲哀”,“以哀悲泣之”为“以悲哀泣之”。河上公(道藏)本,“之众”作“之众多”,“哀悲”作“悲哀”,“胜”下有“则”字,整节文字为:“杀人之众多,以悲哀泣之。战胜,则以丧礼处之。”白玉蟾本、林志坚本,“哀悲”作“悲哀”,“胜”下有“则”字,整节文字为:“杀人之众,以悲哀泣之。战胜,则以丧礼处之。”崇宁《五注》本、曹道冲本、达真子本、程大昌本、刘骥本,“胜”下有“则”字,

“以丧礼处之”为“则以丧礼处之”。

“立”,通“泣”,哭泣之谓。王念孙《读书杂志·晏子春秋一》释《晏子春秋·谏上》“及晏子卒,公出屏而立”云:“立,即泣字也……考《集韵》,泣字又音立,云猋泣疾皃,是泣与立同音,故哭泣之泣,亦通作立。”

“立”,亦通“涖”、“莅”,临或对待之谓。王聘珍《大戴礼记解诂》解《大戴礼记·诰志》“众服以立天下”云:“立,涖也。”司马贞《史记索隐》释《史记·范雎蔡泽列传》“臣闻明主立政”云:“《战国策》立作莅也。”

以“泣”、“莅”解“立”皆可通,但以“莅”为胜。“以悲哀立(莅)之”,谓以悲哀之情对待之。

【疏解】

此章承上章继续谈“兵”,由上章所谓“不以兵强于天下”进而称“兵”为“不祥之器”,并将其况之以“丧事”而关联于“丧礼”。

孔子有云:“殷因于夏礼,所损益可知也。周因于殷礼,所损益可知也。其或继周者,虽百世可知也。”(《论语·为政》)又有云:“周监于二代,郁郁乎文哉!吾从周。”(《论语·八佾》)由此略可窥知“礼”在三代的源远流长,亦略可想见孔子对至周时达于完备的“礼”的属意。据《史记·老庄申韩列传》所载,孔子曾“问礼于老子”,其事虽难以考稽,但谓做过“周守藏室之史”的老子于“礼”多有所知则当在情理之中。对于渊源有自的周礼,《周礼》、《仪礼》等典籍均有或详或略的载述,老子对载籍所云是否确有辨察今已不得而知,然而由“吉事上左,丧事上右”推之于“偏将军居左,而上将军居右”,毕竟透露出了这位“有道者”扫文“复朴”以求“有舟车无所乘之,有甲兵无所陈之”(八十章)的心灵祈向。

依周礼，“大宗伯之职”在于“掌建邦之天神、人鬼、地示（qí）之礼”，而这“礼”之大别则有五：“以吉礼事邦国之鬼、神、示”，“以凶礼哀邦国之忧”，“以宾礼亲邦国”，“以军礼同邦国”，“以嘉礼亲万民”（《周礼·春官·大宗伯》）。《周礼》一书，或如《四库全书总目》所言：“作于周初，而周事之可考者不过春秋以后。其东迁以前三百余年，官制之沿革，政典损益，除旧布新，不知凡几。其初去成康未远，不过因其旧章，稍有改易。而改易之人，不皆周公也。于是以后世之法窜入之，其书遂杂。其后去之愈远，时移世变，不可行者渐多，其书遂废。”不过这“增删之迹遂靡所稽”之书虽杂，但其中所述“五礼”尚于大端处与春秋以至西周礼仪略合，老子所谓“吉事”、“丧事”正可印证于此书所载之“吉礼”、“凶礼”。

《周礼》所载之“吉礼”，包括十二种祭祀之礼，其中祭祀天神（昊天上帝、日月星辰及司生、司死、风雨之神）者三种，祭祀地祇（社、稷、五祀、五岳、山林川泽、四方百物）者三种，祭祀先王者六种。其所载“宾礼”六种，包括春朝、夏宗、秋觐、冬遇、时会、殷同。所载之“嘉礼”六种，包括饮食、昏冠、宾射、飨燕、脤膰、贺庆。以上三类二十四种礼仪在后世往往被称为“吉事”，郑玄注《礼记·曲礼上》“丧事先远日，吉事先近日”之说就曾谓：“吉事，祭祀、冠、取（娶）之属也。”相对于“吉事”、“吉礼”，“哀邦国之忧”的“凶礼”在《周礼》中被分为五种：“以丧礼哀死亡，以荒礼哀凶札（‘凶札’，五谷歉收，疾疫流行——引者注），以吊礼哀祸灾，以禬（guì，会合财物以济困除厄——引者注）礼哀围败（‘围败’，或当作‘国败’，指邦国被祸而丧失财物——引者注），以恤礼哀寇乱（‘寇乱’，外患与内乱——引者注）。”至于“军礼”，《周礼》所列举凡四种：“大师之礼”（大军出征以义勇誓师之礼）、“大均之礼”（均平征赋之礼）、“大田之礼”（借田猎检阅师旅之礼）、“大封之礼”（以兵正封疆、聚民众之礼）。这“大师”、“大均”、“大田”、“大封”之礼，诚然算不得

“吉事”,但也未必可归之于“凶事”或“丧事”。因此,后世把诸礼之事作大略的吉、凶分类时,“军礼”并不在所判之中。老子谈“兵”一反常人,以兵戈为“不祥”而终究将其系于“凶事”或“丧事”。如此谈兵当然并非毫无所据,而其意旨则在于从根本上否定“兵”的存在的意义。

“吉事上左,丧事上右”,这在春秋时期是人所共知的礼仪规范,而老子又分外提示人们注意这样一个事实:军中亦有“上右”的讲求,比如“偏将军居左,而上将军居右”。由此,老子将兵甲之事归之于“凶事”或“丧事”。就既已身陷其中的现实而言,老子不否认“兵”在非常情境下的可“用”,但他申言这“用”是“不得已而用之”。用“兵”难免“杀人”,因此在老子看来,即使其于扶危济难起了一定作用,也决不可予以赞美称扬。把逻辑推向彻底,称美用兵即是以“杀人”为“乐”,而真正“取天下”是须得“无事”、“无为”而成全天下生灵的,所以好“兵”嗜“杀”者决“不可以得志于天下”。而且,即使“不得已”用兵,“杀人”也是一件不幸的事;人杀多了不应欣喜于军功,而应对之报以哀伤之情。以此而论,对于“战胜”则不可像通常那样予以庆贺,反倒是宜于“以丧礼处之”。

其实,老子借“吉”、“凶”之分系兵事于丧事亦只是方便之谈。一如善恶、美丑之分,吉凶之分本身已是“朴散”后的不得已而为。以“丧事”说兵事是为了警醒世人,真正说来,老子并不执着于“吉”、“凶”,因而并不囿于趋利避害之常俗。他的境界在于“自然”、“复朴”,这境界见之于人生态度即是“銛襲(恬淡)为上”之“恬淡”。

三十二章

道恒无名、朴，	大道永葆朴真而无名可称，
唯（虽）小，	虽然幽微难见，
而天下弗敢臣。	天下却没有哪个可让它俯首称臣。
侯王若能守之，	侯王若是能恪守它，
万物将自宾。[1]	众人自会归服而宾从。
天地相合，	天地间阴阳交合，
以俞（雨）甘洛（露），	就会有甘露降临，
［民莫之］令而自均焉。[2]	无须指令而自会均匀润泽于民。
始制有名，	器物开始出现就随之有了名称，
名亦既有，	名物既然已经发生，
夫亦将知止，	那就要懂得限度或止境，
知止所以不殆。[3]	懂得限度或止境才不至于陷于危窘。
卑（譬）［道之］在天下也，	打个比方说天下万物之于道吧，
猷（犹）小浴（谷）之与江海也。[4]	那就像条条小溪向着江

海流注不停。

【校释】

①道恒无名、朴,唯(虽)小,而天下弗敢臣。侯王若能守之,万物将自宾。

帛书乙本字句如上。甲本“朴”作“楃”,“唯”下残损八字,据乙本当为“小,而天下弗敢臣。侯”。

郭店楚简(甲)本此节文字为:“道亘亡名、仆,唯妻,天陛弗敢臣。侯王女能兽之,万勿牺自贞。”“亘”,即“恒”,“亘”、“恒”为古今字。“仆”,通“朴”,为“朴”之借字。“妻”,借作“细”,微小之谓。“陛”,“地”之异体字。“女”,通“如”,为“如”之借字。“兽”,“守”之借字。“勿”,通“物”,为“物”之借字。“牺”,“将”之借字。“贞”,“宾”之异体字。与帛书乙本勘校,“恒”作“亘”,“无”作“亡”,“朴”作“仆”,“小”作“妻”,“天下”作“天陛”,“若”作“女”,“守”作“兽”,“物”作“勿”,“将”作“牺”,“宾”作“贞”。两者用字有异,而句脉、文义略从同。

王弼本此节文字为:“道常无(無)名、朴,虽小,天下莫能臣也。侯王若能守之,万物将自宾。”与帛书乙本勘校,“恒”作“常”,“无”(非“無”之简体字)作“無”(“无”同“無”),“唯”作“虽(雖)”,“天下”上无“而”字,“弗敢”作“莫能”,第三句句末有“也”字,其他字句则从同。

※诸传世本有与王弼本略异者,其如:易州景龙碑本、敦煌写本之丁本、遂州龙兴观碑本,“莫能”作“不敢”,无“也”字,“侯王”作“王侯”,无“之”字,整节文字为:“道常无名、朴,虽小,天下不敢臣。王侯若能守,万物将自宾。”强思齐本,“莫能”作“不敢”,“臣”下无“也”字,“侯王”作“王侯”,无“之”

字,“宾”下有“也”字,整节文字为:“道常无名、朴,虽小,天下不敢臣。王侯若能守,万物将自宾也。”李约本,“莫能”作“不敢”,无“也”字,无“之”字,“万物”作“天下”,整节文字为:“道常无名、朴,虽小,天下不敢臣。侯王若能守,天下将自宾。”易州开元幢本、周至至元碑本、楼观台碑本、磻溪大德幢本、敦煌写本之英本、唐《御注》本、唐《御疏》本、陆希声本、张君相本、杜光庭本、陈景元本、吕惠卿本、司马光本、苏辙本、陈象古本、李霖本、白玉蟾本、宋李荣本、林希逸本、吕知常本、寇才质本、赵秉文本、李道纯本、邓锜本、杜道坚本、王守正本、吴澄本、林志坚本、张嗣成本、明《御注》本、危大有本、释德清本、薛蕙本、焦竑本、周如砥本、潘静观本,“莫能”作“不敢”,无“也”字,无“之”字,整节文字为:“道常无名、朴,虽小,天下不敢臣。侯王若能守,万物将自宾。”河上公(影宋、道藏)本、曹道冲本、吕知常本,“莫能”作“不敢”,无“也”字,“天下莫能臣也”为“天下不敢臣”。唐李荣本,“莫能”作“不敢”,无“也”字,“侯王”作“王侯”,无“之”字,整节文字为:“道常无名、朴,虽小,天下不敢臣。王侯若能守,万物将自宾。”易州景福碑本,“莫能”作“莫敢”,无“也”字,“天下莫能臣也”为“天下莫敢臣”。傅奕本、道藏无注本,无“也”字,“侯王”作“王侯”,无“之”字,整节文字为:“道常无名、朴,虽小,天下莫能臣。王侯若能守,万物将自宾。”北京延祐石刻本、宋《御解》本、邵若愚本、彭耜本、董思靖本、文如海本、无名氏本、时雍本,无“也”字,无“之”字,整节文字为:“道常无名、朴,虽小,天下莫能臣。侯王若能守,万物将自宾。”范应元本,无“也”字,“侯王”作“王侯”,整节文字为:“道常无名、朴,虽小,天下莫能臣。王侯若能守之,万物将自宾。”邢州开元幢本,无“之”字,“侯王若能守之”为“侯王若能守”。

“唯”,即“虽(雖)”。杨倞注《荀子·性恶》“然则唯禹不知仁义法正,不能仁义法正也”云:“唯,读为虽(雖)。”

“小”,微而难以看见之谓;《说文·小部》:“小,物之微也。”此“小”,乃老子“视而弗见,名之曰微”之“微”。“臣”,臣服之谓;《说文·臣部》:“臣,牵也,事君也。象屈服之形。”“唯(虽)小,而天下弗敢臣”,谓道虽幽微难见而天下却没有哪个可让它俯首称臣。

“万物”,这里作“众人”解。“宾”,宾从、归顺之谓。《尔雅·释诂一》:“宾,服也。”“万物将自宾”,谓众人自会宾从。

②天地相合,以俞(雨)甘洛(露),[民莫之]令而自均焉。

帛书乙本“洛”下残损三字,据甲本及王弼本当为“民莫之”;补损阙后,其字句如上。甲本“合”作“谷”(为“合”之误书),“之”下残损四字,据乙本及王弼本当为“令而自均”。

郭店楚简(甲)本此节文字为:“天陞相合也,以逾甘零,民莫之命天自均安。”“陞”,“地”之异体字。“逾”,“雨”之借字,降之谓;《集韵·遇韵》:“自上而下曰雨。”“零”,“露”之省写。“命”,即“令”;孙星衍《尚书今古文注疏》注《书·盘庚》“矧予制乃短长之命”云:“命,即令也。”“安”,通“焉”,刘淇《助字辨略》卷一:“‘安’得为‘焉’者,声相近也。”“命”与“自均”间之“天”字,以帛书乙本及王弼本等传世本勘校,其当为“而”字之误。

王弼本此节文字为:“天地相合,以降甘露,民莫之令而自均。”与帛书甲、乙本勘校,“俞”作“降”,而“均”下无“焉”字,其他字句则略从同。

※诸传世本有与王弼本略异者,其如:林志坚本,“民”作“人”,“令”作“命”,“民莫之令而自均”为“人莫之命而自均”。易州景龙碑本、易州开元幢本、邢州开元幢本、周至至元碑本、楼观台碑本、磻溪大德幢本、遂州龙兴观碑本、北京延祐

石刻本、李约本、唐李荣本、唐《御注》本、唐《御疏》本、陆希声本、杜光庭本、强思齐本、陈景元本、苏辙本、陈象古本、宋《御解》本、邵若愚本、李霖本、彭耜本、董思靖本、宋李荣本、林希逸本、范应元本、文如海本、无名氏本、吕知常本、赵秉文本、时雍本、邓锜本、吴澄本、张嗣成本、明《御注》本、《永乐大典》本、危大有本、潘静观本,"民"作"人","民莫之令而自均"为"人莫之令而自均"。杜道坚本,"民"作"夫","民莫之令而自均"为"夫莫之令而自均"。易州景福碑本、泰州广明幢本、傅奕本,"均"下有"焉"字,"民莫之令而自均"为"民莫之令而自均焉"。

"均",均平之谓;《说文·土部》:"均,平遍也。""民莫之令而自均焉",谓(所降甘露)无须指令而自会均匀润泽于民。

③始制有名,名亦既有,夫亦将知止,知止所以不殆。

帛书乙本字句如上。甲本两"有"字间残损四字,据乙本当为"名,名亦既";"夫"下残损六字,据乙本当为"亦将知止,知止";"不"下残损一字,据乙本当为"殆"。

郭店楚简(甲)本此节文字为:"訂折又名,名亦既又,夫亦牆智歨。智歨所以不訂。"上一"訂",借作"始"。"折",借作"制"。"又",通"有"。"牆",通"将"。"智",通"知"。"歨",通"止"。下一"訂",或为"诒"之异体,借作"殆"。其与帛书乙本用字多异,但句脉、文义从同。

王弼本此节文字为:"始制有名,名亦既有,夫亦将知止,知止可以不殆。"与帛书乙本及郭店简本勘校,"所以"作"可以";"所以"之义见长,今从帛书本及楚简本。

※传世本中,与王弼本略异者则有:易州景龙碑本,“夫”作“天”,“将”上无“亦”字,“不殆”上无“可以”二字,整节文字为:“始制有名,名亦既有,天将知止,知止不殆。”河上公(影宋、道藏)本、林志坚本,“夫”作“天”,二“止”字并作“之”,“可以”作“所以”,整节文字为:“始制有名,名亦既有,天亦将知之,知之所以不殆。”易州景福碑本、张君相本、文如海本、杜道坚本,“夫”作“天”,“可以”作“所以”,整节文字为:“始制有名,名亦既有,天亦将知止,知止所以不殆。”强思齐本,“夫”下无“亦”字,“不殆”上无“可以”二字,整节文字为:“始制有名,名亦既有,夫将知止,知止不殆。”宋李荣本,二“止”字并作“之”,“可以”作“所以”,整节文字为:“始制有名,名亦既有,夫亦将知之,知之所以不殆。”易州开元幢本、庆阳景祐幢本、周至至元碑本、楼观台碑本、磻溪大德幢本、北京延祐石刻本、敦煌写本之英本、傅奕本、李约本、唐李荣本、唐《御注》本、唐《御疏》本、陆希声本、杜光庭本、道藏无注本、陈景元本、吕惠卿本、司马光本、苏辙本、陈象古本、宋《御解》本、邵若愚本、李霖本、白玉蟾本、彭耜本、董思靖本、林希逸本、范应元本、无名氏本、吕知常本、寇才质本、赵秉文本、时雍本、李道纯本、邓锜本、吴澄本、张嗣成本、明《御注》本、危大有本、释德清本、薛蕙本、焦竑本、周如砥本、潘静观本,“可以”作“所以”,“知止可以不殆”为“知止所以不殆”。遂州龙兴观碑本、敦煌写本之丁本,无“可以”二字,“知止可以不殆”为“知止不殆”。

“制”,裁、裁制之谓,为治国治天下的托喻之语。“始制有名”,谓“道”割“朴散”之后万物遂生而开始有了种种名号。这里主要指从设立制度以治国治天下开始就有了指示身份、地位的名分。

"止",止境或限度。"殆",危险、危亡之谓。"知止所以不殆",谓懂得限度或止境才可以不陷于危殆。

④卑(譬)[道之]在天下也,猷(犹)小浴(谷)之与江海也。

帛书乙本"卑"下残损二字,据甲本当为"道之";补损阙后,其字句如上。甲本"卑"作"俾","在"下残损五字,据乙本当为"天下也,犹小"。

郭店楚简(甲)本此节文字为:"卑道之才天下也,猷少浴之与江海。""卑",通"譬"。"才",通"在"。"猷",同"犹",犹如之谓。"少",小之谓,读作"小";"少浴(谷)"与帛书乙本"小浴(谷)"合,与王弼本等传世本"川谷"异。"浴",通"谷"。"海","海"之异体字。与帛书乙本勘校,"海"后脱一"也"字;其用字略异,但二者句脉、文义相侔。

王弼本此节文字为:"譬道之在天下,犹川谷之于江海。"与帛书乙本、楚简本勘校,"川谷"或当为"小谷","与"作"于",两句末皆无"也"字。然"譬"为本字,帛书乙本"卑"、甲本"俾"、楚简本"卑"皆为"譬"之借字。

※传世本中,与王弼本略异者则有:易州景龙碑本、遂州龙兴观碑本、敦煌写本之丁本、唐李荣本,二"之"字并无,"于"作"与",整节文字为:"譬道在天下,犹川谷与江海。"易州开元幢本、强思齐本,首句无"之"字,"于"作"与",整节文字为:"譬道在天下,犹川谷之与江海。"邵若愚本、彭耜本,"犹"作"由","于"作"与","海"下有"也"字,整节文字为:"譬道之在天下,由川谷之与江海也。"磻溪大德幢本,无上一"之"字,"犹"作"由","于"作"与",整节文字为:"譬道在天下,由川谷之与江海。"李霖本,"犹"作"由","于"作"与",整节文字为:"譬道之在天下,由川谷之与江海。"林希逸本、文如海本,"犹"

作“由”,“海”下有“也”字,整节文字为:“譬道之在天下,由川谷之于江海也。”无名氏本、潘静观本,“犹”作“由”,“犹川谷之于江海”为“由川谷之于江海”。周至至元碑本、赵秉文本,“犹”作“如”,“于”作“与”,“犹川谷之于江海”为“如川谷之与江海”。傅奕本、道藏无注本、宋《御解》本、范应元本、程大昌本、刘骥本,“于”作“与”,“海”下有“也”字,“犹川谷之于江海”为“犹川谷之与江海也”。易州景福碑本、庆阳景祐幢本、楼观台碑本、敦煌写本之英本、河上公(影宋、道藏)本、李约本、唐《御注》本、唐《御疏》本、陆希声本、张君相本、杜光庭本、陈景元本、吕惠卿本、司马光本、苏辙本、陈象古本、白玉蟾本、宋李荣本、吕知常本、寇才质本、时雍本、邓锜本、杜道坚本、吴澄本、林志坚本、明《御注》本、薛蕙本,“于”作“与”,“犹川谷之于江海”为“犹川谷之与江海”。北京延祐石刻本、董思靖本、释德清本,“海”下有“也”字,“犹川谷之于江海”为“犹川谷之于江海也”。

“浴”,与“谷”古音义皆同。帛书乙本“小浴(谷)”王弼本等传世本作“川谷”,校之以郭店楚简本“少浴(谷)”,当以“小浴(谷)”为是。“小谷”一词之用亦可印证于《墨子》一书,《墨子·亲士》云:“是故江河不恶小谷之满己也,故能大。”“猷(犹)小浴(谷)之与江海也”,谓天下事物对于“道”犹如诸多小的溪水对于江海。

【疏解】

此章所论由“朴”而至“始制”,由“无名”而至“有名”,其意之所属总在于“道”,而要厄则为由“道”所导于人之“知止”。

“朴”是一种隐喻,以未着于刀斧之木喻说为“道”所导之“自然”。此“自然”,即原本如此或所谓天然。不曾留下人着意加工痕迹的木（“朴”），对于人来说尚不成为“器”。然而，人一旦对其有所制作，原初之“朴”便不复存在，而被制作的木遂变作为人所用的器物。以“朴”喻“道”，最可比况其不可名而“无名”，此所谓“道恒无名”；由“朴”而“器”，“器”则可名而“有名”，此则为“始制有名”。“始”，或由“无名，万物之始”（一章）可领会为“无名”；“制”乃裁割或裁制之意，“始制”当可谓“朴散则为器”（二十八章）而“无名”随之转换为“有名”。

由“朴”而制木为器，诚然是“无名”而“有名”之关联的最直观、切近的喻例，但此所喻之理亦正可以推之于整个人间社会。人类的原初或与天地万物浑然不分，其无分物我，亦无分天人。既然物我、天人浑沌而无所分辨，人对身处其中的一切便无从命名、无从称谓。与人最初的生命欲求之自觉相一致，人的思维与语言渐次萌发而产生，于是先前的“无名”状态终被打破，人开始在其创设活动中命名各种事物。这时，对人来说，原本“无名”的境域遂代之以“有名”的世界。《周易·系辞下》中有一段托始包牺氏、神农氏、黄帝、尧、舜以述说人类由“结绳”到“书契”之发明的文字，颇可用来印证老子所谓从“朴”到“始制”、从“无名”到“有名”的文明发祥历程，尽管二者的价值取向大相径庭。其云：“古者包牺氏之王天下也，仰则观象于天，俯则观法于地，观鸟兽之文，与地之宜，近取诸身，远取诸物，于是始作八卦，以通神明之德，以类万物之情。作结绳而为网罟，以佃以渔，盖取诸离（䷝）。包牺氏没，神农氏作，斲木为耜（sì），揉木为耒，耒耨（nòu）之利以教天下，盖取诸益（䷩）。日中为市，致天下之民，聚天下之货，交易而退，各得其所，盖取诸噬嗑（䷔）。神农氏没，黄帝、尧、舜氏作，通其变，使民不倦，神而化之，使民宜之。易穷则变，变则通，通则久，是以自天佑之，吉无不利。黄帝、尧、舜垂衣裳而天下治，盖取诸乾（䷀）坤（䷁）。刳（kū）木为舟，剡（yǎn）木为楫，舟楫之利，以济不通，致远以利天下，盖取诸涣(䷺)。服牛乘马,引重致远,以利天下,盖取诸随(䷐)。重门击柝(tuò)以待暴客,盖取诸豫(䷏)。断木为杵,掘地为臼,臼杵之利,万民以济,盖取诸小过(䷽)。弦木为弧,剡木为矢,弧矢之利,以威天下,盖取诸睽(䷥)。上古穴居而野处,后世圣人易之以宫室,上栋下宇,以待风雨,盖取诸大壮(䷡)。古之葬者,厚衣之以薪,葬之中野,不封不树,丧期无数,后世圣人易之以棺椁,盖取诸大过(䷛)。上古结绳而治,后世圣人易之以书契,百官以治,万民以察,盖取诸夬(䷪)。"《系辞》乃儒家之典籍,其人文趋求以"文质彬彬"为标的,因而对"网罟"之"以佃以渔"及此后的"耒耨之利"、"日中为市"、"舟楫之利"、"服牛乘马"之"引重致远"之利、制杵造臼之"臼杵之利"、"上栋下宇"之"宫室"之利、"棺椁"之丧葬之宜、"书契"之载述之用等多有肯认与赞可。与之相连,老子对这始于"结绳"的种种制作、发明则悉数予以否弃。制作、发明日繁即是"名亦既有"而既多,老子就此劝诲人们:"亦将知止。"

"知止",乃是说要懂得有所限止。与"名"的递加相表里的是"制"的增益,而与"名"、"制"的泛滥相表里的是人的欲求的膨胀;老子"知止所以不殆"之谓,不过是要提醒人们,在"五色使人目盲,五音使人之耳聋,五味使人之口爽,驰骋田猎使人心发狂,难得之货使人之行妨"(十二章)的现实下须懂得"少私寡欲"(十九章)以"欲不欲"(五十七章、六十四章)。事实上,老子申言"知止"原是要更多地针对身系邦国治理的"侯王"一类人的。在他看来,"夫天下多忌讳,而民弥贫;民多利器,而国家滋昏;人多知巧,而奇物滋起;法物滋彰,而盗贼多有"(五十七章)。这"多忌讳"(多禁令)、"多利器"(多满足利欲的器物)、"多知巧"、"法物滋彰",质言之,即是多"名"、多"制"而多"欲",而老子一再告诫侯王"守"那未可命名的"道",只不过是要他们在"名亦既有”的尘寰中“知止”以求复归于“朴”。所谓“止”，固然是指止“名”、止“制”，而说到底，真正重要的还在于止“欲”，所以老子也这样说：“化而欲作，吾将镇之以无名之朴。镇之以无名之朴，夫将不欲。”（三十七章）

三十三章

知人者知（智）也，	能鉴别他人那叫作有智慧，
自知〔者〕明也。	能认清自己才称得上明达。
朕（胜）人者有力也，	能战胜他人那叫作有力量，
自朕（胜）者强也。①	能战胜自己才称得上强大。
知足者富也，	懂得满足的人总会感到富有，
强行者有志也。	勉力而行的人一定志不可拔。
不失其所者久也，	不失其为人之道的人可以长久，
死而不忘（亡）者寿也。②	身死而道存的人才称得上寿高无涯。

【校释】

①知人者知（智）也，自知〔者〕明也。朕（胜）人者有力也，自朕（胜）者强也。

以帛书乙本上下句脉相推，并与王弼本等勘校，乙本“自知”下当脱一“者”字；补脱文后，其字句如上。甲本“自知”下残损五字，据乙本及王弼本当为“者明也。胜人”；“自胜者”下残损多字，据乙本，此节所损当为“强也”。

郭店楚简本未见此章文字。

王弼本此节文字为：“知人者智，自知者明。胜人者有力，自胜者强。”帛书本四句句末皆有“也”字，王本俱无，二者用字亦有本字、借字之别，然其句脉、文义从同。

※诸传世本多与王弼本同，略异者则有：傅奕本，每句之末皆有“也”字，与帛书本相侔，整节文字为：“知人者智也，自知者明也。胜人者有力也，自胜者强也。”范应元本，“智”作“知”，每句之末皆有“也”字，与帛书本从同，整节文字为：“知人者知也，自知者明也。胜人者有力也，自胜者强也。”易州景龙碑本、敦煌写本之丁本，“胜人”下无“者”字，“胜人者有力”为“胜人有力”。崇宁《五注》本、叶梦得本、刘骥本，无“有”字，“胜人者有力”为“胜人者力”。

“朕”，通“胜”；帛书乙本六十一章“牝恒以静朕（胜）牡”之“朕”，其通“胜”，可与此章相互印证。

由“知人”到“自知”，由“朕（胜）人”到“自朕（胜）”，语意递进而旨趣归于“自知”、“自朕（胜）”。古来注家于此多有心得，如河上公《老子道德经章句》注云：“能知人好恶，是为智；人能自知贤与不肖，是为反听无声，内视无形，故为明也。能胜人者，不过以威力也；人能自胜己情欲，则天下无有能与己争者，故为强也。”

②知足者富也，强行者有志也。不失其所者久也，死而不忘（亡）者寿也。

帛书乙本字句如上。甲本上一“也”上残损多字，据乙本，此节所损当为“知足者富”；“死”下脱一“而”字。

王弼本此节文字为：“知足者富，强行者有志，不失其所者久，死而不亡者寿。”四句句末皆无“也”字，“忘（亡）”作“亡”，其它字句则与帛书乙本从同。

※诸传世本多同于王弼本，其略异者则有：傅奕本、范应元本，每句句末皆有“也”字，与帛书甲、乙本从同，整节文字为：“知足者富也，强行者有志也。不失其所者久也，死而不亡者寿也。”易州景龙碑本、遂州龙兴观碑本、敦煌写本之丁本、危大有本，“强行”下无“者”字，“强行者有志”为“强行有志”。《群书治要》本，“行者”下有“则”字，“亡”作“妄”，整节文字为：“知足者富，强行者则有志。不失其所者久，死而不妄者寿。”邢州开元幢本，“所者”作“所其”，“不失其所者久”为“不失其所其久”。邵若愚本，“所”下有“止”字，“不失其所者久”为“不失其所止者久”。北京延祐石刻本，“所”下无“者”字，“不失其所者久”为“不失其所久”。易州景福碑本，“亡”作“妄”，“死而不亡者寿”为“死而不妄者寿”。

“所”，道理或方法之谓。郑玄注《礼记·哀公问》“（今之君子）求得当欲，不以其所”云：“所，犹道也。”“不失其所者久也”，谓不失其为人之道者可以长久。

“忘”，通“亡”；这里“亡”为本字，“忘”为“亡”之借字。“死而不忘（亡）者寿也”，谓肉体虽死而其道尚存的人才称得上高寿。王弼注此语极精辟，其云：“虽死而以为生之，道不亡乃得全其寿。身没而道犹存，况身存而道不卒乎。”

【疏解】

此章立足于“道”以论人生修养，由摈抑世俗既经认同的价值观念把人们导向别一精神境地。这别一种价值取向上的人生修养主张“自知”、“自胜”、“知足”以“强行”（勉力而行，行众人所不行），其终极归趣则在于由“不失其所”以“久”而求“死而不亡”之“寿”。

世人多以“知人”——辨识人之善恶、贤愚——为尚，将其视为一种可赞赏而值得涵养的智慧。老子亦并不否认“知人者知（智）”，但当他把“知人”之能力以“智”相看时却未始对之有所褒誉。《老子》诸章中，“智”、“智慧”从来就是被赋予了贬意的词语，如十八章有谓“智慧出，安有大伪”，十九章有谓“绝圣弃智，民利百倍”，六十五章亦有谓“民之难治也，以其智也”（王弼注云：“多智巧诈，故难治也”）。本章“知人者知（智）”之“智”亦当不例外，非为老子所推许。“知人”须是对人作善恶、贤愚的鉴别，而善恶、贤愚之分必致有涉善恶、贤愚标准的确立，这标准的确定又必致“物论”（《庄子·齐物论》）纷起而“朴散”不一，其最终则难免于“文敝”而诈伪迭出。与“知人”相对，老子所谓“自知”却是自作反省，这反省的不言而喻的归止即为“见素抱朴，少私寡欲”（十九章）。倘一言以蔽之，“自知”在老子这里亦可谓自致于“朴”或“自朴”（五十七章）。“自知者明”，其“明”（明达）就明在复“朴”以见“道”。十六章有“知常明也”之说，这“常”即恒常之“道”，亦即浑然之“朴”，而彼“明”则正与“自知者明”之“明”全然相印。老子从“知人者知（智）”说到“自知者明”，并非要人们“智”、“明”并举或既“智”且“明”，而是在诱引人们弃“智”趋“明”，这弃取的真正秘密乃在于“抱朴”或“复朴”。

“胜”，也为世人孜孜以求，而所求“胜”往往在于“胜人”。“胜人”或以气力（有形之力），或以智力（对有形之力有所借重的无形之力），质言之，“胜人”总须凭借争夺或角逐中的一种“力”。老子当然懂得“朕（胜）人者有力”，但一如对于“知人”，他对“胜人”从未予以嘉许。相反，老子反倒要倡导人们“自胜”（相对于“胜人”的胜己）。“自胜”不以气力胜，亦不以智力胜，而是胜以虚静，胜以恬淡，所胜则为蓄积于一己而逞纵于世务的争竞之心或贪取之欲。与“胜人”以“力”迥然有别，“自胜”有赖于一意向“道”的生命强度,所以老子说:“自胜者强也。”对于“强”,老子没有一味肯定,也没有一味否定。他否定那种争胜之强,这强即“坚强死之徒”、“兵强则不胜”(七十六章)之强;同时,他也肯定另一种强,亦即“守柔曰强”(五十二章)之强与“自朕(胜)者强”之强。而由这被肯定的意味相契之“强”,进而则又可作如是推断:所谓“自胜”亦正相当于“守柔”。其实,无论“自胜”还是“守柔”,皆意味着不争;“守柔”固是对争心的抑止,“自胜”又何尝不是对随起的争竞欲念的制胜。争竞起于欲望得以更大程度满足的追求,而不争的极致则是诸种欲念消解于无形的“素”、“朴”之境,因此,说到底,“守柔”而“自胜”、“自胜”而“强”的要归仍在于由自觉致“朴”而达于自然之“朴”。

与争心的抑止、欲望的消解相应的是一种非同俗常的满足感的获得,懂得获取这种满足感可谓之“知足”;“知足”者是自身充实而无求于外的,所以老子认为唯有“知足”才可称之以“富”。尘俗所谓“足”或满足是指欲望的如愿以偿,然而人的总在增益中的欲望从来就不是一个常数。人的欲望永无止境,每次欲求的满足所引出的都是新的不足,由新的欲求的满足所引出的则是更新更大的不足,因此被欲望驱使的尘垢中人永不知足,并由于这不足相继以不足而永在求足的匮乏中。相反,由“少私寡欲”以“知足”,这“足”不会衍生不足,因而常“足”中的“足”乃可谓之“富”。“知足”之“富”与财货充裕之“富”虽皆以“富”称,但二者之趣致却全然相睽。财货充裕之富处在欲望满足与不足的一体共生中,其作为身外之物,得失并不尽遂一己之愿,既可得于此时,亦可失于彼时,有失就有“辱”,尽失则为“殆”。“知足”之“富”却非身外之富,可操之于己,遂亦无有“辱”、“殆”之虞,因而老子有谓“知足不辱,知止不殆”(四十四章)。不过,尘网中人诱于财货之富而永不“知足”、“知止”,即使屡遭“辱”、“殆”亦在所不顾,而真正对“知足者富”这一理趣有所悟知者乃是抱“朴”守“道”之人,他们之所行可谓行众人所不行。此行众人所不行,亦即“强行”(恃其孤致勉力以行),非矢志于归朴之道者而不可,老子于是而有“强行者有志也”之叹。

真正说来,“知足”之行是“强行”,“自知”、“自胜”之行——在行中方可切实了悟其理——未始不是“强行”,因为在深陷“文敝”的人间世践行“自知”、“自胜”、“知足”皆为行众人所不行,行众人所不行非“强行”便决无可能。但“自知”、“自胜”、“知足”——统而言之“自朴”——在老子看来毕竟乃是为人之所或为人之道,倘终于能不失此所此道,其人必可长久,而且即使其躯体不免一死,为之所践行的为人之道也会为他人所践行而决不会就此亡佚。此所谓:“不失其所者久也,死而不忘(亡)者寿也。”

三十四章

道沨(氾)呵,	道泛滥于天地万有呵,
其可左右也。	无处不在而无论左右。
成功遂[事而]弗名有也。[①]	成全一切而不以声誉为求。
万物归焉而弗为主,	为万物所归却不做万物之主,
则恒无欲也,	总是那么无所欲图,
可名于小。[②]	适可称之以“小”而隐然不露。
万物归焉而弗为主,	为万物所归却不做万物之主,
可命(名)于大。[③]	适可叹之以“大”而无所不予成就。
是以耶(圣)人之能成大也,	所以圣人循道得以伟大长久,
以其不为大也,	因为他无意于伟大长久,
故能成大。[④]	反倒成就了他的伟大长久。

【校释】

①道沨(氾)呵,其可左右也。成功遂[事而]弗名有也。

帛书乙本“遂”下残损二字,据甲本当为“事而”;补损阙后,其字句如上。甲本“道”下残损九字,据乙本当为“氾呵,其可左右也。成功”。

郭店楚简本未见此章文字。

王弼本此节文字为:“大道氾兮,其可左右。万物恃之而生而不辞,功成不名有。”与帛书甲、乙本勘校,其多出“万物恃之而生而不辞”句,就通章之语脉看,帛书本似更可从。

※诸传世本有与王弼本略异者,其如:易州开元幢本,“氾”作“汎”,无“兮”字,前一“而”字作“以”,“功成”作“成功”,整节文字为:“大道汎,其可左右。万物恃之以生而不辞,成功不名有。”庆阳景祐幢本、楼观台碑本、磻溪大德幢本、吕知常本、薛蕙本、焦竑本、周如砥本,“氾”作“汎”,前一“而”字作“以”,整节文字为:“大道汎兮,其可左右,万物恃之以生而不辞,功成不名有。”张君相本,“氾”作“汎”,前一“而”字作“以”,“功成”作“成功”,整节文字为:“大道汎兮,其可左右。万物恃之以生而不辞,成功不名有。”彭耜本、潘静观本,“氾”作“汎”,前一“而”字作“以”,“不名有”作“不居”,整节文字为:“大道汎兮,其可左右。万物恃之以生而不辞,功成不居。”傅奕本、道藏无注本,“氾”作“汎汎”,前一“而”字作“以”,“不名有”作“而不居”,整节文字为:“大道汎汎兮,其可左右。万物恃之以生而不辞,功成而不居。”范应元本,“氾”作“氾氾”,前一“而”字作“以”,整节文字为:“大道氾氾兮,其可左右。万物恃之以生而不辞,功成不名有。”李约本,“氾”作“泛”,前一“而”字作“以”,无“功成不名有”句,整节文字为:“大道泛兮,其可左右。万物恃之以生而不辞。”易州景龙碑本,无“兮”字,前一“而”字作“以”,“功成”作“成功”,整节文字为:“大道氾,其可左右。万物恃之以生而不辞,成功不名有。”遂州龙兴观碑本、敦煌写本之丁本,无“兮”字,无“之”字,上一“而”作“以”,整节文字为:“大道氾,其可左右。万物恃以生而不辞,功成不名有。”唐李荣本,前一“而”字作“以”,“功成”作“成

功”，整节文字为：“大道氾兮，其可左右。万物恃之以生而不辞，成功不名有。”河上公（道藏）本，“氾”作“汎”，“成”下有“而”字，整节文字为：“大道汎兮，其可左右。万物恃之而生而不辞，功成而不名有。”杜光庭本、强思齐本，“氾”作“汎”，前一“而”字作“以”，“成”下有“而”字，整节文字为：“大道汎兮，其可左右。万物恃之以生而不辞，功成而不名有。”北京延祐石刻本、吕惠卿本、邵若愚本、董思靖本、林希逸本、文如海本、时雍本、张嗣成本，“氾”作“汎”，前一“而”字作“以”，“不名有”作“不居”，整节文字为：“大道汎兮，其可左右。万物恃之以生而不辞，功成不居。”宋《御解》本与之同，唯“道”下“氾”字作“泛”。司马光本、无名氏本、吴澄本、明《御注》本，“氾”作“汎”，前一“而”字作“以”，“不名有”作“而不居”，整节文字为：“大道汎兮，其可左右。万物恃之以生而不辞，功成而不居。”陆希声本，“氾”作“汎”，前一“而”字作“以”，“不名有”作“而不居有”，整节文字为：“大道汎兮，其可左右。万物恃之以生而不辞，功成而不居有。”周至至元碑本、敦煌写本之英本、唐《御注》本、唐《御疏》本、陈景元本、苏辙本、宋李荣本、寇才质本、赵秉文本、邓锜本、杜道坚本、王守正本、林志坚本、《永乐大典》本、危大有本，“氾”作“汎”，“大道氾兮”为“大道汎兮”；前一“而”字作“以”，“万物恃之而生而不辞”为“万物恃之以生而不辞”。李道纯本、释德清本，前一“而”字作“以”，“万物恃之而生而不辞”为“万物恃之以生而不辞。”泰州广明幢本、王真本，“成”下有“而”字，“功成不名有”为“功成而不名有”。

“渢”（fàn），同“氾”、“汎”，广泛、普遍之谓。钱大昕《廿二史考异·史记四》云：“《说文》无‘渢’字，盖即‘汎’之异文。”“道渢

（氾）”，谓大道泛滥而遍在。王弼注“大道汎兮，其可左右”云：“言道氾滥无所不适，可左右上下周旋而用，则无所不至也。”

“遂事”，成就其事。“成功遂事而弗名有”，谓成全万物却不以此为功绩而据名誉为己有。

②万物归焉而弗为主，则恒无欲也，可名于小。

帛书乙本、甲本字句相同，皆如上。

王弼本此节文字为：“衣养万物而不为主，常无（無）欲，可名于小。”与帛书甲、乙本勘校，“万物归焉”作“衣养万物”，此为二者较大之差异。“衣”，有覆盖义，亦有包裹义，可引申为保护、呵护；“衣养”，养护之谓。其义虽不尽同于帛书之“万物归焉”，但亦略相近。

※其他传世本，与王弼本相异者则有：易州景龙碑本，“衣”作“爱”，无“而”字，无后二句，此节文字仅一句：“爱养万物不为主。”泰州广明幢本，“衣”作“爱”，无“而”字，“衣养万物而不为主”为“爱养万物不为主”。易州景福碑本、河上公（道藏）本，“衣”作“爱”，“小”下有“矣”字，整节文字为：“爱养万物而不为主，常无欲，可名于小矣。”白玉蟾本、程大昌本、林志坚本，“衣”作“爱”，“常”上有“故”字，整节文字为：“爱养万物而不为主，故常无欲，可名于小。”（白本末句句末有“矣”字）陈象古本、宋李荣本、吕知常本，“衣”作“爱”，“于”作“为”，整节文字为：“爱养万物而不为主，常无欲，可名为小。”易州开元幢本、庆阳景祐幢本、周至至元碑本、楼观台碑本、磻溪大德幢本、敦煌写本之英本、李约本、唐《御注》本、唐《御疏》本、陆希声本、杜光庭本、强思齐本、道藏无注本、陈景元本、苏辙本、李霖本、曹道冲本、寇才质本、李道纯本、邓锜本、杜道坚本、王守正本、释德清本、薛蕙本、焦竑本、周如砥本，“衣”作

"爱","衣养万物而不为主"作"爱养万物而不为主"。遂州龙兴观碑本,"衣"作"依","养"作"被",无"而"字,无"常无欲"三字,整节文字为:"依被万物不为主,可名于小。"敦煌写本之丁本、唐李荣本、张君相本,"养"作"被",无"而"字,无"常无欲"三字,整节文字为:"衣被万物不为主,可名于小。"范应元本,"养"作"被","常"上有"故"字,"于"作"为","小"下有"矣"字,整节文字为:"衣被万物而不为主,故常无欲,可名为小矣。"北京延祐石刻本、傅奕本、司马光本、宋《御解》本、邵若愚本、彭耜本、董思靖本、林希逸本、文如海本、时雍本、张嗣成本,"养"作"被","常"上有"故"字,"小"下有"矣"字。整节文字为:"衣被万物而不为主,故常无欲,可名于小矣。"赵秉文本,"养"作"被","常"上有"故"字,整节文字为:"衣被万物而不为主,故常无欲,可名于小。"吴澄本、明《御注》本、潘静观本,"养"作"被","小"下有"矣"字,整节文字为:"衣被万物而不为主,常无欲,可名于小矣。"吕惠卿本、无名氏本、《永乐大典》本、危大有本,"养"作"被","衣养万物而不为主"为"衣被万物而不为主"。潘静观本,"小"下有"矣"字,"可名于小"为"可名于小矣。"

"主",主宰之谓。"万物归焉而弗为主",谓道为万物所归宗却不做万物之主宰。

"小",微而不显之谓。《说文·小部》:"小,物之微也。"

"恒无欲也,可名于小",谓道成全万物而为万物所归宗,但这一切乃道无意而为,其对万物悉予养护却隐而不彰,可以"小"——"视之而弗见,名之曰微"(十四章)——称之。"无欲"而自"小",反倒能使道成其为"大",于是遂又有下文之"可命(名)于大"。

③万物归焉而弗为主,可命(名)于大。

帛书乙本字句如上。甲本“焉”下残损二字，据乙本当为“而弗”；“命”，甲本作“名”。

王弼本此节文字为：“万物归焉而不为主，可名为大。”帛书本“弗”王本作“不”，帛书本“于”王本作“为”，然其句脉、文义相侔。

※诸传世本有与王弼本略异者，其如：易州开元幢本、楼观台碑本、磻溪大德幢本、遂州龙兴观碑本、敦煌写本之丁本、唐《御注》本、唐《御疏》本、陆希声本、陈景元本、苏辙本、李霖本、寇才质本、王守正本，“焉”作“之”，无“而”字，后一“为”作“于”，整节文字为：“万物归之不为主，可名于大。”张君相本，无“而”字，“大”下有“矣”字，整节文字为：“万物归焉不为主，可名为大矣。”无名氏本，“焉”作“之”，无“而”字，前一“为”作“知”，后一“为”作“于”，整节文字为：“万物归之不知主，可名于大。”陈象古本、曹道冲本、程大昌本，“焉”作“之”，无“而”字，整节文字为：“万物归之不为主，可名为大。”傅奕本、时雍本，“焉”作“之”，前一“为”作“知”，后一“为”作“于”，“大”下有“矣”字，整节文字为：“万物归之而不知主，可名于大矣。”范应元本，“焉”作“之”，前一“为”作“知”，“大”下有“矣”字，整节文字为：“万物归之而不知主，可名为大矣。”李约本、唐李荣本、杜光庭本、强思齐本、赵秉文本、李道纯本、邓锜本、杜道坚本，“焉”作“之”，后一“为”作“于”，整节文字为：“万物归之而不为主，可名于大。”敦煌写本之英本、宋李荣本、吕知常本、“焉”作“之”，“万物归焉而不为主”为“万物归之而不为主”。北京延祐石刻本、司马光本、宋《御解》本、邵若愚本、彭耜本、董思靖本、林希逸本、文如海本、吴澄本、明《御注》本，前一“为”作“知”，后一“为”作“于”，“大”下有“矣”字，整节文字

为："万物归焉而不知主，可名于大矣。"吕惠卿本、《永乐大典》本、焦竑本，前一"为"作"知"，后一"为"作"于"，整节文字为："万物归焉而不知主，可名于大。"河上公（道藏）本、白玉蟾本、张嗣成本、潘静观本，后一"为"作"于"，"大"下有"矣"字，"可名为大"为"可名于大矣"。易州景龙碑本，无"万物归焉而不为主"句，"可名为大"作"可名于大"，与上节文字并作一节，其为："爱养万物不为主，可名于大。"易州景福碑本，"大"下有"矣"字，"可名为大"为"可名为大矣"。林志坚本、危大有本、薛蕙本、周如砥本，后一"为"作"于"，"可名为大"为"可名于大"。

"可命（名）于大"与上节"可名于小"皆言"道"，意似相抵，实则相印。上节"恒无欲也，可名于小"，谓"道"虽成全万物，但其"无欲"而自"小"，这"无欲"而自"小"反倒使"道"成其"大"。简言之，"道"因"无欲"而"小"成就了它为万物所归之"大"。

④是以耶（圣）人之能成大也，以其不为大也，故能成大。

帛书乙本字句如上。甲本"是"下残损一字，据乙本当为"以"；"耶（圣）"作"声（圣）"，其他字句与乙本从同。

王弼本此节文字为："以其终不自为大，故能成其大。"与帛书甲、乙本勘校，主要差别在于王弼本少"是以圣人之能成大也"句；依语脉，当从帛书本。

※传世本中，与王弼本相异者则有：北京延祐石刻本、邵若愚本、黄茂材本、崇宁《五注》本、达真子本、林希逸本、文如海本、吴澄本、明《御注》本、《永乐大典》本，前有"是以圣人能成其大也"句，与帛书甲、乙本略从同；无"终"字，无"为"字，整节文字为："是以圣人能成其大也，以其不自大，故能成

其大。”傅奕本、道藏无注本，前有“是以圣人能成其大也”句，与帛书甲、乙本略从同；无“为”字，整节文字为：“是以圣人能成其大也，以其终不自大，故能成其大。”无名氏本，前有“是以圣人能成其大”句，与帛书甲、乙本略从同；无“终”字，无“为”字，整节文字为：“是以圣人能成其大，以其不自大，故能成其大。”叶梦得本，前有“是以圣人能其大也”句，无“终”字，无“为”字，整节文字为：“是以圣人能其大也，以其不自大，故能成其大。”易州景龙碑本、易州开元幢本、邢州开元幢本、易州景福碑本、庆阳景祐幢本、周至至元碑本、楼观台碑本、磻溪大德幢本、敦煌写本之丁本、敦煌写本之英本、河上公（影宋、道藏）本、李约本、唐李荣本、唐《御注》本、唐《御疏》本、陆希声本、张君相本、杜光庭本、强思齐本、陈景元本、吕惠卿本、司马光本、苏辙本、宋《御解》本、李霖本、白玉蟾本、彭耜本、董思靖本、宋李荣本、吕知常本、寇才质本、赵秉文本、时雍本、李道纯本、邓锜本、杜道坚本、林志坚本、张嗣成本、危大有本、释德清本、薛蕙本、焦竑本、周如砥本、潘静观本，首句作“是以圣人终不为大”，整节文字为：“是以圣人终不为大，故能成其大。”遂州龙兴观碑本，首句作“圣人终不为大”，整节文字为：“圣人终不为大，故能成其大。”范应元本，首句作“是以圣人以其终不自为大”，整节文字为：“是以圣人以其终不自为大，故能成其大。”陈象古本，无此节文字。

“耶（圣）人”，这里指法“道”而法“自然”达到极高境地的人。“道”成全万物，其“无欲”而自“小”反倒造就了为万物所归之“大”；圣人以“道”为法，如“道”那样“不为大”（“恒无欲也，可名于小”），遂亦如“道”那样“能成大”。“道”于人有所导，其所导示的人之典型或典型形态的人即“圣人”，从一定意义上说，“圣人”乃是“道”在人这里可能尽致的实现。“道”因“无欲”而“小”以“大”，法“道”之圣人亦复如此。

【疏解】

此章上承二章“万物作而弗始也，为而弗恃也，成功而弗居也”及十章“生而弗有，长而弗宰也，是谓玄德”之微意，再度论说“道”而至于“圣人”的“玄德”。其深致在于为“道”所导而见之于“圣人”的“小”、“大”之理：唯“无欲”而“小”方成就了其为万物所归之“大”。

《老子》中以“大”称“道”之处最典型者莫过于二十五章：“吾未知其名，字之曰道，吾强为之名曰大。大曰逝，逝曰远，远曰反。”本章所谓“万物归焉而弗为主，可命（名）于大”，正与这“强为之名曰大”相应。“道”本不可名，其“视之而弗见”、“听之而弗闻”、“揩之而弗得”，既然无形、无声，便未可以大、小相论。但未可由形、声称其“大”，并不意味着“强为之名曰大”的所名没有勉为其难如此命名的依据，这依据便是“道”的无远弗届（“逝”而“远”）而无远弗返（“远”而“反”），而用本章的话说即是“道沨（氾）呵，其可左右也”。

王弼《老子指略》曾这样说到“道”的不可命名及不得已而“强为之”的几种名称：“名之不能当，称之不能既。名必有所分，称必有所由。有分则有不兼，有由则有不尽；不兼则大殊其真，不尽则不可以名，此可演而明也。夫‘道’也者，取乎万物之所由也；‘玄’也者，取乎幽冥之所出也；‘深’也者，取乎探赜而不可究也；‘大’也者，取乎弥纶而不可极也；‘远’也者，取乎绵邈而不可及也；‘微’也者，取乎幽微而不可睹也。然则‘道’、‘玄’、‘深’、‘大’、‘微’、‘远’之言，各有其义，未尽其极者也。”（楼宇烈：《王弼集校释》，第

196 页）尽管无论怎样称谓那无形无声无为无执者都难以“尽其极”，但相对而言，“强为之名”时毕竟以“道”、“玄”、“深”、“大”、“微”、“远”最为可选，而其中的“大”与“道”、“玄”似尤为可瞩。诚然，以“大”为名谓，主要“取乎弥纶而不可极”，不过，一如以“道”为名谓主要“取乎万物之所由”却不妨如此名谓时所指更为丰赡、圆足一样，以“大”勉强称那无形无声无为无执者时亦可不局限于“弥纶而不可极”之一维。事实上，本章在谓之“可名于大”时，就不仅是指“道氾”而“其可左右”，并且亦指其“成功遂事而弗名有”，因而亦称说其“万物归焉而弗为主”。

然而有趣的是，那无形无声无为无执者在本章被认为“可命（名）于大”时也被认为“可名于小”。此“可名于小”似与“可命（名）于大”义旨相背，实则二者可谓相合于一体。《老子》中以“小”称“道”之处最典型者莫过于三十二章：“道恒无名、朴，虽小，而天下弗敢臣。”这“小”与“微”同义，其无异于十四章所谓“视之而弗见，名之曰微”之“微”，或王弼所谓可与“道”、“玄”、“深”、“大”、“远”共喻那无形无声无为无执者之“微”：“‘微’也者，取乎幽微而不可睹也。”而且，这“小”之“幽微”不仅在于“视之而弗见”或“不可睹”，也还在于无所意欲、无所图谋，所以本章遂有谓“万物归焉而弗为主，则恒无欲也，可名于小”。

其实，无论是“可名于大”，还是“可名于小”，都是因为被命名者为“万物归焉”而“弗为主”。由“万物归焉”可见其“大”，由“弗为主”可见其“小”，而“万物归焉”的根本原由却又在于其“弗为主”，这“万物归焉而弗为主”恰喻说着那为“道”所称谓者的“大”、“小”一体。倘以“大”而论，换一种说法，因“弗为主”而至于“万物归焉”，亦未尝不可以这样说：由于“不为大”（“无欲”而自“小”）反倒使其得以成其“大”。此“不为大”而“大”或因“小”而“大”的“小”、“大”不二，其理致则又正可归之于“异名同谓”之“玄”：

“‘玄’也者，取乎幽冥之所出也。”为“道”所称谓者“不为大”而“大”，以“道”为法而成为“圣人”者亦复如此，所以本章意之所归而由是作结：“是以耶（圣）人之能成大也，以其不为大也，故能成大。”

三十五章

执大象，	持守大道，
天下往；	天下人自会归往；
往而不害，	归往于道而互不相伤，
安平大。①	于是域中清平泰康。
乐与［饵］，	乐声和美味，
过格（客）止。	会让过客止步迷漾。
故道之出言也，	而说起道来呵，
曰淡呵其无味也。②	则可谓淡然无味以尝。
视之不足见也，	看它也看不见，
听之不足闻也，	听它也听不着，
用之不可既也。③	它的作用却不可穷尽而无从计量。

【校释】

①执大象，天下往；往而不害，安平大。

帛书乙本字句如上。甲本“象”下残损二字，据乙本当为“天下”，补损阙后其与乙本从同。

郭店楚简（丙）本此节文字为：“执大象，天下往；往而不害，安坪大。”“坪”，通“平”，为“平”之借字；除此，其字句与帛书甲、乙本无异。

王弼本此节文字为:“执大象,天下往;往而不害,安平太。”其字句与帛书甲、乙本从同。

※传世本中,与王弼本略异者有:傅奕本、范应元本,“象”下有“者”字,“太”作“泰”,整节文字为:“执大象者,天下往;往而不害,安平泰。”易州开元幢本、邢州开元幢本、庆阳景祐幢本、楼观台碑本、磻溪大德幢本、北京延祐石刻本、遂州龙兴观碑本、河上公(道藏)本、李约本、唐李荣本、唐《御注》本、唐《御疏》本、陆希声本、张君相本、杜光庭本、强思齐本、道藏无注本、陈景元本、吕惠卿本、司马光本、苏辙本、陈象古本、宋《御解》本、邵若愚本、李霖本、白玉蟾本、彭耜本、董思靖本、宋李荣本、林希逸本、文如海本、无名氏本、吕知常本、寇才质本、赵秉文本、时雍本、李道纯本、邓锜本、杜道坚本、王守正本、吴澄本、林志坚本、张嗣成本、明《御注》本、《永乐大典》本、危大有本、释德清本、薛蕙本、焦竑本、周如砥本、潘静观本,“太”作“泰”,“安平太”为“安平泰”。

“大象”,喻指“道”;四十一章有“大象无形”句,谓“道”无形无象而为“大象”。“执大象,天下往”,谓守道以治理国家者必为天下人所归往。河上公注此句甚中肯,其云:“执,守也;象,道也。圣人守大道,则天下万民移心归往之也。”

“安”,犹“于是”;王引之《经传释词》:“安,犹于是也,乃也,则也。”“大”,“太”之古字。江沅《说文释例》:“古只作‘大’,不作‘太’,亦不作‘泰’。《易》之‘大极’,《春秋》之‘大子’、‘大上’,《尚书》之‘大誓’、‘大王王季’,《史》、《汉》之‘大上皇’、‘大后’,后人皆读为‘太’,或径改本书,作‘太’及‘泰’。”“往而不害,安平大”,谓天下人由归往于守道之君主而归往于道,其并生共存而互不相伤,遂有域中的平和、安宁。

②乐与[饵],过格(客)止。故道之出言也,曰淡呵其无味也。

帛书乙本“与”下残损一字,据甲本当为“饵”;补损阙后,其字句如上。甲本“淡”作“谈”,其他字句则与乙本从同。

郭店楚简(丙)本此节文字为:“乐与饵,怹客𫐄。古道[之出言],淡可其无味也。”“道”下残损三字,据帛书甲、乙本当为“之出言”。“怹”,“过”之异体字。“𫐄”,读作“止”。“古”,通“故”,为“故”之借字。“可”,通“呵”,为“呵”之借字。

王弼本此节文字为:“乐与饵,过客止。道之出口,淡乎其无(無)味。”与帛书甲、乙本勘校,甲、乙本“出言”王本作“出口”;甲、乙本“无”(非“無”之简体字)王本作“無”(“无”同“無”)。王弼注云:“乐与饵则能令过客止,而道之出言,淡然无味。”可见其所本原文当为“出言”。对此,陶绍学校《老子》、马叙伦《老子校诂》皆有指出。前者云:“王注曰:‘而道之出言,淡然无味。’则王本亦作‘出言’。”后者云:“二十三章‘希言自然’,弼注曰:‘下章言“道之出言,淡兮其无味也,视之不足见,听之不足闻”,则王同此。’‘味’下有‘也’字。今王本盖为后人依别本改之矣。”(马叙伦:《老子校诂》,“丛刊”《老子》第1653页)

※诸传世本多同于王弼本,其略异者有:吕惠卿本,“与”作“于”,“乐与饵”为“乐于饵”。易州景龙碑本、遂州龙兴观碑本,无“之”字,“口”作“言”,无“乎其”二字,整节文字为:“乐与饵,过客止。道出言,淡无味。”敦煌写本之丁本,无“之”字,“口”作“言”,“淡”作“惔”,无“乎其”二字,整节文字为:“乐与饵,过客止。道出言,惔无味。”张君相本,无“之”字,“口”作“言”,无“其”字,整节文字为:“乐与饵,过客止。道出言,淡乎无味。”傅奕本、范应元本,“口”作“言”,“乎”作“兮”,

“道之出口,淡乎其无味”为“道之出言,淡兮其无味”。宋《御解》本、彭耜本、林希逸本、文如海本、时雍本、邓锜本、潘静观本,“口”作“言”,“道之出口”为“道之出言”。强思齐本,“淡”作“澹”,“淡乎其无味”为“澹乎其无味”。周至至元碑本,“淡”作“虚”,“淡乎其无味”为“虚乎其无味”。易州景福碑本,“乎”作“兮”,“淡乎其无味”为“淡兮其无味”。

“饵”,原指食物,这里指美食。“格”,借作“客”;“过格(客)”,指行人。“乐与饵,过格(客)止”,谓乐音和美味会使行人止步以顾。近人蒋锡昌《老子校诂》解此句颇切文义,其云:“十二章,‘五音令人耳聋,五味令人口爽’。‘乐’即‘五音’,‘饵’即‘五味’。此言五音与五味,虽使过客止而贪之,然其结果必至耳聋口爽,故终不若守道之可以久也。此谊须与十二章及下文合看,方能全明。”(蒋锡昌:《老子校诂》,第231页)

“故”,反而。“淡”,这里指无味之味,而此无味之味诚如《管子·水地》所谓“淡也者,五味之中也”。“故道之出言也,曰淡呵其无味也”,谓若以味喻“道”,则它与诱人口耳的美味、乐声相反,其味可以说是淡而无味,然而这无味乃是大味。

③视之不足见也,听之不足闻也,用之不可既也。

帛书乙本字句如上。甲本首句句首残损二字,据乙本当为“视之”,其他字句则与乙本从同。

郭店楚简(丙)本此节文字为:“视之不足见,圣之不足䎽,而不可既也。”“圣”,借作“听”。“䎽”,为“闻”之异体字。校之以帛书甲、乙本,三句句末俱无“也”字,“用之”作“而”。文略有别,但义趣不异。

王弼本此节文字为:“视之不足见,听之不足闻,用之不足既。”与帛书甲、乙本勘校,三句句末俱无“也”字,末句“不可”作“不足”,但文义相侔。

※传世本中,与王弼本略异者则如:遂州龙兴观碑本、唐李荣本,三“之”字俱无,末句“足”作“可”,整节文字为:“视不足见,听不足闻,用不可既。”易州景龙碑本、敦煌写本之丁本,三“之”字俱无,整节文字为:“视不足见,听不足闻,用不足既。”唐《御注》本,首句、末句二“足”字作“可”,整节文字为:“视之不可见,听之不足闻,用之不可既。”陈象古本,首句、次句二“足”字俱无,末句“足”作“可”,整节文字为:“视之不见,听之不闻,用之不可既。”易州景福碑本、周至至元碑本、楼观台碑本、磻溪大德幢本、北京延祐石刻本、河上公(影宋、道藏)本、傅奕本、李约本、唐《御疏》本、陆希声本、张君相本、杜光庭本、强思齐本、王真本、道藏无注本、陈景元本、吕惠卿本、司马光本、苏辙本、宋《御解》本、邵若愚本、李霖本、白玉蟾本、彭耜本、董思靖本、宋李荣本、林希逸本、范应元本、文如海本、无名氏本、吕知常本、寇才质本、赵秉文本、时雍本、李道纯本、邓锜本、杜道坚本、王守正本、吴澄本、林志坚本、明《御注》本、危大有本、释德清本、薛蕙本、焦竑本、周如砥本、潘静观本,末句“足”作“可”,“用之不足既”为“用之不可既”。

“足”,犹“可”;刘淇《助字辨略》卷五:“《孟子》:‘王由足用为善。’《史记·邹阳传》:‘邹阳辞虽不逊,然其比物连类,有足悲者。’《汉书·高帝纪》:‘吾入关,秋豪无所敢取。’师古云:‘豪成之时,端极纤细,适足喻小。’此‘足’字,犹‘可’也。”“视之不足见也”,谓怎么看它也看不见。

“既”,犹“尽”;《广雅·释诂一》:“既,尽也。”“用之不可既也”,谓其作用不可穷尽而无从计量。

【疏解】

此章紧接上章喻说“道”的性态与德用,唯角度略有错落,而其“淡呵其无味”之“淡”最可提示本章神思韵致之所出。

上章开首即称“道”而言,所谓“道汎呵,其可左右也”,径直就“道”的泛滥寰宇而无处不在发论。本章则从对“道”的循守说起,虽未直谓奉“道”而行,却以“执大象”隐喻其旨。万物皆有形,有形即有象,有形有象遂局守于一定界限,因此凡天地间的存在皆形而下者;无形无象方可没有界限,倘勉强以“象”相喻,无形而不受局限的形而上者亦可谓其象为“大象”,所以老子有“大象无形”(四十一章)之说。“大象”乃称象之大者,此大既然大至无限,却终究还是无象。因此“大象”不过是拟物而说“道”之象,其似“有”实“无”,以大之又大示人以“玄之又玄”(一章)。然而“大象”之玄并非无谓之谈,“象”把整个有象世界关联了起来,而“大象”则把整个有象世界归之于原本无象的“道”。这即是说,“道”并不与万物相判为二而超然于万物之上以傲睨万物,而是以其无象之“大象”成全诸多有象,导引诸有象不囿于自身界限而“自化”、“自正”(五十七章)以达于长久。因此,倘使世间的治理者能“执大象”(把握、守持“道”之导向),天下人便会由归往于他而归往于“道”,便会由于循“道”以行而互不伤害,使人间世臻于清平、安泰。

人是一种有形有象的存在,往往为自身欲望所驱动而把诸多世间物作为享用或占有的对象。“乐与饵,过客止”,只是一个示例,老子以此要说的是人易于为引发欲求的有形或有声之物所诱惑。“乐”,指乐音;“饵”,指美食。人这一世间的过客大都会在它们面前止步,怀着欲念以求厌足。但诚如老子所言,“五味使人之口爽(伤),五音使人之耳聋”(十二章)。“五味”虽美,“五音”虽乐，其美其乐非大美至乐而不能久长，最终则必至伤及人的味觉、听觉以害生。比起形下而有象有声的“乐与饵”来，形上而无象无声的“道”则“淡”而“无味”，不过，正是这“淡”中蕴蓄着大美或至乐，因而隐含了无尽的生机。以“味”而言，“淡”者乃是无味，但这无味亦可谓全味或味之全者。《管子·水地》云：“淡也者，五味之中也。”尹知章注谓：“无味谓之淡。”一如无象之象而为大象，“淡”也以其无味之味而为大味。换言之，“淡”味未始不可谓之“朴”味，而“五味”则是“朴散”之后而有之味。同样，“希声”或无声方是“大音”（四十一章），“五音”只是天籁之“朴”散裂之后而有之音。老子以“淡”喻“道”，正像其以“大象”、“大音”喻“道”，说到底，不过是要抉示那“道”之“朴”，以诱导人们对既已铺张于世间的“五色”、“五音”、“五味”——“乐与饵”——“镇之以无名之朴”（三十七章）。

无形则不可以目视，无声则不可以耳闻，无味则不可以口尝，总之，“道”非形而下者，因此人的任何感官都无从窥知其本真。然而，此无形者有“大象”，此无声者有“大音”，此“淡”而“无味”者有“大味”（《汉书·扬雄传下》：“大味必淡，大音必希”），其无诱发人耳目口腹之欲的“五色”、“五音”、“五味”，却自有其成全万物生机而可叹之以大美、至乐的大用——此用大就大在其难以量计，不可穷尽。

三十六章

将欲擒(翕)之,	凡物将要闭合,
必古(固)张之;	必是本来就已张开;
将欲弱之,	凡物将要萎衰,
必古(固)强之;	必是本来自恃强态;
将欲去之,	凡物将要废去,
必古(固)与(举)之;	必是本来由盛而败;
将欲夺之,	凡物将遭丧夺,
必古(固)予[之]。	必是本来所予丰泰。
是胃(谓)微明。①	此理可谓幽微而明切。
柔弱朕(胜)强。	柔弱不争胜似刚强骄汰。
鱼不可说(脱)于渊,	鱼不可脱开深水,
国利器不可以示人。②	国家利器不可凌人以逞快。

【校释】

①将欲擒(翕)之,必古(固)张之;将欲弱之,必古(固)强之;将欲去之,必古(固)与(举)之;将欲夺之,必古(固)予[之]。是胃(谓)微明。

帛书乙本"予"下残损一字,据甲本当为"之";补损阙后,其字句如上。甲本"擒"作"拾";"强"上残损二字,据乙本及甲本用字之常例，当为“必古”。

郭店楚简本未见此章文字。

王弼本此节文字为：“将欲歙之，必固张之；将欲弱之，必固强之；将欲废之，必固兴之；将欲夺之，必固与之。是谓微明。”勘校以帛书甲、乙本，“古（故）”作“固”，“去”作“废”，“与（举）”作“兴”，文略异而义从同。

※诸传世本多同于王弼本，其略异者则有：易州景福碑本、遂州龙兴观碑本、敦煌写本之丁本、河上公（影宋）本、唐李荣本、白玉蟾本、宋李荣本、林希逸本、杜道坚本、潘静观本，“歙”作“噏”，“将欲歙之”为“将欲噏之”。范应元本，“歙”作“翕”，“将欲歙之”为“将欲翕之”；“夺”作“取”，“将欲夺之”为“将欲取之”。易州景龙碑本、河上公（道藏）本、傅奕本、张君相本、道藏无注本、黄茂材本、邓锜本，“歙”作“翕”，“将欲歙之”为“将欲翕之”。《经典释文》本，“歙”作“傓”，“将欲歙之”为“将欲傓之”。彭耜本，“夺”作“取”，“将欲夺之”为“将欲取之”。

“搶”，通“翕”，传世本中之易州景龙碑本、河上公（道藏）本、傅奕本等即作“翕”。王弼本等作“歙”，易州景福碑本、遂州龙兴观碑本等作“噏”，皆通“翕”。“翕”，有闭、合义，亦有敛、收义。李鼎祚《周易集解》释《易·系辞上》“其静也翕”引宋衷曰：“翕，犹闭也。”焦循《易章句》释《易·系辞上》“其静也翕”云：“翕，合也。”韩康伯注《易·系辞上》“其静也翕”云：“翕，敛也。”鲍彪注《战国策·秦策三》“亦能翕其心乎”云：“翕，犹收也。”

“古”，通“固”，本来、原来之谓。“将欲搶（翕）之，必古（固）张之”，谓凡物将要闭合，必是它本来张开着。下文诸“将欲……必古

（固）”句，意脉与此通。

“与”，通“举”。俞樾《群经平议·春秋外传国语一》释“昭明大节而已，少曲与焉”云：“与，古通作举”；“与”有兴起、兴作之义。“将欲去之，必古（固）与（举）之”，谓凡物将要废去，必是本来就曾兴作。

“微明”，指事物隐微演变中的明切之理。《韩非子·喻老》云：“起事于无形，而要大功于天下，是谓微明。”其说似颇近文句之理，却是以法家规尺量度老趣，遂将老子权谋化了。

②柔弱朕（胜）强。鱼不可说（脱）于渊，国利器不可以示人。

帛书乙本字句如上。甲本“柔”作“友”（“友”为“柔”之借字），“说”作“脱”（“脱”为“说”之本字）“渊”作“潚”，“国”作“邦”，“示”作“视”；次句“不”下脱一字，据乙本当为“可”。甲、乙本用字多有异，但句脉、文义无别。

王弼本此节文字为：“柔弱胜刚强。鱼不可脱于渊，国之利器不可以示人。”校之以帛书甲、乙本，“强”上多一“刚”字，“国”下多一“之”字，整节文字之文义则无异。

※传世本中，与王弼本字句相异者则有：易州景龙碑本，首句作“柔胜刚，弱胜强”，末句“之”作“有”，无“以”字，整节文字为：“柔胜刚，弱胜强。鱼不可脱于渊，国有利器不可示人。”苏辙本，首句作“柔胜刚，弱胜强”，次句“可”下有“以”字，整节文字为：“柔胜刚，弱胜强。鱼不可以脱于渊，国之利器不可以示人。”焦竑本，首句作“柔胜刚，弱胜强”，“国”作“邦”，整节文字为：“柔胜刚，弱胜强。鱼不可脱于渊，邦之利器不可以示人。”周如砥本，首句作“柔胜刚，弱胜强”，“于”后有“深”字，“国”作“邦”，整节文字为：“柔胜刚，弱胜强。鱼不可脱于深渊，邦之利器不可以示人。”邓锜本、吴澄本、张嗣成

本、明《御注》本、《永乐大典》本、薛蕙本、潘静观本，首句作“柔胜刚，弱胜强”，“柔弱胜刚强”为“柔胜刚，弱胜强”。傅奕本、范应元本，首句作“柔之胜刚，弱之胜强”，“脱”作“倪”，“国”作“邦”，整节文字为：“柔之胜刚，弱之胜强。鱼不可倪于渊，邦之利器不可以示人。”宋《御解》本、邵若愚本、彭耜本、董思靖本、林希逸本、文如海本、无名氏本、时雍本、危大有本，首句作“柔之胜刚，弱之胜强”，“柔弱胜刚强”为“柔之胜刚，弱之胜强”。周至至元碑本，“国”下无“之”字、“国之利器不可以示人”为“国利器不可以示人”。遂州龙兴观碑本，“之”作“有”，无“以”字，“国之利器不可以示人”为“国有利器不可示人”。杜光庭本，“之”作“有”，“国之利器不可以示人”为“国有利器不可以示人”。张君相本、陈象古本，无“以”字，“国之利器不可以示人”为“国之利器不可示人”。

“朕”，通“胜”。“柔弱朕(胜)强”，谓柔弱不争胜过一味逞强。

“说”，借作“脱”。“鱼不可说(脱)于渊”，以鱼不可脱离深水隐喻有国者不可脱离百姓，其意与下文“国利器不可以示人”相贯。

“利器”指强而有力的器具。“国利器不可以示人”，谓不可以国家的武力、权势凌人。“国利器”(武力、权势等)用以“示人”，即是对人动用权力、威势以逞强，而“强之”则“将欲弱之”，国家必陷于危殆。

历来注家注本章诸句多不得其要，而以计谋、权术解之者尤失其旨。然亦有真识者，兹举范、薛二家之说以明老子所言之本趣。范应元《老子道德经古本集注》云：“盖老氏谓兵事好还(此句所言欠妥，老子‘其事好还’非指‘兵事’，而是指‘以道佐人主，不以兵强于天下’这一‘事’——引者注)，不得已而以禁暴除乱，不可以兵取强；谓强梁者不得其死，不如柔弱；谓圣智仁义巧利本欲以利民，而其末必至于有害，以为不若相忘于道德。此知几也，故切切明夫人不可离于道，譬之鱼不可侻于渊也。此岂权谋之术哉？为人主者不以道德化人，而以利器示人，则是鱼之侻于渊也。潜心于此者，不可不辨。”薛蕙《老子集解》云：“利器者，喻国之威武权势之属。示，观也，犹《春秋传》所云观兵觌武也。刚强者，危亡之道也；柔弱者，安存之道也。有国家者岂可以强大而自恃乎？今夫鱼能深潜则常活，不可躁动而脱于渊，不尔则为人所制，而灾害及之矣。譬国能守柔则常安，不可矜其威力以观示于天下，不尔则势穷力屈，而国家不可保矣。”

【疏解】

此章阐发自然之“道”见于事物演变的“微明”之理，所谓“柔弱朕(胜)强”乃是其理的指归所在。在三十章、三十一章申说“不以兵强于天下”后，老子于本章又郑重规诫握有邦国权力者不可以武力、威势等“利器”凌人示强。

韩非曾以“越王入宦于吴，而观(示)之伐齐以弊吴”疏证“将欲翕之，必固张之；将欲弱之，必固强之”，以“晋献公将欲袭虞，遗之以璧马；知伯将袭仇田，遗之以广车”疏证“将欲取之，必固与之”，并就此释“微明”为“起事于无形，而要大功于天下”(《韩非子·喻老》)。自此，本章所述“微明”之理遂被代有所出的注家诠解为不厌其诈的谋略或权术。河上公《老子道德经章句》以“权道”为“利器”，而注释“将欲……必固”诸句则云：“先开张之者，欲极其奢淫；先强大之者，欲使遇祸患；先兴之者，欲使其骄危；先与之者，欲极其贪心。”苏辙《道德真经注》以“柔弱”为“利器”，其虽已着意区别“圣人乘理”与“世俗用智”，但阐释“将欲……必固”诸句仍有“圣人之与世俗，其迹固有相似者也”之说。魏源《老子本义》以此章所述为“君子待小人之术”，以为“‘将欲’如彼者，杀机也；

‘必固’如此者，密用也”；其虽云“有权宜以待小人，如有网罟以待禽兽”，但“杀机”而“密用”之解终未能脱权术之阴诡。至于近人，以权谋寻味“微明”之致者颇多，如对《老子》校诂甚有贡献的蒋锡昌即谓：“本章自‘将欲歙之’以下，言人君控制臣下之术；自‘鱼不可脱于渊’以下，言人君控制臣下之权。二者兼相为用，皆人君治国之要道，亦无为之先决条件也。”（蒋锡昌：《老子校诂》，第240页）

诚然，仅着眼于文句的推绎，上述诠注未始不可通，但疑窦毕竟是根本性的：老子原是以“绝圣弃智”而“见素抱朴”（十九章）为一以贯之的价值取向的，何以会在此章兀突成为一位权谋论者？倘若就此作一种反省，本章的疏解或可另觅一蹊径。事实上，老子以“道”所导示于世人的主要在于取法自然以“自化”、“自正”，而不在于施用智谋于人际（君臣、人我等）以争得权势或财利上的主动。这位伟大的隐者劝诱天下人“知其雄，守其雌”、“知其荣，守其辱”、“知其白，守其黑”，不是要教给囿于“文敝”的人们一种韬光养晦的策略，从而使人更深地为“文敝”所陷，而是要人们从种种智慧所织就的“文敝”之网中挣脱出来以“复归于婴儿”、“复归于朴”、“复归于无极”（二十八章）。如果大体说来，老子并未由“道”陷入自相抵牾，那末本章所谓“将欲翕之，必故张之”以至“国利器不可以示人”等话语，便应当从觅“道”而行者的自我警示、自我戒告的分际上作阐解。探老子本意，其以“将欲……必古（固）”之句式所晓示的“微明”之理或可作如是理解：凡物将要闭合（“将欲擒［翕］之”），必是其本来就曾张开（“必固张之”）；凡物将要衰蔽（“将欲弱之”），必是其先曾强恣（“必固强之”）；凡物将要废弃（“将欲去之”），必是其先曾崛起（“必固举之”）；凡物将要失去（“将欲夺之”），必是其先曾丰佚（“必固予之”）。老子由此“微明”之理——事物隐微演变中的明切之理——向世人提出了“柔弱朕(胜)强”的箴诫,不过,这“柔弱朕(胜)强”的要趣不是争胜意味上的柔弱战胜刚强,而是“守雌”、“守辱”、“守黑”意味上的柔弱胜似刚强。推之于天下国家的治理,老子遂又规谏那些有国者或权柄在握者:不可以武力、威势(“利器”)凌人(“示人”)逞强,而应像鱼须臾不离深水那样守“道”以用“弱”(四十章:“弱也者,道之用也”)。

对于老子“微明”之理及“柔弱朕(胜)强”之旨前贤亦尝多有提示,兹将个中最富卓识的薛蕙注文录之于下,以为疏证。其《老子集解》云:“程子尝云:‘老子书,其言自不相入处如冰炭,其初意欲谈道之极玄妙处,后来却入权诈上去,如“将欲取之,必固与之”之类。’程子之言,岂可谓其不然?然学者务在求是而已,理苟未安,虽大儒之言固未可尽执以为是也。窃谓此章首明物盛则衰之理,次言刚强之不如柔弱,末则因戒人之不可用刚也;岂诚权诈之术而与二篇之言相反哉?夫仁义圣智,老子且犹病之,况权诈乎?按《史记》陈平本治黄帝、老子之术,及其封侯,尝自言曰:‘我多阴谋,道家之所禁。吾世即废,亦已矣,终不能复起,以吾多阴祸也。’由是言之,谓老子为权术之学,是亲犯其所禁,而复为书以教人,必不然矣。”

三十七章

道恒无名，	道永存而无名可称，
侯王若能守之，	侯王若能遵循它，
万物将自化。①	万物自会化育生成。
化而欲作，	化育生成而有贪欲萌动，
吾将阗(镇)之以无名之朴。	我将用道的朴真予以平定。
阗(镇)之以无名之朴，	用道的朴真予以平定，
夫将不辱(欲)。②	将不再有贪欲滋生。
不辱(欲)以静，	不滋生贪欲而归于虚静，
天地将自正。③	天地间自会清平安宁。

【校释】

①道恒无名,侯王若能守之,万物将自化。

帛书乙本字句如上。甲本“若”下无“能”字,“化”作“愚”(“愚”为“化”之借字)。

郭店楚简(甲)本此节文字为:“衍亘亡为也,侯王能守之,而万勿牆自愚。”“衍”,“道”之异体字。“亘”,即“恒”,“亘”、“恒”为古今字。“亡”,这里与“无”音义皆同,“亡为”即“无为”。“勿”,通“物”,为“物”之借字。“牆”,通“将”,为“将”之借字。“愚”,借作“化”。以帛书乙本勘校,首句句末多一“也”字,“能”上无“若”字,末句句首有“而”字。其与帛书本的最大差异在于后者之“无名”前者作“亡为”，然“无名”与“亡为”意趣略通。

王弼本此节文字为：“道常无为而无不为，侯王若能守之，万物将自化。”勘校以帛书甲、乙本，“无名”作“无为”，且“无为”下有“而无不为”四字；勘校以楚简本，其与“亡为”从同，却又多出“而无不为”四字。高明《帛书老子校注》以为“而无不为”四字非老子原文，乃后人窜乱所致。其对之分辨甚详，并进而指出：“通过帛书甲、乙本之全面勘校，得知《老子》原本只讲‘无为’，或曰‘无为而无以为’，从未讲过‘无为而无不为’。‘无为而无不为’的思想本不出于《老子》，它是战国末年出现的一种新的观念，可以说是对《老子》无为思想的改造。曾散见于《庄子·外篇》、《韩非子》、《吕览》及《淮南子》等书。”（高明：《帛书老子校注》，第425页）其依据帛书甲、乙本断言《老子》三十七章无“无为而无不为”句以正王弼本等传世本之误，颇有见地，然谓老子“从未讲过‘无为而无不为’”，或谓“‘无为无不为’的思想本不出于《老子》”，则未可信从。《老子》四十八章即有“无为而无不为”之语，帛书甲、乙本此句悉残，但王弼本之载述仍可从郭店楚简本处得到印证——此简本的相应文字为：“亡为而亡不为。”

※诸传世本有与王弼本略异者，其如：遂州龙兴观碑本、傅奕本、薛蕙本，“侯王”作“王侯”，无“之”字，“侯王若能守之”为“王侯若能守”。范应元本，“侯王”作“王侯”，“侯王若能守之”为“王侯若能守之”。易州景福碑本、《群书治要》本，“若”作“而”，“侯王若能守之”为“侯王而能守之”。易州景龙碑本、易州开元幢本、邢州开元幢本、庆阳景祐幢本、周至至元碑本、楼观台碑本、磻溪大德幢本、北京延祐石刻本、敦煌写本之英本、河上公（影宋）本、李约本、唐《御注》本、唐《御疏》本、

陆希声本、张君相本、杜光庭本、强思齐本、陈景元本、吕惠卿本、司马光本、苏辙本、陈象古本、宋《御解》本、邵若愚本、李霖本、白玉蟾本、彭耜本、董思靖本、宋李荣本、林希逸本、文如海本、无名氏本、吕知常本、寇才质本、赵秉文本、时雍本、李道纯本、邓锜本、杜道坚本、吴澄本、林志坚本、张嗣成本、明《御注》本、《永乐大典》本、危大有本、释德清本、焦竑本、周如砥本、潘静观本，无“之”字，“侯王若能守之”为“侯王若能守”。

“自化”，自会化育生长之谓。“化”，有变化义，亦有生长义；郑玄注《礼记·乐记》“乐者，天地之和也……和，故百物皆化”云：“化，犹生也。”“万物将自化”，谓万物自生长自化育。

②化而欲作，吾将阗（镇）之以无名之朴。阗（镇）之以无名之朴，夫将不辱（欲）。

帛书乙本字句如上。甲本“化”作“憠”；“欲”下残损七字，据乙本当为“作，吾将镇之以无”；“朴”作“楃”；下一“无”上残损三字，据乙本当为“镇之以”。

郭店楚简（甲）本此节文字为：“憠而雒复，牺贞之以无名之歡。夫亦牺智足。”“憠”，通“化”，为“化”之借字。“雒”，“欲”之异体字。“复”，“作”之异体字。“牺”，通“将”，为“将”之借字。“贞”，通“镇”，为“镇”之借字。“歡”，借作“朴（樸）”。“智足”，即“知足”。校之以帛书甲、乙本，楚简本无“镇之以无名之朴”之重句，末句“智（知）足”则与“不辱（欲）”之义相当。

王弼本此节文字为：“化而欲作，吾将镇之以无（無）名之朴。无（無）名之朴，夫亦将无（無）欲。”与帛书甲、乙本勘校，王本第三句无“镇之以”三字，末句“夫”后有“亦”字，甲、乙本“不辱”王本作“无欲”，甲、乙本“无”（非“無”之简体字）王本作“無”（“无”同“無”），二者文略异而义从同。

※传世本中，与王弼本略异者则有：邵若愚本、彭耜本、林希逸本、文如海本、无名氏本，“镇”下无“之”字，无“夫”字，末句“无”作“不”，整节文字为：“化而欲作，吾将镇以无名之朴。无名之朴，亦将不欲。”遂州龙兴观碑本，无下一“之”字，无“夫”字，整节文字为：“化而欲作，吾将镇之以无名之朴。无名朴，亦将无欲。”易州景龙碑本、易州开元幢本、易州景福碑本、庆阳景祐幢本、周至至元碑本、楼观台碑本、磻溪大德幢本、北京延祐石刻本、敦煌写本之英本、河上公（影宋、道藏）本、李约本、唐《御注》本、唐《御疏》本、陆希声本、张君相本、杜光庭本、强思齐本、陈景元本、吕惠卿本、司马光本、苏辙本、陈象古本、宋《御解》本、白玉蟾本、董思靖本、宋李荣本、吕知常本、寇才质本、赵秉文本、时雍本、李道纯本、邓锜本、杜道坚本、吴澄本、林志坚本、张嗣成本、明《御注》本、危大有本、释德清本、薛蕙本、焦竑本、周如砥本、潘静观本，无“夫”字，下一“无”作“不”，“夫亦将无欲”为“亦将不欲”。傅奕本、道藏无注本、范应元本，下一“无”作“不”，“夫亦将无欲”为“夫亦将不欲”。

“欲作”，欲望兴起、发动之谓。“作”，有兴、起、生长之义。《说文·人部》：“作，起也。”焦竑《孟子正义》释《孟子·公孙丑上》“且王者不作”云：“作，兴也。”李善注《文选·卢湛〈时兴诗〉》“神感应物作”引王弼曰：“作，生长也。”“化而欲作”，谓万物在自生自育中欲望滋生、兴起。

“阗”，通“填”，通“镇”。朱骏声《说文通训定声》训“阗”云：“从门，真声。按此字本训当与填、窴略同。”颜师古注《汉书·高帝纪下》“填国家，抚百姓”云：“填与镇同。镇，安也。”“阗之以无名之朴”，即“镇之以无名之朴”，谓用无以名状的道之朴真予以平定或使其安定。

“辱”，借作“欲”，贪欲。“夫将不辱（欲）”，谓其将不再有贪欲滋生。

③不辱（欲）以静，天地将自正。

帛书乙本字句如上。甲本“静”作“情”（借作“静”），余则与乙本从同。

郭店楚简（甲）本此节文字为：“智以朿，万勿牆自定。”“智”下脱一“足”字，“智以朿”当为“智足以朿”；“智足”即“知足”，“朿”为“静”之借字，“智足以朿”即“知足以静”，与帛书乙本“不辱（欲）以静”、甲本“不辱（欲）以情（静）”句义相当。帛书甲、乙本“天地”楚简本作“万勿（物）”，甲、乙本“自正”楚简本作“自定”，其义亦略相当。

王弼本此节文字为：“不欲以静，天下将自定。”“天下”，帛书甲、乙本作“天地”，楚简本作“万勿（物）”；“自定”，甲、乙本作“自正”，楚简本作“自定”，王本与楚简本从同。

※传世本中，与王弼本略异者则有：遂州龙兴观碑本、司马光本，“不”作“无”，无“将”字，“定”作“正”，整节文字为：“无欲以静，天下自正。”吕知常本，“不”作“无”，“不欲以静”为“无欲以静”。傅奕本、道藏无注本，“静”作“靖”，“定”作“正”，整节文字为：“不欲以靖，天下将自正。”易州景龙碑本、易州开元幢本、易州景福碑本、周至至元碑本、楼观台碑本、磻溪大德幢本、北京延祐石刻本、河上公（道藏）本、李约本、唐《御注》本、唐《御疏》本、陆希声本、张君相本、杜光庭本、强思齐本、陈景元本、吕惠卿本、苏辙本、陈象古本、宋《御解》本、邵若愚本、白玉蟾本、彭耜本、董思靖本、宋李荣本、林希逸本、范应元本、文如海本、无名氏本、吕知常本、寇才质本、赵秉文本、时雍本、李道纯本、邓锜本、杜道坚本、吴澄本、林志坚本、张嗣

成本、明《御注》本、危大有本、释德清本、薛蕙本、焦竑本、周如砥本、潘静观本,“定”作“正”,“天下将自定”为“天下将自正”。

“自正”,自会治理。“正”,有治、治理义;孙星衍《尚书今古文注疏》注《书·吕刑》“正于五刑”引郑玄注《周礼》云:“正,治也。”“天地将自正”,谓(诸物贪欲不起,由躁动归于虚静,)天地间自会清平安宁而达于治世。

【疏解】

此章以“道”的朴真无名诱导居国者(“侯王”)无为而治;其理诣所据在于“无名之朴”,而所论之归止则在于万物“自化”、天地“自正”。

本章之思绎与三十二章最可比勘:两章皆开宗即称“道恒无名”,而三十二章所谓“侯王若能守之,万物将自宾”,与本章“侯王若能守之,万物将自化”句亦极为相类;至于前者告诫侯王以“知止”与后者箴劝世人以“不辱(欲)”,则亦未始不可谓其趣致大体相印。诚然,本章没有“朴,虽小,而天下弗敢臣”那样的用以诠解“无名”的句子,但该句既然是对“无名”的释意,其在序次于后的本章被略去正可说是情理中事。况且,本章下文有“无名之朴”一语道出,其蕴意适与“朴,虽小”句所云相当。这里真正重要的是,“自化”与“自宾”的分辨及“不欲”与“知止”的比量,把握二者间通而不同的微趣,或有助于领悟本章之深旨。

“宾”在三十二章意为宾服、宾从,亦即归顺或服从。“自宾”,是说侯王若能循“道”而行无为之治,众人自会归服或宾从。“化”在本章中意为化育生成;“自化”是说侯王若能循“道”而行无为之治,万物自会生生化化以成教行。“自宾”、“自化”之“自”皆有自然而自己如此之意,但“自宾”的“万物”更多地处于客位,谓其“自宾”或略有附从或顺服的意味;“自化”的“万物”却更多地处于主位,谓其“自化”则表达了一种不为他物牵制的主动。同是在述说侯王循道而行情形下的“万物”,“自化”比起“自宾”来,显然要更自然些。因此,我们甚至可以这样说:三十二章与本章虽然意脉相通而有着同一主题,但前者以侯王为主位的考虑更多些,后者则以侯王与万物同处于主位。换一种角度,借用佛家的术语来说,在阐示同样理致的“自然”时,前者更重于“方便”,而后者则更重于“究竟”。

“止”在三十二章中有阻止、制止之意,亦有停止、终止之意;“知止”是就“朴散”而物生以至称物之名愈来愈繁而言,老子申示“知止”是要提醒世人遏制或终止这种文胜而敝的趋势。与“有名”表里一体的是“有欲”,与“名亦既有”形影相随的是“欲”亦既有,制止或阻抑“名”的增益其实在于制止或阻抑“欲”的膨胀,这“知止”用老子另一句话说即是对“少私寡欲”(十九章)有所觉悟。“辱”在本章中乃是“欲”的借字,“辱”、“欲”古音相通而可互假;“不欲”即“无欲”,亦即不再有私欲的萌动与滋生,而求取“不欲”或“无欲”的途径则是“镇之以无名之朴”,这用老子另一句话说亦可谓“复归于朴”(二十八章)。三十二章之“知止”与本章之“不欲”的价值取舍并无二致,只是前者由“始制有名”说起,后者则径直把症结归之于“欲作”(私欲滋萌),前者不无适可而止的祈愿而更多些现实感,而后者则顺此把问题的解决推向终极。因此,相应于“自宾”与“自化”的通而不同,这里仍可以说:由“知止”以求“不殆”更多些“方便”的劝诱,由“不欲”以说“静”而至于“天地将自正”更多些“究竟”的指点。

本章为“道经”之末章,其由“道”之“无名”而推绎万物之“自化”,由“法道”的人的“不欲”(“无欲”)而憧憬天地之“自正”,这

"无名"、"不欲"呼应着"道经"首章"无名,万物之始也"之"无名"及"恒无欲也,以观其眇"之"无欲",而"自化"、"自正"则亦正与"德经"之"以正治国"章所言"我无为而民自化,我好静而民自正"之"自化"、"自正"意脉相贯。"道"本"无名"而"朴",此为老子祈想中的一种虚灵的真实;由人之"欲作"而来的世间之"文"以其对"朴"的愈益睽离而愈益积聚成"敝",这则是老子视野中的人生的现状;于是,以"道"诱导("道"本或作"导")世人"不欲以静"而"复归于朴",遂成为老子著论的衷愫所在。"道经"、"德经"所论皆在于诉此衷愫,其一以贯之而各有未尽之致,复又相互托重。

德经疏解

三十八章

上德不德，	上德之人无意于德，
是以有德。	心无所欲反倒有德。
下德不失德，	下德之人唯恐失德，
是以无德。[1]	刻意于德反倒无德。
上德无为而无以为也。	尚德之人无为且无意于无为。
上仁为之而无以为也。	尚仁之人有为却无意于有为。
上德〈义〉为之而有以为也。	尚义之人有为则有意于有为。
上礼为之而莫之应也，	尚礼之人有为而无人应合，
则攘臂而乃（扔）之。[2]	便捋起衣袖强拉别人而为。
故失道而后德，	于是道有所失就继之以德，
失德而句（后）仁，	德有所失就继之以仁，
失仁而句（后）义，	仁有所失就继之以义，
失义而句（后）礼。	义有所失就继之以礼。
夫礼者，	这礼啊，
忠信之泊（薄）也，	标示着忠信浇薄，
而乱之首也。	而人间祸乱由此肇迹。
前识者，	前所谓仁、义、礼，
道之华也，	不过是道的华饰，
而愚之首也。[3]	而天下愚惑从此萌起。

是以大丈夫居[其厚不]居其泊(薄),	因此大丈夫存心淳厚而不流于浮薄,
居其实而不居其华,	存心笃实而不落于虚饰,
故去罢(彼)而取此。[4]	所以取道德于此而去仁、义、礼于彼。

【校释】

①上德不德,是以有德。下德不失德,是以无德。

帛书乙本字句如上。甲本残损严重,仅存末句之“德”字;据乙本,所残字当为“上德不德,是以有德。下德不失德,是以无”。

郭店楚简本未见此章文字。

王弼本此节文字为:“上德不德,是以有德。下德不失德,是以无(無)德。”王本除“无”(非“無”之简体字)作“無”(同“无”)外,其字句与帛书乙本从同。

※其他传世本,此节文字与王弼本无异。

“上德”,指具有上乘德行的人。“上德不德”,谓具有上乘德行的人不刻意为德,其德朴拙而无造作,未失德所当有的那份生命之真切。“德”字不见于甲骨文,最早出现于周初金文。周康王时《盂鼎》之铭文(“今余惟命汝盂绍𤇾敬雝德巠敏”)中,“德”字写为“”。《说文·彳部》有谓:“德,升也。从彳,悳声。”如此释意拘泥于形声,似有欠贴切。而《说文·心部》对“德”的异体字“悳”的诠解,则更近“德”字本义。其云:“悳,外得于人,内得于己也。从直,从心。”“德”字出现于殷周之际,当与周人上层对殷商失国之教训的检讨有关,初时虽已有内省而正己之意,但早年对“德”的讲求主要还是为了配天受命以延国祚。所谓“惟王疾敬德,王其德之用,祈天永命”(《书·周书·召诰》),所谓“承叙万年,其永观朕子怀德”(《书·周书·洛诰》),所谓“惟我周王,灵承于旅,克堪用德,惟典神天,天惟式教我用休,简畀殷命,尹尔多方”(《书·周书·多方》),其“敬德”、“怀德”、“用德”皆指向毫不含糊的功利目的。春秋战国之际,以老子、孔子的出现为标志,“德”开始作为一种独立于功利的价值被称说,尽管孔、老赋予“德”的意蕴并不全然从同。本章“上德不德”之说,或正可从超功利的旨趣处去领会。

②上德无为而无以为也。上仁为之而无以为也。上德〈义〉为之而有以为也。上礼为之而莫之应也,则攘臂而乃(扔)之。

帛书乙本“上义为之”误书为“上德为之”,据甲本更正后,其字句如上。甲本“上德无”下残损二字,据乙本当为“为而”;上一“为之”下残损二字,据乙本当为“而无”;“上礼”下残损八字,据乙本当为“为之而莫之应也,则”。

王弼本此节文字为:“上德无(無)为而无(無)以为,下德为之而有以为;上仁为之而无(無)以为,上义为之而有以为。上礼为之而莫之应,则攘臂而扔之。”勘校以帛书甲、乙本,甲、乙本诸“无”字(非“無”之简体字)王本并作“無”(“无”同“無”);甲、乙本前四句句末并有“也”字,王本相对应句句末俱无。此外,其最可留意的差异则在于王本多出“下德为之而有以为”句。《韩非子·解老》是迄今所见最早注解《老子》的文献,所解唯“上德无为”、“上仁为之”、“上义为之”、“上礼为之”而未见“下德为之”,以此相勘校,显然帛书甲、乙本更近于《老子》原初,王本“下德为之而有以为”句则可断为衍文。

※传世本中,与王弼本略异者则有:严遵本,上一“无以”作“无不”,“上德无为而无以为”为“上德无为而无不为”;“扔”作“仍”,“则攘臂而扔之”为“则攘臂而仍之”。傅奕本,

上一“无以”作“无不”,“上德无为而无以为”为“上德无为而无不为”;上一“有以”作“无以”,“下德为之而有以为”为“下德为之而无以为”;“扔”作“仍”,“则攘臂而扔之”为“则攘臂而仍之”。周至至元碑本、范应元本,上一“无以”作“无不”,“上德无为而无以为”为“上德无为而无不为”;上一“有以”作“无以”,“下德为之而有以为”为“下德为之而无以为”。叶梦得本,上一“无以”作“非以”,“上德无为而无以为”为“上德无为而非以为”。易州景龙碑本、易州开元幢本、易州景福碑本、庆阳景祐幢本、楼观台碑本、磻溪大德幢本、北京延祐石刻本、遂州龙兴观碑本、河上公(影宋、道藏)本、李约本、唐《御注》本、唐《御疏》本、陆希声本、张君相本、杜光庭本、强思齐本、道藏无注本、陈景元本、吕惠卿本、司马光本、苏辙本、陈象古本、宋《御解》本、邵若愚本、李霖本、白玉蟾本、彭耜本、董思靖本、宋李荣本、林希逸本、文如海本、无名氏本、吕知常本、赵志坚本、寇才质本、赵秉文本、时雍本、李道纯本、邓锜本、杜道坚本、王守正本、吴澄本、林志坚本、张嗣成本、明《御注》本、释德清本、薛蕙本、焦竑本、周如砥本、潘静观本,“扔”作“仍”,“则攘臂而扔之”为“则攘臂而仍之”。

“无以为”,即无意而为。“上德无为而无以为”,惟尚德之人无为且不以无为为念或于无为无所措意。《韩非子·解老》云:“虚者之无为也,不以无为为有常。不以无为为有常则虚,虚则德盛,德盛之谓上德。”其乃是说无为而必至于不以无为为意方称得上上德之人的无为。

“有以为”,即有意而为。“上义为之而有以为”,谓尚义之人有为且以有为为念,或于有为有所措意。

“莫之应”,即没有人应和或响应。“上礼为之而莫之应也”,谓尚礼之人措意推行礼仪而没有人与之相应和。

“乃”,为“扔”之借字;牵拉之意。“攘臂而乃(扔)之”,谓捋起衣袖而强拉别人。

③故失道而后德,失德而句(后)仁,失仁而句(后)义,失义而句(后)礼。夫礼者,忠信之泊(薄)也,而乱之首也。前识者,道之华也,而愚之首也。

帛书乙本字句如上。甲本“故失道”后衍“失道矣”三字,“后义”下残损一字,据乙本当为“失”;“义而”下残损十字,据乙本当为“后礼。夫礼者,忠信之薄也”;“道之华”上残损三字,据乙本当为“前识者”;乙本“句”甲本作“后”,“句”通“后”(“後”)。

王弼本此节文字为:“故失道而后(後)德,失德而后(後)仁,失仁而后(後)义,失义而后(後)礼。夫礼者,忠信之薄,而乱之首。前识者,道之华,而愚之始。”勘校以帛书甲、乙本,甲本三“后”字(残损一字)、乙本一“后”字三“句”字王本并作“後”,“后”(非“後”之简体字)同“後”;甲本除残损外之三“也”字、乙本四“也”字王本并无;甲、乙本末句“首”王本作“始”。其用字多有异,然王本与帛书本之句脉、文义并无不同。

※诸传世本中,与王弼本字句略异者则有:强思齐本,“后礼”下有“也”字,“失义而后礼”为“失义而后礼也”。严遵本,无“夫”字,“夫礼者,忠信之薄”为“礼者,忠信之薄”;“识”作“职”,“前识者”为“前职者”。吕知常本,无“夫”字,无“而”字,“夫礼者,忠信之薄而乱之首”为“礼者,忠信之薄,乱之首”。程大昌本,无“夫”字,“夫礼者,忠信之薄”为“礼者,忠信之薄”。李道纯本,“乱”上无“而”字,“首”下有“也”字,“而乱之首”为“乱之首也”;“愚”上无“而”字,“始”下有“也”字,“而愚之始”为“愚之始也”。周至至元碑本、北京延祐石刻

本、傅奕本、司马光本、宋《御解》本、邵若愚本、白玉蟾本、彭耜本、董思靖本、范应元本、文如海本、赵秉文本、吴澄本、张嗣成本、明《御解》本、危大有本、焦竑本、周如砥本,“首”下有“也”字,“而乱之首”为“而乱之首也”;“始”下有“也”字,“而愚之始”为“而愚之始也”。易州景福碑本、唐《御疏》本、道藏无注本、林希逸本、邓锜本、释德清本,“首”下有“也”字,“而乱之首”为“而乱之首也”。陆希声本,“识”作“失”,“前识者”为“前失者”。《群书治要》本,“始”下有“也”字,“而愚之始”为“而愚之始也”。

“句”,通“後(后)”,承继之谓。高亨注《商君书·境内》“死则一人后”云:“一人后,言家中一人继承其爵位。”“失道而后德”,谓道有所失而继之以德;“失德而句(后)仁”、“失仁而句(后)义”、“失义而句(后)礼”之语式与“失道而后德”同,其意皆可仿此理解。

“泊”,通“薄”,浮薄不厚。“忠信之泊(薄)也,而乱之首也”,谓待到失道、失德、失仁、失义而单凭饰礼以为治时,便不再有忠信可言,于是诈伪滋生而祸乱也就开始了。

“前识者”,前贤或谓“不知而言知为前识”(河上公注),或谓“前识者,前人而识也”(王弼注),或谓“前识,犹言先见”(范应元注),或谓“前识者,多识前言往行也。以多识为智,则非道之实矣”(林希逸注),或谓“前识,犹先知智也”(吴澄注),似皆与老子之意有间。纵观全章文脉,此“前识者”当为前文已有所论说的“上仁为之”、“上义为之”、“上礼为之”者。“识”,或有“议”义,许维遹《吕氏春秋集释》注《吕氏春秋·慎势》“非而细人所能识也”引旧校云:“‘而’,一作‘汝’;‘识’,一作‘议’。”“前识者,道之华也,而愚之首也”,谓前文已经议及的“上仁为之”、“上义为之”、“上礼为之”者所能见到的只是道的浮华之表，而执着于此则为愚惑的开始。

④是以大丈夫居[其厚不]居其泊(薄)，居其实而不居其华，故去罢(彼)而取此。

帛书乙本上两“居”字间残损三字，据甲本及王弼本当为“其厚不”；补损阙后，其字句如上。甲本末句“故去皮(彼)取此”与乙本“故去罢(彼)而取此”稍异，其他字句则与乙本从同。

王弼本此节文字为：“是以大丈夫处其厚，不居其薄；处其实，不居其华，故去彼取此。”勘校以帛书甲、乙本，其一、三两“居”字并作“处”，甲、乙本之“而”字王本无，但文义全然无异。

※传世本中，与王弼本略异者则有：无名氏本、时雍本，“厚”下有“而”字，上一“居”字作“处”，次一“处”字作“居”，整节文字为：“是以大丈夫处其厚，而不处其薄；居其实，不居其华，故去彼取此。”易州景龙碑本、易州开元幢本、庆阳景祐幢本、周至至元碑本、楼观台碑本、磻溪大德幢本、北京延祐石刻本、遂州龙兴观碑本、河上公(道藏)本、李约本、唐《御注》本、唐《御疏》本、陆希声本、杜光庭本、强思齐本、道藏无注本、陈景元本、吕惠卿本、司马光本、苏辙本、陈象古本、宋《御解》本、邵若愚本、李霖本、白玉蟾本、彭耜本、董思靖本、林希逸本、文如海本、吕知常本、赵志坚本、寇才质本、赵秉文本、李道纯本、邓锜本、王守正本、吴澄本、张嗣成本、明《御注》本、危大有本、薛蕙本、周如砥本，上一“居”字作“处”，次一“处”字作“居”，整节文字为：“是以大丈夫处其厚，不处其薄；居其实，不居其华，故去彼取此。”严遵本、《群书治要》本、傅奕本、张君相本、宋李荣本、范应元本，两“居”字并作“处”，整节文字为：“是以大丈夫处其厚，不处其薄；处其实，不处其华，故去彼

取此。”

“厚”、“实”用以喻“道”喻“德”，“薄”、“华”用以喻“仁”、“义”、“礼”；老子称述“居厚”、“居实”而鄙弃“居薄”、“居华”，乃是要引导人们——尤其是治国治天下的君主——取法“自然”之“道”以“无为而无以为”，从而“绝仁弃义”（十九章）、摈落外饰之“礼”。

【疏解】

此章为“德经”之首，其语脉之枢纽为“德”。“道”、“德”原本一体；一如“道经”首章关联着“德”而说“道”，本章则关联着“道”而说“德”。“道经”首章由“有”（“有名”、“有欲”）、“无”（“无名”、“无欲”）之辨而喻说“异名同谓”之“玄”，从而以此指示为“道”之所导之“德”。与之约略相应，本章由“德”的“上”、“下”之分而讽论人间治术自“德”至“仁”、“义”、“礼”的逐次降阶，就此以提醒为政者回身返向“不德”而“有德”之“道”。

老子分“德”为上、下，其实以“道”观之，唯“上德”堪谓之“德”，而“下德”已不配以“德”相称。本章所谓“上德”指“法道”、“法自然”（二十五章）而其德契于“玄德”——“生之畜之，生而弗有，长而弗宰也，是谓玄德”（十章）——之人。德对于上德之人不是求取的对象，而他不经意的践履却又处处冥合于“道”而默契于“德”，此“德”为“不德”之德，而“不德”之德既然不落于身外，其人遂可称之以“有德”。与“上德”相对的“下德”，指“德”流于外饰而愈求取愈与德相暌隔的那种人；求德的那份刻意既然已非“自然”，这非“自然”之德则正可说是“无德”。德丧朴质，不再有本然之真切可言，动念于“不失德”却因着人为造作而终至于“失德”。

“下德”毕竟“无德”，“有德”之“上德”遂可径称之以“德”。

承“上德”、“下德”之辨，老子继而分说“上德”、“上仁”、“上义”、“上礼”之别，此“上”非上、下之上，而为“吉事上左，丧事上右”（三十一章）之“上”，即以左为上或以右为上之“上”，亦可释之为推尚之尚。“上德”即是以“德”为上，“上仁”即是以“仁”为上，“上义”即是以义为上，“上礼”即是以“礼”为上；以“德”为上亦即以与“下德”相对的“上德”为上，而“仁”、“义”、“礼”则皆属于“无德”之“下德”或“德”的范畴之下，尽管其降之于“德”之下的程度不同。“上德”或以“德”为上的特征在于“无为而无以为”，这即是说，尚“德”之人不仅“无为”，而且不以“无为”为意或不执着于“无为”；“上仁”或以“仁”为上的特征在于“为之而无以为”，这即是说，尚“仁”之人出于恻怛、笃爱之心而有所为，但恻怛、笃爱之心乃油然而发，其虽有为却并不刻意，无所造作；“上义”或以“义”为上的特征在于“为之而有以为”，这即是说，尚“义”之人看重公义而有所作为，这有为既然为着公义便不可不“有以为”或有意而为；“上礼”或以“礼”为上的特征在于“为之而莫之应也，则攘臂而乃（扔）之”，这即是说，尚“礼”之人以“礼”为规范要求人们依例遵守，而当人们不愿就范时执着于“礼”者就会诉诸外在的强制。由此看来，“上德”与“上仁”、“上义”、“上礼”的根本差别，乃是“无为”与“有为”的迥异；而“上仁”与“上义”、“上礼”同是“为之”，其明显分野则为“无以为”（无意而为）与“有以为”（有意而为）的不侔；至于“上义”、“上礼”，虽皆在于“为之而有以为”，但“上礼”自是更外在些，比之“上义”其去“德”愈甚。

从“上德”到“上礼”，相应于世风之颓势的治术诚可谓每况愈下。在老子看来，“道”失而继之以“德”，“德”失而继之以“仁”，“仁”失而继之以“义”，“义”失而继之以“礼”。相继而出的“上德”、“上仁”、“上义”、“上礼”之治，呈递次降格之势。这递次降格的情状，用老子另一番话说即是：“太上，下知有之；其次，亲誉之；

其次，畏之；其下，侮之。”（十七章）而用后来庄子的话说则是：“道不可致，德不可至，仁可为也，义可亏也，礼相伪也。”（《庄子·知北游》）“太上，下知有之”（最可称道的治理者，百姓只知道有他），略相应于本章所谓“上德无为而无以为”，亦略相应于庄子所言“德不可至”；“其次，亲誉之”（次一等的治理者，百姓亲近、赞誉他），略相应于本章所谓“上仁为之而无以为”，亦略相应于庄子所言“仁可为也”；“其次，畏之”（再次一等的治理者，百姓畏惧而服从他），略相应于本章所谓“上义为之而有以为”，亦略相应于庄子所言“义可亏也”；“其下，侮之”（再下一等的治理者，百姓轻贱、蔑弃他），则略相应于本章所谓“上礼为之而莫之应也，则攘臂而乃（扔）之”，亦略相应于庄子所言“礼相伪也”。“太上”、“其次”、“其（再）次”、“其下”，治理者分为四等；“上德”、“上仁”、“上义”、“上礼”，治术亦分为四级。老子言其“不言”（所谓“行不言之教”）自是前后通洽的，“道经”十七章与本章之所论适可相互印证。然而，本章终是有“失道而后德”之说，“上德无为而无以为”既已相应于“下知有之”的“太上”，那么其将“德”（“上德”）标之于“失道”之后则又当作何理解？这是领会本章之旨的难点所在，历来注家于此置问甚少。

真正说来，“道”、“德”未可分而为二。“法自然”之“道”自有其“德”，此即“生而弗有，为而弗恃，长而弗宰也，是谓玄德”（五十一章）。人亦可有此德，但人唯有取法于“道”方能涵养而体现作为“道”的发用的“德”。与“道”一体的“德”意味着“生而弗有，为而弗恃，长而弗宰”的极致，这极致是一种虚灵的真实之境，人取法它固然能同它在“虚”（“致虚”）、“静”（“守静”）而“朴”（“见素抱朴”）的取向上保持更大程度的一致，但经验中的任何人都永远不可能全然达到与“道”不二的“德”的至高而虚灵的境地。从“道”到人“法道”，从与“道”不二的“德”到人“法道”所能体现的“德”，其间必有一种形上（虚灵的真实）与形下（现实的真实）的落差，而对这落差的不得已的言喻便正是所谓"失道而后德"——"道"在"法道"的人这里总会有所失，而"道"之"玄德"在"法道"的人这里亦自会有所限，尽管有所限的"玄德"因其留着一份自然之真切而仍可名之以"德"（"无为而无以为"之"上德"）。

就"道"无处不在而言，"上德"（尚"德"）者这里固然可谓有"道"，而"上仁"、"上义"、"上礼"者那里亦未必可以说全然无"道"，不过"上礼"、"上义"乃至"上仁"者所有的"道"却只是"道之华"。因此"礼"终究是"乱之首"（祸乱之肇迹），而"义"与"仁"也与"礼"一样是"愚之首"（愚惑之起始）。老子于此申诫人们，尤其是那些握有治理国家权力的人，要做"大丈夫"便须有大端处的抉择：取"道"之"实"而居"德"之"厚"，不取"道"之"华"而落于由"仁"、"义"降格至"礼"之"薄"。

三十九章

昔〔之〕得一者：	古来法道得“一”者：
天得一以清，	天得“一”因而清明，
地得一以宁，	地得“一”因而安宁，
神得一以霝(灵)，	神得“一”因而通灵，
浴(谷)得一〔以〕盈，	溪谷得“一”因而充盈，
侯王得一以为天下正。[①]	侯王得“一”因而可为天下之君。
其至(致)也，	(然而)若是推而极之，
胃(谓)天毋已清将恐莲(裂)，	则可说，天刻意求清不已恐怕就会裂崩，
地毋已宁将恐发，	地刻意求宁不已恐怕就会陆沉，
神毋[已灵将]恐歇，	神刻意求灵不已恐怕就会消泯，
谷毋已[盈]将〔恐〕渴(竭)，	溪谷刻意求盈不已恐怕就会干涸，
侯王毋已贵以高将恐欮(蹶)。[②]	侯王一味求其高贵恐怕就会覆倾。
故必贵以贱为本，	因此贵一定要以贱为根本，

必高矣而以下为基。	高一定要以下为基桢。
夫是以侯王自胃(谓)孤、寡、不橐(穀)。	所以侯王自称"孤"、"寡"、"不穀"。
此其贱之本与,	这不就是以低贱为高贵的根本吗?
非也?③	难道不是吗?
故至数舆(誉)无舆(誉)。	因此说至可称道的荣誉是无求于荣誉。
是故不欲禄禄若玉,硌硌若石。④	所以不求像玉那样贵重,但愿像石那样朴真。

【校释】

①昔〔之〕得一者:天得一以清,地得一以宁,神得一以霝(灵),浴(谷)得一〔以〕盈,侯王得一以为天下正。

帛书乙本"昔"下脱一字,据甲本当为"之";"盈"上脱一字,据甲本当为"以"。补脱文后,乙本字句如上。甲本"地得"下残损一字,据乙本当为"一";"侯"下残损三字,据乙本当为"王得一";"为"下据乙本或脱"天下"二字,宜补。

郭店楚简本未见此章文字。

王弼本此节文字为:"昔之得一者:天得一以清,地得一以宁,神得一以灵,谷得一以盈,万物得一以生,侯王得一以为天下贞。"校之以帛书甲、乙本,其最大差异在于王本多出"万物得一以生"句。传世之严遵本、敦煌写本之戊本、薛蕙本无"万物得一以生"句,与帛书甲、乙本从同。两相比勘,今从帛书甲、乙本,而以"万物得一以生"句为汉后出现之衍文。此外,末句"天下贞"之"贞"乃为"正"之借字,王念孙《读书杂志》对此曾有考辨。其谓:"河上公本'贞'作'正'。注云:'为天下平正。'念孙按:《尔雅》曰:'正,长也。'《吕氏春秋·君守篇》:'可以为天下正。'高注曰:'正,主也。''为天下正',犹《洪范》言'为天下主'耳。下文'天无以清'、'地无以宁',即承上文'天得一以清,地得一以宁'言之。是'正'为君长之义,非平正之义也。王弼本'正'作'贞',借字耳。"其以"贞"为"正"之借字,可从。

※传世本中,与王弼本字句相异者尚有:李约本,"谷得一以盈"句在"神得一以灵"句上,"神得一以灵,谷得一以盈"为"谷得一以盈,神得一以灵"。遂州龙兴观碑本,"侯王"作"王侯","贞"作"政","侯王得一以为天下贞"为"王侯得一以为天下政"。宋《御解》本,"侯王"作"王侯","贞"作"正","侯王得一以为天下贞"为"王侯得一以为天下正"。傅奕本、白玉蟾本、范应元本,"侯王"作"王侯","侯王得一以为天下贞"为"王侯得一以为天下贞"。易州景龙碑本、易州景福碑本、庆阳景祐幢本、周至至元碑本、楼观台碑本、磻溪大德幢本、河上公(道藏)本、严遵本、唐《御注》本、唐《御疏》本、张君相本、杜光庭本、强思齐本、道藏无注本、陈景元本、司马光本、陈象古本、宋李荣本、邵若愚本、李霖本、无名氏本、吕知常本、赵志坚本、寇才质本、赵秉文本、时雍本、王守正本、林志坚本、释德清本,"贞"作"正","侯王得一以为天下贞"为"侯王得一以为天下正"。河上公(影宋)本,"侯王"句为"侯王得一以天下为正"。

"一",指"道"。王弼注:"一,数之始而物之极也。"其虽未明确喻示,却已是隐指"道"。成玄英疏《庄子·天下》"皆原于一"云:"原,本也;一,道。"彼"一"之为"道",正可印证此"一"之为

"道"。这里所谓"天得一"、"地得一"、"神得一"、"谷得一"而有"清"、"宁"、"霝(靈)"、"盈"之德,乃是为了衬托"侯王得一"而得以"为天下正"。

"霝",通"灵(靈)",灵验。"神得一以霝(灵)",谓神祇取法于道因而通灵。

"正",这里指君长。"侯王得一以为天下正",谓侯王取法于道可为天下之君长。

②其至(致)也,胃(谓)天毋已清将恐莲(裂),地毋已宁将恐发,神毋[已灵将]恐歇,谷毋已[盈]将〔恐〕渴(竭),侯王毋已贵以高将恐欮(蹶)。

帛书乙本"神毋"下残损三字,据甲本当为"已灵将";"谷毋"句"已"下残损一字,据甲本当为"盈";"谷毋"句"将"下脱一字,据甲本当为"恐"。补损阙、脱文后,乙本字句如上。甲本首句为"其致之也",上一"恐"下残损一字,"地毋"下残损二字,次一"恐"下残损一字,"贵"下残损五字,据乙本当分别为"裂"、"已宁"、"发"、"以高将恐蹶";此外,甲本第三、四、五、六句句首皆比乙本多一"胃(谓)"字;"谷毋"句衍一"将"字,宜删。甲、乙本各有衍文或脱字,然文义略无异。

王弼本此节文字为:"其致之,天无以清将恐裂,地无以宁将恐发,神无以灵将恐歇,谷无以盈将恐竭,万物无以生将恐灭,侯王无以贵高将恐蹶。"校之以帛书甲、乙本,王本多出"万物无以生将恐灭"句,其与上节"万物得一以生"句为对文,皆为汉后所衍。帛书甲、乙本之"毋已"王本俱作"无以",词音相同而其义大异,"无以"为不能之意,"毋已"则是无休止或一味之意;这里,"毋已"含有一意相求或刻意为之的意味,求而措意已非自然。河上公本原文亦为"无以",但于此所注却在于"毋已",与诸家不同。如其注"天无以清将恐裂",即谓:"天当有阴阳弛张,昼夜更用,不可但欲清明无已时,将恐分裂不为天。"高明《帛书老子校注》对此已有指出,并有较详尽之考释,其谓:"今本将'毋已'二字改作'无以',尤其是将其中一个关键字'已'改作'以',则原义全失……'毋已'即无休止、无节制之义。如帛书甲、乙本云'天毋已清将恐裂',正如河上公注:'言天当有阴阳弛张,昼夜更用,不可但欲清明无已时,将恐分裂不为天。'由此可见,河上本'无以'原作'无已',故作此诠释。"(第13页)这里要指出的是,河上公将"无以"解作"毋已"固然可取,但以"清"与"阴阳弛张,昼夜更用"意不相属却并不妥当。其实,重要的在于,"毋已"多有经心相求之意,而如此相求以"不失德",则必致落于"下德"之"无德"。

※传世本中,与王弼本相异者则有:敦煌写本之戊本,首句句末有"也"字,"其致之"为"其致之也";无"万物无以生将恐灭"句,与帛书甲、乙本从同;"贵高"作"贵而高","侯王无以贵高将恐蹶"为"侯王无以贵而高将恐蹶"。傅奕本,"之"下有"一也"二字,"其致之"为"其致之一也";"侯王"作"王侯","贵高"作"为贞而贵高","侯王无以贵高将恐蹶"为"王侯无以为贞而贵高将恐蹶"。薛蕙本,"之"下有"一也"二字,"其致之"为"其致之一也";无"万物无以生将恐灭"句,与帛书甲、乙本从同;"贵高"作"为贞而贵高","侯王无以贵高将恐蹶"为"侯王无以为贞而贵高将恐蹶"。周至至元碑本、陆希声本、彭耜本、董思靖本、林希逸本、文如海本、邓锜本、吴澄本、明《御注》本、危大有本、焦竑本、周如砥本、潘静观本,"之"下有"一也"二字,"其致之"为"其致之一也";"贵高"作"贞而贵高","侯王无以贵高将恐蹶"为"侯王无以贞而贵高将恐蹶"。宋《御解》本、邵若愚本、无名氏本、时雍本,"之"下有"一也"二字,"其致之"为"其致之一也";"贵高"作"为正而贵

高”,“侯王无以贵高将恐蹶”为“侯王无以为正而贵高将恐蹶”。范应元本,“之”下有“一也”二字,“其致之”为“其致之一也”;“侯王”作“王侯”,“贵高”作“为贞”,“侯王无以贵高将恐蹶”为“王侯无以为贞将恐蹶”。吕知常本,“之”下有“一也”二字,“其致之”为“其致之一也”;“无以”作“无”,“贵高”作“正而贵高”,“侯王无以贵高将恐蹶”为“侯王无正而贵高将恐蹶”。张嗣成本,“之”下有“一也”二字,“其致之”为“其致之一也”;“贵高”作“贞贵高”,“侯王无以贵高将恐蹶”为“侯王无以贞贵高将恐蹶”。释德清本,“之”下有“一也”二字,“其致之”为“其致之一也”;“贵高”作“正而贵高”,“侯王无以贵高将恐蹶”为“侯王无以正而贵高将恐蹶”。周至至元碑本、北京延祐石刻本、陈景元本、司马光本、宋李荣本、林志坚本,“之”下有“一也”二字,“其致之”为“其致之一也”。李约本,“谷无以盈将恐竭”句在“神无以灵将恐歇”句上,“神无以灵将恐歇,谷无以盈将恐竭”为“谷无以盈将恐竭,神无以灵将恐歇”。严遵本,无“万物无以生将恐灭”句,与帛书甲、乙本从同;“贵高”作“为正而贵高”,“侯王无以贵高将恐蹶”为“侯王无以为正而贵高将恐蹶”。遂州龙兴观碑本,“侯王”作“王侯”,“侯王无以贵高将恐蹶”为“王侯无以贵高将恐蹶”。吕惠卿本、白玉蟾本,“贵高”作“为贞而贵高”,“侯王无以贵高将恐蹶”为“侯王无以为贞而贵高将恐蹶”。崇宁《五注》本,“贵高”作“贞而贵高”,“侯王无以贵高将恐蹶”为“侯王无以贞而贵高将恐蹶”。赵志坚本,“贵高”作“贵”,“侯王无以贵高将恐蹶”为“侯王无以贵将恐蹶”。程大昌本,“贵高”作“为天下贞”,“侯王无以贵高将恐蹶”为“侯王无以为天下贞将恐蹶”。李道纯本,“贵高”作“贞贵高”,“侯王无以贵高将恐蹶”为“侯王无以贞贵高将恐蹶”。

“至”,通“致”,推而极之之谓。朱熹《中庸章句》释“致中和”云:“致,推而极之也。”“其至(致)也”,谓推而极之。

“毋已”,即不已,一味求取之谓。

“莲”,“裂”之借字,崩裂之谓。“天毋已清将恐莲(裂)”,谓若是天一味求其清明而执着不已恐怕就会崩裂。

“发”,即“废”,下陷。王先谦《荀子集解》释《荀子·礼论》“大昏之未发齐也”引卢文弨云:“古废、发音同通用。”“地毋已宁将恐发”,谓地若一味求取宁静而执着不已恐怕就会塌陷。

“歇”,尽之谓。杜预注《左传·宣公十二年》“忧未歇也”云:“歇,尽也。”“神毋已灵将恐歇”,谓神若是一味求其灵变而执着不已恐怕就会消歇。

“渴”,通“竭”,干涸之谓。“谷毋已盈将恐渴(竭)”,谓溪谷若是一味求其充盈而执着不已恐怕就会干涸。

“欮”,借作“蹶”,颠覆之谓。杨倞注《荀子·成相》“贤能遁逃国乃蹶”云:“蹶,颠覆也。”“侯王毋已贵以高将恐欮(蹶)”,谓侯王若是一味求其高贵而执着不已恐怕就会被颠覆。

③故必贵以贱为本,必高矣而以下为基。夫是以侯王自胃(谓)孤、寡、不橐(穀)。此其贱之本与,非也?

帛书乙本字句如上。甲本“贵”下有“而”字,“自胃(谓)”下“孤”上残损一字,据河上公(道藏)本当为“曰”;“此其贱”下残损二字,据乙本当为“之本”;“非”下残损一字,据乙本当为“也”。

王弼本此节文字为:“故贵以贱为本,高以下为基。是以侯王自谓孤寡不穀。此非以贱为本邪,非乎?”校之以帛书甲、乙本,“贵”、“高”上两“必”字并无,无“矣”、“而”、“夫”三字,“胃”作“谓”,“橐”作“穀”,末句则措辞略异而文义相同。《淮南子·原道训》引老子语为“贵必以贱为本,高必以下为基”,此或可印证帛书甲、乙本更近于《老子》原文。

※诸传世本多与王弼本略异，其如：易州景福碑本，前两“以”上俱有“必”字，“谓”作“曰”，上一“非”字作“其”，整节文字为：“故贵必以贱为本，高必以下为基。是以侯王自曰孤、寡、不毂。此其以贱为本邪，非乎？”河上公（道藏）本，前两“以”上俱有“必”字，“谓”下有“曰”字，上一“非”字作“其”，“邪”作“耶”整节文字为：“故贵必以贱为本，高必以下为基。是以侯王自谓曰孤、寡、不毂。此其以贱为本耶，非乎？”《群书治要》本，前两“以”上俱有“必”字，“谓”作“称”，“毂”作“穀”，上一“非”字作“其”，整节文字为：“故贵必以贱为本，高必以下为基。是以侯王自称孤、寡、不穀。此其以贱为本邪，非乎？”陆希声本，前两“以”上俱有“必”字，上一“非”字作“其”，“邪”作“也”，整节文字为：“故贵必以贱为本，高必以下为基。是以侯王自谓孤、寡、不毂。此其以贱为本也，非乎？”张君相本，前两“以”上俱有“必”字，“毂”作“穀”，上一“非”字作“其”，“邪”作“也”，整节文字为：“故贵必以贱为本，高必以下为基。是以侯王自谓孤、寡、不穀。此其以贱为本也，非乎？”司马光本，前两“以”上俱有“必”字，上一“非”字作“其”，无下一“本”字，整节文字为：“故贵必以贱为本，高必以下为基。是以侯王自谓孤、寡、不毂。此其以贱为邪，非乎？”易州开元幢本，无次一“为”字，“高以下为基”为“高以下基”；上一“非”字作“其”，“此非以贱为本邪，非乎”为“此其以贱为本邪，非乎”。严遵本，无“是以”二字，“是以侯王自谓孤、寡、不毂”为“侯王自谓孤、寡、不毂”；“此非”作“唯斯”，“邪”作“舆”，“乎”作“耶”，“此非以贱为本邪，非乎”为“唯斯以贱为本舆，非耶”。李道纯本，无“是以”二字，“毂”作“穀”，“是以

侯王自谓孤、寡、不榖”为“侯王自谓孤、寡、不穀”;上一“非”字作“其”,“邪”作“也”,“此非以贱为本邪,非乎”为“此其以贱为本也,非乎”。傅奕本,“侯王”作“王侯”,“是以侯王自谓孤、寡、不榖”为“是以王侯自谓孤、寡、不穀”;“此”作“是”,上一“非”字作“其”,“邪”作“也”,“乎”作“欤”,“此非以贱为本邪,非乎”为“是其以贱为本也,非欤”。范应元本,“侯王”作“王侯”,“谓”作“称”,“是以侯王自谓孤、寡、不榖”为“是以王侯自称孤、寡、不穀”;“此”作“是”,上一“非”字作“其”,“邪”作“也”,“乎”作“欤”,“此非以贱为本邪,非乎”为“是其以贱为本也,非欤”。易州景龙碑本,“榖”作“毂”,“是以侯王自谓孤寡不榖”为“是以侯王自谓孤寡不毂”;上一“非”作“其”,“邪”作“耶”,无“乎”字,“此非以贱为本邪,非乎”为“此其以贱为本耶非”。文如海本,“谓”作“称”,“榖”作“穀”,“是以侯王自谓孤、寡、不榖”为“是以侯王自称孤、寡、不穀”;上一“非”字作“其”,“此非以贱为本邪,非乎”为“此其以贱为本邪,非乎”。白玉蟾本、彭耜本、董思靖本、林希逸本、无名氏本、时雍本,“谓”作“称”,“是以侯王自谓孤、寡、不榖”为“是以侯王自称孤、寡、不榖”;上一“非”字作“其”,“此非以贱为本邪,非乎”为“此其以贱为本邪,非乎”(白本“邪”作“耶”)。宋《御解》本、邵若愚本、张嗣成本、潘静观本,“谓”作“称”,“是以侯王自谓孤、寡、不榖”为“是以侯王自称孤、寡、不榖”;上一“非”字作“其”,“邪”作“耶”,“此非以贱为本邪,非乎”为“此其以贱为本耶,非乎”。遂州龙兴观碑本,“榖”作“毂”,“是以侯王自谓孤、寡、不榖”为“是以侯王自谓孤、寡、不毂”;上一“非”字作“其”,“邪”作“耶”,无“乎”字,“此非以贱为本邪,非乎”为“此其以贱为本耶非”。河上公(影宋)本、林志坚本,“榖”作“穀”,“是以侯王自谓孤、寡、不榖”为“是以侯王自谓孤、寡、不穀”；“邪”作“耶”，“此非以贱为本邪，非乎”为“此非以贱为本耶，非乎”。敦煌写本之戊本，“此”作“是”，上一“非”字作“其”，“邪”作“与”，“乎”作“也”，“此非以贱为本邪，非乎”为“是其以贱为本与，非也”。程大昌本，上一“非”字作“其”，“本”下有“非”字，无“非乎”二字，“此非以贱为本邪，非乎”为“此其以贱为本，非邪”。李约本、杜光庭本、强思齐本、苏辙本、赵志坚本、赵秉文本、王守正本、吴澄本、明《御注》本、释德清本，上一“非”字作“其”，“邪”作“耶”，“此非以贱为本邪，非乎”为“此其以贱为本耶，非乎”。杜道坚本，上一“非”字作“其”，无“邪”字，“此非以贱为本邪，非乎”为“此其以贱为本，非乎”。楼观台碑本、唐《御注》本、唐《御疏》本、道藏无注本、陈景元本、吕惠卿本、陈象古本、李霖本、吕知常本、寇才质本、邓锜本、危大有本、薛蕙本、焦竑本、周如砥本，上一“非”字作“其”，“此非以贱为本邪，非乎”为“此其以贱为本邪，非乎”。宋李荣本，“邪”作“耶”，“此非以贱为本邪，非乎”为“此非以贱为本耶，非乎”。

“槖”，同“穀”；善之谓。蔡沈《书集传》释《书·洪范》“既富方穀”云：“穀，善也。”朱熹《诗集传》释《诗·小雅·天保》“俾尔戬穀”云：“穀，善也。”“不穀”，即不善，古代王侯自称之谦词，一如王侯以孤（孤贱）、寡（寡德）自称。“夫是以侯王自胃（谓）孤、寡、不槖（穀）。此其贱之本与，非也”，谓王侯以孤、寡、不穀自称，这不就是以低贱为高贵之根本吗？难道不是吗？

④故至数舆（誉）无舆（誉）。是故不欲禄禄如玉，硌硌若石。

帛书乙本字句如上。甲本“至”作“致”，“舆”作“与（舆）”；“欲”下残损二字，据乙本当为“禄禄”；“硌硌”下残损多字，据乙本此节所损当为“若石”。甲、乙本文义无别。

王弼本此节文字为:“故致数舆无舆。不欲琭琭如玉,珞珞如石。”校之以帛书甲、乙本,第二句无“是故”二字,“禄禄”作“琭琭”,“硌硌”作“珞珞”,用词略异而文义从同。

※传世本中,字句与王弼本略异者则有:吴澄本、明《御注》本,“致”作“至”,无“数”字,二“舆”并作“誉”,“故致数舆无舆”为“故至誉无誉”。北京延祐石刻本、遂州龙兴观碑本、陈景元本、彭耜本、文如海本、赵志坚本,二“舆”并作“誉”,“如玉”作“若玉”,“珞珞”作“落落”,整节文字为:“故致数誉无誉。不欲琭琭若玉,落落如石。”傅奕本,二“舆”并作“誉”,“琭琭”作“碌碌”,“珞珞”作“落落”,二“如”并作“若”,整节文字为:“故致数誉无誉。不欲碌碌若玉,落落若石。”范应元本,二“舆”并作“誉”,“珞珞”作“落落”,二“如”并作“若”,整节文字为:“故致数誉无誉。不欲琭琭若玉,落落若石。”北京延祐石刻本、吕知常本,二“舆”并作“誉”,“珞珞”作“落落”,整节文字为:“故致数誉无誉。不欲琭琭如玉,落落如石”。寇才质本,二“舆”并作“誉”,“琭琭”作“碌碌”,整节文字为:“故致数誉无誉。不欲碌碌如玉,珞珞如石。”《经典释文》本、道藏无注本、吕惠卿本、宋《御解》本、邵若愚本、董思靖本,二“舆”并作“誉”,“故致数舆无舆”为“故致数誉无誉。”河上公(道藏)本、宋李荣本、李道纯本、危大有本、潘静观本,二“舆”并作“车”,“琭琭”作“碌碌”,“珞珞”作“落落”,整节文字为:“故致数车无车。不欲碌碌如玉,落落如石。”易州景龙碑本、易州景福碑本、河上公(影宋)本、张君相本、林希逸本、林志坚本、释德清本,二“舆”并作“车”,“珞珞”作“落落”,整节文字为:“故致数车无车。不欲琭琭如玉,落落如石。”白玉蟾本,二“舆”并作“车”,“珞珞”作“落落”,整节文字为:“故致数车无

车。不欲琭琭如玉，落落如石。”张嗣成本，二“舆”并作“车”，“珞珞”作“硌硌”，整节文字为：“故致数车无车。不欲琭琭如玉，硌硌如石。”严遵本，“致数舆”作“造舆于”，“琭琭”作“碌碌”，“珞珞”作“落落”，整节文字为：“故造舆于无舆。不欲碌碌如玉，落落如石。”李约本、苏辙本、杜道坚本，“琭琭”作“碌碌”，“珞珞”作“落落”，整节文字为：“故致数舆无舆。不欲碌碌如玉，落落如石。”敦煌写本之戊本，首句句末有“也”字，“琭琭”作“禄禄”，“珞珞”作“落落”，整节文字为：“故致数舆无舆也。不欲禄禄如玉，落落如石。”易州开元幢本、庆阳景祐幢本、楼观台碑本、磻溪大德幢本、唐《御注》本、强思齐本、司马光本、陈象古本、李霖本、无名氏本、赵秉文本、时雍本、邓锜本、薛蕙本、焦竑本、周如砥本，“珞珞”作“落落”，“珞珞如石”为“落落如石”。唐《御疏》本、杜光庭本，“珞珞”作“硌硌”，“珞珞如石”为“硌硌如石”。

“舆”，“誉”之借字。陆德明《经典释文·老子德经音义》写作“誉”，并注：“毁誉也。”《庄子·至乐》称述“至乐无乐，至誉无誉”（以无乐为至乐，以无誉为至誉），其说显然源自老子，当可以此印证“至数舆（誉）无舆（誉）”句。句中“数”（shǔ）有称道义，王先谦《荀子集解》解《荀子·王霸》“不足数于大君子之前”云：“《仲尼篇》两云‘彼固曷足称乎大君子之门哉’，大君子即指仲尼，尤其明证。称、数义同。”“至数舆（誉）无舆（誉）”，谓至可称道的荣誉是无求于荣誉。

“禄禄”，即王弼本之“琭琭”，用以形容玉之珍贵。“硌硌”，王弼本作“珞珞”，用以形容石之低贱。蒋锡昌《老子校诂》按：“《后汉书·冯衍列传》云：‘不碌碌如玉，落落如石。’注云：‘玉貌碌碌，为人所贵；石形落落，为人所贱。’以贵贱为释，正与上文‘故贵以贱为本'相应。其言是也。河上注:'琭琭喻少,落落喻多。玉少,故见贵;石多,故见贱。'亦以贵贱为释。'不欲琭琭如玉,珞珞如石',言不欲琭琭如玉之高贵,宁珞珞如石之下贱也。'琭琭'或作'禄禄',或作'碌碌',或作'录录';'珞珞',或作'落落',或作'硌硌',均可。盖重言形容词只取其声,不取其形,皆随主词及上下文以见意,不必辨其谁是谁非也。"(蒋锡昌:《老子校诂》,第265页)其说甚是,可从。

【疏解】

此章绍述上章,依然称"德"而论。诚然,全章未见一"德"字,但所谓"得一"即是得"道",而于"道"有得则正可命之为"德"。由"得一"说"德"虽及于天、地、神、谷,然而重心终是落在侯王如何"得一"而"为天下正"。

"天得一以清",乃是说"天法道"而有"清"(清明)之德。同样,地、神、谷"法道"而分别有"宁"(宁静)、"灵"(通灵)、"盈"(充盈)之德。推至侯王,其若能取法于"道"而德被天下,则自可做天下之君长("正")。君长是人中的贵者、高者,这贵、高所以贵、高唯在于"得一",唯在于"得一"者有德而为天下人拥戴。不过,若是天一味为"清"而"清","清"在其不已的求取中不再有"一"之本,那么这"清"便会失了"自然"而然的那种德性。与此一理,若是地一味为"宁"而"宁",神一味为"灵"而"灵",谷一味为"盈"而"盈",失去了由"得一"所有的那份"宁"、"灵"、"盈"之德的朴真,这"宁"、"灵"、"盈"便会因为不再能"食母"(二十章)或"守其母"(五十二章)而无德可称。作为君长的侯王的贵、高亦复如此,若是一味为贵而贵,为高而高,贵、高的君长之位没有了"得一"的根据便终究难免于倾覆。

自河上公、严遵以来,传世《老子》诸本"毋已"皆作"无以",且多以不能或不用训释“无以”,于是“天毋已清将恐裂”作“天无以清将恐裂”后遂被解为天若不能清明恐怕就会崩裂。继此,“地无以宁将恐发,神无以灵将恐歇,谷无以盈将恐竭”,亦以同样理路被解为:地若不能宁静恐怕就会塌陷,神若不能灵变恐怕就会消歇,谷若不能充盈恐怕就会枯竭。其虽与老子置言颇不相入,但句意尚可通解,唯“侯王无以贵高将恐蹶”顺此理路作解,不仅与老子之微妙属意有间,且以“贵高”相应于“清”、“宁”、“灵”、“盈”亦与整章之文脉不相通洽。值得留意的是,河上公本之“天无以清”诸句原文虽也皆写作“无以”,但注文却均将“无以”释作“毋已”(“无已”)。其云:“天当有阴阳弛张,昼夜更用,不可但欲清明无已时,将恐分裂不为天”;“地当有高下刚柔,节气五行,不可但欲安静无已时,将恐发泄不为地”;“神当有王相囚死休废,不可但欲灵变无已时,将恐虚歇不为神”;“谷当有盈缩虚实,不可但欲盈满无已时,将恐枯竭不为谷”。诚然,如此释“无以”为“毋已”(“不已”)确与帛书《老子》暗合,自是更近于《老子》之原始,但将“清”与“阴阳弛张,昼夜更用”、“宁”与“高下刚柔,节气五行”、“灵”与“王相囚死休废”、“盈”与“盈缩虚实”相对而言,则与老子所说的天德之“清”、地德之“宁”、神德之“灵”、谷德之“盈”的义涵大相径庭。换句话说,老子赋予“清”、“宁”、“灵”、“盈”的意趣在河上公所谓“清”、“宁”、“灵”、“盈”那里有了颇大变化;前者说的是天、地、神、谷之全德,后者却将其相对化为德之一端或一个侧面了。

事实上,本章由天、地、神、谷、侯王等“得一”所说的“清”、“宁”、“灵”、“盈”诸德,略相当于上章所谓“上德不德,是以有德”的“上德”,而由“毋已清”、“毋已宁”、“毋已灵”、“毋已盈”所说的“清”、“宁”、“灵”、“盈”则属于上章所谓“下德不失德,是以无德”的“下德”。同样有“清”、“宁”、“灵”、“盈”等德之名号，但“自然”而然地由“得一”而有之德，与一味为“清”而“清”、为“宁”而“宁”、为“灵”而“灵”、为“盈”而“盈”以至于失了“一”之根荄的“清”、“宁”、“灵”、“盈”已是判然有别：前者使天、地、神、谷得以有其恒常，后者则使天“将恐裂”、地“将恐发”、神“将恐歇”、谷“将恐竭”。侯王一如天、地、神、谷，“得一”而有“不德”之德的“上德”，失“一”而徒以“贵高”是求必致落于“无德”之“下德”；“上德”使其“为天下正”，“下德”使其“将恐蹶”。倘能将上章与本章作前后贯通的理解，本章之致思脉络诚然清晰可见，而帛书出土前渐次产生于注家的诸多疑窦亦可就此得以逐一破解。

侯王为天下君长，其爵贵位高而有显赫之势，而“一”诚如“道经”十四章所言“视之而弗见，名之曰微；听之而弗闻，名之曰希；捪之而弗得，名之曰夷”，其总以幽微之贱、下自处。然而侯王为天下君长而所以“贵”、“高”，却是因为“得一”，老子遂由此而说“必贵以贱为本，必高矣而以下为基”，并以侯王自称其“孤”（孤贱）、“寡”（寡德）、“不穀”（不善）作印证。理趣至此，下文之“至数舆无舆”便亦不难分辨，其决非多家注疏所谓“数车无车”（以河上公注、苏辙注、林希逸注、薛蕙注等最具代表性），而当为《庄子·至乐》所称之“至誉无誉”。以“至誉无誉”之意注“至数舆无舆”始于唐人傅奕，其《道德经古本篇》之老子原文即直书为“致数誉无誉”。之后，持此说者，以宋儒吕惠卿之《老子道德经传》、宋人范应元之《老子道德经古本集注》、金人寇才质之《道德真经四子古道集解》、元人吴澄《道德真经注》等最引人瞩目。但“至数舆无舆”之“数”，在以“誉”释“舆”的注家中始终未能得其雅训。其实此“数”以称述或称道相训或更谛当些，清人王先谦《荀子集解》释《荀子·王霸》“不足数于大君子之前”即对“数”有“称、数义同”之说。准此，则“至数舆无舆”可作如是解：至可称道的荣誉乃是无求于荣誉。而既以贵贱、高下喻示世间君长之地位与“微”、“希”、“夷”之“一”的关系,那么“玉”、“石”之譬便亦当由贵贱、高下的选择去领略:不求像玉那样贵重,但愿像石一般朴真。

四十章

反也者，	返本复始，
道之动也；	乃是道的运动；
[弱也]者，	守柔不争，
道之用也。①	乃是道的发用。
天下之物生于有，	天下之物因道的“有”性而生，
有[生]于无。②	而这“有”终究在于“生而弗有”。

【校释】

①反也者，道之动也；[弱也]者，道之用也。

帛书乙本“动也”下残损二字，据甲本当为“弱也”；补损阙后，其字句如上。甲本上一“道”字上残损多字，据乙本，此节所损当为“反也者”。

郭店楚简（甲）本此节文字为：“返也者，道僮也；溺也者，道之甬也。”“僮”前脱一“之”字，当据帛书甲、乙本补之。“僮”，通“动”，为“动”（“達”）之借字。“溺”，通“弱”，为“弱”之借字。“甬”，通“用”，为“用”之借字。整节文字之句脉及文义与帛书甲、乙本从同。

王弼本此节文字为：“反者，道之动；弱者，道之用。”校之以帛书甲、乙本，每句皆无虚词“也”，然与帛书本之句脉、文义无别。

※传世本多同于王弼本，略异者唯赵志坚本，其“反”作“返”，“反者，道之动”为“返者，道之动”。

“反”，即“返”，复归之谓。朱骏声《说文通训定声》：“反，假借为返。”孙星衍《尚书今古文注疏》注《书·西伯戡黎》“祖伊反”云：“反，《说文》作返，云：还也。”《庄子·秋水》云：“牛马四足，是谓天；落马首，穿牛鼻，是谓人。故曰：无以人灭天，无以故灭命，无以得殉名，谨守而勿失，是谓反其真。”此所谓“反其真”之“反”即“返”，“反其真”者，义为复归于天真。“反也者，道之动也”，郭店楚简本写作“返也者，道〔之〕僮（动）也”。“道”的运作在于返本复始或返本复朴，此为“反也者，道之动也”之本意。

“弱”，与“强”相对，但非寻常软弱、懦弱之谓；此“弱”有谦退、不争而柔静之意。“道经”十章所谓“生而弗有，长而弗宰”之“弗有”、“弗宰”即含有“弱”义，二十八章所谓“知其雄，守其雌”、“知其荣，守其辱”、“知其白，守其黑”之“守雌”、“守辱”、“守黑”亦皆含有“弱”义，八章所谓“水善利万物而有静，居众人之所恶”更是在喻示一种“弱”。“弱也者，道之用也”，乃是说“道”之发用或“道”之德用在于守柔不争。

②天下之物生于有，有[生]于无。

帛书乙本次句“有”下残损一字，据王弼本当为“生”；补损阙后，其字句如上。甲本唯存“天”字，其下文字皆残损，据乙本及王弼本，其当为“下之物生于有，有生于无”。

郭店楚简（甲）本此节文字为：“天下之勿生于又，生于亡。”“勿”，通“物”，为“物”之借字。“又”，通“有”，为“有”之借字。末句“生”上似脱一“有”字，但无“有”字亦通。“亡”，与“无”音义皆同。楚简本用字乃至句脉稍异于帛书本，然其文义相侔。

王弼本此节文字为：“天下万物生于有，有生于无（無）。”校之以帛书乙本,“之物”作“万物”;“无”(非“無”之简体字)作“無”(“无”同“無”)。王本与帛书乙本用字略异,而句脉、文义从同。

※传世本中,与王弼本字句略异者则有:遂州龙兴观碑本,脱一“天”字,“万”作“之”,“天下万物生于有”为“下之物生于有”。易州开元幢本、邢州开元幢本、周至至元碑本、楼观台碑本、磻溪大德幢本、北京延祐石刻本、敦煌写本之戊本、严遵本、傅奕本、唐《御注》本、唐《御疏》本、陆希声本、杜光庭本、强思齐本、道藏无注本、陈景元本、吕惠卿本、司马光本、苏辙本、陈象古本、宋《御解》本、李霖本、白玉蟾本、彭耜本、董思靖本、林希逸本、范应元本、文如海本、无名氏本、吕知常本、赵志坚本、寇才质本、赵秉文本、时雍本、邓锜本、张嗣成本、释德清本、薛蕙本、焦竑本、周如砥本,“万”作“之”,“天下万物生于有”为“天下之物生于有”,与帛书乙本从同。

“有”,当关联着“道经”一章之“有名”理解;“无”,当关联着“道经”一章之“无名”理解。“有”、“无”之关系当结合一章所谓“两者同出,异名同谓”作训释,不可将“天下之物生于有,有生于无”诠解为“无”、“有”、“物”在时间先后上的递次相生。所谓“道”生“物”只是“物”自生或“物”自然而生,“物”生即是“有”,而这生是“生而弗有”(十章)、“作而弗始”(二章)之生,所以这“物”生之“有”却还是“无”。换句话说,“物”生之当下即是“有”,而这“有”当下即是“无”;再换句话说,“物”之生体现“道”的“有”的导向,这“有”不有而有,有而不有,因而同时体现“道”的“无”的导向。

【疏解】

此章很短,但其对“道”之“动”、“道”之“用”及万物生机之

"有"、"无"渊源的指出,句句皆在破解"道"之閟机。

老子有"飘风不终朝,暴雨不终日"(二十三章)之譬,这譬喻在于告诫人们:若欲生机长久,便决不可像疾风骤雨那样迅猛暴烈。不取迅猛,不居暴烈,其实即是不逞其强而清虚用"弱"。老子又有"知其雄,守其雌,为天下溪"、"知其荣,守其辱,为天下谷"、"知其白,守其黑,为天下式"(二十八章)之说,为之所称述的"守雌"、"守辱"、"守黑"皆在于以"弱"为德,亦皆是对逞"雄"、争"荣"、夺"白"之动念的摒退,而这取"弱"或守"柔"则正是"道"的发用。依老子之本旨,"弱"并不是为了获致"强"的效能的一种谋略或手段,它的底蕴只在于自然而不争胜。老子谓:"恒德不离,复归于婴儿。"(二十八章)"含德之厚者,比于赤子。"(五十五章)这"恒德"、"厚德"即是"上德"之"德"或所谓"玄德",而"婴儿"、"赤子"则正是争心不起的"弱"的形象化、直观化。

"弱"是一种不逐强争胜的态势,守持这一态势即所谓"致虚"、"守静"(十六章)或"守于沖"(五章)。与之相应,得之于"道"的事物的自然而本真的品格被老子称为"朴"。对于他来说,"恒德不离,复归于婴儿"亦是"恒德乃足,复归于朴"(二十八章),因此,"恒德"说到底即是"朴"德。"朴"是"道"之"玄德"的告白,是老子"道"之所导的价值宗趣所在,它意味着一切文华的泯除,一切造意的消弭,一切人为的摈弃,一切以"自然"为然的自然而然。

依"道"的本性和德用,其"动"的常态在于"反",所以老子在指出"弱也者,道之用也"时也以"反也者,道之动也"与之相提并论。"反",即是"返"。"有无之相生也,难易之相成也,长短之相形也,高下之相盈也,音声之相和也,先后之相随也"(二章)、"祸,福之所倚;福,祸之所伏"、"正复为奇,善复为妖"(五十八章),颇似就"反"而说"道之动";"大曰逝,逝曰远,远曰反"(二十五章),则更可谓为由"反"而说"道之动"。然而,就老子论"反"的衷曲而言，其“反”却重在“夫物枟枟，各复归于其根”（十六章）、“复归于婴儿”、“复归于朴”之“复”。“正复为奇，善复为妖”一类说法当然可以在“辩证”意趣上把握为一种方法论，但在老子这里，方法从来都不是价值中立的，它只是在被引导于反本复“朴”、复归于自然的价值取向时，才可能免于为诡辩者所用。如果说玄德之“朴”是因“道”的“玄同”之性而确立的价值取向，那么，“反”（“复”）便是由“道”的“玄同”之性所决定的趣向“朴”的境地的修养方式。以“朴”为中心的价值观与以“反”或“复”为主导修养途径的一致，述说着老子学说的真正秘密。

与“反也者，道之动也”相应，老子所谓“天下之物生于有，有生于无”，乃是在由“天下之物”追溯（“反”或返）其得以“生”的“有”、“无”之本始。人们（包括《老子》的诸多注家）通常总是以“无”—“有”—“天下之物”在时序上一条线地“生”去理解老子的话，但其谛解却可能是这样：天下万物之“生”显现“道”的“有”的导向，而“有”与“无”乃“两者同出，异名同谓”，此“有”非着意或存心而为之的“有”，它因此又只是“无”——“有”作为“无为”之“有”终究不过是“无”而已。这样体会“生”的意味，才可能领悟老子何以要说“作而弗始”、“生而弗有”之类的话，也才可能窥知老子之“道”归根结底乃是“生”之“道”或“生”之“导”。

四十一章

上[士闻]道，	上等之士听说道，
堇(勤)能行之；	会勉力践行；
中士闻道，	中等之士听说道，
若存若亡；	会将疑将信；
下士闻道，	下等之士听说道，
大笑之，	会大笑不停，
弗笑[不足]以为道。[1]	不被嗤笑不足以“道”论。
是以建言有之曰：	所以有人如是立言：
明道如费(昧)，	明畅的道有若昏冥，
进道如退，	行进的道有若退隐，
夷道如类。[2]	坦荡的道有若不平。
上德如浴(谷)，	上德如空谷而虚廓能容，
大白如辱，	至洁如有垢而不离寰尘，
广德如不足，	盛德似不足而谦下卑躬，
建德如[偷]，	健德似懈怠而不与物竞，
质[真如渝]。[3]	至真似有瑕而不自居于真。
大方无禺(隅)，	至大之方不会绽露角棱，
大器免成，	至大之器无从最终成形，
大音希声，	至大之音没有声响可闻，

天〈大〉象无刑(形),	至大之象没有形迹可寻,
道褒无名。④	道至大而没有名号可称。
夫唯道,	唯有如上所喻之道,
善始且善成。⑤	善于生物成物而自始至终。

【校释】

①上[士闻]道,堇(勤)能行之;中士闻道,若存若亡;下士闻道,大笑之,弗笑[不足]以为道。

帛书乙本“上”下残损二字,据王弼本当为“士闻”;“弗笑”下残损二字,据王弼本当为“不足”;补损阙后,其字句如上。甲本此节文字悉皆残损。

郭店楚简(乙)本此节文字为:“上士昏道,堇能行于其中;中士昏道,若昏若亡;下士昏道,大芺之,弗大芺不足以为道矣。”“昏”,通“聒”,而“聒”为“闻”之异体字;“芺”,“笑”之异体字。其与帛书乙本用字有异,而句脉、文义大致从同。

王弼本此节文字为:“上士闻道,勤而行之;中士闻道,若存若亡;下士闻道,大笑之,不笑不足以为道。”校之以帛书乙本,“堇”作“勤”(“堇”通“勤”),“能”作“而”,“弗笑”作“不笑”,而其句脉、文义与帛书乙本无别。

※诸传世本多同于王弼本,其略异者则有:傅奕本,“勤而”作“而勤”,“勤而行之”为“而勤行之”;“大”上有“而”字,“大笑之”为“而大笑之”。遂州龙兴观碑本,“而”作“能”,“勤而行之”为“勤能行之”,与帛书乙本从同(帛书乙本“勤”作“堇”)。易州开元幢本,次句句末无“之”字,“勤而行之”为“勤而行”。吕知常本,“亡”作“忘”,“若存若亡”为“若存若忘”。范应元本,“大”上有“而”字,“大笑之”为“而大笑之”。

敦煌写本之戊本，下一“笑”字下有“之”字，“不笑不足以为道”为“不笑之不足以为道”。

“上士”，即上君或上等之君。这里，“士”当训为“君”；《毛传》释《诗·大雅·文王》“殷士肤敏”云：“殷士，殷侯也。肤，美；敏，疾也。”河上公注十五章“古之善为士者”云：“谓得道之君也。”蒋锡昌按：“‘上士’即上等之君，‘中士’即中等之君，‘下士’即下等之君也。河上于彼章（指四十一章——引者注）注云：‘中士闻道，治身以常存，治国以太平。’是河上正以‘士’为君。于此章（指十五章——引者注）注云‘谓得道之君也’，亦以士为君。”（蒋锡昌：《老子校诂》，第86页）其说可从。“堇”，通“勤”，为“勤”之借字，竭力、勉力之谓。“上士闻道，堇（勤）能行之”，谓上等之君于道有闻，能勉力躬身践行。

②是以建言有之曰：明道如费（昧），进道如退，夷道如类。

帛书乙本字句如上。甲本此节文字悉皆残损。

郭店楚简（乙）本此节文字为：“是以建言又之：明道女孛，迟道女缋，[进]道若退。”“又”，通“有”，为“有”之借字。“女”，通“如”，为“如”之借字。“孛”，为“哱”之借字，昏暗不明之谓；《集韵·队韵》：“哱，暗也。”“迟”，即“夷”；《匡谬正俗》卷八：“古者‘迟’、‘夷’通用。”“缋”，为“纇”之借字。“缋”后残损一字，据帛书乙本当为“进”。“进道若退”句在帛书乙本及王弼本中位于“夷道若类”（或“夷道若纇”）句之前。其句序虽与帛书乙本有别，而文义无异。

王弼本此节文字为：“故建言有之：明道若昧，进道若退，夷道若纇。”校之以帛书乙本，“是以”作“故”，“之”后无“曰”字，三“如”字并作“若”，“类（纇）”作“纇”，而句脉、文义从同。

※传世本中，与王弼本略异者有：易州景福碑本、遂州龙兴观碑本、道藏无注本、吕惠卿本、吕知常本、邓锜本，无“故”字，“纇”作“类”，整节文字为：“建言有之：明道若昧，进道若退，夷道若类。”易州开元幢本、邢州开元幢本、庆阳景祐幢本、周至至元碑本、楼观台碑本、磻溪大德幢本、李约本、唐《御注》本、唐《御疏》本、陆希声本、杜光庭本、强思齐本、陈景元本、苏辙本、陈象古本、李霖本、曹道冲本、叶梦得本、程大昌本、寇才质本、赵秉文本、王守正本，无“故”字，“故建言有之”为“建言有之”。敦煌写本之戊本，“故”作“是以”，“之”下有“曰”字，“纇”作“类”，整节文字为：“是以建言有之曰：明道若昧，进道若退，夷道若类。”张君相本、赵志坚本，“故”作“是以”，“纇”作“类”，整节文字为：“是以建言有之：明道若昧，进道若退，夷道若类。”傅奕本，“之”下有“曰”字，“纇”作“类”，“夷道若类”在“进道若退”句上，整节文字为：“故建言有之曰：明道若昧，夷道若类，进道若退。”范应元本，“之”下有“曰”字，“故建言有之”为“故建言有之曰”。焦竑本，“进”作“远”，“纇”作“类”，整节文字为：“故建言有之：明道若昧，远道若退，夷道若类。”潘静观本，“夷”作“彝”，“纇”作“类”，“夷道若纇”为“彝道若类”。易州景龙碑本、河上公（影宋、道藏）本、白玉蟾本、危大有本、释德清本、周如砥本，“纇”作“类”，“夷道若纇”为“夷道若类”。林希逸本、林志坚本，“纇”作“类”，“夷道若类”在“进道若退”句上，整节文字为：“故建言有之：明道若昧，夷道若类，进道若退。”北京延祐石刻本、宋《御解》本、邵若愚本、彭耜本、董思靖本、文如海本，“夷道若纇”在“进道若退”句上，整节文字为：“故建言有之：明道若昧，夷道若纇，进道若退。”

“建言”，“建”有“立”义，建言即立言。“建言有之”似指古人或前贤之言,老子于此托始古人以立言。王弼注:“建,犹立也。”林希逸《老子鬳斋口义》有云:“建言者,立言也,言自古立言之士有此数语,‘明道若昧’以下数句是也。”蒋锡昌按:“‘建言’非古载籍名,谓古之立言者。老子引古立言者语,十四章所谓‘执古之道’也。”(蒋锡昌:《老子校诂》,第271页)

“费”,借作“昧”,昏昧不明。“明道如费(昧)”,谓明畅之大道有若昏昧。

“类”,通“纇”,不平之谓。孔颖达疏《左传·昭公十六年》“出令之不信,刑之颇类”云:“服虔读‘类’为‘纇’。解云:‘颇,偏也;纇,不平也。’”朱谦之《老子校释》按:“‘纇’、‘类’古通用。《广雅·释言》:‘纇,节也。’《通俗文》:‘多节曰纇。’‘夷道若纇’,简文注:‘疵也。’《淮南·氾论》‘明月之珠,不能无纇’,注:‘纇,磐若丝之结纇也。’叚借为‘戾’。《左传·昭十六》‘刑之颇纇’,服注:‘不平也。’不平与平对立,故曰‘夷道若纇’。”其说可从。

③上德如浴(谷),大白如辱,广德如不足,建德如[偷],质[真如渝]。

帛书乙本第四“如”下残损一字,“质”下残损三字,据王弼本当分别为“偷”与“真如渝”;补损阙后,其字句如上。甲本此节文字悉皆残损。

郭店楚简(乙)本此节文字为:“上悳女浴,大白女辱,往悳女不足,建悳女[偷,质]贞女愉。”“悳”,“德”之异体字。颜师古注《汉书·贾谊传》“悳至渥也”云:“悳,古德字。”“女”,通“如”,为“如”之借字。“往”,借作“广”。第四“女”字下残损二字,据帛书乙本及王弼本当为“偷,质”。“愉”,通“渝”,为“渝”之借字。其句脉、文义与帛书乙本、王弼本从同。

王弼本此节文字为:“上德若谷,大白若辱,广德若不足,建德若偷,质真若渝。”校之以帛书乙本,五“如”字并作“若”,“浴”作

“谷”,其句脉、文义相侔。

※传世本中,与王弼本略异者则有:傅奕本,“辱”作“黣”,“偷”作“媮”,“渝”作“输”,整节文字为:“上德若谷,大白若黣,广德若不足,建德若媮,质真若输。”范应元本,“辱”作“黣”,“偷”作“输”,整节文字为:“上德若谷,大白若黣,广德若不足,建德若输,质真若渝。”严遵本,“广”作“盛”,“广德若不足”为“盛德若不足”。敦煌写本之戊本,“大白若辱”句在“上德若谷”句前,“足”作“濡”,无“建德若偷”句,整节文字为:“大白若辱,上德若谷,广德若不濡,质真若渝。”泰州广明幢本,“偷”作“媮”,“建德若偷”为“建德若媮”。司马光本、白玉蟾本、寇才质本、张嗣成本、明《御注》本,“真”作“直”,“质真若渝”为“质直若渝”。释德清本,“真”作“贞”,“质真若渝”为“质贞若渝”。

“浴”,通“谷”,“浴”、“谷”古音义皆同。谷虚寂空旷,喻虚怀谦下能容。“上德若浴(谷)”,亦即“上德不德”,谓上德如旷谷而虚廓能容。

“辱”,这里有“黑”、“污”之义。郑玄注《仪礼·士昏礼记》“今吾子辱”云“以白造缁曰辱”。王聘珍《大戴礼记解诂》释《大戴礼记·曾子立事》“辱之为畏”云:“辱,污也。”“大白如辱”,与“知其白,守其黑”义相通,王弼注云“知其白,守其黑,大白然后乃得”,可谓深得其旨。

“广德”,大德或盛德。《庄子·寓言》云:“老子曰:而睢睢盱盱,而谁与居?大白若辱,盛德若不足。”其即以广德为盛德。“广德如不足”,谓盛德似有不足而谦下卑躬。

“建德”,刚健之德。焦循《易章句》释《易·屯》“利建侯”云:

"建,犹健也。"俞樾《诸子平议·老子》按:"建,当读为健。《释名·释言语》曰:'健,建也。能有所建为也。'是建、健音同而义亦得通。'建德若偷',言刚健之德反若偷惰也。正与上句'广德若不足'一律。""偷",苟且、敷衍之谓。杜预注《左传·襄公三十一年》"其语偷"云:"偷,苟且也。""建德若偷",谓刚健之德不与物竞,反倒给人以懈怠之感。

"质真",即至真。"质",犹至。《集韵·至韵》引《说文》:"质,至也。"王念孙《读书杂志·战国策·齐策·不察其至实》云:"《庄子·刻意篇》'道德之质',《天道篇》'质'作'至'(指《庄子·天道》所谓'夫虚静恬淡寂漠无为者,天地之平,而道德之至也'之'道德之至'——引者注)。"俞樾《诸子平议·庄子二》按:"'质'当读为'至'……'至'、'质'古通用,'至'可以为'质','质'亦可以为'至'矣。道德之质,即道德之至也。""渝",这里有"变"义,亦有"污"义。《玉篇·水部》:"渝,变也,污也。"李鼎祚《周易集解》释《易·讼》"复即命渝"引虞翻云:"渝,变也。"此"变"乃《说文》所谓"渝,变污也"。"质真如渝",谓至真似有瑕疵而不自居于真。

④大方无禺(隅),大器免成,大音希声,天〈大〉象无刑(形),道褒无名。

帛书乙本字句如上。甲本此节文字悉皆残损。

郭店简(乙)本此节文字为:"大方亡禺,大器曼城,大音祗圣,天象亡坓,道[褒无名]。""禺",通"隅",为"隅"之借字。"曼",犹"无",《广雅·释言》:"曼,无也。""城",为"成"之借字。"祗",读作"希",与帛书乙本及王弼本等传世本之"希"相应。"圣",通"声",为"声"之借字。"天",为"大"之误。"坓","型"之省写,犹"形"。末句"道"下残损,据帛书乙本,此节所损当为"褒无名";"褒",大之谓。楚简本用字多异,然句脉、文义与帛书乙本从同。

王弼本此节文字为:"大方无(無)隅,大器晚成,大音希声,大象无(無)形,道隐无(無)名。”校之以帛书乙本,乙本“大器免成”之“免”王本作“晚”,乙本“道褭无名”之“道褭”王本作“道隐”。“免”有“不”义,“免成”遂与上下文之“无禺(隅)”、“希声”(无声)、“无刑(形)”、“无名”更相应;“褭”有“大”义,“道褭”遂亦与上文“大方”、“大器”、“大音”、“大象”更相应。又,乙本三“无”(非“無”之简体字)王本俱作“無”(“无”同“無”)。

※诸传世本多同于王弼本,其相异者则如:严遵本,“无隅”作“不矩”,“大方无隅”为“大方不矩”。傅奕本,“希”作“稀”,“大音希声”为“大音稀声”。

“禺”,即“隅”,角或角落。“大方无禺(隅)”,谓至大的方不会绽露四角。

“免”,犹“不”。帛书乙本“大器免成”王弼本等传世本作“大器晚成”,注家或以“免”为“晚”之借字,其实,“晚”当是“免”之借字或“免”字之误。楼宇烈《王弼集校释》释王弼注“大器,成天下不持全(分)别,故必晚成也”云:“此节注文义不可通,疑有误……愚谓经文‘大器晚成’疑已误。本章言‘大方无隅’、‘大音希声’、‘大象无形’,二十八章言‘大制无割’等,一加‘大’字则其义相反。‘方’为有隅,‘大方’则‘无隅’;‘音’为有声,‘大音’则‘希声’;‘象’为有形,‘大象’则‘无形’;‘制’为有割,‘大制’则‘无割’。唯此‘大器’则言‘晚成’,非‘器’之反义。长沙马王堆三号汉墓出土帛书《老子》经文此句甲本残缺,乙本作‘大器免成’。‘免’或为‘晚’之借字,然据以上分析,似非‘晚’之借字,而当以‘免’本字解为是。”(楼宇烈:《王弼集校释》,第114-115页)楼说甚笃,可从。韩愈诗《贺张十八得裴司空马》云:“旦夕公归伸拜谢,免劳骑去逐双旌。”其“免”乃“不”之谓。“大器免成”之“免”亦具“不”义,其谓至大之器无从最终成形。

“天象”，为“大象”之误。“大象无刑（形）”，谓至大之象没有形迹可寻。

“褒”，大之谓。高诱注《淮南子·主术训》“一人被之而不褒”云：“褒，大也。”“道褒无名”，谓道以其至大而无名可称。

⑤夫唯道，善始且善成。

帛书乙本字句如上。甲本“道”上残损多字，据乙本，此节所损当为“夫唯”；上一“善”下残损多字，据乙本，此节所损当为“始且善成”。

郭店楚简（乙）本此节文字悉皆残损。

王弼本此节文字为：“夫唯道，善贷且成。”校之以帛书乙本，“始”作“贷”，“且”下脱一“善”字。“贷”当为“始”之借字，其与“成”（犹“终”）相应。于省吾《老子新证》有云：“敦煌‘贷’作‘始’，乃声之转。《周语》‘纯明则终’，注：‘终，成也。’又‘故高明令终’，注：‘终，犹成也。’《书·皋陶谟》‘箫韶九成’，郑注：‘成，犹终也。’是‘成’、‘终’互训，义同。然则‘善始且成’即善始且终也。”于说可谓笃论。

※诸传世本多与王弼本同，其略异者则如：敦煌写本之戊本，“贷”作“始”，“善贷且成”为“善始且成”。范应元本，“唯”作“惟”，“夫唯道”为“夫惟道”；“且”下有“善”字，“善贷且成”为“善贷且善成”。易州景龙碑本，“成”作“善”，“善贷且成”为“善贷且善”，其或脱一“成”字。

“始”，生之谓。郑玄注《礼记·檀弓下》“君子念始之者也”云：“始，犹生也。”成玄英疏《庄子·大宗师》“不忘其所始”云：“始，生也。”“善始且善成”，谓道善于使物自生亦善于使其自成。

【疏解】

此章句句不离"道"、"德",以正反相即之玄言——如明而昧、进而退、夷而类等——对其作了不落于俗常理路的喻说,称述法自然之"道"善于成全庶物之始(生),亦善于成全庶物之终(成),而导示闻道之人勤而行之。

"道"无声、无臭、无象而虚灵不滞,局守于可感知之物态者对这"视之而弗见"、"听之而弗闻"、"播之而弗得"的形而上者不唯不信,且以其谬悠荒诞而嗤笑之,这类人被老子称为"下士";亦有人对之将信将疑,以其或有或无而依违不定,老子称其为"中士";亦有人心契于道,闻而能行,行而能勤,老子称其为"上士"。道与下士无缘,下士对道的笑讪只是表明了道之所以为道终不为失道者所见;道与中士有隔,而仅与上士无间,这有隔与无间的差别乃在于闻道者是否能于其切身践行中冥会于道。"士"在此处或指君主,河上公注十五章"古之善为士者"句即以"善为士者"为"得道之君"。若"士"在这里果然当以君论,那么,"上士"便略相当于十七章所谓"太上,下知有之"之君,"中士"或略相当于"其次,亲誉之"之君,"下士"则亦略相当于"其次,畏之"以至"其下,侮之"之君。两章对"士"或君主之高下判别的一致,意味着老子对治国之君主的期待有着恒常的标准,这标准即是其是否"法道"、"法自然"以"尊道而贵德"(五十一章)。

"道"不可道,"德"不可言,但心系于"道"、"德"的老子却又不能不言,于是遂托重"建言"——托始古人以立言。"道"是明畅的,所谓"圣人恒善救人,而无弃人,物无弃材,是谓袭明"(二十七章)之"袭明",即是承袭"道"的恒常之"明",然而"道"以其"明"烛物临人却是以幽微隐默的方式,此即所谓"视之而弗见,名之曰微"(十四章);"道"亦明亦隐、即明即隐,其"曒"、"眇"相即,遂有谓

"明道若昧"。"道"是行进的,所谓"天地之间,其犹橐籥与?虚而不屈,动而愈出"(五章),所谓"大曰逝,逝曰远"(二十五章),这"不屈"、"愈出"、"逝"、"远"不正述说着"道"之"进"吗?然则"逝"而"远"之同时却又"远"而"返",而"橐籥"之动不亦在于进必有退么?"道"亦进亦退,即进即退,循"道"则"退其身而身先,外其身而身存"(七章),遂又有谓"进道如退"。"道"自是至为平正的,其"以万物为刍狗"(五章)而一任自然,万物因之而"自化"、"自正"(五十七章),此所谓"大道甚夷"(五十三章),然而万物参差,散殊不一,"道"既任物自生自成,则其平见之于物必至于似有不平,如此遂又正可谓"夷道若类"。王弼注"夷道若纇"云:"大夷之道,因物之性,不执平以割物。其平不见,乃更反若纇纳也。"其说甚笃,可谓深契于老子以"夷"(平)、"纇"(不平)相即论道之微旨。

"道"发其用而为"德",此"德"为"玄德"。其为高尚之德,却如众水所归之谷而低幽虚澹,此所谓"上德如浴(谷)";其为至洁之境,却不避天地间之垢辱而和光同尘,此所谓"大白若辱";其为广渊之德,却似总嫌不足而谦退卑让,此所谓"广德如不足";其为刚健之德,却似苟且于时物而不务竞进,此所谓"建德如偷";其为至真之德,却似有瑕垢在身而不敢自居于真,此所谓"质真如渝"。如"明"、"进"、"夷"(平)可谓"道性"之"有",则"昧"(不明)、"退"(不进)、"类"(不平)即可谓"道"性之"无",而"有"("明"、"进"、"夷")、"无"("昧"、"退"、"类")"两者同出,异名同谓"喻示着"道"之"玄"性,其相应之德用遂为"道"之"玄德":"上"与"谷"、"白"与"辱"(黑)、"广"与"不足"、"建"与"偷"、"真"与"渝",亦未尝不可涵盖以"有"与"无"而谓其"两者同出,异名同谓";此"异"与"同"之相即亦是"玄",是配称于"道"之"玄"(玄性)的"德"之"玄",亦即"玄德"之"玄"。

“道”有此“玄”性而使“道”成其大,“德”为此“玄德”而使“德”成其大。可称叹以“大”的“道”、“德”,若比之于“方”,此方乃至大之方以至于方不成方而为“无隅”之方;若比之于“器”,此器乃至大之器以至于器不成器而为“免成”(无成)之器;若比之于“音”,此音乃至大之音以至于音不成音而为“希声”(无声)之音;若比之于“象”,此象乃至大之象以至于象不成象而为“无形”之象。“方”、“器”、“音”、“象”皆为可称之名,但“大方”非方、“大器”非器、“大音”非音、“大象”非象,“道”以其“大”——“弥纶而不可极”(王弼:《老子指略》,见楼宇烈:《王弼集校释》,第196页)——而无名可称,此即所谓“道褒无名”。然而,正是这无名可称而唯可叹之以“大”的“道”以其“玄德”成全着庶物,从而“生之,畜之,长之,育之,亭之,毒之,养之,覆之。生而弗有,为而弗恃,长而弗宰”(五十一章),此即所谓“夫唯道,善始且善成”。

“大方”、“大器”、“大音”、“大象”乃拟物论“道”,拟物——“方”、“器”、“音”、“象”——而“大”之诚然出于对“不言之教”(二章)未可不言的不得已,但“道”、“德”的奥赜却由此得以为身处物境而惑于尘海的人们所领悟。这是老子非智之智的大智。

四十二章

道生一，	道生而为一，
一生二，	一生而有二，
二生三，	二生之有多，
三生[万物。	多生以至有万物。
万物负阴而抱阳，	万物依阴而恃阳，
冲气]以为和。①	阴阳相荡而两气合和。
人之所亚(恶)，	世人所厌恶，
唯孤、寡、不槖(穀)，	无非“孤”、“寡”、“不穀”，
而王公以自[名也。	而王公以之代称其我。
物或益之而]云(损)，	事物往往因增益而减损，
云(损)之而益。②	而减损反倒又赢获。
[故人之所教，	古人所教诲于我的，
夕(亦)议(我)而教人。	我也用以教人守之不堕。
故强梁者不得其死，]	因此，所谓“强梁者不得善终”，
吾将以[为学]父。③	我将以其为人生觉悟之始而喻说。

【校释】

①道生一，一生二，二生三，三生[万物。万物负阴而抱阳，冲气]以

为和。

帛书乙本“三生”下残损十一字，据甲本及王弼本当为“万物。万物负阴而抱阳，沖气”；补损阙后，其字句如上。甲本此节文字仅存“中(沖)气以为和”五字，其他悉皆残损。

郭店楚简本未见此章文字。

王弼本此节文字为：“道生一，一生二，二生三，三生万物。万物负阴而抱阳，沖气以为和。”帛书甲、乙本所存文字与王本相应字句略从同，唯甲本“中气”王本作“沖气”。

※诸传世本多同于王弼本，其略异者则有：傅奕本，“抱”作“衺”，“万物负阴而抱阳”为“万物负阴而衺阳”。周至至元碑本、范应元本，“沖”作“盅”，“沖气以为和”为“盅气以为和”。吕知常本、周如砥本、潘静观本，“沖”作“冲”，“沖气以为和”为“冲气以为和”。

“一”，此处指“道”；“道”以名而言，可勉称之为“道”、“玄”、“深”、“大”、“微”、“远”等(王弼：《老子指略》，见楼宇烈《王弼集校释》，第196页)，以数而言，可称之为“一”。《说文·一部》：“一，惟初太始，道立于一，造分天地，化成万物。”《淮南子·原道训》：“道者，一立而万物生矣。是故一之理，施四海；一之解，际天地。”

“三”，此处指多。《史记·律书》：“数始于一，终于十，成于三。”《春秋释例》：“然则凡数多者，皆可约略而计以三也。故知三也者，无尽之词也。”关于“道生一，一生二，二生三，三生万物”，历来注家异见纷纭，近人蒋锡昌所言似更近于真际。其谓：“道始所生者一，一即道也。自其名而言之，谓之道；自其数而言之，谓之一。三十九章‘天得一以清’，言天得道以清也，此其证也。然有一即有二,有二即有三,有三即有万,至是巧历不能得其穷焉。《老子》一、二、三,只是以三数字表示道生万物,愈生愈多之义。如必以一、二、三为天、地、人,或以一为太极,二为天地,三为天地相合之和气,则凿矣。"(蒋锡昌:《老子校诂》,第 279 页)诚然,"三"不必执着为天、地、人,但从下文"万物负阴而抱阳,冲气以为和"看,"二"未始不可视为阴、阳,阴、阳相反而相和则可生多——"三"而"万物"。

"冲气",指阴阳之气相荡,此相荡为万物之生机所由。蒋锡昌云:"阴阳精气,涌摇为和","《说文》:'冲,涌摇也。'此字老子用以形容牝牡相合时,摇动精气之状,甚为确切。'气',指阴阳之精气而言。'和'者,阴阳精气互相调和也。《庄子·田子方》'至阴肃肃,至阳赫赫……两者交通成和,而物生焉',《荀子·天论篇》'万物各得其和以生',《贾子·道术篇》'刚柔得适谓之和',并与此谊相同。'冲气以为和',言摇动精气以为调和也。"(蒋锡昌:《老子校诂》,第 280 - 281 页)

②人之所亚(恶),唯孤、寡、不橐(榖),而王公以自[名也。物或益之而]云(损),云(损)之而益。

帛书乙本"自"下残损七字,据甲本当为"名也。物或益之而";补损阙后,其字句如上。甲本"敗之"下残损三字,据乙本及王弼本当为"而益,益"。甲、乙本互校,乙本"人之所亚(恶)"甲本作"天下之所恶";乙本"物"甲本作"勿",乙本"云"甲本作"敗"("敗"同"损"而"云"为"损"之借字)。二者用字有异,而句脉、文义相侔。

王弼本此节文字为:"人之所恶,唯孤、寡、不榖,而王公以为称。故物或损之而益,或益之而损。"校之以帛书甲、乙本,甲、乙本"王公以自名也"王本作"王公以为称";王本"物"上多一"故"字;帛书本第四句为王本第五句,帛书本第五句为王本第四句;王本末句句首多一"或"字。帛书本与王本用字多异,且后两句之句序不同,然其文义相侔。

※传世本中,与王弼本略异者则有:遂州龙兴观碑本,"穀"作"穀","称"作"名",末句无"或"字,整节文字为:"人之所恶,唯孤、寡、不穀,而王公以为名,故物或损之而益,益之而损。"林志坚本,"穀"作"穀","唯孤、寡、不穀"为"唯孤、寡、不穀";末句无"或"字,"或益之而损"为"益之而损"。《群书治要》本、李道纯本,"穀"作"穀","唯孤、寡、不穀"为"唯孤、寡、不穀"。敦煌写本之己本,"为"作"自","称"作"名","而王公以为称"为"而王公以自名";末句无"或"字,"或益之而损"为"益之而损"。傅奕本,"公"作"侯","为"作"自","称"下有"也"字,"而王公以为称"为"而王侯以自称也"。范应元本,"公"作"侯","为"作"自","称"作"谓","谓"下有"也"字,"而王公以为称"为"而王侯以自谓也"。刘骥本,"公"下有"自"字,"而王公以为称"为"而王公自以为称"。陆希声本,"为"作"自","而王公以为称"为"而王公以自称"。严遵本,"为"作"名","称"下无"故物或"三字,亦无下一"或"字,整节文字为:"人之所恶,唯孤、寡、不穀,而王公以名称。损之而益,益之而损。"苏辙本,无"故"字,"故物或损之而益"为"物或损之而益"。易州开元幢本、周至至元碑本、楼观台碑本、磻溪大德幢本、唐《御注》本、张君相本、杜光庭本、强思齐本、道藏无注本、陈景元本、吕惠卿本、司马光本、陈象古本、宋《御解》本、邵若愚本、李霖本、白玉蟾本、彭耜本、董思靖本、宋李荣本、林希逸本、文如海本、无名氏本、吕知常本、赵志坚本、寇才质本、赵秉文本、时雍本、邓锜本、杜道坚本、王守正本、吴澄本、张嗣成本、明《御注》本,无下一"或"字,"或益之而损"为"益之而损"。

“亚”，与“恶”通用，厌恶之谓。段玉裁《说文解字注》云：“亚与恶音义皆同。”

“槖”，同“穀”，良、善之谓；《毛传》释《诗·小雅·黄鸟》“此邦之人，不我肯穀”云：“穀，善也。”“不槖”，即“不穀”，古代王侯自称所用谦词。

“云”，通“员”而通“损”，减损之谓。李富孙《诗经异文释》释《诗·小雅·正月》“昏姻孔云”云：“员、云古字通。”洪亮吉《春秋左传诂》云：“损从员声，故假借为员。”“物或益之而云（损）”，谓事物往往因增益而减损。

③[故人之所教，夕（亦）议（我）而教人。故强梁者不得其死，]吾将以[为学]父。

帛书乙本此节文字仅存末句中四字，其他悉皆残损。甲本此节文字为：“故人[之所]教，夕（亦）议（我）而教人。故强良（梁）者不得死，我[将]以为学父。”其前后残损三字，据王弼本当为“之所”与“将”；“得”下脱一字，据王弼本当为“其”。补损阙、脱文后，帛书本字句当如上。

王弼本此节文字为：“人之所教，我亦教之。强梁者不得其死，吾将以为教父。”校之以帛书甲本，甲本“学父”王本作“教父”，此处“学”、“教”皆有觉或觉悟义，其词异而文义相同。

※传世本中，与王弼本略异者则有：敦煌写本之己本，“我亦”作“亦我义”，“我亦教之”为“亦我义教之”；末句“教”作“学”，“吾将以为教父”为“吾将以为学父”。傅奕本，除第三句外，其他各句俱与王弼本有别，整节文字为：“人之所以教我，亦我之所以教人。强梁者不得其死，吾将以为学父。”范应元本，与傅奕本略从同，唯第二句句首有“而”字，整节文字为：“人之所以教我，而亦我之所以教人。强梁者不得其死，吾将

以为学父。"易州开元幢本、邢州开元幢本、周至至元碑本、楼观台碑本、磻溪大德幢本、北京延祐石刻本、遂州龙兴观碑本、李约本、唐《御注》本、唐《御疏》本、陆希声本、杜光庭本、强思齐本、道藏无注本、陈景元本、吕惠卿本、苏辙本、陈象古本、宋《御解》本、李霖本、白玉蟾本、彭耜本、董思靖本、林希逸本、文如海本、无名氏本、赵志坚本、赵秉文本、时雍本、李道纯本、邓锜本、张嗣成本,"我亦教之"为"亦我义教之"。张君相本、邵若愚本,"我亦教之"为"我亦义教之"。严遵本、司马光本、杜道坚本,"我亦教之"为"亦我教之"。吕知常本,"我亦教之"为"而我义教之"。《群书治要》本,次一"之"字作"人","我亦教之"为"我亦教人"。

"议",通"义"而"义"(義)从"我",此处为"我"之借字。孙诒让《墨子间诂》释《墨子·公孟》"称议而为之"云:"议作义。"董仲舒《春秋繁露·仁义法》:"义者,我也。"高明《帛书老子校注》云:"甲本'故人之所教,夕议而教人','故'、'夕'、'议'三字皆为假借字。'故'字当假为'古','故人'应读作'古人'。'夕'字当假为'亦','夕'古为邪纽铎部字,'亦'为喻纽铎部字,声近韵同,可互相假用。'议'字乃'我'之假借字,'议'从'义'得声,'义'从'我'得声,古读音相同,皆为疑纽歌部字,均属双声叠韵,故而在此'议'字当读作'我'。"(高明:《帛书老子校注》,第33-34页)"故人之所教,夕(亦)议(我)而教人",谓古人所教于我的,我也以之教人。

"强梁",强劲、勇武之谓。"不得其死",指不得善终或不得正常死亡。杨伯峻注《左传·襄公二十三年》"不得其死"云:"谓不得善终。"又,杨注《左传·僖公十九年》"得死为幸"云:"得死犹言善终。若不得善终,则曰不得其死。""强梁者不得其死",谓以力逞强的强横者不得善终。

“学父”,觉悟的开始。《说文·攴部》:“学,篆文‘斅’省。”“斅,觉悟也。”《白虎通义·辟雍》:“学之为言觉也,以觉悟所不知也。”“父”同“甫”而义为“始”。王先慎《韩非子集解》解《韩非子·外储说左下》“臣不如公子成父”云:“父、甫古字并通。”李富孙《春秋左传异文释》释《左传·桓公元年》“宋华父督杀孔父”云:“甫,本字;父,古通字。”段玉裁《说文解字注》注《说文·用部》“甫,男子美称也”云:“甫,引伸为始也,又引伸为大也。”“吾将以为学父”,谓我将以其为(人生)觉悟的开始。

【疏解】

此章的主题词是“生”,这所谓“生”辐辏了老子之“道”的全副德用。近人有以此章“人之所恶”以下之文句为错简者,陈柱、严灵峰等即认为其与上文互不相属。其实,诚如蒋锡昌所言,本章之“上下文词似若不相属,而义仍相关也”(蒋锡昌:《老子校诂》,第282页)。

由“一”而“三”而“万”,“道”与“万物”这种一与多的关联在老子这里是以“生”为契机的。不过,这“生”别具一种意趣。“道生一”,并非是说“一”之前就有的“道”在某个时刻终于像母生子那样生出一个“一”来,而是说“道”有好“生”之德,其以此好“生”之德导引天下一切有生之物自生自长而生生不已;生生不已的万物诚然是多,而相对于此多的“道”的好“生”之德则为“一”。“一生二”,是说作为“道”的好“生”之德的“一”所以好“生”乃是因为此“一”中蕴含着“二”,这“二”即阴与阳所指示的两种相反相成的性状或动势。“二生三”,亦可谓二生多,是指阴、阳相感合而以生庶物。“三”非与阴、阳之“二”并列的又一性状,因而“三生万物”不过是说庶物既生,生而又生,多而益多,以至于万;万,极言其多,亦极言其殊,“三”而“万”亦不过殊多之物生生不已之谓。一如

“一”并不独立于“二”、“二”并不独立于“三”、“三”并不独立于“万”,“三”而“万”不在“二”之外,“二”而“一”亦不在道之外,因此一本散为万殊,而万殊终归于一本。“万物负阴而抱阳”,乃是说万物内含阴、阳之“二”,因而寓有“道”之“一”;而“冲气以为和”,亦只是说阴阳相感相荡以合和生物,而此“和”则可谓为“道”之“一”的好“生”之德。

“生”为“道”之德用,然而老子亦称“弱也者,道之用也”(四十章)。但究其底里,“弱”仍是为着“生”,因此老子有“人之生也柔弱”、“坚强死之徒也,柔弱生之徒也”(七十六章)之说。“弱”,意味着处下守雌而不逐强争胜,犹若“天下莫柔弱于水”(七十八章)而“水善利万物而不争”(八章)。本章自“人之所亚(恶)”句起,文脉转而由“弱”以喻“生”。“孤”、“寡”皆“弱”者;“不穀”虽作为谦称而有“不善”之义,然其初意却在于不养或不得其养,此不得其养亦与“弱”相属。依世之常情,人无不厌弃“弱”而不愿落于“孤”、“寡”、“不穀”之境,但王侯却情愿自称“孤”、“寡”、“不穀”而示人以“弱”;这“弱”可胜强,有国者指望以此求取“长生久视”(五十九章)。老子借此告诫人们,事物往往会是这样:增益反倒使它减损,减损反倒使其赢获。“益”是一种“强”势,“损”是一种“弱”势,所谓“损之而益”,换句话说,即是弱之而益。这不是通常所称述的辩证之法,在老子的即反而正的述说中涵贯了用“弱”复“朴”以达于“生”而“长生”的价值取向。

与处弱守柔相悖,倘一个人逞强好争,则反倒会使其生机有所削剟(duō)。老子指出,昔来就有“强梁者不得其死”的教训,古人以此诲导我,我也以此诫告人。在他看来,懂得了这一点乃是人生觉悟的起始。由“强梁”毕竟“不得其死”而申说恃弱致柔以“善摄生”(五十章),这是在就“死”之非命而讽谏“生”的恒常。如此劝诱世人,老子之道直可谓“生”之道或“生”之导。

四十三章

天下之至[柔]，	天下之至柔至弱者，
驰骋乎天下[之至坚；	可穿行于天下物中的至坚至厉；
无有入于]无间。	无形无象者无所不入而至于那无罅无隙。
吾是以[知无为之有益]也。①	我因此得知无为的有益。
不[言之教，	这不言的教化，
无为之益，	无为的收益，
天下希能及之]矣。②	天下罕有人虑及。

【校释】

①天下之至[柔]，驰骋乎天下[之至坚；无有入于]无间。吾是以[知无为之有益]也。

帛书乙本上一“至”字下残损一字，据甲本当为“柔”；下一“天下”下残损多字，据甲本及王弼本当为“之至坚；无有入于”；“是以”下残损六字，据甲本及王弼本当为“知无为之有益”。补损阙后，其字句如上。甲本“骋”上残损一字，据乙本当为“驰”，下一“至”字作“致”，“吾”作“五”；“无为”下残损二字，据王弼本当为“之有”。

郭店楚简本未见此章文字。

王弼本此节文字为:“天下之至柔,驰骋天下之至坚;无(無)有入无(無)间。吾是以知无(無)为之有益。”校之以帛书甲本(乙本多有残损),“致坚”作“至坚”,“骋”、“入”下俱无“于”字,末句句末无“也”字;甲本三“无”字(乙本残存一“无”字)王本俱作“無”(“无”同“無”)。其用字有异,但二者之句脉、文义并无不同。

※传世本中,与王弼本略异者则有:危大有本,“至柔”上无“之”字,“天下之至柔”为“天下至柔”;“入”下有“于”字,“无有入无间”为“无有入于无间”,与帛书甲本从同;末句句末有“也”字,“吾是以知无为之有益”为“吾是以知无为之有益也”。释德清本,“至柔”上无“之”字,“天下之至柔”为“天下至柔”。敦煌写本之己本,无“骋”字,“驰骋天下之至坚”为“驰天下之至坚”;末句无“吾”字,无“之”字,“吾是以知无为之有益”为“是以知无为有益”。叶梦得本,无“骋”字,“驰骋天下之至坚”为“驰天下之至坚”。范应元本,“骋”下有“于”字,“驰骋天下之至坚”为“驰骋于天下之至坚”;“无有”上有“出于”二字,“入”下有“于”字,“无有入无间”为“出于无有,入于无间”。达真子本,“坚”作“刚”,“驰骋天下之至坚”为“驰骋天下之至刚”。周至至元碑本,四“无”字并作“亡”,“入”下有“于”字,整节文字为:“天下之至柔,驰骋天下之至坚,亡有入于亡间。吾是以知亡为之有益。不言之教,亡为之益,天下希及之。”傅奕本、白玉蟾本,“无有”上有“出于”二字,“入”下有“于”字,“无有入无间”为“出于无有,入于无间”;末句句末有“也”字,“吾是以知无为之有益”为“吾是以知无为之有益也”。易州景龙碑本,“入”下有“于”字,“无有入无间”为“无有入于无间”,与帛书甲本从同;末句无“吾”

字,无“之”字,“吾是以知无为之有益”为“是以知无为有益”。邵若愚本、宋《御解》本、彭耜本、董思靖本、林希逸本、张嗣成本、潘静观本,“入”下有“于”字,“无有入无间”为“无有入于无间”,与帛书甲本从同;末句无“吾”字,句末有“也”字,“吾是以知无为之有益”为“是以知无为之有益也”(张嗣成本脱一“知”字)。文如海本、无名氏本、时雍本,“入”下有“于”字,“无有入无间”为“无有入于无间”,与帛书甲本从同;末句无“吾”字,“吾是以知无为之有益”为“是以知无为之有益”。白玉蟾本、吴澄本、明《御注》本,“入”下有“于”字,“无有入无间”为“无有入于无间”,与帛书甲本从同;末句句末有“也”字,“吾是以知无为之有益”为“吾是以知无为之有益也”。宋李荣本,“入”下有“于”字,“无有入无间”为“无有无入无间”,与帛书甲本从同;“是以”作“以是”,“吾是以知无为之有益”为“吾以是知无为之有益”。邢州开元幢本、易州景福碑本、庆阳景祐幢本、楼观台碑本、磻溪大德幢本、北京延祐石刻本、河上公(道藏)本、严遵本、《群书治要》本、李约本、唐《御注》本、陆希声本、杜光庭本、道藏无注本、陈景元本、吕惠卿本、司马光本、苏辙本、陈象古本、李霖本、吕知常本、赵志坚本、寇才质本、赵秉文本、邓锜本、杜道坚本、王守正本、薛蕙本、焦竑本、周如砥本,“入”下有“于”字,“无有入无间”为“无有入于无间”,与帛书甲本从同。遂州龙兴观碑本、潘静观本,末句无“吾”字,“吾是以知无为之有益”为“是以知无为之有益”。张君相本,末句无“之”字,“吾是以知无为之有益”为“吾是以知无为有益”。

“驰骋”,此处有穿行自如之意。成玄英《道德经义疏》(见于强思齐《道德真经玄德纂疏》)云:“至柔,水也;至坚,金也。‘驰骋'是攻击贯穿之义也。言水至柔,能攻击金石之坚,喻无为至柔能破有为之累。""天下之至柔,驰骋乎天下之致(至)坚",谓天下最柔弱之物可穿行出入于天下最坚硬之物。

"无间",无有间隙之谓,指坚实而无裂隙之物。王道《老子亿》云:"无间,无隙也。寻丈之水,能浮万斛之舟;六尺之辔,能驭千里之马。至柔驰骋至刚者,此类是也。天地之气,本无形也,而能贯乎金石;日月之光,本无质也,而能透乎蔀屋。无有入于无间者,此类是也。"其言至笃。"无有入于无间",谓无形无象者可自如贯通有质有体的坚实之物。

②不[言之教,无为之益,天下希能及之]矣。

帛书乙本此节文字唯存首末"不"、"矣"二字,其间残损十三字,据甲本、王弼本及乙本用字之常例,当为"言之教,无为之益,天下希能及之";补损阙后,其字句如上。甲本"不"下残损二字,据王弼本当为"言之";"下"上残损一字,据王弼本当为"天"。

王弼本此节文字为:"不言之教,无(無)为之益,天下希及之。"校之以帛书甲本,"无"(非"無"之简体字)作"無"("无"同"無");"希"下无"能"字,末句句末无"矣"字,两者文义以有"能"字者略胜。

※诸传世本多同于王弼本,略异者则有:傅奕本,"希"作"稀",末句句末有"矣"字,"天下希及之"为"天下稀及之矣"。陈景元本、赵志坚本,"希"作"稀","天下希及之"为"天下稀及之"。张嗣成本,末句句末无"之"字,有"矣"字,"天下希及之"为"天下希及矣"。宋《御注》本、邵若愚本、彭耜本、董思靖本、林希逸本,末句句末有"矣"字,"天下希及之"为"天下希及之矣"。白玉蟾本,脱"不言之教,无为之益"句。

“希”,通“稀”,稀少、罕见之谓。《尔雅·释诂》:“希,罕也。”“天下希能及之”,谓天下罕有人虑及不言的教化与无为的收益。

【疏解】

承上章诫以“强梁者不得其死”之古训,本章开篇即称述“天下之至柔”;贬斥“强梁”而喻说“至柔”,其所措意只在于教之以“不言”而导之以“无为”。

一如古来诸多注家所言,天下之至柔至弱者莫过于水,而水能穿透至刚至坚之石;天下之无形无象者莫过于气,而气能虚通于看似无间隙可入的质重之物。如此之“至柔”穿透“至坚”、“无有”入于“无间”,原是现实世界中随处可经验或可感知的现象,老子以之为譬所要指点于世人的则是摈弃争竞的“无为”。所谓“吾是以知无为之有益也”,诚为老子的切己之谈,却也推己及人欲对世人作一种启示:无论何人,只要他能对“至柔”(水)之于“至坚”(石)、“无有”(气)之于“无间”的物象有所省察,他便一定可以由此而对“道”之所导的“无为”的裨益有所悟知。

诲人以“无为”,老子推重“不言之教”。综览《老子》五千言,径直称列“不言之教”者仅有两处,即二章及本章。本章对之未作阐解,二章则云:“是以圣人居无为之事,行不言之教。万物作而弗始也,为而弗恃也,成功而弗居也。夫唯弗居,是以弗去。”由此可见,“不言之教”亦可谓为“无为”之教。以“无为”称教着眼于修道之践履或修道者的躬行,以“不言”称教则重在强调这教终究非可以言语相喻。不过,真正说来,言也是一种人之所为,“不言”未始不可以归之于“无为”。这里,“不言”与“无为”的一致,在于“人法地,地法天,天法道,道法自然”(二十五章);“自然”意味着“无为”,亦意味着“不言”,而人“法地”、“法天”、“法道”归根结底在于“法自然”。“法自然”是法“自然”之“不言”而“无为”,亦即取法

“自然”于万物无所不予成全却又“弗始”、“弗恃”、“弗居”。本章对二章既已标举的“无为之事”、“不言之教”未再赘释，只是留下了老子“不言之教，无为之益，天下希能及之矣”这一似乎无可奈何的喟叹。

老子的喟叹是痛切的。悉心玩味，这富于悲剧感的感喟其实满含着期待，一种对世人——尤其是王侯之类的有国者——取法“自然”而自拔于尘累之为的期待。

四十四章

名与[身孰亲?	爵号与生命何者更为可亲?
身与货孰多?	生命与财物何者更可看重?
得与亡孰病?	得到与失去何者更堪忧心?
甚爱必大费,	过分贪取必有更大耗费,
多藏必厚亡。①	一味敛藏必定愈益折损。
故知足不辱,	所以懂得满足就不会自取其辱,
知止不殆,	懂得适可而止就不会身陷危境,
可以长久]。②	从而可以生机长存而无有穷尽。

【校释】

①**名与[身孰亲?身与货孰多?得与亡孰病?甚爱必大费,多藏必厚亡]。**

帛书乙本此节文字仅存首句"名与"二字,余悉皆残损,据甲本及王弼本补其损阙后字句如上。甲本"親"作"亲"("親"之省写),"甚"下残损八字,据王弼本当为"爱必大费,多藏必厚"。

郭店楚简(甲)本此节文字为:"名与身管新?身与货管多?贵与貢管疠?甚悉必大贇,厕臧必多貢。""管",古"笃"字,借作"孰"。"新",通"亲"(親),陆德明《经典释文·尚书音义下》释《书·金縢》"惟朕小子其新逆"之"新逆"云:"新逆,马本作'亲迎'。""贵","得"之同源字,义为得到(财物)。"贡","亡"之异体字,义为失去(财物)。"痨",读作"病"。"炁","爱"之古字。"赟","费"之异体字。"厕","厚"之异体字。"赋","藏"之同源字,义为贮藏(财物)。校之以帛书甲本及王弼本,整节文字用字多异而句脉、文义从同。

王弼本此节文字为:"名与身孰亲?身与货孰多?得与亡孰病?是故甚爱必大费,多藏必厚亡。"校之以帛书甲本,"甚"上多"是故"二字。依文脉,此处无"是故"二字似更切当。

※诸传世本多同于王弼本,略异者则有:易州景龙碑本,三"孰"字并作"熟","名与身孰亲"等为"名与身熟亲"等。李道纯本、张嗣成本,"孰病"上"亡"字作"失","得与亡孰病"为"得与失孰病"。李约本,无"是"字,"是故甚爱必大费"为"故甚爱必大费"。易州景福碑本、河上公(道藏)本、张君相本、宋李荣本、程大昌本,无"是故"二字,"是故甚爱必大费"为"甚爱必大费",与帛书甲本从同。

"名",爵号,名望。杜预注《左传·成公二年》"唯器与名,不可以假人"云:"名,爵号也。""身",生命。"名与身孰亲",谓爵号与生命何者更可亲。

"多",重,看重。颜师古注《汉书·陈余传》"上多足下"云:"多,犹重也。""身与货孰多",谓生命与财物何者更可看重。

"病",犹虑。裴骃《史记集解》解《史记·乐书》"病不得其众也"引郑玄云:"病,犹忧也。""得与亡孰病",谓得到与失去何者更可忧心。

"爱",贪,贪爱。朱熹《楚辞集注》注《楚辞·楚辞后语·佹诗》"志爱公利"云:"爱,犹贪也。""费",损耗。成玄英疏《庄子·

天下》“徐而不费”云:“费,损也。”“甚爱必大费”,谓过分贪求必有更大靡费。

“厚”,增益,增加。郝懿行《尔雅义疏》疏《尔雅·释诂下》“惇厚也”云:“厚,为增益之义也。”韦昭注《国语·晋语一》“彼得其情以厚其欲”云:“厚,益也。”“多藏必厚亡”,谓太多的贮藏必定愈益耗损。

②[**故知足不辱,知止不殆,可以长久**]。

帛书甲本此节文字所存完好,字句如上。乙本整节文字悉损无存,可据甲本补其所阙。

郭店楚简(甲)本此节文字为:“古智足不辱,智丠不怠,可以长旧。”“古”,通“故”,为“故”之借字。“智”,即“知”,为“知”之古字。“丠”,读作“止”,为“止”之繁文。“怠”,通“殆”,为“殆”之借字。“旧”,通“久”,为“久”之借字。整节文字之句脉、文义与帛书甲本从同。

王弼本此节文字为:“知足不辱,知止不殆,可以长久。”校之以帛书甲本、楚简本,其首句句首脱一“故”字,其余字句则与帛书甲本从同。

※其他传世本多与王弼本同,略异者则有:易州景龙碑本、遂州龙兴观碑本、敦煌写本之己本、严遵本、赵志坚本,首句句首有“故”字,“知足不辱”为“故知足不辱”,与帛书甲本从同。

“知足”,懂得满足而无所贪求。“知足不辱”,谓懂得满足便不至于自取其辱。

“知止”,懂得适可而止。“知止不殆”,谓懂得适可而止便不至于身陷危境。

【疏解】

此章之要归在于“知足”、“知止”以保身而全生，其于上章所论“无为”之旨有所绍承，而与十三章所谓“贵为身于为天下”、“爱以身为天下”之义趣呼应。

老子重“生”，其“道”之所导自有“致虚”、“守静”、“归根”、“复命”（十六章）、“抱朴”（十九章）、“复朴”（二十六章）之说，但标的总不外“长生”（七章）或“长生久视”（五十九章）。这“生”乃是因任自然之不生而生，殊非那种意有所图、欲有所加之“益生”（五十五章），因此其与有违自然之人为“生生”（五十章，亦即厚自奉养以“益生”）了不相入。于是，在老子这里，遂有了“名”（名位、爵号）与“身”（生身、生命）孰亲孰疏的分辨，亦有了“身”与“货”（财物、钱币）孰重孰轻的简别。尘海中人多奔竞于“名”、“货”，以至于“身”陷其中为之所羁而不自知，老子则告戒世人：“名”、“货”皆身外之物，人们借其益生，却因此为其囚困——过分贪取必至劳精伤神而更大程度地耗损身心，一味敛聚却难免为物所累终至于生机消陨。

在世间一切有生的存在中，人是唯一有着未可穷尽之欲求的生灵。人的任何一次欲求的满足都会带来新的不足，新的不足必致产生新的欲求。造化为植物、动物几乎一次性地规定了其生存方式、生存范围，因而它们的需要和满足需要的手段单纯而有限。人却不同，人的需要无休止地拓展着，满足需要的手段也无底止地产生着，这永在增益着的需要与永在发明着的满足需要之手段的相互刺激使人的欲求加速度地趋于膨胀。欲求膨胀伴随着人的“益生”，而这正是所谓“文敝”的渊源所在。古来教化无不带有抑欲、制欲或节欲的底色，西方的基督教，中东的犹太教、伊斯兰教，东方的佛教或中国的儒、道之教，莫不如此。老子倡言“知足”、“知止”，其实乃是对世人所作的抑黜贪欲的劝诱，而其抑黜贪欲的最后依据则是“道”之所“法”亦为“道”之所导的“自然”。他的一个确然不移的信念是:唯“自然”以生,唯由“五色”、“五音”、“五味”、“驰骋田猎”、贵“难得之货”(十二章)的人间世“复归于朴”以生,人才可能“不辱”、“不殆”,而人及人生存于其中的世界也才可能生机不败、长长久久。

四十五章

[大成如缺,	至为完备者倒像是有所欠缺,
其用不幣(敝)。	它的功用却终究不会完结。
大]盈如沖,	至为充实者倒像是分外虚廓,
其[用不穷。	它的效能却永远不会穷竭。
大直如诎,	至为正直者倒像是有所屈抑,
大]巧如拙,	至为工巧者倒像是笨拙不捷,
[大赢如]绌。①	真正赢获者倒像是不无亏折。
趮朕(胜)寒,	躁动可以抵御寒冷,
[静朕(胜)热,	沉静可以遏制暑热,
清静可以为天下正]。②	清静无为可以使天下治平、和谐。

【校释】

①[大成如缺,其用不幣(敝)。大]盈如沖(盅),其[用不穷。大直如诎,大]巧如拙,[大赢如]绌。

帛书乙本残损严重,此节文字仅存“盈如沖”、“其”、“巧如拙”、“绌(肭)”等字,据甲本补损阙后字句如上(依乙本所存字词“如沖”、“如拙”的用法,甲本之“大成若缺”乙本当作“大成如缺”)。甲本所存完好,“沖”作“𥁞”(同“盅”),“穷”作“⿰宭阝”(同“窘”、与“穷”同义),“绌”作“炳”,乙本“如”甲本第一、三句并作

“若”。

郭店楚简(乙)本此节文字为:“大城若夬,其甬不㡀。大浧若中,其甬不穷。大攷若仳,大城若诎,大植若屈。”上一“城”,通“成”,为“成”之借字。“夬”,通“缺”,为“缺”之借字。“甬”,通“用”,为“用”之借字。“㡀”,读作“敝”。“浧”,通“盈”,为“盈”之同源字。“中”,通“盅”,为“盅”之借字。“穷”,“穷(窮)”之异体字。“攷”,通“巧”,为“巧”之借字。“仳”,通“拙”,为“拙”之借字。下一“城”读作“赢”。“诎”,亏损、亏折之谓,与帛书甲本“炳”、乙本“绌”相当;《广雅·释诂一》:“诎,折也。”“植”,通“直”,为“直”之借字。校之以帛书甲、乙本,楚简本与其最大的不同在于“大植(直)若屈”句被置于此节文字之末,而帛书甲、乙本与之相应的“大直如诎”句则在“大巧如拙”(楚简本为“大攷(巧)若仳(拙)”)句之前。不过,两者之文义并无歧异。

王弼本此节文字为:“大成若缺,其用不弊。大盈若冲,其用不穷。大直若屈,大巧若拙,大辩若讷。”校之以帛书甲、乙本,两者最大差异在于“大赢如炳”(乙本“炳”作“绌”)变而为“大辩若讷”。参校以楚简本相应文句“大成若诎”,当以“大赢如绌”为是,“大辩若讷”或因“炳”通“朒”而与“讷”音近以至进而窜易其他字词而致误。

※其他传世本多与王弼本同,而相异者则有:易州景龙碑本、河上公(影宋)本,“缺”作“缺”,“大成若缺”为“大成若缺”。傅奕本,“弊”作“敝”,“其用不弊”为“其用不敝”;“盈”作“满”,“冲”作“盅”,“大盈若冲”为“大满若盅”;“屈”作“诎”,“大直若屈”为“大直若诎”。吕知常本、潘静观本,“弊”作“敝”,“其用不弊”为“其用不敝”;“冲”作“冲”,“大盈若冲”为“大盈若冲”。北京延祐石刻本、道藏无注本、陈景元本、

吕惠卿本、宋《御解》本、邵若愚本、彭耜本、董思靖本、林希逸本、邓锜本、杜道坚本、吴澄本、张嗣成本、明《御注》本、危大有本、释德清本、薛蕙本、焦竑本、周如砥本,“弊”作“敝”,“其用不弊”为“其用不敝”。磻溪大德幢本、周如砥本,“沖”作“冲”,“大盈若沖”为“大盈若冲”。敦煌写本之己本,“盈”作“满”,“大盈若沖”为“大满若沖”;“讷”作“呐”,“大辩若讷”为“大辩若呐”。范应元本,“盈”作“满”,“沖”作“盅”,“大盈若沖”为“大满若盅”;“屈”作“诎”,“大直若屈”为“大直若诎”。遂州龙兴观碑本、赵志坚本,“盈”作“满”,“大盈若沖”为“大满若沖”。楼观台碑本、李道纯本,“辩”作“辨”,“大辩若讷”为“大辨若讷”。

“缺”,亏欠、亏缺之谓。李周翰注《文选·刘歆〈移书让太常博士〉》“书缺简脱”云:“缺,亏也。”“大成如缺”,谓至为完备者倒像是有所欠缺。

“幣”,通“敝”,竭尽之谓。王引之《经义述闻·币余之赋》:“古‘敝’多通作‘幣’,《鲁语》‘不腆先君之幣器’,即敝器也。”杨倞注《荀子·富国》“以靡敝之”引或曰:“敝,尽也。”“其用不幣(敝)”,谓其功用终究不会穷尽。

“沖”,通“盅”,为“盅”之借字,虚廓之谓。朱骏声《说文通训定声·水部》:“沖,叚借为盅。”段玉裁《说文解字注》:“沖,凡用沖虚字者,皆盅之假借。”“大盈如沖”,谓至为充实者倒像是分外虚廓。

“诎”,屈。孙诒让《墨子间诂》释《墨子·公输》“公输盘诎”引《广雅·释诂》云:“诎,屈也。”“大直如诎”,谓至为正直者倒像是有所屈抑。

“绌”,短缺、减损之谓。“绌”与“赢”相对,《荀子·非相》有

"缓急赢绌"之说。"大赢如绌",谓真正赢获者倒像是有所亏折。

②趮朕(胜)寒,[静朕(胜)热,清静可以为天下正]。

帛书乙本残损严重,此节文字仅存"趮朕(胜)寒"三字,据甲本及王弼本补损阙后字句如上。甲本所存完好,"静"作"靓","热"作"炅","清"作"请",乙本"朕(胜)"甲本作"胜"。

郭店楚简(乙)本此节文字为:"喿勑苍,青剩肰,清清为天下定。""喿",通"躁",为"躁"之借字。"勑","胜"之异体字。"苍(蒼)",通"滄",为"滄"之借字。《说文·仌部》:"滄,寒也。""青",通"静",为"静"之借字。"肰",即"然","然"为"燃"之古字。"清",通"静",为"静"之借字;"清清",即"清静"。楚简本与帛书甲、乙本之此节文字虽有字词差异,如"喿(躁)"与"趮(躁)"、"苍(滄)"与"寒"、"肰(燃)"与"炅(热)"、"清清(静)"与"请(清)靓(静)"不尽相同,但二者文义略无异。

王弼本此节文字为:"躁胜寒,静胜热,清静为天下正。"校之以帛书甲本,"趮"作"躁"、"靓"作"静"、"炅"作"热"、"请(清)靓(静)"作"清静",二者用字虽略异,但文义无别。

※其他传世本此节文字多同于王弼本,相异者则有:易州景龙碑本,"寒"作"塞","躁胜寒"作"躁胜塞",当为笔误;末句"静"下有"以"字,"清静为天下正"为"清静以为天下正"。傅奕本,二"静"字并作"靖",末句句首有"知"字,下一"靖"下有"以"字,整节文字为:"躁胜寒,靖胜热,知清靖以为天下正。"范应元本,末句句首有"知"字,"静"下有"以"字,"清静为天下正"为"知清静以为天下正"。敦煌写本之己本,末句"静"作"净","清静为天下正"为"清净为天下正"。严遵本,"清静"作"能静能清","清静为天下正"为"能静能清为天下正"。邢州开元幢本、易州景福碑本、河上公(道藏)本、《群书

治要》本、张君相本,“静”下有“以”字,“清静为天下正”为“清静以为天下正”。遂州龙兴观碑本,“静”下有“能”字,“正”作“政”,“清静为天下正”为“清静能为天下政”。

“趮”,同“躁”,躁动之谓。“趮朕(胜)寒”,谓躁动可制胜寒冷。

“正”,治理之谓,《商君书·农战》即有“圣人知治国之要,故令民归心于农。归心于农,则民朴而可正也”之说。“清静可以为天下正”,谓清静无为可以使天下得以治理。

【疏解】

此章的点睛之辞是“清静”;“清静”意味着“无为”,而“无为”的底蕴则在于取法“自然”。其义脉通于既经申示的“不言之教,无为之益”(四十三章),属文则上接“知足”、“知止”(四十四章)而从“大成”之“若缺”说起。

“成”,有齐备、完备之义。郑玄笺注《诗·齐风·猗嗟》“仪既成兮”云:“成,犹备也。”在通常的观念中,“成”(完备)与“缺”(欠缺)相对,有“缺”则不可称“成”,但老子却谓“大成如缺”。“大成”,即至高之“成”或至为圆足的完备,如此完备却又谓之“如缺”,其说殊为吊诡。不过,“如缺”毕竟是“如”缺。探老子本怀,“如缺”而“大成”之趣致当与所谓“曲则全,枉则正,洼则盈,敝则新”(二十三章)略从同。这“大成如缺”与其说是在描摹一种状态,毋宁说是在启示某种过程,乃是指唯有怀着“如缺”般的心境祈向“成”,才有可能趋于“大成”。换句话说,“成”者常自感有“缺”而不居之于“成”,从而使“成”处于未完成而无底止的延展过程中,其“成”方可有望为“大成”。“大盈如盅”、“大直如诎”、“大巧如拙”、“大赢如绌”,其所寓微旨与“大成如缺”无异,皆在譬释欲成

“盈”、“直”、“巧”、“赢”之“大”必得“如盅”、“如诎”、“如拙”、“如绌”的道理。

与“大成如缺”、“大直如诎”、“大巧如拙”、“大赢如绌”一理相喻的“大盈如盅”,其奥赜尚可印证于孔子的“持满有道”之说,其为《荀子·宥坐》载述如下:“孔子观于鲁桓公之庙,有欹器焉。孔子问于守庙者曰:‘吾闻宥坐之器者,虚则欹,中则正,满则覆。’孔子顾谓弟子曰:‘注水焉!’弟子挹水而注之。中而正,满而覆,虚而欹。孔子喟然而叹曰:‘吁!恶有满而不覆者哉!’子路曰:‘敢问持满有道乎?’孔子曰:‘聪明圣知,守之以愚;功被天下,守之以让;勇力抚世,守之以怯;富有四海,守之以谦。此所谓挹而损之之道也。’”孔子所谓以“愚”守其大“智”、以“让”守其大“功”、以“怯”守其大“勇”、以“谦”守其大“富”,与老子所谓“如缺”而得“大成”、“如盅”而得“大盈”、“如诎”而得“大直”、“如拙”而得“大巧”、“如绌”而得“大赢”颇多可契之处,诚然儒、道之如此学缘是耐人寻味的,但同是主张“挹(抑)而损之”,这“损”在孔子那里最终是为着“仁”道之中正,而在老子这里则趣归于“法自然”之“道”的朴真。

对于老子来说,唯“法自然”之“道”的“成”、“盈”、“直”、“巧”、“赢”堪称“大成”、“大盈”、“大直”、“大巧”、“大赢”,而其对万物的“生而弗有也,为而弗恃也,长而弗宰也”(五十一章)、“成功而弗居也”(二章)亦正呈现了“道”的“如缺”、“如盅”、“如诎”、“如拙”、“如绌”的品格。人“法地”、“法天”、“法道”而取法“道”的如上品格以趋于“成”、“盈”、“直”、“巧”、“赢”之“大”,说到底仍不过是“法自然”。“自然”本“素”、“朴”而“无为”,世间“躁胜寒”、“静胜热”亦只是“无为”之“自然”的显现。由此推之于人“法自然”,“法自然”之侯王遂当一任阴阳、寒暑而清静无为,如此,在老子看来,自可使天下治平而百姓归往。

四十六章

[天下有]道，	天下治平不以兵谋，
却走马[以]粪。	战马退役还归农夫。
无道，	天下离乱兵火载途，
戎马生于郊。①	战马怀驹生于郊路。
罪莫大〔于〕可欲，	罪孽之大莫过于纵欲，
祸[莫大于不知足，	祸患之深莫过于不知足，
咎莫憯于欲得。	灾难之惨莫过于贪图。
故知足之足，	所以懂得满足的那种满足，
恒]足矣。②	才是长长久久的满足。

【校释】

①[天下有]道，却走马[以]粪。无道，戎马生于郊。

帛书乙本首句“道”上残损多字，据甲本，此节所损当为“天下有”；上一“马”下残损一字，据甲本当为“以”；补损阙后，其字句如上。甲本“有道”下残损一字，据乙本当为“却”。甲、乙本互校，乙本“无道”上比甲本少“天下”二字，然二者文义相侔。

郭店楚简本未见此节文字。

王弼本此节文字为：“天下有道，却走马以粪。天下无(無)道，戎马生于郊。”校之以帛书甲、乙本，“无”(非“無”之简体字)作

"無"("无"同"無");"无(無)道"上比乙本多"天下"二字。其余字句则从同。

※其他传世本多同于王弼本,与之略异者则有:敦煌写本之己本,"粪"作"畚","却走马以粪"为"却走马以畚"。傅奕本,"粪"作"播","却走马以粪"为"却走马以播"。吴澄本、明《御注》本,"粪"下有"车"字,"却走马以粪"为"却走马以粪车"。强思齐本,"粪"下有"也"字,"却走马以粪"为"却走马以粪也"。

"却",退。《广雅·释言》:"却,退也。""走马",奔马,这里指战马。《释名·释姿容》:"徐行曰步。""疾行曰趋。""疾趋曰走。""粪",肥田,施肥。"却走马以粪",谓从战场撤回战马用于施肥耕田。

"戎马",战马。"郊",野外,隐指疆场或战场。"戎马生于郊",谓战马产驹于疆场。

②罪莫大〔于〕可欲,祸[莫大于不知足,咎莫憯于欲得。故知足之足,恒]足矣。

帛书乙本残损严重,"祸"字与"足矣"间残损十八字,据甲本及王弼本当为"莫大于不知足,咎莫憯于欲得。故知足之足,恒";另据甲本,首句"大"下脱一"于"字。补损阙、脱文后,乙本字句略如上。甲本"祸"作"𥘵","恒"上残损五字,据王弼本当为"故知足之足"。

郭店楚简(甲)本此节文字为:"辠莫厚唐甚欲,咎莫佥唐谷得,化莫大唐不智足。智足之为足,此亘足矣。""辠",即"罪",为"罪"之异体字。"厚","重"之异体字;帛书甲、乙本作"大"。"唐",通"乎",为"乎"之借字;帛书甲本作"于"。"佥",大,甚(《方言》卷十二:“佥,剧也”),帛书甲本作“憯”。“谷”,通“欲”,为“欲”之借字。“化”,通“祸”,为“祸”之借字。“智”,即“知”,“智”、“知”为古今字。“亘”,即“恒”,“亘”、“恒”为古今字。校之以帛书甲、乙本,其较大差异在于句序不同,楚简本之第二句为帛书甲、乙本之第三句,楚简本之第三句为帛书甲、乙本之第二句;楚简本“智足之为足”句,帛书甲、乙本悉皆残损,据王弼本当为“故知足之足”,二者亦稍异。但其文义,则大致相侔。

王弼本此节文字为:“祸莫大于不知足,咎莫大于欲得。故知足之足,常足矣。”校之以帛书甲、乙本,其最大之不同在于王本无“罪莫大于可欲”句,参校以楚简本,王本所脱此句当补。其他字词之差异,如“憯”作“大”、“恒”作“常”,则无碍于文义之从同。

※传世本中,与王弼本字句有异者则如:易州景龙碑本、周至至元碑本,“祸莫大于不知足”句上有“罪莫大于可欲”句,与帛书甲、乙本从同;末句句末无“矣”字,“常足矣”为“常足”。傅奕本、范应元本,“祸莫大于不知足”句上有“罪莫大于可欲”句,与帛书甲、乙本从同;“咎莫”下“大”作“憯”,“咎莫大于欲得”为“咎莫憯于欲得”,亦与帛书甲、乙本从同。敦煌写本之己本,有“罪莫大于可欲”句,“咎莫”下“大”作“甚”,无“故”、“矣”二字,整节文字为:“罪莫大于可欲,祸莫大于不知足,咎莫甚于欲得。知足之足,常足。”遂州龙兴观碑本,有“罪莫大于可欲”句,“咎莫”下“大”作“甚”,无“矣”字,整节文字为:“罪莫大于可欲,祸莫大于不知足,咎莫甚于欲得。故知足之足,常足。”吴澄本、明《御注》本、危大有本,有“罪莫大于可欲”句,“祸莫大于不知足”句在“咎莫大于欲得”句下,末句无“矣”字,整节文字为:“罪莫大于可欲,咎莫大于欲得,祸莫大于不知足。故知足之足,常足。”李约本、张君相本、强思齐本,

有"罪莫大于可欲"句,"咎莫"下"大"作"甚",整节文字为:"罪莫大于可欲,祸莫大于不知足,咎莫甚于欲得。故知足之足,常足矣。"严遵本、杜光庭本,有"罪莫大于可欲"句,无"故"字,整节文字为:"罪莫大于可欲,祸莫大于不知足,咎莫大于欲得。知足之足,常足矣。"司马光本,有"罪莫大于可欲"句,无"之足"二字,整节文字为:"罪莫大于可欲,祸莫大于不知足,咎莫大于欲得。故知足,常足矣。"河上公(影宋)本、林希逸本、李道纯本、张嗣成本、释德清本、周如砥本、潘静观本,有"罪莫大于可欲"句,无"矣"字,整节文字为:"罪莫大于可欲,祸莫大于不知足,咎莫大于欲得。故知足之足,常足。"易州开元幢本、易州景福碑本、庆阳景祐幢本、楼观台碑本、磻溪大德幢本、北京延祐石刻本、河上公(道藏)本、《群书治要》本、唐《御注》本、唐《御疏》本、陆希声本、道藏无注本、陈景元本、吕惠卿本、苏辙本、陈象古本、宋《御解》本、邵若愚本、李霖本、白玉蟾本、彭耜本、董思靖本、宋李荣本、文如海本、无名氏本、吕知常本、寇才质本、赵秉文本、时雍本、邓锜本、杜道坚本、王守正本、林志坚本、薛蕙本、焦竑本,"祸莫大于不知足"句上有"罪莫大于可欲"句,与帛书甲、乙本从同。

"可欲",此处有纵欲之义。"可",嘉许、赞许。陈奂《诗毛氏传疏》疏《诗·小雅·何人斯》"始者不如今,云不我可"云:"可,亦哿也;哿,犹嘉也。""罪莫大于可欲",谓罪过之大莫过于放纵情欲。

"咎",灾难、祸殃。"憯"(cǎn),通"惨"。陆德明《经典释文·毛诗音义中》释《诗·小雅·十月之交》"胡憯莫惩"之"胡憯"云:憯,"亦作惨"。郝懿行《尔雅义疏》疏《尔雅·释言》"憯,曾也"云:"憯,又通作惨。""咎莫憯于欲得",谓灾殃之惨莫过于孜孜以贪求。

【疏解】

此章顺承上章"清静可以为天下正",起之以"天下有道",而全章之要趣乃在于"知足",其与四十四章"知足"、"知止"之意属相契。"春秋无义战"。老子生逢末世,战事频仍,不义而不已的纷争煎熬着这位终于"自隐"的哲人的沉郁的历史感和孜孜劝世的悲怀,这使其得以把对战争的窥察纳入某种人生的终极性眷注。

"戎马生于郊",只此一句即可想见老子曾目及之战事的惨烈与持久。牝马上阵已足见战马在愈益扩张着的战局中损折之严重,而由生驹于郊野则更可窥知既起之兵尘的迁延不去。老子于本章由战祸而说"天下无道",其对战争情状的描摹取马而不取人,措辞之含蓄透露出的是属言者的心灵的痛切——兵戎中的马既已如此,则人又何以堪?《韩非子·解老》释"天下无道,戎马生于郊"谓:"人君者无道,则内暴虐其民,而外侵欺其邻国。内暴虐则民产绝,外侵欺则兵数起。民产绝则畜生少,兵数起则士卒尽。畜生少则戎马乏,士卒尽则军危殆。戎马乏则牸(zì)马出,军危殆则近臣役。"此后,《盐铁论·未通》载述"文学"之驳议亦援引《老子》此章云:"闻往者未伐胡、越之时,繇赋省而民富足,温衣饱食,藏新食陈,布帛充用,牛马成群。农夫以马耕载,而民莫不骑乘。当此之时,却走马以粪。其后师旅数发,戎马不足,牸牝入阵,故驹犊生于战地,六畜不育于家,五谷不殖于野,民不足于糟糠。"韩非之诠解,"文学"之衍绎,虽各有其背景,然所说与《老子》谈兵之当下情状皆无不合。

自老子以往,除以"富国强兵"为首务的法家人物外,先秦诸子多为偃兵非战者:孔子自称"军旅之事,未之学也"(《论语·卫灵公》),其一生所慎的三件事中即有"战"(《论语·述而》);其虽有

"善人教民七年,亦可以即戎矣"(《论语·子路》)之说,但这"即戎"固然在"使民也义"(《论语·公冶长》)的前提下,而不得已遇"战"亦必会以老子所说"善者果而已矣,毋以取强焉"(《老子》三十章)为度,因为他正像孟子后来所指出的那样,一向主张"以德行仁者王",而不至于主张"以力假仁者霸"(《孟子·公孙丑上》)。墨子由"兼爱"而倡言"非攻",其有云:"今欲为仁义,求为上士,尚(上)欲中圣王之道,下欲中国家百姓之利,故当若非攻之为说,而将不可不察者此也。"(《墨子·非攻下》)尹文以"见侮不辱,见推不矜,禁暴息兵,救世之斗"(《尹文子·大道上》)自白其志,庄子遂评度宋钘、尹文之"道术"谓:"以禁攻寝兵为外,以情欲寡浅为内。"(《庄子·天下》)惠施被荀子责以"好治怪说,玩琦辞"(《荀子·非十二子》),但这位鼓吹"泛爱万物,天地一体"(《庄子·天下》)的辩者在仕魏期间亦以"案兵"而见称,史籍乃有"惠施欲以魏合于齐、楚以案兵"(《战国策·魏一》)的记载。自来所言被讥为"诡辞"、"诡辩"的公孙龙,其实是称得起古代中国最杰出的语言学家的,而他也是一位"兼爱"而"偃兵"主张的热切推行者,载籍即记述其"说燕昭王以偃兵"(《吕氏春秋·审应览·应言》)……倘对上述诸子偃兵、非战之谈作一种追溯,其源头正可寻索到老子。诚然,诸子的偃兵、非战之谈各有其学理之根荄,但老子毕竟是诸子中最早且最为彻底的非议战争的人物。

对兵戎、战伐非议之彻底是由老子学说的价值导向决定的,在"复归于朴"的祈愿中没有刀兵、征战存在的余地。在老子看来,战争非出于"自然",诸侯间以兵戎相见说到底乃为土地、人口、城邑、财货的占有欲所发动,所以他分外要对纵欲、贪求而不知厌足者作一种申诫:罪孽没有比纵欲更大的了,祸患没有比不知足更重的了,灾难没有比贪图更惨的了,而疗救这"罪"、"祸"、"咎"的最有效验之方则是"知足"。老子如此推述"知足"固然首先在于警训那些诸侯王公,却也有心以此儆导所有世人。唯人是一切生灵中欲念生生不止而贪得无厌者,因而唯有人方可谓为欲壑难填。从战争这一为贪欲所引发的现实追根到人生之终极,老子以为,人欲不陷于“罪”、“祸”、“咎”而存“长生久视”(五十九章)之想,非“知足”以“少私寡欲”(十九章)而别无蹊径可觅。其实,达于“知足”之境即是“法自然”而归根复朴,人生归之于“朴”将永远无所谓不足,这当下即足的满足才是恒久的满足。

四十七章

不出于户，	不用走出家宅，
以知天下；	就可知晓天下事态；
不规(窥)于[牖，	不用窥望窗外，
以]知天道。	就可晓悟天道所在。
其出籋(弥)远者，	心思向外觅求愈远，
其知籋(弥)[少。①	所知愈少而愈益昏霾。
是以圣人不行而知，	因此圣人不用出行就能了然于怀，
不见]而名(明)，	不用目睹就可以明明白白，
弗为而成。②	无所施为以成全万物而不有不宰。

【校释】

①不出于户，以知天下；不规(窥)于[牖，以]知天道。其出籋(弥)远者，其知籋(弥)[少]。

帛书乙本次一"于"下残损二字，据甲本当为"牖，以"；下一"籋"下残损多字，据王弼本，此节所损当为"少"。补损阙后，其字句如上。甲本末句"其"下残损多字，据乙本及王弼本，此节所损当为"知弥少"(此处"弥"字取甲本上句"弥远"之"弥"，王弼本亦作"弥")。甲、乙本互校，乙本"规(窥)"甲本作"规(窥)"，乙本"籋(弥)"甲本作"弥"，乙本第五句"其出籋(弥)远者"甲本作"其出也弥远”。甲、乙两本个别用字略有出入,但句脉、文义从同。

郭店楚简本未见此章文字。

王弼本此节文字为:“不出户,知天下;不闚牖,见天道。其出弥远,其知弥少。”校之以帛书甲、乙本,无帛书本之“于”、“以”、“也”、“者”等虚词,然句脉、文义与之并无歧异。

※其他传世本,与王弼本略异者则有:傅奕本,“知天下”上有“可以”二字,“闚”作“窥”,“见”作“知”,其上亦有“可以”二字,二“弥”字并作“彌”,“少”作“尟”,整节文字为:“不出户,可以知天下;不窥牖,可以知天道。其出彌远,其知彌尟。”范应元本,“知天下”上有“可以”二字,“见天道”上亦有“可以”二字,“少”作“尟”,整节文字为:“不出户,可以知天下;不闚牖,可以见天道。其出弥远,其知弥尟。”易州景福碑本、《群书治要》本,上一“知”上、“见”上并有“以”字,“闚”作“窥”,整节文字为:“不出户,以知天下;不窥牖,以见天道。其出弥远,其知弥少。”河上公(道藏)本,上一“知”上有“以”字,“知天下”为“以知天下”;“闚”作“窥”,“不闚牖”为“不窥牖”。李约本,上一“知”上有“以”字,“知天下”为“以知天下”;“闚”作“窥”,“不闚牖”为“不窥牖”;“见”上有“以”字,“见天道”为“以见天道”。陆希声本,上一“知”上有“而”字,“知天下”为“而知天下”;“闚”作“窥”,“不闚牖”为“不窥牖”;“见”上有“而”字,“见天道”为“而见天道”。易州景龙碑本,“闚”作“窥”,“不闚牖”为“不窥牖”;“少”作“近”,“其知弥少”为“其知弥近”。张君相本,“闚”作“窥”,“不闚牖”为“不窥牖”;“见”上有“以”字,“见天道”为“以见天道”。易州开元幢本、庆阳景祐幢本、周至至元碑本、楼观台碑本、磻溪大德幢本、北京延祐石刻本、遂州龙兴观碑本、河上公(影宋)本、

严遵本、《经典释文》本、唐《御注》本、唐《御疏》本、杜光庭本、强思齐本、道藏无注本、陈景元本、吕惠卿本、司马光本、苏辙本、陈象古本、宋《御解》本、邵若愚本、李霖本、白玉蟾本、彭耜本、董思靖本、宋李荣本、林希逸本、文如海本、无名氏本、寇才质本、赵秉文本、时雍本、李道纯本、邓锜本、杜道坚本、王守正本、吴澄本、林志坚本、张嗣成本、明《御注》本、危大有本、释德清本、薛蕙本、焦竑本、周如砥本,“闚”作“窥”,“不闚牖”为“不窥牖”。

“户”,门,这里指居室之门。《说文·户部》:“户,护也。半门曰户。”“不出于户,以知天下”,谓不用走出居室之门即可知晓天下事态。

“牖”,窗。《说文·片部》:“牖,穿壁以木为交窗也。……牖所以见日。”“规”,同“窥”,看。“不规于牖,以知天道”,谓不用通过窗子向外观看即可知道所谓天道。

“籋”,借作“弥”,愈、愈益、更加之谓。“其出籋远者,其知籋少”,谓愈是向外向远处寻索,对“道”的了悟愈少。钱锺书《管锥编》解此句谓:“‘其出弥远,其知弥少。’接四八章所谓‘为道日损’也,‘知’,知道也,即上句之‘见天道’,非指知识;若夫知识,则‘其出弥远’,固当如四八章所谓‘为学日益’耳。景龙本‘少’作‘近’,亦颇达在迩求远,往而复返之旨。《文子·原道》‘大道坦坦,去身不远,求诸远者,往而复返’;《吕氏春秋·论人》‘大上反诸己,其次求诸人;其索之弥远者,推之弥疏,其求之弥强者,失之弥远。’”(钱锺书:《管锥编》,北京:中华书局,1979,第450页)

②[是以圣人不行而知,不见]而名(明),弗为而成。

帛书甲、乙本此节文字残损严重,乙本仅存“而名,弗为而成”六字,甲本仅存末句“弗为而”三字,据王弼本补损阙后字句如上。

王弼本此节文字为:“是以圣人不行而知,不见而名,不为而成。”帛书甲、乙本残存文字与王本相应文字略无异。

※诸传世本多同于王弼本,与之略异者则有:王守正本、张嗣成本、危大有本,“名”作“明”,“不见而名”为“不见而明”。北京延祐石刻本、河上公(影宋)本,“不为”作“无为”,“不为而成”为“无为而成”。

“名”,通“明”。《释名·释言语》:“名,明也,名实使分明也。”阮元《经籍籑诂·庚韵》:“冀州从事郭君碑:卜商唬咷,丧子失名。以名为明。”“不见而名(明)”,谓不用目睹即可明了天道。

“成”,成全,成就。《说文·戊部》:“成,就也。”孔晁注《逸周书·太子晋》“侯能成群谓之君”云:“成,谓成物。”“弗为而成”,谓因循自然而不强作人为以成就事物。王弼注云:“明物知性,因之而已,故虽不为,而使之成矣。”其注二十九章“不可为也”谓“万物以自然为性,故可因而不可为也,可通而不可执也”,亦是此意。

【疏解】

此章隐贯始终之主旨在于由“得一”(三十九章)、“执一”(二十二章)以知“一”,而辨识“知天下”、“知天道”、“不行而知”之“知”的意味,则是抉示这一未予径直说出之主旨的要著(zhāo)。

老子于本章所说之“知”,非得之于耳、目、口、鼻、体肤的那种闻见之知;闻见之知出于经验,往往经由感性、知性等认知环节而构成通常所谓的知识。闻见之知必得有闻有见,难以设想其在“不出于户”、“不窥于牖”的情形下即可获致,因此囿于此类认知的近代以来诸多注家遂指斥老子所言为先验唯心论。事实上,正像西方哲学家康德把其视为人的心意能力的理性分为理论理性(知性)

与实践理性一样，老子是把人的心灵所向分为“为学”与“为道”的。尘俗中的人们所热衷或赞可的多是“为学”之知，而真正重要的则是“为道”之知。“为学”之知往往为人的趣智觅巧之心——所谓“机心”——所发动，同这机心相应的是人的愈益增生之欲望的寻求满足。“为道”之知却不同，这知在于了悟“人法地，地法天，天法道，道法自然”（二十五章）以“复归于朴”（二十八章）。自然之朴，恒常如如，其见之于天地运行、万物兴作，亦为人所当持守，诚可谓天、地、人以至纷繁世事之“多”中本有或应有之“一”，对此不因物而异、不因时而变之“一”有所觉知无须逐物考察，亦无须随时觇探，因而也便毋庸“出于户”、“窥于牖”。

老子曾有“绝圣弃智”（十九章）之说，但那要摈绝的“圣”乃“睿作圣”（《尚书·洪范》）之“圣”。“睿”有“智”义，玄应《一切经音义》卷二释“聪叡”引《广雅》云：“睿，智也。”关联着“智”而“圣”、“智”并提（“绝圣弃智”）的“圣”诚然是老子所拒斥的，然而作为“法自然”而“复朴”之至高范本的“圣人”却一再被称道：本章之前，二章、三章、五章、七章、十二章、二十三章、二十七章、二十八章、二十九章已先后九次标举“圣人”；之后，自四十九章至八十一章则述及“圣人”凡二十一次。本章是由“知”称叹“圣人”的，这“知”非可与常人所局守之知识相提并论。常人愈是向外逐物求知反倒离道愈远，与此不同，老子祈想中的“圣人”不行于流俗，不累于外物，却可知道明道而能做到循道以对万物“弗为而成”。“圣”在这里未可执着为历史人物，毋宁说他只是某种虚灵的真实。老子借重“圣人”言“知”是要引导世人——尤其是侯王之类的有国者——效法圣人以“为道”，于是，“闻道者日损”遂成为下章的焦点话题。

四十八章

为学者日益，	务于学者其情欲文饰日日见增，
闻道者日云（损）。	修于道者其情欲文饰日日消损。
云（损）之有（又）云（损），	消损而又消损，
以至于无［为，	以至于无所施为，
无为而无不为］。①	无所施为却无所不予圆成。
取天下，	治理天下，
恒无事；	往往须得无所为于事功，
及其有事也，	若是有为于事功，
［不］足以取天［下］。②	天下治理便不再可能。

【校释】

①为学者日益，闻道者日云（损）。云（损）之有（又）云（损），以至于无［为，无为而无不为］。

帛书乙本“无”下残损多字，据郭店楚简本及乙本用字常例，当为“为，无为而无不为”；补损阙后，其字句如上。甲本此节唯存句首一“为”字，其余文字悉皆损毁。校之以楚简本及王弼本，楚简本、王弼本之“为道”乙本作“闻道”，其用字有异而文义略通；楚简本“员”、王本“损”乙本作“云”，“云”、“员”，皆为“损”之借字。

郭店楚简（乙）本此节文字为：“学者日嗌，为道者日员。员之或员,以至亡为也,亡为而亡不为。”校之以帛书乙本及王弼本等传世本,“学”前脱一“为”字,当补。“嗌”,借作“益”。“员”,为“损”之借字。“或”有“又”义,王引之《经传释词》卷三:“或,犹又也。”

王弼本此节文字为:“为学日益,为道日损。损之又损,以至于无(無)为,无(無)为而无(無)不为。”校之以楚简本、帛书乙本,两“日”上并少一“者”字,依文义,以有“者”为胜;乙本之“无”字(非“無”之简体字)王本作“無”(“无”同“無”)。

※诸传世本多同于王弼本,与之略异者则有:傅奕本、范应元本,二“日”上并有“者”字,末一“损”字下有“之”字,“而”作“则”,整节文字为:“为学者日益,为道者日损。损之又损之,以至于无为,无为则无不为。”严遵本,末一“损”字下有“之”字,“损之又损”为“损之又损之”;无“以”字,“以至于无为”为“至于无为”;末句无“无为”二字,“不”作“以”,“无为而无不为”为“而无以为”。易州景龙碑本,末一“损”字下有“之”字,“损之又损”为“损之又损之”;无“而”字,“无为而无不为”为“无为无不为”。遂州龙兴观碑本,末一“损”字下有“之”字,“损之又损”为“损之又损之”;“而无”作“无所”,“无为而无不为”为“无为无所不为”。司马光本、白玉蟾本、焦竑本,末一“损”字下有“之”字,“损之又损”为“损之又损之”;末句句末有“矣”字,“无为而无不为”为“无为而无不为矣”。张君相本,末一“损”字下有“之”字,“损之又损”为“损之又损之”;末句句末有“也”字,“无为而无不为”为“无为而无不为也”。易州开元幢本、易州景福碑本、庆阳景祐幢本、周至至元碑本、磻溪大德幢本、《群书治要》本、唐《御注》本、唐《御疏》本、陆希声本、杜光庭本、强思齐本、王真本、道藏无注本、吕惠卿本、李霖本、曹道冲本、达真子本、赵秉文本、邓锜本,末一

"损"字下有"之"字,"损之又损"为"损之又损之"。邵若愚本,无"于"字,"以至于无为"为"以至无为";末句句末有"矣"字,"无为而无不为"为"无为而无不为矣"。李道纯本,无"于"字,"以至于无为"为"以至无为"。彭耜本,末句无"无为"二字,句末有"矣"字,"无为而无不为"为"而无不为矣"。无名氏本、时雍本,末句无"无为"二字,"无为而无不为"为"而无不为"。敦煌写本之己本,无"于"字,"以至于无为"为"以至无为";无"而"字,"无为而无不为"为"无为无不为"。宋李荣本,"而"作"则","无为而无不为"为"无为则无不为"。北京延祐石刻本、宋《御解》本、白玉蟾本、董思靖本、林希逸本、吴澄本、明《御注》本、危大有本、薛蕙本、周如砥本、潘静观本,末句句末有"矣"字,"无为而无不为"为"无为而无不为矣"。

"为学",求学,这里指求取知识、技能。"为学者日益",谓求取知识技能者其情欲文饰日日增加。河上公注:"学,谓政教礼乐之学也;日益者,情欲文饰日以益多。"

"闻道",求道,这里指修自然之道。"闻道者日损",谓修养自然之道者其情欲文饰日日减损。河上公注:"道,谓自然之道也;日损者,情欲文饰日以消损。"

"无为",因任自然而无所施为。"无为而无不为",谓因任自然而无所施为反倒于事物无所不予成全。

②取天下,恒无事;及其有事也,[不]足以取天[下]。

帛书乙本"足"上残损一字,"天"下残损多字,据王弼本,此句两处所损当分别为"不"、"下";补损阙后,其字句如上。甲本残损较严重,仅存"取天下也,恒"五字,倘依乙本及王弼本补之,"恒"字下当为"无事;及其有事也,不足以取天下";其"取天下"下比乙本及王弼本多一“也”字。

郭店楚简本未见此节文字。

王弼本此节文字为:“取天下,常以无(無)事;及其有事,不足以取天下。”校之以帛书乙本,“恒”作“常”,其后多一“以”字,“无”(非“無”之简体字)作“無”(“无”同“無”),“及其有事也”句无“也”字,但二者句脉、文义无异。

※其他传世本有与王弼本相异者,其如:傅奕本,首句“取”上有“将欲”二字,“下”下有“者”字,末句“不”上有“又”字,句末有“矣”字,整节文字为:“将欲取天下者,常以无事;及其有事,又不足以取天下矣。”严遵本,首句“取”上有“将欲”二字,“下”下有“者”字,“取天下”为“将欲取天下者”。范应元本,首句“取”上有“将”字,“取”下有“于”字,“下”下有“者”字,“取天下”为“将取于天下者”。北京延祐石刻本、司马光本、宋《御解》本、邵若愚本、彭耜本、林希逸本、文如海本,首句“取”上有“故”字,“下”下有“者”字,“取天下”为“故取天下者”。周至至元碑本、吕惠卿本、白玉蟾本、董思靖本、无名氏本、赵秉文本、时雍本、邓锜本、张嗣成本、焦竑本、周如砥本、潘静观本,首句“取”上有“故”字,“取天下”为“故取天下”。吴澄本、明《御注》本,首句“下”下有“者”字,“取天下”为“取天下者”。陈象古本,无“取天下,常以无事”句。

“取”,治,治理。河上公注:“取,治也。”汪继培注《尸子》卷下(汪继培辑)“天下不足取也”云:“《后纪》十二‘取’作‘治’。”“无事”,即无为。《韩非子·喻老》:“事者,为也。”“取天下,恒无事”,谓治理天下往往须得无为。

“及”,若,如果。王念孙《读书杂志·管子第三·大臣》释“及齐君之能用之也,管子之事济也”云:“及,犹若也。”“不足”,不可,不能。“及其有事也,不足以取天下”,谓若是有所施为那就难以治理天下了。

【疏解】

此章承上章“不行而知”、“不见而明”、“弗为而成”之义,以“为学”比勘、衬托“闻道”,再度强调“无为”而申致“无为而无不为”之玄旨。

与“闻道”相对而言的“为学”,其“学”当与“绝学无忧”(十九章)之“学”意蕴相通。“绝学无忧”乃十九章全副义趣所集,所“绝”既在于“绝圣弃智”、“绝仁弃义”、“绝巧弃利”,其“学”则必为“圣”(“睿作圣”之“圣”)、“智”、“仁”、“义”、“巧”、“利”之属。河上公注云:“学,谓政教礼乐之学也。”所说自是可取,但依老子本意,学并不限于“政教礼乐之学”,其尚包括“圣”、“智”、“仁”、“义”、“巧”、“利”以至“五色”、“五音”、“五味”之学等,因此,倘一言以蔽之,此所谓“学”涉及所有人为之文。这所有与“素”、“朴”祈向乖离的人为之文都与人的永不厌足的意欲关联着,所以皆会不断累积而与时俱增。以此为务者(“为学者”),则必至于“日益”其情欲文饰并最终为之所夺。

一反“为学”之途,老子在深陷“文敝”——人为之文积久成敝谓之“文敝”——的尘域倡言“闻道”。“闻道”即是“法自然”(取法自然或以自然为法),即是“见素抱朴”、“少私寡欲”(十九章)或“复归于婴儿”、“复归于朴”(二十八章)。“少”、“寡”乃在于“损”,“婴儿”而“朴”意味着对终究成“敝”的“文”的彻底泯弃。日损其欲必至于无所祈求而无所牟取,无所祈求而无所牟取则又必致无所施为。欲求关联着作为,“闻道”而终于“寡欲”、“不欲”(五十七章、三十七章)、“无欲”(三章、三十四章),说到底却只是要以“自然”为然而无以人为，亦即“无为”。这里，须得申说的是，“无为”并不就是通常所谓无所作为的同义语。无所作为往往指事功上的无所建树，其多与庸碌、无能、怠惰之义相联属，“无为”则是对尘俗事功的超越，却又有其殷切而毫不含糊的终极眷注——一种对“生”而“长生”（七章）、“长生久视”（五十九章）的默之于心的顾念。因此，“无为”的深长意味也还在于“无不为”，此即所谓“无为而无不为”，亦即一任自然而无所施为却又就此对天地万物之生机无所不予成全。诚然，帛书甲、乙本是否有“无为而无不为”句因残损严重而无从确定，但早于帛书的郭店楚简本毕竟未佚“亡为而亡不为”句，与之相印，传世本亦皆有此句（傅奕本、宋李荣本、范应元本为“无为则无不为”，易州景龙碑本、敦煌写本之己本为“无为无不为”，严遵本为“而无以为”，遂州龙兴观碑本为“无为无所不为”，其与绝大多数传世本略异），由此而认定帛书甲、乙本之残毁处亦必有此句则当与情实不相违戾。

引“无为而无不为”之说于天下治理，或正可谓之以无为治天下而天下无不治。老子于此遂称：“取天下，恒无事。”此前二十九章所谓“将欲取天下而为之，吾见其弗得已”，此后五十七章所谓“以无事取天下”，其皆与本章所言大旨相贯。其实，“取”有“治”义，“无事”即相对于“为之”的“无为”，这“无事”而“取”或“无为”而治，用五十七章的话说则是：“我无为而民自化，我好静而民自正，我无事而民自富，我欲不欲而民自朴。”“无为”、“好静”、“无事”、“欲不欲”诚可以“无为”或“无事”一言以蔽之，而民既已“自化”、“自富”、“自朴”，却又何尝不可谓之“无不为”而天下治或“取天下”呢？

四十九章

[圣]人恒无心，	圣人从不会有一己之存心，
以百省(姓)之心为心。	只以导引百姓之心为愿心。
善[者善之，	对善者待之以善，
不善者亦善之，	对不善者也以善相引，
德]善也。	于是天下得以有善行。
信者信之，	对诚者待之以诚，
不信者亦信之，	对不诚者也待之以诚，
德信也。①	于是天下得以有诚信。
耶(圣)人之在天下也，	圣人治理天下，
欱欱焉，	虚寂无为呵，
[为天下浑心。	使天下之人心归于朴浑。
百]生(姓)皆注其[耳目焉，	百姓皆在意于耳聪目明，
圣人皆孩之]。②	圣人则使他们像孩童那样浑纯。

【校释】

①[圣]人恒无心，以百省(姓)之心为心。善[者善之，不善者亦善之，德]善也。信者信之，不信者亦信之，德信也。

帛书乙本首句"人"上残损多字，据王弼本，此句所损当为"圣"；上一"善"字下残损十字，据甲本及王弼本当为"者善之，不善者亦善之,德”。补损阙后,其字句如上。甲本“以”上残损多字,据乙本及王弼本,本节所损字当为“圣人恒无心”;“百”下、“为”下各残损一字,据乙本及王弼本当分别为“姓”、“心”;“亦善”下残损十五字,据乙本及王弼本当为“之,德善也。信者信之,不信者亦信之,德”。

郭店楚简本未见此章文字。

王弼本此节文字为:“圣人无(無)常心,以百姓心为心。善者吾善之,不善者吾亦善之,德善。信者吾信之,不信者吾亦信之,德信。”校之以帛书甲、乙本,“恒无心”作“无常心”,帛书文义贴切,当据以改之;乙本“无”字(甲本残损,此“无”非“無”之简体字)王本作“無”(“无”同“無”);“百姓”下无“之”字,两“善者”、两“信者”下并有“吾”字,“德善”、“德信”下均无“也”字,但以上用字之出入皆无碍于其与帛书甲、乙本之文义略同。

※传世本中与王弼本略异者有:易州景龙碑本、敦煌写本之己本,无“常”字,“圣人无常心”为“圣人无心”;“德”作“得”,“德善”为“得善”,“德信”为“得信”。张君相本,无“常”字,“圣人无常心”为“圣人无心”;“德善”、“德信”下并有“矣”字,“德善”为“德善矣”,“德信”为“德信矣”。吴澄本、明《御注》本,“百姓”下有“之”字,“以百姓心为心”为“以百姓之心为心”;“德”作“得”,“得善”(“德善”)、“得信”(“德信”)下均有“矣”字,“德善”为“得善矣”,“德信”为“得信矣”。范应元本,“百姓”下有“之”字,“以百姓心为心”为“以百姓之心为心”;“德善”、“德信”下并有“矣”字,“德善”为“德善矣”,“德信”为“德信矣”。周如砥本,“百姓”下有“之”字,“以百姓心为心”为“以百姓之心为心”。文如海本,上一“吾”字下有“亦”字,“善者吾善之”为“善者吾亦善之”;“德”

作"得","得善"("德善")、"得信"("德信")下并有"矣"字,"德善"为"得善矣","德信"为"得信矣"。严遵本、傅奕本、陆希声本、司马光本、崇宁《五注》本、达真子本、林希逸本、张嗣成本、潘静观本,"德"作"得","得善"("德善")、"得信"("德信")下并有"矣"字,"德善"为"得善矣","德信"为"得信矣"。遂州龙兴观碑本,"德"作"得","德善"为"得善","德信"为"得信"。北京延祐石刻本、唐《御疏》本、苏辙本、宋《御解》本、邵若愚本、白玉蟾本、彭耜本、董思靖本、邓锜本、释德清本、薛蕙本、焦竑本,"德善"、"德信"下并有"矣"字,"德善"为"德善矣","德信"为"德信矣"。易州开元幢本,脱上一"信"字,"信者吾信之"为"者吾信之"。

"无心",指无存心或居心。"圣人恒无心",谓圣人从来没有一己之存心或意念。

"百省",即"百姓","省"为"姓"之借字。"以百省(姓)之心为心",谓以引导百姓之心为愿心。

"德善",即"得善";"德信",即"得信"。"德",通"得"。《管子·心术上》:"德者,得也。得也者,其谓所得以然也。"王念孙《读书杂志·荀子七》释《荀子·解蔽》"德道之人,乱国之君非之上,乱家之人非之下,岂不哀哉"云:"德道,即得道也。"

"善者善之,不善者亦善之,德善也",谓对善者待之以善,对不善者引之以善,如此方可使天下得以有善。

"信者信之,不信者亦信之,德信也",谓对诚信者待之以诚信,对不诚信者引之以诚信,如此方可使天下得以有信。

②耶(圣)人之在天下也,欱欱焉,[为天下浑心。百]生(姓)皆注其[耳目焉,圣人皆孩之]。

帛书乙本"焉"下残损六字,据甲本当为"为天下浑心,百";

“其”下残损多字，据甲本及王弼本，此节所损当为“耳目焉，圣人皆孩之”。补损阙后，乙本字句如上。甲本首句句首残损二字，据乙本当为“圣人”。甲、乙本互校，乙本“在天下也”甲本作“在天下”，乙本“欲欲”甲本作“愉愉”，乙本“注其耳目焉”甲本作“属耳目焉”，但其句脉、文义略从同。

王弼本此节文字为：“圣人在天下，歙歙，为天下浑其心。〔百姓皆注其耳目，〕圣人皆孩之。”校之以帛书甲、乙本，首句“圣人”下少一“之”字，甲本“愉愉焉”、乙本“欲欲焉”王弼本作“歙歙”，但其最大的差异尚在于王弼本无“百姓皆注其耳目”句。据王弼所注“各用聪明”、“百姓各皆注其耳目焉，吾皆孩之而已”推断，正文原有“百姓皆注其耳目”句（《道藏》所存王弼注本即有此句），后脱漏，今当依王弼注及帛书甲、乙本补之。

※传世本中，与既补“百姓皆注其耳目”句之王弼本相异者有：傅奕本，上一“圣人”下有“之”字，“歙歙”下有“焉”字，“浑其心”作“浑浑焉”，“孩”作“咳”。整节文字为：“圣人之在天下，歙歙焉，为天下浑浑焉。百姓皆注其耳目，圣人皆咳之。”宋《御解》本、邵若愚本、彭耜本、文如海本，上一“圣人”下有“之”字，“圣人在天下”为“圣人之在天下”；“歙歙”作“惵惵”；“浑”下无“其”字，“为天下浑其心”为“为天下浑心”。北京延祐石刻本、道藏无注本、苏辙本、白玉蟾本、董思靖本、林希逸本、赵秉文本、危大有本、释德清本、薛蕙本、潘静观本，上一“圣人”下有“之”字，“圣人在天下”为“圣人之在天下”；“歙歙”作“惵惵”（潘本其下有“焉”字）。范应元本，上一“圣人”下有“之”字，“圣人在天下”为“圣人之在天下”；“歙歙”下有“焉”字，“歙歙”为“歙歙焉”；“浑其心”作“浑心焉”，“为天下浑其心”为“为天下浑心焉”。吴澄本、明《御注》本，上一“圣

人”下有“之”字,“圣人在天下”为“圣人之在天下”;“歙歙”下有“焉”字,“歙歙”作“歙歙焉”。严遵本,“歙歙”作“慄慄”,其下有“乎”字,“歙歙”为“慄慄乎”;“浑”下无“其”字,“为天下浑其心”为“为天下浑心”;“孩”作“骇”,“圣人皆孩之”为“圣人皆骇之”。敦煌写本之已本,“歙歙”作“慄慄”;“浑”作“混”,“为天下浑其心”为“为天下混其心”;“孩”作“恢”,“圣人皆孩之”为“圣人皆恢之”。司马光本,“歙歙”作“慄慄”,其下有“焉”字,“歙歙”为“慄慄焉”;“目”下有“焉”字,“百姓皆注其耳目”为“百姓皆注其耳目焉”。李约本,“歙歙”作“慄慄”,其下有“焉”字,“歙歙”为“慄慄焉”。邓锜本,“歙歙”作“慄慄”;“百姓”下无“皆”字,“百姓皆注其耳目”为“百姓注其耳目”;“之”作“也”,“圣人皆孩之”为“圣人皆孩也”。陈象古本,“歙歙”作“慄慄”,“注”下无“其”字,“百姓皆注其耳目”为“百姓皆注耳目”。遂州龙兴观碑本,“歙歙”作“慄慄”;“孩”作“恢”,“圣人皆孩之”为“圣人皆恢之”。易州开元幢本、庆阳景佑幢本、楼观台碑本、磻溪大德幢本、唐《御注》本、唐《御疏》本、陆希声本、杜光庭本、强思齐本、王真本、陈景元本、吕惠卿本、李霖本、白玉蟾本、无名氏本、吕知常本、寇才质本、时雍本、李道纯本、杜道坚本、张嗣成本、焦竑本、周如砥本,“歙歙”作“慄慄”。周至至元碑本,“歙歙”作“喋喋”。林志坚本,“歙歙”作“怵怵”;“百姓”下无“皆”字,“百姓皆注其耳目”为“百姓注其耳目”。易州景龙碑本、易州景福碑本、河上公(影宋、道藏)本、张君相本、宋李荣本,“歙歙”作“怵怵”。《经典释文》本,“孩”作“咳”,“圣人皆孩之”为“圣人皆咳之”。

“歙歙”,收敛、自我约束貌。“歙”,犹“合”。释玄应《一切经音义》卷十六注“歙作”云:“歙,合也。”范望注《太玄·玄告》“下歙上歙”云:“歙,犹合也。”“合”,有合拢、闭合义;“歙歙”,用以形容自我约束、虚寂无为之情状。“在”有担当义,“在天下”指对天下有担当。“圣人之在天下也,歙歙焉”,谓圣人治理天下虚寂无为。

“浑心”,浑朴其心。“为天下浑心”,使天下人心归于浑朴。

“注”,注意之谓。“百姓皆注其耳目焉”,谓百姓所注意皆在于耳目之闻见。王弼注谓“各用聪明”,即是此意。

“孩之”,使其浑朴如孩童。“圣人皆孩之”,谓圣人使百姓都像孩童那样浑朴。

【疏解】

“为天下浑心”是本章的命意或眼目所在,其他诸句所喻皆系属于此。“为”有“使”义,“为天下浑心”意即使天下人浑朴其心或使天下人心归于浑朴。

前文业已指出,“圣人”在老子这里是那种于致“道”而“法自然”称得上至高楷范的人。本章再度称述“圣人”,并且一再相对于百姓而为言,乃是要借圣人之所为劝诱当政者如何导引或教化天下庶黎。“圣人恒无心,以百姓之心为心”句,古注多误以原文为“圣人无常心,以百姓心为心”而未能达其意,近世以来学者则多以圣人不师心自用仅以百姓之心意为念解之,亦未能得其微旨。倘关联着“为天下浑心”求解,其义当在于:圣人除开把心思用在百姓之心上别无存心;不过,把心思用在百姓之心上并不就是迎合或迁就百姓当下之心愿,而是对其依自然之道予以诱引或疏导。

同样,“圣人皆孩之”之义,也并非诸多注家所谓“圣人爱念百姓如孩婴赤子”(河上公)、“一以婴儿遇之”(苏辙),或所谓圣人对百姓“皆以小儿待之,不分别其善不善、信不信也”(蒋锡昌)。若于百姓以对“孩婴”、“婴儿”、“小儿”那样“爱念”、“待之”、“遇之”，那是后世所说爱民如子之意，老子在“百姓皆注其耳目”的世境下诲喻“圣人皆孩之”，其指归当不在于如何对百姓施之以长者于幼者般的爱怜，而在于对之作“复归于婴儿”（二十八章）的引导。高亨《老子正诂》谓：“‘孩’借为‘阂’。《说文》：‘阂，外闭也。’《汉书·律历志》：‘阂藏万物。’颜注引晋灼曰：‘外闭曰阂。’‘圣人皆孩之’者，言圣人皆闭百姓之耳目也。上文云：‘歙歙，为天下浑其心。’即谓使天下人心，胥浑浑噩噩，而无识无知也。此文云：‘百姓皆注其耳目，圣人皆阂之。’即谓闭塞百姓耳目之聪明，使无闻无见也。此老子之愚民政策耳。”（高亨：《老子正诂》，第105页）如此解“圣人皆孩之”略近于老子之本然，但称老子之主张为“愚民政策”有以权术贬斥老学之嫌，而将“孩”释作“阂”亦不免使所解老子义趣迂曲不畅。其实，“孩”在此为本字，作动词，“孩之”则不外是说让“皆注其耳目”的百姓变得像孩童那样浑朴单纯而不起机心。

欲使百姓像孩童那样朴真无邪，不可诉诸政令强行闭塞其耳目，而应对之施以因任自然之教化。这教化固然在于“圣人”以身示范，却也还在于感化式的诱导。因此，老子倡言“善者善之，不善者亦善之”，“信者信之，不信者亦信之”。他相信，如此自可“德善”（使天下得以有善行）、“德信”（使天下得以有诚信）。“善者善之”、“信者信之”属情理之常态，但凡略通世曲之人多能奉行，唯“不善者亦善之”、“不信者亦信之”非“尊道而贵德”（五十一章）至笃者而不能为。然而，亦只有对不善者待之以善并由此导之以善、对不信者待之以信并由此导之以信，“善”、“信”才可能因着恪守“善”、“信”者的所行彻底而得以深入天下人心。这里所谓“善”、“信”未始不可借助孟子“可欲之谓善，有诸己之谓信”（《孟子·尽心下》）之说作相应理解，但终须明了两种“善”、“信”在终极所归处的分野，孟子的“善”、“信”为“仁也者，人也；合而言之，道也”（《孟子·尽心下》）之“道”所导引，老子的“善”、“信”则毕竟笼罩于其“法自然”之“道”之下。

五十章

[出]生入死。	人从出生始而以入死终。
生之[徒十有三，	长寿一类人占有三成，
死]之徒十又(有)三，	夭亡一类人占有三成，
而民生生，	而人们为生而生，
僮(动)皆之死地之十有三。	勤于作为而趋于死地者也占三成。
[夫]何故也？	这是为何呢？
以其生生。①	因为他们为了生而厚养其身。
盖闻善执(摄)生者，	听说善于养生的人，
陵行不辟兕虎，	陆地行走不着意避开兕虎，
入军不被兵革。	进到军中不会被伤以兵刃。
兕无[所椯其角，	兕无从动其觗角，
虎无所措]其蚤(爪)，	虎无从奋其爪牙，
兵[无所容其刃。	兵无从用其刀锋。
夫何故]也？	这是为何呢？
以其无[死地焉]。②	因为他没有致死之处可寻。

【校释】

①[出]生入死。生之[徒十有三，死]之徒十又(有)三，而民生生，

僮(动)皆之死地之十有三。[夫]何故也?以其生生。

帛书乙本首句“生”上残损多字,据王弼本,此节所损当为“出”;“生之”下残损五字,据王弼本当为“徒十有三,死”;“何”上残损一字,据甲本当为“夫”。补损阙后,其字句如上。甲本首句仅存“生”字,次句仅存“有”字,第三句句首残损二字,据乙本及王弼本当为“死之”;补损阙后,其文句与乙本大致从同,唯乙本“僮(动)”甲本作“动”,而末句句末比乙本多一虚词“也”。

郭店楚简本未见此章文字。

王弼本此节文字为:“出生入死。生之徒十有三,死之徒十有三,人之生,动之死地,亦十有三。夫何故?以其生生之厚。”校之以帛书甲、乙本,帛书本“而民生生,僮(动)皆之死地之十有三”,王本作“人之生,动之死地,亦十有三”,帛书本义略胜,当从;末句“生生”后王本有“之厚”二字,帛书本皆无(甲本比乙本句末多一虚词“也”),“生生”已含厚生之义,王本于其后又加“之厚”则义有重叠,当从帛书本。

※传世本中,与王弼本相异者则有:敦煌写本之己本,“十”俱作“什”,“十有三”为“什有三”;无“亦”字“亦十有三”为“什有三”。傅奕本,“人”上有“而”字,“人”作“民”,“之生”下有“生而动”三字,“人之生”为“而民之生生而动”;“动”下有“皆”字,“动之死地”为“动皆之死地”;末句句末有“也”字,“以其生生之厚”为“以其生生之厚也”。严遵本,“人”上有“而”字,“人”作“民”,其下无“之”字,“人之生”为“而民生”;无“亦”字,“亦十有三”为“十有三”;“故”下有“哉”字,“夫何故”为“夫何故哉”。范应元本,“人”作“民”,“之生”下有“生”字,“人之生”为“民之生生”;“动”上有“而”字,“动之死地”为“而动之死地”;“故”作“哉”,“夫何故”为“夫何哉”;

末句句末有“也”字,“以其生生之厚”为“以其生生之厚也”。潘静观本,“人”作“民”,“人之生”为“民之生”;“地”下有“者”字,“动之死地”为“动之死地者”。宋《御解》本、邵若愚本、彭耜本、林希逸本,“人”作“民”,“人之生”为“民之生”。董思靖本,“之生”下有“也”字,“人之生”为“人之生也”。易州景福碑本,“动”下有“皆”字,“动之死地”为“动皆之死地”;无“亦”字,“亦十有三”为“十有三”;末句句末有“也”字,“以其生生之厚”为“以其生生之厚也”。程大昌本,“动”下有“而”字,“动之死地”为“动而之死地”。林志坚本,“死”上“之”字作“入”,“动之死地”为“动入死地”。薛蕙本、周如砥本,“地”下有“者”字,“动之死地”为“动之死地者”。易州景龙碑本、河上公(道藏)本,无“亦”字,“亦十有三”为“十有三”;末句句末有“也”字,“以其生生之厚”为“以其生生之厚也”。易州开元幢本、邢州开元幢本、楼观台碑本、磻溪大德幢本、遂州龙兴观碑本、李约本、唐《御注》本、唐《御疏》本、杜光庭本、强思齐本、陈景元本、吕惠卿本、司马光本、陈象古本、李霖本、曹道冲本、宋李荣本、赵秉文本、邓锜本、王守正本,无“亦”字,“亦十有三”为“十有三”。苏辙本,“亦”作“一”,“亦十有三”为“一十有三”。

“出生入死”,谓从出世而生到死而入地。《韩非子·解老》:“人始于生而卒于死。始之谓出,卒之谓入。故曰:‘出生入死。’”以“出”、“入”为“生”、“死”亦可印证于《庄子·大宗师》,其谓:“古之真人不知说(悦)生,不知恶死。其出不䜣(欣),其入不距(拒)。”

“徒”,属、类之谓。黄生《义府·仲尼之徒》:“孟子、仲尼之徒,徒,犹属也。”释玄应《一切经音义》卷二十五释“徒”云:“徒,类也。""生之徒十有三",谓长寿一类的人占十分之三。这里"生"相对于下文"死",有长寿义。"死之徒十有三",谓夭亡一类的人占十分之三。

"生生",养生,有厚养以生之义。"僮",借作"动";相对于静,这里有勤于作为或有为之义。高诱注《淮南子·诠言训》"动之为物"云:"动,有为也。""而民生生,僮(动)皆之死地之十有三",谓人们为厚养其生而操劳不止,结果反倒因为勤动而趋于死地,这一类人占有十分之三。

②盖闻善执(摄)生者,陵行不辟兕虎,入军不被兵革。兕无[所椯其角,虎无所措]其蚤(爪),兵[无所容其刃,夫何故]也?以其无[死地焉]。

帛书乙本"兕无"下残损八字,据甲本及王弼本当为"所椯其角,虎无所措";"兵"下残损八字,据甲本及王弼本当为"无所容其刃,夫何故";"其无"下残损三字,据甲本当为"死地焉"。补损阙后,乙本字句如上。甲本"盖"下残损二字,据乙本当为"闻善";"矢(兕)虎"上残损一字,据乙本当为"辟";"容"下残损三字,据王弼本当为"其刃,夫"。甲、乙本互校,乙本两"兕"字甲本并作"矢"("矢"为"兕"之借字),乙本"兵革"甲本作"甲兵",整节之句脉及文义则从同。

王弼本此节文字为:"盖闻善摄生者,陆行不遇兕虎,入军不被甲兵。兕无(無)所投其角,虎无(無)所措其爪,兵无(無)所容其刃,夫何故?以其无(無)死地。"校之以帛书甲、乙本,甲、乙本"执生"王本作"摄生","陵"作"陆","辟"作"遇",甲本两"矢"字王本并作"兕",乙本"兵革"王本作"甲兵"而与甲本同,甲本"椯"(乙本损阙)王本作"投",甲本"昔(措)"(乙本损阙)王本作"措",甲、乙本"蚤"王本作"爪",甲、乙本"何故"后有"也"字,甲本"死地"后有"焉"字(乙本损阙),王本并无,甲本四"无"字、乙本残存之两

“无”字(非“無”之简体字)王本俱作“無”(“无”同“無”)。王本用字多有异于帛书甲、乙本者,但其句脉、文义并无不同。

※传世本中,与王弼本相异者有:吴澄本、明《御注》本,“遇”作“避”,“陆行不遇兕虎”为“陆行不避兕虎”;“被”作“避”,“入军不被甲兵”为“入军不避甲兵”。严遵本,“遇”作“避”,“陆行不遇兕虎”为“陆行不避兕虎”;“故”下有“哉”字,“夫何故”为“夫何故哉”;末句无“其”字,“以其无死地”为“以无死地”。薛蕙本,“遇”作“避”,“陆行不遇兕虎”为“陆行不避兕虎”。河上公(影宋)本,“被”作“避”;“入军不被甲兵”为“入军不避甲兵”;“投”上脱一“所”字,“兕无所投其角”为“兕无投其角”;“措”下脱一“其”字,“虎无所措其爪”为“虎无所措爪”。北京延祐石刻本,“被”作“避”,“入军不被甲兵”为“入军不避甲兵”。白玉蟾本,“行”作“生”,“陆行不遇兕虎”为“陆生不遇兕虎”。敦煌写本之己本,“甲”作“钾”,“入军不被甲兵”为“入军不被钾兵”;“投”作“驻”,“兕无所投其角”为“兕无所驻其角”。遂州龙兴观碑本,“投”作“驻”,“兕无所投其角”为“兕无所驻其角”;“措”作“错”,“虎无所措其爪”为“虎无所错其爪”;“何”作“其”,“夫何故”为“夫其故”。范应元本,“措”作“错”,“虎无所措其爪”为“虎无所错其爪”;“故”作“哉”,“夫何故”为“夫何哉”。《经典释文》本,“措”作“错”,“虎无所措其爪”为“虎无所错其爪”。易州景龙碑本,“兕”作“光”,“兕无所投其角”为“光无所投其角”;“措”作“揩”,“虎无所措其爪”为“虎无所揩其爪”。林志坚本,“措”下无“其”字,“虎无所措其爪”为“虎无所措爪”。傅奕本,“故”下有“也”字,“夫何故”为“夫何故也”,与帛书甲、乙本从同;末句句末有“焉”字,“以其无死地”为“以其无死地焉”,与

帛书甲、乙本从同。叶梦得本，"故"下有"也"字，"夫何故"为"夫何故也"，与帛书甲、乙本从同。黄茂材本、崇宁《五注》本、达真子本、林希逸本、程大昌本、刘骥本，末句句末有"焉"字，"以其无死地"为"以其无死地焉"，与帛书甲、乙本从同。危大有本，末句句末有"也"字，"以其无死地"为"以其无死地也"。

"执生"，犹摄生、养生。"执"有守义，亦有亲厚义。朱熹《孟子集注》注《孟子·离娄下》"汤执中"云："执，谓守而不失。"孙诒让《札迻·吕氏春秋高诱注·遇合》释"故嫫母执乎黄帝"云："执，犹亲厚也。""善执(摄)生者"，谓善于养生的人。

"陵行"，犹陆行。徐天祜注《吴越春秋·吴太伯传》"陵水高下"云："陵，陆地。""辟"，同"避"。"陵行不辟兕虎"，谓善于养生者懂得如何与兕(一种形似犀牛的猛兽)虎共自然以生而陆地行走不用着意避开兕虎。

"被"，加，施及。梁启雄《荀子简释》释《荀子·不苟》"国乱而治之者，非案乱而治执之谓也，去乱而被执以治"引《广雅·释诂》云："被，加也。""入军不被兵革"，谓进到军中不为兵刃所加而受伤。

"椯"(duǒ)，通"揣"(duǒ)，动之谓。《广雅·释诂一》："揣，动也。""兕无所椯其角"，谓兕无从动其角以伤人。

"蚤"，通"爪"。"虎无所措其蚤"，谓虎无从奋其爪以伤人。

"容"，用之谓。俞樾《诸子平议·淮南内篇二》释"郢人无所害其锋"云："'害'盖'容'字之误。容，亦用也。""兵无所容其刃"，谓甲兵无从用其锋刃以杀伤。

"死地"，致死之处或致命之处。"以其无死地焉"，谓善于养护生命者其所行无致死之处可寻。

【疏解】

此章由“摄生”(养生)而诫勉世人持身以自然、无为。全章未见“自然”、“无为”字样,但其终是为“生生”之“动”而“皆之死地”所反衬,遂别有一种深永之意味。

在老子看来,就世俗中人从出生到别世的生命过程而言,略可分作三类:一为“生之徒”,一为“死之徒”,一为“生生”而“僮(动)皆之死地”之徒。“生之徒”之“生”有长寿义,成玄英疏《庄子·天地》“生非得不明”即谓:“生者,百龄之命。”诚然,对老子所说“生”不可执着为“百龄”,但以年寿可至终老理解当不致有误。与“生之徒”之“生”相对,“死之徒”之“死”有短命之义,郑玄注《周礼·天官·疾医》“死、终则各书其所以”有谓:“少者曰死,老者曰终。”因此,“生之徒十有三,死之徒十有三”,不外是说年寿较长而得以终老的人和年寿较短而不幸夭亡的人各占生人中的三成或十分之三。除这两类人外,还有占生人三成或十分之三的人往往厚自奉养而结果却适得其反,老子称其“生生,动皆之死地”。“生生”,有为生而生、厚养其生之义。厚养其生者往往以满足躯体所欲为求,于“五色”、“五音”、“五味”、“驰骋田猎”、“难得之货”孜孜以取,而终至于“目盲”、“耳聋”、“口爽(伤)”、“行妨”、“心发狂”(十二章)。这对“五色”、“五音”、“五味”等的贪求即是所谓“动”,亦即所谓有所为而为,如此“动”而有所施为看似为着“生”,却适足以斫丧生机,使“生生”者趋于死地。

在对以上三类人——主要是第三类人——作了评说后,老子提出了真正可作为养生之楷范的人,此即为其所闻的“善摄生者”。有如“下德不失德,是以无德”的理致可用以相喻“生生,动皆之死地”(为生而生反倒戕害了生)者,“上德不德,是以有德”之旨趣正与“善摄生”者的“摄生”之道相通。换句话说,“善摄生者”不以生为念而忘生于生,其反倒生机长存而“无死地”。与为生而生以自厚其形体、逞纵其欲求的“生生”者不同，善养生者不将物我对置为二，因而能使物我一体相生彼此无碍。“生生”者一意为自身而生适足促其自身趋于死地，“善摄生者”忘其自身以生却不期然而至于“外其身而身存”、“以其不自生也，故能长生”（七章）。老子称，“善执（摄）生者，陵行不辟（避）兕虎，入军不被兵革”。这在囿于俗见的人看来煞似一种神话，但其如此说却无非是要对“生生”不觉的人们作一种诱导，使人们懂得如何与兕虎以至持兵戈者共自然以生。若能做到弃其一己之私而与兕虎及持兵戈者一体共生，则兕虎自是无从动其角爪，甲兵亦自是无从用其锋刃。归根结底，“法自然”而“无为”乃是这种“摄生”之“善”的阃机所在，唯有神契于此，方可能真正领悟老子那玄微而平实的“无死地”之说。

五十一章

道生之，	道创生万物，
德畜之，	德滋荣万物，
物刑(形)之，	禀气为物使之具形，
而器成之。	赋性为器使之有成。
是以万物尊道而贵德。	因此万物以道为尊而以德为重。
道之尊也，	道的被尊仰，
德之贵也，	德的被推崇，
夫莫之爵也，	不在于它有什么封爵，
而恒自然也。①	只在于它因任自然而持之以恒。
道生之、畜[之，	道使万物得以生发、滋荣，
长之、遂]之，	使其得以成长、培育，
亭之、毒之，	使其得以丰衍、熟成，
养之、复(覆)[之。	使其得以养护、庇荫。
生而弗有，	创生万物而不据为己有，
为而弗恃，	滋荣万物而不自恃其能，
长而]弗宰，	长养万物而不自做宰总，
是胃(谓)玄德。②	这就是可称作“玄德”的德行。

【校释】

①道生之,德畜之,物刑(形)之,而器成之。是以万物尊道而贵德。道之尊也,德之贵也,夫莫之爵也,而恒自然也。

帛书乙本字句如上。甲本上一“德”上有“而”字,上一“贵”下残损二字,据乙本当为“德。道”。“爵”作“时”,次一“尊”下、“时”下均无“也”字。甲本与乙本所用若干虚词有出入,但句脉、文义无歧异。

郭店楚简本未见此章文字。

王弼本此节文字为:“道生之,德畜之,物形之,势成之。是以万物莫不尊道而贵德。道之尊,德之贵,夫莫之命,而常自然。”校之以帛书甲、乙本,甲、乙本“器成之”王本作“势成之”,古“器”、“势”二字音同而通假,“器”在此为本字,“势”为借字。甲、乙本“是以万物尊道而贵德”王本作“是以万物莫不尊道而贵德”,王本多“莫不”二字,但句义从同。帛书乙本“夫莫之爵也”(甲本作“夫莫之时”)王本作“夫莫之命”,此处“爵”、“命”同义;孔颖达疏郑玄为《礼记·郊特牲》“古者生无爵,死无谥”所作注“周制爵及命士”云:“命,即爵也。”

※传世本中,与王弼本相异者则有:程大昌本,“是以”作“故”,“道”下无“而”字,“是以万物莫不尊道而贵德”为“故万物莫不尊道贵德”;“命”作“爵”,“夫莫之命”为“夫莫之爵”。易州开元幢本,“万物”作“圣人”,“是以万物莫不尊道而贵德”为“是以圣人莫不尊道而贵德”;“命”作“爵”,“夫莫之命”为“夫莫之爵”。敦煌写本之己本、严遵本,无“莫不”二字,“是以万物莫不尊道而贵德”为“是以万物尊道而贵德”,与帛书甲、乙本从同;下一“道”下、下一“德”下俱无“之”字,“道之尊”为“道尊”,“德之贵”为“德贵”;“命”作“爵”,“夫莫之命”

为“夫莫之爵”。易州景福碑本,无次一“而”字,“是以万物莫不尊道而贵德”为“是以万物莫不尊道贵德”;次一“莫”下有“大”字,“夫莫之命”为“夫莫大之命”。危大有本,下一“道”上有“夫”字,“道之尊”为“夫道之尊”;次一“莫”下“之”字作“知”,“夫莫之命”为“夫莫知命”。遂州龙兴观碑本、张君相本,下一“道”下、下一“德”下俱无“之”字,“道之尊”为“道尊”,“德之贵”为“德贵”;“命”作“爵”,“夫莫之命”为“夫莫之爵”。吴澄本、明《御注》本,无“夫”字,“夫莫之命”为“莫之命”。宋《御解》本、邵若愚本、彭耜本、董思靖本,无“夫”字,“命”作“爵”,“夫莫之命”为“莫之爵”。李道纯本,次一“莫”下“之”字作“知”,“命”作“爵”,“夫莫之命”为“夫莫知爵”。周至至元碑本、楼观台碑本、磻溪大德幢本、北京延祐石刻本、傅奕本、李约本、唐《御注》本、唐《御疏》本、陆希声本、杜光庭本、强思齐本、王真本、道藏无注本、陈景元本、吕惠卿本、司马光本、苏辙本、陈象古本、李霖本、黄茂材本、崇宁《五注》本、曹道冲本、达真子本、文如海本、无名氏本、吕知常本、寇才质本、赵秉文本、时雍本、杜道坚本、王守正本,“命”作“爵”,“夫莫之命”为“夫莫之爵”。

“畜”,循道以繁衍之谓。焦循《易章句》释《易·序卦》“物畜然后可养”云:“顺于道,不逆于伦为畜。”“德畜之”,谓德顺于道以繁衍或滋荣。

“刑”,通“形”,赋予形体之谓。“物”,这里指气或精气。《易·系辞上》:“精气为物。”“物刑(形)之”,谓精气相聚使其有形体。

“器”,犹“性”,本性。高诱注《淮南子·说山训》“善且由弗为,况不善乎,此全其天器者”云:“器犹性也。孟子曰:‘人性善。’

故曰全其天性。”“器成之”，谓赋性而为器使其有成。

“爵”，封，封以爵位。《广韵·药韵》：“爵，封也。”“莫之爵”，谓没有人封它以爵位。

②道生、之畜[之，长之、遂]之，亭之、毒之，养之、复(覆)[之。生而弗有，为而弗恃，长而]弗宰，是胃(谓)玄德。

帛书乙本“畜”下残损四字，据甲本当为“之，长之遂”；“复”下残损十一字，据甲本及王弼本当为“之。生而弗有，为而弗恃，长而”。补损阙后，乙本字句如上。甲本“亭之”下残损一字，尚有残划而难以辨认，帛书整理小组注云：“此处残划不似‘毒’或‘孰’字，故缺而未补。”今依帛书乙本、王弼本相推，姑以“毒”字释读。又，“弗有也”上残损六字，据乙本及王弼本当为“养之、覆之。生而”。甲、乙本互校，甲本“弗有”、“弗寺(恃)”、“弗宰”下俱有“也”字而乙本并无，乙本“是胃(谓)”甲本作“此之谓”，然二者句脉、文义无异。

王弼本此节文字为：“故道生之，德畜之，长之、育之，亭之、毒之，养之、覆之。生而不有，为而不恃，长而不宰，是谓玄德。”校之以帛书甲、乙本，王本“道”上有“故”字，帛书甲、乙本并无；王本“畜”上有“德”字，帛书甲、乙本并无；王本“育之”帛书甲本作“遂之”(乙本残阙)；王本“不有”、“不恃”、“不宰”帛书甲本作“弗有也”、“弗寺(恃)也”、“弗宰也”(乙本“弗宰”前损阙十一字)；王本“是谓玄德”乙本作“是胃(谓)玄德”，而甲本作“此之谓玄德”。虽用字稍异，但无碍于文义从同。

※传世本中，与王弼本略异者则有：严遵本，无“故”字，“故道生之”为“道生之”；“亭”作“成”，“毒”作“熟”，“亭之、毒之”为“成之、熟之”。薛蕙本，“故”作“夫”，无“德”字，“故道生之，德畜之”为“夫道生之，畜之”；“亭”作“成”，“毒”作

“熟”,“亭之、毒之”作“成之、熟之”。李约本,无“德”字,“德畜之”为“畜之”;“亭”作“成”,“毒”作“熟”,“亭之、毒之”为“成之、熟之”;无“长而不宰”句。易州开元幢本、庆阳景祐幢本、周至至元碑本、磻溪大德幢本、楼观台碑本、北京延祐石刻本、唐《御注》本、张君相本、杜光庭本、强思齐本、道藏无注本、陈景元本、吕惠卿本、司马光本、苏辙本、陈象古本、宋《御解》本、邵若愚本、李霖本、彭耜本、董思靖本、林希逸本、无名氏本、寇才质本、赵秉文本、时雍本、李道纯本、邓锜本、杜道坚本、吴澄本、张嗣成本、明《御注》本、危大有本、释德清本、潘静观本,无“德”字,“德畜之”为“畜之”;“亭”作“成”,“毒”作“熟”,“亭之、毒之”为“成之、熟之”。范应元本,无“德”字,“畜”作“蓄”,“德畜之”为“蓄之”;“养”作“盖”,“养之、覆之”为“盖之、覆之”。吕知常本,无“德”字,“德畜之”为“畜之”;“亭”作“成”,“毒”作“熟”,“亭之毒之”为“成之熟之”;“玄”作“元”,“是谓玄德”为“是谓元德”。陆希声本、吕知常本、焦竑本、周如砥本,无“德”字,“德畜之”为“畜之”。敦煌写本之己本,无“德畜之”三字;“亭”作“成”,“毒”作“熟”,“亭之、毒之”为“成之、熟之”。易州景福碑本、遂州龙兴观碑本、河上公(道藏)本、白玉蟾本、唐《御疏》本、王真本、宋李荣本、文如海本、林志坚本,“亭”作“成”,“毒”作“熟”,“亭之、毒之”为“成之、熟之”。河上公(影宋)本,“亭”作“成”,“毒”作“孰”,“亭之、毒之”为“成之、孰之”。傅奕本,“养”作“盖”,“养之覆之”为“盖之覆之”。

“遂”,发育、培育之谓。《广雅·释言》:“遂,育也。”王念孙《广雅疏证》云:“齐语:牺牲不略则牛羊遂。《管子·中匡篇》遂作育。”“长之、遂之”,谓使其生长、使其发育。

“亭”、“毒”，与“成”、“熟”音近相借，可作“成”、“熟”解。高亨《老子正诂》谓：“‘亭之毒之’，河上本作‘成之熟之’，古本多与河上同。”又云：“‘亭’，当读为‘成’。‘毒’，当读为‘熟’。皆音同通用。”（高亨：《老子正诂》，第108－109页）“亭之、毒之”，谓使其长成、使其丰熟。

“复”，通“覆”，庇护之谓。鲍彪注《战国策·燕策一》“皆自覆之术”云：“覆，犹庇护也。”“养之、复（覆）之”，谓使其得到滋养、得到庇护。

“玄德”，指道既“无为”而又“无不为”之德。“弗有”、“弗恃”、“弗宰”可一言以蔽之为“无为”，“生”、“为”、“长”可一言以蔽之为“无不为”，前者体现道的“无”的性向，后者体现道的“有”的性向，这“有”、“无”相即之德谓之玄德。“玄德”一语，第十章已出现，其谓“生之畜之，生而弗有，长而弗宰也，是谓玄德”。

【疏解】

此章由万物的生、养、形、成而称述“道”的德用（见之于发用的品格）；此“德”摄“生”、“为”、“长”（“无不为”）于“弗有”、“弗恃”、“弗宰”（“无为”），被称之以“玄德”。

“道”为“万物之始”，亦为“万物之母”（一章），万物的创生在于“道”，此所谓“道生之”。既已创生，又对万物施以滋养化育之德，道虽无形，德却有朕，滋养化育出自于道而见之于其德，此所谓“德畜之”。凡物必有形有象，端赖气之聚合以显，“精气为物”（《易·系辞上》）而物见其形，此所谓“物形之”。凡物亦必有型（样式）有范（格范），此型此范寓藏其性而为此物，非有此性而物不成器，此所谓“器成之”。“德畜”、“物形”、“器成”看似与“道生”并言，其实，此“德”为“道”之德用，而“物”的“形之”、“器”的“成之”亦只是“德”的“畜之”——“道”的德用——的显现。因而，终当“归根”（十六章）、“食母”（二十章）的万物必至于以“道”为尊而以“德”为尚。“道”、“德”的被尊仰、推尚，不是因为它有着得自某一更高权威的封爵，而是因为它在“生”物“畜”物的过程中总能做到因其自然而别无所然。

既然“物形之”、“器成之”说到底仍不过是“德畜之”，而“德畜之”终究亦只是“道”的德用，因此可谓万物之创生、滋育、见形、成器悉皆在于“道”，那么则未始不可将这一切径归于“道”而谓“道生之、畜之，长之、遂之，亭之、毒之，养之、复（覆）之”。这“生”、“畜”、“长”、“遂”、“亭（成）”、“毒（熟）”、“养”、“覆（护）”，无不系之于“道”，但“道”之如此却了无预图，也决非强为。“道”对于万物有“生”、“为”、“长”之德，然而它并不因此自恃其功而领有万物、宰制万物，其“弗有”、“弗恃”、“弗宰”亦正构成对于万物的另一重德。如果说“生”、“为”、“长”之德可一言以蔽之为“有”之德或“无不为”之德，那么“弗有”、“弗恃”、“弗宰”则又可一言以蔽之为“无”之德或“无为”之德。“有”之德或“无不为”之德与“无”之德或“无为”之德是“道”的两重德用，这两重德用原是一而不二的，老子称其为“玄德”。

“玄德”之“玄”并非一般意味上的深奥、莫测，它在老子这里有着特定的意蕴。“道经”首章所谓“两者同出，异名同谓，玄之又玄，众眇之门”，或可视为对“玄”的微旨的最切要的喻示。其“两者”自是指“有”（“有名”、“恒有欲”）、“无”（“无名”、“恒无欲”），“同出”则指“有”、“无”同由“道”出，而“玄”之趣致遂在于这“有”、“无”虽“异名”却可“同谓”那一而不二之“道”。“有”、“无”同出于“道”，亦同发用为混然而一之“德”，此“德”则非“玄德”而不可勉为称谓。

五十二章

天下有始，	万物有其无名之始，
以为天下母。	这始又是其有名之母。
既得其母，	既已领悟万物之母，
以知其子；	便会知晓其母之子；
既知其子，	既已知晓其母之子，
复守其母，	复又奉守其子之母，
没身不佁（殆）。①	就会终身不遭危苦。
塞其说，	塞蔽你的耳目，
闭其门，	关闭嗜欲的门户，
冬（终）身不堇（勤）。	就会终身没有劳辱。
启其说，	放开你的耳目，
齐（济）其[事，	以滋益嗜欲为务，
终身]不棘（吉）。②	就会终身难有吉福。
见小曰明，	可察觉幽微才称得上“明”，
守[柔曰]强。	能持弱不争才称得上“强”。
用[其光，	敛藏其外耀之光，
复归其明，	复归其内烛之明，
毋]遗身央（殃），	勿为自身留取祸殃，
是胃（谓）[袭]常。③	这就叫做因袭自然之常。

【校释】

①天下有始,以为天下母。既得其母,以知其子;既知其子,复守其母,没身不佁(殆)。

帛书乙本字句如上。甲本“既”作“𢡉”,次一“其”下残损一字,据乙本当为“子”,无“既知其子”句,“佁”作“殆”。甲、乙本最明显的差异在于“既知其子”句的有无。校之以王弼本等传世本,甲本无此句或系抄写之脱误,当据乙本补之。

郭店楚简本未见此节文字。

王弼本此节文字为:“天下有始,以为天下母。既得其母,以知其子;既知其子,复守其母,没身不殆。”其与帛书乙本字句略从同;王本“殆”乙本作“佁”,“佁”为“殆”之借字。

※诸传世本多同于王弼本,与王弼本略异者则有:傅奕本,上一“以”上有“可”字,“以为天下母”为“可以为天下母”。易州景龙碑本、李约本、张君相本,“得”作“知”,“既得其母”为“既知其母”;“以知”作“又知”,“以知其子”为“又知其子”。易州景福碑本,“得”作“知”,“既得其母”为“既知其母”;“守”作“知”,“复守其母”为“复知其母”。河上公(影宋、道藏)本、宋李荣本、释德清本,“得”作“知”,“既得其母”为“既知其母”;“以知”作“复知”,“以知其子”为“复知其子”。李道纯本,“得”作“知”,“既得其母”为“既知其母”;“守”作“归”,“复守其母”为“复归其母”。危大有本,“得”作“知”,“既得其母”为“既知其母”。吕知常本,“以知”作“复知”,“以知其子”为“复知其子”。

“始”,《说文·女部》:“始,女之初也。”“女之初”为处女,其与母相对而言。《说文·女部》:“母,牧也。从女,象褱子形。一曰象乳子也。”“道经”首章谓“无名,万物之始;有名,万物之母”,其“始”、“母”对“万物”而言;本章“始”、“母”对“天下”而言,“天下”所指亦即“万物”。“天下有始,以为天下母”,谓天下万物创始于道,道乃天下万物之母。

“佁”,借作“殆”,危殆,危险。“没身不佁(殆)”,谓终身不会遭遇危殆。

②塞其垙,闭其门,冬(终)身不堇(勤)。启其垙,齐(济)其[事,终身]不棘(吉)。

帛书乙本“齐(济)其”下残损三字,据甲本当为“事,终身”;补损阙后,其字句如上。甲本“塞其垙”之“垙”作“閎”,“冬(终)”作“终”(“冬”、“终”为古今字),“启其垙”之“垙”作“闷”,“齐”作“济”(“济”为“齐”之本字);末句句末残损多字,据乙本,此节所损当为“不吉”。甲、乙本几处用字略异,但句脉、文义并无歧异。

郭店楚简(乙)本此节文字为:“閟其门,赛其逆,终身不孞。启其逆,赛其事,终身不逨。”“閟”,犹“闭”;《说文·门部》:“閟,闭门也。”“赛其逆”之“赛”,借作“塞”。“逆”,通“兑”,为“兑”之借字,穴窍之谓。“孞”,读作“务”,其义相当于帛书本之“堇”与王弼本之“勤”字,犹劳苦。“赛其事”之“赛”,借作“塞”,充实之谓,其义相当于帛书乙本之“齐”、甲本及王弼本之“济”,犹“益”(增益)。“逨”,读作“来”,与“棘”音近通假;“不逨”之谓,相当于“不吉”或“不救”。楚简本此节文字与帛书本所用字词多有不同,但句脉及文义大略无异。

王弼本此节文字为:“塞其兑,闭其门,终身不勤。开其兑,济其事,终身不救。”与帛书甲、乙本相勘校,乙本两“垙”字(甲本前作“閎”后作“闷”)王本并作“兑”,乙本“齐”(甲本作“济”)王本作“济”(“济”为本字,“齐”为“济”之借字),乙本“不棘”(甲本损阙)王本作“不救”。王本与帛书甲、乙本句中用字有异,然句脉、文义从同。

※诸传世本多同于王弼本，其略异者则有：易州景福碑本，“兑”作“锐”，“塞其兑”为“塞其锐”，“开其兑”为“开其锐”；“闭”作“闬”，“闭其门”为“闬其门”。易州景龙碑本、北京延祐石刻本、河上公（影宋）本，“闭”作“闬”，“闭其门”为“闬其门”。遂州龙兴观碑本，下一“兑”字作“门”，“开其兑”为“开其门”。

“境”，通“兑”，而“兑”为“阅”之省写，借作“穴”。“穴”即窍，这里指人的耳、目、鼻、口等七窍。段玉裁《说文解字注·门部》释“阅”云：“古叚‘阅’为‘穴’。《诗》：‘蜉蝣掘阅。’《传》曰：‘掘阅，容阅也。阅，即穴。’宋玉赋‘空穴来风’，《庄子》作‘空阅来风’。司马彪云：‘门户孔空，风善从之。’《道德经》‘塞其兑，闭其门’，‘兑’即‘阅’之省。”“塞其境”，谓使人闭目塞听、无知无欲。

“堇”，借作“勤”，犹“劳”。《说文·力部》：“勤，劳也。”郑玄注《礼记·檀弓上》“服勤至死”云：“勤，劳辱之事也。”“冬（终）身不堇（勤）”，谓其终身没有劳辱。

“齐”，借作“济”。俞樾《诸子平议·管子一》释“而无齐其欲”云：“齐，读为济。”“济”，益（增益）之谓。杜预注《左传·桓公十一年》“盍请济师于王”云：“济，益也。”

“棘”，借作“吉”。马瑞辰《毛诗传笺通释》释《诗·小雅·大东》“有捄棘匕”云：“古者丧用桑匕，吉用棘匕，皆取声近为义。桑言丧，则棘为吉，非必如《传》以棘之赤心为喻也。”“启其境，齐（济）其事，终身不棘（吉）”，谓逞耳、目、口腹之欲以增益其事，将终身不会吉利。

③见小曰明，守［柔曰］强。用［其光，复归其明，毋］遗身央（殃），

是胃(谓)[袭]常。

帛书乙本“守”下残损二字,据甲本当为“柔曰”;“用”下残损七字,据甲本当为“其光,复归其明,毋”;“常”上残损一字,据甲本当为“袭”。补损阙后,乙本字句如上。甲本首句“小”上残损多字,据乙本,此节所损当为“见”,“曰”下残损一字,据乙本当为“明”,“毋”下“遗”字残损其半,其他文句所存尚完好。甲、乙本互补阙文后,整节字句略从同。

郭店楚简本未见此节文字。

王弼本此节文字为:“见小曰明,守柔曰强。用其光,复归其明,无遗身殃,是为习常。”校之以帛书甲、乙本,甲本“是胃(谓)袭常”(乙本“袭”字残损)王本作“是为习常”,“袭”、“习”通假,“习”借作“袭”。

※其他传世本,与王弼本相异者有:吴澄本、明《御注》本,两“曰”字并作“日”,“见小曰明”为“见小日明”,“守柔曰强”为“守柔日强”;“为”作“谓”,“习”作“袭”,“是为习常”为“是谓袭常”,与帛书本从同。敦煌写本之己本,“守”作“用”,“守柔曰强”为“用柔曰强”;“为”作“谓”,“习”作“袭”,“是为习常”为“是谓袭常”,与帛书本从同。河上公(影宋)本,“柔”下“曰”作“日”,“守柔曰强”为“守柔日强”。周至至元碑本,“明”上“其”字作“于”,“复归其明”为“复归于明”;“为”作“谓”,“习”作“袭”,“是为习常”为“是谓袭常”,与帛书本从同。道藏无注本,“其”作“无”,“复归其明”为“复归无明”;“为”作“谓”,“习”作“袭”,“是为习常”为“是谓袭常”,与帛书本从同。易州开元幢本、邢州开元幢本、磻溪大德幢本、北京延祐石刻本、遂州龙兴观碑本、严遵本、傅奕本、李约本、唐《御注》本、唐《御疏》本、陆希声本、杜光庭本、陈景元本、吕惠

卿本、司马光本、苏辙本、宋《御解》本、邵若愚本、李霖本、彭耜本、董思靖本、宋李荣本、林希逸本、范应元本、文如海本、无名氏本、吕知常本、寇才质本、赵秉文本、时雍本、李道纯本、邓锜本、杜道坚本、林志坚本、张嗣成本、危大有本、释德清本、薛蕙本、焦竑本、潘静观本,"为"作"谓","习"作"袭","是为习常"为"是谓袭常",与帛书本从同。周如砥本,"柔"作"弱","守柔曰强"为"守弱曰强";"为"作"谓","习"作"袭","是为习常"为"是谓袭常",与帛书本从同。易州景龙碑本、易州景福碑本、河上公(道藏)本、张君相本、白玉蟾本,"为"作"谓","是为习常"为"是谓习常"。楼观台碑本,"习"作"袭","是为习常"为"是为袭常"。叶梦得本,"常"作"裳","是为习常"为"是为习裳"。

"小",此"小"即三十四章"恒无欲也,可名于小"之"小",谓道成全、养护万物乃无意施为、隐而不彰。"见小曰明",与十六章所谓"知常明也"意趣相通,谓知晓道对万物的成全乃无意而为、隐而不彰这一自然之理才称得上明达。

"用",藏或敛藏之谓。贾公彦疏《周礼·天官·大府》"颁其货于受藏之府,颁其贿于受用之府"云:"言藏,亦用;言用,亦藏。""用其光",谓韬其光或敛藏其光。

"袭常",因顺恒道之常或因袭自然之常。"袭",因,因循。孔颖达疏《礼记·曲礼上》"卜筮不相袭"引郑玄《礼记·表记》注云:"袭,因也。"张铣注《文选·刘歆〈移书让太常博士〉》"法度无所因袭"云:"袭,亦因也。"

【疏解】

此章承上章"道生"、"德畜"之义趣,立其论旨于知"始"、"见小”而“守母”、“守柔”。全章未见一“道”字，但“始”、“母”、“小”、“柔”皆在于喻“道”；全章亦未见一“德”字，然而由“塞垸”、“闭门”、“归明”、“袭常”以说“见”（见“始”、“小”）、“守”（守“母”、“柔”）则皆在于劝“德”。

“天下有始”，此“始”即“道”；“以为天下母”，此“母”亦即“道”。“始”为“女之初”或处女，乃可孕育而尚未孕育之女；“母”为怀子之女，亦即既已孕育而系于母子关系之女。此两女本为一女，“始”、“母”所隐喻者皆在于“道”。然而同是喻“道”，“始”之所喻可孕未孕，更重“道”的“无”的性状，“母”之所喻孕而有子，更重“道”的“有”的性状。这用“道经”首章的话说，即是“无名，万物之始也；有名，万物之母也”。“无名”、“有名”虽是“异名”，但“始”、“母”则“同谓”而譬称合“有”（“有名”、“有欲”）、“无”（“无名”、“无欲”）于一体的“道”。

“得其母”（“道”）遂可知晓“子”（“万物”或“天下”），知“子”之为“子”则当奉守其“母”而返本复“始”。这“守母”、复“始”诚然是对万物而言，而真正重要的却在于人从积重难返的“文敝”中的幡然觉悟。由此，老子一再劝诱人们“见素抱朴”（十九章）或“复归于朴”（二十八章），其在本章提示于人最应该要做的便是闭目塞听（“塞其垸”）以阻断嗜欲的门径（“闭其门”）。“道”并非某一物态或神性实体，它在老子这里只是因着导人于自然之“朴”而成其为“道”。所以真正说来，“道之出言也，曰淡呵其无味也，视之不足见也，听之不足闻也”（三十五章）。既然淡而“无味”、视“不足见”、听“不足闻”，“守母”或奉“道”便无须借助耳、目、口、鼻，反倒要绝去嗜欲所由的耳、目、鼻、口之缘。否则，倘为“五色”所迷，为“五音”所乱，为“五味”所诱，以至一味纵欲而愈益“济其事”，则必致“目盲”、“耳聋”、“口爽（伤）”、“行妨”而“心发狂”（十二章）。如此背道、戕生，适足陷于“终身不吉”而何可期之“终身不殆”。

三十二章有谓“道恒无名、朴,虽小,而天下弗敢臣”,三十四章亦谓“(道)恒无欲也,可名于小”,本章遂称:“见小曰明。”四十章有谓“弱也者,道之用也”,四十三章又谓“天下之至柔,驰骋乎天下之至坚”,本章则称:“守柔曰强。”其实,“见小”即是见“道”,“守柔”即是守“道”,这对“道”的“见”、“守”乃是人“法道”而效其“德”。“明道如昧”(四十一章),“道”明于其内而昧于其外,人“见小”、“守柔”以“法道”自当敛其外耀之光(“用其光”)而复其内烛之明(“复归其明”)。如此韬其光于外(“不争”)以归其明于内(“抱朴”),说到底不过是因循“明道如昧”之“常”(“袭常”),在老子看来,人唯有这样方可免于留取灾殃于自身。

五十三章

使我介有知，	假若我稍有所悟，
行于大道，	行走于大道，
唯他（迤）是畏。	便会唯恐步入歧途。
大道甚夷，	大道本很平坦，
民甚好懈（径）。①	有人却喜好斜路。
朝甚除，	宫廷太过奢靡，
田甚芜，	田地甚是荒芜，
仓甚虚。	仓廪何其空虚。
服文采，	身着华美采服，
带利剑，	佩带锋利宝剑，
猒食而齎（资）财[有余，	财货有馀而美食饱足，
是谓]盗杆（竽）。	这就叫做“盗竽”，
[盗]杆（竽），	盗竽所为，
非[道]也。②	与道何其违忤。

【校释】

①使我介有知，行于大道，唯他（迤）是畏。大道甚夷，民甚好懈（径）。

帛书乙本字句如上。甲本“介”作“㨗”;“大道”上残损二字,据乙本当为“行于”;“唯”下残损五字,据乙本当为“迤是畏。大道”。乙本“僻”甲本作“解”,“僻”、“解”皆“径”之借字。

郭店楚简本未见此章文字。

王弼本此节文字为:“使我介然有知,行于大道,唯施是畏。大道甚夷,而民好径。”校之以帛书本,王本“介”下多一“然”字;乙本“他”(甲本残损)王本作“施”,其皆“迤”之借字;乙本“僻”(甲本“解”)王本作“径”,“径”为本字,“僻”、“解”为借字。王本与帛书甲、乙本个别用字有别,而句脉、文义无异。

※诸传世本多与王弼本同,其相异者则有:范应元本,“夷”作“徯”,“大道甚夷”为“大道甚徯”;“而民”作“民甚”,“而民好径”为“民甚好径”。潘静观本,“夷”作“彝”,“大道甚夷”为“大道甚彝”。敦煌写本之己本,“而”作“其”,“而民好径”为“其民好径”。遂州龙兴观碑本,“而”作“其”,“民”作“人”,“而民好径”为“其人好径”。易州景龙碑本、李约本,“民”作“人”,“而民好径”为“而人好径”。易州开元幢本,“而民”作“民其”,“而民好径”为“民其好径”。周至至元碑本、楼观台碑本、磻溪大德幢本、唐《御注》本、唐《御疏》本、杜光庭本、强思齐本、陈景元本、吕惠卿本、司马光本、苏辙本、陈象古本、李霖本、达真子本、无名氏本、吕知常本、赵志坚本、寇才质本、赵秉文本、时雍本、王守正本,“而民”作“民甚”,“而民好径”为“民甚好径”。

“介”,微,小。钱绎《方言笺疏》疏《方言》卷一“奔,大也”云:“介,训为大,亦训为小。”殷敬顺《列子释文》释《列子·杨朱篇》“无介焉之虑者”云:“介,微也。”“使我介有知”,谓倘使我稍有所知。

“他”，借作“迤”，斜之谓。这里指歧路、岔路。“行于大道，唯他（迤）是畏”，谓行走于大道之上唯恐误入歧途。

“俙”，借作“径”，小道，小路。朱熹《孟子集注》注《孟子·尽心下》“山径之蹊间”云：“径，小路也。”王逸注《楚辞·离骚》“夫唯捷径以窘步”云：“径，邪道也。”“民（人）甚好俙（径）”，谓有人偏偏喜好走邪道。这里“民”通“人”，主要指人君或当政者。

②朝甚除，田甚芜，仓甚虚。服文采，带利剑，猒食而齎（资）财［有馀，是谓］盗□（竽）。［盗］□（竽），非［道］也。

帛书乙本“财”下残损四字，据王弼本当为“有余，是谓”；“盗”下一字仅存其半“木”，另一半则残损，帛书整理者以为此“或是一从木、于声之字”，似可从，姑标为“□”；末句仅存“非”字，“非”上残损二字，当为“盗□”重文，“非”下残损一字，据王弼本当为“道”。补损阙后，乙本字句如上。甲本“利”下残损二字，据乙本当为“剑，猒”；“货”（乙本作“齎”）下文字悉残损，据乙本及王弼本当为“财有余，是谓盗□（竽）。盗□（竽），非道也。”就甲、乙本所存文字看，乙本“猒食而齎（资）财［有余］”句甲本作“猒食，货［财有余］”，然二者句脉、文义相侔。

王弼本此节文字为：“朝甚除，田甚芜，仓甚虚。服文綵，带利剑，厌饮食，财货有余。是谓盗夸，非道也哉！”校之以帛书乙本（甲本残损严重），乙本“采”王本作“綵”，乙本“猒食而齎（资）财［有余］”王本作“厌饮食，财货有余”；乙本“盗□（竽）”王本作“盗夸”。二者文义略无异。

※传世本中，与王弼本略异者则有：遂州龙兴观碑本，“芜”作“苗”，“田甚芜”为“田甚苗”；“财”作“资”，“财货有

馀”为“资货有馀”;“夸”作“跨”,“是谓盗夸”为“是谓盗跨”。易州开元幢本,“綵”作“彩”,“服文綵”为“服文彩”;“盗夸”下重出“盗夸”二字,“是谓盗夸,非道也哉”为“是谓盗夸,盗夸非道也哉”。泰州广明幢本,“綵”作“丝”,“服文綵”为“服文丝”。邵若愚本,“綵”作“采”,“服文綵”为“服文采”;“财货”作“资财”,“财货有馀”为“资财有馀”;“盗”作“道”,“夸”作“诗”“是谓盗夸”为“是谓道诗”。林希逸本、危大有本,“綵”作“采”,“服文綵”为“服文采”;“财货”作“资财”,“财货有馀”为“资财有馀”;“夸”作“诗”,“是谓盗夸”为“是谓盗诗”;无“也”字,“非道也哉”为“非道哉”。吕惠卿本、宋《御解》本、彭耜本、董思靖本,“綵”作“采”,“服文綵”为“服文采”;“财货”作“资财”,“财货有馀”为“资财有馀”,“夸”作“诗”,“是谓盗夸”为“是谓盗诗”。吴澄本、明《御注》本,“綵”作“采”,“服文綵”为“服文采”;“财货”作“资财”,“财货有馀”为“资财有馀”;无“也”字,“非道也哉”为“非道哉”。严遵本、薛蕙本,“綵”作“采”,“服文綵”为“服文采”;“夸”作“诗”,“是谓盗夸”为“是谓盗诗”;无“也”字,“非道也哉”为“非道哉”。楼观台碑本、磻溪大德幢本,“綵”作“采”,“服文綵”为“服文采”。傅奕本,“綵”作“采”,“服文綵”为“服文采”;“财货”作“货财”,“财货有馀”为“货财有馀”;“盗夸”下重出“盗夸”二字,“是谓盗夸,非道也哉”为“是谓盗夸,盗夸非道也哉”。焦竑本、潘静观本,“綵”作“采”,“服文綵”为“服文采”;“财”作“资”,“财货有馀”为“资货有馀”(潘本“货”作“财”);“夸”作“竽”,“是谓盗夸”为“是谓盗竽”;无“也”字,“非道也哉”为“非道哉”。苏辙本,“綵”作“采”,“服文綵”为“服文采”;“财货”作“货财”,“财货有馀”为“货财有馀”。范应元本,“綵”作

“采”,“服文綵”为“服文采”;“财货”作“货财”,“财货有馀”为“货财有馀”;“夸”作“夸”,“是谓盗夸”为“是谓盗夸”。张嗣成本,“綵”作“采”,“服文綵”为“服文采”;“财货”作“资财”,“财货有馀”为“资财有馀”。北京延祐石刻本,“綵”作“彩”,“服文綵”为“服文彩”,“财货”作“资财”,“财货有馀”为“资财有馀”。唐《御注》本、道藏无注本、宋李荣本、吕知常本、邓锜本、杜道坚本、林志坚本,“綵”作“采”,“服文綵”为“服文采”;“夸”作“诗”,“是谓盗夸”为“是谓盗诗”。周如砥本,“綵”作“采”,“服文綵”为“服文采”;“夸”作“竽”,“是谓盗夸”为“是谓盗竽”;无“也”字,“非道也哉”为“非道哉”。陈景元本、释德清本,“綵”作“采”,“服文綵”为“服文采”;无“也”字,“非道也哉”为“非道哉”。敦煌写本之己本,“厌”作“餍”,“厌饮食”为“餍饮食”;“财”作“资”,“财货有馀”为“资货有馀”;“盗夸”下重出“盗夸”,无“也哉”二字,“是谓盗夸,非道也哉”为“是谓盗夸,盗夸非道”。赵志坚本,“财”作“资”,“财货有馀”为“资货有馀”;“盗夸”下重出“盗夸”二字,无“也哉”二字,“是谓盗夸,非道也哉”为“是谓盗夸,盗夸非道”。陆希声本、张君相本,“綵”作“彩”,“服文綵”为“服文彩”;“财货”作“资货”,“财货有馀”为“资货有馀”。北京延祐石刻本,“财货”作“资财”,“财货有馀”为“资财有馀”。河上公(道藏)本、司马光本,“夸”作“诗”,“盗诗”下重出“盗诗”二字,“是谓盗夸,非道也哉”为“是谓盗诗,盗诗非道也哉”。河上公(影宋)本,无“也”字,“非道也哉”为“非道哉”。

“除”,修饰。颜师古注《汉书·孙宝传》“欲令授子经,更为除舍”云:“除,谓修饰扫除也。”“朝甚除”,谓朝廷奢靡,务于宫室修饰,其与下文"田甚芜,仓甚虚"构成对比,而与"服文采,带利剑,猒食而齎(资)财有余"相呼应。陆希声《道德真经传》注此节文字颇有见地,常为之后诸注家所引,其谓:"观朝阙甚修除,墙宇甚雕峻,则知其君好土木之功,多嬉游之娱矣。观田野甚荒芜,则知其君好力役,夺民时矣。观仓廪甚空虚,则知其君好末作,废本业矣。观衣服多文彩,则知其君多淫巧,蠹女工矣。观佩带皆利剑,则知其君好武勇,生国患矣。观饮食常餍饫,则知其君好醉饱,忘民事矣。观资货常有余,则知其君好聚敛,困民财矣。"

"盗□",王弼本作"盗夸",《韩非子》作"盗竽"。《韩非子·解老》云:"诸夫饰智故以至于伤国者,其私家必富;私家必富,故曰'资货有余'。国有若是者,则愚民不得无术而效之,效之则小盗生。由是观之,大奸作则小盗随,大奸唱则小盗和。竽也者,五声之长者也,故竽先则钟瑟皆随,竽唱则诸乐皆和。今大奸作则俗之民唱,俗之民唱则小盗必和,故'服文采,带利剑,厌饮食,而资货有余'者,是之谓'盗竽'矣。"据此,"盗□"当以"盗竽"解。"盗竽",盗魁或盗首之谓。

【疏解】

上章多以正言阐发"守母"、"守柔"——实则为"守道"——之论,此章则揭举时君之"非道"所为以警敕世人。"大道甚夷,民(人)甚好懈(径)"句,是本章上下文之纽结,亦是解悟本章义旨的要领所在。

古注多以"行于大道"之"大道"为老子所称"尊道而贵德"之"道",尽管其对"使我介然有知"、"唯施是畏"的诠训各有其说。然而,从"大道甚夷"及"大道"与"径"(小路)的相对而言看,这里的"大道"原只是用以比喻"道"的大路。它虽喻"道",却并不就是“道”本身。这一分辨是重要的,因为“大道”若只是譬说“道”的大路,那么“唯他是畏”的“他”便不应被训为“施”(施设、施为)的借字,而应被断定为“迤”(斜行、岔路)的借字。倘是这样,“使我介然有知,行于大道,唯他是畏”的义趣,便既不在于所谓“行于大道,躬行无为之化……独畏有所施为”(河上公)或“行大道于天下,唯施为是畏也”(王弼),也不在于所谓“欲行此大道于天下,奈何天下人心奸险可畏,而将施之于谁耶?故曰‘唯施是畏’”(释德清),而应当是这样:倘若我稍有开悟,行走于大道,便唯恐不慎步入歧途。歧途或岔路即下文“民甚好径”之“径”,正像“大道”(大路)是设譬而言,“径”(捷径、小路)也是譬语。“大道”(大路)隐喻“道”,“径”(捷径、小路)则隐喻“非道”;老子托言“使我介然有知”(若是我略微明智),乃是要婉辞启示那些所作所为与“道”相背的人,使其幡然有所悟,以从斜径回归正路。

“大道甚夷,民甚好僻(径)”,这是借“大道”与“径”的譬语讽议“民”之所“好”。此处“民”当训作“人”,乃为对不同阶层的人的统称。王筠《说文句读》释《说文》“民”谓:“民,亦人之通称。”孙星衍《尚书今古文注疏》疏《书·皋陶谟》“自我民明畏”亦谓:“民者,人也,统贵贱言之。”诚然,“民甚好径”之“民”是“统贵贱言之”的“人”,但老子着重要讽诫的人则是那些在“朝”者或当政者,尤其是那些被称为君主的人。所以,在罗举“民甚好径”的种种表现与后果时,他首先提到的便是“朝甚除”(宫廷太过奢靡)。老子不曾像孔子那样说过“君子之德,风;小人之德,草”(《论语·颜渊》)一类话,但这道理——尽管其理可附着于不同的价值祈向——对于他来说是不言而喻的。他由“朝甚除”说到“田甚芜”、“仓甚虚”,既是对朝廷“甚好径”而奢泰、腐敝的讥贬,也是对如此朝廷所导致的田芜、仓虚后果及相关世风的揭露与责斥。与十二章所谓“五色令人目盲，五音令人耳聋，五味令人口爽，驰骋畋猎令人心发狂，难得之货令人行妨”相应，老子于本章谴勒当政者“服文采，带利剑，猒食而齎（资）财［有余］”，斥呵其“非道”而不啻为“盗竽”。“盗竽”背离“甚夷”的“大道”，“好径”以济其私巧，最后的结局是不占而可知的，倘用老子申敕于上章的话说，其人既已“启其兑，济其事”，那后果则必至于“终身不吉”。

老子在以“大道”与“径”的譬语作一种警告，这警告是针对那时的当政者的，也是针对其时的整个世道人心的。如此警告因着出自“复朴”的终极眷注而格外有分量，也因着其“复朴”的深刻烙印而在依然“民甚好径”的今日殊未过时。

五十四章

善建者[不拔，	善于树立者其所立有不拔之根，
善抱者不脱]，	善于守持者其所守无可夺之柄，
子孙以祭祀不绝。[1]	其子孙因此绵延不绝而祭祀有人。
修之身，	修德以治身，
其德乃真；	其德方可谓朴真；
修之家，	修德以治家，
其德有馀；	其德方可谓有余荫；
修之乡，	修德以治乡，
其德乃长；	其德方可谓有恒；
修之国，	修德以治国，
其德乃夆(丰)；	其德方可谓丰殷；
修之天下，	修德以治天下，
其德乃愽。[2]	其德方可谓博深。
以身观身，	以德修之身检视其身，
以家观[家]，	以德修之家检视其家门，
〔以乡观乡，〕	以德修之乡检视其乡风，

[以国观]国,	以德修之国检视其国情,
以天下观天下。	以德修之天下检视天下局境。
吾何[以]知天下之然兹(哉)?	我何以知晓天下治理的相宜路径?
以[此]。[③]	就凭这立德守德的践行。

【校释】

①善建者[不拔,善抱者不脱],子孙以祭祀不绝。

帛书乙本"善建者"下残损七字,据王弼本当为"不拔,善抱者不脱";补损阙后,其字句如上。甲本"善建"下残损二字,据王弼本当为"者不";"拔"下残损五字,据王弼本当为"善抱者不脱";"祭祀"下残损多字,据乙本,此节所损当为"不绝"。帛书甲、乙本此节文字各有残损,其所存字句从同。

郭店楚简(乙)本此节文字为:"善建者不拔,善休者不兑,子孙以其祭祀不乇。""休",郭店楚墓出土竹简整理者疑其为"保"字省写;若为"保",则其当是王弼本等传世本之"抱"的借字。"兑",与王弼本等传世本之"脱"字相应,或为古"脱"字"挩"之省写。"乇",与帛书乙本"绝"、王弼本等传世本"辍"相应,读作"辍"。校之以帛书甲、乙本及王弼本,楚简本末句多一"其"字,但整节文字之句脉、文义与之略无异。

王弼本此节文字为:"善建者不拔,善抱者不脱,子孙以祭祀不辍。"校之以帛书甲、乙本,乙本"不绝"王本作"不辍";"绝"、"辍"可互用,《韩非子·解老》所引为"祭祀不绝",《韩非子·喻老》则引为"子孙祭祀世世不辍"。

※传世本中,与王弼本略异者则有:敦煌写本之己本,两"者"字并无,无"以"字,"祀"作"祠",整节文字为:"善建不

拔,善抱不脱,子孙祭祠不辍。”遂州龙兴观碑本、赵志坚本,两“者”字并无,无“以”字,整节文字为:“善建不拔,善抱不脱,子孙祭祀不辍。”张君相本,首句无“者”字,无“以”字,整节文字为:“善建不拔,善抱者不脱,子孙祭祀不辍。”傅奕本,“抱”作“褏”,无“以”字,整节文字为:“善建者不拔,善褏者不脱,子孙祭祀不辍。”范应元本,“脱”作“挩”,无“以”字,整节文字为:“善建者不拔,善抱者不挩,子孙祭祀不辍。”易州景龙碑本、周至至元碑本、楼观台碑本、磻溪大德幢本、北京延祐石刻本、河上公(影宋、道藏)本、严遵本、李约本、唐《御注》本、唐《御疏》本、陆希声本、杜光庭本、强思齐本、道藏无注本、陈景元本、司马光本、苏辙本、陈象古本、李霖本、白玉蟾本、曹道冲本、达真子本、宋李荣本、吕知常本、寇才质本、赵秉文本、李道纯本、邓锜本、杜道坚本、王守正本、吴澄本、张嗣成本、明《御注》本、危大有本、释德清本、薛蕙本、焦竑本、周如砥本、潘静观本,无“以”字,“子孙以祭祀不辍”为“子孙祭祀不辍”。

“建”,树,立。蔡沈《书集传》释《书·洪范》“皇建其有极”云:“建,立也。”郑玄注《仪礼·大射》“建鼓在阼阶西”云:“建,犹树也。”拔,动摇,拔起。“善建者不拔”,谓善于树立者其所立不可动摇。其所“建”所立乃“上德不德”(三十八章)之“德”,此“德”无所施为,不立而立,何可摇拔。

“抱”,守。成玄英疏《庄子·盗跖》“抱其天乎”云:“抱,守也。”“脱”,离,夺取。“善抱者不脱”,谓善于守持者其所守不可夺移。其所“抱”所守乃“见素抱朴”(十九章)之“朴”,此“朴”(亦即“上德不德”之“德”)因任自然而无为,何可夺移。

②修之身,其德乃真;修之家,其德有馀;修之乡,其德乃长;修之国,其德乃夆(丰);修之天下,其德乃博。

帛书乙本字句如上。甲本残毁严重,整节文字仅存“馀;修之”三字;其所损阙,可据乙本补之。

郭店楚简(乙)本此节文字为:“攸之身,其悳乃贞;攸之豙,其悳又舍;攸之向,其悳乃长;攸之邦,其悳乃奉;攸之天[下,其悳乃博]。”“攸”,读作“修”,其或为“修”之省写。“悳”,“德”之异体字。“贞”,与“真”音义皆同,可互用。“豙”,“家”之异体字。“又”,通“有”。“舍”,与帛书乙本“馀”(王弼本等传世本亦作“馀”)相应,读作“馀”。“向”,通“乡”,为“乡”之借字。“奉”,与王弼本等传世本“丰”(帛书乙本作“夆”)相应,借作“丰”。“天”下残损多字,据帛书乙本及楚简本用字常例,此节所损当为“下,其悳乃博”(王弼本等传世本为“其德乃普”)。校之以帛书乙本,楚简本虽用字与其屡有异,但相异之字多为异体字、通假字,二者句脉、文义略从同。

王弼本此节文字为:“修之于身,其德乃真;修之于家,其德乃馀;修之于乡,其德乃长;修之于国,其德乃丰;修之于天下,其德乃普。”校之以帛书乙本(甲本残损严重),其五“修之”下并有“于”字,乙本则无;乙本“夆”王本作“丰”,“夆”为“丰”之借字;乙本“博”王本作“普”,“博”、“普”皆具广、大义。二者个别用字不同,然句脉及文义无异。

※传世本中,与王弼本略异者则有:易州景福碑本,五“之”字并无,次一“乃”字作“有”,整节文字为:“修于身,其德乃真;修于家,其德有馀;修于乡,其德乃长;修于国,其德乃丰;修于天下,其德乃普。”易州景龙碑本、强思齐本,五“于”字并无,次一“乃”字作“有”,整节文字为:“修之身,其德乃真;修之家,其德有馀;修之乡,其德乃长;修之国,其德乃丰;修之天下,其德乃普。”敦煌写本之己本、赵志坚本,五“于”字并无,

五“乃”字并作“能”，次一“乃”（作“能”）字下有“有”字，整节文字为：“修之身，其德能真；修之家，其德能有馀；修之乡，其德能长；修之国，其德能丰；修之天下，其德能普。”易州开元幢本，五“于”字并无，次一“乃”字作“能”，其下有“有”字，整节文字为：“修之身，其德乃真；修之家，其德能有馀；修之乡，其德乃长；修之国，其德乃丰；修之天下，其德乃普。”傅奕本，五“于”字并无，“国”作“邦”，“普”作“溥”，整节文字为：“修之身，其德乃真；修之家，其德乃馀；修之乡，其德乃长；修之邦，其德乃丰；修之天下，其德乃溥。”范应元本、薛蕙本，五“于”字并无，“国”作“邦”，整节文字为：“修之身，其德乃真；修之家，其德乃馀；修之乡，其德乃长；修之邦，其德乃丰；修之天下，其德乃普。”周至至元碑本、楼观台碑本、磻溪大德幢本、北京延祐石刻本、唐《御注》本、陆希声本、杜光庭本、道藏无注本、陈景元本、吕惠卿本、司马光本、苏辙本、陈象古本、宋《御解》本、邵若愚本、李霖本、彭耜本、董思靖本、林希逸本、文如海本、无名氏本、吕知常本、寇才质本、赵秉文本、时雍本、邓锜本、杜道坚本、王守正本、张嗣成本、危大有本，五“于”字并无，整节文字为：“修之身，其德乃真；修之家，其德乃馀；修之乡，其德乃长；修之国，其德乃丰；修之天下，其德乃普。”遂州龙兴观碑本，第一、三、四、五“乃”字并作“能”，次一“乃”字作“有”，整节文字为：“修之于身，其德能真；修之于家，其德有馀；修之于乡，其德能长；修之于国，其德能丰；修之于天下，其德能普。”严遵本，无“其德乃真”四字，次一“乃”字作“有”，整节文字为：“修之于身，修之于家，其德有馀；修之于乡，其德乃长；修之于国，其德乃丰；修之于天下，其德乃普。”河上公（影宋）本、唐《御疏》本、李道纯本，次一“乃”字作“有”，“其德乃馀”为“其德有馀”。李约本，次一“乃”字下有“有”字，“其德乃馀”

为“其德乃有馀”。吴澄本、明《御注》本、焦竑本、周如砥本，“国”作“邦”，“修之于国”为“修之于邦”。

“修”，治。孙星衍《尚书今古文注疏》注《书·康诰》“以修我西土”引郑玄注《中庸》云：“修，治也。”“修之身，其德乃真”，谓以善立、善守而修身，其德方可谓之朴真。

“馀”，多。高诱注《吕氏春秋·辨士》“亦无使有馀”云：“馀，犹多也。”“长”，长久。“夆”，“丰”，丰厚。“愽”，同“博”，广大；《正字通·心部》：“愽，俗博字。”赵岐注《孟子·离娄下》“博学而详说之”云：“博，广也。”高诱注《吕氏春秋·上德》“故义之为利博矣”云：“博，大也。”“馀”、“长”、“夆（丰）”、“愽”，其义相近，皆在于形容朴真之德所达到的程度；与家、乡、国、天下的愈益见大的格局相应，由“馀”、“长”、“夆（丰）”、“愽”所称述的朴真之德亦愈益增进而臻于更高境地。

③以身观身，以家观[家]，〔以乡观乡，〕[以国观]国，以天下观天下。吾何[以]知天下之然兹（哉）？以[此]。

帛书乙本次一“观”字下残损四字，据甲本当为“家，以国观”；另据甲本及王弼本等传世本可知，乙本在“以家观家”与“以国观国”间脱“以乡观乡”四字，显系抄写所误，当补；“吾何”下残损一字，据王弼本当为“以”；末一“以”字下残损一字，据王弼本当为“此”。补其所阙所脱后，乙本字句如上。甲本“以身”下残损一字，据乙本当为“观”；“以天”下残损一字，据乙本当为“下”；末一“观”下诸字尽残毁，据乙本及王弼本，此节所损当为“天下。吾何以知天下之然哉？以此”。

郭店楚简（乙）本此节文字为：“[以豙观]豙，以向观向，以邦观邦，以天下观天下，虗可以智天[下之然？以此]。”其“豙”上残损多字，据帛书甲、乙本及王弼本，此节所损当为“以豙观”，而此句上脱“以身观身”句亦当补之;“智(知)天”下残损五字,据帛书乙本及王弼本等,其当为“下之然?以此”。“豖”,“家”之异体字;“向”,通“乡”,为“乡”之借字;“虐”,通“吾”,为“吾”之借字;“可”,通“何”,为“何”之借字;“智”,“知”之古字。校之以帛书甲、乙本,楚简本与帛书本之句脉、文义大端无别。

王弼本此节文字为:“故以身观身,以家观家,以乡观乡,以国观国,以天下观天下。吾何以知天下然哉?以此。”校之以帛书甲、乙本所存文字,唯王本“以身观身”上多一“故”字、“然”上无“之”字而略异。

※传世本中,与王弼本略异者则有:程大昌本,句首无“故”字,“故以身观身”为“以身观身”。傅奕本、范应元本,“国”作“邦”,“以国观国”为“以邦观邦”;“何”作“奚”,“然”上有“之”字,“吾何以知天下然哉”为“吾奚以知天下之然哉”。薛蕙本、周如砥本,“国”作“邦”,“以国观国”为“以邦观邦”;“然”上有“之”字,“吾何以知天下然哉”为“吾何以知天下之然哉”。严遵本,末一“天下”作“其”,“吾何以知天下然哉”为“吾何以知其然哉”。易州景龙碑本、易州开元幢本、遂州龙兴观碑本、敦煌写本之己本、李约本、强思齐本、赵志坚本,“然”上有“之”字,无“哉”字,“吾何以知天下然哉”为“吾何以知天下之然”。易州景福碑本、周至至元碑本、楼观台碑本、磻溪大德幢本、北京延祐石刻本、河上公(影宋、道藏)本、唐《御注》本、唐《御疏》本、陆希声本、张君相本、杜光庭本、王真本、道藏无注本、陈景元本、吕惠卿本、司马光本、苏辙本、陈象古本、宋《御解》本、李霖本、白玉蟾本、彭耜本、董思靖本、宋李荣本、林希逸本、文如海本、无名氏本、吕知常本、寇才质本、赵秉文本、时雍本、李道纯本、邓锜本、杜道坚本、王守正本、张

嗣成本、明《御注》本、危大有本、焦竑本、潘静观本,“然”上有“之”字,“吾何以知天下然哉”为“吾何以知天下之然哉”(河上公影宋本脱一“吾”字,潘静观本脱“以乡观乡”句)。

“观”,检验察看之谓。“以身观身”,谓以那种既已立德守德之身检视修身者。“以家观家”,谓以那种既已立德守德之家检视家的治理。“以乡观乡”、“以国观国”、“以天下观天下”等,其义趣亦然。

“然”,可,宜。王先慎《韩非子集解》解《韩非子·解老》“道者,万物之所然也”云:“然,可也。”高诱注《淮南子·原道训》“所谓无不治者,因物之相然也”云:“然,犹宜也。”“吾何以知天下之然兹(哉)?以此”,谓我何以知晓治理天下的相宜路径呢?凭着这“善建”、“善抱”的修德。

【疏解】

本章的命意在于“修德”,此德可一言以蔽之为“朴”,而“朴”在修身、治家、治乡、治国以至治天下的治化实践中则体现为“无为”。

有所建立,有所抱持,即是有所施为,但老子于此意味深长地提出了“善建”、“善抱”。事功中的任何一种建立、抱持都是有待的,都对外部境遇有所凭借,因而有所依赖;既如此,则未始不可说,凡尘俗中事无建不可拔,无抱不可脱,因为外部境遇不可能一成不变。老子所谓“善建”、“善抱”,不是要对世俗中的“建”、“抱”作某种改善,而是要从根本上另作一种选择。因此这里至为重要的问题不在于如何“建”、“抱”,而在于“建”、“抱”什么。从本章的下文看,老子说“建”、“抱”是就“德”而言,就“法自然”之“道”的德用——“朴”——而言。此“德”即“上德不德”(三十八章)之

“德”,此“朴”即“见素抱朴”之“朴”;建此“不德”之“德”乃不建而建,抱此“素朴”之“朴”乃不抱而抱。不建而建可谓“善建”,不抱而抱可谓“善抱”,这“善建”至于“不拔”、“善抱”至于“不脱”的秘密,则在于建“德”抱“朴”最终无待于外。老子把“建”、“抱”引向了一种无待,其既然无所待,便自是无从摇拔而无从夺移。

对于老子来说,“建”、“抱”亦即是“修”,建德抱朴亦即是“修之身”。“德”、“朴”之修不在知解的路径上,它的真切见之于生命的践履,老子所谓“修之身,其德乃真”即是指此。其实,在道家始祖这里,非“朴”即伪,伪则不“真”,“朴”与“真”的意味并无二致。庄子后来亦曾有“复朴”(《庄子·天地》)之说,同时他又将其归结为“反其真”(《庄子·秋水》),这或可视为对老子即“朴”即“真”以“修之身”之微旨的切近阐示。一如孔子由“修己以敬”必至于推及“修己以安人”、“修己以安百姓”(《论语·宪问》),老子对建德抱朴的称述并不限于“修之身”。由“修之身”推而衍之,他遂说到“修之家”、“修之乡”、“修之国”、“修之天下”。“修之家”,即修德以治家;“修之乡”,即修德以治乡;“修之国”,即修德以治国;“修之天下”,即修德以治天下。治家、乡、国、天下,皆基于修德以治身,只是修德之所至当有更高的境界。与治家相应,修德必至于“馀”(宽裕);与治乡相应,修德必至于“长”(久长);与治国相应,修德必至于“丰”(丰足);与治天下相应,修德必至于“博”(深广)。从家到天下,所治范域愈益增大;从“馀”到“博”,其对为治者的修德则有了更高的要求。无疑,修德以治身是治家、治乡、治国、治天下的前提。在这一意义上,老子所推尚的治化亦未尝不可以谓之德治。不过,这德治与孔子所说“为政以德”(《论语·为政》)义趣上的德治终是有别,其分别即在于各自之“德”之所由出的“道”——“法自然”之“道”与“道二:仁与不仁而已矣”(《孟子·离娄上》所引孔子语)之“道”——毕竟大相径庭。

无论“修之身”，还是由此而“修之家”、“修之乡”、“修之国”、“修之天下”，“德”的修行都是一个过程，一个以某种范准检视、督导修行实践的过程，老子称这过程为“以身观身，以家观家，以乡观乡，以国观国，以天下观天下”。“观”有察看义，亦有检验义。“以身观身”，意即以德之既修之身检视德之待修或方修之身。“以家观家”、“以乡观乡”、“以国观国”、“以天下观天下”，句脉与“以身观身”从同，其趣致亦当依此悟解。《庄子·让王》有云：“道之真以治身，其绪余以为国家，其土苴以治天下。”其所说显然与此章意趣之所在相去颇远，但二者对“治身”的分外看重却全然相契。“修之身”通于“修之天下”，由治身以“朴”而可知治家、治乡、治国、治天下以“无为”，换句话说，老子于修身以德之外并未另辟蹊径以“莅天下”。

五十五章

含德之厚者，	德性修养淳厚的人，
比于赤子。	就像是初生的男婴。
蠭(蜂)疠(虿)虫(虺)蛇弗赫(螫)，	蜂蝎毒蛇不来螫咬，
据(攫)鸟孟(猛)兽弗捕(搏)。[1]	鸷鸟猛兽不来相侵。
骨筋弱柔而握固，	骨弱筋柔而握拳紧固，
未知牝牡之会而朘怒，	不懂男女交合而那小东西竟会勃奋，
精之至也。	可见精气至为沛丰。
冬(终)日号而不嚘，	成天哭号也不会气逆声咽，
和[之至也。[2]	可见和气至为融通。
和曰]常，	淳和乃是所谓常道，
知常曰明；	懂得常道才称得上睿明；
益生[曰]祥，	孜孜于图生是灾祸征兆，
心使气曰强。	逞欲以任气是强梁行径。
物[壮]则老，	物一旦壮盛就会趋于老终，
胃(谓)之不道，	益生使气可谓不守常道，
不道蚤(早)已。[3]	不守常道就会早早殒命。

【校释】

①含德之厚者，比于赤子。螽（蜂）疠（虿）虫（虺）蛇弗赫（螫），据（攫）鸟孟（猛）兽弗捕（搏）。

帛书乙本字句如上。甲本“之厚”上残损多字，据乙本，此处所损当为“含德”；“之厚”下残损一字，据乙本当为“者”；“螽（蜂）”作“逢（蜂）”，“疠（虿）”作“𧊈（虿）”，“虫（虺）”作“蜾（虺）”，“蛇”作“地（蛇）”，“赫（螫）”作“螫”，“据（攫）”作“攫”，“孟（猛）”作“猛”，“捕（搏）”作“搏”。甲、乙本虽有八处用字不同，但其句脉、文义无异。

郭店楚简（甲）本此节文字为：“酓悳之厚者，比於赤子。蝹虿蟲它弗蓋，攫鸟猷兽弗扣。”“酓”，读作“含”，与“含”可通用。“悳”，“德”之异体字。“蝹”，当为“蜫”字，一种毒虫。“虿”，蝎一类毒虫。“蟲”（huǐ），蝮蛇类毒蛇，后写作“虺”。“它”，“蛇”之古字。“蓋”，同“蠚”，蜇；黄侃《蕲春语》：“吾乡谓为虫所蠚，曰蜇。”“猷”，读作“猛”，为“猛”之借字。“扣”，为“敂”之借字，敲击；《说文·攴部》：“敂，击也。”楚简本诸多用字与帛书甲、乙本异，但其句脉、文义从同。

王弼本此节文字为：“含德之厚，比于赤子。蜂虿虺蛇不螫，猛兽不据，攫鸟不搏。”校之以帛书甲、乙本，“厚”下少一“者”字，帛书乙本“据（攫）鸟孟（猛）兽弗捕（搏）”王本为“猛兽不据，攫鸟不搏”。其用字及句脉略有差别，而文义无异。

※传世本中，与王弼本略异者则有：傅奕本，“厚”下有“者”字，“比”下有“之”字，“子”下有“也”字，无“虺蛇”二字，整节文字为：“含德之厚者，比之于赤子也。蜂虿不螫，猛兽不据，攫鸟不搏。”范应元本，“厚”下有“者”字，“子”下有“也”字，“蜂虿”作“毒虫”，无“不据”二字，整节文字为：“含德之厚

者,比于赤子也。毒虫虺蛇不螫,猛兽攫鸟不搏。”司马光本,“厚”下有“者”字,“蜂虿虺蛇”作“毒虫”,整节文字为:“含德之厚者,比于赤子。毒虫不螫,猛兽不据,攫鸟不搏。”李道纯本,“蜂虿虺蛇”作“毒虫”,“据”作“攫”,“攫”作“玃”,整节文字为:“含德之厚,比于赤子。毒虫不螫,猛兽不攫,玃鸟不搏。”河上公(影宋)本、李约本、唐《御疏》本、强思齐本、白玉蟾本、杜道坚本,“蜂虿虺蛇”作“毒虫”,“攫”作“玃”,整节文字为:“含德之厚,比于赤子。毒虫不螫,猛兽不据,玃鸟不搏。”遂州龙兴观碑本,“蜂虿虺蛇”作“毒虫”,“猛兽不据,攫鸟不搏”作“攫鸟猛兽不搏”,整节文字为:“含德之厚,比于赤子。毒虫不螫,攫鸟猛兽不搏。”严遵本,“蜂虿虺蛇”作“毒虫”,“猛兽不据,攫鸟不搏”作“攫鸟不搏,猛兽不据”,整节文字为:“含德之厚,比于赤子。毒虫不螫,攫鸟不搏,猛兽不据。”宋《御解》本,“蜂虿虺蛇”作“毒虫”,“搏”作“抟”,整节文字为:“含德之厚,比于赤子。毒虫不螫,猛兽不据,攫鸟不抟。”易州景龙碑本、易州开元幢本、易州景福碑本、周至至元碑本、楼观台碑本、磻溪大德幢本、北京延祐石刻本、敦煌写本之己本、河上公(道藏)本、唐《御注》本、陆希声本、张君相本、杜光庭本、王真本、道藏无注本、陈景元本、吕惠卿本、苏辙本、陈象古本、邵若愚本、李霖本、彭耜本、董思靖本、宋李荣本、林希逸本、文如海本、无名氏本、吕知常本、赵志坚本、寇才质本、赵秉文本、时雍本、邓锜本、王守正本、吴澄本、林志坚本、张嗣成本、明《御注》本、危大有本、释德清本、薛蕙本、焦竑本、周如砥本,“蜂虿虺蛇”作“毒虫”,“蜂虿虺蛇不螫”为“毒虫不螫”。潘静观本,“蜂虿虺蛇”作“毒虫”,“蜂虿虺蛇不螫”为“毒虫不螫”;“据”作“攫”,“猛兽不据”为“猛兽不攫”;“攫”作“鸷”,“攫鸟不搏”为“鸷鸟不搏”。

“赤子”,初生婴儿。颜师古注《汉书·贾谊传》“故自为赤子而教固已行矣”云:“赤子,言其新生未有眉发,其色赤。”“含德之厚者,比于赤子”,谓蓄养德性达到淳厚之境的人,可比之于初生的婴儿。

“蠭疠”,即蜂虿;虿(chài),蝎类毒虫。

“虫蛇”,即虺蛇;虺(huǐ),蝮蛇一类毒蛇。

“赫”,借作“赦”,而“赦”假为“螫”(shì),蜂、蝎或毒蛇刺咬。“蠭(蜂)疠(虿)虫(虺)蛇弗赫(螫)”,谓蜂、蝎等毒虫不刺,毒蛇不咬。

“据鸟”,即“攫鸟”,鹰、雕之类以爪翅捕取猎物的鸷禽。

“孟兽”,即“猛兽”;“孟”,通“猛”。“据(攫)鸟孟(猛)兽弗捕(搏)”,谓鸷禽、猛兽不来抓攫。

②骨筋弱柔而握固,未知牝牡之会而朘怒,精之至也。冬(终)日号而不嚘,和[之至也]。

帛书乙本“和”下残损多字,据甲本,本节末句所损三字当为“之至也”。补损阙后,其字句如上。首句前四字“骨筋弱柔”或为抄写致误,据甲本及王弼本等传世本当为“骨弱筋柔”。甲本“牝”下残损六字,据乙本当为“牡之会而朘怒”;“精”下残损一字,据乙本当为“之”;其“终日”之“日”误写为“曰”。乙本“冬(终)”甲本作“终”,乙本“嚘”甲本作“夒”(当为“嚘”之省写)。甲、乙本个别用字或句中字序有异,但无碍于句脉、文义相侔。

郭店楚简(甲)本此节文字为:“骨溺堇秫而捉固。未智牝戊之合𡜇惹,精之至也。终日㖽而不忧,和之至也。”“溺”,通“弱”,为“弱”之借字。“堇”,通“筋”,为“筋”之借字。“秫”,为“柔”之异体。“智”,“知”之古字。“牝”,“牝”之异体字。“戊”,与“牡”字音相近,为“牡”之借字。“𡜇”,为传世字书所不载,相应于帛书乙本之“朘”,当为“朘”之异体。“惹”,读作“怒”。“㖽”,通“呼”,呼号之谓。楚简本用字较帛书甲、乙本古异，然其句脉与文义略同。

王弼本此节文字为："骨弱筋柔而握固，未知牝牡之合而全作，精之至也。终日号而不嗄，和之至也。"校之以帛书甲、乙本，甲、乙本之"会而朘怒"王本作"合而全作"（"会"、"合"义同，"朘怒"、"全作"皆指男婴阳物勃起），甲本"发（嚘）"、乙本"嚘"王本作"嗄"，但其句脉、文义无异。

※传世本中，与王弼本相异者则有：易州开元幢本，"筋"作"筯"，"骨弱筋柔而握固"为"骨弱筯柔而握固"；两"也"字并无，"精之至也"为"精之至"，"和之至也"为"和之至"。北京延祐石刻本，"筋"作"筯"，"骨弱筋柔而握固"为"骨弱筯柔而握固"；"全"作"峻，"未知牝牡之合而全作"为"未知牝牡之合而峻作"；下一"而"下有"嗌"字，"终日号而不嗄"为"终日号而嗌不嗄"。河上公（影宋）本，"筋"作"筯"，"骨弱筋柔而握固"为"骨弱筯柔而握固"；"全"作"峻"，"未知牝牡之合而全作"为"未知牝牡之合而峻作"；"嗄"作"哑"，"终日号而不嗄"为"终日号而不哑"。易州景龙碑本，"筋"作"薊"，"骨弱筋柔而握固"为"骨弱薊柔而握固"；两"也"字并无，"精之至也"为"精之至"，"和之至也"为"和之至"。易州景福碑本，"筋"作"薊"，"骨弱筋柔而握固"为"骨弱薊柔而握固"；"全"作"峻"，"未知牝牡之合而全作"为"未知牝牡之合而峻作"。敦煌写本之己本，"筋"作"薊"，"全"作"峻"，两"也"字并无，整节文字为："骨弱薊柔而握固，未知牝牡之合而峻作，精之至。终日号而不嗄，和之至。"遂州龙兴观碑本，"牝牡"作"玄牝"，"全"作"峻"，两"也"字并无，整节文字为："骨弱筋柔而握固，未知玄牝之合而峻作，精之至。终日号而不嗄，和之至。"周至至元碑本，"全"作"屡"，两"也"字并无，下一"而"下

有“嗌”字,整节文字为:“骨弱筋柔而握固,未知牝牡之合而屡作,精之至。终日号而嗌不嗄,和之至。”严遵本,“全”作“峻,两“也”字并无,下一“而”下有“嗌”字,“号”作“嘷”,整节文字为:“骨弱筋柔而握固,未知牝牡之合而峻作,精之至。终日嘷而嗌不嗄,和之至。”磻溪大德幢本、李约本、杜光庭本、吕惠卿本、李霖本、吕知常本、寇才质本、赵秉文本、王守正本,“全”作“峻”,两“也”字并无,下一“而”下有“嗌”字,整节文字为:“骨弱筋柔而握固,未知牝牡之合而峻作,精之至。终日号而嗌不嗄,和之至。”邢州开元幢本、楼观台碑本、唐《御注》本、唐《御疏》本、陆希声本、张君相本、强思齐本、陈景元本、苏辙本,“全”作“峻”,两“也”字并无,整节文字为:“骨弱筋柔而握固,未知牝牡之合而峻作,精之至。终日号而不嗄,和之至。”河上公(道藏)本、无名氏本、时雍本,“全”作“峻”,无下一“也”字,下一“而”下有“嗌”字,整节文字为:“骨弱筋柔而握固,未知牝牡之合而峻作,精之至也。终日号而嗌不嗄,和之至。”道藏无注本、宋《御解》本、邵若愚本、白玉蟾本、彭耜本、董思靖本、林希逸本、文如海本、杜道坚本、吴澄本、张嗣成本、明《御注》本、危大有本、释德清本、薛蕙本、周如砥本、潘静观本,“全”作“峻”,“未知牝牡之合而全作”为“未知牝牡之合而峻作”;下一“而”下有“嗌”字,“终日号而不嗄”为“终日号而嗌不嗄”。林志坚本,“全”作“峻”,“未知牝牡之合而全作”为“未知牝牡之合而峻作”;“嗄”作“嗌”,“终日号而不嗄”为“终日号而不嗌”。司马光本、宋李荣本、李道纯本、焦竑本,“全”作“峻”,“未知牝牡之合而全作”为“未知牝牡之合而峻作”。邓锜本,全作“峻”,“未知牝牡之合而全作”为“未知牝牡之合而峻作”;“嗄”作“爱”,“终日号而不嗄”为“终日号而不爱”。傅奕本,“全”作“朘”,“未知牝牡之合而全作”为“未知牝牡之合而朘作”；下一“而”下有“嗌”字，“嗄”作“𪡗”，“终日号而不嗄”为“终日号而嗌不𪡗”。赵志坚本，“全”作“朘”，“未知牝牡之合而全作”为“未知牝牡之合而朘作”；两“也”字并无，“精之至也”为“精之至”，“和之至也”为“和之至”。范应元本，“全”作“朘”，“未知牝牡之合而全作”为“未知牝牡之合而朘作”；下一“而”下有“嗌”字，“终日号而不嗄”为“终日号而嗌不嗄”。曹道冲本，两“也”字并无，“精之至也”为“精之至”，“和之至也”为“和之至”。

“握固”，曲指成拳而所握紧固。“骨筋弱柔而握固”当为“骨弱筋柔而握固”，其谓初生婴儿虽然骨弱筋柔却可曲指成拳而所握紧固。“朘”，指赤子阴部；《说文·肉部》：“朘，赤子阴也。”

“朘（zuī）怒”，男婴阳物自然勃起。“未知牝牡之会而朘怒”，谓男婴精气充沛，虽则全然不懂男女交合之事，而其阳物亦会自然勃起。

“嚘”（yōu），气逆（气上冲而不顺）。《玉篇·口部》：“嚘，气逆也。”司马光《集注太玄》注扬雄《太玄·夷》“婴儿于号，三日不嗄”云：“二宋、陆、王本‘嗄’作‘嚘’……王涯注：‘嚘，气逆也。’”“冬（终）日号而不嚘”，谓终日哭号而不会气逆声咽。

“和”，淳和；这里指不强不弱、不刚不柔、自然而恰到好处。“和之至也”，谓自然淳和臻于极致。王冰注《素问·至真要大论》“至而和则平”云：“不弱不强，是谓和也。”李贤注《后汉书·和帝纪》“孝和皇帝讳肇”云：“不刚不柔曰和。”

③[和曰]常，知常曰明；益生[曰]祥，心使气曰强。物[壮]则老，胃（谓）之不道，不道蚤（早）已。

帛书乙本上一“常”上残损多字，据甲本，本节首句所损字当为“和曰”；“益生”下残损一字，据甲本当为“曰”；“物”下残损一字，据王弼本当为“壮”。补损阙后，乙本字句如上。甲本次句“和”为“常”之误，“知和曰明”当为“知常曰明”；第五句“即老”上残损二字，据乙本及王弼本当为“物壮”；末句“不”下残损多字，据乙本，此节所损当为“道早已”。甲、乙本互校，乙本“则老”甲本作“即老”，其他所存字句则从同。

郭店简（甲）本此节文字为：“和曰禀，智和曰明，賹生曰羕，心史燹曰弶。勿壄则老，是胃不道。”首句“和”上无“知”字，与帛书甲本从同；“禀”，或为“常”之误。“智”，即“知”，为“知”之古字。“賹”，通“益”，为“益”之借字。“羕”，通“祥”，为“祥”之借字。“史”，即“使”，焦循《易章句》释《易、巽》“用史巫纷若吉”云：“史，同使”。“燹”，“气”之异体字。“弶”，“强”之异体字。“勿”，通“物”，为“物”之借字。“壄”，通“壮”，为“壮”之借字。校之以帛书甲、乙本，其首句与甲本合而与乙本略异，甲、乙本皆有的“不道蚤（早）已”句楚简本则无。

王弼本此节文字为：“知和曰常，知常曰明；益生曰祥，心使气曰强。物壮则老，谓之不道，不道早已。”其“和”上有“知”，与帛书甲本异；依上下文义，此“知”属衍字。

※传世本中，与王弼本字句相异者有：遂州龙兴观碑本，无“知常曰明”句，“祥”作“详”，二“不”字并作“非”，整节文字为：“知和曰常，益生曰详，心使气曰强。物壮则老，谓之非道，非道早已。”河上公（影宋）本，“曰祥”作“日祥”，“曰强”作“日强”，“则”作“将”，整节文字为：“知和曰常，知常曰明；益生日祥，心使气日强。物壮将老，谓之不道，不道早已。”李道纯本，“曰祥”作“不祥”，“益生曰祥”为“益生不祥”；“谓之”作“是谓”，“谓之不道”为“是谓不道”。傅奕本，“曰强”作“则彊”，“心使气曰强”为“心使气则彊”。寇才质本，“谓之”作

“是谓”，“谓之不道”为“是谓不道”；“已”作“死”，“不道早已”为“不道早死”。易州开元幢本、周至至元碑本、楼观台碑本、磻溪大德幢本、北京延祐石刻本、李约本、唐《御注》本、唐《御疏》本、陆希声本、杜光庭本、强思齐本、道藏无注本、陈景元本、吕惠卿本、司马光本、苏辙本、陈象古本、宋《御解》本、邵若愚本、李霖本、白玉蟾本、彭耜本、董思靖本、林希逸本、范应元本、文如海本、无名氏本、吕知常本、赵秉文本、时雍本、邓锜本、杜道坚本、王守正本、吴澄本、林志坚本、张嗣成本、明《御注》本、危大有本、薛蕙本、周如砥本、潘静观本，“谓之”作“是谓”，“谓之不道”为“是谓不道”。敦煌写本之己本、张君相本、赵志坚本，二“不”字并作“非”，“谓之不道”为“谓之非道”，“不道早已”为“非道早已”。

“常”，这里指常则、常道。王先慎《韩非子集解》注《韩非子·忠孝》“今夫上贤任智无常”云：“常，所谓常道也。”杨倞注《荀子·赋》“古之常也”云：“常，亦古之常道。”“和曰常”，谓自然淳和乃是恒常之道。

“明”，著见。李鼎祚《周易集解》引九家《易》注《易·系辞下》“以通神明之德”云：“著见谓之明。”《汉书·艺文志》：“明者，著见。”“知常曰明”，谓懂得恒常之道就可谓有著见。

“益生”，即五十章所谓“生生”，不因任自然而以人为的方式增益其生。“祥”，这里指祸事之征兆。孔颖达疏《书·咸有一德》“亳有祥桑穀共生于朝”云：“祥是恶事先见之征。”“益生曰祥”，谓人为增益其生会招致祸殃。

“使气”，恣逞意气。“心使气曰强”，谓逞心任气是强梁的行径。

“蚤”，通“早”。“不道蚤（早）已”，谓不守常道就会早早丧失其生机。

【疏解】

上章由“善建”、“善抱”把通常有所待的“建”、“抱”引向无所待的“修德”,本章承上章而借“赤子”之喻以申说“含德之厚者”。

老子言及“德”的至高之境,每况之以“婴儿”、“赤子”,其或谓“抟气致柔,能婴儿乎”(十章),或谓“若婴儿未咳”(二十章),或谓“恒德不离,复归于婴儿”(二十八章),本章则将蓄养德性臻于深厚者直以赤子相喻。

赤子或“未咳”(尚不会笑)的婴儿,是人一生中最“少私寡欲”(十九章)因而生命情状最为自然的时期。这时的人,无知无识,亦无忧无虑,其不分物我,不辨天人,浑然与天地万物一体。正是由于与天地万物一体而懵然不觉,赤子与包括蜂、蝎、毒蛇、猛兽、鸷禽在内的万物无所对立而不成敌斗,所以在老子看来,蜂、蝎、毒蛇、猛兽、鸷禽反倒可与之共存以至于不会对其螫咬或侵害。赤子的筋骨是柔弱的,但这柔弱恰恰表明了其所秉持之生命力的内敛或潜蓄。其曲指成拳且所握紧固,而不谙男女之事却朘起于无欲,这隐示着赤子生命中精气的至为充沛;其终日哭号却不至于气逆声咽,则是对赤子生命中和气——“冲气以为和”(四十二章)——至为洋溢的宣达。精气、和气发于自然、养于无为,赤子由此保其天性而守其朴真,遂为人生之当然提示了最可直观的范型。

存养和气(阴阳相荡而两气合和)之自然是生命保有生机的常则,一个人只有懂得这一常则才真正称得上明达。老子由此告诫世人:倘违离自然而纵其所为以增益其生,其求生反倒会招致灾殃而祸生;倘逞欲任气与人争胜以自厚其生,其或可称强于一时,但这强已是趋死或取死之途,此又正可谓“人之生也柔弱,其死也坚强”(七十六章)。世人多慕求强、壮,然而老子“法自然”以摄生的道理却终究在于致柔处弱。依他的“若反”的“正言”，“坚强者死之徒，柔弱者生之徒”，凡人谋图于盛壮即有损于“精”而有失于“和”，既已不循自然之道，生机消歇以至性命早陨便势所难免。

在老子这里，“赤子”意味着“素”、“朴”，意味着“自然”、“无欲”、“无为”，也因此意味着未可尽于言说的生机的默运。尼采曾这样颂述“赤子”：“赤子是纯洁和无怀，是一个新的起始，一个游戏，一个自转的轮，一个初始的运动，一个神圣的肯定。”（尼采：《查拉图斯特拉如是说》，楚图南译，长沙：湖南人民出版社，1987 年，第 24 页）倘不执着于这位权力意志论者的“超人”祈愿，这段诗意空濛的赞辞亦未尝不可用于称叹作为老子谈“道”论“德”之喻例的“赤子”。赤子毕竟是赤子，尽管这“赤子”并非那“赤子”。

五十六章

知者弗言，	真知者默而不言，
言者弗知。	言说者其实不懂。
塞其垸，	塞蔽那耳目鼻口，
闭其门，	闭绝这嗜欲门径，
和其光，	柔和其光曜，
同其尘，	不立异于世尘，
锉(挫)其兑(锐)，	挫抑那外露锋芒，
〖而〗解其纷，	消解其争竞之心，
是胃(谓)玄同。①	这就叫做“玄同”。
故不可得而亲〖也〗，	如此，不能使其因亲而近，
亦[不可]得而[疏；	也不能使其因疏而冷；
不可]得而利，	不能使其趋利以奔竞，
[亦不可]得而害；	也不能使其避害以退遁；
不可得而贵，	不能使其慕贵而攀引，
亦不可得而贱。	也不能使其鄙贱而自轻。
故为天下贵。②	所以这“玄同”之境为天下人所重。

【校释】

①知者弗言，言者弗知。塞其垸，闭其门，和其光，同其尘，锉(挫)

其兑(锐),〖而〗解其纷,是胃(谓)玄同。

帛书乙本字句如上。甲本"弗言"上残损多字,据乙本,此节所损当为"知者";"闭其"与"其光"间残损二字,据乙本当为"门,和";"垙"作"闷","尘"作"塾","锉(挫)"作"坐(挫)","兑(锐)"作"阅(锐)",无"而"字,。甲本"阅(锐)"(乙本作"兑(锐)")下少一"而"字,校之以楚简本及诸传世本,可知乙本此"而"字为衍文,当删。

郭店楚简(甲)本此节文字为:"智之者弗言,言之者弗智。闵其逆,赛其门,和其光,迵其新,副其颁,解其纷,是胃玄同。""智",为"知"之古字。"闵",为"闷"之讹;"闷","闭"之谓。"逆",借作"兑",穴窍。"赛",通"塞",为"塞"之借字。"迵",读作"同"。"新",读作"尘"(塵),为"尘"之借字。"副"、"颁"两字,未知其读、其义,"副其颁"相应于帛书乙本"锉(挫)其兑(锐)"、甲本"坐(挫)其阅(锐)"。除"副其颁"句存疑外,楚简本此节文字之句脉、文义与帛书甲、乙本略无异。

王弼本此节文字为:"知者不言,言者不知。塞其兑,闭其门,挫其锐,解其分,和其光,同其尘,是谓玄同。"帛书甲、乙本"和其光,同其尘"句在"坐(挫)其阅(锐),解其纷"(乙本为"锉[挫]其兑[锐]而解其纷")前,除此处语序王本与甲、乙本有异外,他处则大致从同。

※传世本中,与王弼本略异者则有:傅奕本、范应元本,"不言"、"不知"下并有"也"字,"知者不言"为"知者不言也","言者不知"为"言者不知也";"分"作"纷","解其分"为"解其纷"。白玉蟾本,"闭"作"塞","闭其门"为"塞其门";"分"作"纷","解其分"为"解其纷"。邢州开元幢本、楼观台碑本、磻溪大德幢本、北京延祐石刻本、河上公(影宋、道藏)

本、李约本、唐《御注》本、唐《御疏》本、陆希声本、张君相本、杜光庭本、强思齐本、王真本、道藏无注本、陈景元本、司马光本、苏辙本、陈象古本、宋《御解》本、邵若愚本、李霖本、彭耜本、董思靖本、宋李荣本、林希逸本、文如海本、无名氏本、吕知常本、赵志坚本、寇才质本、李道纯本、邓锜本、杜道坚本、吴澄本、张嗣成本、明《御注》本、危大有本、释德清本、薛蕙本、焦竑本、周如砥本、潘静观本,"分"作"纷","解其分"为"解其纷"。易州景龙碑本、易州景福碑本、周至至元碑本、遂州龙兴观碑本、严遵本、赵秉文本,"分"作"忿","解其分"为"解其忿"。

"塞其垙,闭其门"二句,已见于五十二章,谓塞蔽其耳目鼻口,关闭其嗜欲的门户。

"和其光,同其尘,锉(挫)其兑(锐),解其纷"四句已见于四章,唯语序有异;其谓调适其内在光曜,不于尘俗立其异,挫抑其锋芒,消除其争竞之心。此四句及前两句虽系复出,却非衍文;楚简本、帛书甲本、帛书乙本及诸传世本皆有此六句,且上下文脉贯通,并无牵强之处,足见其复出乃著者着意而为。

"玄同",谓与相异之物同之于道。"玄",有齐一有、无或泯合同、异之义;玄之有、无齐一之义见于一章,而见于本章之义则为异、同不二。

②故不可得而亲〖也〗,亦[不可]得而[疏;不可]得而利,[亦不可]得而害;不可得而贵,亦不可得而贱。故为天下贵。

帛书乙本上一"亦"下残损二字,次一"而"下残损三字,据甲本当分别为"不可"与"疏;不可";"利"下残损三字,据甲本当为"亦不可"。补损阙后,乙本字句如上。甲本末一"不可"下残损一字,据乙本当为"得"。甲、乙本互校,乙本首句句末衍一"也"字,乙本"贱"甲本作"浅"(为"贱"之借字),其他字句则从同。

郭店楚简(甲)本此节文字为:“古不可得天新,亦不可得而疋;不可得而利,亦不可得而害;不可得而贵,亦可不可得而戔。古为天下贵。”“古”,通“故”,为“故”之借字。“得天新”,当为“得而新”,“天”为“而”字之误写,“新”通“亲(親)”。“疋”,即“疏”,为“疏”之古字。“亦可不可得而戔”,“亦”下之“可”字为衍文,“戔”读作“贱”而为“贱”之借字。正其误写、删去衍字后,楚简本与帛书甲本唯有用字上的本字、借字之别。

王弼本此节文字为:“故不可得而亲,不可得而疏;不可得而利,不可得而害;不可得而贵,不可得而贱。故为天下贵。”校之以帛书甲、乙本,三“亦”字并无,然其文义从同。

※传世本中,与王弼本略异者则有:傅奕本、范应元本,首句无“故”字,第二、四、六句句首有“亦”字,整节文字为:“不可得而亲,亦不可得而疏;不可得而利,亦不可得而害;不可得而贵,亦不可得而贱。故为天下贵。”北京延祐石刻本,首句无“故”字,“故不可得而亲”为“不可得而亲”;“疏”作“踈”,“不可得而疏”为“不可得而踈”。严遵本,二“故”字并无,“故不可得而亲”为“不可得而亲”,“故为天下贵”为“为天下贵”。宋《御解》本、邵若愚本、彭耜本、董思靖本、林希逸本、杜道坚本、吴澄本、张嗣成本、明《御注》本、薛蕙本、周如砥本、潘静观本,首句无“故”字,“故不可得而亲”为“不可得而亲”。易州景福碑本,六“而”字并无,第二、四、六句句首有“亦”字,整节文字为:“故不可得亲,亦不可得疏;不可得利,亦不可得害;不可得贵,亦不可得贱。故为天下贵。”遂州龙兴观碑本、赵志坚本,六“而”字并无,整节文字为:“故不可得亲,不可得疏;不可得利,不可得害;不可得贵,不可得贱。故为天下贵。”张君相本,次句句首有“故”字,“疏”作“踈”,第四、六句句首有“亦”

字，整节文字为："故不可得而亲，故不可得而疎；不可得而利，亦不可得而害；不可得而贵，亦不可得而贱。故为天下贵。"河上公（影宋、道藏）本、陆希声本、司马光本、白玉蟾本、宋李荣本，第二、四、六句句首并有"亦"字，与帛书甲本从同，整节文字为："故不可得而亲，亦不可得而疏；不可得而利，亦不可得而害；不可得而贵，亦不可得而贱。故为天下贵。"易州景龙碑本，"疏"作"疎"，第四、六句句首有"亦"字，整节文字为："故不可得而亲，不可得而疎；不可得而利，亦不可得而害；不可得而贵，亦不可得而贱。故为天下贵。"文如海本，第六句句首有"亦"字，"不可得而贱"为"亦不可得而贱"。李约本，无"不可得而贵"句，整节文字为："故不可得而亲，不可得而疏；不可得而利，不可得而害；不可得而贱，故为天下贵。"磻溪大德幢本、吕知常本，"疏"作"疎"，"不可得而疏"为"不可得而疎"。

"不可得而亲"，谓不能使其得以亲近。"不可得而疏"等句句脉与此同，其义可依此读解。所谓"不可得而亲，亦不可得而疏；不可得而利，亦不可得而害；不可得而贵，亦不可得而贱"，是说有着"玄同"——齐一有、无而泯合同、异——境界或修得"玄德"之人，超然于世俗亲疏、利害、贵贱分别之外，其齐一万物，于此无所亲，于彼无所疏；其于利、贵无所求，亦于害、贱无所避，因此其无所谓亲疏，而不为利、贵所诱，亦不为害、贱所迫。这用宋人吕惠卿的话说即是："若然者，万物一府，死生同状，无所甚亲，无所甚疏，故不可得而亲，不可得而疏。不就利，不违害，故不可得而利，不可得而害。不荣通，不丑穷，故不可得而贵，不可得而贱。"（吕惠卿：《道德真经传》）用明人薛蕙的话说则是："望之崇深，不可得而亲；饮人以和，又不可得而疏也。少私寡欲，不可得而利；含得（德）之厚，又不可得而害也。不羡宠荣，不可得而贵；不嫌卑辱，又不可得而贱

也。"(薛蕙:《老子集解》)

【疏解】

此章承上章所申"知常"之义,开篇即谓"知者弗言";这"知者",乃"知常"者,亦即对常道有其真知者。上章以"赤子"比况"含德之厚者",本章则称此厚德为"玄同"之德。

"玄同"是本章的点睛之语,前半章之所言在于指出通往"玄同"之境的蹊径,后半章在于称述"玄同"之德的所以可贵。"玄"有泯合"有"、"无"之义,这由《老子》一章所谓"('无名'而'有名'、'无欲'而'有欲')两者同出,异名同谓,玄之又玄,众眇之门"略可知。"无名"与"有名"、"无欲"与"有欲"——因而"无"与"有"——虽"异名"却"同谓",虽相"异"却又从"同",这对"有"、"无"的泯合在老子这里无以为称,遂予以"玄之又玄"的形容。此"玄"既有泯合"有"、"无"之异而对相异的两者"同"而视之之义,其又未尝不可以"玄同"称之。王弼本一章相应文字为"此两者同出而异名,同谓之玄,玄之又玄,众妙之门",所说"同谓之玄"既以"有"、"无"之"同"称"玄",这"玄"亦自可称作"玄同"。帛书甲、乙本与王弼本文字有异而断句略不相从,但在以"有"、"无"之"同"称"玄"而使"玄"之义就"玄同"言之这一点上并无二致。

依"无名,万物之始也;有名,万物之母也"而言,由"无"("无名"、"无欲")、"有"("有名"、"有欲")"异"而"同"之的"玄"或"玄同",自始即有万物"异"而"同"之或齐万物于一的义涵。本章所谓"玄同",其义即归落于此。正是在这一意义上,"玄同"之境亦可谓"抱一"(十章有"载营魄抱一,能无离乎"句)、"执一"(二十三章有"是以圣人执一,以为天下牧"句)之境,而"抱一"、"执一"在切近的践履中亦即是"抱朴"、"复朴"。因此,欲达于"玄同"或"见素抱朴"(十九章)、"复归于朴"(二十八章)之境,便须遏制耳、目、鼻、口之欲而弃其对“五色”、“五音”、“五味”、“驰骋田猎”、“难得之货”(十二章)的贪求,此即所谓“塞其垙,闭其门”;亦须内敛其光曜而不于尘世标新立异,挫抑其锋芒以消解与他人争竞之心,此即所谓“和其光,同其尘,挫其锐,解其纷”。在老子看来,真正的“知”或“知常”非见于言辨,而在于塞垙、闭门、和光、同尘、挫锐、解纷的默行,在此切己的践履中人于“法自然”之“道”有所冥悟,人也就修得了为“道”所导的“玄同”之德。

修得“玄同”之德的人“抱一”以视万物,一任万物之自然,于此无所“亲”,于彼无所“疏”;其既不以亲疏分别万物,人间万事便亦不可能使其于此有亲近感,于彼有疏远感。同样,有“玄同”之德的人“抱一”以视人生,一任其生命之自然,于“利”、“贵”无所趋,于“害”、“贱”无所避;其既无图利谋贵之心,利害遂不能使其有所徘徊,贵贱亦不能使其有所权衡。达于“玄同”之境,必至超然于世俗之亲疏、利害、贵贱,其不以众人之所贵为贵反倒“为天下贵”。此“贵”在于其“尊道而贵德”(五十一章),“贵德”之“贵”乃为至“贵”。

能有如此之贵者,在尘垢中而不染涉尘垢,其所可直观者不正是上章被引之为喻的“赤子”么?

五十七章

以正之(治)国，	以正常举措治理国政，
以畸(奇)用兵，	以奇诡之法用兵制胜，
以无事取天下。[①]	由无所施为使天下治平。
吾何以知其然也才(哉)?	我何以知晓这道理呢?
夫天下多忌讳，	天下愈多避讳禁令，
而民弥贫;	百姓愈是困苦贫穷;
民多利器，	民间愈多精利器用，
[而国家兹(滋)]昏;	国家愈是混乱不宁;
[人多知巧，	人世愈多智谋机巧，
而奇物兹(滋)起;	邪僻愈是接连发生;
法]物兹(滋)章(彰)，	法规愈是制定详明，
而盗贼[多有]。[②]	盗贼愈是蜂起难禁。
是以[圣]人之言曰:	所以圣人这样说:
"我无为而民自化，	"我无所施为而百姓自会成化，
我好静而民自正，	我清静淡泊而百姓自会纯正，
我无事而民自富，	我无累于事功而百姓自会富足，
我欲不欲而民自朴。"[③]	我甘愿寡欲而百姓自会朴淳。"

【校释】

①以正之(治)国,以畸(奇)用兵,以无事取天下。

帛书乙本字句如上。甲本“国”作“邦”,其他字句则与乙本从同。

郭店楚简(甲)本此节文字为:“以正之邦,以𢧢甬兵,以亡事取天下。”“之”,为“治”之借字。“𢧢”,读作“奇”,奇诡之谓。“甬”,为“用”之借字。“亡”,通“无”,“无”、“亡”古通用。其若干用字与帛书甲、乙本异,但句脉、文义无别。

王弼本此节文字为:“以正治国,以奇用兵,以无(無)事取天下。”帛书甲、乙本之“之”王本作“治”,“治”为本字;甲、乙本之“畸”王本作“奇”,“奇”为本字;帛书甲本之“邦”(乙本作“国”)王本作“国”;甲、乙本之“无”字(非“無”之简体字)王本作“無”(“无”同“無”)。王本与甲、乙本句脉、文义俱无异。

※诸传世本多同于王弼本,其相异者则有:唐《御疏》本,“正”作“政”,“治”作“理”,“以正治国”为“以政理国”。易州开元幢本,“正”作“政”,“奇”作“其”,整节文字为:“以政治国,以其用兵,以无事取天下。”邢州开元幢本、磻溪大德幢本、傅奕本、李约本、唐《御注》本、杜光庭本、强思齐本、王真本、陈景元本、陈象古本、李霖本、曹道冲本、赵志坚本、寇才质本,“正”作“政”,“以正治国”为“以政治国”。张君相本,“治”作“理”,“以正治国”为“以正理国”。遂州龙兴观碑本,“治”作“之”,“以正治国”为“以政之国”。周至至元碑本,“无”作“亡”,“以无事取天下”为“以亡事取天下”。达真子本,“事”作“为”,“以无事取天下”为“以无为取天下”。

“正”,这里有矫而使其正的意味,主要指政令、刑罚等,而政令、刑罚在春秋时期通常被认为是治理国家的正常举措。孔颖达疏《礼记·少仪》"幼则曰能正于乐人"云:"正,谓政令。""之",当为"治"之借字。"以政之(治)国",谓以正常举措治理国政。

"畸",通"奇",奇异或非常之谓。高诱注《淮南子·修务》"不可动以奇"云:"非常曰奇。"这里,"奇"有诡异、权诈之义。"以畸(奇)用兵",谓以权谲之法用兵取胜。

"无事",即"无为",亦即一任自然而摈绝人为。"取",治理之谓。"以无事取天下",谓以无为的方式治理天下。

②吾何以知其然也才(哉)?夫天下多忌讳,而民弥贫;民多利器,[而国家兹(滋)]昏;[人多知巧,而奇物兹(滋)起;法]物兹(滋)章(彰),而盗贼[多有]。

帛书乙本"昏"前残损四字,据甲本、王弼本及乙本用字之常例,当为"而国家兹";"昏"后残损十字,据甲本、王弼本及乙本用字之常例,当为"人多知巧,而奇物兹起。法";"盗贼"下残损二字,据王弼本当为"多有"。补损阙后,乙本字句如上。甲本"吾何"下残损四字,据乙本当为"以知其然";"天下"下残损二字,据乙本当为"多忌";下一"兹"下残损六字,据乙本、王弼本及甲本用字之常例,当为"起。法物兹章,而";"盗贼"下残损多字,据王弼本此节末句所损二字当为"多有"。甲本补损阙后,除"才(哉)"作"戈"、"国家"作"邦家"、"人多知巧"(乙本此句尽残,据王本及甲本补损阙后当如此)作"人多知"、"奇物"作"何物",其与乙本从同。

郭店楚简(甲)本此节文字为:"虐可以智其肰也?夫天多期韦,而民尔畔;民多利器,而邦慈昏;人多智,天戝勿慈记;法勿慈章,覘惻多又。""虐",通"吾",为"吾"之借字。"可",通"何",为"何"之借字。"智","知"之古字。"肰",即"然",为"然"之省写。据帛书甲、乙本及诸传世本,楚简本"天"下或脱一"下"字,当补。"期",读作"忌",为"忌"之借字。"韦",读作"讳",为"讳"之借字。“尔”,读作“弥”,为“弥”之借字。“畔”,通“叛”,与“叛”通用。“慈”,读作“滋”,为“滋”之借字。“哦”,读为“奇”,奇僻之谓。“勿”,通“物”,为“物”之借字。“迟”,“起”之异体字。“天哦勿慈迟”之“天”当为“而”,其为抄写之误。“規恻”,即“盗贼”,“規”为“盗”之借字,“恻”为“贼”之借字。“又”,通“有”,为“有”之借字。楚简本与帛书甲、乙本比勘,其最大不同在于帛书本“贫”楚简本作“畔(叛)”;其他各句,楚简本借字较多,但与帛书本之句脉、文义大致无异。

王弼本此节文字为:“吾何以知其然哉?以此。天下多忌讳,而民弥贫;民多利器,国家滋昏;人多伎巧,奇物滋起;法令滋彰,盗贼多有。”其与帛书甲、乙本最可留意的差异有二:其一,“吾何以知其然哉”句后,王弼本有“以此”二字,帛书本则无;其二,“法令滋彰”句之“法令”,帛书乙本作“法物”(甲本残损)。校之以楚简本,王本之“以此”二字当为衍字,而“法物”显然比“法令”更近于《老子》初文。

※传世本中,与王弼本相异者则有:傅奕本,“何”作“奚”,“知”下有“天下”二字,“天下”上有“夫”字,“弥”作“彌”,“人”作“民”,“伎巧”作“知慧”,“奇物”作“而衺事”,“彰”作“章”,整节文字为:“吾奚以知天下其然哉?以此。夫天下多忌讳,而民彌贫;民多利器,国家滋昏;民多知慧,而衺事滋起;法令滋章,盗贼多有。”周至至元碑本,无“以此”二字,“天下”前有“而”字,“吾何以知其然哉?以此。天下多忌讳,而民弥贫”为“吾何以知其然哉?而天下多忌讳,而民弥贫。”范应元本,“何”作“奚”,“知”下有“天下”二字,“天下”上有“夫”字,“国家”上有“而”字,“人”作“民”,“伎巧”作“智惠”,“奇物”作“而衺事”,“彰”作“章”,“盗贼”上有“而”字,整节文字为:

“吾奚以知天下其然哉？以此。夫天下多忌讳，而民弥贫；民多利器，而国家滋昏；民多智惠，而衺事滋起；法令滋章，而盗贼多有。”危大有本，无“何以”之“以”字，“天下”上有“夫”字，“民多利器”之“民”作“人”，“人多伎巧”之“人”作“民”，“伎”作“技”，整节文字为：“吾何知其然哉？以此。夫天下多忌讳，而民弥贫；人多利器，国家滋昏；民多技巧，奇物滋起；法令滋彰，盗贼多有。”李约本，“知”下有“天下”二字，“其”作“之”，无“哉”字，“吾何以知其然哉”为“吾何以知天下之然”。遂州龙兴观碑本，“知”下有“天下”二字，“其”作“之”，无“哉”字，二“民”字并作“人”，“伎”作“知”，整节文字为：“吾何以知天下之然？以此。天下多忌讳，而人弥贫；人多利器，国家滋昏；人多知巧，奇物滋起；法令滋彰，盗贼多有。”薛蕙本，“知”下有“天下”二字，“其”作“之”，无“以此”二字，下一“民”作“人”，“人”作“民”，“伎”作“技”，整节文字为：“吾何以知天下之然哉？天下多忌讳，而民弥贫；人多利器，国家滋昏；民多技巧，奇物滋起；法令滋彰，盗贼多有。”楼观台碑本，“知”下有“天下”二字，“吾何以知其然哉”为“吾何以知天下其然哉”；下一“民”字作“人”，“民多利器”为“人多利器”；“伎”作“技”，“人多伎巧”为“人多技巧”；“彰”作“章”，“法令滋彰”为“法令滋章”。河上公(道藏)本，“知”下有“天下”二字，“其”作“之”，“吾何以知其然哉”为“吾何以知天下之然哉”；“伎”作“技”，“人多伎巧”为“人多技巧”；“令”作“物”，“法令滋彰”为“法物滋彰”。唐《御疏》本，“知”下有“天下”二字，“其”作“之”，“吾何以知其然哉”为“吾何以知天下之然哉”；下一“民”字作“人”，“民多利器”为“人多利器”。张君相本、王守正本，“知”下有“天下”二字，“吾何以知其然哉”为“吾何以知天下其然哉”。磻溪大德幢本、唐《御注》本、杜光庭本、道藏无注本、李霖本,“知”下有“天下”二字,“吾何以知其然哉”为“吾何以知天下其然哉”;下一“民”字作“人”,“民多利器”为“人多利器”。赵志坚本,“知”下有“天下”二字,“其”作“之”,无“哉”字,“吾何以知其然哉”为“吾何以知天下之然”;“人”作“民”,“伎”作“智”,“人多伎巧”为“民多智巧”;“令”作“物”,“彰”作“章”,“法令滋彰”为“法物滋章”。寇才质本,“知”下有“天下”二字,“吾何以知其然哉”为“吾何以知天下其然哉”;后一“民”字作“人”,“民多利器”为“人多利器”;“伎”作“技”,“人多伎巧”为“人多技巧”;“彰”作“章”,“法令滋彰”为“法令滋章”。赵秉文本、杜道坚本,“知”下有“天下”二字,“其”作“之”,“吾何以知其然哉”为“吾何以知天下之然哉”。易州景龙碑本,无“哉”字,“吾何以知其然哉”为“吾何以知其然”;二“民”字并作“人”,“而民弥贫”为“而人弥贫”,“民多利器”为“人多利器”;“令”作“物”,“法令滋彰”为“法物滋彰”。易州开元幢本,无“哉”字,“吾何以知其然哉”为“吾何以知其然”;“伎”作“技”,“人多伎巧”为“人多技巧”。易州景福碑本,无“哉”字,“吾何以知其然哉”为“吾何以知其然”;“令”作“物”,“法令滋彰”为“法物滋彰”。强思齐本,无“哉”字,“吾何以知其然哉”为“吾何以知其然”;下一“民”作“人”,“民多利器”为“人多利器”。陆希声本,无“以此”二字,“天下”上有“夫”字,“人”作“民”,“伎巧”作“智慧”,“奇物”作“邪事”,整节文字为:“吾何以知其然哉?夫天下多忌讳,而民弥贫;民多利器,国家滋昏;民多智慧,邪事滋起;法令滋彰,盗贼多有。”司马光本,无“以此”二字;“天下”上有“夫”字,“天下多忌讳”为“夫天下多忌讳”;“人”作“民”,“人多伎巧”为“民多伎巧”。苏辙本,无“以此”二字;“彰”作“章”,“法令滋彰”为“法令滋章”。邵若愚本、宋《御解》本、彭耜本、董思靖本、无名氏本、时雍本,无“以此”二字;“天下”上有“夫”字,“天下多忌讳”为“夫天下多忌讳”;后一“民”字作“人”,“民多利器”为“人多利器”。吴澄本、明《御注》本,无“以此”二字;“天下”上有“夫”字,“天下多忌讳”为“夫天下多忌讳”;“伎”作“技”,“人多伎巧”为“人多技巧”;“彰”作“章”,“法令滋彰”为“法令滋章”。张嗣成本,无“以此”二字;“天下”上有“夫”字,“天下多忌讳”为“夫天下多忌讳”;“人”作“民”,“伎”作“技”,“人多伎巧”为“民多技巧”;“彰”作“章”,“法令滋彰”为“法令滋章”。严遵本,无“以此”二字。林希逸本,“天下”上有“夫”字,“天下多忌讳”为“夫天下多忌讳”;下一“民”字作“人”,“民多利器”为“人多利器”;“人”作“民”,“伎”作“技”,“人多伎巧”为“民多技巧”。白玉蟾本,略同于林希逸本,唯“人多伎巧”一语与王弼本同。文如海本,“天下”上有“夫”字,“天下多忌讳”为“夫天下多忌讳”。吕惠卿本、陈象古本、邓锜本,后一“民”字作“人”,“民多利器”为“人多利器”;“伎”作“技”,“人多伎巧”为“人多技巧”。陈景元本、吕知常本,下一“民”字作“人”,“民多利器”为“人多利器”。潘静观本,“知”下有“天下”二字,“其”作“之”,“吾何以知其然哉”为“吾何以知天下之然哉”,下一“民”字作“朝”,“民多利器”为“朝多利器”;“伎”作“技”,“人多伎巧”为“人多技巧”。崇宁《五注》本、达真子本,“人”作“民”,“伎”作“利”,“人多伎巧”为“民多利巧”。叶梦得本、林志坚本,“人”作“民”,“人多伎巧”为“民多伎巧”。周如砥本,“伎”作“技”,“人多伎巧”为“人多技巧”;“彰”作“章”,“法令滋彰”为“法令滋章”。释德清本,“伎”作“技”,“人多伎巧”为“人多技巧”。敦煌写本之庚本、河上公(影宋)本、《群书治要》本,“令”作“物”,“法令滋彰”为“法物滋彰”。曹道冲本,“彰”作“章”,“法令滋彰”为

"法令滋章"。

"忌讳",顾忌、避讳,这里指乖离自然的种种人为规矩。"天下多忌讳,而民弥贫",谓天下愈多避讳、禁令,百姓愈是困苦贫穷。

"利器",指取巧以得利的器具。"滋",愈益,更加。"民多利器,而国家兹(滋)昏",谓民间愈多精利器用,国家愈是混乱不宁。

"知巧",智谋机巧。"奇物",这里主要指十二章所谓"难得之货使人行妨"的"难得之货",而"难得之货"必致刺激邪僻之举的发生。"人多知巧,而奇物兹(滋)起",谓人世愈多智谋机巧,邪僻之事愈是不胜其多地出现。

"法物",本为古代君主用于仪仗、祭祀的器物,这里指种种典章、制度、律法。"法物兹(滋)章(彰),盗贼多有",谓随着种种典章律法的愈益繁多,盗贼反倒愈益蜂起难禁。

③是以[圣]人之言曰:"我无为而民自化,我好静而民自正,我无事而民自富,我欲不欲而民自朴。"

帛书乙本"是以"下残损一字,据王弼本当为"圣";补损阙后,其字句如上。甲本首句尽残,据乙本及王弼本当为"是以圣人之言曰";"我无事民"下残损多字,据乙本,本节所损当为"自富,我欲不欲而民自朴"。甲、乙本互校,甲本"我无为也而民自化"之"也"字为衍文,当删;甲本"无事"下脱一"而"字,当补。

郭店楚简(甲)本此节文字为:"是以圣人之言曰:我无事而民自禧,我亡为而民自蠢,我好青而民自正,我谷不谷而民自樸。""禧"即"福",读作"富",与"富"通用。"蠢",读作"化"。"青",通"静",为"静"之借字。"谷",通"欲",为"欲"之借字。"樸",读作"朴"。校之以帛书甲、乙本,楚简本"我无事而民自禧"句在"我亡为而民自蠢"句前,其句序不侔而诸多用字有异,然其文义并无不同。

王弼本此节文字为:“故圣人云:我无(無)为而民自化,我好静而民自正,我无(無)事而民自富,我无(無)欲而民自朴。”其与帛书甲、乙本的最大差异在于王本之“无欲”帛书本作“欲不欲”,校之以楚简本,可印证“欲不欲”乃为《老子》初文。此外,帛书本两“无”字(非“無”之简体字)王本俱作“無”(“无”同“無”)。

※传世本中,与王弼本字句相异者则有:严遵本,无“故”字,“圣人”下有“之言”二字,“故圣人云”为“圣人之言云”;“我好静”句在“我无事”句下,“我好静而民自正,我无事而民自富”为“我无事而民自富,我好静而民自正”。吴澄本,“故”作“是以”,“故圣人云”为“是以圣人云”。明《御注》本,“故”作“是以”,“故圣人云”为“是以圣人云”;“好静”上脱一“我”字,“我好静而民自正”为“好静而民自正”;“事”作“为”,“我无事而民自富”为“我无为而民自富”。易州景龙碑本,四“而”字并无,四“民”字并作“人”,整节文字为:“故圣人云:我无为人自化,我好静人自正,我无事人自富,我无欲人自朴。”赵志坚本,四“而”字并无,“我好静”句在“我无事”句下,整节文字为:“故圣人云:我无为民自化,我无事民自富,我好静民自正,我无欲民自朴。”遂州龙兴观碑本,四“民”字并作“人”,“正”作“政”,“我好静”句在“我无事”句下,整节文字为:“故圣人云:我无为而人自化,我无事而人自富,我好静而人自政,我无欲而人自朴。”王真本,“故”作“是以”,前三“民”字并作“人”,我好静”句在“我无事”句下,整节文字为:“是以圣人云:我无为而人自化,我无事而人自富,我好静而人自正,我无欲而民自朴。”傅奕本,“静”作“靖”,“我好静而民自正”为“我好靖而民自正”。易州开元幢本、邢州开元幢本、楼观台碑本、磻溪大德幢本、唐《御注》本、唐《御疏》本、陆希声本、张君相

本、杜光庭本、强思齐本、道藏无注本、陈景元本、吕惠卿本、司马光本、陈象古本、李霖本、无名氏本、吕知常本、寇才质本、时雍本、邓锜本、王守正本、林志坚本，“我好静”句在“我无事”句下，“我好静而民自正，我无事而民自富”为“我无事而民自富，我好静而民自正”。北京延祐石刻本、敦煌写本之庚本、河上公《道藏》本，“我无欲”句下有“我无情而民自清”句。周至至元碑本，四“我”字并作“吾”，整节文字为：“故圣人云：吾无为而民自化，吾好静而民自正，吾无事而民自富，吾无欲而民自朴。”

“自化”，无须训导而自然成化。“我无为而民自化”，谓我无所施为而百姓自然成化。

“自正”，自然得以纯正。“我好静而民自正”，谓我清静淡泊而百姓自会纯正。

“自朴”，自然得以淳朴。“我欲不欲而民自朴”，谓我如果甘愿寡欲则百姓自会变得淳朴。

【疏解】

此章的主题词是“无为”，“无事”、“好静”、“欲不欲”皆“无为”用以喻说诸种况味的同义语。老子于本章所规诫的对象是身居上位的治人者，其对之所作的诱导乃在于“我无为”、“我好静”、“我无事”、“我欲不欲”。

所谓“以正治国”，指以正常或合于常情的方式治理国家，而在春秋时期的诸多君主那里正常的治国方式则被认为是政令的颁布与刑罚的施行，此即为孔子所责黜的“道之以政，齐之以刑”（《论语·为政》）。相对于治国以“正”，用兵往往讲求制胜以“奇”；“奇”，指出奇谋、行诡术、不厌其诈而乘其不意，此即曹操注《孙子兵法·计篇》"兵者,诡道也"所云"兵无常形,以诡诈为道"。老子并不主张"以兵强天下"(三十章),因此他不可能赞赏诡道中人的"以奇用兵";不过,这也决不意味着他鄙"奇"好"正"而认可那种倚重政令、刑罚的"以正治国"。对于老子来说,无论是"奇"以"用兵"还是"正"以"治国",都是有背"自然"的人为造作,而真正可取的只是"无为"。所以,他借着"治国"、"用兵"之"正"、"奇"有为的反衬,却分外要指出:"以无事取天下。"

对于"以无事取天下",老子是以遮诠的方式——借重"及其有事也,不足以取天下"(四十八章)的逻辑——予以论证的,这"有事"即"多忌讳"、"多利器"、"多知巧"、"法物滋彰"。"忌讳"起于防范,而对人的行为以至思虑、言说有所禁限或约束;其愈多,人的所行所思愈不自然、愈处于被动,及至自上而下的太多禁忌、避讳使百姓无所措手足,天下人无从悉心于本业之所骛,则必致其日陷于贫迫。老子遂于此有谓:"天下多忌讳,而民弥贫。"与"忌讳"的讲究多在于禁阻有所不同,"利器"的发明多在于进求。"利器"——精利的器具——的使用相应于人既已萌生的图便取巧之心,人愈益以便巧的利器是求,人亦愈益远离朴茂以趋利好争,而趋利好争则必致国家混乱不宁。因此,老子于此又有谓:"民多利器,而国家兹(滋)昏。"同"利器"的发明互为表里,"知巧"的泛起往往使世人失其本真而不自知。趋智觅巧无疑促成了种种新奇之物的创制,然而其中所蕴蓄的机心也正是人间邪僻的孽根。所以老子于此则又谓:"人多知巧,而奇物兹(滋)起。"其实,"忌讳"的日繁,"利器"的日增,"知巧"的见重,根蒂本在于居上位者,但居于国家治理地位的人对由此引发的事端往往诉诸法规、刑禁以求遏制,当然,其结果自是适得其反:所制定的规度法禁愈是严细详明,被居上位者称作"盗贼"的人愈是蜂起不绝。在老子看来,"忌讳"、"利器"、"知巧"皆可谓"有事",而"法物"亦属于"有事"范畴,既然“及其有事也,不足以取天下”,那么“取天下”或天下得以治理则唯有取“无事”之途。

老子虽未像孔子那样说过“君子之德,风;小人之德,草。草上之风,必偃”(《论语·颜渊》)一类话,但他所创始的“道法自然”(二十五章)而“复归于朴”(二十八章)的教化亦分外看重居上位者的表率作用。“治国”、“取天下”说到底乃在于治人而取天下人之心,老子在由“及其有事也,不足以取天下”申说“以无事取天下”的道理后,托重于“圣人之言”称:“我无为而民自化,我好静而民自正,我无事而民自富,我欲不欲而民自朴。”化民、正民、富民、朴民是治民以治天下的应有之义,倘“我”(治民以取天下者)能“无为”、“好静”、“无事”、“欲不欲”,则民会自然而化、自然而正、自然而富、自然而朴。这是老子所主张的“以无事取天下”,亦即是老子学说见之于政教的所谓“无为而治”。

五十八章

其正（政）阔（闷）阔（闷），	一国政治浑然古朴，
其民屯（惇）屯（惇）；	它的百姓笃厚淳淑；
其正（政）察察，	一国政治苛察烦酷，
其[民夬（狭）夬（狭）]。①	它的百姓狡诈诡故。
〔祸，福之所倚；〕	祸患，有福祉依托；
福，[祸]之所伏。	福祉，有祸患隐伏。
孰知其极？②	谁能知晓这祸福的界域？
[其]无正也？	难道没有定准可据？
正[复为奇]，	方正转而演为诡奇，
善复为[妖，	吉祥却又变作灾虞。
人]之悉（迷）也，	人们的迷惑呵，
其日固久矣。③	时日已久而不见消沮。
是以方而不割，	所以大方无隅而不伤触，
兼（廉）而不刺，	大廉无刺而不刻露，
直而不绁（肆），	大直如诎而不放纵，
光而不眺（耀）。④	大光不耀而不炫目。

【校释】

①其正（政）阔（闷）阔（闷），其民屯（惇）屯（惇）；其正（政）察察，

其[民夬(狭)夬(狭)]。

帛书乙本末一“其”下残损多字,据甲本及本节之句脉,此节末句所损三字当为“民夬夬”;补损阙后,乙本字句如上。甲本此节开首残损八字,据乙本、王弼本及甲本下文用字,当为“其政闷闷,其邦惇惇”;乙本两“民”字甲本并作“邦”。

郭店楚简本未见此章文字。

王弼本此节文字为:“其政闷闷,其民淳淳;其政察察,其民缺缺。”校之以帛书甲、乙本,除所用字有本字、借字之别及甲本“民”作“邦”外,其字句从同。

※传世本中,与王弼本略异者则有:傅奕本、范应元本,“闷闷”作“闵闵”,“淳淳”作“偆偆”,“察察”作“詧詧”,整节文字为:“其政闵闵,其民偆偆;其政詧詧,其民缺缺。”易州景龙碑本,两“民”字并作“人”,“淳淳”作“醇醇”,“缺缺”作“䤼䤼”,整节文字为:“其政闷闷,其人醇醇;其政察察,其人䤼䤼。”遂州龙兴观碑本,两“民”字并作“人”,“淳淳”作“蠢蠢”,整节文字为:“其政闷闷,其人蠢蠢;其政察察,其人缺缺。”敦煌写本之庚本,“淳淳”作“醇醇”,无下一“其政”二字(当属脱误),整节文字为:“其政闷闷,其民醇醇;察察,其民缺缺。”严遵本,“淳淳”作“偆偆”,“其民淳淳”为“其民偆偆”。林志坚本,“淳淳”作“谆谆”,“其民淳淳”为“其民谆谆”。易州景福碑本、河上公(影宋、道藏)本、《群书治要》本、张君相本、白玉蟾本、宋李荣本、林希逸本、张嗣成本、释德清本、潘静观本,“淳淳”作“醇醇”,“其民淳淳”为“其民醇醇”。

“阍阍”,为“闷闷”之借字;“阍”,疑为“紊”之异体字,与“闷”音近而通假。“闷闷”,浑噩而无条理貌。“其正阍阍”,即“其政闷闷”,谓其治理浑然古朴而不讲条理。

“屯屯”,借作“惇惇”,质朴、敦厚貌。“屯”,朱骏声《说文通训定声·屯部》:“屯,叚借为惇。”“其民屯(惇)屯(惇)”,谓其治下的百姓质朴惇厚。

“察察”,苛察、烦细之谓。“其正(政)察察”,谓其以烦琐苛细的政令、刑罚治理。

“夬夬”,借作“狭狭”(即“狯狯”),狡狯、奸诈之谓。高亨注云:“‘缺’、‘夬’均借为‘狭’。‘狭’与‘狯’同,狡诈也。”(高亨:《老子注译》,郑州:河南人民出版社,1980,第125页)“其民夬(狭)夬(狭)”,谓(以烦细政令、刑罚理政),其治下之民势必狡狯、奸诈。

②〔祸,福之所倚;〕福,[祸]之所伏。孰知其极?

帛书乙本“福”下残损一字,据甲本当为“祸”;另,据甲本及王弼本,“福”上脱“祸,福之所倚”句。补损阙、脱文后,乙本字句如上。甲本“祸”作“𩙪”;“所伏”下悉皆残损,据乙本,此节所损字当为“孰知其极”。

王弼本此节文字为:“祸兮,福之所倚;福兮,祸之所伏。孰知其极?”除多出二虚词“兮”外,字句与帛书本从同。

※传世本中,与王弼本略异者有:易州景龙碑本,“孰”作“熟”,无二“兮”字,整节文字为:“祸,福之所倚;福,祸之所伏。熟知其极?”遂州龙兴观碑本、赵志坚本,无二“兮”字,整节文字为:“祸,福之所倚;福,祸之所伏。孰知其极?”易州景福碑本、周至至元碑本、楼观台碑本、磻溪大德幢本、北京延祐石刻本、唐《御注》本、唐《御疏》本、陆希声本、杜光庭本、强思齐本、道藏无注本、陈景元本、吕惠卿本、司马光本、苏辙本、陈象古本、宋《御解》本、邵若愚本、李霖本、白玉蟾本、彭耜本、董

思靖本、宋李荣本、林希逸本、范应元本、无名氏本、吕知常本、寇才质本、赵秉文本、时雍本、李道纯本、邓锜本、杜道坚本、王守正本、吴澄本、张嗣成本、明《御注》本、危大有本、释德清本、薛蕙本、焦竑本、周如砥本、潘静观本，二“之”字并无，整节文字为：“祸兮，福所倚；福兮，祸所伏。孰知其极？”

“倚”，尹知章注《管子·法禁》“隐行辟倚”云：“倚，依也。”“祸，福之所倚”，谓灾祸有福祉相依。

“伏”，隐藏。孙星衍《尚书今古文注疏》注《书·盘庚》“毋或敢伏小人之攸箴”云：“伏，藏也。”“福，祸之所伏”，谓福祉中隐藏着灾祸。

“极”，终，终极。高诱注《吕氏春秋·制乐》“焉知其极”云：“极，犹终也。”此处“极”，可引申为界限、畛域。“孰知其极”，谓谁能知晓那祸福的畛域。

③[其]无正也？正[复为奇]，善复为[妖，人]之悉（迷）也，其日固久矣。

帛书乙本“无正”上残损一字，据王弼本当为“其”；下一“正”字下残损三字，据王弼本当为“复为奇”；“之”上残损二字，据王弼本当为“妖，人”。补损阙后，乙本字句如上。甲本此节文字悉皆损毁。

王弼本此节文字为：“其无正？正复为奇，善复为妖，人之迷，其日固久。”校之以帛书乙本，王本无句末虚词“也”、“矣”，而其句脉、文义从同。

※传世本中，与王弼本相异者有：遂州龙兴观碑本，两“正”字并作“政”，无上一“复”字，“妖”作“讶”，整节文字为：“其无政？政为奇，善复为讶，人之迷，其日固久。”宋李荣本，

上一“正”字作“政”，其下有“邪”字，“妖”作“訞”，“之”下有“所”字，整节文字为：“其无政邪？正复为奇，善复为訞，人之所迷，其日固久。”傅奕本，上一“正”字下有“衺”字，“妖”作“祥”，“迷”下有“也”字，“久”下有“矣”字，整节文字为：“其无正衺？正复为奇，善复为祥，人之迷也，其日固久矣。”易州开元幢本、唐《御注》本、强思齐本、道藏无注本、无名氏本、时雍本、薛蕙本，上一“正”字下有“邪”字，“妖”作“祅”，“人”作“民”，整节文字为：“其无正邪？正复为奇，善复为祅，民之迷，其日固久。”（强本“邪”作“耶”）宋《御解》本、彭耜本，上一“正”字下有“邪”字，“妖”作“祅”，“人”作“民”，“迷”下有“也”字，“固”下有“已”字，“久”下有“矣”字，整节文字为：“其无正邪？正复为奇，善复为祅，民之迷也，其日固已久矣。”范应元本，上一“正”字下有“邪”字，“妖”作“祥”，“人”作“民”，“固”下有“已”字，“久”下有“矣”字，整节文字为：“其无正邪？正复为奇，善复为祥，民之迷，其日固已久矣。”吴澄本、明《御注》本、危大有本，上一“正”字下有“邪”字，“妖”作“訞”，“人”作“民”，“固”下有“已”字，“久”下有“矣”字，整节文字为：“其无正邪？正复为奇，善复为訞，民之迷，其日固已久矣。”北京延祐石刻本、邵若愚本、林希逸本、张嗣成本，上一“正”字下有“邪”字，“人”作“民”，“固”下有“已”字，“久”下有“矣”字，整节文字为：“其无正邪？正复为奇，善复为妖，民之迷，其日固已久矣。”（邵本“邪”作“耶”）董思靖本，上一“正”字下有“邪”字，“妖”作“祅”，“人”作“民”，“迷”下有“也”字，整节文字为：“其无正邪？正复为奇，善复为祅，民之迷也，其日固久。”陆希声本，上一“正”字下有“耶”字，“人”作“民”，其下脱“之”字，“固”下有“以”字，“久”下有“矣”字，整节文字为：“其无正耶？正复为奇，善复为妖，民迷，其日固以久矣。”焦竑本,上一“正”字下有“邪”字,“妖”作“祆”,“迷”下有“也”字,“久”下有“矣”字,整节文字为:“其无正邪?正复为奇,善复为祆,人之迷也,其日固久矣。”司马光本,上一“正”字下有“邪”字,“人”作“民”,“迷”下有“也”字,整节文字为:“其无正邪?正复为奇,善复为妖,民之迷也,其日固久。”周至至元碑本、楼观台碑本、磻溪大德幢本、杜光庭本、陈景元本、吕惠卿本、苏辙本、陈象古本、李霖本、吕知常本、寇才质本、赵秉文本、李道纯本、邓锜本、杜道坚本、林志坚本、潘静观本,上一“正”字下有“邪”字,“其无正”为“其无正邪”(杜光庭本、李道纯本、杜道坚本、潘静观本“邪”作“耶”);“人”作“民”,“人之迷”为“民之迷”。邢州开元幢本、庆阳景祐幢本、李约本、释德清本、周如砥本,上一“正”字下有“耶”字,“其无正”为“其无正耶”(周本“耶”作“邪”)。易州景龙碑本,下一“正”字作“政”,“正复为奇”为“政复为奇”。严遵本,上一“复”字作“覆”,“正复为奇”为“正覆为奇”;“久”下有“矣”字,“其日固久”为“其日固久矣”。张君相本,“妖”作“祆”,“善复为妖”为“善复为祆”;“人”作“民”,“人之迷”为“民之迷”。王真本、赵志坚本,“妖”作“祆”,“善复为妖”为“善复为祆”。河上公(道藏)本,下一“复”字作“伏”,“妖”作“訞”,“善复为妖”为“善伏为訞”。易州景福碑本、敦煌写本之庚本、河上公(影宋)本、白玉蟾本,“妖”作“訞”,“善复为妖”为“善复为訞”。刘骥本,“人”作“民”,“人之迷”为“民之迷”,“固”下有“以”字,“其日固久”为“其日固以久”。崇宁《五注》本、黄茂材本、曹道冲本、达真子本、叶梦得本,“人”作“民”,“人之迷”为“民之迷”。

“正”,标准,犹如《商君书·开塞》所谓“讼而无正,则莫得其性也”之“正”。“其无正也”，谓难道（“其”）没有定准么（“也”）？

“正”（相对于“奇”），方正。孙诒让《周礼正义》释《周礼·天官·小宰》“四曰廉正”引《贾子》云：“方正不曲谓之正。”“奇”，诡异，权诈。司马贞《史记索隐》释《史记·田单列传》“以奇胜”云：“奇，谓权诈也。”“正复为奇”，谓方正转而为诡奇。

“善”，吉，吉祥。《说文·誩部》：“譱（善），吉也。从誩从羊。此与义、美同意。善（善），篆文譱从言。”“妖”，凶，凶兆。孔颖达疏《左传·僖公十六年》“是何祥也”云：“凶之先见谓之妖。”“善复为妖”，谓吉祥转而为凶咎。

“悉”，同“悉”，借作“迷”。“人之悉（迷）也”之“人”，这里指“众人昭昭”之“众人”。“人之悉（迷）也，其日固久矣”，谓人们对此的迷惑已经（“固”）历时很久了。

④是以方而不割，兼（廉）而不刺，直而不绁（肆），光而不眺（耀）。

帛书乙本字句如上。甲本此节文字悉皆损毁。

王弼本此节文字为：“是以圣人方而不割，廉而不刿，直而不肆，光而不燿。”与帛书乙本相校，王本“是以”下有“圣人”二字，乙本无；乙本“兼”当为王本“廉”之借字，乙本“眺”当为王本“燿”之借字；乙本“刺”则与王本“刿”同义。扬雄《方言》卷三有云：“凡草木刺人，自关而东或谓之‘刿’，自关而西谓之‘刺’。”

※传世本中，与王弼本略异者有：易州景龙碑本、易州景福碑本、敦煌写本之庚本、河上公（影宋）本，“刿”作“害”，“廉而不刿”为“廉而不害”；“燿”作“曜”，“光而不燿”为“光而不曜”。河上公（道藏）本、张君相本、宋李荣本、林志坚本，“刿”作“害”，“廉而不刿”为“廉而不害”；“燿”作“耀”，“光而不燿”为“光而不耀”。李约本，“刿”作“秽”，“燿”作“耀”，“廉而不秽”句在“光而不耀”句下，整节文字为：“是以圣人方而不

割,直而不肆,光而不耀,廉而不秽。”易州开元幢本、磻溪大德幢本、遂州龙兴观碑本、唐《御疏》本、杜光庭本、强思齐本、王真本、陈景元本、吕知常本,“刿”作“秽”,“廉而不刿”为“廉而不秽”;“燿”作“耀”,“光而不燿”为“光而不耀”。赵志坚本、李道纯本,“刿”作“秽”,“廉而不刿”为“廉而不秽”;“燿”作“曜”,“光而不燿”为“光而不曜”。楼观台碑本、北京延祐石刻本、曹道冲本,“刿”作“秽”,“廉而不刿”为“廉而不秽”。严遵本、傅奕本、唐《御注》本、陆希声本、道藏无注本、吕惠卿本、司马光本、苏辙本、陈象古本、宋《御解》本、邵若愚本、李霖本、白玉蟾本、彭耜本、董思靖本、林希逸本、文如海本、无名氏本、寇才质本、赵秉文本、时雍本、邓锜本、杜道坚本、王守正本、吴澄本、张嗣成本、明《御注》本、危大有本、释德清本、薛蕙本、焦竑本、周如砥本,“燿”作“耀”,“光而不燿”为“光而不耀”。《经典释文》本,“燿”作“嬥”,“光而不燿”为“光而不嬥”。

“方”,方正,刚直。尹知章注《管子·霸言》“夫王者之心,方而不最”云:“心虽方直,未为其最。”“方而不割”,谓方正刚直却于人无所伤害;寻老子之意,此方当为“大方无隅”(四十一章)之方。

“兼”,通“廉”,为“廉”之借字;有棱角之谓。朱熹《四书章句集注·论语集注》注《论语·阳货》“古之矜也廉”云:“廉,棱角陗厉。”“兼(廉)而不刺”,谓似有棱角却并不苛责于人;寻老子之意,此“不刺”之“廉”乃为不显棱角之大廉。

“绁”,借作“肆”;放纵、纵恣之谓。孔颖达疏《左传·昭公二十年》“肆行非度”云:“肆,纵恣也。”“直而不绁(肆)”,谓刚直耿介却不放纵自己;寻老子之意,此“直”当为“大直如诎”(四十五章)之直。

“眺”,借作“耀”,炫目之谓。“光而不眺(耀)”,谓光明磊落而不炫人耳目;寻老子之意,此“光”乃大光,亦即“明道如昧”(四十一章)之“明”。

【疏解】

此章顺承上章“我无为而民自化”而说“闷闷”之政和与之相应的“惇惇”之民。其主旨仍在于“自然”而“无为”,尽管通章未见“无为”、“好静”、“无事”、“欲不欲”字样。

“闷闷”之政与“察察”之政相对而言,后者精虑苛察以求面面俱到,前者浑然无迹而不究世务条理;后者必致“法物滋彰”以至于“其民夬(狭)夬(狭)”而世风浇薄,前者则“抱一”、“复朴”不期然而可收“其民屯(惇)屯(惇)”、人心笃厚之效。其实,“察察”之政即有为之治,有为的结果自是愈为愈不能不为而终究难以尽其为;“闷闷”之政即无为之治,无为遂至于无不为而“天地将自正”(三十七章)。老子比勘“闷闷”与“察察”之政,意在劝诲当政者由“无为”以达于所谓“无不治”(三章)。

有为之治首先在于趋“福”避“祸”,然而着意于“祸”、“福”之分已是人心绝大的迷惑。在老子看来,与人的欲求关联着的“祸”、“福”原是相倚互转的,有为于“福”或于“福”有所求,其所求“福”中已隐伏着“祸”;同样,于“祸”有所避亦是有为,这有为的规避即使果然避去了“祸”,却也未尝不是对那倚于“祸”的“福”有所失。一如“福”与“祸”,“正”与“奇”、“善”与“妖”亦是有为者依其欲求所作的取此去彼的判别,而两者间的转换同样使欲求中的决断者自相为难。“正”可为“奇”,“善”(吉祥)可为“妖”(灾异),有为的欲求者愈是要分别二者,二者间愈是难以找出可依之为据的界限。人为此所迷时日已久,但归根结底原是迷者自迷。依老子本旨,“福”与“祸”、“正”与“奇”、“善”与“妖”的分别本身已是所谓“朴散”(二十八章),人的天性之“朴”一旦散而为“福”、“正”、“善”之求，其有为之欲求愈迫切，其于自然之道则愈疏远。真正说来，老子称述“道德”亦在于救世，这救世之法唯在于“抱一”、“复朴”以导人于“无为”。

老子似乎也主张当政者涵养“方”（方正刚直）、“廉”（棱角分明）、“直”（率真耿直）、“光”（光明磊落）诸德，但这从世俗共许的德目中所简选的几种德行皆已被赋予了别一种意境。其“方”为“不割”（不伤触）之方，其“廉”为“不刺”（无刺芒）之廉，其“直”为“不肆”（不放纵）之直，其“光”为“不耀”（不炫耀）之光，因此这“方”乃是“大方无隅”（四十一章）之大方，这“廉”乃是无用于棱角之大廉，这“直”乃是“大直如诎”（四十五章）之大直，这“光”乃是敛藏其曜的大光。大方、大廉、大直、大光由其“法道”、“法自然”而大，因而此大“以其不为大”（三十四章）而隐示着“为无为”（六十三章）之“无为”。

五十九章

治人事天，	治理百姓与养护天赋之身，
莫若啬。	没有什么方术比得上啬吝。
夫唯啬，	治人修己之法唯有啬吝，
是以蚤(早)服；	所以要及早奉行；
蚤(早)服是胃(谓)重积[德]。①	及早奉行啬吝即是厚养德性。
重积[德则无不克，	厚养其德性就无所不胜，
无不克则]莫知其[极]。	无所不胜就不知其何所穷尽。
莫知其[极，	不知其何所穷尽的人，
可以]有国。②	可以担当治国之任。
有国之母，	有了啬吝作为治国的根本，
可[以长]久。	国家就可以长治久宁。
是胃(谓)[深]根固氐(柢)，	这叫作牢固其柢而深扎其根，
长生久视之道也。③	如此才是长生久视的途径。

【校释】

①治人事天，莫若啬。夫唯啬，是以蚤(早)服；蚤(早)服是胃(谓)重积[德]。

帛书乙本“积”下残损一字,据王弼本当为“德”;补损阙后,其字句如上。甲本此节文字悉皆残损。

郭店楚简(乙)本此节文字为:“纼人事天,莫若啬。夫唯啬,是以𣅃;是以𣅃备是胃[重积德]。”“纼”,读作“治”,为“治”之别构。“𣅃”,读作“早”,为“早”之古字。上一“𣅃”字下脱一“备”字,当补。下一“𣅃”字上“是以”二字为衍文,当删。“备”,通“服”,有用、行之义。“胃”,通“谓”,为“谓”之借字。“胃(谓)”下残损多字,据帛书乙本、王弼本,截至本节当补“重积德”三字。校之以帛书乙本,上一“𣅃”字下脱一“备(服)”字,下一“𣅃”字上衍“是以”二字;除此,其用字虽有本字、借字之别,但句脉、文义从同。

王弼本此节文字为:“治人事天,莫若啬。夫唯啬,是谓早服;早服谓之重积德。”校之以帛书乙本,乙本“是以蚤(早)服”王本作“是谓早服”,乙本“是胃(谓)重积[德]”王本作“谓之重积德”,然二者句脉、文义略相侔。

※传世本中,与王弼本字句相异者有:陆希声本,“人”作“民”,两“服”字并作“复”,整节文字为:“治民事天,莫若啬。夫惟啬,是谓早复;早复谓之重积德。”邢州开元幢本、强思齐本,“人”作“民”,“治人事天”为“治民事天”。赵志坚本,“事”作“及”,两“啬”字并作“式”,“是谓”作“是以”,两“服”字并作“伏”,整节文字为:“治人及天,莫若式。夫唯式,是以早伏;早伏谓之重积德。”严遵本,“若”作“如”,“是谓”作“是以”,“早”作“蚤”,无“早服谓之重积德”句,整节文字为:“治人事天,莫如啬。夫唯啬,是以蚤服。”白玉蟾本,“唯”作“为”,“夫唯啬”为“夫为啬”。遂州龙兴观碑本,两“啬”字并作“式”,“是谓”作“是以”,两“服”字并作“伏”,整节文字为:“治人事天,莫若式。夫唯式,是以早伏;早伏谓之重积德。”

《经典释文》本,“若”作“如”,两“服”字并作“复”,整节文字为:“治人事天,莫如啬。夫唯啬,是谓早复;早复谓之重积德。”宋《御解》本、彭耜本、林希逸本、吴澄本,“若”作“如”,“是谓”作“是以”,两“服”字并作“复”,整节文字为:“治人事天,莫如啬。夫唯啬,是以早复;早复谓之重积德。”张君相本、明《御注》本,“若”作“如”,“是谓”作“是以”,整节文字为:“治人事天,莫如啬。夫唯啬,是以早服;早服谓之重积德。”(明《御注》本“服”作“复”)吕惠卿本,“若”作“如”,两“服”字并作“复”,整节文字为:“治人事天,莫如啬。夫唯啬,是谓早复;早复谓之重积德。”李约本、周如砥本,“若”作“如”,“莫若啬”为“莫如啬”。北京延祐石刻本,“若”作“如”,无“唯啬”二字,整节文字为:“治人事天,莫如啬。夫是谓早服,早服谓之重积德。”邵若愚本、董思靖本、文如海本、潘静观本,“是谓”作“是以”,两“服”字并作“复”,整节文字为:“治人事天,莫若啬。夫唯啬,是以早复;早复谓之重积德。”敦煌写本之庚本、傅奕本、宋李荣本、范应元本,“是谓”作“是以”,“是谓早服”为“是以早服”。李道纯本,“是”作“夫”,“是谓早服”为“夫谓早服”。道藏无注本、司马光本、李霖本、无名氏本、时雍本、邓锜本、林志坚本、张嗣成本、危大有本,两“服”字并作“复”,“是谓早服”为“是谓早复”,“早服谓之重积德”为“早复谓之重积德”。

“天”,指天赋之身。高诱注《吕氏春秋·本生》“以全其天也”云:“天,身也。”“事天”,谓养护天之所赋其身。

“啬”,吝啬,吝惜。这里指吝于有为而至于无为。孔颖达疏《左传·襄公二十六年》“啬于祸”云:“啬,是吝惜之名。”“治人事天,莫若啬”,谓治理百姓、养护自身的最好方术莫过于吝于人为。

“服”，用，行；施用，施行。杜预注《左传·昭公八年》“康叔所服弘大也”云：“服，行也。”“蚤（早）服”，谓及早施行。

“重”，厚。高诱注《淮南子·俶真训》“九鼎重味”云：“重，厚也。”“重积德”，谓厚积其德。

②重积[德则无不克，无不克则]莫知其[极]。莫知其[极，可以]有国。

帛书乙本“重积”下残损九字，据王弼本当为“德则无不克，无不克则”；上一“其”字下残损一字，据王弼本当为“极”；下一“其”字下残损三字，据帛书甲本及王弼本当为“极，可以”。补损阙后，乙本字句如上。甲本此节文字残损严重，仅存“可以有国”四字。

郭店楚简（乙）本此节文字为：“[重积德，则无]不克，[无]不克则莫智其亙。莫智其亙，可以有郕。”前一“不克”上残损多字，据帛书乙本及王弼本，此节所残当为“重积德，则无”；后一“不克”上残损一字，据王弼本当为“无”。“智”，即“知”，为“知”之古字。“亙”，为“亟”之误书，“亟”通“极”（極）而为“极”之借字。“郕”，或即“陑”，“陑”同“域”，而“域”与“国”为同源异体字；这里“有郕”与帛书甲、乙本“有国”义同。

王弼本此节文字为：“重积德则无不克，无不克则莫知其极。莫知其极，可以有国。”帛书甲、乙本所存文字与王本相应文字从同。

※传世本中，与王弼本字句相异者则有：严遵本，“克”作“剋”，无“无不克则莫知其极”句，“有”作“为”，整节文字为：“重积德则无不剋；莫知其极，可以为国。”遂州龙兴观碑本，二“克”字并作“充”，无下一“则”字，下一“莫”字作“能”，整节文字为：“重积德则无不充；无不充，莫知其极。能知其极，可以有国。”赵志坚本，二“克”字并作“剋”，无下一“则”字，整节

文字为:“重积德则无不剋;无不剋,莫知其极。莫知其极,可以有国。”易州景龙碑本、易州景福碑本、河上公(影宋、道藏)本、王真本、白玉蟾本,二“克”字并作“剋”,“重积德则无不克,无不克则莫知其极”为“重积德则无不剋,无不剋则莫知其极”。范应元本,下一“极”下有“则”字,“莫知其极,可以有国”为“莫知其极,则可以有国”。黄茂材本,无下“莫知其极”四字,整节文字为:“重积德则无不克,无不克则莫知其极,可以有国。”

“克”,胜。杨倞注《荀子·大略》“然而能使其欲利不克其好义也”云:“克,亦胜也。”“重积德则无不克”,谓厚积其德则无不可胜。

“极”,极限。孔颖达疏《左传·昭公十三年》“贡献无极”云:“极,谓限极。”“无不克则莫知其极”,谓无所不胜就不知其何所穷尽。

“有国”,为国,治理国家。“有”,为,治理。“可以有国”,谓可以治理其国。

③有国之母,可[以长]久。是胃(谓)[深]根固氐(柢),长生久视之道也。

帛书乙本“可”下残损二字,据甲本及王弼本当为“以长”;“胃(谓)”下残损一字,据甲本及王弼本当为“深”。补损阙后,乙本字句如上。帛书甲本“根”作“槿”;“长”下残损四字,据乙本当为“生久视之”。甲、乙本互校,补损阙后,其句脉、文义从同。

郭店简(乙)本此节文字为:“又䣄之母,可以长[久。是胃深根固氐,]长生售视之道也。”“又”,通“有”而为“有”之借字。“䣄”,或即“𨻶”,“𨻶”同“域”而“域”与“国”为同源异体字。上一“长”字下残损多字,据帛书甲、乙本当为“久。是胃深根固氐”。“售”,

“旧(舊)”之异体字,通“久”而为“久”之借字。

王弼本此节文字为:“有国之母,可以长久。是谓深根固柢,长生久视之道。”校之以帛书甲、乙本,王本末句句末无“也”字,其句脉、文义全然从同。

※传世本中,与王弼本字句略异者有:遂州龙兴观碑本,“长久”作“久长”,无“是谓”二字,“柢”作“蒂”,整节文字为:“有国之母,可以久长。深根固蒂,长生久视之道。”严遵本,无“是谓”二字,“柢”作“蒂”,无“之道”二字,整节文字为:“有国之母,可以长久。深根固蒂,长生久视。”赵志坚本,“是谓”作“是以”,“柢”作“蒂”,整节文字为:“有国之母,可以长久。是以深根固蒂,长生久视之道。”易州开元幢本,“固”作“故”,“柢”作“蒂”,“是谓深根固柢”为“是谓深根故蒂”。邢州开元幢本、易州景福碑本、周至至元碑本、楼观台碑本、磻溪大德幢本、北京延祐石刻本、敦煌写本之庚本、河上公(影宋、道藏)本、《经典释文》本、李约本、唐《御注》本、唐《御疏》本、陆希声本、张君相本、杜光庭本、强思齐本、王真本、道藏无注本、陈景元本、吕惠卿本、司马光本、苏辙本、陈象古本、李霖本、黄茂材本、崇宁《五注》本、曹道冲本、达真子本、宋李荣本、无名氏本、吕知常本、刘骥本、寇才质本、赵秉文本、时雍本、李道纯本、邓锜本、杜道坚本、吴澄本、林志坚本、张嗣成本、明《御注》本、危大有本、潘静观本,“柢”作“蒂”,“是谓深根固柢”为“是谓深根固蒂”。

“母”,喻“道”,此为“吾独异于人,而贵食母”(二十章)之“母”,为“既知其子,复守其母”(五十二章)之“母”。《韩非子·解老》有云:“母者,道也。道也者,生于所以有国之术;所以有国之术,故谓之‘有国之母’。”

“久视”,久生、久活之谓。高诱注《吕氏春秋·重己》“莫不欲长生久视”云:“视,活也。”这里,“久视”与“长生”并称,“视”当训为“治”(治理);“久视”乃久治之谓。“长生久视之道”,谓长久保任生机的途径。

【疏解】

此章主旨可一言以蔽之为“啬”。“啬”,吝啬、悭吝之谓。“啬”用于俗常多具贬意,但在“正言若反”(七十八章)的老子这里,其与“三宝”之一的“俭”(六十七章)德相通。老子称“啬”,用意非止于一般财货的节省,而是要规诫人们吝于有为以趣归于无为。

从开篇所云“治人事天,莫若啬”看,老子劝诱的对象主要是处于社会上层的“治人”者。治人者须治人有术,此术即是“啬”;治人者又必得治己(所谓“事天”——修养其赋有天性之身),治己亦有术,此术亦是“啬”。治人治己(“事天”)皆在于因任自然而退斥人为,这吝于人的有为即老子所说之“啬”,此“啬”用庄子的话说则为“不以人助天”(《庄子·大宗师》)或“无以人灭天”(《庄子·秋水》)。依老子之见,既然“治人事天”(修己)唯有啬于人为或吝于有为,那就应当及早奉行(“早服”)啬术,而这对啬术的及早奉行亦即是厚积“无为而无以为”之“上德”(三十八章),或厚积“法自然”(二十五章)以“生而弗有,长而弗宰”之“玄德”(十章)。

厚积其德(“重积德”)而果真能对治下的百姓做到“生而弗有,长而弗宰”,那么对所治无所不予成全的治人者就一定能做到无所不胜(“无不克”);这无所不胜意味着其涯量未可测度(“莫知其极”),如此无所不胜以至涯量难以测度的人则足以担当治国的重任(“可以有国”)。同样,厚积其德而能对自己赋有天性的身体因循自然以啬于人为,其对“五色”、“五音”、“五味”、“驰骋田猎”、“难得之货”的欲望便会更大程度地予以节制和消除,如此便不至于“目盲”、“耳聋”、“口爽”(伤)、“心发狂”而“行妨”(十二章),从而生机保任终究得以“长生”。如果说“长生”之谓重在诱励如何“事天”或修己,那么老子以“久视”与“长生”并称则重在导示如何“治人”或为政;“视”有“治”义,“久视”不是“长生”的同义反复,它相对于赋有天性之身的“长生”更多地指示着国家的久治。在老子看来,无论是“治人”还是“事天”(治己),其根柢皆在于“法自然”而“啬”于人为,倘能深植此根而固护此柢,自可收到“长生久视”之效。换句话说,唯有“啬”于人为以至于无为,方是人们所祈求的“长生久视”可托望的途径。

“啬”不是老子学说中那种有着范畴意义的概念,它更多些比喻的性质,其喻意则由啬于“欲”(“寡欲”)、啬于“争”(“不争”)而终究归结于无为。事实上,此章前所谓“欲不欲”(五十七章),此章后所谓“为无为,事无事,味无味”(六十三章),皆可以“啬”相喻,“欲不欲”乃啬于“欲”,“为无为”乃啬于“为”,“事无事”乃啬于“事”,“味无味”乃啬于“味”。总之,“啬”乃啬于人功而一任自然。

六十章

治大国，	治理大国，
若亨(烹)小鲜。[1]	犹如烹任小鲜。
以道立(莅)天下，	以道导引天下，
其鬼不神。	鬼神不再灵验。
非其鬼不神也，	不是鬼神不灵验，
其神不伤人也。	而是鬼神虽灵却不扰攘人间。
非其神不伤人也，	不只是鬼神不扰攘人间，
[圣人亦]弗伤也。	圣人也不烦扰百姓而任其自然。
夫两[不]相伤，	鬼神、圣人皆不来相扰，
故德交归焉。[2]	都以归本“不德”之“上德”为念。

【校释】

①治大国，若亨(烹)小鲜。

帛书乙本字句如上。甲本此节文字悉皆损毁。

郭店楚简本未见此章文字。

王弼本此节文字为：“治大国，若烹小鲜。”校之以帛书乙本，乙本“亨”王本作“烹”，“亨”为“烹”之古字，二者字句从同。

※诸传世本多同于王弼本，其与王弼本略异者则有：范应

元本,“国”下有“者”字,“烹”作“亨”,“鲜”作“鳞”,整节文字为:“治大国者,若亨小鳞。”严遵本,“国”下有“者”字,“治大国”为“治大国者”。程大昌本,“若”作“如”,“若烹小鲜”为“如烹小鲜”。敦煌写本之辛本,“烹”作“亨”,“鲜”作“腥”,“若烹小鲜”为“若亨小腥”。易州景龙碑本,“烹”作“亨”,“若烹小鲜”为“若亨小鲜”。易州开元幢本、敦煌写本之庚本,“烹”作“享”,“若烹小鲜”为“若享小鲜”。遂州龙兴观碑本、赵志坚本,“鲜”作“腥”,“若烹小鲜”为“若烹小腥”。

“亨”,古“烹”字。“治大国,若亨(烹)小鲜”,谓治理一个大的国家犹如烹煎小鱼,不可多所挠动。老子以此讽喻治理大国须无所施为。

②以道立(莅)天下,其鬼不神。非其鬼不神也,其神不伤人也。非其神不伤人也,[圣人亦]弗伤也。夫两[不]相伤,故德交归焉。

帛书乙本“弗伤”上残损三字,据甲本当为“圣人亦”;“两”下残损一字,据甲本当为“不”。补损阙后,乙本字句如上。甲本“天下”上残损多字,据乙本,此节所损字当为“以道莅”;“非其神不伤人也”句之“神”作“申”;“弗伤”下残损一字,据乙本当为“也”;“不相”上残损二字,其下亦残损二字,据乙本当分别为“夫两”与“伤,故”。甲、乙本互校,补损阙后两者文句略从同。

王弼本此节文字为:“以道莅天下,其鬼不神。非其鬼不神,其神不伤人。非其神不伤人,圣人亦不伤人。夫两不相伤,故德交归焉。”校之以帛书甲、乙本,王本四“也”字并无,末一“不伤”下有“人”字,然句脉、文义与帛书本从同。

※传世本中,与王弼本字句相异者有:北京延祐石刻本,“莅”作“涖”,“下”下有“者”字,“以道莅天下”为“以道涖天

下者";无"非其神不伤人"句。傅奕本,"莅"作"蒞","下"下有"者"字,"以道莅天下"为"以道蒞天下者"。唐《御疏》本,"莅"作"蒞",上一"人"字作"民",整节文字为:"以道蒞天下,其鬼不神。非其鬼不神,其神不伤民。非其神不伤人,圣人亦不伤人。夫两不相伤,故德交归焉。"强思齐本、宋《御解》本、彭耜本,"下"下有"者"字,第一、二、四"人"字并作"民",整节文字为:"以道莅天下者,其鬼不神。非其鬼不神,其神不伤民。非其神不伤人,圣人亦不伤人。夫两不相伤,故德交归焉。"吴澄本、明《御注》本,"下"下有"者"字,"以道莅天下"为"以道莅天下者"(明《御注》本"莅"作"蒞");后一"人"作"之","圣人亦不伤人"为"圣人亦不伤之"。易州景福碑本、敦煌写本之庚本、《群书治要》本、陆希声本、邵若愚本、董思靖本、文如海本、杜道坚本,"下"下有"者"字,"以道莅天下"为"以道莅天下者"(邵本、文本、杜本"莅"作"蒞")。河上公(道藏)本,"莅"作"蒞",无"非其鬼不神,其神不伤人"二句,整节文字为:"以道蒞天下,其鬼不神。非其神不伤人,圣人亦不伤人。夫两不相伤,故德交归焉。"范应元本,第一、二、四"人"字并作"民",无"夫"字,"故"作"则",整节文字为:"以道莅天下,其鬼不神。非其鬼不神,其神不伤民。非其神不伤民,圣人亦不伤民。两不相伤,则德交归焉。"杜光庭本,第一、二、四"人"字并作"民",后一"伤"下有"者"字,整节文字为:"以道莅天下,其鬼不神。非其鬼不神,其神不伤民。非其神不伤民,圣人亦不伤民。夫两不相伤者,故德交归焉。"周至至元碑本,上一"其神"下有"亦"字,第一、二、四"人"字并作"民",整节文字为:"以道莅天下,其鬼不神。非其鬼不神,其神亦不伤民。非其神不伤民,圣人亦不伤民。夫两不相伤,故德交归焉。"易州开元幢本、庆阳景祐幢本、楼观台碑本、磻溪大德幢本、唐《御注》本、道藏无注本、陈景元本、吕惠卿本、陈象古本、李霖本、无名氏本、吕知常本、寇才质本、时雍本，“莅”作“涖”第一、二、四“人”字并作“民”，整节文字为：“以道涖天下，其鬼不神。非其鬼不神，其神不伤民。非其神不伤民，圣人亦不伤民。夫两不相伤，故德交归焉。”（唐《御注》本、陈景元本、李霖本“涖”作“莅”）焦竑本、周如砥本，后一“人”字作“之”，“圣人亦不伤人”为“圣人亦不伤之”。河上公（影宋）本、张嗣成本，无后一“人”字，“圣人亦不伤人”为“圣人亦不伤”。严遵本，无“故”字，“故德交归焉”为“德交归焉”。易州景龙碑本、敦煌写本之辛本，“德”作“得”，无“焉”字，“故德交归焉”为“故得交归”。遂州龙兴观碑本、张君相本、赵志坚本，无“焉”字，“故德交归焉”为“故德交归”（遂州本、张君相本“莅”作“涖”）。

“立”，通“莅”；临，视，治理。“以道莅天下”，谓以道治理天下。

“鬼”，这里所说鬼非仅指“人死曰鬼”（《礼记·祭法》）之鬼，而是以“鬼”泛指鬼神。孔颖达注《礼记·表记》“鬼尊而不亲”云：“鬼谓鬼神。”

“神”，这里义为灵、灵应或灵验。《广韵·真韵》云：“神，灵也。”《史记·龟策列传序》云：“略闻夏、殷欲卜者，乃取蓍龟，已则弃去之，以为龟藏则不灵，蓍久则不神。”此所谓“神”，即灵或灵验之义。“其鬼不神”，谓鬼神不再灵应或不再起作用。

“伤”，有伤害义，亦有扰攘、烦扰义，这里“伤”之义多在于后者。

“交”，俱，皆。韦昭注《国语·越语下》“君臣上下交得其志”云：“交，俱也。”“夫两不相伤，故德交归焉”，谓鬼神、圣人皆不烦扰百姓而任其自然，于是俱以归本于“不德”之“上德”为其所愿。

【疏解】

此章专就“治国”、“莅天下”发论，“以道莅天下”为其命意所在，而隐于其间的主题词则是“法自然”以“无为”。

老子善于设譬，他以“烹小鲜”不可多所挠动，比况“治大国”不可累于日益烦苛的政令、刑罚。小鱼在烹煎时会因为挠动而支离散碎，国家在治理中会因为弥多的人为之举而趋于危乱。全章由这一浅近的譬语开始，而以下诸句所要喻示的深意却俱已隐寓其中。

对于治国，世人总是有祈于鬼神的佑助或圣人的临世。在世人的心目中，圣人睿智而鬼神有神通，倘鬼神与圣人能以其所为干预人间事务，天下必可得到最好的治理。但对于老子来说，人们期待中的鬼神与圣人的所为仍是一种有为，它只是世人的那种有为向着其理想状态的延伸。由对有为的彻底摒退，老子称述“以道莅天下”。

“以道莅天下”，亦即以“法自然”（“道法自然”）而“无为”的方式治天下。如此治天下，无须鬼神的神通与圣人的睿智，所以老子分外申明：“其神不伤人”，而“圣人亦弗伤”。历来注家多以“伤害”释“伤”，其于鬼神“不伤人”尚勉强可通，于“圣人亦弗伤”则意不可解。其实，本章所谓“伤”，义旨主要在于扰攘、烦扰或干预。倘以扰攘、干预解“伤”，“其神不伤人”、“圣人亦弗伤”便可理解为鬼神的神通、圣人的睿智皆不干预世间事物而一任天下自然。因此，本章由“治国”、“莅天下”所谈“道”与“鬼神”、“圣人”的关系遂当如此领略：“道”以自然为法（“道法自然”），“以道莅天下”即是以自然为法而无所施为（“无为”）地治理天下；自然而无所施为见之于人君，自是“我无为”、“我好静”、“我无事”、“我欲不欲”（五十七章），而见之于鬼神则为“其鬼不神”，亦即鬼神不显其神通；鬼神无为而不显神通并非鬼神没有神通，它只是不以神通的显现干涉人间事务，此所谓“非其鬼不神也，其神不伤人也”；无为而治理天下不仅意味着鬼神不扰攘人事，也还意味着睿智的圣人也不烦扰或干预“我自然”（十七章）的百姓，此所谓“非其神不伤人也，圣人亦弗伤也”；鬼神、圣人均对世间不相扰、不干预，其德遂都归于“道”之“玄德”（十章）或“不德”之“上德”（三十八章），此所谓“夫两不相伤，故德交归焉”。

本章承上章“治人事天莫若啬”之“啬”义，“治大国，若亨（烹）小鲜”乃是说治国、“莅天下”须啬于动作，啬于有为。本章亦启下章“大国”所以为“天下之下流”乃“以其静”之义，“以道莅天下”至于一任自然而无所施为，此无所施为正可谓“静”。

六十一章

大国[者，	大国，
下流也，	当如江河下游为众水所倾，
天下之]牝也。	当如天下雌者处静而制动。
天下之交也，	天下雌雄交合，
牝恒以静朕(胜)牡。	雌者总能以静制约雄性。
为其静也，	因为其性静，
故宜为下也。[1]	所以处在下位方才相应。
故大国以下[小]国，	大国若能对小国谦冲，
则取小国；	就会使小国相依从；
小国以下大国，	小国若能对大国谦恭，
则取于大国。	就会为大国所包容。
故或下[以取，	所以或是以谦下取信于人，
或]下而取。[2]	或是以谦下见容于人。
故大国者，	因此做大国的，
不[过]欲并畜人；	不过是想多所容受而扩充人众；
小国，	做小国的，
不[过]欲入事人。	不过是想被人接纳而与人共存。
夫[皆得]其欲，	想要两者皆得其所愿，
则大者宜为下。[3]	大国就更应当谦下有容。

【校释】

①大国[者,下流也,天下之]牝也。天下之交也,牝恒以静朕(胜)牡。为其静也,故宜为下也。

帛书乙本“大国”下残损七字,据甲本当为“者,下流也,天下之”。补损阙后,其字句如上。甲本下一“靓(静)”下残损二字,据乙本当为“也,故”。甲、乙本互校,乙本“国”甲本作“邦”,词异而义同;“天下之牝”句、“故宜为下”句乙本句末并有“也”字,甲本则无;乙本“交”甲本作“郊”,“郊”为“交”之借字;乙本“静”甲本作“靓”,“靓”为“静”之借字;乙本“朕”甲本作“胜”,“朕”为“胜”之借字。甲、乙本用字略异,但其句脉、文义从同。

郭店楚简本未见此章文字。

王弼本此节文字为:“大国者下流,天下之交,天下之牝。牝常以静胜牡,以静为下。”王本之句序与帛书甲、乙本不同,两相比勘,显然甲、乙本之句序以其贴近老子之意为胜。诸传世本之句序皆与王本同,历来注家俱误于句序而未得其解,今正误于帛书甲、乙本,此节之文义遂朗然彰显。

※传世本中,与王弼本字句相出入者则有:严遵本,“者”下有“天下之”三字,上一“下”字作“所”,上一“之”字下有“所”字,无“常”字,下一“以”字上有“牝”字,整节文字为:“大国者,天下之所流,天下之所交,天下之牝。牝以静胜牡,牝以静为下。”傅奕本,“者”下有“天下之”三字,二“静”字并作“靖”,下一“以”字下有“其”字,“为”上有“故”字,下一“下”字下有“也”字,整节文字为:“大国者,天下之下流,天下之交,天下之牝。牝常以靖胜牡,以其靖,故为下也。”范应元本,“者”下有“天下之”三字,上一“之”字下有“所”字,“交”下有“也”字,上一“牝”字作“牲”,下一“以”字下有“其”字,“为”

上有“故”字,下一“下”字下有“也”字,整节文字为:“大国者,天下之下流,天下之所交也。天下之牲,牝常以静胜牡,以其静,故为下也。”司马光本,无“者”字,“大国者下流”为“大国下流”;下一“以”字下有“其”字,“为”下有“之”字,“以静为下”为“以其静为之下”。易州景福碑本,无“者”字,“大国者下流”为“大国下流”。遂州龙兴观碑本,“交”作“郊”,上一“牝”字作“郊”,无“以静为下”句,整节文字为:“大国者下流,天下之郊。天下之郊,牝常以静胜牡。”敦煌写本之辛本,“交”作“郊”,下一“之”字下有“郊”字,上一“静”字作“彭”,整节文字为:“大国者下流,天下之郊,天下之郊牝。牝常以彭胜牡,以静为下。”张君相本,下一“之”字下有“交”字,“胜”上有“故”字,整节文字为:“大国者下流,天下之交,天下之交牝。牝常以静,故胜牡,以静为下。”杜光庭本,下一“之”字下有“交”字,无“以静为下”句,整节文字为:“大国者下流,天下之交,天下之交牝。牝常以静胜牡。”周至至元碑本、楼观台碑本、磻溪大德幢本,唐《御注》本、唐《御疏》本、陆希声本、强思齐本、道藏无注本、陈景元本、吕惠卿本、陈象古本、李霖本、曹道冲本、达真子本、宋李荣本、吕知常本、杜道坚本、王守正本,下一“之”字下有“交”字,“天下之牝”为“天下之交牝”。易州开元幢本、北京延祐石刻本、李约本、赵志坚本,上一“牝”字作“交”,“天下之牝”为“天下之交”(赵志坚本无“以静为下”句)。敦煌写本之庚本,“胜”下有“其”字,“牝常以静胜牡”为“牝常以静胜其牡”;下一“以”字下有“其”字,“以静为下”为“以其静为下”。易州景龙碑本,“牝”、“牡”互易,“牝常以静胜牡”为“牡常以静胜牝”。

“下流”,即江河的下游,其以地势低下而为众水所汇归。“大国者下流也”，谓大国宜谦下自处而如江河之下游以为众小国所归往。王弼注云：“江海居大而处下，则百川流之；大国居大而处下，则天下流之，故曰‘大国者下流’也。”所谓“居大处下”，深得老子之旨。

“牝”，鸟兽之雌性。《说文·牛部》：“牝，畜母。”相对于鸟兽雄性（“牡”）的躁动，牝之性柔静。老子主静，每以“牝”喻天地之生机，其有谓“谷神不死，是谓玄牝”、“玄牝之门，是谓天地之根”（六章）。“（大国者）天下之牝也”，谓大国宜处静而如鸟兽之牝以制天下之躁动。

“交”，这里指交合、交配。老子由牝牡交合而说以静制动，以此喻示大国当如牝“以静朕（胜）牡”。吴澄《道德真经注》云：“牝不先动以求牡，牡常先动以求牝，动求者招损，静俟者受益，故曰‘以静胜牡’。”其说甚切老子本意。

②故大国以下［小］国，则取小国；小国以下大国，则取于大国。故或下［以取，或］下而取。

帛书乙本上一“下”字下残损一字，据甲本当为“小”；末一“下”字上残损三字，据甲本当为“以取，或”。补损阙后，乙本字句如上。甲本上一“邦”字下残损一字，据乙本当为“以”；上一“小”字下残损一字，依上下文相推当为“邦”。甲、乙本互校，乙本“国”甲本并作“邦”，首句句首乙本有“故”字，甲本则无。两者句脉、文义从同。

王弼本此节文字为：“故大国以下小国，则取小国；小国以下大国，则取大国。故或下以取，或下而取。”校之以帛书甲、乙本，王本“小国以下大国，则取大国”甲、乙本俱为“小国（邦）以下大国（邦），则取于大国（邦）”。虽仅有“于”一字之异，但义旨相去颇大。从上下文义看，王本明显有误，当依帛书甲、乙本予以勘正。

※诸传世本此节文字多同于王弼本，与王弼本相异者则有：傅奕本，上二“取”字下并有“于”字，无下一“故”字，整节文字为：“故大国以下小国，则取于小国；小国以下大国，则取于大国。或下以取，或下而取。”陆希声本、焦竑本、周如砥本、潘静观本，次一“以”字作“而”，“小国以下大国”为“小国而下大国”。遂州龙兴观碑本、敦煌写本之辛本、张君相本、赵志坚本，第二、四“取”字作“聚”，末一“以”字作“而”，整节文字为：“故大国以下小国，则取小国；小国以下大国，则聚大国。故或下而取，或下而聚。”河上公（道藏）本，第二、四“取”字作“聚”，“而”字作“以”，整节文字为：“故大国以下小国，则取小国；小国以下大国，则聚大国。故或下以取，或下以聚。”易州开元幢本，第二、四“取”字作“聚”，整节文字为：“故大国以下小国，则取小国；小国以下大国，则聚大国。故或下以取，或下而聚。”李道纯本、吴澄本、林志坚本，无下一“故”字，“故或下以取”为“或下以取”。严遵本，末一“以”字作“而”，第三“取”字下有“之”字，“故或下以取”为“故或下而取之”；末一“取”字下有“于人”二字，“或下而取”为“或下而取于人”。易州景龙碑本、易州景福碑本、敦煌写本之庚本，“而”字作“如”，“或下而取”为“或下如取”。

“以”，如果。“下”，谦下，谦让。杨倞注《荀子·尧问》“赐为人下而未知也”云：“下，谦下也。”“大国以下小国”，谓大国如果对小国态度谦下。

“取”，有“受”义。郑玄注《礼记·丧服大记》“取衣者亦以箧”云：“取，犹受也。”“受”有接受、容纳、容受之意，本章“取”之义在于容受。“大国……取小国”，谓大国容受小国（以与小国共处）。“小国以下大国，则取于大国”，谓小国如果能以谦下的态度对待大国，就可见容于大国（而不为大国所迫）。

③故大国者，不[过]欲并畜人；小国，不[过]欲入事人。夫[皆得]其欲，则大者宜为下。

帛书乙本两“不”字下各残损一字，据甲本皆当为“过”；“夫”下残损二字，据甲本当为“皆得”。补损阙后，乙本字句如上。甲本首句句首残损一字，据乙本当为“故”；“为”上残损五字，据乙本及甲本用字之常例，当为“故大邦者宜”。甲、乙本互校，乙本“国”字甲本并作“邦”，乙本“并”字甲本作“兼”，甲本“小邦”下有“者”字而乙本相应之“小国”下则无，乙本末句句首“则”甲本作“故”。甲、乙本句脉、文义从同。

王弼本此节文字为：“大国不过欲兼畜人，小国不过欲入事人。夫两者各得其所欲，大者宜为下。”校之以帛书甲、乙本，甲本“大邦”、“小邦”下俱有“者”字，乙本“大国”下有“者”字，“小国”下则无，王本“大国”、“小国”下俱无“者”字；甲、乙本“夫皆得其欲”句王本作“夫两者各得其所欲”。其用字略有异，但文义大致无别。

※传世本中，与王弼本字句略异者有：遂州龙兴观碑本、敦煌写本之辛本、张君相本、赵志坚本，上一“大”字上有“夫”字，下一“大”字上有“故”字，整节文字为：“夫大国不过欲兼畜人，小国不过欲入事人。夫两者各得其所欲，故大者宜为下。”严遵本，上一“大”字上有“夫”字，“夫两者各”作“夫皆”，整节文字为：“夫大国不过欲兼畜人，小国不过欲入事人。夫皆得其所欲，大者宜为下。”林希逸本，上一“欲”字作“以”，下一“大”字上有“故”字，整节文字为：“大国不过以兼畜人，小国不过欲入事人。夫两者各得其所欲，故大者宜为下。”张嗣成本，脱下一“人”字，“夫”误书为“天”，下一“大”字上有“故”字，整节文字为：“大国不过欲兼畜人，小国不过欲入事。

天两者各得其所欲，故大者宜为下。”易州景龙碑本、林志坚本，“夫”作“此”，“夫两者各得其所欲”为“此两者各得其所欲”。陈象古本，无“夫”字，无末一“欲”字，下一“大”字上有“故”字，整节文字为：“大国不过欲兼畜人，小国不过欲入事人。两者各得其所，故大者宜为下。”范应元本，无“夫”字，下一“大”字上有“故”字，下一“大”字下有“国”字，整节文字为：“大国不过欲兼畜人，小国不过欲入事人。两者各得其所欲，故大国者宜为下。”邢州开元幢本、周至至元碑本、楼观台碑本、磻溪大德幢本、北京延祐石刻本、傅奕本、李约本、唐《御注》本、唐《御疏》本、陆希声本、杜光庭本、强思齐本、道藏无注本、陈景元本、吕惠卿本、司马光本、苏辙本、邵若愚本、李霖本、彭耜本、董思靖本、文如海本、无名氏本、吕知常本、寇才质本、赵秉文本、时雍本、杜道坚本、王守正本，无“夫”字，下一“大”字上有“故”字，整节文字为：“大国不过欲兼畜人，小国不过欲入事人。两者各得其所欲，故大者宜为下。”（王守正本“大者”作“大国者”）易州景福碑本、敦煌写本之庚本，无“夫两者”三字，“夫两者各得其所欲”为“各得其所欲”。易州开元幢本、河上公（道藏）本、白玉蟾本、宋李荣本、李道纯本、邓锜本、危大有本、周如砥本、潘静观本，下一“大”字上有“故”字，“大者宜为下”为“故大者宜为下”。程大昌本，“为”下有“之”字，“大者宜为下”为“大者宜为之下”。

“并畜”，“并”有聚合之义，孙星衍《尚书今古文注疏》注《书·金縢》“乃并是吉”引《汉书集注》云：“并者，合也。”“畜”有容纳、容留之义，杜预注《左传·襄公二十六年》“天之谁畜之”云：“畜，犹容也。”“并畜”，包容、容受之谓。“大国者不过欲并畜人”，谓大国不过是想多所容受而扩充人众。

“入事”,被接纳而得以见容。“小国不过欲入事人”,谓小国不过是想被人接纳而与人共存。

“欲”,愿,意愿。“宜”,应,应该。“夫皆得其欲,则大者宜为下”,谓若要两者皆得其所愿,大国就更应当谦下以待小国。

【疏解】

本章的主题词为“下”,此“下”与六十六章“江海所以能为百谷王者,以其善下之”、“圣人之欲上民也,必以其言下之”之“下”义蕴一贯,亦与六十八章“善用人者为之下”之“下”趣致相通,乃谦下之谓。

与诸多章相类,本章亦以譬语为起句。水性趋下而众流汇归江海,老子以此诲示治大国者欲使小国归往当如江海处水之下流那样待人以谦下。由水之就下以致江海成其大,诱喻大国下位以居而成其大,这是在以水的不争而大矫正春秋列国的为大而争。“下”,一如五十九章所谓“啬”,并非严格意义的思想范畴,设譬者借此要讲的是“自然”而“不争”的道理。与之相应,老子亦取譬于鸟兽之“牝”者以说静而无为。牝牡交合——由此可推至阴阳相荡——是天下生意赓衍的契机所在,而在这交合中牝者以其无为而静存其主动。“牝”、“牡”诚非思想范畴,老子由“牝”、“牡”之喻启示于大国的只在于“知其雄守其雌”(二十八章)以趣“静”而“无为”。

依老子所言,大国若能以谦下的态度对待小国,小国自会悦服而依顺大国;小国若能以谦下的态度对待大国,大国亦自会包容而护持小国。大国之所愿在于多有容受以成其大,小国之所愿在于见容于人而存其国,两者由谦下而各得所愿,其可谓“或下以取,或下而取”,此“下”对双方而言乃何其相宜?然而,小国因其小而以见“下”为常态,大国有其大而甘愿自“下”却不易,所以老子在说了大、小国皆当“下”之后，分外要申告：“大者宜为下。”就此可以说，本章一再称“下”，主要在于讽劝大国或大者。大者多恃力逞强，恃力逞强则必至于欺小凌弱而天下纷乱。老子虽“以自隐无名为务”（《史记·老庄申韩列传》），却毕竟不能于时世无动于衷；“师之所处，荆棘生之”（三十章），隐于本章之文脉的或正是如此撰文者伤时而以图匡救的苦心。

诚然，“下”以“取”之，似是一种谋略或权术，但老子从来就不是谋略家或权术家。谋略或权术或当属于一种智慧，而认为“智慧出，安（乃）有大伪”（十八章）的老子所涵养的却是“我独闷闷”的“愚人之心”（二十章）。谋略或权术派生于逐求中的功利目标，而主张“致虚极也，守静笃也”（十六章）的老子于人生终极处所眷注的却只是“见素抱朴，少私寡欲”（十九章）或“复归于婴儿”、“复归于朴”（二十八章）。把老子学说谋略化或权术化是把老子其人兵家化或法家化，然而以“兵”为“不祥之器”（三十一章）、以“无事”为其所“事”（“事无事”——六十三章）的老子毕竟是“无为”而“法自然”（二十五章）之“道”的创论者。

六十二章

道者万物之注(主)也，	道是万物的根本，
善人之葆(宝)也，	它为善人所宝重，
不善人之所保也。①	也让不善的人得以庇荫。
美言可以市，	对道美而言之可以劝勉人，
尊行可以贺(加)人。	对道尊而行之可以裨助人。
人之不善，	人有不善之行，
何[弃之有。②	岂能置之不顾不予救拯。
故]立天子，	所以拥立天子，
置三乡〈卿〉，	设置太师、太傅、太保三卿，
虽有[共(拱)之]璧以先四(驷)马，	(对他们)即使先以拱璧后以驷马相奉，
不若坐而进此。③	也不如坐而将此道进呈。
古[之所以贵此者何也]？	古时所以崇尚此道出于何因？
不胃(谓)求以得，	不就是(依循它)有求便有所得，
有罪以免与？	有灾祸得以避免酿成？
故为天下贵。④	所以它为天下人所推重。

【校释】

①道者万物之注(主)也,善人之葆(宝)也,不善人之所保也。

帛书乙本字句如上。甲本首句句首残损一字,据乙本当为“道”;乙本“所保”甲本作“所葆”,此“葆”为“保”之借字。

郭店楚简本未见此章文字。

王弼本此节文字为:“道者万物之奥,善人之宝,不善人之所保。”校之以帛书甲、乙本,甲、乙本“注”(主)王本作“奥”,郑玄注《礼记·礼运》“故人以为奥也”云:“‘奥’犹‘主’也。”甲、乙本“善人之葆”之“葆”王本作“宝”,“葆”为“宝”之异体字;甲、乙本每句句末皆有“也”字,王本俱无。王本与甲、乙本之用字略异,而句脉、文义从同。

※诸传世本多同于王弼本,其相异者则有:傅奕本、司马光本,首句句末有“也”字,次一“之”字下有“所”字,整节文字为:“道者万物之奥也,善人之所宝,不善人之所保。”宋《御解》本、邵若愚本、彭耜本,首句句末有“也”字,“道者万物之奥”为“道者万物之奥也”。范应元本、程大昌本,次一“之”字下有“所”字,“善人之宝”为“善人之所宝”。《群书治要》本,“宝”下有“也”字,“善人之宝”为“善人之宝也”。林希逸本,无下一“人”字,“不善人之所保”为“不善之所保”。赵志坚本,无下一“之”字,“所”下有“不”字,“保”作“宝”,“不善人之所保”为“不善人所不宝”。敦煌写本之辛本,无下一“之”字,“所”下有“不”字,“不善人之所保”为“不善人所不保”。易州景龙碑本、遂州龙兴观碑本、严遵本,“所”下有“不”字,“不善人之所保”为“不善人之所不保”。

“注”,通“主”,为“主”之借字。主,本,根本。王聘珍《大戴礼记解诂》注《大戴礼记·曾子立事》“言必有主”云:“主,本也。”“道者万物之注(主)也”,谓道是万物的根本。

“葆”,即“宝”,为“宝”之异体字。“善人之葆(宝)”,谓道为善人视若珍宝,为善人所宝重。

“保”,保佑、佑护之谓。蔡沈《书集传》释《书·洛诰》“公明保予冲子”云:“保,保佑之也。”“不善人之所保也”,谓道也使不善的人得以庇佑。

②美言可以市,尊行可以贺(加)人。人之不善,何[弃之有]。

帛书乙本“何”下残损多字,据王弼本,此节末句所损字当为“弃之有”;补损阙后,其字句如上。甲本“不善”下有“也”字,“弃”下残损一字,据王弼本当为“之”。甲、乙本字句略从同。

王弼本此节文字为:“美言可以市,尊行可以加人。人之不善,何弃之有。”以帛书甲、乙本校之,甲、乙本“贺”王本作“加”,“贺”通“加”而为“加”之借字;其他字句,则三者略从同。

※诸传世本多同于王弼本,其略异者则有:傅奕本,前一“以”字下有“于”字,“行”作“言”,“加”下有“于”字,整节文字为:“美言可以于市,尊言可以加于人。人之不善,何弃之有。”范应元本,前一“以”字下有“于”字,“加”下有“于”字,整节文字为:“美言可以于市,尊行可以加于人。人之不善,何弃之有。”磻溪大德幢本,“市”作“示”,“美言可以市”为“美言可以示”。宋《御解》本、邵若愚本、彭耜本、董思靖本、文如海本,“加”下有“于”字,“尊行可以加人”为“尊行可以加于人”。遂州龙兴观碑本、敦煌写本之辛本、张君相本、赵志坚本,“何”作“奚”,“何弃之有”为“奚弃之有”。

“市”,劝、诱劝。《管子·侈靡》:“市也者,劝也。”“美言可以市”，谓对道美而言之可以劝勉人。

“贺”，通“加”，为“加”之借字。“加”，益，有益。杜预注《左传·定公九年》“苟有加于国家者”云：“加，犹益也。”“尊行可以贺（加）人”，谓对道尊而行之可以裨助人。

③［故］立天子，置三乡〈卿〉，虽有［共（拱）之］璧以先四（驷）马，不若坐而进此。

帛书乙本首句句首有残损，据甲本当为“故”；“有”下残损二字，据甲本当为“共之”。补损阙后，乙本字句如上。甲本“乡”作“卿”，“乡（鄉）”与“卿”形近而为“卿”之误；“若”作“善”，“善”为“若”抄写之误；甲、乙本其他字句则从同。

王弼本此节文字为：“故立天子，置三公，虽有拱璧以先驷马，不如坐进此道。”校之以帛书甲、乙本，其用字略有异，但句脉、文义并无不同。

※诸传世本多同于王弼本，其字句略异者则有：赵志坚本，“有”作“以”，“虽有拱璧以先驷马”为“虽以拱璧以先驷马”。范应元本，“拱”作“珙”，“虽有拱璧以先驷马”为“虽有珙璧以先驷马”。遂州龙兴观碑本，无“先”字，“驷”作“四”，“虽有拱璧以先驷马”为“虽有拱璧以四马”。傅奕本，无“坐”字，末句句末有“也”字，“不如坐进此道”为“不如进此道也”。

“三乡〈卿〉”，即三卿，亦即三公；“卿”写作“乡（鄉）”乃形近而误。周以太师、太傅、太保为三公，《书·周官》有“立太师、太傅、太保，兹惟三公，论道经邦，燮理阴阳”之说。

“共（拱）之璧”，须双手拱抱的大璧。孔颖达疏《左传·襄公二十八年》“与我其拱璧”云：“拱谓合双手也。此璧两手拱抱之，故为大璧。”“共（拱）之璧以先四（驷）马”，谓先以拱璧后以驷马进献。孔颖达疏《左传·僖公三十三年》“郑商人弦高将市于周,遇之,以乘韦先牛十二犒师”云:“遗人之物,必以轻先重后,故先韦乃入牛。老子云:‘虽有拱璧以先驷马,不如坐进此道。’是古者将献馈,必有以先之。”

“坐”,古人席地以坐,其坐姿为双膝着席,臀部压于脚跟。其颇似跪,实则此坐姿庄重有节。孔颖达疏《礼记·曲礼上》“先生书策、琴瑟在前,坐而迁之,戒勿越”云:“坐,亦跪也。”“坐而进此”,谓坐而进呈此道。这里,坐(跪)只在于表示庄重,非为降身以求。

④古[之所以贵此者何也]?不胃(谓)求以得,有罪以免与?故为天下贵。

帛书乙本“古”下残损八字,据甲本当为“之所以贵此者何也”;补损阙后,其字句如上。甲本“胃(谓)”下残损二字,据乙本当为“求以”,“与”作“舆”,“舆”为“与”之借字。

王弼本此节文字为:“古之所以贵此道者何?不曰以求得,有罪以免邪?故为天下贵。”校之以帛书甲、乙本,王本“此”下有“道”字,甲、乙本无;甲、乙本“何”下有“也”字,王本则无;王本“曰”甲、乙本作“胃”(谓);王本“以求得”甲、乙本作“求以得”,由上下文看,“求以得”义胜;王本“邪”乙本作“与”、甲本作“舆”。但大致说来,王本此节之义趣与帛书甲、乙本并无大异而以帛书之义胜。

※其他传世本,与王弼本相异者有:河上公(道藏)本,“所”下无“以”字,“曰”作“日”,“以求”作“求以”,“邪”作“耶”,整节文字为:“古之所贵此道者何?不日求以得,有罪以免耶?故为天下贵。”邵若愚本,无“者”字,“何”下有“也”字,“以求”作“求以”,“邪”作“耶”,整节文字为:“古之所以贵此

道何也？不曰求以得，有罪以免耶？故为天下贵。”敦煌写本之庚本，无“何”字，“以求”作“求以”，“得”下有“之”字，整节文字为：“古之所以贵此道者，不曰求以得之，有罪以免邪？故为天下贵。”陈象古本，无“何”字，“曰”作“日”，“以求”作“求而”，整节文字为：“古之所以贵此道者，不日求而得，有罪以免邪？故为天下贵。”赵秉文本，无“何”字，“以求”作“求以”，“邪”作“耶”，整节文字为：“古之所以贵此道者，不曰求以得，有罪以免耶？故为天下贵。”李道纯本，无“何”字，“曰”作“日”，“以求”作“求以”，“邪”作“耶”，整节文字为：“古之所以贵此道者，不日求以得，有罪以免耶？故为天下贵。”张嗣成本，“何”下有“也”字，“以求”作“求以”，无“邪”字，整节文字为：“古之所以贵此道者何也？不曰求以得，有罪以免？故为天下贵。”北京延祐石刻本、傅奕本、陈景元本、宋《御解》本、白玉蟾本、彭耜本、林希逸本、文如海本、无名氏本、时雍本、邓锜本、吴澄本、明《御注》本、危大有本、周如砥本、潘静观本，“何”下有“也”字，“以求”作“求以”，整节文字为：“古之所以贵此道者何也？不曰求以得，有罪以免邪？故为天下贵。”（北京延祐石刻本、宋《御解》本、彭耜本、文如海本、白玉蟾本、危大有本、潘静观本“邪”作“耶”）林志坚本，“不”作“必”，“曰”作“日”，“不曰以求得”为“必日以求得”。楼观台碑本、李约本、唐《御注》本、唐《御疏》本、陆希声本、张君相本、杜光庭本、强思齐本、吕惠卿本、吕知常本、赵志坚本、寇才质本、王守正本，“曰”作“日”，“以求”作“求以”，“不曰以求得”为“不日求以得”。周至至元碑本，无“何”字，“以求”作“求以”，“以免”作“不免”，整节文字为：“古之所以贵此道者，不曰求以得，有罪不免邪？故为天下贵”。河上公（影宋）本、曹道冲本、宋李荣本，“曰”作“日”，“不曰以求得”为“不日以求得”。易州景龙碑本、遂州龙兴观碑本、敦煌写本之辛本、严遵本,“以求”作“求以”,“不曰以求得”为“不曰求以得”;无“邪”字,“有罪以免邪”为“有罪以免”。董思靖本,“以求”作“求以”,“不曰以求得”为“不曰求以得”;“罪”下有“可”字,“有罪以免邪”为“有罪可以免邪”。李霖本,“以求”作“求以”,“不曰以求得”为“不曰求以得”;“罪”下“以”字作“已”,“有罪以免邪”为“有罪已免邪”。易州开元幢本、磻溪大德幢本、道藏无注本、司马光本、苏辙本、范应元、杜道坚本、释德清本、薛蕙本、焦竑本,“以求”作“求以”,“不曰以求得”为“不曰求以得”。

“胃(谓)”,通“为”,是。王引之《经传释词》卷二释《易·小过》“是谓灾眚”引王念孙云:“谓,犹为也。”“罪”,灾祸。高诱注《吕氏春秋·至忠》“故伏其罪而死”云:“罪,殃也。”“不胃(谓)求以得,有罪以免与”,谓不就是有所求便可有所得、有灾祸便能避免吗?

【疏解】

本章再度径直称述“道”,谓其为“万物之主”而“为天下贵”。全章几无一句不在缘“道”而言:“善人之宝”所“宝”在此,“不善人之所保”其得以“所保”亦在此,“美言”言此,“尊行”行此,“立天子,置三卿”为此,“求以得”、“罪以免”尽皆由此。

二十七章已有“善人”与“不善人”的分辨,其称“善人,善人之师;不善人,善人之资”(善人是引人向善的可范之师,不善之人可作为引人向善的可用之资)。这“善人”与“不善人”的对置,似并非一般意义上的善恶对立。对于老子说来,“善”的标准当在于“法自然”(二十五章)以“见素抱朴”(十九章);若能效法自然而“无为”、“好静”、“无事”、“欲不欲”(五十七章)固当视为“善人”,若不能如此则自是“不善人”，却未必即是通常所谓作恶之人。“法自然”即是“法道”（二十五章），所以以自然为法的“善人”必至于以“道”为至贵之宝而宝爱、宝重之。而“不善人”虽不能像“善人”那样循“道”而行，但既然“道”是“万物之主”，它便也会佑护这有待导引的“不善人”，此即所谓“不善人之所保”。

与八十一章相对于“信言”而言的“美言”（华而不实之言）不同，本章中与“尊行”并称的“美言”属于褒赞之辞。自河上公、王弼以来，诸多注家释“美言可以市”之“市”为交易，于是整句话的意趣遂晦而不明。自与之相提并论的“尊行可以加人”看，“市”后或是略去了“人”字，以此相推，“美言可以市”当指美言可以诱导人。“市”有诱或引诱之义，明人何景明之《何子·敌中》有云“以声者，下我也；以利者，市我也”，其“市”即诱之谓。“市”之诱义可引申为诱导或劝诱，“美言可以市”其实是说对道美而言之可以诱劝人。相应于“美言”乃对“道”美而言之，“尊行”则指对“道”尊而行之，“尊行可以加人”则是说对道尊而行之可以补益人或裨助人。“美言”言“道”，“尊行”行“道”，皆“善人”之所为，而“善人”为此适可化导那些“不善人”，此正所谓“人之不善，何弃之有”。一如上文所言“道”乃“善人之宝，不善人之所保”可与二十七章“善人，善人之师；不善人，善人之资”相印证，这“人之不善，何弃之有”亦恰可印证于二十七章“是以圣人恒善救人，而无弃人”之说。

依老子之见，古来立天子之尊，设太师、太傅、太保三公之位，原是要他们于“道”美而言之、尊而行之以成就一种风布天下的教化的，而世俗中，人们往往以拱璧、驷马相奉，却不知应当为他们进呈比这更为贵重的东西。他遂就此提醒世人：“虽有拱之璧以先驷马，不若坐而进此”——“此”即本当恭敬予以进呈的作为“善人之宝”、“不善人之所保”的“道”。自古及今，唯“道”可使人“求以得”、“罪以免”,因此老子说,唯“道”最“为天下贵”。对于这说法,历代注家似俱无疑义,然而,这里须得着意指出的是,“罪以免”之“罪”并非诸多注家所说功罪或罪恶之罪,而是罪殃(祸殃)之罪。

六十三章

为无为，	以无为为其所为，
[事无事，	以无事为其所事，
味无味。	以无味为其所味。
大小，	无论怨大怨小，
多少，	怨多怨少，
报怨以德。①	对怨恨皆报之以德惠。
图难乎其易也，	做难事须从其未难时做起，
为大]乎其细也。	成大事须在其微细时着力。
天下之[难作于]易，	天下难事萌起于尚易，
天下之大[作于细。	天下大事发端于微细。
是以圣人终不为大，	所以圣人终究不贪大求伟，
故能成其大]。②	反而能成就其伟大作为。
夫轻若(诺)[必寡]信，	凡轻易许诺者必定很少守信，
多易必多难。	估量事情过于容易者必定遭遇艰危。
是以耶(圣)人[犹难]之，	所以圣人尚且从难计虑，
故[终于无难]。③	因而其终究不陷于艰危。

【校释】

①为无为,[事无事,味无味。大小,多少,报怨以德]。

帛书乙本"为无为"下残损多字,据甲本,此节所损字当为"事无事,味无味,大小,多少,报怨以德";补损阙后,其字句如上。甲本此节无残损,唯下一"味"字作"未","未"当是"味"之借字。

郭店楚简(甲)本此节文字为:"为亡为,事亡事,未亡未。大少之,多惖必多䜌。""少",读作"小",古"少"、"小"通用。"惖",读作"易",为"易"之借字。"䜌",为"难(難)"之异体字。校之以帛书甲本(乙本残损严重),帛书三"无"字楚简本并作"亡",其音义皆同;帛书"味"楚简本作"未","未"为"味"之借字;帛书"大小,多少,报怨以德"楚简本作"大少之,多惖必多䜌",两者此句之句脉相去甚大,但文义略相侔。

王弼本此节文字为:"为无(無)为,事无(無)事,味无(無)味。大小,多少,报怨以德。"以帛书甲、乙本相校,甲本三"无"字、乙本一"无"字(残损二"无"字)王本俱作"無"("无"同"無","无"非"無"之简体),甲本"未"王本作"味"("味"为"未"之本字),余则与帛书甲本字句从同。

※诸传世本皆同于王弼本。

"为无为",以无为为其所为。

"事无事",以无事为其所事。

"味无味",以无味为其所味。

"大小,多少",依上文"为无为"、"事无事"、"味无味"之句脉,"大小"可表述为"大不大"("小"即"不大"),其义为以不大为其所大;"多少"可表述为"多不多"("少"即"不多"),其义为以不多为其所多。"大"、"多"有赞美、尊重义,与之相对的"小"、"少"则有卑弱、微贱义，因此“大小”（“大不大”）、“多少”（“多不多”）亦可谓为：以卑弱（小）为其所看重，以微贱（少）为其所尊贵。如此疏解，“大小，多少”义自可通，但毕竟与下文“报怨以德”了不相涉。倘将“大小，多少”关联于“报怨以德”作诠解，其义则当为：无论怨大怨小、怨多怨少，皆应对怨恨报之以德惠。而这样诠解又正可以从相关史籍中得到印证，如《书·康诰》就有“‘怨不在大，亦不在小。’惠不惠，懋不懋”的载述。比勘两种诠释，后者似更具胜义，兹取后者。

“报怨以德”，对怨恨报之以恩德。此与四十九章所谓“不善者亦善之”、“不信者亦信之”之义相契，亦与七十九章所谓“和大怨，必有余怨，焉可以为善”之义相通。

②［图难乎其易也，为大］乎其细也。天下之［难作于］易，天下之大［作于细。是以圣人终不为大，故能成其大］。

帛书乙本此节文字残损严重，据甲本及王弼本补损阙后字句如上。甲本“图难乎”下残损九字，据乙本及王弼本当为“其易也，为大乎其细也”；“故能”下残损多字，据王弼本，此节所损当为“成其大”。

郭店楚简本未见此节文字。

王弼本此节文字为：“图难于其易，为大于其细。天下难事必作于易，天下大事必作于细。是以圣人终不为大，故能成其大。”校之以帛书甲本（乙本残损严重），甲本二“乎”字王本并作“于”；甲本前两句句末俱有“也”字，王本则无；甲本“之难”王本作“难事必”，甲本“之大”王本作“大事必”；王本“终”甲本作“冬”，“冬”为“终”之古字。王本此节文字之用字与帛书甲本虽多有别，但其文义从同，而句脉亦略无异。

※诸传世本多同于王弼本，其相异者则有：傅奕本、范应

元本，前二“于”字上并有“乎”字，二“下”字下俱有“之”字，整节文字为：“图难乎于其易，为大乎于其细。天下之难事必作于易，天下之大事必作于细。是以圣人终不为大，故能成其大。”遂州龙兴观碑本，前二“其”字并无，无后“天下”二字，“细”作“小”，无“是以圣人终不为大，故能成其大”句，整节文字为：“图难于易，为大于细。天下难事必作于易，大事必作于小。”赵志坚本，前二“其”字并无，无后“天下”二字，“细”作“小”，整节文字为：“图难于易，为大于细。天下难事必作于易，大事必作于小。是以圣人终不为大，故能成其大。”敦煌写本之辛本，前二“其”字并无，无后“天下”二字，整节文字为：“图难于易，为大于细。天下难事必作于易，大事必作于细。是以圣人终不为大，故能成其大。”严遵本，前二“其”字并无，二“天下”并无，二“必”字并无，整节文字为：“图难于易，为大于细。难事作于易，大事作于细。是以圣人终不为大，故能成其大。”易州景龙碑本、李约本、张君相本，前二“其”字并无，“图难于其易，为大于其细”为“图难于易，为大于细”。邵若愚本、文如海本，两“下”字下俱有“之”字，“是以”作“故”，整节文字为：“图难于其易，为大于其细。天下之难事必作于易，天下之大事必作于细。故圣人终不为大，故能成其大。”敦煌写本之庚本，上一“下”字下有“之”字，无“故”字，整节文字为：“图难于其易，为大于其细。天下之难事必作于易，天下大事必作于细。是以圣人终不为大，能成其大。”北京延祐石刻本、道藏无注本、宋《御解》本、彭耜本、董思靖本、时雍本，二“下”字下俱有“之”字，“天下难事必作于易，天下大事必作于细”为“天下之难事必作于易，天下之大事必作于细”。河上公（道藏）本，“圣”作“大”，“是以圣人终不为大”为“是以大人终不为大”。

“图”，谋取。“图难乎其易也”，谓想要不为难事所难，就须在它萌发不久而容易处置时处置它。

“细”，细小，微细。“为大乎其细也”，谓想要成就大事，就须在它起于微末时就着力促成它。

“为大”，贪求大。“是以圣人终不为大，故能成其大”，谓圣人终究不会贪求大，却因此能成全其大的作为。

③夫轻若（诺）[必寡]信，多易必多难。是以耶（圣）人[犹难]之，故[终于无难]。

帛书乙本“若（诺）”下残损二字，据王弼本（甲本亦残损）当为“必寡”；“人”下残损二字，据甲本当为“犹难”；“故”下残损多字，据甲本，此节所损当为“终于无难”。补损阙后，乙本字句如上。甲本“必多难”之“必”上残损多字，据乙本及王弼本，此节所损当为“夫轻诺必寡信，多易”；“是”下残损二字，据乙本当为“以圣”；“终”作“冬”，“冬”为“终”之古字。甲、乙本之句脉、文义从同。

郭店楚简（甲）本此节文字唯有：“是以圣人猷䆯之，古终亡䆯。”“䆯”，为“难（難）”之异体字。“古”，通“故”，为“故”之借字。校之以帛书甲、乙本，楚简本“终亡䆯”甲本（乙本残损）作“终于无难”，用字虽略有别，但句脉、文义无异。

王弼本此节文字为：“夫轻诺必寡信，多易必多难。是以圣人犹难之，故终无（無）难矣。”校之以帛书甲、乙本，其句脉、文义大致从同，唯甲本（乙本残损）“故终于无难”王本作“故终无难矣”，甲本“无”（乙本残损）王本作“無”（此“無”同“无”，而“无”非“無”之简体）。

※诸传世本，与王弼本相异者有：严遵本，无“夫”字，二“必”字上并有“者”字，无“是以”二字，无“矣”字，整节文字为：“轻诺者必寡信，多易者必多难。圣人犹难之，故终无难。”

傅奕本，二"必"字上并有"者"字，整节文字为："夫轻诺者必寡信，多易者必多难。是以圣人犹难之，故终无难矣。"范应元本，二"必"字上并有"者"字，无"矣"字，整节文字为："夫轻诺者必寡信，多易者必多难。是以圣人犹难之，故终无难。"北京延祐石刻本，脱下一"必"字，"犹"作"由"，整节文字为："夫轻诺必寡信，多易多难。是以圣人由难之"。易州开元幢本、吕惠卿本、苏辙本、陈象古本、张嗣成本，"犹"作"由"，无"矣"字，整节文字为："夫轻诺必寡信，多易必多难。是以圣人由难之，故终无难。"磻溪大德幢本、司马光本、宋《御解》本、邵若愚本、彭耜本，"犹"作"由"，"是以圣人犹难之"为"是以圣人由难之"。易州景龙碑本、易州景福碑本、周至至元碑本、楼观台碑本、遂州龙兴观碑本、敦煌写本之庚本、敦煌写本之辛本、敦煌写本之壬本、河上公(影宋、道藏)本、《群书治要》本、李约本、唐《御注》本、唐《御疏》本、张君相本、杜光庭本、强思齐本、道藏无注本、陈景元本、吕惠卿本、李霖本、白玉蟾本、曹道冲本、宋李荣本、林希逸本、吕知常本、赵志坚本、寇才质本、赵秉文本、李道纯本、邓锜本、杜道坚本、王守正本、林志坚本、危大有本、释德清本、薛蕙本、焦竑本、周如砥本、潘静观本，无"矣"字，"故终无难矣"为"故终无难"。叶梦得本，"故终无难矣"作"终以无难"。

"夫"，凡，所有的。"若"，通"诺"，为"诺"之借字。"夫轻诺必寡信"，谓凡轻易许诺的人一定很少不失信用。

"多易"，即过易，亦即把事情看得过分容易。"多易必多难"，谓凡把事情看得过于容易的人一定会遇到更多的困难。

"犹"，尚且。"圣人犹难之"，谓睿哲如圣人尚且看重所做事情中可能出现的困难。

【疏解】

本章主旨可用“为无为”一言以蔽之；其于德怨、大小、难易关系之究论，所喻义趣悉归于此。

“为无为”意味着人对“无为”的自觉；“无为”原是就“道”而言，“为无为”即是说人当以效法“道”的自然无为为其所为。万物之中，唯人能为、能事、能味，因此老子要分外诲示人：以“无为”为其所为，以“无事”为其所事，以“无味”为其所味。其实，“无事”、“无味”亦只是“无为”，所谓“无为”则不过一任自然而无所施为而已。

“味无味”之下的“大小，多少”似言不成句，但以上、下文的承接相推，却可有两种迥然不同的诠解。将其纳入“为无为，事无事，味无味”之句脉，“大小”可谓之“大不大”，“多少”可谓之“多不多”，亦即以不大（小）为其所大，以不多（少）为其所多。其义略可推绎为：以卑弱（小）为其所褒扬（大），以微贱（少）为其所尊贵（多）。将其与下句“报怨以德”相衔接，其义又可推绎为：无论怨大怨小、怨多怨少，对所怨皆当报之以德惠。两者相形，后者义或略胜。况且，依前者解，“报怨以德”则与前后文俱不相涉，以至全然成为孤句；依后者解，其义则可从相关史籍那里获得较为贴切的印证。事实上，《书·康诰》就载有周公旦这样的说法：“我闻曰：‘怨不在大，亦不在小。’惠不惠，懋不懋。”孔颖达疏此语云：“我闻遗言曰：人之怨不在事大，或由小事而起；虽由小事而起，亦不恒在事小，因小至大。是为民所怨，事不可为。当使施顺，令不顺者顺；勉力劝行，令不勉者勉。则其怨大小都消，令汝消怨者已乎。”老子谓“大小，多少，报怨以德”，正与《书·康诰》所载史料相应，不过，老子所说“德”已不尽是“明德慎罚”（《康诰》）之“德”。同为德惠或恩德之德，“明德慎罚”之“德”尚未能像“报怨以德”之“德”那样有其自然无为的根荄。“明德慎罚”之“德”与“罚”俱属人为或“有为”范畴，而老子所言“德”则为“生之畜之，生而弗有，长而弗宰”之“玄德”（十章），其所为乃无为之为或“为无为”。

“怨”可积小成大，积少成多，消释其“怨”自当于其“小”、“少”之时。由此推求天下治理，老子遂提示人们——尤其是那些君临天下者——何以可能“终于无难”而“成其大”。他指出，天下的难事在其萌发之时总是易于把握的，若是想要不为难事所难，就须趁它容易处置时处置好它。同样，天下的大事总是由小变大的，想要成就大事就须在它还起于微末时一力促成它。非悉心于小而不可成其大，老子因此推尚他心目中的“圣人”，称其“终不为大，故能成其大”。与“图难”、“为大”须着眼于其“易”、“细”相应，“图难”者、“为大”者却不可不对所图所为自始以“难”视之。凡对事情难度估计不足者必会对其所做之结果轻易作出承诺，而轻易承诺则必至于无从兑现而失信于人。遇事过于轻视（“多易”）其难度者必会遭逢更大的困难（“多难”），而那种行事总能从难计虑的人——这类人的典范为“圣人”——却终究不会有困境可言，因为困难在形成之前就被消除了。

“作于细”而“成于大”是因任自然而为，处事“难之”而“终于无难”亦是自然使之然。因任自然而为固然也可谓之为，但这为是“为无为”。

六十四章

[其安也，	事态处于稳定时，
易持也。	易于把捉。
其未兆也，	事变尚无迹兆时，
易谋也。	易于筹幄。
其脆也，	事物尚在脆弱时，
易判也。	易于碎破。
其微也，	事象微露端倪时，
易散也。	易于使其散没。
为之于其未有也，	在灾祸未起时谨防灾祸，
治之于其未乱也。[1]	在邦国未乱时治理邦国。
合抱之]木，	合抱的大树，
作于毫末。	长于萌芽时的微末。
九成(重)之台，	九层的高台，
作于虆土。	由一筐筐泥土堆垛。
百千(仞)之高，	百仞的台阁，
始于足下。[2]	开始于脚下的劳作。
为之者败之，	有所施为难免败事，
执〔之〕者失之。	有所执着反倒失落。
是以耶(圣)人无为[也，	所以圣人无所施为，

故无败也；	因而不会败挫；
无执也，	无所执着，
故无失也]。	因而无所丧夺。
民之从事也，	常人行事，
恒于其(几)成而败之，	往往在接近成功时败却，
故曰：	所以说：
慎冬(终)若始，	像开始那样把谨慎保持到终末，
则无败事矣。③	才不至于遭受败挫。
是以耶(圣)人欲不欲，	因此圣人以无所欲为其所欲，
而不贵难得之货；	不看重众人眼中的难得之货；
学不学，	以无所学为其所学，
复众人之所过；	复归于众人所失之所；
能辅万物之自然，	依循万物生息之自然，
而弗敢为。④	而不敢恣意妄作。

【校释】

①[其安也，易持也。其未兆也，易谋也。其脆也，易判也。其微也，易散也。为之于其未有也，治之于其未乱也。]

帛书乙本此节文字悉皆残损；据甲本残文之句脉及王弼本补损阙后，其字句当如上。甲本残损严重，仅存“其安也，易持也”、“易谋”八字。

郭店楚简(甲)本此节文字为：“其安也，易枈也；其未菲也，易悔也；其霾也，易畔也；其几也，易後也。为之于其亡又也，絧之于其未乱。”“枈”，读作“持”，为“持”之借字。“菲”，读作“兆”，为“兆”之借字。“悔”，“谋”之古字。“霾”，读作“膬”，而“膬”为“胞”(脆)之异体。“畔”，借作“判”。“後”，通“散”，为“散”之借字。“絧”，读作“治”，为“治”之异体。楚简本用字古异，但与依王弼本补损阙后的帛书本句脉、文义从同。

王弼本此节文字为：“其安易持，其未兆易谋，其脆易泮，其微易散，为之于未有，治之于未乱。”校之以帛书甲本及楚简本，甲本诸句末似皆有“也”字，楚简本除末句外其他各句亦皆有“也”字，王本则并无；其他用字，楚简本与王本亦多有差异，但文义相侔。

※诸传世本与王弼本略异者则有：范应元本，“脆”作“脃”（“脆”之异体字），“泮”作“判”，二“于”字并作“乎”，其下并有“其”字，整节文字为：“其安易持，其未兆易谋，其脃易判，其微易散，为之乎其未有，治之乎其未乱。”遂州龙兴观碑本，“脆”作“毳”（“脆”之借字），“泮”作“破”，“其脆易泮”为“其毳易破”。傅奕本，“泮”作“判”，二“于”字并作“乎”，其下并有“其”字，整节文字为：“其安易持，其未兆易谋，其脆易判，其微易散，为之乎其未有，治之乎其未乱。”李约本，“泮”作“破”，“其脆易泮”为“其脆易破”；“判”下有“故”字，“其微易散”为“故其微易散”。敦煌写本之庚本，“泮”作“破”，二“于”字下并有“其”字，整节文字为：“其安易持，其未兆易谋，其脆易破，其微易散，为之于其未有，治之于其未乱。”严遵本，“泮”作“破”，二“于”字并无，整节文字为：“其安易持，其未兆易谋，其脆易破，其微易散，为之未有，治之未乱。”唐《御疏》本、王真本、赵志坚本，“泮”作“破”，“其脆易泮”为“其脆易破”；“治”作“理”，“治之于未乱”为“理之于未乱”。焦竑本，第三“易”字误书为“异”，“泮”作“判”，“其脆易泮”为“其脆异判”。易州景龙碑本、易州开元幢本、邢州开元幢本、易州景福碑本、周至至元碑本、楼观台碑本、磻溪大德幢本、敦煌写本之辛本、敦煌写本之壬本、河上公（影宋、道藏）本、《群书治要》

本、唐《御注》本、陆希声本、张君相本、杜光庭本、强思齐本、道藏无注本、陈景元本、吕惠卿本、司马光本、陈象古本、李霖本、白玉蟾本、曹道冲本、宋李荣本、林希逸本、吕知常本、寇才质本、赵秉文本、李道纯本、邓锜本、杜道坚本、王守正本、林志坚本、危大有本、释德清本、薛蕙本、周如砥本、潘静观本，“泮”作“破”，“其脆易泮”为“其脆易破”（白本“易散”之“散”误书为“敬”）。

“安”，安稳。“其安也，易持也”，谓事态处于安稳时易于把握。

“兆”，兆头，征候。“谋”，计虑，筹谋。“其未兆也，易谋也”，谓事变尚无征兆时易于为之筹谋。

“未有”，这里指变故（灾祸）尚未发生。“为之于其未有也”，谓防患于未然。

②［合抱之］木，作于毫末。九成（重）之台，作于虆土。百千（仞）之高，始于足下。

帛书乙本“木”上残损多字，据王弼本（帛书甲本相关文字亦残损），此节“木”上所损文字当为“合抱之”；补损阙后，其字句如上。甲本“毫末”上残损多字，据乙本及王弼本，此节所损文字当为“合抱之木，作于”；“足”下残损多字，据乙本，此节所损文字当为“下”。甲、乙本互校，乙本“虆”甲本作“羸”（“羸”为借字），甲本“仁”乙本作“千”（“仁”为“仞”之借字，“千”或为“仞”之误书），乙本“始”甲本作“台”（“始”之省写）。然其句脉、文义则大致从同。

郭店楚简（甲）本此节文字为：“合［抱之木，作于毫］末，九城之台甲〈作〉［于虆土。百仞之高，始于］足下。”其“合”下残损六字，据帛书乙本及王弼本当为“抱之木，作于毫”；“足下”上残损多字，据帛书乙本当为“于虆土。百仞之高，始于”。帛书甲、乙本“成”楚简本作“城”，“成”、“城”皆为“重”（层）之借字；帛书甲、乙本“作”(“作于虆土”之“作”)楚简本作“甲”,“甲”或为“乍”之误,而“乍”与“作”通。

王弼本此节文字为:“合抱之木,生于毫末。九层之台,起于累土。千里之行,始于足下。”校之以帛书甲、乙本,甲、乙本“百千(仞)之高”王弼本作“千里之行”,审前后文义,以“百仞之高”为妥。马叙伦《老子校诂》云:“古书言仞,皆属于高。疑上‘九层’句,盖有作‘百仞’者,传写乃以误易‘千里’耳。”马说甚是,其所言王本“千里”之误正为后来出土之帛书甲、乙本所印证。

※诸传世本与王弼本相异者则有:傅奕本,“抱”作“袌”(“袌”同“袍”而同“抱”,段玉裁注《说文·衣部》“袌,褱也”云:“《论语》:‘子生三年,然后免于父母之怀。’马融释以‘怀抱’,即褱袌也。今字‘抱’行而‘袌’废矣”),“毫”作“豪”,“层”作“成”,整节文字为:“合袌之木,生于豪末。九成之台,起于累土。千里之行,始于足下。”范应元本、焦竑本,“毫”作“豪”,“生于毫末”为“生于豪末”;“层”作“成”,“九层之台”为“九成之台”。庆阳景祐幢本、周至至元碑本、司马光本、宋《御解》本、吴澄本,“毫”作“豪”,“生于毫末”为“生于豪末”。敦煌写本之庚本,“层”作“成”,“九层之台”为“九成之台”。敦煌写本之辛本,“层”作“重”,“千里之行”作“而百仞之高”,“始”作“起”,整节文字为:“合抱之木,生于毫末。九重之台,起于累土。而百仞之高,起于足下。”遂州龙兴观碑本,“层”作“重”,“千里之行”作“百仞之高”,“始”作“起”,整节文字为:“合抱之木,生于毫末。九重之台,起于累土。百仞之高,起于足下。”严遵本,“层”作“重”,“累”作“壘”,“千里之行”作“百仞之高”,整节文字为:“合抱之木,生于毫末。九重之台,起于壘土。百仞之高,始于足下。”敦煌写本之壬本,“层”作“曾”,

"九层之台"为"九曾之台"。李道纯本,"累"作"壘","起于累土"为"起于壘土"。赵志坚本,"千里之行"作"百仞之高","始"作"起","千里之行,始于足下"为"百仞之高,起于足下"。

"合抱",两臂环抱,这里用于形容树身之粗大。"合抱之木,生于毫末",谓双臂合抱的大树生长于细微的嫩芽。

"成",重,层。高诱注《吕氏春秋·音初》"有娀氏有二佚女,为九成之台"云:"成,犹重。""蔂",盛土用的筐笼。"九成之台,作于蔂土",谓九层高台的建成从一筐筐泥土的堆垛做起。

"百仞",一仞约八尺或七尺,百仞用以形容所建台阁之高。"百仞之高,始于足下",谓百仞高的台阁从脚下一点一点修建而成。

③为之者败之,执〔之〕者失之。是以耶(圣)人无为[也,故无败也;无执也,故无失也]。民之从事也,恒于其(几)成而败之,故曰:慎冬(终)若始,则无败事矣。

帛书乙本下一"为"字下残损十二字,据甲本及王弼本当为"也,故无败也;无执也,故无失也";补损阙后,乙本字句(依句脉,"执者"二字之间当补一"之"字)如上。甲本此节开首残损多字,据乙本当为"为之者败之,执之者失之。是以圣人无为";"无败"上残损一字,据王弼本当为"故";"无败"下残损一字,依甲本句脉当为"也";"则"下残损多字,本节所损据乙本当为"无败事矣"。

郭店简(甲)本此节文字为:"为之者败之,执之者远之。是以圣人亡为古亡败,亡执古亡遊。临事之纪,斳冬女忖,此亡败事矣。"见于郭店简(丙)本的此节文字为:"为之者败之,执之者遊之。圣人无为,古无败也;无执,古[无遊也]。斳终若詞,则无败事壴。人之败也,亙于其叡成也败之。""远",去、离之谓,有"失"意;亦或为“遊”(失)之误书。“亡”,通“无”,古“亡”、“无”二字通。“古”,通“故”,为“故”之借字。“遊”,读作“失”。“靳”、“慙”,读作“慎”。“冬”,“终”之古字。“女”,通“如”,为“如”之借字。“怠”、“訂”,借作“始”。“壴”,似为“喜”字省写,借作“矣”。“叡”,读作“且”,将近、几近之意。楚简(甲、丙)本用字与帛书甲、乙本多有差异,楚简(丙)本后四句之句序亦与帛书甲、乙本不同,但其文义大致相侔。

王弼本此节文字为:“为者败之,执者失之。是以圣人无(無)为,故无(無)败;无(無)执,故无(無)失。民之从事,常于几成而败之,慎终如始,则无(無)败事。”校之以帛书甲、乙本,甲、乙本多处之“也”字及末句句末之“矣”字王本俱无,甲、乙本“恒”王本作“常”,甲、乙本“无”(非“無”之简体)王本俱作“無”(“无”同“無”),然其文义从同。

※诸传世本多同于王弼本,其与王弼本略异者有:严遵本,“是以”作“故”,二“故”字并作“则”,“是以圣人无为故无败,无执故无失”为“故圣人无为则无败,无执则无失”。敦煌写本之壬本,无“是以”二字,“无执”上有“圣人”二字,“是以圣人无为故无败,无执故无失”为“圣人无为故无败,圣人无执故无失”。易州景福碑本、敦煌写本之庚本、河上公(影宋、道藏)本、《群书治要》本、李约本、林希逸本、杜道坚本、林志坚本、张嗣成本、释德清本、潘静观本,无“是以”二字,“是以圣人无为故无败”为“圣人无为故无败”。董思靖本,无“圣人”二字,“是以圣人无为故无败”为“是以无为故无败”;末句句末有“矣”字,“则无败事”为“则无败事矣”。宋《御解》本、邵若愚本、彭耜本、文如海本、无名氏本、时雍本,“民”上有“故”字,“民之从事”为“故民之从事”;末句句末有“矣”字,“则无败

事”为“则无败事矣”。李道纯本,“民”上有“故”字,“民之从事”为“故民之从事”。遂州龙兴观碑本、赵志坚本,“民”作“人”,“民之从事”为“人之从事”。傅奕本,“于”下有“其”字,“常于几成而败之”为“常于其几成而败之”;末句句末有“矣”字,“则无败事”为“则无败事矣”。范应元本,“于”下有“其”字,“常于几成而败之”为“常于其几成而败之”。吕知常本,“慎”作“谨”,“慎终如始”为“谨终如始”。叶梦得本,无下一“败”字,“则无败事”为“则无事”。北京延祐石刻本,末句句末有“矣”字,“则无败事”为“则无败事矣”。

“执”,执持,执着。“执〔之〕者失之”,谓执着于它反倒会失去它。

“其(几)成”,几近成功。“其”,通“几”,为“几”之借字。“民之从事也,恒于其(几)成而败之”,谓人们做事往往在即将成功时最终失败。后世所说功败垂成,即是此义。

“慎冬(终)”,慎重做事直到最后。“冬”,“终”之古字。“慎冬(终)若始”,谓把开始做事时的谨慎保持到最终。

④是以耶(圣)人欲不欲,而不贵难得之货;学不学,复众人之所过;能辅万物之自然,而弗敢为。

帛书乙本字句如上。甲本“欲不欲”上残损多字,本节所损据乙本当为“是以圣人”;“自”下残损二字,据乙本当为“然,而”。甲、乙本互校,乙本“货”甲本作“肪”(借作“货”),甲本“复”上有“而”字乙本则无,两者句脉、文义略从同。

郭店简(甲)本此节文字为:“圣人谷不谷,不贵难得之货;孝不孝,复众之所𨑉。是古圣人能尃万勿之自肰,而弗能爲。”见于郭店简(丙)本的文字则为:“是以[圣]人欲不欲,不贵𪑏得之货;学不学,复众之所逃。是以能補𡑞勿之自肰,而弗敢为。”“谷”,通

“欲”，为“欲”之借字。“難”，通“难”，为“难”之借字。“孥”，“学”之异体字（“孥”亦为“教”之异体字，一如“斆”既有“学”义，又有“教”义）。“𢓊”、“𨓏”，皆为“过”之异体字。“尃”、“補”，皆通“辅”而为“辅”之借字。“𡫢”，万（萬）之同源字。“勿”，通“物”，为“物”之省写。“肰”，读作“然”，为“然”之借字。楚简（甲、丙）本用字与帛书甲、乙本多有不同，但文义大致无异。

王弼本此节文字为：“是以圣人欲不欲，不贵难得之货；学不学，复众人之所过；以辅万物之自然，而不敢为。”校之以帛书甲、乙本，其个别非重要用字有出入，然句脉、文义并无异趣。

※诸传世本多同于王弼本，略异者则有：河上公（道藏）本，上一“欲”字作“终”，“是以圣人欲不欲”为“是以圣人终不欲”。傅奕本，“复”上有“以”字，“复众人之所过”为“以复众人之所过”；末句句末有“也”字，“而不敢为”为“而不敢为也”。李约本，“复”上有“以”字，“复众人之所过”为“以复众人之所过”；末句无“而”字，句末有“焉”字，“而不敢为”为“不敢为焉”。宋《御解》本、邵若愚本、彭耜本、文如海本、无名氏本、时雍本，“复”上有“以”字，“复众人之所过”为“以复众人之所过”。遂州龙兴观碑本、敦煌写本之辛本、赵志坚本，“复”作“备”，“复众人之所过”为“备众人之所过”。易州开元幢本、唐《御疏》本、强思齐本，下一“人”字作“民”，“复众人之所过”为“复众民之所过”。易州景福碑本、敦煌写本之壬本、《群书治要》本，末句句末有“焉”字，“而不敢为”为“而不敢为焉”。范应元本，末句句末有“也”字，“而不敢为”为“而不敢为也”。

“欲不欲”，以不欲为其所欲。五十七章有“我欲不欲而民自朴”句,其“欲不欲”与此“欲不欲”义趣全然相侔。

“学不学”,以不学为其所学。十九章有“绝学无忧”句,其“绝学”与此“学不学”之义可相互印证。

“复”,返,返回。“过”,失,失去。韦昭注《国语·周语上》“夫天地之气,不失其序;若过其序,民乱之也”云:“过,失也。”高诱注《吕氏春秋·察微》“则大物不过矣”亦云:“过,失也。”“复众人之所过”,谓复归于众人所失去的境地。此所谓众人所失去的,乃是自然之“朴”。

“辅”,依,依循。孔广森《大戴礼记补注》释《大戴礼记·四代》“巧匠辅绳而斲”云:“辅,依也。”“能辅万物之自然”,谓能依循万物生息的自然之理。

【疏解】

此章承上章“为无为”之意而称述“欲不欲”、“学不学”,再度借重圣人这一虚灵的楷范讽劝世主“无为”、“无执”以“辅万物之自然”。

在局势稳定而易于把握时就把握好事态,在事变还没有征兆而易于筹谋时就留意事变的可能发生,在事变既已发生而犹自脆弱、易于破除时就相机破除它,在事象初露端倪而易于消解之际就及时使其消解——这是在描述一个可能事端由“未有”到既有而“未乱”的过程。老子于此告诉人们应顺其自然之势,首先“为之于其未有”,其次“治之于其未乱”。无论“为之于其未有”(“安”而“易持”、“未兆”而“易谋”),还是“治之于其未乱”(“脆”而“易判”、“微”而“易散”),都在于把握有自然之理可寻的先机,这用上章已经说过的话说即是“图难乎其易”。不过,有必要指出的是,老子由“安”而“易持”、“未兆”而“易谋”、“脆”而“易判”、“微”而“易散”所说的“为之于其未有”、“治之于其未乱”,只是借人们易于理解的可能事变所打的一个比方，他真正着意的乃是“朴散”后如何“复归于朴”这一重大人生而治化的难题。

合抱的大树总是从萌芽时的微末长起，九层的高台必得一筐又一筐泥土的堆积，百仞高的建筑毕竟开始于脚踏实地的一砖一木的操劳。老子的这些比喻俱是用来指示人意未可更易的自然之理的；此理体现于人事之大局，用上章已经说过的话说即是“为大乎其细”。诚然，主张“绝圣弃智”、“绝仁弃义”、“绝巧弃利”的老子，未必赞可大兴土木而筑台造阁的，他只是就人们的耳目所熟取譬以喻说“法自然”以“无为”的理趣罢了。

对于老子来说，世间最难消除的祸患莫过于人的逞欲而“为”，而“治人”（五十九章）、“取天下”（二十九章、五十七章）最要做的一件大事则是因循自然而“无为”。“图难乎其易”，解决逆自然以人为这一难题当从易于下手处做起。人长之于“婴儿”、“赤子”，其时无欲、无为，自当使“法自然”之教“为之于其未有”时；一俟其长大而有为，亦当引导其“少私寡欲”（十九章）、“知足”、“知止”（四十四章）以“治之于其未乱”，老子之“不言之教”（二章、四十三章）所“教”即在于此。老子断言，凡有所为必遭败绩，凡有所执必至于失却。他认为，唯圣人可以做到因任自然而全然无所施为、无所执着，因而不会有挫败，不会有丧失；一般人却不同，即使效法自然而无为，也往往难以持之以恒，遂不免功败垂成。由此，老子引古语以诫告世人：“慎终若始，则无败事矣。”这里，须得略作分辨的是，“慎终若始”虽是古时常用的一句策勉语，但终是被老子赋予了别一种趣致。《左传·襄公二十五年》载：“《书》曰：慎始而敬终，终以不困。”《礼记·祭统》亦云：“古之人有言曰：‘善终者如始。’”然而，古语“慎始而敬终”或“善终者如始”尚不在“法自然”或以自然为法的意味上，老子援引此古语则显然将其笼罩在“无为”而“复朴”的价值祈向之下了。

与圣人的无所施为（“无为”）、“无所执着”（“无执”）相印合，圣人亦以无所欲为其所欲（“欲不欲”），以无所学为其所学（“学不学”）。由于不以众人之所学为学，所以他所做的只是返回众人因其所学而失去的那种境地。在老子看来，众人因其所欲、所学而失去的东西才是真正重要的，这即是依循万物生息之自然而不妄自造作。因此，正可以这样说，老子所谓“复众人之所过”换作他的另一种说法即是：“复归于婴儿”、“复归于朴”（二十八章）。

六十五章

古之为道者，	古时依道而行的人，
非以明[民也，	不是要使民众变得聪悟，
将以愚]之也。	而是要使他们敦厚愚朴。
夫民之难治也，	民众所以难以治理，
以其知（智）也。	是因为他们施巧弄谋。
故以知（智）知（治）国，	所以推尚智巧以治理国家，
国之贼也；	是国家的灾虞；
以不知（智）知（治）国，	不尚智巧以治理国家，
国之德也。①	是国家的祉福。
恒知此两者，	常分辨这两者，
亦稽式也；	也就懂得了治国的正途；
恒知稽式，	常于治国正途有所了悟，
是胃（谓）玄德。	这才配以“玄德”称述。
玄德深矣远矣，	“玄德”深呵，远呵，
[与]物反也，	亲和万物而复归于朴，
乃至大顺。②	如此方能走上天下大治之路。

【校释】

①古之为道者，非以明[民也，将以愚]之也。夫民之难治也，以其

知(智)也。故以知(智)知(治)国,国之贼也;以不知(智)知(治)国,国之德也。

帛书乙本"明"下残损五字,据甲本当为"民也,将以愚";补损阙后,其字句如上。甲本"难"下残损一字,据乙本当为"治";"德"上残损二字,据乙本及甲本之上文当为"邦之"。甲、乙本互校,乙本"古之"甲本作"故曰",乙本之"国"字甲本并作"邦"。二者首句句脉略异,然整节文义相侔。

郭店楚简本未见此章文字。

王弼本此节文字为:"古之善为道者,非以明民,将以愚之。民之难治,以其智多。故以智治国,国之贼;不以智治国,国之福。"校之以帛书甲、乙本,甲、乙本"为道者"王本作"善为道者";甲、乙本"以其知(智)也"王本作"以其智多",甲、乙本之义略胜;甲、乙本之"以不知(智)"王本作"不以智",甲、乙本之义略胜;甲、乙本此节中六句句末并有"也"字,王本俱无;帛书乙本"国之德"(甲本"邦之德")之"德"王本作"福",唯此处"德"、"福"同义。总体说来,王本之文义与甲、乙本虽略有差别,但尚无大异。

※诸传世本多与王弼本同,其略异者则有:李道纯本,"道"作"士","古之善为道者"为"古之善为士者";无"故"字,"故以智治国"为"以智治国"。易州景龙碑本,上一"民"字作"人","非以明民"为"非以明人";"智多"作"多智","以其智多"为"以其多智";无"故"字,"故以智治国"为"以智治国"。遂州龙兴观碑本,两"民"字并作"人","愚"作"娱","智多"作"知","福"作"德",整节文字为:"古之善为道者,非以明人,将以娱之。人之难治,以其知。故以智治国,国之贼;不以智治国,国之德。"赵志坚本,两"民"字并作"人","福"作"德",整节文字为:"古之善为道者,非以明人,将以愚之。人

之难治，以其智多。故以智治国，国之贼；不以智治国，国之德。”张君相本，次一“以”字作“欲”，“将以愚之”为“将欲愚之”。敦煌写本之辛本，次一“之”字作“民”，“将以愚之”为“将以愚民”；“智多”为“多智”，“以其智多”为“以其多智”；“福”作“德”，“国之福”为“国之德”。敦煌写本之壬本，次一“之”字作“民”，“将以愚之”为“将以愚民”；无“故”字，“故以智治国”为“以智治国”。陆希声本，上一“治”字作“理”，“民之难治”为“民之难理”。范应元本，三“智”字并作“知”，“多”字下有“也”字，整节文字为：“古之善为道者，非以明民，将以愚之。民之难治，以其知多也。故以知治国，国之贼；不以知治国，国之福。”傅奕本，“智多”作“多知”，其下有“也”字，下二“智”字并作“知”，“贼”下有“也”字，“福”下有“也”字，整节文字为：“古之善为道者，非以明民，将以愚之。民之难治，以其多知也。故以知治国，国之贼也；不以知治国，国之福也。”磻溪大德幢本、唐《御注》本、道藏无注本、吕知常本、邓锜本、杜道坚本，“故”上有“是”字，“故以智治国”为“是故以智治国”。易州景福碑本、敦煌写本之庚本、河上公（影宋、道藏）本、严遵本、《群书治要》本、唐《御疏》本、杜光庭本、林希逸本、张嗣成本、释德清本、潘静观本，无“故”字，“故以智治国”为“以智治国”。

“愚”，愚朴，敦厚。何晏《论语集解》注《论语·先进》“柴也愚”云：“愚，愚直之愚也。”朱熹《论语集注》注《论语·先进》“柴也愚”云：“愚者，知不足而厚有余。”“古之为道者，非以明民也，将以愚之也”，谓古时依道而行的人不是使民变得聪明，而是使他们敦厚愚朴。

“贼”，害，祸害。“以知（智）知（治）国，国之贼也”，谓由看重智谋以治理国家,国家会因此遭致祸害。王弼注云:“以智术动民,邪心既动,复以巧术防民之伪,民知其术,随防而避之,思惟密巧,奸伪益滋。故曰‘以智治国,国之贼’也”。其说可谓深契老旨。

“德”,福,福庆。郑玄注《礼记·哀公问》“百姓之德也”云:“德犹福也。”“以不知(智)知(治)国,国之德也”,谓以不尚智巧的方式治理国家,那是国家的福祉。

②恒知此两者,亦稽式也;恒知稽式,是胃(谓)玄德。玄德深矣远矣,[与]物反也,乃至大顺。

帛书乙本“物”上残损一字,据甲本当为“与”;补损阙后,其字句如上。甲本“物”下残损一字,据乙本当为“反”;“乃”下残损多字,据乙本,该节所损当为“至大顺”。甲、乙本互校,乙本“是”甲本作“此”,乙本“与物反也”之“也”甲本作“矣”。二者句脉从同,文义无别。

王弼本此节文字为:“知此两者,亦稽式;常知稽式,是谓玄德。玄德深矣远矣,与物反矣,然后乃至大顺。”校之以帛书甲、乙本,甲、乙本首句句首有“恒”字,王本无;甲、乙本次一“恒”字王本作“常”;甲、乙本“胃(谓)”王本作“谓”;王本“与物反矣”之“矣”,甲本亦作“矣”,乙本则作“也”;王本“乃至大顺”上有“然后”二字,甲、乙本俱无。然而,王本之句脉、文义与甲、乙本大致相侔。

※诸传世本与王弼本略相出入者则有:周至至元碑本,无上一“知”字,两“稽”字并作“楷”,“常”作“能”;“知此两者,亦稽式;常知稽式,是谓玄德”为“此两者,亦楷式;能知楷式,是谓玄德”。傅奕本,首句句首有“常”字,上一“式”字下有“也”字,“常”作“能”,无“然后”二字,“乃”下有“复”字,“至”下有“于”字,整节文字为:“常知此两者,亦稽式也;能知稽式,

是谓玄德。玄德深矣远矣，与物反矣，乃复至于大顺。”吕知常本、李道纯本，无上一“知”字，二“稽”字并作“楷”，“知此两者，亦稽式；常知稽式，是谓玄德”为“此两者，亦楷式；常知楷式，是谓玄德”。遂州龙兴观碑本，“亦”下有“为”字，两“稽”字并作“楷”，无下一“玄”字，三“矣”字并无，整节文字为：“知此两者，亦为楷式；常知楷式，是谓玄德。德深远，与物反，然后乃至大顺。”司马光本，两“稽”字并作“楷”，上一“式”字下有“也”字，无“然后”二字，“乃”下有“复”字，“至”下有“于”字，整节文字为：“知此两者，亦楷式也；常知楷式，是谓玄德。玄德深矣远矣，与物反矣，乃复至于大顺。”林希逸本、吴澄本、明《御注》本、释德清本、焦竑本、周如砥本、潘静观本，两“稽”字并作“楷”，“常”作“能”，无“然后”二字，“至”下有“于”字，整节文字为：“知此两者，亦楷式；能知楷式，是谓玄德。玄德深矣远矣，与物反矣，乃至于大顺。”道藏无注本，两“稽”字并作“楷”，“常”作“尝”，“知此两者，亦稽式；常知稽式，是谓玄德”为“知此两者，亦楷式；尝知楷式，是谓玄德”。苏辙本、董思靖本、文如海本、赵秉文本、薛蕙本，两“稽”字并作“楷”，“常”作“能”，“知此两者，亦稽式；常知稽式，是谓玄德”为“知此两者，亦楷式；能知楷式，是谓玄德”。易州景龙碑本、敦煌写本之辛本、张君相本、赵志坚本，两“稽”字并作“楷”，三“矣”字并无，整节文字为：“知此两者，亦楷式；常知楷式，是谓玄德。玄德深远，与物反，然后乃至大顺。”（景龙碑本“楷”作“揩”）河上公（影宋）本，两“稽”字并作“楷”，无“然后”二字，“至”下有“于”字，整节文字为：“知此两者，亦楷式；常知楷式，是谓玄德。玄德深矣远矣，与物反矣，乃至于大顺。”易州景福碑本、敦煌写本之壬本，两“稽”字并作“楷”，无“然后”二字，整节文字为：“知此两者，亦楷式；常知楷式，是谓玄德。玄德深矣远矣，与物反矣，乃至大顺。”敦煌写本之庚本，两“稽”字并作“楷”，无次一“矣”字，无“与物反矣”句，无“然后”二字，“至”下有“于”字，整节文字为：“知此两者，亦楷式；常知楷式，是谓玄德。玄德深矣远，乃至于大顺。”严遵本，两“稽”字并作“楷”，无下一“矣”字，无“然后”二字，无“乃”字，“至”下有“于”字，整节文字为：“知此两者，亦楷式；常知楷式，是谓玄德。玄德深矣远矣，与物反，至于大顺。”张嗣成本，两“稽”字并作“楷”，“常”作“能”，“至”下有“于”字，整节文字为：“知此两者，亦楷式；能知楷式，是谓玄德。玄德深矣远矣，与物反矣，然后乃至于大顺。”林志坚本、危大有本，两“稽”字并作“楷”，“至”下有“于”字，整节文字为：“知此两者，亦楷式；常知楷式，是谓玄德。玄德深矣远矣，与物反矣，然后乃至于大顺。”北京延祐石刻本，两“稽”字并作“楷”，“常”作“能”，“知此两者，亦稽式；常知稽式，是谓玄德”为“知此两者，亦楷式；能知楷式，是谓玄德。”易州开元幢本、楼观台碑本、磻溪大德幢本、河上公（道藏）本、李约本、唐《御注》本、唐《御疏》本、陆希声本、杜光庭本、强思齐本、王真本、陈景元本、吕惠卿本、陈象古本、宋《御解》本、邵若愚本、李霖本、彭耜本、宋李荣本、无名氏本、吕知常本、寇才质本、时雍本、邓锜本、杜道坚本、周如砥本，两“稽”字并作“楷”，“知此两者，亦稽式；常知稽式，是谓玄德”为“知此两者，亦楷式；常知楷式，是谓玄德”。范应元本，上一“式”字下有“也”字，“常知”作“知此”，无“然后”二字，“乃”下有“复”字，“至”下有“于”字，整节文字为：“知此两者，亦稽式也；知此稽式，是谓玄德。玄德深矣远矣，与物反矣，乃复至于大顺。”白玉蟾本，“常”作“能”，“常知稽式”为“能知稽式”；“至”作“知”，“然后乃至大顺”为“然后乃知大顺”。叶梦得本，“常”作“能”，“常知稽式”为“能知稽式”；无

“至”字,“然后乃至大顺”为“然后乃大顺”。黄茂材本、崇宁《五注》本、达真子本、程大昌本、刘骥本、潘静观本,“常”作“能”,“常知稽式”为“能知稽式”。

“知”,分辨,辨别。“稽式”,治法,治理之法则。“稽”,治。《玉篇·稽部》:“稽,治也。”蔡沈《书集传》释《书·梓材》“若稽田”云:“稽,治也。”“式”,法。《说文·工部》:“式,法也。”孔颖达疏《诗·大雅·思齐》“不闻亦式”云:“式,训为法也。”“恒知此两者,亦稽式也”,谓常辨别以智治国与以不智治国这两者,也就懂得治国之法了。

“与”,亲,亲近,亲和。尹知章注《管子·霸言》“诸侯之所与也”云:“与,亲也。”“反”,返,复返。“与物反也”,谓亲和万物而返归自然。

“大顺”,大治之谓。“顺”,理,治。《说文·页部》:“顺,理也。”李周翰注《文选·嵇康〈养生论〉》“同乎大顺”云:“顺,理也。”“乃至大顺”,于是达于天下大治。

【疏解】

本章最耐人寻味的用语为“愚之”而“不知(智)”;其“正言若反”(七十八章),是领会本章“为道”以“治国”这一主旨的关键。

此“愚之”之“愚”与二十章所谓“我愚人之心也”之“愚”微蕴相契,尽管其在句中一作动词而一为形容词。注家或将此“愚”关联于秦“燔灭文章以愚黔首”(《汉书·艺文志》)之“愚”,其实二者看似相侔而其大趣则悬若宵壤。“愚黔首”是一种政治谋略,其本身即涵淹了权诡与机诈,而“愚之”之“愚”则为那种“婴儿”、“赤子”式的浑纯与朴戆。老子自白其“愚人之心”谓:“俗人昭昭,我独若昏呵。俗人察察,我独闷闷呵。”这“昏昏”(昏噩)、“闷闷”(懵懂)乃“若反”之“正言”,由其释“愚”非贬辱于蠢笨,而是自劝于朴略。质言之,老子称“愚”是在“法自然”而“复归于朴”的价值取向下,其所谓“愚之”原只是“朴”之,亦即使天下人还返其天性的淳素浑朴。

与“愚之”相对的是“智之”,此即“明民”——以智启智,使民众滋智生巧。将之用于治国,遂有“以智治国”与“以不智治国”两种为政途径。老子从不尚“智”,其断言“智慧出,安有大伪”(十八章),并由此主张“绝圣弃知(智)”(十九章)。究竟而言,对于老子来说,“智”是对自然之朴的打破,是对天性之浑沌的雕斫;“五色”、“五音”、“五味”、“驰骋田猎”、“难得之货”(十二章)无不有“智”寓于其中,“仁”、“义”、“礼”(三十八章)、“利器”、“知巧”、“法物”(五十七章)亦无不有“智”参与其中。因此,“以智治国”必至于“目盲”、“耳聋”、“口爽(伤)”、“心发狂”、“行妨”(十二章),亦必至于“失道”、“失德”、“忠信之薄”(三十八章)、“盗贼多有”(五十七章),而这些自是所谓“国之贼”(国家的祸害);相反,倘“以不智治国”,则“民利百倍”、“民复孝慈”、“盗贼无有”(十九章),以至于“我无为而民自化,我好静而民自正,我无事而民自富,我欲不欲而民自朴”(五十七章),而这则正可谓为“国之德”(国家的福祉)。

依“以智”与“以不智”或“明民”与“愚之”,老子把国家治理的途径归之为二,认为若能时常分辨这两者(“恒知此两者”)就能把握治国的正法(正当之法——“稽式”),而把握治国的正法本身即意味着对所谓“玄德”的践履。老子有谓“生之畜之,生而弗有,长而弗宰也,是谓玄德”(十章),又有谓“生而弗有,为而弗恃,长而弗宰,是谓玄德”(五十一章),于本章中他则谓“恒知稽式,是谓玄德”,可见他所说的“稽式”——由分辨“以智”与“以不智”而懂得的治国的正当之法——正可理解为“生而弗有,为而弗恃,长而弗宰”。“弗有”、“弗恃”、“弗宰”可一言以蔽之为“无为”,而“生”、“为”、“长”亦未始不可一言以蔽之为“无不为”,所以由“稽式”而称述的“玄德”或依“玄德”而赞可的“稽式”适可一言以蔽之为“无为而无不为”(四十八章)。对万物“无为”而待之,必致成全万物而与万物相亲和;对民众以“无为”治之,亦必致一任“民自化”、“民自正”、“民自富”、“民自朴”而与民众相亲和。如此治理世间乃是既已“朴散”后向着自然或本然之“朴”的复返,而如此复朴亦正可达于天下之大治(“乃至大顺”)。

六十六章

江海所以能为百浴(谷)[王者，	江海所以能为百川所归往，
以]其[善]下之也，	是由于它甘于就低而处在下方，
是以能为百浴(谷)王。[1]	所以能做百川之王。
是以耶(圣)人之欲上民也，	因此圣人若想治理民众而居于其上，
必以其言下之；	就一定会对民众谦下而言辞能让；
其欲先民也，	若想引领民众而居于其前，
必以其身后之。	就一定会后己而心存众望。
故居上而民弗重也，	所以居于其上民众不会有威压之感，
居前而民弗害，	居于其前民众不会有忌害之想，
天下皆乐谁(推)而弗猒(厌)也。[2]	于是天下人都不会厌弃他而乐于推仰。

不[以]其无争与？	不正是因为他无所争竞吗？
故天下莫能与争。[3]	所以天下没有人能与他一争短长。

【校释】

①江海所以能为百浴(谷)[王者,以]其[善]下之也,是以能为百浴(谷)王。

帛书乙本上一“浴(谷)”下残损三字,据甲本当为“王者,以”;“其”下残损一字,据甲本当为“善”。补损阙后,其字句如上。甲本“海”上残损多字,据乙本,此节所损当为“江”。甲、乙本互校补阙后,除乙本次句句末比甲本多一“也”字外,其他字句则从同。

郭店楚简(甲)本此节文字为:“江海所以为百浴王,以其能为百浴下,是以能为百浴王。”“海”,即“海”,为“海”之异体字。“浴”,即“谷”,“浴”、“谷”古音义皆同。校之以帛书甲、乙本,其次句“以其能为百浴下”帛书本作“以其善下之也”,但文义并不相忤。

王弼本此节文字为:“江海所以能为百谷王者,以其善下之,故能为百谷王。”校之以帛书甲、乙本,甲、乙本“浴”王本作“谷”;甲、乙本“是以”王本作“故”;次句句末王本无“也”字,与甲本同而异于乙本。

※诸传世本多同于王弼本,其略异者则有:李道纯本,无上一“能”字,“江海所以能为百谷王者”为“江海所以为百谷王者”。寇才质本,上一“谷”字下有“之”字,“江海所以能为百谷王者”为“江海所以能为百谷之王者”。易州景龙碑本、《群书治要》本,无“者”字,“江海所以能为百谷王者”为“江海所以能为百谷王”。严遵本,无“善”字,“以其善下之”为“以

其下之”。北京延祐石刻本、傅奕本、邵若愚本、黄茂材本、崇宁《五注》本、达真子本、文如海本、程大昌本、吴澄本、明《御注》本、危大有本,“之”下有“也”字,“以其善下之”为“以其善下之也”,与帛书乙本从同。

“百浴”,即百谷,百川;“浴”同“谷”。“江海所以能为百浴(谷)王者”,谓江海所以为百川所汇而成水之大者。

“下”,处低下之地。“以其善下也”,谓因为它(江海)甘于就低而处在下方。“善”,有“能”义,这里作甘愿讲。

②是以耶(圣)人之欲上民也,必以其言下之;其欲先民也,必以其身后之。故居上而民弗重也,居前而民弗害,天下皆乐谁(推)而弗猒(厌)也。

帛书乙本字句如上。甲本“先”下残损二字,据乙本当为“民也”。甲、乙本互校,乙本“居上”句在“居前”句之上,而甲本“居前”句在“居上”句之上;甲本“害”下有“也”字,乙本无;乙本“乐”上有“皆”字,甲本无;乙本“谁”甲本作“隼”,其皆为“推”之借字。然这些句序及用字的差异,无碍于甲、乙本之文义从同。

郭店楚简(甲)本此节文字为:“圣人之才民前也,以身后之;其才民上也,以言下之。其才民上也民弗厚也,其才民前也民弗害也,天下乐进而弗诂。”“才”,通“在”,为“在”之借字。“厚”,重;高诱注《吕氏春秋·振乱》“黔首利莫厚焉”云:“厚,重也。”“害”,当为“害”之异体字。“诂”,为“厌”之借字。校之以帛书甲、乙本,甲、乙本“欲上民”楚简本作“才民上”;乙本“欲先民”(甲本损“民”字,据乙本补损阙后亦为“欲先民”)楚简本作“才民前”;另外,楚简本之句序及其他若干用字与甲、乙本亦有异。但大致说来,其文义与甲、乙本并无不同。

王弼本此节文字为:“是以欲上民,必以言下之;欲先民,必以身后之。是以圣人处上而民不重，处前而民不害。是以天下乐推而不厌。”校之以帛书甲、乙本，首句王本无“圣人之”三字，句末无“也”字；第二、四句王本俱无“其”字；甲、乙本之“故”王本作“是以”；甲、乙本之“居”王本俱作“处”，后者“处上”上有“圣人”二字，前者“居上”上则无；甲、乙本之“弗”王本俱作“不”；王本末句句首有“是以”二字，甲、乙本则无；甲本“隼”、乙本“谁”王本作“推”（三字通假，“推”为本字）；第一、三、五、七句甲、乙本句末（第六句甲本句末）俱有“也”字，王本则无。但王本之句脉、文义与甲、乙本约略从同。

※其他传世本，与王弼本相异者则有：严遵本，上一“是以”下有“圣人”二字，二“欲”字上并有“其”字，二“必”字并无，“是以圣人处”作“故在”，“处前”作“居民之前”，无下“是以”二字，“推而”下有“上之”二字，下一“不”字上有“而”字、下有“知”字，整节文字为：“是以圣人，其欲上民，以言下之；其欲先民，以身后之。故在上而民不重，居民之前而民不害。天下乐推而上之，而不知厌。”易州景龙碑本，上一“是以”下有“圣人”二字，四“民”字并作“人”，整节文字为：“是以圣人欲上人，必以言下之；欲先人，必以身后之。是以圣人处上而人不重，处前而人不害。是以天下乐推而不厌。”易州开元幢本、周至至元碑本，上一“是以”下有“圣人”二字，一、三、四“民”字并作“人”，二“必以”并作“以其”，整节文字为：“是以圣人欲上人，以其言下之；欲先民，以其身后之。是以圣人处上而人不重，处前而人不害。是以天下乐推而不厌。”楼观台碑本、磻溪大德幢本、唐《御注》本、陆希声本、杜光庭本、强思齐本、道藏无注本、陈景元本、吕惠卿本、司马光本、苏辙本、陈象古本、李霖本、董思靖本、吕知常本、寇才质本、吴澄本、明《御注》

本，上一“是以”下有“圣人”二字，四“民”字并作“人”，二“必以”并作“以其”，“处上”上无“圣人”二字，整节文字为：“是以圣人欲上人，以其言下之；欲先人，以其身后之。是以处上而人不重，处前而人不害。是以天下乐推而不厌。”遂州龙兴观碑本，上一“是以”下有“圣人”二字，四“民”字并作“人”，二“必以”并作“以其”，“处上”上无“圣人”二字，上一“而”字作“其”，整节文字为：“是以圣人欲上人，以其言下之；欲先人，以其身后之。是以处上其人不重，处前而人不害。是以天下乐推而不厌。”宋《御解》本、彭耜本、文如海本、无名氏本、赵秉文本、时雍本、邓锜本，上一“是以”下有“圣人”二字，四“民”字并作“人”，二“必以”并作“以其”，整节文字为：“是以圣人欲上人，以其言下之；欲先人，以其身后之。是以圣人处上而人不重，处前而人不害。是以天下乐推而不厌。”北京延祐石刻本，上一“是以”下有“圣人”二字，四“民”字并作“人”，二“必以”并作“以其”，“后”作“下”，整节文字为：“是以圣人欲上人，以其言下之；欲先人，以其身下之。是以圣人处上而人不重，处前而人不害。是以天下乐椎而不厌”。杜道坚本，上一“是以”下有“圣人”二字，上二“民”字并作“人”，二“必以”并作“以其”，整节文字为：“是以圣人欲上人，以其言下之；欲先人，以其身后之。是以圣人处上而民不重，处前而民不害。是以天下乐推而不厌。”敦煌写本之庚本、《群书治要》本，上一“是以”下有“圣人”二字，上一“民”字作“人”，“是以欲上民”为“是以圣人欲上人”。敦煌写本之辛本，上一“是以”下有“圣人”二字，上一“民”字作“人”，二“必以”并作“以其”，“处上”上无“圣人”二字，整节文字为：“是以圣人欲上人，以其言下之；欲先民，以其身后之。是以处上而民不重，处前而民不害。是以天下乐推而不厌。”傅奕本，上一“是以”下有“圣人”

二字，二“必以”下并有“其”字，二“处”下并有“之”字，上一“不”字作“弗”，“害”下有“也”字，整节文字为：“是以圣人欲上民，必以其言下之；欲先民，必以其身后之。是以圣人处之上而民弗重，处之前而民不害也。是以天下乐推而不厌。”李约本，上一“是以”下有“圣人”二字，四“民”字并作“人”，下一“必以”下有“其”字，“处上”上无“圣人”二字，无“天下”二字，整节文字为：“是以圣人欲上人，必以言下之；欲先人，必以其身后之。是以处上而人不重，处前而人不害。是以乐推而不厌。”范应元本，上一“是以”下有“圣人”二字，二“必以”下并有“其”字，二“处”下并有“之”字，二“不”字并作“弗”，整节文字为：“是以圣人欲上民，必以其言下之；欲先民，必以其身后之。是以圣人处之上而民弗重，处之前而民弗害。是以天下乐推而不厌。”邵若愚本，上一“是以”下有“圣人”二字，四“民”字并作“人”，二“必以”并作“以其”，次一“是以”作“是故”，下一“是以”作“所以”，整节文字为：“是以圣人欲上人，以其言下之；欲先人，以其身后之。是故圣人处上而人不重，处前而人不害。所以天下乐推而不厌。”河上公(道藏)本，上一“是以”下有“圣人”二字，“是以欲上民”为“是以圣人欲上民”；“处上而民”作“处民上而”，“是以圣人处上而民不重”为“是以圣人处民上而不重”。张君相本，上一“是以”下有“圣人”二字，二“必以”并作“以其”，整节文字为：“是以圣人欲上民，以其言下之；欲先民，以其身后之。是以圣人处上而民不重，处前而民不害。是以天下乐推而不厌。”李道纯本，上一“是以”下有“圣人”二字，二“必”字并无，整节文字为：“是以圣人欲上民，以言下之；欲先民，以身后之。是以圣人处上而民不重，处前而民不害。是以天下乐推而不厌”。宋李荣本，上一“是以”下有“圣人”二字，二“必以”并作“以其”，“处上”上无“圣人”二字，整节文字为：“是以圣人欲上民，以其言下之；欲先民，以其身后之。是以处上而民不重，处前而民不害。是以天下乐推而不厌。”危大有本，上一“是以”下有“圣人”二字，上二“民”字并作“人”，“处上”上无“圣人”二字，无“天下”二字，整节文字为：“是以圣人欲上人，必以言下之；欲先人，必以身后之。是以处上而民不重，处前而民不害。是以乐推而不厌。”焦竑本、周如砥本，上一“是以”下有“圣人”二字，四“民”字并作“人”，二“必以”并作“以其”，“处上”上无“圣人”二字，“不害”作“不能害”，整节文字为：“是以圣人欲上人，以其言下之；欲先人，以其身后之。是以处上而人不重，处前而人不能害。是以天下乐推而不厌。”易州景福碑本、敦煌写本之壬本、河上公（影宋）本、白玉蟾本、林希逸本、林志坚本、张嗣成本、释德清本，上一“是以”下有“圣人”二字，“是以欲上民”为“是以圣人欲上民”。薛蕙本，上一“是以”下有“圣人”二字，“是以欲上民”为“是以圣人欲上民”；“处上”上无“圣人”二字，“是以圣人处上而民不重”为“是以处上而民不重”。曹道冲本、叶梦得本，“处上”上无“圣人”二字，“是以圣人处上而民不重”为“是以处上而民不重”。

“上民”，君临民众，居上以治理民众。“欲上民也，必以其言下之”，谓（圣人）若想治理民众而居于其上位，就一定会对民众谦下而言辞能让。

“先民”，领导民众，居前以引领民众。“欲先民也，必以其身后之”，谓（圣人）若想引领民众，而居于其前，就一定会置己身于民众之后。

“重”，这里指威压（威逼压迫）。“居上而民弗重也”，谓居于民众之上，却不会使民众感到有威压。

“害”，这里指忌妒。《字汇》：“害，嫉也，忌也。”“居前而民弗害”，谓居于民众之前，却不会使民众有忌害之想。

“谁”，通“推”，为“推”之借字；推举，推戴，推仰。“天下皆乐谁（推）而弗猒（厌）也”，谓天下人皆乐于推戴他而不嫌弃。

③不［以］其无争与？故天下莫能与争。

帛书乙本“不”下残损一字，据甲本当为“以”；补损阙后，其字句如上。甲本末句“故”下残损五字，据乙本当为“天下莫能与”。甲、乙本互校，乙本“不”甲本作“非”，乙本“争”甲本作“静”（“静”为“争”之借字），然两者句脉、文义从同。

郭店楚简（甲）本此节文字为：“以其不静也，古天下莫能与之静。”“静”，通“争”，为“争”之借字。“古”，通“故”，为“故”之借字。首句帛书甲、乙本为反问句，楚简本为陈述句，然其文义不异；末句楚简本“与”后有“之”字，甲、乙本则无，但文义无别。

王弼本此节文字为：“以其不争，故天下莫能与之争。”其句脉与楚简本从同，而与帛书甲、乙本略有别，但三者文义相侔。

※诸传世本多同于王弼本，其与王弼本略异者则有：傅奕本，“以”上有“不”字，“以其不争”为“不以其不争”。敦煌写本之壬本，“以”上有“非”字，“以其不争”为“非以其不争”。遂州龙兴观碑本、敦煌写本之辛本，“不”作“无”，“以其不争”为“以其无争”。严遵本，“以其不”作“非以”，“以其不争”为“非以争”。范应元本，“以其不”作“不以其”，“以其不争”为“不以其争”。敦煌写本之庚本，上一“争”字下有“也”字，“以其不争”为“以其不争也”。易州开元幢本，“莫”误作“与”，“故天下莫能与之争”为“故天下与能与之争”。

"无争",即不争;不与人争竞,不起争夺之心。"不以其无争与?故天下莫能与争",谓不正是因为其(圣人)无所争竞吗?所以天下没有人能与他相争。关于"无争"或"不争",第三、八、二十三、六十八、七十三、八十一章皆有所论,其关联着"欲不欲"(五十七章、六十四章),亦最终关联着"法自然"(二十五章)而"为无为"(六十三章)。

【疏解】

本章以"其言下之"、"其身后之"对居于民众之上("上民")、身在民众之先("先民")的治国者们再度作"无争"(不争)的讽劝,其由"无争"而"天下莫能与争"所申示的则终究是"无为而无不为"(四十八章)的玄微之理。

老子善以水譬"道",第八章有"上善如水,水善利万物而有静"之说,第三十二章亦有"譬道之在天下也,犹小谷之与江海也"之喻,本章所谓"江海所以能为百浴(谷)王者"之意归与其同然。水性就下,积之遂大,由就下而成其大以喻示治国、取天下之术至为亲切、自然、富于深致。不过,老子所喻之大旨自始不乖"见素抱朴"(十九章),非可以俗世之曲智策谋而臆度之。

"圣人"是为老子所悬设的那种"执一"(二十三章)、"为道"(十五章、六十五章)而至于极致之人,因而是最可完满体现"生之畜之……生而弗有,为而弗恃,长而弗宰"(五十一章)之"玄德"之人。依老子之言,圣人"无为"、"好静"、"无事"而"欲不欲"(五十七章),因此本章所说"圣人之欲上民"、"欲先民"之"欲"便不可理解为俗世或常人之欲,而当领会为"欲不欲"或以不欲为其所欲。此"欲"诚然也是一种欲,却是消解了意向执着或措意为之的那种欲。所以圣人治理民众虽可借通常之民众治理必至于居于民众之上("上民")、居于民众之先("先民")而强为之说,但圣人毕竟无

“居上”、“居前”之意，他只是因为言辞谦下（“其言下之”）、先人后己（“其身后之”）而极自然地为民众推尊、拥戴才“居上”、“居前”。这样的“居上”非凭恃权势，民众对其没有自上而来的威压之感（“民弗重”）；这样的“居前”非图于私利，民众对其没有出于妒羡的忌害之心（“民弗害”）。正因为如此，天下之民众才乐于推仰、拥立这样的“居上”、“居前”者而永不会生厌弃之想。

尘俗中人为“居上”、“居前”以满足其更大的利欲、权势欲而争斗不已，与之迥异，圣人“欲不欲”而与世无争。然而这“无争”所赢取的民众“乐推”却是那些争权夺利者永远无从争得因而最终“莫能与争”的。老子推尚“居上而民弗重”、“居前而民弗害”的“圣人”，是要借“圣人”这一虚灵的楷范为“治国”、“取天下”另辟一蹊径。这蹊径为“法自然”之“道”所导示，它以“无争”表征着“无为”，也以“莫能与争”述说着为“无为”所系而与“无为”始终一体的那种“无不为”。

六十七章

天下[皆]胃(谓)我大，	天下人都说我大，
大而不宵(肖)。	而这大却又不像通常的大。
夫唯不宵(肖)，	正因为不像通常的大，
故能大。	所以才能成其大。
若宵(肖)，	若是像通常那样的大，
久矣其细也夫。①	早就小而不大了。
我恒有三琛(宝)，	我常存有三件瑰宝，
市(持)而琛(宝)之：	一直守持而珍爱不厌：
一曰兹(慈)，	一叫做慈爱，
二曰检(俭)，	二叫做节俭，
三曰不敢为天下先。	三叫做不敢为天下先。
夫兹(慈)，	有了慈爱，
故能勇；	所以会勇敢；
检(俭)，	有了节俭，
敢(故)能广；	所以能富赡；
不敢为天下先，	因为不敢为天下先，
故能为成器长。②	所以能做君长而居人之前。
今舍其兹(慈)且勇，	倘若抛开慈爱而只是推尚勇敢，
舍其检(俭)且广，	抛开节俭而只是追求富赡，

舍其后且先，	抛开谦退而只是一味争先，
则死矣。③	那就是死路而不再有生机可言。
夫兹(慈)，	这慈爱，
以单(战)则朕(胜)，	用于阵战就可稳操胜券，
以守则固。	用于守御就能坚固如磐。
天将建之，	上天若是要树立谁，
如以兹(慈)垣之。④	就会让他慈爱以对他佑助成全。

【校释】

①天下[皆]胃(谓)我大，大而不宵(肖)。夫唯不宵(肖)，故能大。若宵(肖)，久矣其细也夫。

帛书乙本"天下"下残损一字，据王弼本(帛书甲本相应处亦残损)当为"皆"；补损阙后，其字句如上。甲本开首残损多字，据乙本及王弼本当为"天下皆胃(谓)我大，大而不宵(肖)"；"唯"下残损一字，据其下文及王弼本当为"大"。甲、乙本互校，乙本"夫唯不宵(肖)，故能大"甲本作"夫唯大，故不宵(肖)"；乙本"久矣其细也夫"甲本作"细久矣"。其用字构句有明显差别，但文义略相合；乙本义胜，今从乙本。

郭店楚简本未见此章文字。

王弼本此节文字为："天下皆谓我道大，似不肖。夫唯大，故似不肖。若肖，久矣其细也夫。"以帛书甲、乙本校之，其"我"下有"道"字，甲、乙本无；其上一"似"字乙本作"大而"；其三、四句近于甲本(王本"故"下有"似"字，甲本无)，五、六句与乙本从同。帛书乙本文顺义胜，王本当据乙本勘正。

※诸传世本多同于王弼本，其相异者有：严遵本，无"皆"

字,无"道"字,"久"下无"矣"字,"细"作"小","也夫"作"矣",整节文字为:"天下谓我大,似不肖。夫唯大,故似不肖。若肖,久其小矣。"遂州龙兴观碑本,"谓"作"以",无"道"字,无上一"似"字,三"肖"字并作"笑",无"矣"字,"细"作"小",无"也夫"二字,整节文字为:"天下皆以我大,不笑。夫唯大,故似不笑。若笑,久其小。"敦煌写本之辛本,"谓"作"以",无"道"字,三"肖"字并作"笑",无下一"似"字,"久"作"救",无"矣"字,"细"作"小",无"也夫"二字,整节文字为:"天下皆以我大,似不笑。夫唯大,故不笑。若笑,救其小。"傅奕本、范应元本,"我"作"吾",无"道"字,"天下皆谓我道大"为"天下皆谓吾大"。易州景龙碑本,无"道"字,二"似"字并无,无"也夫"二字,整节文字为:"天下皆谓我大,不肖。夫唯大,故不肖。若肖,久矣其细。"林希逸本、危大有本,无"道"字,"天下皆谓我道大"为"天下皆谓我大";无"也夫"二字,"久矣其细也夫"为"久矣其细"。易州景福碑本、河上公(影宋)本,无"道"字,"天下皆谓我道大"为"天下皆谓我大";无"也"字,"久矣其细也夫"为"久矣其细夫"。敦煌写本之壬本,无"道"字,"天下皆谓我道大"为"天下皆谓我大";无"夫"字,"久矣其细也夫"为"久矣其细也"。易州开元幢本、敦煌写本之庚本、河上公(道藏)本,无"道"字,"天下皆谓我道大"为"天下皆谓我大"。刘骥本,无"夫唯大,故似不肖"句,整节文字为:"天下皆谓我道大,似不肖。若肖,久矣其细也夫。"邵若愚本,无"矣"字,"久矣其细也夫"为"久其细也夫"。吴澄本、释德清本、潘静观本,无"也夫"二字,"久矣其细也夫"为"久矣其细"。明《御注》本,无"也"字,"久矣其细也夫"为"久矣其细夫"。北京延祐石刻本,"也"作"矣","久矣其细也夫"为"久矣其细矣夫"。

"我大",这里的"我",有如"俗人昭昭,我独若昏呵。俗人察察,我独闽闽呵"(二十章)之"我",不可仅执着为老子自称,其为老子用来代称一切得道之人。这里的"大"有"善"义,其隐含了下文提到的"勇"、"广"、"为成器长",也隐含了下文分外强调的"兹(慈)"、"检(俭)"、"不敢为天下先"("不争")。

"宵",通"肖";相类,相拟。《广雅·释诂三》:"肖,类也。"《广雅·释诂四》:"肖,象也。""大而不宵(肖)",谓此大却又不像是通常的大。"夫唯不宵(肖),故能大",谓正因为不似通常的大,所以才能成其为大。

"细",小。"若宵(肖),久矣其细也夫",谓若像是通常的大,早就小而不大了。

②我恒有三琛(宝),市(持)而琛(宝)之:一曰兹(慈),二曰检(俭),三曰不敢为天下先。夫兹(慈),故能勇;检(俭),敢(故)能广;不敢为天下先,故能为成器长。

帛书乙本字句如上。甲本"之"字上脱三字,据乙本当为"持而宝";"检(俭)"下残损十四字,据乙本及甲本用字之常例,当为"三曰不敢为天下先。夫兹,故能勇;检"。甲、乙本互校,乙本"敢能广"甲本作"故能广"("故"、"敢"一音之转,从上下文看,"敢"当为乙本抄写之误);乙本"为成器长"甲本作"为成事长","器"、"事"之义于此并无大异,但比较二字在《老子》其他各章的用法,这里作"成器长"似更妥当。

王弼本此节文字为:"我有三宝,持而保之:一曰慈,二曰俭,三曰不敢为天下先。慈,故能勇;俭,故能广;不敢为天下先,故能成器长。"以帛书乙本(甲本残损严重)校之,乙本"我"下有"恒"字,王本无;乙本"兹"王本作"慈"("兹",通"慈"),乙本"检"王本作"俭"("检"为"俭"之借字);乙本下一"兹(慈)"字上有"夫"字,"成"字上有"为"字,王本并无。然二者之句脉、文义从同。

※诸传世本中，与王弼本相异者则有：傅奕本，“我”作“吾”，“我有三宝”为“吾有三宝”；“保”作“宝”，“持而保之”为“持而宝之”；下一“慈”字上有“夫”字，“慈，故能勇”为“夫慈，故能勇”，与帛书乙本从同。李约本，“我”作“吾”，“持而保”作“宝而持”，下一“慈”字上有“夫”字，“器”作“其”，整节文字为：“吾有三宝，宝而持之：一曰慈，二曰俭，三曰不敢为天下先。夫慈，故能勇；俭，故能广；不敢为天下先，故能成其长。”严遵本，“我”作“吾”，“我有三宝”为“吾有三宝”。易州景龙碑本，“保”作“宝”，“持而保之”为“持而宝之”；下一“慈”字上有“夫”字，“慈，故能勇”为“夫慈，故能勇”，与帛书乙本从同。敦煌写本之壬本，“保”作“宝”，“持而保之”为“持而宝之”；下一“能”字下有“为民”二字，“故能成器长”为“故能为民成器长”。范应元本，“保”作“宝”，“持而保之”为“持而宝之”；下一“慈”字上有“夫”字，“慈，故能勇”为“夫慈，故能勇”，与帛书乙本从同；下一“能”字下有“为”字，“故能成器长”为“故能为成器长”，与帛书乙本从同。潘静观本，“保”作“宝”，“持而保之”为“持而宝之”；“成”下有“其”字，“故能成器长”为“故能成其器长”。敦煌写本之庚本、河上公（影宋）本、释德清本，“保”作“宝”，“持而保之”为“持而宝之”。敦煌写本之辛本，“持而保”作“宝而持”，“持而宝之”为“宝而持之”；无上一“敢”字，“不敢为天下先”为“不为天下先”；下一“慈”字上有“夫”字，“慈，故能勇”为“夫慈，故能勇”，与帛书乙本从同。张君相本，“持而保”作“宝而持”，“持而保之”为“宝而持之”；下一“慈”字上有“夫”字，无上一“能”字，“慈，故能勇”为“夫慈，故勇”。遂州龙兴观碑本、宋《御解》本、邵若

愚本、白玉蟾本、彭耜本、董思靖本、文如海本、无名氏本、时雍本、邓锜本、吴澄本、明《御注》本、危大有本、焦竑本、周如砥本，“持而保”作“宝而持”，“持而宝之”为“宝而持之”；下一“慈”字上有“夫”字，“慈，故能勇”为“夫慈，故能勇”，与帛书乙本从同。林希逸本、林志坚本、薛蕙本，“持而保”作“宝而持”，“持而保之”为“宝而持之”。司马光本，“持而保”作“保而持”，“持而保之”为“保而持之”；下一“慈”字上有“夫”字，“慈，故能勇”为“夫慈，故能勇”，与帛书乙本从同；下一“能”字下有“为”字，“故能成器长”为“故能为成器长”，与帛书乙本从同。陈象古本、李道纯本，“持而保”作“保而持”，“持而保之”为“保而持之”；下一“慈”字上有“夫”字，“慈，故能勇”为“夫慈，故能勇”，与帛书乙本从同；“成”下有“其”字，“故能成器长”为“故能成其器长”。易州开元幢本、周至至元碑本、楼观台碑本、磻溪大德幢本、北京延祐石刻本、唐《御注》本、唐《御疏》本、陆希声本、杜光庭本、强思齐本、道藏无注本、陈景元本、吕惠卿本、苏辙本、李霖本、吕知常本、寇才质本、赵秉文本、杜道坚本、王守正本、张嗣成本，“持而保”作“保而持”，“持而保之”为“保而持之”；下一“慈”字上有“夫”字，“慈，故能勇”为“夫慈，故能勇”，与帛书乙本从同。

“琛”，未见于既有字书，帛书甲本相应之字作“葆”，“琛”当通“葆”而同“宝”。张志聪《黄帝内经素问集注》注《素问·征四失论》“从容之葆”云：“葆、宝同。”裴骃《史记集解》释《史记·留侯世家》“取而葆祠之”引徐广云：“《史记》珍宝字皆作葆。”

“市”，通“恃”，亦通“持”。孔颖达疏《诗·陈风·东门之枌序》“歌舞于市井”引应劭《风俗通》云：“市，持也，言交易而退，恃而不匮也。”陆德明《经典释文·庄子音义下》释《庄子·徐无鬼》“恃源而往者也”云：“恃，本亦作持。”“我恒有三琛（宝），市（持）而琛（宝）之”，谓我常存三件瑰宝，始终守持而珍爱之。

“成器长”，大器之长。“成”有“大”义，“成器”即大器。杜预注《左传·襄公十四年》“成国不过半天子之军”云：“成国，大国。”俞樾《诸子平议·老子》释“故能成器长”云：“成器者，大器也。”“不敢为天下先，故能为成器长”，谓由于不敢让自己先于天下人，所以能成为天下人的君长。

③今舍其兹（慈）且勇，舍其检（俭）且广，舍其后且先，则死矣。

帛书乙本字句如上。甲本脱漏“舍其检且广”句，“死”上有“必”字，其他字句则同于乙本。

王弼本此节文字为：“今舍慈且勇，舍俭且广，舍后且先，死矣。”以帛书甲、乙本校之，甲、乙本三“舍”字（甲本脱漏其一）下并有“其”字，王本无；乙本“检”（甲本脱漏）王本作“俭”；末句乙本“死”字上有“则”字，甲本“死”字上有“则必”二字，王本则无。然王本与帛书甲、乙本文义无异。

※诸传世本与王弼本相异者有：强思齐本，首句句首无“今”字，三“舍”字并作“捨”，其下并有“其”字，整节文字为：“捨其慈且勇，捨其俭且广，捨其后且先，死矣。”易州开元幢本、吕知常本，三“舍”字并作“捨”，其下并有“其”字，“且先”作“先且”，整节文字为：“今捨其慈且勇，捨其俭且广，捨其后先且死矣。”庆阳景祐幢本、周至至元碑本、楼观台碑本、磻溪大德幢本、北京延祐石刻本、遂州龙兴观碑本、李约本、唐《御注》本、唐《御疏》本、陆希声本、张君相本、杜光庭本、王真本、道藏无注本、陈景元本、吕惠卿本、司马光本、苏辙本、陈象古本、宋《御解》本、彭耜本、董思靖本、宋李荣本、无名氏本、寇才

质本、赵秉文本、时雍本、李道纯本、邓锜本、杜道坚本、王守正本、周如砥本，三“舍”字并作“捨”，其下有“其”字，整节文字为：“今捨其慈且勇，捨其俭且广，捨其后且先，死矣。”傅奕本，三“舍”字并作“捨”，其下有“其”字，“死矣”作“是谓入死门”，整节文字为：“今捨其慈且勇，捨其俭且广，捨其后且先，是谓入死门。”林志坚本，三“舍”字并作“捨”，“先”字下有“者”字，整节文字为：“今捨慈且勇，捨俭且广，捨后且先者，死矣。”河上公（影宋）本、邵若愚本、林希逸本、张嗣成本、危大有本、释德清本，三“舍”字并作“捨”，整节文字为：“今捨慈且勇，捨俭且广，捨后且先，死矣。”严遵本，三“舍”字并作“释”，“先”下有“则”字，整节文字为：“今释慈且勇，释俭且广，释后且先，则死矣。”范应元本，三“舍”字下并有“其”字，“死矣”作“是谓入死门”，整节文字为：“今舍其慈且勇，舍其俭且广，舍其后且先，是谓入死门。”敦煌写本之辛本、河上公（道藏）本、李霖本、焦竑本、周如砥本，三“舍”字下并有“其”字，整节文字为：“今舍其慈且勇，舍其俭且广，舍其后且先，死矣。”

“今”，若，如果。王引之《经传释词》卷五：“‘今’犹‘若’也。《论语》：‘今汝安，则为之。’《史记·项羽纪》：‘今不急下，吾烹太公。’‘今’并‘若’义。”

“且”，而。“今舍其兹（慈）且勇”，谓若是抛开慈爱而只是推尚勇敢。

“舍其检（俭）且广”，谓抛开节俭而一味讲求富赡。

“舍其后且先”，谓抛开谦退而只是一味争先。

④夫兹（慈），以单（战）则朕（胜），以守则固。天将建之，如以兹（慈）垣之。

帛书乙本字句如上。甲本“则胜”之上残损二字，据乙本当为

“以战”。甲、乙本互校,乙本“朕”甲本作“胜”(“朕”为“胜”之借字);乙本“如”甲本作“女”(“女”为“如”之借字)。两者用字略有本字、借字之别,而句脉、文义全然从同。

王弼本此节文字为:“夫慈,以战则胜,以守则固。天将救之,以慈卫之。”以帛书甲、乙本校之,可注意的差别有二:帛书甲、乙本“天将建之”之“建”王本作“救”;乙本“如(甲本为‘女’,‘女’为‘如’之借字)以兹(慈)垣之”王本作“以慈卫之”,“如”义为“则”,于句中可有可略,唯“垣”与“卫”似稍有异。“垣”,刘熙《释名·释宫室》:“垣,援也,人所依阻,以为援卫也。”颜师古注《急就篇》卷三“泥涂恶既壁垣墙”亦如此云。可见“垣”有“卫”义,二字于此并无实质性不同。“建”,树立之谓;“救”,佑助之谓。甲、乙本“天将建之”之义在文中较“天将救之”为胜。

※诸传世本多同于王弼本,其略异者有:遂州龙兴观碑本、傅奕本、崇宁《五注》本、文如海本、范应元本,“战”作“陈”,“胜”作“正”,“夫慈,以战则胜”为“夫慈,以陈则正”。敦煌写本之庚本、辛本,“战”作“陈”,“夫慈,以战则胜”为“夫慈,以陈则胜”。陆希声本、邵若愚本,“胜”作“正”,“夫慈,以战则胜”为“夫慈,以战则正”。易州景福碑本、敦煌写本之壬本、河上公(道藏)本,上一“之”字下有“以善”二字,“天将救之,以慈卫之”为“天将救之,以善以慈卫之”。叶梦得本,上一“之”字下有“必”字,“天将救之,以慈卫之”为“天将救之,必以慈卫之”。

“单(單)”(zhàn),通“战(戰)”。“朕”,借作“胜”。“夫兹(慈),以单(战)则朕(胜)”,谓慈爱用于战阵可以取胜。

“如”,就。“垣”,援,援卫,援助。“天将建之,如以兹(慈)垣之”，谓上天若是要树立谁，那就会让他慈爱以佑助成全他。

【疏解】

此章的关键词为“慈”、“俭”、“不敢为天下先”，老子将其统摄于不似通常所谓大的“大”，以这“不肖”大而大之“大”义，上承六十六章所谓“以其善下”而为“百谷王”的“江海”之喻。

“天下［皆］胃（谓）我大，大而不宵（肖）”，这是在借天下一般人（“俗人”、“众人”）之口评说得道之人“我”：大，却又不像是大。大，乃称叹之词；在一般人眼里，得道之人可称叹以大，但他们又觉得这被称叹的得道之人的那种大与他们心目中的大不相类。就此，老子真率地道出了他所赞可的“大”：这“大”正是因为不像通常人所以为的那种大（“夫唯不宵（肖）”），所以才能成其为“大”（“故能大”）；若是像通常人所认可的大（“若宵（肖）”），它早就小而不大了（“久矣其细也夫”）。实际上，老子为人们分辨了两种大，一是世俗的大，一是得道者所领悟的“大”；这两者并非殊不相涉，但其微妙差异毕竟使二者大相径庭。下文所述关联着“慈”、“俭”、“后”的“勇”、“广”、“先”与舍弃“慈”、“俭”、“后”的“勇”、“广”、“先”的相去，其实即是此“大”与彼大终究判若云泥的分野所在。

老子所谓“慈”，并不就是通常意义上的仁慈。“仁”有亲意，孟子有“亲亲，仁也”（《孟子·尽心上》）之说，荀子也有“仁，爱也，故亲”（《荀子·大略》）之说，但老子称“天道无亲”（七十九章），亦谓“天地不仁”、“圣人不仁”（五章）。从“亲”、“仁”说起的“慈”是儒家之“慈”，老子之“慈”则出于“生而弗有，为而弗恃，长而弗宰”这一自然之“玄德”（五十一章、十章）。既“生”、“为”、“长”，却又“弗有”、“弗恃”、“弗宰”，“慈”即呈现于此。“天”、“地”、“圣人”皆“法道”、“法自然”而有此“慈”德，它是老子以“我”所称的得道之人所具“三宝”的首要之宝。有“慈”德，必至于“欲不欲”（五十一章)或“少私寡欲”(十九章),而“欲不欲”或“少私寡欲”者则必有“俭”德;换句话说,“俭”或节俭的最深刻的底蕴乃在于“欲”的节制。有“慈”德并因此有“俭”德的人“不欲以静”(三十七章),又必至于与人无争,这“不争之德”(六十八章)则又正可谓“不敢为天下先”之德。得道之人有此三德,依老子的话说即是“我恒有三琛(宝)”。不过,老子并没有把有此三宝的“我”神秘化,对于他来说,作为得道者的“我”是人人可践修而祈之的;他隐然劝勉人们,尤其是那些身负治国莅天下重任的人,只要愿意“法地”、“法天”、“法道”从而“法自然”(二十五章),并能切实将此“法”诉诸践履,任何人都有可能成为赋有“三宝”的那种“我”。

一如孔子断言“仁者必有勇,勇者不必有仁”(《论语·宪问》),老子认为“夫慈故能勇”,但勇者未必就能“慈”。有“慈”德之人只是成全人以“生”、“为”、“长”,却“弗有”、“弗恃”、“弗宰”而于自己之得失无所牵虑,其必会因此而“勇”;此“勇”不涉于争竞角逐,无关乎逞强好胜,它只是在一任自然中显现为一种澹泊而无所忧惧的生命情状。与“慈,故能勇”同理,“俭,敢(故)能广”。有“俭”德者“欲不欲”而“少私寡欲”,其“寡欲”必“知足”、“知止”,而“知足者富”(三十三章),此“富”即所谓“广”。同样,“不敢为天下先”者反倒能“为成器长”。“不敢为天下先”者“以其身后之”而终究得以“先民”,其“无争”而“天下莫能与争”(六十六章),这由“无争”而得以“先民”即所谓“为成器长”。

诚然,“勇”、“广”、“先”(“先民”而“为成器长”)是可以脱开“慈”、“俭”、“后”(“不敢为天下先”)而言的,但这样的“勇”、“广”、“先”会是另一种情形。抛却了“慈”的“勇”,必至于逐强争胜而逞其所能,必至于为所欲为而肆无忌惮;抛却了“俭”的“广”,必至于孜孜以取而厚敛其财,必至于欲壑日开而贪得无厌;抛却了“不敢为天下先”的那种“为成器长”,必至于为着“上民”、“先民”

而争权夺位，必至于深谋巧算而不择手段。不过，这样的“勇”势必会导致“勇于敢则杀”（七十三章），这样的“广”势必会导致“多藏必厚亡”（四十四章），这样的“先”（为“天下神器”以“先民”）亦最终会导致“为之者败之，执之者失之”（二十九章），所以老子告诫说：“今舍其慈且勇，舍其俭且广，舍其后且先，则死矣。”

在世俗中，人们无不对“勇”（勇敢）、“广”（富赡）、“先”（“先民”而“为成器长”）叹之以“大”（善），但这“大”没有“慈”、“俭”、“后”（“不敢为天下先”）的前提；老子也称述“勇”、“广”、“先”，也以其为“大”，然而这是由“慈”、“俭”、“后”所引发因而有了全新内涵的“勇”、“广”、“先”，是别一种可称叹的“大”。此“大”与彼“大”似乎同为“大”却又全然“不肖”；老子之“大”，“大”在“慈”、“俭”、“后”，他由此诱导人的是那“法自然”的“道”。并且，依老子之见，“俭”与“后”皆缘之于“慈”，因此他甚至分外要对那些既已“上民”、“先民”的君长们说：若是上天要树立谁，上天一定会让这位被树立者成为那种有“慈”德的人，以便以此佑助而成全他。探其微意，他乃是要对当下的君长们如此讽劝：您这位君长想要上天树立、护佑么？若是想要，那就应当身怀“慈”德，而以“慈”待人。

六十八章

故善为士者不武，	善于统兵的人不恃武勇，
善单(战)者不怒，	善于作战的人不逞激忿，
善朕(胜)敌者弗与，	善于胜敌的人不心存仇恨，
善用人者为之下。①	善于用人的人能谦下待人。
是胃(谓)不争[之]德，	这可说是不争的德行，
是胃(谓)用人，	这可说是重人善用，
是胃(谓)肥(配)天，	这可说是与天道配称，
古之极也。②	它是古来就被认可的衡准。

【校释】

①故善为士者不武，善单(战)者不怒，善朕(胜)敌者弗与，善用人者为之下。

帛书乙本字句如上。甲本"弗"下残损一字，据乙本当为"与"。甲、乙本互校，首句句首乙本有"故"字(发语词)，甲本无；乙本"单(單)"甲本作"战(戰)"("单"、"战"古通用)；乙本"朕"甲本作"胜"("朕"为"胜"之借字)。两者句脉、文义从同。

郭店楚简本未见此章文字。

王弼本此节文字为："善为士者不武，善战者不怒，善胜敌者不与，善用人者为之下。"首句无"故"字，除"弗与"作"不与"而有一字之差外，王本文字同于帛书甲本。

※诸传世本中，此节文字与王弼本相异者则有：易州景龙碑本，首句句首有“古之”二字，“与”作“争”，“人”作“仁”，末句无“之”字，整节文字为：“古之善为士者不武，善战者不怒，善胜敌者不争，善用仁者为下。”遂州龙兴观碑本、张君相本，首句句首有“古之”二字，“与”作“争”，末句无“之”字，整节文字为：“古之善为士者不武，善战者不怒，善胜敌者不争，善用人者为下。”敦煌写本之辛本，首句句首有“古之”二字，下三“者”字并无，“与”作“争”，末句无“之”字，整节文字为：“古之善为士者不武，善战不怒，善胜敌不争，善用人为下。”河上公（道藏）本，首句句首有“古之”二字，“与”下有“争”字，末句无“之”字，整节文字为：“古之善为士者不武，善战者不怒，善胜敌者不与争，善用人者为下。”傅奕本，首句句首有“古之”二字，“武”下有“也”字，“与”作“争”，整节文字为：“古之善为士者不武也，善战者不怒，善胜敌者不争，善用人者为之下。”邢州开元幢本、杜光庭本、范应元本，首句句首有“古之”二字，“与”作“争”，整节文字为：“古之善为士者不武，善战者不怒，善胜敌者不争，善用人者为之下。”宋李荣本，“士”作“事”，“与”作“争”，整节文字为：“善为事者不武，善战者不怒，善胜敌者不争，善用人者为之下。”河上公（影宋）本，“敌”作“战”，无“之”字，整节文字为：“善为士者不武，善战者不怒，善胜战者不与，善用人者为下。”李道纯本，无“敌”字，“与”作“争”，无“之”字，整节文字为：“善为士者不武，善战者不怒，善胜者不争，善用人者为下。”陈象古本、危大有本，无“敌”字，“与”作“争”，“善胜敌者不与”为“善胜者不争”。林希逸本、邓锜本，无“敌”字，“善胜敌者不与”为“善胜者不与”。北京延祐

石刻本、杜道坚本、林志坚本,“与”作“争”,无“之”字,整节文字为:“善为士者不武,善战者不怒,善胜敌者不争,善用人者为下。”易州开元幢本、周至至元碑本、楼观台碑本、磻溪大德幢本、敦煌写本之庚本、李约本、唐《御注》本、唐《御疏》本、陆希声本、强思齐本、道藏无注本、陈景元本、吕惠卿本、司马光本、苏辙本、宋《御解》本、邵若愚本、李霖本、白玉蟾本、彭耜本、董思靖本、文如海本、无名氏本、吕知常本、寇才质本、赵秉文本、时雍本、王守正本、张嗣成本、释德清本、薛蕙本、焦竑本、周如砥本、潘静观本,“与”作“争”,“善胜敌者不与”为“善胜敌者不争”。易州景福碑本,无“之”字,“善用人者为之下”为“善用人者为下”。

“士”,这里当泛指国君、卿、大夫等可统兵之人。王弼注:“士,卒之帅也。”“善为士者不武”,谓善于统兵之人不炫耀武勇。

“与”,此处即“予”,“与”、“予”古通用;仇视,憎恨。马瑞辰《毛诗传笺通释》释《诗·齐风·鸡鸣》“无庶予子憎”云:“‘予’、‘与’古今字。”王引之《经义述闻·春秋穀梁传》:“家大人曰,《方言》:‘予,雠也。’‘予’、‘与’古字通。‘与我之深’,雠我之深也。”“善朕(胜)敌者弗与”,谓善于克敌制胜的人不仇视对方。

“下”,谦下。“善用人者为之下”,善于用人的人能以谦下屈己的态度待人。

②是胃(谓)不争[之]德,是胃(谓)用人,是胃(谓)肥(配)天,古之极也。

帛书乙本“德”上残损一字,据甲本当为“之”;补损阙后,其字句如上。甲本首句句首“胃”(谓)上残损一字,据乙本当为“是”。甲、乙本互校,乙本“争”甲本作“静”(“静”为“争”之借字);乙本“是胃(谓)肥(配)天”甲本作“是胃(谓)天”,甲本“天”上脱一

“配”字(乙本“肥”为“配”之借字),当补。甲、乙本句脉、文义从同。

王弼本此节文字为:“是谓不争之德,是谓用人之力,是谓配天,古之极。”校之以帛书甲、乙本,王本“用人”下多“之力”二字,依上文“善用人者为之下”相推,其为衍文,当以帛书本为准。乙本“肥”王本作“配”,“肥”为“配”之借字;甲、乙本末句句末有“也”字,王本无。王本与甲、乙本文义略无异。

※诸传世本多同于王弼本,其略异者有:张君相本,上一“谓”字作“以”,末一“谓”作“为”,末句句末有“也”字,整节文字为:“是以不争之德,是谓用人之力,是为配天,古之极也。”易州景龙碑本,次一“谓”字作“以”,“是谓用人之力”为“是以用人之力”。严遵本,“用人”上无“是谓”二字,“是谓用人之力”为“用人之力”。易州景福碑本、磻溪大德幢本、敦煌写本之庚本、敦煌写本之壬本、河上公(道藏)本、傅奕本、唐《御注》本、陆希声本、道藏无注本、陈景元本、司马光本、李霖本、宋李荣本、范应元本、吕知常本、时雍本、邓锜本、王守正本,末句句末有“也”字,“古之极”为“古之极也”。

“不争之德”,不与人争竞的德行。“不争”,相应于上文所言“不武”、“不怒”、“弗与”。

“配天”,与天道配称。“天之道,不战而善胜”(七十三章);在老子看来,“不武”、“不怒”、“弗与”、“为之下”所体现的“不争”是“人之道”的应有之义,唯其如此,才可配称“不战而善胜”的“天之道”。

“古之极”,古来的准则或衡准。“极”,准则,标准。李富孙《诗经异文释》释《诗·商颂·殷武》“四方之极”云:“《后汉(书)·樊准传》引作'四方之则'。"蒋骥《山带阁注楚辞》注《离骚》"相观民之计极"云:"极,标准也。"

【疏解】

本章所言略可视为上章"夫慈,以战则胜,以守则固"之说的延伸,亦可视为六十六章"不以其无争与?故天下莫能与争"之说以另一种方式的重申。诚然,《老子》五千言论及"不争"或"无争"的章节随处可举,如"道经"第三、八、二十三章,"德经"第六十六、七十三、八十一章等,但本章以"不争之德"措辞,仍可谓别有深趣而耐人寻味。

历来注家于"善为士者不武"之"士"各有其说,迄无定论,而"士"在春秋战国时期之所指从未婚男子、成年男子、兵士、武士到卿士、士君子亦确实不一而足。但以下文"善用人者为之下"相推,这里所称之"士"当为墨子所谓"而今天下之士君子……莫知尚贤而使能"(《墨子·尚贤下》)之"士君子",因为只有在居于"士君子"地位的"士"那里,"善用人"才是一个真正重要的问题。然而,何谓"士君子"?墨子又有这样的说法:"……逮至其国家则不然,王公大人骨肉之亲,无故富贵、面目美好者,则举之,则王公大人之亲其国家也,不若亲其一危弓、罢马、衣裳、牛羊之财与?我以此知天下之士君子皆明于小,而不明于大也。"(同上)由此可知,"士君子"主要指握有权柄而足以影响国家治理的"王公大人"。以"士"指"士君子"或"王公大人",足见老子于此章之所论重在国家治理,尽管这国家治理是关联着"士君子"或"王公大人"自身"法道"以"重积德"(五十九章)而言的。

因此,"善为士者不武"不在于劝告一般武士对其武技的深藏不露,而在于讽喻居于社会上层的治国者尚"慈"而不尚"舍慈且勇"(六十七章)的那种武勇。与"善为士者"相应,"善战者"主要不是指既已进入作战状态的兵卒或战士，而是指战局的把握者或指挥者，唯战局的把握者或指挥者“慈”而“不怒”，其“慈，故能勇”（同上），从而可能获得非俗人之勇可比的大勇，而有此大勇也才可能引导人返于自然，以双方最小的伤亡扭转战局而达到弭兵的目的。《孙子·火攻篇》有云：“主不可以怒而兴师，将不可以愠而致战。”其意或与老子“善战者不怒”之旨相通，但必须指出的是，兵家所云多出于己方的利害权衡，其与老子由“法自然”而重“慈”德尚有一间之隔。同样，老子所谓“善胜敌者弗与”，亦关联着“慈”德。唯不仇视（“弗与”）敌方，才能超越敌我对立，从而在取法自然的境界上最终消解敌我对立以胜敌胜我或胜我胜敌。如此不战而胜煞似《孙子·谋攻篇》所谓“不战而屈人之兵，善之善者也”，然而兵家“不战而屈人之兵”终是一种“上兵伐谋”的谋略，老子的“善胜敌”则在于凭恃“慈”德从根本上克除战争的可能。

“不武”、“不怒”、“弗与”（不仇），皆可归结于“不争”。兵戎之事最具“争”的特征，由“战”、“胜”而申示“不争”足以看出老子“不争”主张的彻底。这“不武”、“不怒”、“弗与”出自“慈”之所由的“玄德”，老子径称其为“不争之德”。与这“不争之德”互为表里，有此德之人必有相应彻底的“为之下”（谦下待人或下己于人）的用人局量。对人“以其言下之”、“以其身后之”（六十六章），如此“用人”不是权谋者的计术或韬略，而是有着“不争之德”的人的由衷之举。“天之道，利而不害”，与之相配称的是“人之道，为而不争”（八十一章），这见于兵事的“不武”、“不怒”、“弗与”与见于“用人”的“为之下”不正可谓“为而不争”的“人之道”么？所以老子称叹其“配天”，并要分外申明：像这样以当有的“人之道”配称无为的“天之道”，乃是古来就讲求的治化准则。

六十九章

用兵又(有)言曰：	用兵者有这样的警语：
“吾不敢为主而为客，	“我不敢进攻而宁可取守势，
不敢进寸而退尺。”①	我不敢进一寸而宁可退一尺。”
是胃(谓)：	这就是说：
行无行，	可列阵也不列阵相牴，
攘无臂，	可攘臂也不忿然攘臂，
执无兵，	可执戟也不动用兵器，
乃无敌。②	如此则化有敌为无敌。
祸莫大于无敌，	灾祸没有比逞强而自恃无敌更大了，
无敌近亡吾琛(宝)矣。	自恃无敌几近于将“三宝”尽弃。
故抗兵相若，	所以两军对垒而兵力相匹，
而依(哀)者朕(胜)[矣]。③	那由慈而勇的一方必定胜利。

【校释】

①用兵又(有)言曰：“吾不敢为主而为客，不敢进寸而退尺。”

帛书乙本字句如上。甲本“又”作“有”(“有”为“又”之本字),下一“不敢”作“吾不”,“退”作“芮”(“芮”为“退”之借字),然与乙本句脉、文义无异。

郭店楚简本无此章文字。

王弼本此节文字为:“用兵有言:‘吾不敢为主而为客,不敢进寸而退尺。’”校之以帛书甲、乙本,甲、乙本“言”下皆有“曰”字,王本无;后两句王本与乙本从同。

※诸传世本多同于王弼本,其略异者有:范应元本,“兵”下有“者”字,“言”下有“曰”字,“用兵有言”为“用兵者有言曰”。傅奕本,“言”下有“曰”字,“用兵有言”为“用兵有言曰”,与帛书甲、乙本从同。敦煌写本之壬本,上一“敢”字作“能”,整节文字为:“用兵有言:‘吾不能为主而为客,不敢进寸而退尺。’”遂州龙兴观碑本,上一“敢”字下有“求”字,整节文字为:“用兵有言:‘吾不敢求为主而为客,不敢进寸而退尺。’”

“主”、“客”,这里“主”指先行举兵的一方,“客”指后起应敌的一方。苏辙注云:“主,造事者也。客,应敌者也。”“吾不敢为主而为客”,谓我不敢主动进攻,宁可被动守御。

“进”、“退”,这里“进”、“退”意味着争与不争。“吾不敢进寸而退尺”,谓我不敢争先一寸,宁可退让一尺。

②是胃(谓):行无行,攘无臂,执无兵,乃无敌。

帛书乙本字句如上。甲本“攘”作“襄”(“襄”为“攘”之借字),“敌”下有“矣”字,然与乙本句脉、文义无别。

王弼本此节文字为:“是谓行无(無)行,攘无(無)臂,扔无(無)敌,执无(無)兵。”校之以帛书甲、乙本,其“乃”作“扔”,“扔无敌”在“执无兵”句之上。相比勘,“乃”较“扔”义胜,而“乃无敌”

在“执无兵”之下的句序亦更切合意脉,今依帛书本。楼宇烈《王弼集校释》云:“三十八章‘攘臂而扔之’之‘扔’字,长沙马王堆三号汉墓出土帛书《老子》甲、乙本经文亦均作‘乃’。此‘乃’字为‘扔’之借字,而本章注‘乃无敌’,当以‘乃’本字用。”(楼宇烈:《王弼集校释》,第175页)其引王弼注文“言无有与之抗也”为据以“乃无敌”之“乃”为本字,所辨甚是,可从。甲、乙本四“无”字(非“無”之简体字)王本俱作“無”,而“无”与“無”同。

※诸传世本多有与王弼本字句相出入者,其如:危大有本,“谓”作“以”,“是谓行无行”为“是以行无行”。遂州龙兴观碑本、敦煌写本之辛本、敦煌写本之壬本、严遵本、傅奕本、陆希声本、张君相本、吴澄本、明《御注》本,“扔”作“仍”,“仍无敌”句在“执无兵”句下,整节文字为:“是谓行无行,攘无臂,执无兵,仍无敌。”张嗣成本,“扔”作“仍”,“仍无敌”句在“攘无臂”句之上,整节文字为:“是谓行无行,仍无敌,攘无臂,执无兵。”易州景龙碑本、邢州开元幢本、易州景福碑本、楼观台碑本、磻溪大德幢本、北京延祐石刻本、敦煌写本之庚本、河上公(影宋、道藏)本、李约本、唐《御注》本、杜光庭本、强思齐本、道藏无注本、陈景元本、吕惠卿本、司马光本、苏辙本、邵若愚本、李霖本、白玉蟾本、彭耜本、董思靖本、宋李荣本、林希逸本、文如海本、无名氏本、吕知常本、赵秉文本、时雍本、李道纯本、邓锜本、杜道坚本、王守正本、林志坚本、释德清本、薛蕙本、焦竑本、周如砥本、潘静观本,“扔”作“仍”,“扔无敌”为“仍无敌”。

“行”(háng),排列;这里指列阵。“行无行”,谓可列阵也不列阵以战。

“攘”，捋，揎；这里指那种捋袖伸臂、忿激欲搏的情状。“攘无臂”，谓可捋袖伸臂以争也不忿然攘臂相向。

“无兵”，这里指不动用兵器。“执无兵”，谓有刀枪可执也不动用兵器。

“无敌”，这里指化有敌为无敌。“乃无敌”，谓若是做到了“行无行”、“攘无臂”、“执无兵”，那就可以化有敌为无敌。

③祸莫大于无敌，无敌近亡吾琛(宝)矣。故抗兵相若，而依(哀)者朕(胜)[矣]。

帛书乙本“朕”(胜)下残损一字，据甲本当为“矣”；补损阙后，其字句如上。甲本“祸”作“𥛚”(“祸”之古字)，“大于”误书为“于于”，“敌”作“適”(“敌”之借字)，“近”作“斤”(“近”之借字)，衍一“吾”字，“宝”(乙本作“琛”)作“葆”(同“宝”)，“抗兵”作“称兵”(与“抗兵”同义)，“而”作“则”，“依”作“哀”(“依”与“哀”古音义相通)，“朕”(“胜”之借字)作“胜”。甲、乙本用字有异，但正其衍误后，二者句脉、文义从同。

王弼本此节文字为：“祸莫大于轻敌，轻敌几丧吾宝。故抗兵相加，哀者胜矣。”校之以帛书甲、乙本，甲、乙本“无敌”王本作“轻敌”，以“罪莫大于可欲”(四十六章)之句式及文义相推，“祸莫大于无敌”较“祸莫大于轻敌”切近老子之意；甲、乙本“近亡”王本作“几丧”，二者义相近；甲、乙本“相若”王本作“相加”，“相若”义胜。

※诸传世本与王弼本字句相异者有：遂州龙兴观碑本，二“轻”字并作“侮”，“几”上有“则”字，“丧”作“亡”，“哀”上有“若”字，无“矣”字，整节文字为：“祸莫大于侮敌，侮敌则几亡吾宝。故抗兵相加，若哀者胜。”敦煌写本之辛本，二“轻”字并作“侮”，“几”上有“则”字，“丧”作“亡”，“加”作“若”，“哀”

上有“则”字，无“矣”字，整节文字为：“祸莫大于侮敌，侮敌则几亡吾宝。故抗兵相若，则哀者胜。”傅奕本，二“轻”字并作“无”，“几”上有“则”字，“丧”作“亡”，“加”作“若”，“哀”上有“则”字，整节文字为：“祸莫大于无敌，无敌则几亡吾宝。故抗兵相若，则哀者胜矣。”敦煌写本之庚本，二“轻”字并作“诬”，“祸莫大于轻敌，轻敌几丧吾宝”为“祸莫大于诬敌，诬敌几丧吾宝”。敦煌写本之壬本，二“轻”字并作“诬”，“加”作“如”，整节文字为：“祸莫大于诬敌，诬敌几丧吾宝。故抗兵相如，哀者胜矣。”楼观台碑本，“几”上有“则”字，“丧”作“亡”，“几丧吾宝”为“则几亡吾宝”。张君相本、范应元本，“几”上有“则”字，“丧”作“亡”，“哀”上有“则”字，整节文字为：“祸莫大于轻敌，轻敌则几亡吾宝。故抗兵相加，则哀者胜矣。”李约本，“几”上有“则”字，“哀”上有“则”字，“矣”作“之”，整节文字为：“祸莫大于轻敌，轻敌则几丧吾宝。故抗兵相加，则哀者胜之。”邵若愚本，“几”上有“则”字，“哀”上有“则”字，整节文字为：“祸莫大于轻敌，轻敌则几丧吾宝。故抗兵相加，则哀者胜矣。”周至至元碑本、磻溪大德幢本、陆希声本、道藏无注本、陈景元本、吕惠卿本、司马光本、陈象古本、李霖本、白玉蟾本、崇宁《五注》本、曹道冲本、达真子本、董思靖本、宋李荣本、文如海本、吕知常本、寇才质本、赵秉文本、邓锜本、王守正本、张嗣成本，“几”上有“则”字，“轻敌几丧吾宝”为“轻敌则几丧吾宝”。唐《御注》本、苏辙本、黄茂材本、叶梦得本，“几”上有“者”字，“轻敌几丧吾宝”为“轻敌者几丧吾宝”。北京延祐石刻本，“几”上有“者”字，无“相”字，整节文字为：“祸莫大于轻敌，轻敌者几丧吾宝。故抗兵加，哀者胜矣”。强思齐本，“丧”作“亡”，“轻敌几丧吾宝”为“轻敌几亡吾宝”。程大昌本、危大有本，无“故”字，“故抗兵相加”为“抗兵相加”。易州景龙碑本,"哀"上有"则"字,无"矣"字,"哀者胜矣"为"则哀者胜"。河上公(道藏)本,"哀"上有"则"字,无"者"字,"矣"作"也已","哀者胜矣"为"则哀胜也已"。宋《御解》本、彭耜本、无名氏本、时雍本,"哀"上有"则"字,"哀者胜矣"为"则哀者胜矣"。李道纯本,无"矣"字,"哀者胜矣"为"哀者胜"。严遵本,无"故抗兵相加,哀者胜矣"句,整节文字仅为:"祸莫大于轻敌,轻敌几丧吾宝。"《群书治要》本,"抗"作"扰","故抗兵相加"为"故扰兵相加"。

"无敌",非前节所谓"无敌"(化敌于无或化有敌为无敌);此"无敌"指逞强而自恃无人可敌。"祸莫大于无敌",谓灾祸之大莫过于逞强而自恃无人可敌。所以如此,是因为"无敌"者"舍其慈且勇,舍其俭且广,舍其后且先,则死矣"(六十七章)。

"琛",通"宝",这里指六十七章所说"慈"、"俭"、"不敢为天下先"等"三宝"。"无敌近亡吾琛(宝)",谓逞强以争而自恃无敌几近于尽弃了"三宝"。

"抗兵",指两军对垒。"抗兵相若",谓两军对垒而兵力相当或相匹。

"依",通"哀",慈之谓。吴检斋《经籍旧音辩证》:"依、偯、㥤、哀,皆脂部字,声纽亦同。""依(哀)者朕(胜)矣",谓由慈生勇的一方获胜。此句之意,与六十七章"夫慈,以战则胜,以守则固"之说可相印证。

【疏解】

一如上章,本章亦是对六十六章"不以其无争与?故天下莫能与争"及六十七章"夫慈,以战则胜,以守则固"之说的诠释。全章无一句不以"用兵"为喻,但所喻之"无争"却正在于破弃时君"以兵强天下”的迷梦。

老子援引前贤之言讲主客、进退间的“用兵”之道，看似全然认可其说，实则是借了兵家的警语重申自己所推尚的“不争之德”。“吾不敢为主而为客，不敢进寸而退尺”，此话出于何人之口已无从考稽，但可以肯定的是，兵家所说“为客”、“退尺”当只是一种谋术，老子称述其说则另有断制。兵家以“客”、“退”示人以不争，然而此不争终究是为了争；老子从兵家韬略意义上的不争说开去，其归着却在于终极意味上的不争，这是老子与兵家的泾渭之别所在。

“是谓”以下四句是老子对“用兵”上的“不争之德”自抒其论，所论辞简意晦，颇耐人咀茹。“行”，乃队列或阵列之谓。“行无行”，就敌我双方的我方而言，是指即便适可列阵也不主动列阵以与对方相敌；对敌方而言，则由我方的做法使敌方即便想列阵以战也终于无从列阵。所谓“攘无臂”、“执无兵”亦是如此，就是说，我方即便在适可攘臂一搏的情形下也不主动忿然攘臂，在适可执戈相拼的情形下也不主动拔刀操矛，从而使敌方即便想攘臂以斗也终于无从捋袖伸臂，即便想执戈相向也终于无从激起杀机。我方以慈而不争消解敌方的敌意，化有敌为无敌，这便是“行无行”、“攘无臂”、“执无兵”所要达到的结果——“乃无敌”。面临既来之敌，以“无争”——见之于“行无行”、“攘无臂”、“执无兵”——而待来敌之勇是须有更大的勇的，这比来敌之勇更大的勇得以发生乃在于“慈，故能勇”（六十七章）。以慈为底蕴的勇使慈者有所担当或承诺，其所担当或承诺的是践行“法自然”之“道”的“不言之教”（二章、四十三章）。

与“为客”、“退尺”而“行无行，攘无臂，执无兵，乃无敌”相反，倘“进”而“为主”、逞强以争，争之不已而自恃无敌于天下，这在老子看来，必将酿就莫大的灾祸。此“无敌”迥异于彼“无敌”，“乃无敌”之“无敌”是指以“无争”化有敌为无敌,“祸莫大于无敌”之“无敌”则是逞强以“争”而自恃无可匹敌;后者即老子所谓“舍其慈且勇……则死矣”(六十七章),而入于死地不就是莫大之祸么?两军对垒而兵力相当,一方“慈,故能勇”,一方“舍其慈,且勇”,老子断言“依(哀)者朕(胜)矣”——此获胜的“哀者”亦即“慈,故能勇”的一方。

七十章

吾言易知也，	我说的话不难理解，
易行也，	也容易践行，
而天下莫之能知也，	但天下人不能理解，
莫之能行也。[①]	不能践行。
夫言又(有)宗，	言说有其主旨，
事又(有)君；	行事有其要领；
夫唯无知也，	因为不知晓这宗本，
是以不我知。[②]	所以不懂得我的话易知易行。
知〔我〕者希，	了解我的人何其少呵，
则我贵矣。	这正表明我之所言何等贵重。
是以耶(圣)人被褐而褱玉。[③]	因此圣人总是那样——他们怀藏宝玉而衣着却如寻常百姓。

【校释】

①吾言易知也，易行也，而天下莫之能知也，莫之能行也。

帛书乙本字句如上。甲本两“易”字上并有“甚”字，“天下”作

"人",下一"莫"字上有"而"字。甲、乙本用字略异,然二者文义相同。

郭店楚简本未见此章文字。

王弼本此节文字为:"吾言甚易知,甚易行,天下莫能知,莫能行。"校之以帛书甲、乙本,四"也"字并无,二"之"字并无,前二句与甲本相近,后二句与乙本相近,文义则与甲、乙本略相侔。

※诸传世本多同于王弼本,其略异者有:严遵本、道藏无注本、黄茂材本、崇宁《五注》本、达真子本、叶梦得本、董思靖本、文如海本、刘骥本,"天"上有"而"字,"天下莫能知"为"而天下莫能知"。傅奕本、范应元本,"天下"作"而人",二"莫"字下并有"之"字,整节文字为:"吾言甚易知,甚易行,而人莫之能知,莫之能行。"

"知",懂,理解。"吾言易知也,易行也",谓我所说的话不难理解,也容易践行。

②夫言又(有)宗,事又(有)君;夫唯无知也,是以不我知。

帛书乙本字句如上。甲本"不"下残损多字,据乙本,此节所损字当为"我知"。甲、乙本互校,乙本"夫言又宗"甲本作"言有君",乙本"事又君"甲本作"事有宗",然文义无别。

王弼本此节文字为:"言有宗,事有君;夫唯无(無)知,是以不我知。"以帛书甲、乙本相校,王本无上一"夫"字,无"也"字,甲、乙本"无"字(非"無"之简体字)王本作"無"("无"同"無"),其余字句则从同。

※诸传世本多同于王弼本,其略异者有:傅奕本、范应元本,"君"作"主","我"作"吾",末句句末有"也"字,整节文字

为："言有宗，事有主；夫惟无知，是以不吾知也。"严遵本，"夫唯无知"作"唯我无知"，"我"作"吾"，整节文字为："言有宗，事有君；唯我无知，是以不吾知。"遂州龙兴观碑本，"不"作"莫"，"是以不我知"为"是以莫我知"。陆希声本、宋《御解》本、邵若愚本、彭耜本、董思靖本、文如海本、无名氏本、时雍本，"我"作"吾"，句末有"也"字，"是以不我知"为"是以不吾知也"。敦煌写本之辛本，"我"作"吾"，"是以不我知"为"是以不吾知"。焦竑本，末句句末有"也"字，"是以不我知"为"是以不我知也"。

"宗"，宗旨，主旨。"君"，主，主宰。"夫言又(有)宗，事又(有)君"，谓所言有主旨，所行有宗本。

"不我知"，不了解我。"夫唯无知，是以不我知"，谓因为不知晓言有主旨、行有宗本，所以不懂得我的话易知易行。

③知〔我〕者希，则我贵矣。是以耶(圣)人被褐而褱玉。

帛书乙本"知"字下脱一"我"字，这从上文"是以不我知"可知，亦可印证于王弼本等传世本。勘正其脱误后，乙本字句如上。甲本"我贵"上残损多字，据乙本及王弼本，此节所损当为"知我者希，则"。

王弼本此节文字为："知我者希，则我者贵。是以圣人被褐怀玉。"以帛书甲、乙本勘校，王本"知"下有"我"字，可依之正乙本之脱误；王本下一"我"下有"者"字，依上下文义，可据甲、乙本断其为衍文；王本"被褐怀玉"，甲、乙本作"被褐而褱玉"，文义无大别，而有"而"字义略胜。

※诸传世本与王弼本相异者则有：《群书治要》本、陈景元本、宋《御解》本、邵若愚本、彭耜本、宋李荣本，"希"作"稀"，

无下一“者”字，“贵”下有“矣”字，整节文字为：“知我者稀，则我贵矣。是以圣人被褐怀玉。”傅奕本，“希”作“稀”，无下一“者”字，“贵”下有“矣”字，“褐”下有“而”字，整节文字为：“知我者稀，则我贵矣。是以圣人被褐而怀玉。”寇才质本，“希”作“稀”，“知我者希”为“知我者稀”。易州景福碑本，“则”作“明”，“则我者贵”为“明我者贵”。敦煌写本之壬本、严遵本，无下一“者”字，“贵”下有“矣”字，“褐”下有“而”字，整节文字为：“知我者希，则我贵矣。是以圣人被褐而怀玉。”范应元本，无下一“者”字，“贵”下有“矣”字，“被”作“披”，“褐”下有“而”字，整节文字为：“知我者希，则我贵矣。是以圣人披褐而怀玉。”北京延祐石刻本、敦煌写本之庚本、吕惠卿本、司马光本、白玉蟾本、董思靖本、林希逸本、文如海本、邓锜本、吴澄本、张嗣成本、明《御注》本、危大有本、薛蕙本、焦竑本、潘静观本，无下一“者”字，“贵”下有“矣”字，“则我者贵”为“则我贵矣”，与帛书甲、乙本同。吕知常本，“贵”下有“矣”字，“则我者贵”为“则我者贵矣”。崇宁《五注》本、达真子本，“被”作“披”，“是以圣人被褐怀玉”为“是以圣人披褐怀玉”。

“希”，罕，少。《尔雅·释诂下》：“希，罕也。”“知我者希，则我贵矣”，谓罕有人了解我，那正表明我的说法的可贵。王弼注云：“知我益希，我亦(益)无匹。”所注颇切老意。蒋锡昌按：“语云物以希为贵，则‘贵’亦希也。故此贵非人贵，亦非自贵，乃他人无知之为贵也。此言普通人君莫知圣人，此圣人所以贵也。”其说亦甚是。

“褐”，粗布，粗衣。“圣人被褐而褭玉”，谓圣人虽与寻常百姓一样衣着粗陋，却藏宝玉于其身。这里，“玉”用以隐喻老子一再称述的法自然之“道”。

【疏解】

此章所抒乃老子对其道不行于天下的喟叹，亦可视为这位以“法自然”而“无为”为教的隐者的自我劝勉。其用以称述圣人的“被褐而褱玉”之喻，诚可谓老子对其始终不渝之所守所行的告白。

《老子》五千言一再申言者，不外“致虚”、“守静”（十六章）、“见素抱朴”（十九章）、“守柔”（五十二章）、“不欲”（三十七章）、“无为”或“弗为”（二章、三章、三十八章、四十三章、四十八章、五十七章、六十三章、六十四章）、“不争”（三章、二十三章、六十八章），凡此正如老子所说其“易知”、“易行”，然而天下人却“莫之能知”、“莫之能行”。易知而不知，易行而不行，显然不是由于当下条件或时人之能力，而是因为利令智昏。人一旦为利所诱而唯利是求，便无从澄怀以虚、淡泊以静、甘于素朴、乐于谦下、柔弱而寡欲、无为而不争。“众人熙熙，若飨于大牢，而春登台”（二十章），尘海中的众人熙熙为利而来，攘攘为利而往，非于“虚”、“静”、“素”、“朴”、“柔”、“下”、“无为”、“不争”不能，实则于此不愿。愿与不愿涉及现实而终极的价值取向，为利欲所驱者自是与倡言“复归于朴”（二十八章）的老子不相为俦。自嘲以“愚人之心”的老子是孤寂的，他对自己的遗世独立本就有过“俗人昭昭，我独若昏呵；俗人察察，我独闽闽呵”（二十章）的感喟。

不过，老子毕竟不能舍天下人于不顾，他由“天之道”开示“人之道”，终是要对为利欲所陷的世人作一种“绝圣弃智”、“绝仁弃义”、“绝巧弃利”（十九章）的引导。“夫言有宗，事有君”，老子为世人抉示的“言”、“事”之“宗”、“君”说到底乃在于因任自然以达于“深根固柢，长生久视”（五十九章），其“道”之所导谕趣归于此，其“德”之所欲得亦趣归于此。“五色使人目盲，五音使人耳聋，五味使人口爽(伤),驰骋田猎使人心发狂,难得之货使人行妨”(十二章);利欲中的人们相争不已而孜孜以求的不外“五色”、“五音”、“五味”、“驰骋田猎”、“难得之货”,而这些终会使人“目盲”、“耳聋”、“口伤”、“心发狂”、“行妨”以至于伤生而“之死地”(五十章)。在老子看来,诸如“虚”、“静”、“素”、“朴”、“柔”、“弱”、“无事”、“无为”、“不欲”、“不争”等“易知”、“易行”之言称所以“莫之能知”、“莫之能行”,是因为世人终究未能晓悟“生生”(厚养其身,为自生以生)适足害生、“不自生”反倒能“长生”(七章)这一“生”之宗本,不能明白他这“独异于人”之“愚人”的心愫。

与同时代而比其略晚的孔子一样,老子之“道”并不为世俗所推尚。孔子曾有“道不行”(《论语·公冶长》)之叹,载籍则记下了孔子与颜回的这样一段对话:“颜回入见。孔子曰:‘回,《诗》云:“匪兕匪虎,率彼旷野。”吾道非耶?吾何为于此?’颜回曰:‘夫子之道至大,故天下莫能容。虽然夫子推而行之,不容何病?不容,然后见君子。夫道之不修也,是吾丑也。夫道既已大修而不用,是有国者之丑也。不容何病?不容然后见君子。’孔子欣然而笑曰:‘有是哉!颜氏之子。使尔多财,吾为尔宰。’”(《史记·孔子世家》)颜回、孔子不以其道“天下莫能容”为丑,反倒认为“不容然后见君子”,足见孔、颜对其所修之“道”的笃信。一如孔子,老子申言“知我者希,则我贵矣”。“被褐而褱玉”,他以此喻叹美圣人,亦正以此喻自剖其胸襟。老子之“道”虽亦可谓“以自隐无名为务”(《史记·老庄申韩列传》),然而这位高尚的隐者终是不能隐去其拳拳救世之心。

七十一章

知不知，	知而不自以为知，
尚矣；	那是知的上乘之境；
不知知，	不知而自以为知，
病矣。[①]	那是于知有损的弊病。
是以耶(圣)人之不［病］也，	圣人所以没有这弊病，
以其病病也，	是由于他诟病其弊病，
是以不病。[②]	因此终于没有弊病。

【校释】

①知不知，尚矣；不知知，病矣。

帛书乙本字句如上。甲本“不知知”作“不知不知”，其因重文号不当而衍一“不”字，当据乙本删正而为“不知知”。

郭店楚简本未见此章文字。

王弼本此节文字为：“知不知，上；不知知，病。”以帛书甲、乙本校之，“尚”王本作“上”（“尚”、“上”相通），“上”下、“病”下之“矣”字王本并无，然其文义从同。

※诸传世本多同于王弼本，与王弼本略异者则有：傅奕本、陆希声本、宋《御解》本、邵若愚本、彭耜本、范应元本、文如

海本、无名氏本、时雍本,“上”作“尚”,其后有“矣”字,“病”下亦有“矣”字,整节文字为:“知不知,尚矣;不知知,病矣。”其与帛书乙本从同。董思靖本,“上”下有“矣”字,“病”下有“矣”字,整节文字为:“知不知,上矣;不知知,病矣。”

“知不知”,知晓而不自以为知晓。“知不知,尚矣”,谓知晓而不自以为知晓,这知是上乘的知。奚侗注云:“知之而不自以为知,是谓上德之人。”其说甚是。

“不知知”,不知而自以为知。“不知知,病矣”,谓不知而自以为知,那是不知者的弊病。

②是以耶(圣)人之不[病]也,以其病病也,是以不病。

帛书乙本上一“不”字下残损一字,据甲本当为“病”;补损阙后,其字句如上。甲本“其”下残损多字,据乙本,此节所损当为“病病,是以不病”。

王弼本此节文字为:“夫唯病病,是以不病。圣人不病,以其病病,是以不病。”校之以帛书甲、乙本,王本前云“夫唯病病,是以不病”,后又云“以其病病,是以不病”,文义似有重复。俞樾《诸子平议·老子》云:“上文已言‘夫唯病病,是以不病’,此又言‘以其病病,是以不病’,则文复矣。”其对“文复”已有指出。之后,朱谦之亦谓:“诸本文赘,既云‘夫唯病病,是以不病’,又云‘以其病病,是以不病’,傅、范本更赘,决非《老子》古本之旧。”(朱谦之:《老子校释》,第283页)是说适可印证于帛书甲、乙本。

※诸传世本多同于王弼本,其相异者则有:易州景龙碑本、敦煌写本之辛本,“夫唯病病,是以不病”作“是以”,整节文字为:“是以圣人不病,以其病病,是以不病。”其与帛书甲、乙本相近。敦煌写本之庚本,无上一“不”字(或为脱误),整节文

字为:“夫唯病病,是以病。圣人不病,以其病病,是以不病。”敦煌写本之壬本,“夫唯病病,是以不病”作“夫唯病”,整节文字为:“夫唯病,圣人不病,以其病病,是以不病。”杜道坚本,上一“是以”作“以其”,“夫唯病病,是以不病”为“夫惟病病,以其不病”。遂州龙兴观碑本,无“夫唯病病,是以不病”句,整节文字为:“圣人不病,以其病病,是以不病。”其与帛书甲、乙本相近。张君相本,“圣”上有“是以”二字,“圣人不病”为“是以圣人不病”。傅奕本、范应元本,“人”下有“之”字,末一“病”字上有“吾”字,整节文字为:“夫惟病病,是以不病。圣人之不病,以其病病,是以不吾病。”司马光本、宋《御解》本、邵若愚本、彭耜本、董思靖本、文如海本、无名氏本、时雍本、焦竑本,“人”下有“之”字,“圣人不病”为“圣人之不病”(焦竑本“病”下有“也”字)。

“病病”,前一“病”字为动词,指责或诟病之谓。“以其病病也,是以不病”,谓因为他诟病此弊病(以此弊病为耻),所以不会产生此弊病。

【疏解】

此章承上章所谓“夫唯无知也,是以不我知。知我者希,则我贵矣”之“知”义,专章论“知”之“上”(“知”的上乘之境)与以不知为知之“病”。其关键词似有二(“知”与“病”),然而“病”仍是就“知”的话题而言,全章措思之焦点只在于“知”。

古时注家多有抑“知”者,往往依庄子后学所谓“不知深矣,知之浅矣;弗知内矣,知之外矣”(《庄子·知北游》)诠解本章“知不知”、“不知知”之“知”意。然而,如此领会“知”与本章之趣致并不相契,其种种颇见玄奥之谈反倒使原本“易知”的说法变得扑朔迷离而“莫之能知”了。近代以来,诸多注家转而给予“知”以更大程度的信赖,但对老子所称“知”之歧义毕竟甚少分辨,而这则多少影响了被解悟的“知”当有的厚重感。

老子虽黜“智”,有“智慧出,安有大伪”(十八章)、“绝圣弃智”(十九章)、“夫民之难治也,以其智也。故以智治国,国之贼也;以不智治国,国之德也”(六十五章)之说,但对“知”却并非一概贬斥。在与“智”相通或相应的意味上,老子亦黜“知”,如其谓“恒使民无知无欲也”(三章);而在晓悟、省悟、了悟、了解的意味上,老子则并未否定过“知”。《老子》中,前一种“知”的用法所见甚少;后一种“知”的使用却不胜枚举,诸如:“执今之道,以御今之有,以知古始,是谓道纪”(十四章),“知常明也;不知常,妄,妄作,凶”(十六章),“吾何以知众父之然也? 以此”(二十一章),“知其雄,守其雌”、“知其白,守其黑”、“知其荣,守其辱”(二十八章),“夫亦将知止,知止所以不殆”(三十二章),“自知者明也”、“知足者富也”(三十三章),“吾是以知无为之有益也”(四十三章),“知足不辱,知止不殆,可以长久”(四十四章),“祸莫大于不知足,咎莫憯于欲得。故知足之足,恒足矣”(四十六章),“不出于户,以知天下”、“其出弥远者,其知弥少”(四十七章),“既得其母,以知其子;既知其子,复守其母,没身不殆”(五十二章),“知常曰明”(五十五章),“知者弗言,言者弗知”(五十六章),“吾何以知其然也哉”(五十七章),“祸,福之所倚;福,祸之所伏。孰知其极”(五十八章),“恒知此两者,亦稽式也;恒知稽式,是谓玄德”(六十五章),“吾言易知也,易行也;而天下莫之能知也,莫之能行也”(七十章),“是以圣人自知而不自见也,自爱而不自贵也”(七十二章),“天之所恶,孰知其故”(七十三章),“知者不博,博者不知”(八十一章)等。比较“知”的两种用法及本章谈“知”的语境,大致可以断定,“知不知”、“不知知”所论及的“知”是第二种意义上的“知”,亦即“知无为之有益”或“知常曰明”意味上的“知”，殊非通于“智”而为老子申言弃绝的“知”。

因此，本章所论之主旨不在于诸多古注所执着的“道”何以可“知”，而是在于对“知”的应有态度的诲导。倘将“知不知”、“不知知”的疏解引向“道”是否可“知”的讨论，遂有“道非思虑之所及，故不可知。然方其未知，则非知无以入也。及其既知而存知，知则病矣”（苏辙：《道德真经注》）之说，或“眩于物交之知，而不察真知之无知，世之通蔽也。故知道者，能复反于不知，斯为上矣”（薛蕙：《老子集解》）之说，其说虽辩，然不切本章之要领。其实，“知不知”，是指一个人对“常”因而对“道”有所了悟却能自觉意识到尚不了悟或不甚了悟的那种境地；“不知知”则相反，其指一个人对“常”因而对“道”无所了悟却自以为已经了悟的那种情形。老子以“尚”（上）称叹前一种境地为“知”的上乘之境，以“病”指谪后一种情形为有害于“知”的弊习。世俗中人不以此“病”为病，以致终于为“病”所困而与“真知”无缘，圣人则总能自觉诟病此弊病，所以没有“不知知”的弊习而可达于“知”的上乘。老子如此论“知”，与孔子所谓“知之为知之，不知为不知，是知也”（《论语·为政》）意趣略通，尽管二者之“知”各有其指归。

诚然，“知常”而知“道”尚有如何知的问题，但这问题已将“知”之思路由本章延伸到本章之外。

七十二章

民之不畏畏（威），	当百姓对可畏之事不再畏恐，
则大畏（威）将至矣。①	那更大的可畏之事就会发生。
毋伸（狭）其所居，	不要使百姓居处促迫而无从容身，
毋猒（厌）其所生。	不要使百姓生业受压而难以活命。
夫唯弗猒（厌），	只有君长不压制百姓，
是以不猒（厌）。②	百姓才会不厌弃人君。
是以耶（圣）人自知而不自见也，	所以圣人有自知之明而不自我炫示，
自爱而不自贵也。	能自珍自重而不自高身份。
故去罢（彼）而取此。③	因此世君应舍弃彼途而选取此径。

【校释】

①民之不畏畏（威），则大畏（威）将至矣。

帛书乙本字句如上。甲本“畏畏”上残损多字，据乙本，此节所损当为“民之不”；“大”下残损三字，据乙本当为“畏将至”。

郭店楚简本未见此章文字。

王弼本此节文字为:“民不畏威,则大威至。”以帛书乙本(甲本残损严重)校之,王本“民”下无“之”字,第二、三“畏”字并作“威”,“将至矣”作“至”(有“将”字义略胜),然两者文义略从同。

※诸传世本与王弼本相异者则有:易州开元幢本、遂州龙兴观碑本、李约本、唐《御注》本、强思齐本,“民”作“人”,“民不畏威”为“人不畏威”。北京延祐石刻本,“则”作“而”,“至”下有“矣”字,“则大威至”为“而大威至矣”。敦煌写本之庚本,无“则”字,下一“威”字作“畏”,“至”下有“矣”字,“则大威至”为“大畏至矣”。易州景福碑本、敦煌写本之壬本、河上公(影宋)本、白玉蟾本、林希逸本、邓锜本、杜道坚本、吴澄本、林志坚本、明《御注》本、周如砥本、潘静观本,无“则”字,“至”下有“矣”字,“则大威至”为“大威至矣”。危大有本,无“则”字,“威”作“畏”,“至”下有“矣”字,“则大威至”为“大畏至矣”。易州景龙碑本,无“则”字,“则大威至”为“大威至”。傅奕本、河上公(道藏)本、陆希声本、陈景元本、宋《御解》本、邵若愚本、彭耜本、董思靖本、范应元本、文如海本、无名氏本、时雍本、释德清本、焦竑本、周如砥本,“至”下有“矣”字,“则大威至”为“则大威至矣”。

“畏畏”,畏惧那可畏惧之事。后一“畏”,通“威”,指可畏之事物或行为。《左传·襄公三十一年》:“有威而可畏,谓之威。”王聘珍《大戴礼记解诂》解《大戴礼记·盛德》“所以威不行德法者也”云:“威,畏也,令可畏惧也。”“民不畏畏(威),则大畏(威)将至矣”,谓若百姓对可畏之事不再畏惧,那么更大的令人可畏的事就会发生了。

②毋伻(狭)其所居,毋猒(厌)其所生。夫唯弗猒(厌),是以不猒

(厌)。

帛书乙本字句如上。甲本上一“毋”作“母”(此处“母”为“毋”之古字),“伻”作“闸”(“伻”、“闸”同为“狭”之借字),“是”下残损多字,本节所损据乙本当为“以不猒(厌)”;甲本补损阙后,与乙本句脉、文义从同。

王弼本此节文字为:“无狎其所居,无厌其所生。夫唯不厌,是以不厌。”帛书乙本“伻”、甲本“闸”王本作“狎”(“伻”、“闸”、“狎”同为“狭”之借字),甲、乙本“夫唯弗猒(厌)”王本作“夫唯不厌”,虽用字略有不同,但其句脉、文义无别。

※诸传世本与王弼本相异者有:司马光本,“狎”作“狭”,“居”作“安”,“无狎其所居”为“无狭其所安”。危大有本,“狎”作“狭”,无“夫唯不厌”句,整节文字为:“无狭其所居,无厌其所生,是以不厌。”易州景龙碑本、易州开元幢本、邢州开元幢本、易州景福碑本、庆阳景佑幢本、周至至元碑本、楼观台碑本、磻溪大德幢本、北京延祐石刻本、遂州龙兴观碑本、敦煌写本之庚本、敦煌写本之辛本、敦煌写本之壬本、河上公(道藏、影宋)本、李约本、唐《御注》本、唐《御疏》本、张君相本、杜光庭本、强思齐本、道藏无注本、吕惠卿本、苏辙本、陈象古本、宋《御解》本、邵若愚本、李霖本、白玉蟾本、彭耜本、董思靖本、宋李荣本、林希逸本、文如海本、无名氏本、吕知常本、寇才质本、赵秉文本、时雍本、李道纯本、邓锜本、杜道坚本、王守正本、林志坚本、张嗣成本、释德清本、薛蕙本、焦竑本、周如砥本、潘静观本,“狎”作“狭”,“无狎其所居”为“无狭其所居”(潘本次一“厌”字亦作“狭”)。严遵本,“狎”作“挟”,“无狎其所居”为“无挟其所居”。傅奕本、范应元本,二“不”字并作“无”,“厌”作“猒”,“夫唯不厌,是以不厌”为“夫唯无猒,是以

无猒”。吴澄本、明《御注》本，次一“厌”字作“狎”，“夫唯不厌”为“夫唯不狎”。

“俾”，通“狭”，为“狭”之借字；狭窄，狭束。这里作动词用，意为使狭束，使促迫。“毋俾（狭）其所居”，谓不要使百姓所居之处促迫而难以容身。

“猒（yā）”，同“厌（yā）”，压，压迫。陆德明《经典释文·春秋左传音义》释《左传·襄公二十六年》“楚晨厌晋军而陈”云：“厌，本又作压。”“毋猒（厌）其所生”，谓不要压抑其生业使其无以活命。

“弗猒（yā）”，指不压制。“不猒（yàn）”，指不厌弃。“夫唯弗猒（厌），是以不猒（厌）”，谓只有君长不压制百姓，百姓才不会厌弃君长。

③是以耶（圣）人自知而不自见也，自爱而不自贵也。故去罢（彼）而取此。

帛书乙本字句如上。甲本“而不自贵也”上残损多字，本节所损据乙本当为“是以圣人自知而不自见也，自爱”；乙本“罢”甲本作“被”（“罢”、“被”同为“彼”之借字），其下甲本无“而”字。

王弼本此节文字为：“是以圣人自知不自见，自爱不自贵。故去彼取此。”校之以帛书乙本（甲本残损严重），乙本“罢”王本作“彼”（“彼”为“罢”之本字），乙本二“不”字上之“而”字王本俱无，乙本上二句句末之“也”字王本亦俱无，然其文义并无不同。

※诸传世本多同于王弼本，其略异者则有：遂州龙兴观碑本、敦煌写本之辛本，“是以”作“故”，“是以圣人自知不自见”为“故圣人自知不自见”。傅奕本、范应元本，二“不”字上并有“而”字，整节文字为：“是以圣人自知而不自见，自爱而不自

贵。故去彼取此。”

“自见(xiàn)”,自我表白,自我显扬。“圣人自知而不自见”,谓圣人有自知之明而不显露自己。

“自贵”,自以为贵,自高其身份。“自爱而不自贵”,谓能自珍自重而不自高其身份。

【疏解】

古注多有以养性保生释本章之主旨者,但细玩文义,此章的重心或在于借圣人之风范对世俗君长作爱民以治国的规劝。

河上公注首开以养性保生释本章指归之先例,其云:“人不畏小害则大害至。大害者,谓死亡也。畏之者当爱精养神,承天顺地也。‘无狭其所居’,谓心居神,当宽柔,不当急狭也。人所以生者,以有精神。精神托空虚,喜清静,若饮食不节,忽道念色,邪僻满腹,为伐本厌神也。夫唯独不厌精神之人,洗心濯垢,恬泊无欲,则精神居之而不厌也。”之后,王弼注则别辟一诠疏蹊径,遂云:“清静无为谓之居,谦后不盈谓之生。离其清静,行其躁欲,弃其谦后,任其威权,则物扰而民僻,威不能复制民。民不能堪其威,则上下大溃矣,天诛将至。故曰‘民不畏威,则大威至。无狎其所居,无厌其所生’。言威力不可任也。”自此以降,唐宋以至元明间古注多以河上公注为蓝本,其或有较大出入者,但意之所属却总在于“爱精养神”、“洗心濯垢”。迄于近代,注家或因政治变局的刺激,其解读此章多上追王弼,将阐释之要点确定于世俗君长之“威力不可任”。两种注释思路似皆可成其一格,然前者以“心居神,当宽柔,不当急狭”释“无狭其所居”毕竟意有迂曲,而以“不厌精神之人,洗心濯垢,恬泊无欲,则精神居之不厌”释“夫唯不厌,是以不厌”,则更有牵强之嫌;相比勘而言,后者义脉明畅,而印证于本章之下“若民恒且不畏死”章、“百姓之不治也,以其上之有以为”章,当更可肯认。

“民之不畏畏(威),则大畏(威)将至矣”,这是老子对一味施威于民的世俗君长的诫儆。“威”,指可畏之事,诸如重赋、刑罚、兵诛等。“大威”,指杀身、失位、亡国之祸。当刑罚、苛政一再威逼民众而民众忍无可忍以至不再就范时,那么对于施行严刑苛政的君长说来,更大的可畏之事、更大的祸患就会降临。由“大威将至”这一令人畏惧的可能结局,老子诱劝握有权柄的君长们收敛其威棱:不要使民众的居处狭迫而难以栖身,不可使民众生业受压而度日艰窘;只有百姓不被君长的权势所欺压,百姓才会乐于拥戴君长而不至于对之厌弃。这里,“弗猒(yā)”是“不猒(yàn)”的前提,唯有“居上而民弗重”、“居前而民弗害”(六十六章)因而“弗猒”的君长,才可能最终为百姓所“不猒”。然而真正能做到“弗猒”或“居上而民弗重”、“居前而民弗害”的人,那已经是可作为世俗君长之楷范的“圣人”。

世俗君长往往对于“修之身,其德乃真”以至“修之国,其德乃丰”(五十四章)缺乏自觉或不能自知,因而总是炫其权势而施威于人;其亦往往对于己身的天赋之朴不能自爱,因而不免自高其身份以鄙夷他人。鉴于此,老子遂引“自知而不自见”、“自爱而不自贵”的圣人以讽劝时君:效法圣人的自知、自爱,摈除既成习染的自见、自贵,从而对民众“以其言下之”、“以其身后之”(六十六章),以自身的“无为”、“好静”、“无事”、“欲不欲”诱励百姓于“自化”、“自正”、“自富”、“自朴”(五十七章)。

七十三章

勇于敢则杀，	勇于敢为的人难免杀身，
勇于不敢则栝(活)。	勇于不敢为的人得以保生。
[此]两者，	敢为与不敢为两者，
或利或害。	利与害效验分明。
天之所亚(恶)，	上天有其所恶，
孰知其故?①	谁能探知究竟?
天之道，	天道自然，
不单(战)而善朕(胜)，	不用争战而善于取胜，
不言而善应，	不用言辞而善于酬应，
弗召而自来，	不必召请而自会莅临，
单(坦)而善谋。	坦然自若而善于筹运。
天罔袒(恢)袒(恢)，	天道之网浩大无垠，
疏而不失。②	虽说疏松却没有失漏的隙缝。

【校释】

①勇于敢则杀，勇于不敢则栝(活)。[此]两者，或利或害。天之所亚(恶)，孰知其故?

帛书乙本“两”上残损一字，据王弼本当为“此”；补损阙后，其字句如上。甲本“勇于敢者”下残损三字，据乙本当为“则杀，勇”；

“栝”(活)下残损多字,本节所损据乙本及王弼本当为“此两者,或利或害。天之所恶,孰知其故”。甲本所存文字以乙本校之,二“敢”字下俱有“者”字,然其句脉、文义并无不同。

郭店楚简本未见此章文字。

王弼本此节文字为:“勇于敢则杀,勇于不敢则活。此两者,或利或害。天之所恶,孰知其故?是以圣人犹难之。”以帛书乙本(甲本残损严重)校之,王弼本多“是以圣人犹难之”句。奚侗《老子集解》云:“此句(指‘是以圣人犹难之’——引者注)谊与上下文不属,盖六十三章文,复出于此。”马叙伦《老子校诂》亦云:“‘是以’一句,乃六十三章错简复出者。易州(指易州景龙碑本——引者注)无此句可证也。”印证于帛书乙本,奚、马之说可从,此处之“是以圣人犹难之”句当断之为衍文。

※诸传世本多与王弼本同,其相异者则如:易州景福碑本,“杀”作“煞”,“勇于敢则杀”为“勇于敢则煞”;“此”上有“知”字,“此两者,或利或害”为“知此两者,或利或害”。易州景龙碑本,“此”上有“知”字,无“是以圣人犹难之”句,整节文字为:“勇于敢则杀,勇于不敢则活。知此两者,或利或害。天之所恶,孰知其故?”寇才质本,“此”上有“知”字,“此两者,或利或害”为“知此两者,或利或害”;“孰”作“谁”,“孰知其故”为“谁知其故”。易州开元幢本、周至至元碑本、楼观台碑本、磻溪大德幢本、河上公(道藏)本、唐《御注》本、唐《御疏》本、杜光庭本、强思齐本、陈景元本、吕惠卿本、司马光本、陈象古本、曹道冲本、吕知常本、赵秉文本、李道纯本、王守正本,“此”上有“知”字,“此两者,或利或害”为“知此两者,或利或害”。严遵本,“此”上有“常知”二字,无“是以圣人犹难之”句,整节文字为:“勇于敢则杀,勇于不敢则活。常知此两者,或利或

害。天之所恶,孰知其故?"敦煌写本之庚本、壬本、李约本,"此"上有"常知"二字,"此两者,或利或害"为"常知此两者,或利或害"。苏辙本,无"此"字,"此两者,或利或害"为"两者或利或害"。邵若愚本,"犹"作"由","是以圣人犹难之"为"是以圣人由难之"。遂州龙兴观碑本、敦煌写本之辛本,无"是以圣人犹难之"句,整节文字为:"勇于敢则杀,勇于不敢则活。此两者,或利或害。天之所恶,孰知其故?"

"敢",进,相竞。玄应《音义》卷十六注"相敢"云:"敢,亦进也,谓相竞也。"

"杀",死,致死。王逸《楚辞章句》注《楚辞·九歌·国殇》"严杀尽兮弃原懋"云:"杀,死也。""勇于敢则杀",谓勇于竞进的人难免杀身。

"栝",与"活"字音近而借作"活"。"勇于不敢则栝(活)",谓勇于不敢为的人可保其生机。其与老子所说"柔弱生之徒也"之意相印合。

"亚",恶,厌恶,厌弃。段玉裁注《说文》"亚,丑也"云:"此亚之本义,亚与恶音义皆同。""天之所亚(恶),孰知其故",谓天有其所厌恶,而谁又能得知其究竟呢?

②天之道,不单(战)而善朕(胜),不言而善应,弗召而自来,单(坦)而善谋。天罔経(恢)経(恢),疏而不失。

帛书乙本字句如上。甲本"不言"上残损多字,本节所损据乙本当为"天之道,不战而善胜";"善谋"下残损多字,据乙本,本节所损当为"天罔恢恢,疏而不失"。甲本残存文字以乙本校之,句脉、文义从同,唯"弗"作"不","单"作"弹"("单"、"弹"俱为"坦"之借字),其用字略有别。

王弼本此节文字为:"天之道,不争而善胜,不言而善应,不召而自来,繟然而善谋。天网恢恢,疏而不失。”其与帛书甲、乙本个别用字有异,如乙本“弗”王本作“不”,乙本“单”、甲本“弹”王本作“繟”,乙本“袨袨”王本作“恢恢”等,而句脉、文义则从同。

※诸传世本多同于王弼本,其相异者则有:《群书治要》本,无“之”字,“天之道”为“天道”。傅奕本、陈景元本、范应元本,“繟”作“默”,“繟然而善谋”为“默然而善谋”。敦煌写本之庚本、严遵本、吕惠卿本、宋《御解》本、邵若愚本、白玉蟾本、彭耜本、董思靖本、林希逸本、文如海本、无名氏本、时雍本、邓锜本、吴澄本、张嗣成本、明《御注》本,“繟”作“坦”,“繟然而善谋”为“坦然而善谋”;“疏”作“踈”,“疏而不失”为“踈而不失”。潘静观本,“繟”作“綽”,“繟然而善谋”为“綽然而善谋”。遂州龙兴观碑本、敦煌写本之辛本、壬本,“繟然”作“不言”,“繟然而善谋”为“不言而善谋”。易州景龙碑本,“疏”作“踈”,“失”作“漏”,“疏而不失”为“踈而不漏”。易州开元幢本、楼观台碑本、磻溪大德幢本、北京延祐石刻本、河上公(影宋、道藏)本、李约本、张君相本、危大有本、焦竑本,“疏”作“踈”,“疏而不失”为“踈而不失”(易州开元幢本、楼观台碑本、延祐石刻本,“踈”作“踈”)。周如砥本,“失”作“漏”,“疏而不失”作“疏而不漏”。

“单”(“不单而善朕”之“单”),通“战(戰)”。“朕”,借作“胜”。“不单(战)而善朕(胜)”,谓不与争战而善于取胜。

“单”(“单而善谋”之“单”),通“墠”(chǎn),犹“坦”,平静、泰然之谓。王先谦《诗三家义集疏》疏《诗·郑风·东门之墠》“东门之墠”引韩说:“墠,犹坦也。”“单(坦)而善谋”,谓心地坦然而善于筹划。

"䋲䋲"，"䋲"与"奓"通，大之谓。《说文·多部》："奓，大也。"段玉裁注云："奓，与恢音义皆同。""䋲䋲"与"恢恢"义从同，宽大貌。"天罔䋲(恢)䋲(恢)，疏而不失"，谓天网浩大无垠，虽说疏松却不会有所失漏。

【疏解】

本章与既已论及的"守雌"(二十八章)、"守柔"(五十二章)而蓄养"慈"德(六十七章)之说相应和，凭恃所谓"天"、"天之道"、"天罔"以劝诱世人"勇于不敢"。这"不敢"诚然可以从"不敢为天下先"(同上)说起，但其深层意味终在于"无为"或"为无为"(六十三章)。

在老子这里，"勇"有两种：一是"慈，故能勇"之勇，一是"舍其慈，且勇"(六十七章)之勇；后一种勇"勇于敢"，前一种勇"勇于不敢"。"敢"，意味着进取，意味着争竞；世人勇于进取、勇于争竞往往缘于利欲的驱遣，然而舍弃"慈"德的这种勇带给进取、争竞者的却常常是戕身之害，老子为此曾说"舍其慈，且勇……则死矣"(同上)。与此相反，慈而有勇，勇于"不敢"，勇于"不敢为天下先"，此勇不以利图，结果反倒得以保其生而享其利，这"勇于不敢则栝(活)"用老子的另一句话说即是"柔弱生之徒也"(七十六章)。两种勇，其"或利或害"，似有定则存之于"天"，然而天何以厌恶"勇于敢"以致如此则必至于杀身？于是，老子由"孰知其故"的究询把话题引向对"天之道"的诠释。

对于"天之道"或"天道"，老子从不同角度有过种种喻示，本章中的说法是：其不取争战之途而善于取胜，其不诉诸言辞而善于酬应，其不待召请而自会莅临于万事万物，其泰然自若而善于在天地间筹运。这"不单(战)而善朕(胜)"、"不言而善应"、"弗召而自来"、"单(坦)而善谋"，倘一言以蔽之，亦正可谓"无为而无不为"

(四十八章)。天道无为,因而“不战”、“不言”、“弗召”而“坦”;其由无为而得以无不为,因而“善胜”、“善应”、“自来”而“善谋”。老子如此阐解“天之道”,其实是要以这被称叹的“天之道”导示当有的人之道:“天之道”既然无为,“天之所恶”则必会是“勇于敢”的有为;“天之道”因其无为而得以无不为,人之道则自可由“勇于不敢”得以保生而长生。

如果说标举“天之道”主要在于对人之道的引导,那么“天罔”一语的提出则在更大程度上是对世俗中人之所为的诫告。天张其网而笼罩一切,这笼罩既是对“勇于不敢”者的成全,也是对那些“勇于敢”者的绳束,其以无为而显得疏松宽缓,却也因此无不为而于所当裁别者了无失漏。

七十四章

若民恒且〖畏〗不畏死，	倘若百姓尽皆不怕死，
若何以杀曜（惧）之也？	那为何还要以刑杀使其恐惧？
使民恒且畏死，	要是百姓尽皆怕死，
而为畸（奇）者［吾］得而杀之，	而对诡异乱群者我捕而杀之，
夫孰敢矣？①	那谁还敢再做诡乱之事？
若民恒且必畏死，	倘若百姓终究无不怕死，
则恒又（有）司杀者。	那就该有主管杀人者专司其职。
夫代司杀者杀，	代主管杀人者去杀人，
是代大匠斲。	这无异于代大匠演示斧艺。
夫代大匠斲，	代大匠演示斧艺，
则希不伤其手。②	就很少不会失手而伤到自己。

【校释】

①若民恒且〖畏〗不畏死，若何以杀曜（惧）之也？使民恒且畏死，而

为畸(奇)者[吾]得而杀之,夫孰敢矣?

帛书乙本“得”上残损一字,据甲本及王弼本当为“吾”;补损阙后,其字句如上。就乙本上下文句脉、义趣辨之,首句“若民恒且畏不畏死”之上一“畏”字属衍文,宜删。甲本“奈何”上残损多字,本节所损据乙本当为“若民恒且不畏死”。甲、乙本互校,乙本“若何”甲本作“奈何”,乙本“矅”甲本作“愳”[“矅”、“愳”为“惧(懼)”之异体字];乙本“使民恒且畏死”甲本作“若民恒是死”,甲本“死”上脱一“畏”字,当据乙本补;乙本“而为畸(奇)者[吾]得而杀之”甲本作“则而为者吾将得而杀之”,甲本“为”下脱一“奇”字,当据乙本补。

郭店楚简本未见此章文字。

王弼本此节文字为:“民不畏死,奈何以死惧之?若使民常畏死,而为奇者吾得执而杀之,孰敢?”以帛书乙本(甲本残损、脱误较多)校之,两者句脉出入较大,但文义大致从同;细审之,帛书乙本句脉之寓意略胜,似更近于《老子》原貌,宜从。

※诸传世本之字句多有与王弼本相异者,其如:傅奕本,上一“民”字下有“常”字,“奈何”作“如之何其”,无“执”字,末句句末有“也”字,整节文字为:“民常不畏死,如之何其以死惧之?若使民常畏死,而为奇者吾得而杀之,孰敢也?”范应元本,上一“民”字下有“常”字,“奈何”作“如之何其”,“常”作“而”,整节文字为:“民常不畏死,如之何其以死惧之?若使民而畏死,而为奇者吾得执而杀之,孰敢?”遂州龙兴观碑本,上一“民”字作“人”,其下有“常”字,下一“民”字作“人”,“常”下有“不”字,“得执”作“试得”,整节文字为:“人常不畏死,奈何以死惧之?若使人常不畏死,而为奇者吾试得而杀之,孰敢?”司马光本,上一“民”字下有“常”字,下一“民”字作“人”,

"孰"上有"夫"字,末句句末有"也"字,整节文字为:"民常不畏死,奈何以死惧之? 若使人常畏死,而为奇者吾得执而杀之,夫孰敢也?"张嗣成本,上一"民"字下有"常"字,下一"民"字作"人","得"作"将",整节文字为:"民常不畏死,奈何以死惧之? 若使人常畏死,而为奇者吾将执而杀之,孰敢?"周至至元碑本、磻溪大德幢本、唐《御注》本、陆希声本、吕惠卿本、苏辙本、寇才质本、赵秉文本,上一"民"字下有"常"字,"民不畏死"为"民常不畏死";下一"民"字作"人","若使民常畏死"为"若使人常畏死"。邢州开元幢本,上一"民"字作"人",其下有"常"字,"民不畏死"为"人常不畏死";下一"民"字亦作"人","若使民常畏死"为"若使人常畏死"。宋《御解》本、彭耜本,上一"民"字下有"常"字,"民不畏死"为"民常不畏死";"得"作"岂","而为奇者吾得执而杀之"为"而为奇者吾岂执而杀之"。张君相本,上一"民"字下有"常"字,"民不畏死"为"民常不畏死";末句句末有"矣"字,"孰敢"为"孰敢矣"。楼观台碑本、北京延祐石刻本、李约本、唐《御疏》本、杜光庭本、强思齐本、道藏无注本、陈景元本、邵若愚本、李霖本、白玉蟾本、董思靖本、文如海本、无名氏本、吕知常本、时雍本、邓锜本、王守正本、焦竑本,上一"民"字下有"常"字,"民不畏死"为"民常不畏死"。易州开元幢本、陈象古本、曹道冲本,下一"民"字作"人","若使民常畏死"为"若使人常畏死"。易州景龙碑本,无下一"民"字,"若使民常畏死"为"若使常畏死";"得执"作"执得","杀"作"煞","而为奇者吾得执而杀之"为"而为奇者吾执得而煞之"。敦煌写本之辛本,无下一"民"字,"常"下有"不"字,"若使民常畏死"为"若使常不畏死";"得执"作"执得","而为奇者吾得执而杀之"为"而为奇者吾执得而杀之"。严遵本,"孰"上有"夫"字,末句句末有"矣"字,"孰敢”为“夫孰敢矣”。易州景福碑本、敦煌写本之庚本、《群书治要》本，末句句末有“矣”字，“孰敢”为“孰敢矣”。

“恒”(gèng)，普遍。孙星衍《尚书今古文注疏》注《书·洛诰》“和恒四方民”云：“恒，遍。”“且”(jū)，俱，都。《史记·李斯列传》：“夫贤主者，必且能全道而行督责之术者也。”其“且”即俱之谓。“若民恒且不畏死”，谓倘若百姓普遍皆不怕死。

“若何”，即奈何，为何。王引之《经传释词》卷七：“若，犹奈也，凡经言‘若何’、‘若之何’者皆是。”“若何以杀曜(惧)之也”，谓为何以刑杀恐吓他们。

“畸”，通“奇”，诡异不正。王弼注：“诡异乱群，谓之奇也。”“而为畸(奇)者吾得而杀之，夫孰敢矣”，谓对诡异乱群者我捕而杀之，那谁还敢做诡乱之事。

②若民恒且必畏死，则恒又(有)司杀者。夫代司杀者杀，是代大匠斲。夫代大匠斲，则希不伤其手。

帛书乙本字句如上。甲本“民”下残损二字，据乙本当为“恒且”；“则”下残损一字，据乙本当为“希”。甲、乙本互校，乙本“又”甲本作“有”(“又”为“有”之借字)；乙本两“代”字甲本并误作“伐”；甲本后三句句末分别有“也”、“者”、“矣”字，乙本则无。甲、乙本用字略有出入，但其文义从同。

王弼本此节文字为：“常有司杀者杀。夫代司杀者杀，是谓代大匠斲。夫代大匠斲者，希有不伤其手矣。”校之以帛书甲、乙本，甲、乙本均有“若民恒且必畏死”句，王本则无；从前后文之句脉、文义看，此句当属王本脱文。甲、乙本“则恒有(又)司杀者”王本作“常有司杀者杀”，后者此句句首脱一“则”字，此句句末衍一“杀”字。

※诸传世本中,其与王弼本相异者有:易州景龙碑本,前三"杀"字并作"煞",无第四"杀"字,"斲"作"斵",无第三"者"字,无"矣"字,整节文字为:"常有司煞者煞。夫代司煞者,是谓代大匠斵。夫代大匠斵,希有不伤其手。"敦煌写本之辛本,无第四"杀"字,无"谓"字,无第三"者"字,无下一"有"字,无"矣"字,整节文字为:"常有司杀者杀。夫代司杀者,是代大匠斲。夫代大匠斲,希不伤其手。"遂州龙兴观碑本,无"常"字,无第四"杀"字,无"谓"字,"斲"作"斵",无第三"者"字,无下一"有"字,无"矣"字,整节文字为:"有司杀者杀。夫代司杀者,是代大匠斵。夫代大匠斵,希不伤其手。"易州景福碑本,第一、三"杀"字并作"煞",第二、四"杀"字并无,无第三"者"字,整节文字为:"常有司煞者。夫代司煞者,是谓代大匠斲。夫代大匠斲,希有不伤其手矣。"敦煌写本之庚本,第二、四"杀"字并无,无"是"字,无第三"者"字,无下一"有"字,整节文字为:"常有司杀者。夫代司杀者,谓代大匠斲。夫代大匠斲,希不伤其手矣。"河上公(影宋)本,第二、四"杀"字并无,无"其"字,整节文字为:"常有司杀者。夫代司杀者,是谓代大匠斲。夫代大匠斲者,希有不伤手矣。"河上公(道藏)本,第二、四"杀"字并无,"常有司杀者杀"为"常有司杀者","夫代司杀者杀"为"夫代司杀者"。吴澄本、明《御注》本,无第三"者"字,"夫代大匠斲者"为"夫代大匠斲";无"其"字,"希有不伤其手矣"为"希有不伤手矣"。李道纯本,无第二"杀"字,"常有司杀者杀"为"常有司杀者";无第三"者"字,"夫代大匠斲者"为"夫代大匠斲"。危大有本,无第二"杀"字,"常有司杀者杀"为"常有司杀者";无"夫代大匠斲者"句,"夫代大匠斲者,希有不伤其手矣"为"希有不伤其手矣"。王真本,无第二"杀"字,"常有司杀者杀"为"常有司杀者"。北京延祐石刻

本，上一“夫”字作“而”，“夫代司杀者杀”为“而代司杀者杀”；无第三“者”字，“夫代大匠斲者”为“夫代大匠斲”。严遵本，上一“夫”字作“而”，无“谓”字，无第三“者”字，无下一“有”字，无“矣”字，整节文字为：“常有司杀者杀。而代司杀者杀，是代大匠斲。夫代大匠斲，希不伤其手。”傅奕本，上一“夫”字作“而”，无“谓”字，“希”作“稀”，无下一“有”字，“不”下有“自”字，整节文字为：“常有司杀者杀。而代司杀者杀，是代大匠斲。夫代大匠斲者，稀不自伤其手矣。”陆希声本、宋《御解》本、彭耜本、董思靖本、焦竑本，上一“夫”字作“而”，无“谓”字，无第三“者”字，整节文字为：“常有司杀者杀。而代司杀者杀，是代大匠斲。夫代大匠斲，希有不伤其手矣。”文如海本，上一“夫”字作“而”，无第四“杀”字，无“谓”字，无第二、三“者”字，整节文字为：“常有司杀者杀。而代司杀，是代大匠斲。夫代大匠斲，希有不伤其手矣。”崇宁《五注》本，上一“夫”字作“而”，无第四“杀”字，“夫代司杀者杀”为“而代司杀者”；无“矣”字，“希有不伤其手矣”为“希有不伤其手”。吕惠卿本，无上一“夫”字作“而”，无“谓”字，无第三“者”字，整节文字为：“常有司杀者杀。而代司杀者杀，是代大匠斲。夫代大匠斲，希有不伤其手矣。”陈象古本，无上一“夫”字，无第四“杀”字，无第三“者”字，整节文字为：“常有司杀者杀。代司杀者，是谓代大匠斲。夫代大匠斲，希有不伤其手矣。”范应元本，无上一“夫”字，“夫代司杀者杀”为“代司杀者杀”；无“谓”字，“是谓代大匠斲”为“是代大匠斲”。李约本，第二、三“者”字并无，无第四“杀”字，“夫代司杀者杀”为“夫代司杀”，“夫代大匠斲者”为“夫代大匠斲”。李霖本，无第三“者”字，“夫代大匠斲者”为“夫代大匠斲”。易州开元幢本，无第四“杀”字，无上一“大”字，无下一“夫”字，无第三“者”字，整节文字为:“常有司杀者杀。夫代司杀者,是谓代匠斲。代大匠斲,希有不伤其手矣。”杜道坚本,无第四“杀”字,无“谓”字,无第三“者”字,整节文字为:“常有司杀者杀。夫代司杀者,是代大匠斲。夫代大匠斲,希有不伤其手矣。”庆阳景祐幢本、宋李荣本,无第四“杀”字,“夫代司杀者杀”为“夫代司杀者”;无第三“者”字,“夫代大匠斲者”为“夫代大匠斲”。强思齐本,无第四“杀”字,无“是”字,无下一“夫”字,无第三“者”字,整节文字为:“常有司杀者杀。夫代司杀者,谓代大匠斲。代大匠斲,希有不伤其手矣。”张君相本,无第四“杀”字,无第三“者”字,“矣”作“乎”,整节文字为:“常有司杀者杀。夫代司杀者,是谓代大匠斲。夫代大匠斲,希有不伤其手乎。”陈景元本,无第四“杀”字,无第三“者”字,“希”作“稀”,“手”下有“者”字,整节文字为:“常有司杀者杀。夫代司杀者,是谓代大匠斲。夫代大匠斲,稀有不伤其手者矣。”周至至元碑本、苏辙本、邵若愚本、无名氏本、赵秉文本、时雍本,无“谓”字,“是谓代大匠斲”为“是代大匠斲”;无第三“者”字,“夫代大匠斲者”为“夫代大匠斲”。吕知常本,“斲”作“斫”,无第三“者”字,整节文字为:“常有司杀者杀。夫代司杀者杀,是谓代大匠斫。夫代大匠斫,希有不伤其手矣。”杜光庭本、叶梦得本,无下一“夫”字,无第三“者”字,“夫代大匠斲者”为“代大匠斲”。薛蕙本,无第三“者”字,“夫代大匠斲者”为“夫代大匠斲”;无“其”字,“希有不伤其手矣”为“希有不伤手矣”。楼观台碑本、磻溪大德幢本、唐《御注》本、唐《御疏》本、道藏无注本、白玉蟾本、寇才质本、王守正本、张嗣成本、周如砥本,无第三“者”字,“夫代大匠斲者”为“夫代大匠斲”。司马光本,脱“夫代大匠斲”五字,无下一“有”字,“不”下有“自”字,整节文字为:“常有司杀者杀。夫代司杀者杀,是谓代大匠斲者,希不自伤其手矣。”林志坚本,“其”作“乎”,“希有不伤其手矣”为“希有不伤乎手矣”。林希逸本、潘静观本,无“其”字,“希有不伤其手矣”为“希有不伤手矣”。

“司杀者”,掌管刑杀者。这里喻指体现于“勇于敢则杀,勇于不敢则活”(七十三章)的“天之道”或天道。“若民恒且必畏死,则恒又(有)司杀者”,谓倘使百姓寻常皆一定怕死,那就得有主管杀人者专司其职。

“大匠”,技艺高明的木匠。这里以“大匠”隐喻天道。“斲”,砍,削。“夫代司杀者杀,是代大匠斲”,谓代替掌管刑杀者去杀人,那无异于代替技艺精湛的木匠去砍削木料。探老子意,乃是说百姓的生杀应由天道掌管,不应代之以世间的权势者。

【疏解】

此章由喻说刑杀这一典型的世间人为的不可取,申诫当政者不可借权势施为以取代天道的自然无为。全章之措思以两个相反的假设为契机,一为“若民恒且不畏死”,一为“若民恒且必畏死”,于是所论遂就此分作两个层次。

倘若百姓普遍都不怕死(“若民恒且不畏死”),那么用刑杀恐吓百姓就没有什么意义,因为唯有对怕死者以死相威慑才会有收效。要是人人怕死,只需处死一个被认为图谋不轨的人(“为奇者”)就可以让所有的人不再有同样的行为,然而总是不断有人被处死这一事实表明,刑杀并不足以禁止凭刑杀所欲禁止者。老子在此似乎是要论证“民不畏死”,其实他要针砭的乃是“法物滋彰,而盗贼多有”(五十七章)的社会治理现状,而他对刑杀的终究无效的道破,则在于重申别一社会治理途径,此即所谓“绝巧弃利,盗贼无有”(十九章)。

与前一个假设相对，老子的又一个假设是：倘或百姓普遍都一定怕死（“若民恒且必畏死”）。若是这样，以“杀”来警诫众人固然是见效的，但问题在于由谁行施这“杀”的权力。对于老子来说，人之生系于天道，人之死亦当系于天道，有背天道自然者——如“勇于敢”者——为“天之所恶”（七十三章），终当由“法自然”之天道判之以“杀”（“勇于敢则杀”），因而这“司杀者”只能是天或天道。天道司杀犹如高明的木匠斫木，其于生杀裁处合度，分毫不爽；倘世间的权势者好刑嗜杀，恃刑杀以为治，则是代天道司杀。然世间权势者代天道行生杀之权，却不啻拙夫代大匠操斧，其必至于戕木废材，亦必至于伤手害己。世间拙夫与天之大匠在操理生杀上的悬殊自非可以道里计，倘一言以蔽之，其乃是有为与无为的相去。

与孔子贬抑“道之以政，齐之以刑”而倡言“道之以德，齐之以礼”（《论语·为政》）略可比拟却又迥异其趣，老子退黜刑杀而称述天道，则是要诱导世间的治理者取法自然以“复归于朴”（二十八章）。法物不可滋，刑杀不可恃，为老子所赞可的只在于“修之身”而“修之国”（修德以治国）、“修之天下”（修德以取天下）（五十四章）。这对世间在位者所作的“修之国”、“修之天下”的规勉，用老子托重圣人的话说即是：“我无为而民自化，我好静而民自正，我无事而民自富，我欲不欲而民自朴。”（五十七章）

七十五章

人之饥(飢)也,	百姓所以饥馑,
以其取食跷(税)之多,	由于君长收取粮税太重,
是以饥(飢)。	因此百姓饥馑。
百生(姓)之不治也,	百姓所以不安生顺从,
以其上之有以为也,	由于君长烦苛施政,
[是]以不治。①	因此百姓不安生顺从。
民之轻死也,	百姓所以轻弃其生,
以其求生之厚也,	由于君上厚于自奉,
是以轻死。	因此百姓才轻弃其生。
夫唯无以生为者,	不以生为所图而一任自然,
是贤贵生。②	这胜过那一味厚养其生。

【校释】

①人之饥(飢)也,以其取食跷(税)之多,是以饥(飢)。百生(姓)之不治也,以其上之有以为也,[是]以不治。

帛书乙本末句句首残损一字,据甲本当为“是”;补损阙后,其字句如上。甲本“为”下残损一字,据乙本当为“也”。甲、乙本句脉、文义从同,唯个别用字有异,如乙本“跷”甲本作“逆”(“跷”、“逆”俱为“税”之借字),甲本“百姓”乙本作“百生”(“生”为“姓”

之借字)，甲本“多”下有“也”字而乙本则无。

郭店楚简本未见此章文字。

王弼本此节文字为：“民之饥(饑)，以其上食税之多，是以饥(饑)。民之难治，以其上之有为，是以难治。”以帛书甲、乙本校之，甲、乙本“人之饥(飢)也”王本作“民之饥(饑)”(“饑”通“飢”，而这里“飢”为本字)，据《后汉书·郎顗传》所引“人之饥(飢)也”，当从帛书本；甲、乙本“以其取食税(涚、跷)”王本作“以其上食税”，皆通，唯“取”(收取)、“上”(缴纳)不同而使句中“其”字或指君长或指百姓，今从甲、乙本；甲、乙本“不治”王本作“难治”，其义近而以“不治”为胜，今从甲、乙本；甲、乙本“有以为”王本作“有为”，此处同为有所施为之义。

※诸传世本多同于王弼本，其相异者则有：易州开元幢本、遂州龙兴观碑本，二“民”字并作“人”，“民之饑”为“人之饑”，“民之难治”为“人之难治”。邢州开元幢本，上一“民”字作“人”，“饑”作“飢”，“民之饑，以其上食税之多，是以饑”为“人之飢，以其上食税之多，是以飢”。严遵本，上一“民”字作“人”，上一“饑”下有“也”字，无“以其”二字，下一“民”字作“百姓”，无第三、四“之”字，无下一“其”字，下一“难”字作“不”，整节文字为：“人之饑也，上食税之多，是以饑。百姓难治，以上有为，是以不治。”敦煌写本之辛本，上一“民”字作“人”，下一“民”字作“百姓”，无第四“之”字，整节文字为：“人之饑，以其上食税之多，是以饑。百姓之难治，以其上有为，是以难治。”傅奕本、范应元本，“饑”作“飢”，上一“飢”下有“者”字，“多”下有“也”字，上一“治”下有“者”字，“为”下有“也”字，整节文字为：“民之飢者，以其上食税之多也，是以飢。民之难治者，以其上之有为也，是以难治。”宋《御解》本、邵若愚

本、彭耜本、董思靖本、文如海本、无名氏本、时雍本、焦竑本，“多”下有“也”字，“为”下有“也”字，整节文字为：“民之饑，以其上食税之多也，是以饑。民之难治，以其上之有为也，是以难治。”（邵、董、文、焦本“饑”作“飢”）唐《御疏》本，二“治”字并作“理”，“民之难治”为“民之难理”，“是以难治”为“是以难理”。赵志坚本，下一“民”字作“百姓”，“民之难治”为“百姓之难治”；无第四“之”字，“以其上之有为”为“以其上有为”。北京延祐石刻本，“饑”作“飢”，“民之饑”为“民之飢”，“是以饑”为“是以飢”。易州景龙碑本、张君相本，无第四“之”字，“以其上之有为”为“以其上有为”。崇宁《五注》本，无“民之难治，以其上之有为，是以难治”句，整节文字仅为：“民之饑，以其上食税之多，是以饑。”

“食跷（税）”，粮税。“食”，粮。高诱注《战国策·西周策》“而藉兵乞食于西周”云：“食，粮也。”“人之饥（飢）也，以其取食跷（税）之多”，谓百姓饥饿是因为其君长收取的粮税太多了。

“不治”，不能得到治理。“百生（姓）之不治也，以其上之有以为也”，谓百姓不能得以治理，是由于其君长有所施为。

②民之轻死也，以其求生之厚也，是以轻死。夫唯无以生为者，是贤贵生。

帛书乙本字句如上。甲本二“轻”字并作“巠”，上一“死”字下无“也”字，其他字句则与乙本从同。

王弼本此节文字为：“民之轻死，以其求生之厚，是以轻死。夫唯无（無）以生为者，是贤于贵生。”以帛书甲、乙本勘校，甲、乙本“无”（非“無”之简体字）王本作“無”（“无”同“無”）；王本各句句末均无“也”字，“贤”下有“于”字，其他字句则悉与帛书乙本从同。

※诸传世本多有与王弼本字句相异者，其如：易州景龙碑本、遂州龙兴观碑本、吕惠卿本、苏辙本，“民”作“人”，“求”作“生”，“民之轻死，以其求生之厚”为“人之轻死，以其生生之厚”。易州景福碑本、《群书治要》本，“民”作“人”，“民之轻死”为“人之轻死”；末句句末有“也”字，“是贤于贵生”为“是贤于贵生也”。敦煌写本之辛本，“民”作“人”，“求”作“生”，“为”下有“生”字，整节文字为：“人之轻死，以其生生之厚，是以轻死。夫唯无以生为生者，是贤于贵生。”周至至元碑本，“民”作“人”，“求生”作“生求”，“民之轻死，以其求生之厚”为“人之轻死，以其生求之厚”。周至至元碑本，“民”作“人”，“求生”作“生求”，“民之轻死，以其求生之厚”为“人之轻死，以其生求之厚”。易州开元幢本、磻溪大德幢本、道藏无注本、李约本、张君相本、杜光庭本、陈象古本、李霖本、寇才质本、赵秉文本，“民”作“人”，“民之轻死”为“人之轻死”。邵若愚本，“民”作“人”，“求”作“生”，“厚”下有“也”字，无“夫”字，末句句末有“也”字，整节文字为：“人之轻死，以其生生之厚也，是以轻死。唯无以生为者，是贤于贵生也。”董思靖本，“民”作“人”，“民之轻死”为“人之轻死”；“求”作“生”，“厚”下有“也”字，“以其求生之厚”为“以其生生之厚也”；末句句末有“也”字，“是贤于贵生”为“是贤于贵生也”。文如海本，“民”作“人”，“民之轻死”为“人之轻死”；“厚”下有“也”字，“以其求生之厚”为“以其求生之厚也”；末句句末有“也”字，“是贤于贵生”为“是贤于贵生也”。吴澄本、明《御注》本，“民”作“人”，“民之轻死”为“人之轻死”；“求”作“生”，“以其求生之厚”为“以其生生之厚”；末句句末有“也”字，“是贤于贵生”为“是贤于贵生也”。傅奕本，上一“死”字下有“者”字，“民之轻死”为“民之轻死者”；“其”下有“上”字，“生”下有“生”字，

“厚”下有“也”字,“以其求生之厚”为“以其上求生生之厚也”;“为”下有“贵”字,“夫唯无以生为者”为“夫唯无以生为贵者”;末句句末有“也”字,“是贤于贵生”为“是贤于贵生也”。范应元本,上一“死”字下有“者”字,“民之轻死”为“民之轻死者”;“求”作“生”,“厚”下有“也”字,“以其求生之厚”为“以其生生之厚也”;“生为”作“为生”,“夫唯无以生为者”为“夫唯无以为生者”;末句句末有“也”字,“是贤于贵生”为“是贤于贵生也”。严遵本,无“以其”二字,“以其求生之厚”为“求生之厚”;无“夫唯”二字,无“者”字,“夫唯无以生为者”为“无以生为”。宋《御解》本、彭耜本,“民”作“人”,“民之轻死”为“人之轻死”;“求”作“生”,“厚”下有“也”字,“以其求生之厚”为“以其生生之厚也”;无“夫”字,“夫唯无以生为者”为“唯无以生为者”;末句句末有“也”字,“是贤于贵生”为“是贤于贵生也”。叶梦得本,“求”作“生”,“以其求生之厚”为“以其生生之厚”;“是”下有“以”字,末句句末有“夫”字,“是贤于贵生”为“是以贤于贵生夫”。无名氏本、时雍本,“求”作“生”,“厚”下有“也”字,“以其求生之厚”为“以其生生之厚也”;末句句末有“也”字,“是贤于贵生”为“是贤于贵生也”。薛蕙本,“求”作“生”,“以其求生之厚”为“以其生生之厚”。北京延祐石刻本,“求”上有“上”字,“以其求生之厚”为“以其上求生之厚”。河上公(道藏)本、陆希声本、陈景元本,末句句末有“也”字,“是贤于贵生”为“是贤于贵生也”。

“轻死”,以死为轻或轻弃其生。“民之轻死也,以其求生之厚”,谓百姓轻弃其生(以犯上),是因为君上厚养其生。

“为”,谋,谋求。鲍彪注《战国策·东周策》“徐为之东”云:“为,犹谋也。”“贤”,胜。郑玄注《仪礼·乡射礼》“若右胜,则曰右贤于左;若左胜,则曰左贤于右"云:"贤,犹胜也。""夫唯无以生为者,是贤贵生",谓不以生为所图而一任自然,这胜过一味厚养其生。

【疏解】

绍袭上章"若民恒且不畏死"之思绪,此章由对"民之轻死"缘由的检讨讽喻世间君长"无以生为"——勿以厚养其生为所图。

《论语·颜渊》有载:"哀公问于有若曰:'年饥,用不足,如之何?'有若对曰:'盍彻乎?'曰:'二,吾犹不足,如之何其彻也?'对曰:'百姓足,君孰与不足?百姓不足,君孰与足?'"从鲁哀公与孔子弟子有若的这段对话,当多少可以看出春秋末期诸侯从百姓那里征收粮税的情形。有若谏劝哀公,荒歉之年仍应以十取一的比率("彻")征收田税,而哀公则以为即使按十取其二的比率收税也不敷其用度。哀公所言所欲是有代表性的,当时各国诸侯如哀公者可能比比皆是;"人之饥(飢)也,以其取食税之多",老子此言所道出的是那个时代具有普遍性的真相。民以食为天,百姓的饥饱应是国家治理中的头等大事;可以断言,孔、老虽各有其道而立教异趣,但在关顾"人之饥(飢)"而贬责世君"取食税之多"这一点上并无不同。

"民之饥(飢)"必然导致"百姓之不治"。世君既然要从本已饥馑的百姓那里收取更多的"食税",遂不能不罗陈种种缘由、采取种种措施以强征或巧敛,这便是老子所谓"有以为"。诚然,"有以为"不必只是限于征税,但毕竟由此最可直观当政者"有以为"后面所掩藏的贪鄙。当政者心存贪鄙而"道之以政,齐之以刑"(《论语·为政》),这"政"(政令)、"刑"(刑罚)何以可能使民众安服以顺从?"百姓之不治"本不在于百姓的难治,而在于为治者有违自然——比如民以食为天此一天性自然——以施治。当百姓终于食不果腹、衣不蔽体而全无生趣可言时，犯颜以抗命的事就可能随处发生，此即所谓“民之轻死”。轻死者，轻弃其生，而所以轻弃其生则由于君长“求生之厚”（厚于自奉）以致民不聊生。从“民之饥（飢）”到“百姓之不治”以至于“民之轻死”，是百姓愈益不得其生的过程，主导这过程的是君长“取食税之多”而“求生之厚”的愈益不厌。然而，“民之轻死”之日亦正当为君长“求生之厚”终结之时，由“生生”而“动皆之死地”（五十章）所验证的则是非自然之生必至于非自然之死的恒常之理。

“求生之厚”者反倒入于死地，老子就此所要引出的结论是：“夫唯无以生为者，是贤贵生。”这警语当然适用于所有人，不过它主要还是对世俗中的君长而言的。与之相呼应，在老子这里，同一理致的别一种表达我们至少还可指出：“退其身而身先，外其身而身存”（第七章）；“欲上民也，必以其言下之；其欲先民也，必以其身后之”（第六十六章）。

七十六章

人之生也柔弱，	人活着时肌肤柔韧，
其死也髄（筋）信（肕）坚强。	死后变得筋节僵硬。
万[物草]木之生也柔椊（脆），	草木生长时枝叶柔嫩，
其死也楎（枯）槁。	死后变得枝枯叶殒。
故曰：	所以说：
坚强死之徒也，	强梗属于死的类型，
柔弱生之徒也。①	柔韧属于生的类型。
[是]以兵强则不朕（胜），	因此兵逞其强不能取胜，
木强则兢（烘）。	木显其强伐而作薪。
故强大居下，	强大反倒落于下风，
柔弱居上。②	柔弱却能位居上乘。

【校释】

①人之生也柔弱，其死也髄（筋）信（肕）坚强。万[物草]木之生也柔椊（脆），其死也楎（枯）槁。故曰：坚强死之徒也，柔弱生之徒也。

帛书乙本“万”下残损二字，据甲本当为“物草”；补损阙后，其字句如上。甲本所存字句完整，其与乙本相异者则如：乙本“髄信”甲本作“萓仞”（其同为“筋肕”之借字），乙本上一“坚”字甲本作

“贤”（“贤”为“坚”之借字），乙本“椊”甲本作“脆”（“椊”为“脆”之借字），乙本“槁”甲本作“槀”（“槀”同“槁”）；甲本下一“坚强”下有“者”字，“柔弱”下有“微细”二字，乙本则俱无，依上下文义相推，并勘校以乙本及诸世传本，“微细”二字当属衍文。甲、乙本字句虽有出入，但文义从同。

郭店楚简本未见此章文字。

王弼本此节文字为：“人之生也柔弱，其死也坚强。万物草木之生也柔脆，其死也枯槁。故坚强者死之徒，柔弱者生之徒。”以帛书甲、乙本校之，上一“坚强”上甲本有“葟仞”二字，乙本有“䏙信”二字，王本则无；甲、乙本“故曰”王本作“故”；甲、乙本二“徒”字下并有“也”字，王本俱无；王本下一“坚强”下有“者”字，与甲本同而与乙本异；王本下一“柔弱”下无“微细”二字而有“者”字，与甲、乙本俱略异。王本与甲、乙本此节之字句多有差异，但文义大致相侔。

※诸传世本此节文字与王弼本相异者则有：周至至元碑本、赵秉文本，“人”作“民”，“人之生也柔弱”为“民之生也柔弱”；无“万物”二字，“万物草木之生也柔脆”为“草木之生也柔脆”。苏辙本，“人”作“民”，“人之生也柔弱”为“民之生也柔弱”；无次一“之”字，“脆”作“弱”，“万物草木之生也柔脆”为“万物草木生也柔弱”。司马光本，“人”作“民”，“人之生也柔弱”为“民之生也柔弱”；无次一“之”字，“万物草木之生也柔脆”为“万物草木生也柔脆”；无第四“也”字，“其死也枯槁”为“其死枯槁”。楼观台碑本、磻溪大德幢本、唐《御注》本、陈景元本、陈象古本、曹道冲本、吕知常本、寇才质本，“人”作“民”，“人之生也柔弱”为“民之生也柔弱”；无次一“之”字，“万物草木之生也柔脆”为“万物草木生也柔脆”。叶梦得本，

"人"作"民","人之生也柔弱"为"民之生也柔弱";无次一"也"字,"其死也坚强"为"其死坚强";"脆"作"弱","万物草木之生也柔脆"为"万物草木之生也柔弱"。道藏无注本、李道纯本、邓锜本、危大有本,"人"作"民","人之生也柔弱"为"民之生也柔弱"。易州景龙碑本,二"之生"并作"生之",四"也"字并无,整节文字为:"人生之柔弱,其死坚强。万物草木生之柔脆,其死枯槁。故坚强者死之徒,柔弱者生之徒。"敦煌写本之辛本,四"也"字并无,上一"坚"字作"刚","草木之生"作"草木生之",整节文字为:"人之生柔弱,其死刚强。万物草木生之柔脆,其死枯槁。故坚强者死之徒,柔弱者生之徒。"遂州龙兴观碑本,上两"也"字并无,"脆"作"毳",整节文字为:"人之生柔弱,其死坚强。万物草木之生也柔毳,其死也枯槁。故坚强者死之徒,柔弱者生之徒。"范应元本,两"坚"字并作"刚","其死也坚强"为"其死也刚强","故坚强者死之徒"为"故刚强者死之徒"。傅奕本、宋《御解》本、邵若愚本、彭耜本、文如海本、无名氏本、时雍本,无"万物"二字,"万物草木之生也柔脆"为"草木之生也柔脆";二"徒"字下并有"也"字,"故坚强者死之徒,柔弱者生之徒"为"故坚强者死之徒也,柔弱者生之徒也"。北京延祐石刻本、吕惠卿本、董思靖本、吴澄本、明《御注》本、薛蕙本、焦竑本,无"万物"二字,"万物草木之生也柔脆"为"草木之生也柔脆"。易州开元幢本,"之生"作"生之","万物草木之生也柔脆"为"万物草木生之也柔脆"。庆阳景祐幢本、唐《御疏》本、杜光庭本、强思齐本、李霖本、宋李荣本,无次一"之"字,"万物草木之生也柔脆"为"万物草木生也柔脆"。敦煌写本之庚本,无第三"也"字,"万物草木之生也柔脆"为"万物草木之生柔脆";无"枯"字,"其死也枯槁"为"其死也槁";"故"下有"曰"字,"故坚强者死之徒"为"故曰坚强者死之徒”。河上公(道藏)本、程大昌本,无第三“也”字,“万物草木之生也柔脆”为“万物草木之生柔脆”(程本无“万物”二字)。张君相本,“故”作“夫”,“故坚强者死之徒”为“夫坚强者死之徒”。

“髄信”,即筋肕,指筋络与韧带。高明《帛书老子校注》云:“‘葟仞’或‘髄信’显然亦是指人体中两种不同组织的名称。‘葟’、‘髄’二字字书皆无,读音均从‘恒’,在此同假为‘筋’。‘恒’古为匣纽蒸部字,‘筋’在见纽文部,‘见’、‘匣’旁纽,‘文’、‘蒸’通转,古‘恒’、‘筋’二字同音,‘葟’‘髄’均与‘筋’字通假。‘仞’、‘信’古音相同,在此均假为‘肕’。”(高明:《帛书老子校注》,第198页)其说甚是,当从。

“其死也髄(筋)信(肕)坚强”,谓人死后筋络、韧带都变得僵硬而不再柔韧。

“椊”,借作“脆”;“柔椊”,即柔脆,这里指柔弱。“万物草木之生也柔椊(脆)”,谓草木等有生之万物存活时柔软而脆嫩。

“徒”,属、类之谓。见五十章注。“坚强死之徒也”,谓坚强属于死亡的状态;“柔弱生之徒也”,谓柔弱属于生长的状态。

②[是]以兵强则不朕(胜),木强则兢(烘)。故强大居下,柔弱居上。

帛书乙本“以”上残损一字,据王弼本当为“是”;补损阙后,其字句如上。甲本所存字句完整,校之以乙本,“兵强”上无“是以”二字,“强大”上无“故”字;乙本“朕”甲本作“胜”(“朕”为“胜”之借字),乙本“兢”甲本作“恒”(“兢”、“恒”同为“烘”之借字);甲本“柔弱”下有“微细”二字,依上下文义当属衍文。甲、乙本用字有异,但文义无别。

王弼本此节文字为:“是以兵强则不胜,木强则兵。强大处下,柔弱处上。”以帛书甲、乙本校之,其最可注意者为:甲本“木强则恒”,乙本“木强则兢”,王弼本作“木强则兵”;“恒”、“兢”皆借作“烘”,“木强则兢(烘)”谓树木长大显露其强固时往往被伐而作薪,此处“烘”义显然胜于“兵”。高明《帛书老子校注》云:“(注家)初将‘共’(河上公本、严遵本等作‘木强则共’,‘共’借作‘烘’——引者注)字误写作‘兵’,《列子》等诸古籍又将‘兵’字误写成‘折’……今幸得帛书甲、乙本出土,为澄清此一千载疑案,得一确证。”(上书,第202页)是说可从。

※诸传世本多有异于王弼本者,其如:严遵本,“是以”作“故”,无上一“则”字,下一“兵”字作“共”,“柔”作“小”,整节文字为:“故兵强不胜,木强则共。强大处下,小弱处上。”傅奕本,上一“强”字下有“者”字,下一“兵”字作“共”,“强大”作“坚强”,其上有“故”字,整节文字为:“是以兵强者则不胜,木强则共。故坚强处下,柔弱处上。”敦煌写本之辛本、道藏无注本、时雍本,下一“兵”字作“共”,“强大”作“坚强”,其上有“故”字,上一“处”字作“居”,整节文字为:“是以兵强则不胜,木强则共。故坚强居下,柔弱处上。”易州景龙碑本、吴澄本、明《御注》本,下一“兵”字作“共”,“强大”作“坚强”,其上有“故”字,整节文字为:“是以兵强则不胜,木强则共,故坚强处下,柔弱处上。”吕惠卿本,下一“兵”字作“共”,“强大”作“坚强”,上一“处”字作“居”,整节文字为:“是以兵强则不胜,木强则共,坚强居下,柔弱处上。”北京延祐石刻本,下一“兵”字作“共”,“木强则兵”为“木强则共”;“强大”作“坚强”,“强大处下”为“坚强处下”。敦煌写本之庚本、张嗣成本,下一“兵”字作“共”,“木强则兵”为“木强则共”;“强大”上有“故”字,“强大处下”为“故强大处下”。范应元本,下一“兵”字作

“共”,“木强则兵”为“木强则共”;“强大”上有“故”字,上一“处”字作“取”,“强大处下”为“故强大取下”。易州开元幢本、邢州开元幢本、易州景福碑本、周至至元碑本、楼观台碑本、磻溪大德幢本、河上公(影宋、道藏)本、李约本、唐《御注》本、唐《御疏》本、陆希声本、张君相本、杜光庭本、强思齐本、陈景元本、司马光本、苏辙本、陈象古本、李霖本、宋李荣本、吕知常本、林希逸本、寇才质本、赵秉文本、邓锜本、杜道坚本、王守正本、林志坚本、危大有本、释德清本、薛蕙本、焦竑本、周如砥本、潘静观本,下一“兵”字作“共”,“木强则兵”为“木强则共”。遂州龙兴观碑本,下一“兵”字作“拱”,“强大”上有“故”字,上一“处”字作“居”,整节文字为:“是以兵强则不胜,木强则拱。故强大居下,柔弱处上。”王真本,下一“兵”字作“拱”,“木强则兵”为“木强则拱”。李道纯本,下一“兵”字作“栱”,“木强则兵”为“木强则栱”。黄茂材本,下一“兵”字作“折”,“木强则兵”为“木强则折”。刘骥本,“强大”作“坚强”,“处”作“居”“强大处下”为“坚强居下”。

“木强”,指树木长大而显出其强固之状。“兢”,借作“烘”,烧之谓。高明《帛书老子校注》云:“帛书甲本此文作‘木强则恒’,乙本作‘木强则兢’。‘恒’字从‘亘’得音,与‘兢’字同为见纽字。古韵‘亘’字在蒸部,‘兢’字在阳部,‘蒸’、‘阳’属旁转。‘恒’、‘兢’古音同,可互假……严遵、傅奕诸本所云‘木强则共’不误。‘共’字与‘恒’、‘兢’古读音相同,在此均当假借为‘烘’。”(上书,第 201 - 202 页)“木强则兢(烘)”,谓树木长大显出强固之状便不免被伐而作为柴薪燃之于灶。

“强大”,这里指以强大自恃。“强大居下”,谓自恃强大者必落于下乘。

【疏解】

老子之道诱导人于自然无为，从而以“虚心”、“弱志”（三章）、“不争”（八章、二十三章）、“不敢”（六十七章、七十三章）、“守雌”（二十八章）、“守柔”（五十二章）为教。本章称述“柔弱”而贬黜“坚强”，正是其所施教化的应有之义。

无论是人，还是草木等有生之物，其体质在生命持续中总是柔韧或软润的，而一旦生机不再，则无不变得僵硬或枯槁。柔韧或软润颇类于“柔弱”，僵硬或枯槁则有似于“坚强”，老子借此比喻是要讽劝世人——尤其是拥有权势的君长们——取谦下、致柔的态度修己、治世以保其自身及国家的生机不败。“坚强死之徒也”，是对逞强好争者的戒告；“柔弱生之徒也”，则是关联着“长生久视”（五十九章）而对人们所作的“抟气致柔”（十章）的引导。世人多鄙夷柔弱而推尚坚强，老子反其道行之，则是要人们从相争相胜——因而有种种智谋、法术、资具相随以生——所造成的“文敝”中有所警醒，以求返回人生自然之本真。因此在这里，“柔弱”亦未尝不可说是无为而“朴”的同义语，而“守柔”、“守雌”（亦即守弱）换一种说法也未始不可谓之为“复归于朴”（二十八章）。“弱也者，道之用也”（四十一章），“弱”乃是“道”的发用，非有此“弱”而无从与“道”相契。老子以“弱”喻“道”，所喻正在“道”的亲切而耐人体味处。

与人及草木等生物体质生时柔韧而死后僵硬、枯槁之喻相应，老子又以“兵强”、“木强”为喻对“坚强死之徒”再度作了强调。一棵树长大而渐次显出它对于其他树木的“强”状时，它就有了被砍伐以作柴薪的危险；同样，一支逞强的军队往往因为其恃“强”而败北。由此，老子得出这样的结论：一味争竞求胜的“强大”者反倒会在际遇中落于下风，而甘于“为之下”（六十八章）的“柔弱”者却能居于上乘。《列子·黄帝篇》辨"常胜之道"与"常不胜之道"云:"天下有常胜之道,有不常胜之道。常胜之道曰柔,常不胜之道曰强。二者亦(易)知,而人未之知。故上古之言:强,先不己若者;柔,先出于己者。先不己若者,至于若己,则殆矣;先出于己者,亡所殆矣。以此胜一身若徒,以此任天下若徒,谓不胜而自胜,不任而自任也。……老聃曰:'兵强则灭,木强则折。柔弱者生之徒,坚强者死之徒。'"此所谓"强,先不己若者;柔,先出于己者。先不己若者,至于若己,则殆矣;先出于己者,亡所殆矣",是说强者意味着其超过或胜过了不如自己者,柔者意味着超过或胜过了自己者。胜过不如自己者的强者若是遇到了像自己一样强的人,那就危险了;能胜过自己的柔者,却在任何时候都不会陷于危险。正因为这样,"柔"被认为是不胜而自胜、不任而自任的"常胜之道","强"则被认为是与"柔"相背而行的"常不胜之道"。传世本《列子》或为晋人伪托列子之作,但其中的这段文字对于领悟老子"强大居下,柔弱居上"之说仍有极可珍视的参酌价值。

七十七章

天之道，	天道均平，
西（犹）张弓也。	犹如上弦于弓。
高者印（抑）之，	弦位偏高（紧）就抑而放松，
下者举之；	弦位偏低（松）就升而绷紧；
有余（馀）者云（损）之，	若有余就予以减损，
不足者[补之。	若不足就予以补增。
故天之道]，	所以均平的天道，
云（损）有余（馀）而益不足；	总是减损有余而对不足者予以补充；
人之道，	人之道却不同，
云（损）不足而奉又（有）余（馀）。[1]	往往减损不足以使有余者更加丰盈。
夫孰能又（有）余（馀）	哪个有余者竟能取
而[有以取]奉（法）于天者？	法天道以求均平？
唯又（有）道者乎。	大概只有那得道之人。
是以耶（圣）人为而弗又（有），	因此圣人成全世人而不自恃有德，

成功而弗居也。	他成功了也决不居功自矜。
若此，	就这样，
其不欲见贤也。②	圣人不愿显示其贤明。

【校释】

①天之道，酉（犹）张弓也。高者印（抑）之，下者举之；有余（馀）者云（损）之，不足者[补之。故天之道]，云（损）有余（馀）而益不足；人之道，云（损）不足而奉又（有）余（馀）。

帛书乙本"不足者"下残损六字，据甲本当为"补之，故天之道"；补损阙后，其字句如上。甲本首句"天下"下残损五字，据乙本当为"之道，犹张弓"；"敗（损）有"下残损九字，据乙本、王弼本及甲本用字之常例，当为"馀而益不足。人之道则"；下一"敗（损）"字下残损三字，据乙本及王弼本当为"不足而"。甲、乙本互校，其字句相异处有：乙本首句"天之道"甲本补损阙后作"天下[之道]"，由下文"天之道"相推，甲本此处衍一"下"字，当删；甲本"弓"下有"者"字，乙本无；乙本三"云"字甲本并作"敗"（"云"为"损"之借字，"敗"同"损"）；甲本三"馀"字（其中一"馀"字残损）乙本并作"余"（"余"通"馀"）；乙本"人之道"甲本补损阙后作"[人之道则]不然"；乙本"又"甲本作"有"（"又"通"有"）。甲、乙本用字有异，但二者文义略从同。

郭店楚简本未见此章文字。

王弼本此节文字为："天之道，其犹张弓与！高者抑之，下者举之；有馀者损之，不足者补之。天之道，损有馀而补不足；人之道则不然，损不足以奉有馀。"以帛书甲、乙本校之，乙本"酉（犹）张弓也"、甲本"犹张弓者也"（"犹张弓"据乙本补），王本作"其犹张弓与"；甲、乙本"印"字王本作"抑"（"印"、"抑"通用）；乙本三"云"

字、甲本三“敗”字，王本并作“损”（“损”、“敗”为异体字，“云”为“损”之借字）；乙本三“余”字、甲本三“馀”字（其中一“馀”字残损），王本并作“馀”（“余”通“馀”）；甲、乙本下一“天”字上有“故”字，王本无；乙本“人之道”（甲本此句残存文字为“不然”）王本作“人之道则不然”。王弼本与帛书甲、乙本此节之字句颇有出入，但其文义并无大异。

※诸传世本此节文字与王弼本多有相异者，其如：易州景龙碑本，“犹”作“由”，无“与”字，上一“补”字作“与”，无末一“之”字，无“以”字，整节文字为：“天之道，其由张弓！高者抑之，下者举之；有馀者损之，不足者与之。天之道，损有馀而补不足；人道则不然，损不足，奉有馀。”遂州龙兴观碑本，“犹”作“由”，无“与”字，上一“补”字作“与”，无“而”字，无末一“之”字，无“以”字，整节文字为：“天之道，其由张弓！高者抑之，下者举之；有馀者损之，不足者与之。天之道，损有馀，补不足；人道则不然，损不足，奉有馀。”傅奕本，“弓”下有“者”字，“与”作“欤”，“其犹张弓与”为“其犹张弓者欤”。范应元本，“弓”下有“者”字，“与”作“欤”，“其犹张弓与”为“其犹张弓者欤”；“补不足”下有“也”字，“损有馀而补不足”为“损有馀而补不足也”。易州开元幢本、邢州开元幢本、庆阳景祐幢本、磻溪大德幢本、李约本、唐《御注》本、唐《御疏》本、杜光庭本、强思齐本、陈景元本、吕惠卿本、司马光本、陈象古本、李霖本、宋李荣本、文如海本、吕知常本、寇才质本、邓锜本、杜道坚本、王守正本，“与”作“乎”，上一“补”字作“与”，无“而”字，整节文字为：“天之道，其犹张弓乎！高者抑之，下者举之；有馀者损之，不足者与之。天之道，损有馀，补不足；人之道则不然，损不足以奉有馀。”易州景福碑本，“与”作“乎”，无第三、第四

“者”字,上一“补”字作“与”,无“而”字,无“以”字,整节文字为:“天之道,其犹张弓乎!高者抑之,下者举之;有馀损之,不足与之。天之道,损有馀,补不足;人之道则不然,损不足,奉有馀。”周至至元碑本,“与”作“乎”,“其犹张弓与”为“其犹张弓乎”;两“补”字并作“与”,无“而”字,“不足者补之”为“不足者与之”,“损有馀而补不足”为“损有馀,与不足”。苏辙本、宋《御解》本、邵若愚本、董思靖本、无名氏本、时雍本,“与”作“乎”,“其犹张弓与”为“其犹张弓乎”;无“而”字,“损有馀而补不足”为“损有馀,补不足”。楼观台碑本、河上公(影宋、道藏)本、道藏无注本、白玉蟾本、林志坚本,“与”作“乎”,“其犹张弓与”为“其犹张弓乎”;上一“补”字作“与”,“不足者补之”为“不足者与之”。北京延祐石刻本,“与”作“乎”,“其犹张弓与”为“其犹张弓乎”;“而”作“以”,“损有馀而补不足”为“损有馀以补不足”。敦煌写本之庚本,“与”作“乎”,无第三、第四“者”字,上一“补”字作“与”,无“而”字,“以”作“而”,整节文字为:“天之道,其犹张弓乎!高者抑之,下者举之;有馀损之,不足与之。天之道,损有馀,补不足;人之道则不然,损不足而奉有馀。”陆希声本,“与”作“乎”,“其犹张弓与”为“其犹张弓乎”;“以”作“而”,“损不足以奉有馀”为“损不足而奉有馀”。张君相本,“与”作“乎”,上一“补”字作“与”,无“而”字,无“以”字,整节文字为:“天之道,其犹张弓乎!高者抑之,下者举之;有馀者损之,不足者与之。天之道,损有馀,补不足;人之道则不然,损不足,奉有馀。”彭耜本,“与”作“乎”,无“而”字,“以”作“而”,整节文字为:“天之道。其犹张弓乎!高者抑之,下者举之;有馀者损之,不足者补之。天之道,损有馀,补不足;人之道则不然,损不足而奉有馀。”赵秉文本,“与”作“乎”,“其犹张弓与”为“其犹张弓乎”;无“而”字,“损有馀而补不足”为“损有馀，补不足”；无“则”字，“人之道则不然”为“人之道不然”。李道纯本，“与”作“乎”，“其犹张弓与”为“其犹张弓乎”；“下”作“低”，“下者举之”为“低者举之”；上一“补”字作“与”，“不足者补之”为“不足者与之”。焦竑本、周如砥本，“与”作“乎”，“其犹张弓与”为“其犹张弓乎”；“以”作“而”，“损不足以奉有馀”为“损不足而奉有馀”。林希逸本、吴澄本、张嗣成本、明《御注》本、危大有本、释德清本、薛蕙本、潘静观本，“与”作“乎”，“其犹张弓与”为“其犹张弓乎”。敦煌写本之辛本，无“与”字，上一“补”字作“与”，无“而”字，无“以”字，整节文字为：“天之道，其犹张弓。高者抑之，下者举之；有馀者损之，不足者与之。天之道，损有馀，补不足；人之道则不然，损不足，奉有馀。”严遵本，无“与”字，“抑”作“案”，无“而”字，无“以”字，整节文字为：“天之道，其犹张弓。高者案之，下者举之；有馀者损之，不足者补之。天之道，损有馀，补不足；人之道则不然，损不足，奉有馀。”赵志坚本，无“与”字，“其犹张弓与”为“其犹张弓”；上一“补”字作“与”，“不足者补之”为“不足者与之”；无“而”字，“损有馀而补不足”为“损有馀，补不足”。曹道冲本，上一“补”字作“与”，“不足者补之”为“不足者与之”。

“张弓”，可有两解，一为施弦或上弦于弓，一为开弓射箭。今以前者为是。《说文·弓部》：“张，施弓弦也。”严遵《老子指归》释“张弓”云：“夫弓人之为弓也，既杀（损）既生（增），既翕（合）既张（开），制以规矩，督以准绳。弦高急（紧）者，宽而缓之；弦弛下（松）者，摄而上之；其有余者，削而损之；其不足者，补而益之；弦质相任（相称），上下相权（适），平正为主，调和为常。故弓可抨而矢可行也。”“天之道，酉（犹）张弓也”，谓天道均平，就像施弦于弓时必得使弓弦与弓背协调相称一样。

“印”,与“抑”通用。罗振玉《增订殷墟书契考释》云:“卜辞‘印’字从爪,从人跽形。象手抑人而使之跽。其谊如许书(指《说文解字》——引者注)之抑,其字形则如许书之印,予意许书‘印’、‘抑’古为一字。”徐中舒主编《甲骨文字典》卷九云:“‘印’,从爪,从卩,象以手抑人使之跽伏之形。与《说文》‘归’(抑)字篆文同。《说文》:‘归,按也。从反印。……即以爪置于卩之左上方者为印,而以爪置于卩右上方者为归(抑)。自甲骨文观之,爪置左置右无别。’”(徐中舒主编《甲骨文字典》,成都:四川辞书出版社,2006,第1011-1012页)“高者印(抑)之,下者举之”,谓弓弦若是高急过紧就适当有所抑制使其宽缓,若是弛下松缓就适当摄而上之使其绷紧。

“奉”,进献,供给。“人之道,云(损)不足而奉又(有)余(馀)”,谓尘世间的做法有逆天道,它是剥损不足者以进献有余者而使其更丰赡。

②夫孰能又(有)余(馀)而[有以取]奉(法)于天者?唯又(有)道者乎。是以耶(圣)人为而弗又(有),成功而弗居也。若此,其不欲见贤也。

帛书乙本上一“而”下残损三字,据甲本当为“有以取”;补损阙后,其字句如上。甲本“天者乎”下残损殆尽,仅存“见贤也”三字,其所损毁字句据乙本当为“唯有道者乎。是以圣人为而弗有,成功而弗居也。若此,其不欲”。从帛书甲、乙本可依相应之句脉互补其阙文看,两者虽在个别用字上有别(如乙本首句句首有“夫”字,句末无“乎”字,而甲本首句句首无“夫”字,句末有“乎”字;乙本“余”甲本作“馀”),但文义略从同。

王弼本此节文字为:“孰能有馀以奉天下?唯有道者。是以圣人为而不恃,功成而不处,其不欲见贤。”校之以帛书甲、乙本,其最可留意的差别在于首句。王本“孰能有馀以奉天下”义亦可通，但不若乙本“夫孰能有余而有以取奉(法)于天者”或甲本“孰能有馀而有以取奉于天者乎”之义胜；老子欲借重圣人以申示“人之道”当取法“天之道”之旨，甲、乙本“取奉(法)于天”(“奉”通“法”)之用语正切合此趣。经比勘，今以甲、乙本之句脉、文义为是。

※诸传世本多有与王弼本字句相异者，其如：河上公(道藏)本，无“孰”字，上一“以”字移至“能”字下，“孰能有馀以奉天下”为“能以有馀奉天下”。易州开元幢本，上一“以”字上移至“能”字下，上下两“而”字并无，整节文字为：“孰能以有馀奉天下，唯有道者。是以圣人为不恃，功成不处，其不欲见贤。”周至至元碑本、吕惠卿本、司马光本、苏辙本，上一“以”字移至“能”字下，“孰能有馀以奉天下”为“孰能以有馀奉天下”；无下一“而”字，“功成而不处”为“功成不处”；末句句末有“邪”字，“其不欲见贤”为“其不欲见贤邪”(吕本“邪”作“耶”)。强思齐本，上一“以”字移至“能”字下，“孰能有馀以奉天下”为“孰能以有馀奉天下”；无下一“而”字，“功成而不处”为“功成不处”；末句句末有“也”字，“其不欲见贤”为“其不欲见贤也”。楼观台碑本、磻溪大德幢本、唐《御注》本、杜光庭本、陈景元本、陈象古本、曹道冲本、吕知常本、危大有本，上一“以”字移至“能”字下，“孰能有馀以奉天下”为“孰能以有馀奉天下”；无下一“而”字，“功成而不处”为“功成不处”。李霖本、寇才质本、李道纯本、张嗣成本，上一“以”字移至“能”字下，“孰能有馀以奉天下”为“孰能以有馀奉天下”；无下一“而”字，“处”作“居”，“功成而不处”为“功成不居”。白玉蟾本，上一“以”字移至“能”字下，“孰能有馀以奉天下”为“孰能以有馀奉天下”；“处”作“居”，“功成而不处”为“功成而不

居”。叶梦得本，上一“以”字移至“能”字下，“孰能有馀以奉天下”为“孰能以有馀奉天下”；“见”下有“其”字，末句句末有“耶”字，“其不欲见贤”为“其不欲见其贤耶”。吴澄本、明《御注》本、焦竑本、周如砥本，上一“以”字移至“能”字下，“孰能有馀以奉天下”为“孰能以有馀奉天下”；“处”作“居”，“功成而不处”为“功成而不居”（焦本“功成”作“成功”）；末句句末有“邪”字，“其不欲见贤”为“其不欲见贤邪”（焦本、周本“邪”作“耶”）。易州景福碑本、庆阳景祐幢本、唐《御疏》本、白玉蟾本、程大昌本、邓锜本、杜道坚本、王守正本，上一“以”字移至“能”字下，“孰能有馀以奉天下”为“孰能以有馀奉天下”。遂州龙兴观碑本，无上一“以”字，“孰能有馀以奉天下”为“孰能有馀奉天下”；无下一“而”字，“功成而不处”为“功成不处”；末句“其不欲见贤”作“斯不贵贤”。李约本，“能”下有“以”字，“孰能有馀以奉天下”为“孰能以有馀以奉天下”；无下一“而”字，“功成而不处”为“功成不处”。敦煌写本之庚本，“能”下有“以”字，“孰能有馀以奉天下”为“孰能以有馀以奉天下”；“功成”作“成功”，“功成而不处”为“成功而不处”；末句句末有“也”字，“其不欲见贤”为“其不欲见贤也”。陆希声本，“能”下有“以”字，原上一“以”字作“而”，“奉”下有“于”字，“唯有道者”句作“其惟有道者乎”，“处”作“居”，末句句末有“耶”字，整节文字为：“孰能以有馀而奉于天下？其惟有道者乎？是以圣人为而不恃，功成而不居，其不欲见贤耶。”泰州广明幢本，“能”下有“以”字，“孰能有馀以奉天下”为“孰能以有馀以奉天下”。严遵本，“能”下有“损”字，上一“以”字作“而”，“功成”作“成功”，无下一“而”字，“处”作“居”，无“其”字，整节文字为：“孰能损有馀而奉天下？唯有道者。是以圣人为而不恃，成功不居，不欲见贤。”道藏无注本，“能”下有“以”字，上一“以”字作“而”，“奉”下有“不足于”三字，“孰能有馀以奉天下”为“孰能以有馀而奉不足于天下”；无下一“而”字，“功成而不处”为“功成不处”。傅奕本，“能”下有“损”字，上一“以”字作“而”，“奉”下有“不足于”三字，“下”下有“者”字，“唯有道者”作“其惟道者乎”，“处”作“居”，末句句末有“邪”字，整节文字为：“孰能损有馀而奉不足于天下者，其惟道者乎？是以圣人为而不恃，功成而不居，其不欲见贤邪。”宋《御解》本、邵若愚本、彭耜本、董思靖本、文如海本，“能”下有“损”字，上一“以”字作“而”，“奉”下有“不足于”三字，“下”下有“者”字，“唯有道者”作“其惟道乎”，无下一“而”字，“处”作“居”，末句句末有“耶”字，整节文字为：“孰能损有馀而奉不足于天下者，其惟道乎？是以圣人为而不恃，功成不居，其不欲见贤耶。”（董本“耶”作“邪”）范应元本，“能”下有“损”字，“孰能有馀以奉天下”为“孰能损有馀以奉天下”；末句句末有“邪”字，“其不欲见贤”为“其不欲见贤邪”。无名氏本、时雍本，“能”下有“损”字，上一“以”字作“而”，“奉”下有“不足于”三字，“下”下有“者”字，“唯有道者”作“其唯道乎”，无下一“而”字，“处”作“居”，末句句末有“也”字，整节文字为：“孰能损有馀而奉不足于天下者，其唯道乎？是以圣人为而不恃，功成不居，其不欲见贤也。”易州景龙碑本，“唯”上有“其”字，“唯有道者”为“其唯有道者”；无下一“而”字，“功成而不处”为“功成不处”；“其不欲见贤”作“斯不见贤”。北京延祐石刻本，“能”下有“损”字，“奉”下有“不足于”三字，无下一“而”字，末句句末有“耶”字，整节文字为“孰能损有馀以奉不足于天下，唯有道者。是以圣人为而不恃，功成不处，其不欲见贤耶”。敦煌写本之辛本，“功成”作“成功”，无下一“而”字，“功成而不处”为“成功不处”；“其不欲见贤”作“其欲退贤”。张君相本，无下一“而”字，“功成而不处”为“功成不处”；“见”作“示”，“其不欲见贤”为“其不欲示贤”。赵秉文本，无下一“而”字，“功成而不处”为“功成不处”；末句句末有“耶”字，“其不欲见贤”为“其不欲见贤耶”。邢州开元幢本、宋李荣本、赵志坚本，无下一“而”字，“功成而不处”为“功成不处”（赵本“功成”作“成功”）。释德清本、薛蕙本、潘静观本，末句句末有“邪”或“耶”字，“其不欲见贤”为“其不欲见贤邪”。（释本、潘本“邪”作“耶”）

“取奉”，取法。“奉”，通“法”。高明《帛书老子校注》云：“‘奉’字古为并纽东部字，‘法’字属帮纽叶部，‘帮’、‘并’双声，‘东’、‘叶’旁对转，‘奉’、‘法’古音相同通假，故‘取奉于天’当读作‘取法于天’。”（高明：《帛书老子校注》，第206页）是说可从。“夫孰能又（有）余（馀）而有以取奉于天者”，谓谁能取法于天而损其有余以补益不足者呢？

“为”，成全之谓，此成全可谓以无为为之，亦即“为无为”（六十三章）。“圣人为而弗又（有）”，谓圣人成全天下人与万物而不自恃其有德。

“见”，显示，显现。“其不欲见贤”，谓圣人谦下以处，不愿显现其贤明于人。

【疏解】

此章由“天之道”与“人之道”的比勘，讽喻世间君长取法天道之无为、均平，以“不欲见贤”的方式在尘寰“损有馀而益不足”。

与别章所谓“功遂身退，天之道也”（九章）、“天之道，不战而善胜”（七十三章）相呼应，本章以“张弓”喻说“天之道”抑高举下、损有余而补不足之自然。施弦于弓，须弓弦与弓背相称而松紧适度:弦绷过紧或其紧绷程度偏高,当有所抑制而使其适当宽缓;弦绷过松或其紧绷程度偏低,则应稍稍拉紧以使弓弦之张力有所增益。这施弦于弓的张弛合度,所求在于弓弦与弓背受力均平以确保此弓在其材质允许的限度内获得可能大而有效的力道。弓弦松紧度的调处是一个不断抑高举下、损余补欠的过程,须顺应弓弦与弓背在协调中产生最佳张力的那种自然,老子以此比况天道必致高下、损益趋于自然之均平,可谓中肯、贴切而又易于觉解。

其实,老子对天道抑高举下、损余补欠而趋于均平之境的称述并不止于本章。细玩其"若反"之"正言"(七十八章),同一理趣的申示在其他章节随处可举。"物或损之而益,益之而损"(四十二章)固然是对损有余、补不足之说的典型表达,即如所谓"明道如昧,进道如退,夷道如类。上德如谷,大白如辱,广德如不足,建德如偷"(四十一章),亦未尝不是在隐示其于损有余、补不足中对自然均平之境的所祈。如果说"不自是故彰,不自见故明,不自伐故有功,弗矜故能长"(二十三章)更多地寓有"不足者补之"之意,那么"自是者不彰,自见者不明,自伐者无功,自矜者不长"(二十四章)则更多寓有"有馀者损之"之旨。同样,如果说"去甚,去泰,去奢"(二十九章)更多在于强调"有馀者损之",那么"曲则全,枉则正,洼则盈,敝则新,少则得"(二十三章)则更多在于强调"不足者补之"。诸如此类的说法推至究竟处,或可一言以蔽之为天道自然,因为对于老子来说,如此"损有馀而益不足"说到底乃是自然使之然。

与渊默的"天之道"全然相悖,见之于喧阗世间的"人之道"往往在于剥损不足者以进奉有余者。这诚然有着有余者的权势背景,但老子却更愿通过改变权柄在握的有余者的观念来改变逆天道而行的人之道。"人法地,地法天,天法道,道法自然"(二十五章),为使这被视为应然的"法"(效法或取法、师法)得以成为现实,老子再度借重天人间可作为人效法天道之范本的圣人。"德经"五十一章有云:"道生之畜之,长之遂之,亭之毒之,养之覆之。生而弗有,为而弗恃,长而弗宰,是谓玄德。""道经"十章亦有云:"生之畜之,生而弗有,长而弗宰也,是为玄德。"同是在说"玄德",五十一章是就"道"而言,而十章从其"爱民治国,能毋以知乎"的叹问看,当是就"圣人"而言——"道经"二章所谓"是以圣人居无为之事,行不言之教:万物作而弗始也,为而弗恃也,成功而弗居也"则正与十章相应。本章谓"是以圣人为而弗有,成功而弗居也",显然是绍述以上各章所称"玄德"之义的,只是这里再次说到的"玄德"出自"损有馀而益不足"的角度。至于"其不欲见贤"之说,原本是"为而弗有也,成功而弗居也"的既有之义,对其分外予以强调乃是为了于如下之观念加深印象:由取法"圣人"、取法"天道"而可能有的"玄德"自是"上德",不过终究说来,其"上德不德"或"上德无为而无以为也"(三十八章)。

七十八章

天下莫柔弱于水，	天下没有什么比水更柔弱，
［而攻坚强者莫之能胜，］	而攻克坚固之物没有什么能比它强，
以其无以易之也。	因为没有什么能改变水的性状。
水（柔）之朕（胜）刚也，	柔可以胜刚，
弱之朕（胜）强也，	弱可以胜强，
天下莫弗知也，	天下没有人不知晓，
而［莫能行］也。①	可就是不能践行柔弱之方。
是故耶（圣）人之言云，	所以圣人有话这样讲，
曰：受国之询，	他说：能承受一国的屈辱，
是胃（谓）社稷之主；	才做得了国家之主；
受国之不祥，	能担待一国的祸殃，
是胃（谓）天下之王。	才称得起天下之王。
正言若反。②	这正面的道理倒像是在反着讲。

【校释】

①天下莫柔弱于水，［而攻坚强者莫之能胜，］以其无以易之也。

水(柔)之朕(胜)刚也,弱之朕(胜)强也,天下莫弗知也,而[莫能行]也。

帛书乙本首句下残损九字,据甲本及王弼本当为“而攻坚强者莫之能胜”;末句“而”下残损三字,据甲本及王弼本当为“莫能行”。补损阙后,乙本字句如上。甲本“莫柔”下残损五字,据乙本及王弼本当为“弱于水,而攻”;“莫之能”下残损一字,据王弼本当为“胜”;“无”下残损一字,据乙本当为“以”;“易”下残损八字,据乙本及甲本之句脉,当为“之也。柔之胜刚,弱之”;“行也”上残损八字,据乙本及王弼本当为“下莫弗知也,而莫能”。补损阙后的甲、乙本,其所用字略有出入,而乙本“水之朕刚也”之“水”或当为“柔”之误,但二者整节文字之句脉、文义则无异。

郭店楚简本未见此章文字。

王弼本此节文字为:“天下莫柔弱于水,而攻坚强者莫之能胜,其无(無)以易之。弱之胜强,柔之胜刚,天下莫不知,莫能行。”以帛书甲、乙本校之,除几处用字稍异外,其最明显的差别在于:乙本“水(柔)之朕(胜)刚也,弱之朕(胜)强也”(甲本补阙后作“柔之胜刚,弱之胜强”),王本作“弱之胜强,柔之胜刚”;其句序有异(甲、乙本句序略胜于王弼本),然文义从同。

※诸传世本多有与王弼本相异者,其如:易州景龙碑本,“莫柔弱”作“柔弱莫过”,无“者”字,上一“胜”字作“先”,“其”上有“以”字,“弱之胜强,柔之胜刚”作“故弱胜强,柔胜刚”,“不”作“能”,整节文字为:“天下柔弱莫过于水,而攻坚强莫之能先,以其无以易之。故弱胜强,柔胜刚,天下莫能知,莫能行。”易州开元幢本、邢州开元幢本、庆阳景祐幢本、周至至元碑本、磻溪大德幢本、道藏无注本、白玉蟾本,“莫柔弱”作“柔弱莫过”,“弱之胜强,柔之胜刚”作“故柔胜刚,弱胜强”,

整节文字为:“天下柔弱莫过于水,而攻坚强者莫之能胜,其无以易之。故柔胜刚,弱胜强,天下莫不知,莫能行。”易州景福碑本,“莫柔弱”作“柔弱莫过”,“其”上有“以”字,下一“以”字作“能”,末一“胜”字作“能”,整节文字为:“天下柔弱莫过于水,而攻坚强者莫之能胜,以其无能易之。弱之胜强,柔之能刚,天下莫不知,莫能行。”楼观台碑本、唐《御注》本、唐《御疏》本、杜光庭本、陈景元本、苏辙本、李霖本、曹道冲本、吕知常本、赵秉文本、杜道坚本、张嗣成本,“莫柔弱”作“柔弱莫过”,“弱之胜强,柔之胜刚”作“故柔胜刚,弱胜强”,整节文字为:“天下柔弱莫过于水,而攻坚强者莫之能胜,其无以易之。故柔胜刚,弱胜强,天下莫不知,莫能行。”遂州龙兴观碑本,“莫柔弱”作“柔弱莫过”,无“者”字,“胜”作“先”,“弱之胜强,柔之胜刚”作“故柔胜刚,弱胜强”,“不”作“能”,整节文字为:“天下柔弱莫过于水,而攻坚强莫之能先,其无以易之。故柔胜刚,弱胜强,天下莫能知,莫能行。”敦煌写本之辛本,“莫柔弱”作“柔弱莫过”,“攻”作“功”,无“者”字,上一“胜”字作“先”,“其”上有“以”字,“弱之胜强,柔之胜刚”作“故柔胜刚,弱胜强”,“不”作“能”,整节文字为:“天下柔弱莫过于水,而功坚强莫之能先,以其无以易之。故柔胜刚,弱胜强,天下莫能知,莫能行。”河上公(影宋)本,“莫柔弱”作“柔弱莫过”,上一“之”字作“知”,整节文字为:“天下柔弱莫过于水,而攻坚强者莫知能胜,其无以易之。弱之胜强,柔之胜刚,天下莫不知,莫能行。”河上公(道藏)本,“莫柔弱”作“柔弱莫过”,“其”上有“以”字,下一“以”字作“能”,“弱之胜强,柔之胜刚”作“故柔胜刚,弱胜强”,整节文字为:“天下柔弱莫过于水,而攻坚强者莫之能胜,以其无能易之。故柔胜刚,弱胜强,天下莫不知,莫能行。”李约本、李道纯本,“莫柔弱”作“柔弱莫过”,

"天下莫柔弱于水"为"天下柔弱莫过于水";"弱之胜强,柔之胜刚"为"柔胜刚,弱胜强"。陆希声本,"莫柔弱"作"柔弱莫过","弱之胜强,柔之胜刚"作"故柔之胜刚,弱之胜强",整节文字为:"天下柔弱莫过于水,而攻坚强者莫之能胜,其无以易之。故柔之胜刚,弱之胜强,天下莫不知,莫能行。"强思齐本、张君相本、赵志坚本、王守正本,"莫柔弱"作"柔弱莫过","弱之胜强,柔之胜刚"作"故柔胜刚,弱胜强","不"作"能",整节文字为:"天下柔弱莫过于水,而攻坚强者莫之能胜,其无以易之。故柔胜刚,弱胜强,天下莫能知,莫能行。"潘静观本与之略同,唯"弱胜强"句在前,其上无"故"字。吕惠卿本,"莫柔弱"作"柔弱莫过",上一"胜"字作"先","弱之胜强,柔之胜刚"作"故柔胜刚,弱胜强",整节文字为:"天下柔弱莫过于水,而攻坚强者莫之能先,其无以易之。故柔胜刚,弱胜强,天下莫不知,莫能行。"司马光本,"莫柔弱"作"柔弱莫过","天下莫柔弱于水"为"天下柔弱莫过于水";"其"上有"以"字,"易之"下有"也"字,"其无以易之"为"以其无以易之也";"弱之胜强,柔之胜刚"为"故柔胜刚,弱胜强"。林希逸本,"莫柔弱"作"柔弱莫过","天下莫柔弱于水"为"天下柔弱莫过于水";"攻"作"功","而攻坚强者莫之能胜"为"而功坚强者莫之能胜"。薛蕙本,"莫柔弱"作"柔弱莫过","天下莫柔弱于水"为"天下柔弱莫过于水"。邓锜本,"莫柔弱"作"柔弱莫过","坚"下无"强"字,"弱之胜强,柔之胜刚"作"故柔胜刚,弱胜强",整节文字为:"天下柔弱莫过于水,而攻坚者莫之能胜,其无以易之。故柔胜刚,弱胜强,天下莫不知,莫能行。"吴澄本、明《御注》本,"莫柔弱"作"柔弱莫过",上一"胜"字作"先","其"上有"以"字,"易之"下有"也"字,"弱之胜强,柔之胜刚"作"柔之胜刚,弱之胜强","知"下有"而"字,整节文字为："天下柔弱莫过于水，而攻坚强者莫之能先，以其无以易之也。柔之胜刚，弱之胜强，天下莫不知，而莫能行。"林志坚本，"莫柔弱"作"柔弱莫过"，上一"之"字作"知"，"弱之胜强，柔之胜刚"作"故柔之胜刚，弱之胜强"，"不"作"能"，整节文字为："天下柔弱莫过于水，而攻坚强者莫知能胜，其无以易之。故柔之胜刚，弱之胜强，天下莫能知，莫能行。"危大有本，"莫柔弱"作"柔弱莫过"，"天下莫柔弱于水"为"天下柔弱莫过于水"；"易之"下有"也"字，"其无以易之"为"其无以易之也"。周如砥本，"莫柔弱"作"柔弱莫过"，"天下莫柔弱于水"为"天下柔弱莫过于水"；上一"胜"字作"先"，"而攻坚强者莫之能胜"为"而攻坚强者莫之能先"；"易之"下有"也"字，"其无以易之"为"其无以易之也"。陈象古本，"莫柔弱"作"至弱莫过"，"天下莫柔弱于水"为"天下至弱莫过于水"；"弱之胜强，柔之胜刚"为"故柔胜刚，弱胜强"。寇才质本，"莫柔弱"作"柔弱者莫过"，"天下莫柔弱于水"为"天下柔弱者莫过于水"；"弱之胜强，柔之胜刚"为"故柔胜刚，弱胜强"。范应元本，"莫柔弱"作"莫不柔弱"，"坚"作"刚"，上一"胜"字作"先"，"易之"下有"也"字，"弱之胜强，柔之胜刚"作"柔之胜刚，弱之胜强"，"知"下有"而"字，下一"能"字上有"之"字，整节文字为："天下莫不柔弱于水，而攻刚强者莫之能先，其无以易之也。柔之胜刚，弱之胜强，天下莫不知，而莫之能行。"敦煌写本之庚本，上一"而"字上有"言水柔弱"四字（显然为注文在传抄中误入正文），无"其"字，无"以"字"弱之胜强，柔之胜刚"作"弱胜强，柔胜刚"，整节文字为："天下莫柔弱于水，言水柔弱，而攻坚强者莫之能胜，无易之。弱胜强，柔胜刚，天下莫不知，莫能行。"董思靖本，无"者"字，"其"上有"以"字，"易之"下有"也"字，"弱之胜强，柔之胜刚"作"柔之胜刚，弱之胜强”,“知”下有“而”字,下一“能”字上有“之”字,整节文字为:“天下莫柔弱于水,而攻坚强莫之能胜,以其无以易之也。柔之胜刚,弱之胜强,天下莫不知,而莫之能行。”北京延祐石刻本,“其”上有“以”字,“弱之胜强,柔之胜刚”作“故柔胜刚,弱胜强”,“知”下有“而”字,整节文字为:“天下莫柔弱于水,而攻坚强者莫之能胜,以其无以易之。故柔胜刚,弱胜强,天下莫不知,而莫能行。”严遵本,上一“胜”字作“先”,“易之”下有“矣”字,“弱之胜强,柔之胜刚”作“夫水之胜强,柔之胜刚”,下一“能”字上有“之”字,整节文字为:“天下莫柔弱于水,而攻坚强者莫之能先,其无以易之矣。夫水之胜强,柔之胜刚,天下莫不知,莫之能行。”傅奕本、宋《御解》本、邵若愚本、彭耜本、无名氏本、时雍本,上一“胜”字作“先”,“其”上有“以”字,“易之”下有“也”字,“弱之胜强,柔之胜刚”作“柔之胜刚,弱之胜强”,“知”下有“而”字,下一“能”字上有“之”字,整节文字为:“天下莫柔弱于水,而攻坚强者莫之能先,以其无以易之也。柔之胜刚,弱之胜强,天下莫不知,而莫之能行。”文如海本,上一“胜”字作“先”,“易之”下有“也”字,“柔之”作“柔能”,“知”下有“而”字,下一“能”字上有“之”字,整节文字为:“天下莫柔弱于水,而攻坚强者莫之能先,其无以易之也。弱之胜强,柔能胜刚,天下莫不知,而莫之能行。”释德清本、焦竑本,上一“胜”字作“先”,“其”上有“以”字,“易之”下有“也”字,“弱之胜强,柔之胜刚”作“故柔之胜刚,弱之胜强”,整节文字为:“天下莫柔弱于水,而攻坚强者莫之能先,以其无以易之也。故柔之胜刚,弱之胜强,天下莫不知,莫能行。”王真本、王守正本,“不”作“能”,“天下莫不知”为“天下莫能知”。

“易”，变易，改变。“天下莫柔弱于水，而攻坚强者莫之能胜，以其无以易之也”，谓天下万物没有比水更柔弱的了，而攻克坚固的东西没有什么能胜过它；因为水可以改变任何物，却没有什么物能改变水。

“莫弗知”，没有人不知道。“水（柔）之朕（胜）刚也，弱之朕（胜）强也，天下莫弗知也，而莫能行也”，谓对于水以其柔弱胜过刚强这一点，天下没有人不知晓，但没有人能在践行中效法水。“道经”三十六章对“柔弱胜强”有所申示，“德经”七十六章亦有“人之生也柔弱，其死也筋肕坚强”之说，其正可与本章以水为喻所作的“柔弱”、“刚强”之辨相互印证。

②是故耶（圣）人之言云，曰：受国之訽，是胃（谓）社稷之主；受国之不祥，是胃（谓）天下之王。正言若反。

帛书乙本字句如上。甲本“若反”上残损二字，据乙本当为“正言”。乙本“是故”甲本作“故”，乙本两“国”字甲本并作“邦”，两者句脉、文义从同。

王弼本此节文字为：“是以圣人云：受国之垢，是谓社稷主；受国不祥，是为天下王。正言若反。”以帛书甲、乙本校之，甲本“故”、乙本“是故”王本作“是以”，甲、乙本“耶（圣）人之言云，曰”王弼本作“圣人云”，甲、乙本“是胃（谓）天下之王”王弼本作“是为天下王”，其用字稍有别，但句脉、文义略无异。

※诸传世本与王弼本相异者则有：易州景龙碑本，“是以”作“故”，“是以圣人云”为“故圣人云”；“为”作“谓”，“是为天下王”为“是谓天下王”。易州景福碑本、敦煌写本之庚本，“是以”作“故”，“人”下有“言”字，“是以圣人云”为“故圣人言云”；“为”作“谓”，“是为天下王”为“是谓天下王”。河上公（影宋）本，“是以”作“故”，“云”作“言”，下一“国”字下有

"之"字,"为"作"谓",整节文字为:"故圣人言:受国之垢,是谓社稷主;受国之不祥,是谓天下王。正言若反。"河上公(道藏)本,"是以"作"故","是以圣人云"为"故圣人云";"为"作"谓","是为天下王"为"是谓天下王"。傅奕本,"是以"作"故","人"下有"之言"二字,"为"作"谓","社稷"下、下一"国"字下、"天下"下并有"之"字,"王"作"主",末句句末有"也"字,整节文字为:"故圣人之言云:受国之垢,是谓社稷之主;受国之不祥,是谓天下之主。正言若反也。"陆希声本,"是以"作"故","云"作"言","是以圣人云"为"故圣人言";"正"上有"故"字,"正言若反"为"故正言若反"。李约本、张君相本,"是以"作"故","云"作"言","是以圣人云"为"故圣人言";"为"作"谓","是为天下王"为"是谓天下王"。林希逸本,"是以"作"故",下一"国"字下有"之"字,"为"作"谓",整节文字为:"故圣人云:受国之垢,是谓社稷主;受国之不祥,是谓天下王。正言若反。"邓锜本,"是以"作"故","云"作"言","是以圣人云"为"故圣人言";下一"国"字下有"之"字,"受国不祥"为"受国之不祥";"为"作"谓","是为天下王"为"是谓天下王"。杜道坚本、潘静观本,"是以"作"故",下一"国"字下有"之"字,"为"作"谓",整节文字为:"故圣人云:受国之垢,是谓社稷主;受国之不祥,是谓天下王。正言若反。"林志坚本,"是以"作"故","是以圣人云"为"故圣人云";下一"国"字下有"之"字,"受国不祥"为"受国之不祥"。严遵本,无"是以"二字,"人"下有"言"字,"社稷"下、"天下"下并有"之"字,"为"作"谓",整节文字为:"圣人言云:受国之垢,是谓社稷之主;受国不祥,是谓天下之王。正言若反。"司马光本,"人"下有"之言"二字,"为"作"谓",末句句首有"故"字,句末有"也"字,整节文字为:"是以圣人之言云:受国之垢,是谓社稷主；受国不祥，是谓天下王。故正言若反也。”陈象古本、邵若愚本、白玉蟾本、文如海本、无名氏本、寇才质本、赵秉文本、时雍本，“云”作“言”，下一“国”字下有“之”字，“为”作“谓”，整节文字为：“是以圣人言：受国之垢，是谓社稷主；受国之不祥，是谓天下王。正言若反。”宋李荣本，“云”作“言”，“为”作“谓”，无末句，整节文字为：“是以圣人言：受国之垢，是谓社稷主；受国不祥，是谓天下王。”周至至元碑本，“云”作“言”，下一“国”字下有“之”字，“为”作“谓”，整节文字为：“是以圣人言：受国之垢，是谓社稷主；受国之不祥，是谓天下王。正言若反。”宋《御解》本、彭耜本，“云”作“言”，“是以圣人云”为“是以圣人言”；下一“国”字下有“之”字，“受国不祥”为“受国之不祥”。易州开元幢本、邢州开元幢本、楼观台碑本、磻溪大德幢本、唐《御注》本、杜光庭本、强思齐本、陈景元本、吕惠卿本、苏辙本、李霖本、王守正本、张嗣成本，“云”作“言”，“是以圣人云”为“是以圣人言”；“为”作“谓”，“是为天下王”为“是谓天下王”。唐《御疏》本，“云”作“言”，无上一“谓”字，“为”作“谓”，整节文字为：“是以圣人言：受国之垢，是社稷主；受国不祥，是谓天下王。正言若反。”董思靖本，“云”作“言”，“谓”作“为”，下一“国”字下有“之”字，整节文字为：“是以圣人言：受国之垢，是为社稷主；受国之不祥，是为天下王。正言若反。”吕知常本，“云”作“言”，“为”作“谓”，“谓”作“为”，整节文字为：“是以圣人言：受国之垢，是为社稷主；受国不祥，是谓天下王。正言若反。”道藏无注本，“云”作“言”，“是以圣人云”为“是以圣人言”；“谓”作“为”，“是谓社稷主”为“是为社稷主”。范应元本，“云”作“言”，“社稷”下、“天下”下并有“之”字，“为”作“谓”，“王”下有“也”字，整节文字为：“是以圣人言：受国之垢，是谓社稷之主；受国不祥，是谓天下之王也。正言若反。”李道纯本,“云”作“言”,二“是”并作“能”,“谓”作“为”,下一“国”字下有“之”字,整节文字为:“是以圣人言:受国之垢,能为社稷主;受国之不祥,能为天下王。正言若反。”庆阳景祐幢本,“云”作“言”,“是以圣人云”为“是以圣人言”。遂州龙兴观碑本,无“是以圣人云”句,“为”作“谓”,整节文字为:“受国之垢,是谓社稷主;受国不祥,是谓天下王。正言若反。”敦煌写本之辛本,无“云”字,“是以圣人云”为“是以圣人”;“为”作“谓”,“是为天下王”为“是谓天下王”。吴澄本、明《御注》本、危大有本、薛蕙本、周如砥本,下一“国”字下有“之”字,“受国不祥”为“受国之不祥”;“为”作“谓”,“是为天下王”为“是谓天下王”。北京延祐石刻本、黄茂材本、崇宁《五注》本、曹道冲本、达真子本、叶梦得本、程大昌本、刘骥本,“为”作“谓”,“是为天下王”为“是谓天下王”。

“询”,同“诟”、“垢”。《说文·言部》:“询,诟,或从句。”耻辱之谓。杜预注《左传·昭公二十年》“余不忍其询”云:“询,耻也。”高诱注《吕氏春秋·离俗》“强力忍询”云:“询,辱也。”“受国之询,是胃(谓)社稷之主”,谓能承受一国的耻辱,才做得了一国之主。

“不祥”,不吉利,这里指灾祸。“受国之不祥,是谓天下之王”,谓敢于担负一国的祸殃,那才称得起天下之王。《淮南子·道应训》以晋伐楚而楚王罪己的故事诠释“受国之垢,是谓社稷之主”一语,有契老趣,似亦可引来领悟“受国之不祥”语。其云:“晋伐楚,三舍不止。大夫请击之,庄王曰:‘先君之时,晋不伐楚,及孤之身,而晋伐楚,是孤之过也。若何其辱!’群大夫曰:‘先臣之时,晋不伐楚,今臣之身也,晋伐楚,此臣之罪也。请三击之!’王俛而泣涕沾襟,起而拜群大夫。晋人闻之,曰:‘君臣争以过为在己,且轻下其臣,不可伐也。’夜还师而归。”

“正言”,指与道相契或相应之言。“正言若反”,谓与道相合的言论在习惯于俗常思维的人们听来像是在说反话。《左传·宣公十五年》:“宋人使乐婴齐告急于晋,晋侯欲救之。伯宗曰:‘不可。古人有言曰:“虽鞭之长,不及马腹。”天方授楚,未可与争。虽晋之强,能违天乎?谚曰:“高下在心。”川泽纳污,山薮藏疾,瑾瑜匿瑕,国君含垢,天之道也。君其待之!’乃止。”晋大夫伯宗说这番话,在孔子降生前四十三年,那时老子尚未出世。由此可见,“受国之诟,是胃(谓)社稷之主”这类“若反”的“正言”并非老子假“圣人”之口的杜撰,其与伯宗“国君含垢”之谈当属同源。

【疏解】

此章的主题辞为“柔弱”,其以水为喻喻此,其借重圣人之言亦言此。所演述的道理与世俗之见扞格不入,而看似“若反”的说法却无一不是“正言”。

老子善于以水设譬,其或谓水“居众人之所恶”而“不争”(八章),或谓江海“善下”而“能为百谷王”(六十六章),本章则谓水“柔弱”而可“攻坚强者”。其实,“不争”、“善下”皆可以“柔弱”涵盖,而“弱也者,道之用也”(四十章),“柔弱”则可被视为“道”的发用。前贤诠解“弱之胜强,柔之胜刚”或有以“勾践入宦于吴而越卒以霸,吕后不报嫚书之辱而匈奴和亲”为例者,其诚然无意于释“柔弱”为权谋,但援引勾践、吕后的故事发明老旨,毕竟不期然把本非出于机心的“柔弱”策略化了。无疑,本章是把所褒重的“柔弱”引向国家以至天下的治理的,不过,这种治理归根结底是要在历来为权势所宰制的领域实现所谓“欲不欲”而“无为”(五十七章)。“受国之诟”、“受国之不祥”，即是要在一国甚至天下范围内“居众人之所恶”，老子以此讽劝当政者在国家、天下的治理中“以其言下之”、“以其身后之”（六十六章），而这“下”、“后”的同义语便是“柔弱”。“下”而“后”之，必得“少私寡欲”（十九章），而“少私寡欲”或“欲不欲”则必至于“无为”。老子之前已有“国君含垢，天之道也”（《左传·宣公十五年》）之说，但这“含垢”更大程度上还只是利害权衡中的一种政治策略；老子所说“社稷之主”当“受国之诟”、“天下之王”须“受国之不祥”似乎是旧话重提，而真正说来，他已为这有其历史渊源的话语赋予了“道法自然”（二十五章）的价值取向。

在对本章的立意作了已臻完整的阐发后，老子追加了一句话：“正言若反。”这当然可以理解为一种提示语，其在于提示上文“若反”的措辞终究乃是“正言”。然而，它也可以看作论主对其“不言之教”的言说方式的申白。

对于老子来说，道其非可道之“道”、名其非可名之“名”原是出于不得已，这不得已而未免相“强”的言说在五千言中多取两种方式，一是包括“恍惚”之辞及设譬之语的“强为之容”（十五章），一是为本章分外点出的“正言若反”。由惯常思维得到的观念往往被世人视为正理或道理的正态，老子之所思多与世俗不合，因而反被看作与当然之理相反。就此而言，老子所言几乎无一不是若反之言。除本章外，所谓“众人皆有馀，我独匮。我愚人之心也，沌沌呵。俗人昭昭，我独若昏呵。俗人察察，我独闽闽呵”（二十章），自是典型的“正言若反”，而所谓“曲则全，枉则正，洼则盈，敝则新，少则得，多则惑”（二十二章），所谓“明道如昧，进道如退，夷道如类。上德如谷，大白如辱，广德如不足，建德如偷，质真如渝”（四十一章），所谓“大成如缺”、“大盈如冲”、“大直如诎”、“大赢如绌”（四十五章）等，又何尝不是“正言若反”。在《老子》中，此类“若反”之

“正言”及那些“恍惚”之辞、设譬之语随处可见，它最大程度地消除了常用语言由形式逻辑所赋予的运思圭角，述说着老子循其“道”以“居众人之所恶”的人生趣尚，涵淹了一位玄澹的隐者的卓越智慧。

七十九章

禾(和)大[怨,	和解既已生成的大怨,
必有余(馀)怨,	必至于留下余怨,
焉可以]为善?①	这如何称得上善?
是以圣人执左〈右〉芥(契),	因此圣人即使握有债权人的契券,
而不以责于人。	也不会以此为凭逼人偿还。
故又(有)德司芥(契),	所以有德者就这样行使债权,
无德司䜌(彻)。②	而无德者却只管一味收取税捐。
[夫天道无亲,	那天道原本无所偏袒,
恒与善人。]③	它总是佑助善人行善。

【校释】

①禾(和)大[怨,必有余(馀)怨,焉可以]为善?

帛书乙本"大"下残损八字,据甲本及乙本用字之常例,当为"怨,必有余(馀)怨,焉可以";补损阙后,其字句如上。甲本文字所存完好。补损阙后的乙本与甲本句脉、文义从同,唯甲本"和"乙本作"禾"("禾"通"和")。

郭店楚简本未见此章文字。

王弼本此节文字为："和大怨，必有馀怨，安可以为善？"除"焉"作"安"外，其字句与帛书甲本（乙本残损严重）从同。

※诸传世本多同于王弼本，其略异者有：司马光本、宋《御解》本、邵若愚本、彭耜本、文如海本、无名氏本、时雍本，上一"怨"字下有"者"字，"和大怨"为"和大怨者"。叶梦得本，无"必"字，"必有馀怨"为"有馀怨"。

"禾"，通"和"。孔颖达疏《书·微子之命》"唐叔得禾"云："禾者，和也。""禾（和）大怨，必有余（馀）怨，焉可以为善"，谓怨恨既生，即使其大端得以调和，也必至于留下余怨，这哪里称得上善呢？依老子意，"善者善之，不善者亦善之"，那才称得上"德善"（四十九章）。就是说，若是从一开始就对善者、不善者皆待之以善，则必至无怨可结，那才真正可谓之善。

②是以圣人执左〈右〉芥（契），而不以责于人。故又（有）德司芥（契），无德司𢕌（彻）。

帛书乙本字句如上。甲本下一"德"字上残损一字，据乙本当为"无"。甲、乙本互校，甲本"圣"字下脱"人执"二字，乙本二"芥"字甲本并作"介"（"芥"、"介"俱为"契"之借字），而甲、乙本的最大差异在于乙本"左"甲本作"右"。郑玄注《礼记·曲礼上》"献粟者执右契"云："契，券要也。右为尊。"以"右为尊"而言，帛书甲本"圣[人执]右介（契）"为是，乙本"左"当依之改为"右"。

王弼本此节文字为："是以圣人执左契，而不责于人。有德司契，无（無）德司彻。"其"圣人执左契"与帛书乙本同，亦误"右"为"左"，当据甲本改"左"为"右"；甲、乙本"不"下皆有"以"字，王本无,依文义今从甲、乙本;乙本"无"字(甲本残损,此"无"非"無"之简体)王本作"無",而"无"同"無"。

※诸传世本与王弼本相异者则有:易州景龙碑本、敦煌写本之辛本、李约本、杜光庭本、李道纯本,无"而"字,"而不责于人"为"不责于人";"有"字上有"故"字,"有德司契"为"故有德司契"。遂州龙兴观碑本,无"而"字,"而不责于人"为"不责于人";"有"字上有"故"字,"有德司契"为"故有德司契";"彻"作"辙","无德司彻"为"无德司辙"。严遵本,无"而"字,"不"下有"以"字,"彻"作"辙",整节文字为:"是以圣人执左契,不以责于人。有德司契,无德司辙。"易州开元幢本、邢州开元幢本、强思齐本,下一"人"字作"民","而不责于人"为"而不责于民";"有"字上有"故"字,"有德司契"为"故有德司契"。周至至元碑本,"有"字上有"故"字,"无"作"亡","有德司契,无德司彻"为"故有德司契,亡德司彻"。庆阳景祐幢本、楼观台碑本、磻溪大德幢本、北京延祐石刻本、傅奕本、唐《御注》本、唐《御疏》本、陆希声本、张君相本、道藏无注本、陈景元本、吕惠卿本、司马光本、苏辙本、陈象古本、宋《御解》本、邵若愚本、李霖本、白玉蟾本、彭耜本、董思靖本、宋李荣本、范应元本、文如海本、无名氏本、吕知常本、赵志坚本、寇才质本、赵秉文本、时雍本、邓锜本、王守正本、林志坚本、张嗣成本、危大有本、焦竑本,"有"字上有"故"字,"有德司契"为"故有德司契"。

"芥",通"契",为"契"之借字;契券,契据。古时借贷刻木以为契,上书借贷双方姓名、借贷额度、借还日期,一式而左右两份,从中剖开,债权人持右边一半而称右契,债务人持左边一半而谓左契,届时合契为凭以清借贷。孔颖达疏《礼记·曲礼上》“献粟者执右契”云:“契,两书一札,同而别之。郑玄注云:‘契,券要也,右为尊。’以先书为尊故也。”古来汉字书写自右至左,以“先书为尊”释“右为尊”甚为贴切。“又(有)德司芥(契)”,谓有德者依契券行事。契券之所由在于诚信,依契券行事意味着依诚信行事。

“𠜂”,“撤”之古字,通“彻”(徹);取、剥取之谓。赵岐注《孟子·公孙丑上》“彻彼桑土”云:“彻,取也。”这里,“彻”当指周时从收成中十取其一交官的田税规定。郑玄注《论语·颜渊》“盍彻乎”云:“周法什一而税谓之彻。”“无德司𠜂(彻)”,谓无德者像收取田税那样唯以撷取对方的方式行事。

③[夫天道无亲,恒与善人]。

帛书乙本此节文字悉残损,甲本则字句完好。依甲本,此节文字当为:“夫天道无亲,恒与善人。”

王弼本此节文字为:“天道无亲,常与善人。”以帛书甲本校之,其首句句首无“夫”字,“恒”作“常”,“无”(非“無”之简体字)作“無”(同“無”),而句脉、文义两者从同。

※诸传世本此节文字多同于王弼本,其与之略异者则有:周至至元碑本,“无”作“亡”,“天道无亲”为“天道亡亲”。李道纯本“亲”作“私”,“善”作“圣”,整节文字为:“天道无私,常与圣人。”

“与”,助,佑助。高诱注《战国策·秦策一》“楚攻魏,张仪谓秦王曰:‘不如与魏以劲之’”云:“与,犹助也。”“夫天道无亲,恒与善人”,谓天道无所偏爱,往往佑助那些有善德之人。

【疏解】

此章所论在于讽诫当政者修德以远怨，这用六十三章的话说即是“报怨以德”，用四十九章的话说则是“善者善之，不善者亦善之，德善也。信者信之，不信者亦信之，德信也”。而此“报怨以德”之“德”，自当为“生而弗有，为而弗恃，长而弗宰”的“玄德”（五十一章）。

从“民不畏威，则大威将至矣”（七十二章）、“人之飢也，以其取食税之多”、“民之轻死也，以其求生之厚也”（七十五章）等说法，略可窥知老子所曾目睹的当政者与百姓间的怨隙之深；本章开首所谓“和大怨，必有馀怨”，当出于春秋末造邦国之间、君民之间多有积怨这一背景。其时，邦国间构怨，往往通过诸侯会盟求得一时的调和；国君与百姓间蓄怨，则常常以调整赋税、徭役的方式达到相当程度的和解。这样的“和大怨”（调和怨怼之大端）从来都是计利而为的，而计利以为既然囿于利欲考虑便不可能不留下“馀怨”，如此和怨又遗怨，怨嫌相伴于利欲而绵延不绝，其“焉可以为善”？老子对当时在位者和解怨恚之做法的否定是彻底的，他就此鄙弃计利之途而试图从政治的究竟处另辟一蹊径。

计利之途被喻之以“司彻”；一意于赋税的收取或徭役的摊派亦会不时虑及百姓的承受，因此一般当政者未必全然不理会民怨，但其出发点是利而不是德，所以老子称其为“无德”。与司彻不同，老子把他所赞可的施政方式比况为“司契”。“契”，亦称契券，是古代借贷所用之凭证。老子由“司契”所要喻说的是，圣人——真正高明的当政者——虽因其治理邦国而“执右契”，却不会向执左契而有义务履行其职守的百姓作任何索取；这样的“不以责于人”的当政者不以利为图而唯德是守，老子遂称其为“有德”。诚然，此“德”乃“法道”、“法自然”而得以“生而弗有，为而弗恃,长而弗宰”的那种“德”,因而亦正可谓之“不德”(三十八章)而德之“玄德”。

天道自然,本无亲疏,然而“有德”者法天道而行已是与天道相契。相契于天道自天道看来本身即可称之以善,如此为善之人必因体现天道以至于“不战而善胜”(七十三章),其所行煞似为天道所佑助,实则是其因任自然而使之然。老子由此勖勉那些有可能“司契”却“不以责于人”的当政者:“夫天道无亲,恒与善人。”

八十章

小国寡民，	不大的国土，不多的百姓，
使有十百人〔之〕器而勿用，	即使有能力十倍百倍于常人的人才也不举用，
使民重死而远徙。	使百姓看重生死而不离乡背井。
又(有)周(舟)车无所乘之，	即使有车船也无人搭乘，
有甲兵无所陈之，	即使有甲兵也无从列阵，
使民复结绳而用之。[①]	使百姓仿用古法再度结绳。
甘其食，	人们自甘其饮食，
美其服，	自美其衣衾，
乐其俗，	自乐其习俗，
安其居。	自安其居处之境。
哭(邻)国相望，	邻国之人相互可望，
鸡犬之[声相]闻，	鸡犬之声相互可闻，
民至老死不相往来。[②]	而人们到老至死互不交往通情。

【校释】

①小国寡民，使有十百人〔之〕器而勿用，使民重死而远徙。又(有)

周(舟)车无所乘之,有甲兵无所陈之,使民复结绳而用之。

据帛书甲本,乙本“人”下脱一“之”字;补脱文后,其字句如上。甲本“陈”下残损七字,据乙本当为“之,使民复结绳而”。甲、乙本互校,乙本“国”甲本作“邦”;乙本“使有十百人器而勿用”甲本作“使十百人之器毋用”,其各有脱误,乙本据甲本当于“人”下补一“之”字,甲本据乙本当于“使”下补一“有”字,于“器”下补一“而”字;乙本“徙”甲本作“送”,“送”为“徙”之误书;乙本“又周车”甲本作“有车周”(“又”为“有”之借字,“周”为“舟”之借字)。二者句脉、文义从同。

郭店楚简本未见此章文字。

王弼本此节文字为:“小国寡民,使有什伯之器而不用,使民重死而不远徙。虽有舟舆,无(無)所乘之;虽有甲兵,无(無)所陈之;使人复结绳而用之。”以帛书甲、乙本校之,“伯”后脱一“人”字,当补。甲、乙本“使民重死而远徙”王本作“使民重死而不远徙”,文义似正相反,其实甲、乙本中“远”当读作 yuàn,有离开、避弃之义,“远徙”即避弃迁徙之谓;王本之“不远徙”当属后人改动所致,其将“远徙”之“远”读作 yuǎn,而以远近之远解之,为使其意与上文“重死”不相乖违,遂又于“远”上加一“不”字(对此,高明《帛书老子校注》已有指出,可参看该书第 152 – 153 页)。相形而言,甲、乙本似更近于《老子》本文原貌,今从帛书。此外,王本与甲、乙本尚有用字之异,如王本两“虽”字甲、乙本并无,王本“人”字甲、乙本作“民”,王本“無”字甲、乙本作“无”(非“無”之简体)等,但其不影响文义之大端。

※诸传世本与王弼本字句相异者则有:易州景龙碑本,二“民”字并作“人”,末句“人”作“民”,整节文字为:“小国寡人,使有什伯之器而不用,使人重死而不远徙。虽有舟舆,无所乘

之；虽有甲兵，无所陈之；使民复结绳而用之。”遂州龙兴观碑本，二“民”字并作“人”，无上一“使”字，无“远”字，“舆”作“轝”，无下一“虽”字，“陈”作“阵”，整节文字为：“小国寡人，有什伯之器而不用，使人重死而不徙。虽有舟轝，无所乘之；有甲兵，无所阵之；使人复结绳而用之。”傅奕本、宋《御解》本、邵若愚本、彭耜本、董思靖本、范应元本、文如海本、无名氏本、时雍本，上一“使”下有“民”字，“用”下有“也”字，“人”作“民”，整节文字为：“小国寡民，使民有什伯之器而不用也，使民重死而不远徙。虽有舟舆，无所乘之；虽有甲兵，无所陈之；使民复结绳而用之。”周至至元碑本、陆希声本、吕知常本、赵秉文本、吴澄本、明《御注》本，上一“使”下有“民”字，末句“人”作“民”。整节文字为：“小国寡民，使民有什伯之器而不用，使民重死而不远徙。虽有舟舆，无所乘之；虽有甲兵，无所陈之；使民复结绳而用之。”北京延祐石刻本，上一“使”下有“民”字，“舆”作“车”，末句“人”作“民”，整节文字为：“小国寡民，使民有什伯之器而不用，使民重死而不远徙。虽有舟车，无所乘之；虽有甲兵，无所陈之。使民复结绳而用之”。苏辙本，上一“使”下有“民”字，无“使民重死而不远徙”句，“人”作“民”，整节文字为：“小国寡民，使民有什伯之器而不用。虽有舟舆，无所乘之；虽有甲兵，无所陈之；使民复结绳而用之。”敦煌写本之庚本，“什伯”作“阡陌”，其下有“人”字，下一“民”字作“人”，无下一“而”字，“虽有”作“其”无下一“虽”字，末句“人”作“民”，整节文字为：“小国寡民，使有阡陌人之器而不用，使人重死不远陡。其舟舆无所乘之，有甲兵无所陈之，使民复结绳而用之”。敦煌写本之辛本，上一“使”下有“民”字，“使有什伯之器而不用”为“使民有什伯之器而不用”。河上公(影宋)本，“伯”下有“人”字，“使有什伯之器而不用”为

“使有什伯人之器而不用”；“舆”作“轝”，“虽有舟舆”为“虽有舟轝”。河上公(道藏)本、白玉蟾本、林希逸本、张嗣成本、释德清本，“伯”下有“人”字，“使有什伯之器而不用”为“使有什伯人之器而不用”；“人”作“民”，“使人复结绳而用之”为“使民复结绳而用之”(白玉蟾本“舆”作“车”)。严遵本，上一“使”下有“人”字，“使有什伯之器而不用”为“使人有什伯之器而不用”；无“复”字，“使人复结绳而用之”为“使人结绳而用之”。张君相本，“伯”下有“民”字，“使有什伯之器而不用”为“使有什伯民之器而不用”；“人”作“民”，“使人复结绳而用之”为“使民复结绳而用之”。林志坚本，“伯”下有“民”字，“使有什伯之器而不用”为“使有什伯民之器而不用”；“舆”作“车”，“虽有舟舆”为“虽有舟车”；“人”作“民”，“使人复结绳而用之”为“使民复结绳而用之”。邓锜本，“之器”作“器之”，“使有什伯之器而不用”为“使有什伯器之而不用”；“人”作“民”，“使人复结绳而用之”为“使民复结绳而用之”。道藏无注本，“伯”作“佰”，“使有什伯之器而不用”为“使有什佰之器而不用”；“人”作“民”，“使人复结绳而用之”为“使民复结绳而用之”。司马光本，“远徙”作“重复”，“而不远徙”为“而不重复”；“人”作“民”，“使人复结绳而用之”为“使民复结绳而用之”。叶梦得本，无“使民重死而不远徙”句，整节文字为：“小国寡民，使有什伯之器而不用。虽有舟舆，无所乘之；虽有甲兵，无所陈之；使人复结绳而用之。”李道纯本、王守正本、危大有本、焦竑本，“舆”作“车”，“虽有舟舆”为“虽有舟车”；“人”作“民”，“使人复结绳而用之”为“使民复结绳而用之”。唐《御注》本，末句“人”作“民”，句末有“矣”字，“使人复结绳而用之”为“使民复结绳而用之矣”。易州开元幢本、邢州开元幢本、易州景福碑本、庆阳景祐幢本、楼观台碑本、磻溪大德幢本、李约本、唐《御疏》本、强思齐本、陈景元本、吕惠卿本、陈象古本、李霖本、宋李荣本、赵志坚本、寇才质本、薛蕙本、潘静观本,“人”作“民”,“使人复结绳而用之”为“使民复结绳而用之”。

“十百人之器”,指才能十倍百倍于常人的贤者。此处“器”,隐喻贤能之人;老子有“大器免成”(四十一章)、“不敢为天下先,故能为成器长”(六十七章)之说,其“器”与“十百人之器”之“器”义趣相通。“十百人”之语例,与《公孙龙子·迹府》所谓“先生修儒术而非仲尼之所取,欲学而使龙去所教,则虽百龙,固不能当前矣”之“百龙”略相当;“百龙”指才能百倍于公孙龙的人,“十百人之器”则指才能十倍百倍于常人的那种人才。“使有十百人之器而勿用”,谓即使有才能十倍百倍于常人的人才也不举用。对“十百人之器”终究“勿用”,即“不上贤,使民不争”(三章)之意。

“远徙”,避弃迁徙。“远”(yuàn),有离、避之义;颜师古注《汉书·成帝纪》“退远残贼”云:“远,离也。”“使民重死而远徙”,谓使人们看重生命(不轻易取死),从而不肯迁徙以离乡背井。

“陈”,施用,施展。颜师古注《汉书·匡衡传》“陈之以德义”云:“陈,施也。”“有甲兵无所陈之”,谓即使有甲兵也无从施展。

“结绳”,上古无文字,以结绳作记事用。孔颖达疏《易·系辞下》“上古结绳而治,后世圣人易之以书契”云:“结绳者,郑康成注云事大大结其绳,事小小结其绳。义或然也。”“使民复结绳而用之”,谓使人们仿用古法而结绳记事以治。上古朴茂,“复结绳而用之”正蕴含“复归于朴”之意。

②甘其食,美其服,乐其俗,安其居。哭(邻)国相望,鸡犬之[声相]闻,民至老死不相往来。

帛书乙本“之”下残损二字,据甲本当为“声相”;补损阙后,其字句如上。甲本“民”下残损多字，此节所损据乙本当为“至老死不相往来”。甲、乙本互校，乙本“哭”甲本作“𨜱”（“哭”、“𨜱”皆为“邻”之异体字），乙本“国”甲本作“邦”，乙本“望”甲本作“壁”（“壁”为“望”之误书），乙本“犬”甲本作“狗”。二者句脉、文义从同。

王弼本此节文字为：“甘其食，美其服，安其居，乐其俗。邻国相望，鸡犬之声相闻，民至老死不相往来。”校之以帛书甲、乙本，王本“安其居”在“乐其俗”之上，句序与甲、乙本略有别。除此外，其句脉、文义皆无异。

※诸传世本与王弼本字句相异者则有：傅奕本，“甘”上有“至治之极民各”六字，“居”作“俗”，“俗”作“业”，“民”上有“使”字，“相”下有“与”字，整节文字为：“至治之极，民各甘其食，美其服，安其俗，乐其业。邻国相望，鸡犬之声相闻，使民至老死不相与往来。”范应元本，“甘”上有“至治之极民各”六字，“居”作“俗”，“俗”作“业”，“犬”作“狗”，“民”上有“使”字，“死”下有“而”字，整节文字为：“至治之极，民各甘其食，美其服，安其俗，乐其业。邻国相望，鸡狗之声相闻，使民至老死而不相往来。”《群书治要》本，“服”作“衣”，“美其服”为“美其衣”，“犬”作“狗”，“鸡犬之声相闻”为“鸡狗之声相闻”。严遵本，“安其居”在“乐其俗”句下，“安其居，乐其俗”为“乐其俗，安其居”，其句序与帛书甲、乙本同。宋《御解》本、邵若愚本、彭耜本、无名氏本、时雍本，“居”作“俗”，“俗”作“业”，“民”上有“使”字，“相”下有“与”字，整节文字为：“甘其食，美其服，安其俗，乐其业。邻国相望，鸡犬之声相闻，使民至老死不相与往来。”董思靖本，“居”作“俗”，“俗”作“业”，“死”下有“而”字，整节文字为：“甘其食，美其服，安其俗，乐

其业。邻国相望,鸡犬之声相闻,民至老死而不相往来。”文如海本,“居”作“俗”,“俗”作“业”,“民”上有“使”字,整节文字为:“甘其食,美其服,安其俗,乐其业。邻国相望,鸡犬之声相闻,使民至老死不相往来。”敦煌写本之辛本、赵志坚本,“犬”作“狗”,“民”上有“使”字,无“死”字,整节文字为:“甘其食,美其服,安其居,乐其俗。邻国相望,鸡狗之声相闻,使民至老不相往来。”敦煌写本之庚本、河上公(影宋)本、张君相本,“犬”作“狗”,无“死”字,整节文字为:“甘其食,美其服,安其居,乐其俗。邻国相望,鸡狗之声相闻,民至老不相往来。”遂州龙兴观碑本,“犬”作“狗”,“民”作“人”,其上有“使”字,整节文字为:“甘其食,美其服,安其居,乐其俗。邻国相望,鸡狗之声相闻,使人至老死不相往来。”易州景龙碑本、易州景福碑本、泰州广明幢本、白玉蟾本、林希逸本、释德清本、潘静观本,“犬”作“狗”,“鸡犬之声相闻”为“鸡狗之声相闻”。磻溪大德幢本,“声”作“音”,“鸡犬之声相闻”为“鸡犬之音相闻”;“至”作“之”,“民至老死不相往来”为“民之老死不相往来”。黄茂材本,“声”作“音”,“鸡犬之声相闻”为“鸡犬之音相闻”;“死”下有“而”字,“民至老死不相往来”为“民至老死而不相往来”。杜光庭本,“声”作“音”,“鸡犬之声相闻”为“鸡犬之音相闻”;“民”上有“使”字,“民至老死不相往来”为“使民至老死不相往来”。吕知常本,“声”作“音”,“鸡犬之声相闻”为“鸡犬之音相闻”;“至”作“若”,“民至老死不相往来”为“民若老死不相往来”。易州开元幢本、邢州开元幢本、庆阳景祐幢本、周至至元碑本、楼观台碑本、唐《御注》本、强思齐本、陈景元本、吕惠卿本、司马光本、苏辙本、陈象古本、李霖本、曹道冲本、宋李荣本、寇才质本、赵秉文本、王守正本、焦竑本,“声”作“音”,“鸡犬之声相闻”为“鸡犬之音相闻”。吴澄本、明《御注》本,“民”上有“使”字,“民至老死不相往来”为“使民至老死不相往来”。程大昌本,“死”下有“而”字,“民至老死不相往来”为“民至老死而不相往来”。

“甘其食,美其服,乐其俗,安其居”,非食以求甘、服以求美、俗以求佚乐、居以求安适之谓;此“甘”、“美”、“乐”、“安”皆有自足以随遇而安之义,因此其所述略可作如是诠释:自甘其饮食,自美其衣着,自乐其习俗,自安其居所,知足而足,无所奢求。

“民至老死不相往来”,谓邻国间的人们到老至死互不来往。此“不相往来”,是因为其各得自足,相互无来往的欲求,亦无来往的必要。如果说“甘”、“美”、“乐”、“安”主要指其自奉的拙朴,那么“不相往来”则是在谓人与人、国与国间人事交际的拙朴。

【疏解】

老子在本章描绘了一幅邦国治理的理想画图,其所体现的“道”之所导乃在于“法自然”以“无为”而“民自化”、“民自朴”(五十七章)。

理想之治是从“小国寡民”说起的,但这并非如前贤所推度:老子“言其所志,愿得小国寡民以试焉”(苏辙:《道德真经注》)。老子主张“法自然”以致治,“小国寡民”最契于自然;与之不侔,后世崛起的地广人众之大国多是人为兼并的结果。老子也有“治大国若烹小鲜”(六十章)、“大国以下小国,则取小国”(六十一章)之说,不过如此谈论大国之治乃是顾及春秋末年诸大国相继崛起这一现实。同是申诫“弗为而已,则无不治矣”(三章)的道理,着眼于大国更多是从现实出发,而说“小国寡民”则更宜于因任自然以推阐一种治国理想。

历来注家多以“使有十百人器而勿用”之“器”为器具或器械,

虽文义亦可通，但终是与下文“有舟车无所乘之，有甲兵无所陈之”之意有所重叠。唯苏辙《道德真经注》谓“什伯之器，则材堪什夫伯夫之长者也”，而为以人才释“器”之先声，然语焉未详。之后，明人释德清之《道德经解》谓：“什伯之器，并十曰什，兼百曰伯。器，材也。老子自谓，以我无为之治试于小国，纵使有兼十夫百夫之材者，亦无所用之，以民淳而无事故也。”其注较之苏氏已明畅许多，但以“民淳而无事”为“不用”（“勿用”）之由似仍嫌理犹未洽。相比而言，以人材释“器”自是更切近老子之微意。事实上，“十百人之器”的语式亦见于《公孙龙子·迹府》所谓“虽百龙，固不能当前矣”之“百龙”（才能百倍于公孙龙者），其所指乃为能力十倍以至百倍于常人的贤者，只是“勿用”当理解为不予举用。如此，“使有十百人之器而勿用”所措意的便主要在于“不尚贤”，而这正可与第三章“不上贤，使民不争”之旨相互印证。“不尚贤”亦可谓为“以不智治国”（六十五章），于是“有甲兵无所陈之”所寓之“不争”、“有舟车无所乘之”所蕴之“不欲”，遂同这“不智”一起较完整地道出了“无为”的底蕴。“重死”出于人生之自然，“远徙”（厌弃迁徙）则关联着远智（“不智”）、远欲（“不欲”），如是“恒使民无知无欲”（三章），称其“复结绳而用之”亦可矣。

如果说从“使有十百人之器而勿用”到“复结绳而用之”所述治国理想侧重于治国者的“我无为”——这“无为”之“我”不难由“使民”这一并非无关紧要的措词推断出来，那么从“甘其食”到“民至老死不相往来”，则侧重于述说理想社会中的“民自化”而“民自朴”。人人皆自甘其饮食，自美其服饰，自乐其习俗，自安其所居，以至邻国之人近在可望，却终于各自“知足”、“知止”而绝无通过交往以谋求一己之利的欲念，这不正可叹为“民”在“自朴”中“自化”或在“自化”中“自朴”么？

八十一章

信言不美，	真实可信的话无需美饰，
美言不信。	美饰动听的话未必可信。
知者不博，	真正知晓的人不用繁文浮辞，
博者不知。	繁称文辞的人未必真正就懂。
善者不多，	有德之人不会自作夸示，
多者不善。①	自夸之人未必真有德行。
耶（圣）人无积，	圣人无所积聚储存，
既以为人，	尽其所有帮助别人，
己俞（愈）有；	自己反倒更加充盈；
既以予人矣，	尽其所有给予别人，
己俞（愈）多。②	自己反倒更加丰殷。
故天之道，	因而天之道，
利而不害；	非为利而利终究不留弊病；
人之道，	人之道，
为而弗争。③	效法天道而为以不尚争竞。

【校释】

①信言不美，美言不信。知者不博，博者不知。善者不多，多者不善。

帛书乙本字句如上。甲本前后残损十三字,可据乙本补其损阙;其残留字句与乙本相应字句从同。

郭店楚简本未见此章文字。

王弼本此节文字为:"信言不美,美言不信。善者不辩,辩者不善。知者不博,博者不知。"校之以帛书乙本(甲本残损严重),乙本"善者不多,多者不善"王本作"善者不辩,辩者不善",且王本此两句在"知者不博,博者不知"两句之上。"辩",巧言之谓;"多",夸耀之谓。二者义近而"多"义略胜,今从帛书乙本。

※诸传世本多同于王弼本,其与王弼本略异者则有:傅奕本、范应元本、焦竑本、潘静观本,上二"者"字并作"言","善者不辩,辩者不善"为"善言不辩,辩言不善"(潘本"辩"作"辨")。楼观台碑本、吴澄本、林志坚本、明《御注》本,二"辩"字并作"辨","善者不辩,辩者不善"为"善者不辨,辨者不善"。敦煌写本之辛本,上一"知"字作"智","知者不博"为"智者不博"。遂州龙兴观碑本、严遵本、张君相本,"知者"二句在"善者"二句之上,整节文字为:"信言不美,美言不信。知者不慱,慱者不知。善者不辩,辩者不善。"(张本"慱"作"博")

"信言",真实可信的话。"信言不美,美言不信",谓真实可信的话不假美饰,美饰动听的话不可信从。

"博",这里指繁称文辞。《鬼谷子·权》:"繁称文辞者,博也。"司马贞《史记索隐》释《史记·老庄申韩列传》"泛滥博文,则多而久之"云:"谓人主志在简要,而说者务于浮辞泛滥,博涉文华,则君上嫌其多迂诞,文而无当。""知者不博,博者不知",谓真正懂得的人并不繁称文辞,繁琐于文辞的人并不真正懂得。

“多”，有夸赞之义，这里指自夸。《史记·管晏列传》云：“天下不多管仲之贤，而多鲍叔能知人也。”其“多”，即称扬、夸赞之谓。“善者不多，多者不善”，谓有德之人不会自夸，自夸之人称不上有德。

②耶（圣）人无积，既以为人，己俞（愈）有；既以予人矣，己俞（愈）多。

帛书乙本字句如上。甲本残损严重，尚存六字，其残存文字同于乙本相应文字。

王弼本此节文字为：“圣人不积，既以为人，己愈有；既以与人，己愈多。”校之以帛书乙本，乙本“无”王本作“不”；乙本“俞”王本作“愈”（“俞”为“愈”之借字）；乙本“予”王本作“与”（“与”、“予”古字通）。其用字略异，然句脉、文义从同。

※诸传世本多同于王弼本，其略异者有：严遵本，首句句首有“是故”二字，“圣人不积”为“是故圣人不积”。陆希声本，“不”作“无”，“圣人不积”为“圣人无积”；“为”作“与”，“既以为人”为“既以与人”。范应元本，“不”作“无”，二“愈”字并作“俞”，整节文字为：“圣人无积，既以为人，己俞有；既以与人，己俞多。”北京延祐石刻本、傅奕本、吕惠卿本、苏辙本、宋《御解》本、邵若愚本、彭耜本、董思靖本、文如海本、无名氏本、赵秉文本、时雍本、张嗣成本、薛蕙本，“不”作“无”，“圣人不积”为“圣人无积”。邢州开元幢本，“为”作“与”，二“愈”字并作“逾”，整节文字为：“圣人不积，既以与人，己逾有；既以与人，己逾多。”周至至元碑本，“不”作“无”，“圣人不积”为“圣人无积”。易州开元幢本、易州景福碑本、庆阳景祐幢本、楼观台碑本、磻溪大德幢本、李约本、唐《御注》本、唐《御疏》本、杜光庭本、强思齐本、道藏无注本、李霖本、寇才质本、王守正本，

"为"作"与","既以为人"为"既以与人"。赵志坚本,下二"人"字并作"民",整节文字为:"圣人不积,既以为民,己愈有;既以与民,己愈多。"

"积",聚,聚积。成玄英疏《庄子·逍遥游》"且夫水之积也不厚"云:"积,聚也。"孔颖达疏《礼记·儒行》"不祈多积"云:"积,积聚财物也。""圣人无积",谓圣人无所聚积。

"既",尽,竭尽。孔颖达疏《易·临》"既忧之,无咎"云:"既,尽也。""为",帮助。王引之《经义述闻·尚书上》释《书·益稷》"予欲宣力四方,女为"云:"为,读如相为之为。为,助也。""既以为人,己俞(愈)有",谓尽其所有帮助别人,自己会更富有。

③故天之道,利而不害;人之道,为而弗争。

帛书乙本字句如上。甲本此节文字悉皆残损。

王弼本此节文字为:"天之道,利而不害;圣人之道,为而不争。"校之以帛书乙本,乙本首句句首有"故"字,王本无;乙本"人"王本作"圣人";乙本"弗争"王本作"不争"。二者之异主要在于"人"与"圣人"的差别,以上下文相推,帛书乙本义胜,今从帛书乙本。

※诸传世本多同于王弼本,其与王弼本略异者则有:崇宁《五注》本,无上一"之"字,"天之道"为"天道"。李道纯本,上一"不"字作"无","利而不害"为"利而无害"。敦煌写本之辛本,无下一"之"字,"圣人之道"为"圣人道"。

"天之道,利而不害","天道"本"无亲"(七十九章),对于人原无所谓利害,然而其于万物"生而弗有,为而弗恃,长而弗宰"(五十一章),这在人看来,"生"、"为"、"长"即是"利",而"弗有"、"弗恃”、“弗宰”即是“不害”。尘俗的人之道,有一利必有一弊,弊即是害;相对于这人之道,天之道以不利(无意于利)利之,这不利之利或无为之利虽利却终究无害。

“人之道,为而弗争”,谓人之道当效法天之道,天之道无为,效法天之道的人之道自是“为无为”(六十三章),此所“为”既在于“无为”,则当“弗争”。

【疏解】

本章以“利而不害”称述前此诸章多有所论的“天之道”之要趣,并就此以“为而弗争”为取法“天之道”的“人之道”点睛。其言简意赅,可视为《老子》全篇撮题之笔。

就一般意义而言,“信言”指真实可信之言,其言无需美饰;“知者”,指确有真知之人,其知不落于繁文;“善者”,指德行高尚之人,其德无待于夸示。倘切近老子之教言之,“信”、“知”、“善”皆与“道”相系,“道”之所导则在于自然之朴真;“美”(美饰)、“博”(博文)、“多”(夸示)皆华而不实,有失朴澹,因此“信言”当是“不美”(无意于美饰)之朴言,“知者”当是“不博”(不事于博文)而于朴淳有所领悟之人,“善者”当是“不多”(屏绝于夸示)而于朴德能笃守不移之人。质言之,“知者”必于“道”有会于心,“善者”必于“道”践之于行,“信言”则必是“知者”、“善者”就“道”而发的由衷之言。“道”本不可言,唯其“知者”、“善者”不得已而切己言之,此言方可谓为“信言”。老子推尚“不言之教”(二章、四十三章),但毕竟以五千言有所言,其所言即是“信言”或“善言者无瑕谪”(二十七章)之“善言”的最好示例。

在“信”(于“道”可由衷言之)、“知”(于“道”可会之于心)、“善”(于“道”可践之于行)上达于完满以至极致者,老子称其为“圣人”。老子分外指出:“圣人无积。”“无积”之谓,即不追名逐利而为孜孜以求中的外物所累。“甚爱必大费，多藏必厚亡”（四十四章），过于贪取必至于劳心伤神，太多的敛聚一定会加速敛聚者生机的消陨。“甚爱”而“多藏”即是这里所谓“积”，而“无积”则意味着淡泊名利以致身心不累于外物、生机不败于贪欲。因此，“圣人无积”用老子的另一句话说亦即是圣人“欲不欲”（五十七章）。“少私寡欲”（十九章）、“不欲以静”（三十七章），“欲”既然由于“知足”、“知止”（四十四章）而不再滋衍，“积”也便无从说起，此之谓“无积”。“无积”于己，圣人则“既以为人”（尽其所有以帮助别人）、“既以予人”（尽其所有以给予别人），老子由此谓“为人”、“予人”的圣人反倒“己愈有”（自己更加富有）、“己愈多”（自己更加丰赡）。这吊诡的逻辑似乎在表达一种策略或权术，然而“愈有”、“愈多”并不就是圣人谋划于事先的目的，而且，重要的是，这愈益“有”、“多”的也不就是世俗的功利，而是圣人带给自身及其所“为”所“予”之人在“长生久视”（五十九章）意趣上的那种勃勃生机。“虚而不屈，动而愈出”（五章）是就“道”导之于天地之间的生机而言的，“既以为人，己愈有；既以予人矣，己愈多”，乃是以“道”为法（“法道”）的圣人对这虚灵生机的切实体证。

“天之道”经由圣人见之于人间，遂有了特定意义上的“人之道”；其二者的关系则如老子所称：“天之道，利而不害；人之道，为而弗争。”在利害相因、祸福相依的尘寰，有一利必有一弊，人们往往在利弊权衡中作随势应时的取舍；“天之道”却不同，其于万物“生而弗有，为而弗恃，长而弗宰”（五十一章），唯有“生”、“为”（施与）、“长”之“利”，却“弗有”、“弗恃”、“弗宰”而“不害”。这“利而不害”的“天之道”为人——自觉“法天”、“法道”的人之楷模为圣人——所取法，遂有了所谓“人之道”。人对“天之道”的取法是人之所“为”，但这“为”是为“天之道”的“无为”，因而是“为无为”。

通常的人之所为，有为必有争，而这“为无为”或以“无为”为其所为的“为”却由于“无为”而“弗争”。“为而弗争”是效法于“利而不害”的，它是“天之道”经由圣人而在人间世的呈现。老子论“道”玄之又玄，但这终究只是要“复众人之所过”（六十四章）而为人们提示别一种“人之道”；其终极眷注是可溯向“天之道”的，而此终极眷注与当下现实关切的全然一致则在于“法自然”（二十五章）、“复归于朴”（二十八章）以达于“长生久视”。

附录

《老子》汉简本及其与帛书本之勘校

2012 年 12 月，《北京大学藏西汉竹书》第二卷《老子》由上海古籍出版社出版，此竹书《老子》是继出土于长沙马王堆汉墓之《老子》帛书（甲、乙）本、出土于荆门郭店楚墓之《老子》竹简本后的又一出土《老子》古本。今将此汉简本《老子》逐章录之于下，并以帛书甲、乙本《老子》予以勘校，以为本书之补缀。

【上经】

第一章（王弼本第三十八章）

上德不德，是以有德；下德不失德，是以无德。上德无为而无以为，下德〔为〕之而无以为，上仁为之而无以为，上义为之而有以为，上礼为之而莫之应，则攘臂而乃（扔）之。故失道而后德，失德而后仁，失仁而后义，失义而后礼。夫礼，忠信之浅而乱之首也。前识者，道之华而愚之首也。是以大丈夫居其厚，不居其薄；居其实，不居其华。故去被（彼）取此。

※“无”，汉简本作“無”，帛书甲、乙本俱作“无”，“无”同“無”（“无”属六体书中奇字之“無”字）。“后”，汉简本作“後”，帛书甲本作“后”，乙本除一处作“后”外他处并作“句”，

“后”、“句”俱通“後”。“浅”，帛书乙本作“泊”(甲本残损)，“泊”通“薄”而“浅”与“薄”同义。“被”，帛书甲本作“皮”，乙本作“罢”，“被”、“皮”、“罢”俱借作“彼”。

除上述之用字略异外，汉简本与帛书甲、乙本之最不相侔在于，前者有“下德为之而无以为”句而后者无。自全章之语脉看，今姑从帛书甲、乙本以疏解老意，聊存汉简本此句以待再考。

第二章(王弼本第三十九章)

昔得一者，天得一以精(清)，地得一以宁，神得一以灵，谷得一以盈，侯王得一以为正。其致之也，天毋已精(清)将恐死〈列〉，地毋已宁将恐发(废)，神毋已灵将恐歇，谷毋已盈将恐渴(竭)，侯王毋已贵以高将恐厥(蹶)。是故必贵以贱为本，必高以下为基。是以侯王自谓孤寡不穀，此其贱之本邪？非也？故致数舆(誉)无舆(誉)。不欲禄禄如玉，[珞珞如石]。

※“精”，帛书甲、乙本俱作“清”，“精”通“情”而借作“清”。“灵”，帛书甲、乙本俱作“霝”，“霝”通“灵”(靈)。“谷”，帛书甲、乙本俱作“浴”，“谷”与“浴”古音义皆同。“死”，帛书乙本作“莲”(甲本残损)，“莲”为“裂”之借字，“死”与“列”形近而为“列”之误，“列”借作“裂”。上一“致”，帛书甲本亦作“致”，乙本作“至”，“至”通“致”，推而极之之谓。“厥”，帛书乙本作“欮”(甲本残损)，“厥”、“欮”俱通“蹶”。“穀”，帛书甲、乙本俱作“㝅”，“㝅”同“穀”，其或为“穀”之省写。下一“致”，帛书甲本亦作“致”，乙本则作“至”，“致”通“至”而“至”为本字。

第三章(王弼本第四十章)

反者,道之动也;弱者,道之用也。天下之物生于有,有生于无。

※帛书甲、乙本此章与下章章次互倒。甲本上一“道”字上残损“反也者”三字,“天”字下文句悉皆残损,乙本下一“者”字上残损“弱也”二字,下一“有”字下损一“生”字。甲、乙本互校补其损阙后,两“者”字上并有“也”字,汉简本则无。

第四章(王弼本第四十一章)

上士闻道,堇(勤)能行;中士闻道,若存若亡;下士闻道,大芺(笑)之,弗芺(笑),不足以为道。是以建言有之曰:明道如沬(昧),进道如退,夷道如类(纇)。上德如谷,大白如辱,广德如不足,建德如榆(偷),桎(至)真如輸(渝)。大方无隅,大器勉(免)成,大音希声,天〈大〉象无刑(形),道殷无名。夫唯道,善贷(始)且成。

※“芺”,帛书乙本作“笑”(甲本残损),“芺”为“笑”之异体字。“沬”,帛书乙本作“费”(甲本残损),“沬”、“费”皆借作“昧”。“谷”,帛书乙本作“浴”(甲本残损),“谷”与“浴”古音义皆同。“榆”,帛书甲、乙本俱残损,“榆”借作“偷”,苟且之谓。“桎”,帛书乙本作“质”(甲本残损),“桎”、“质”俱通“至”。“輸”,帛书甲、乙本俱残损,“輸”借作“渝”,“渝”有变污而不无瑕疵之义。“勉”,帛书乙本作“免”(甲本残损),此处“勉”当借作“免”,非借作“晚”。“天象”,帛书乙本亦作“天

象”(甲本残损),然“天”当为“大”之误。“般”,帛书乙本作“褒”(甲本残损),“般”、“褒”义相通,皆“大”之谓。“贠”,帛书乙本作“始”(甲本残损),“贠”即“贷”,“贷”与“始”古音近相通。

第五章(王弼本第四十二章)

道生一,一生二,二生三,三生万物。万物负阴抱阳,中(沖)气以为和。人之所恶,唯孤寡不穀,而王公以自命也。是故物或损而益,或益而损。人之所教,亦我而教人。故强粱(梁)者不得死,吾将以为学父。

※“恶”,帛书甲本亦作“恶”,乙本作“亚”,“亚”与“恶”古音义皆同。“穀”,帛书甲、乙本俱作“橐”,“橐”同“穀”,为“穀”之省写。“人之所恶”之“人”,帛书甲本作“天下”,乙本与汉简本同,此处“人”与“天下”俱指天下人,其义相通。“自命”,帛书甲本作“自名”(乙本“自”下残损),此处“命”同“名”。“是故”二字,帛书甲、乙本俱无;汉简本“损”,帛书甲本作“敃”,乙本作“云”,“敃”同“损”而“云”为“损”之借字。汉简本“或损而益”句在“或益而损”句前,帛书甲本句序与之同,乙本句序则与之相反。“人之所教,亦我而教人”,帛书甲本作“故人[之所]教,夕(亦)议(我)而教人”,乙本此句悉皆残损,“夕”借作“亦”,“议”通“义”而“义”(義)从“我”。“强粱”,帛书甲本作“强良”(乙本残损),“强良”即“强梁”,“粱”则为“梁”之借字。“学父”,帛书甲本亦为“学父”(乙本残损),皆觉悟(“学者,觉也”)之始(“父”通“甫”而为“始”)之谓。

第六章(王弼本第四十三章)

天下之至柔,驰骋于天下之至坚;无有入于无间。吾是以智(知)无为之有益也。不言之教,无为之益,天下希及之矣。

※“至”,帛书甲本作“致”(乙本残损),“致”通“至”而“至”为本字。“无”,汉简本作“無”,帛书甲、乙本俱作“无”,“无”同“無”。“智”,帛书甲本作“知”(乙本残损),“智”、“知”为古今字。“天下希及之”,帛书甲本作“[天]下希能及之矣”(乙本仅残存一“矣”字),甲本“希”下有“能”字而句末有“矣”字。

第七章(王弼本第四十四章)

身与名孰亲?身与货孰多?得与亡孰病?是故甚爱必大费,多臧(藏)必厚亡。故智(知)足不辱,智(知)止不殆,可以长久。

※“身与名”,帛书甲、乙本俱作“名与身”,其文义同,然自上下文看,帛书本语脉略胜。汉简本“甚爱”上有“是故”二字,帛书甲、乙本并无。“智”,帛书甲本作“知”(乙本残损),“智”、“知”为古今字。

第八章(王弼本第四十五章)

大成如缺,其用不敝。大盈如沖,其用不窮(穷)。大直如诎,大巧如拙,大盛如绌。趮(躁)胜寒,静胜热,清静为天下政(正)。

※前二“如”字,帛书甲本并作“若”,乙本残存次一“如”字,“如”、“若”同义。“敝”,帛书甲本作“幣”(乙本残损),“幣”通“敝”。“沖”,帛书甲本作“盅”,乙本同汉简本,“盅”同“盅”而“沖”通“盅”,虚之谓。“窮”,帛书甲本作“竆”(乙本残损),“窮”同“穷”(窮),“竆”同“窘”而与“穷”(窮)义通。“盛”,帛书甲本作“赢”(乙本残损),“盛”与“赢”义通,皆有丰足之意。“静胜热”,帛书甲本作“靓胜炅”,“靓”借作“静”,“炅”为“热”之异体字。“清静”,帛书甲本作“请靓”(乙本残损),“请靓”为“清静”之借字。“政”,帛书甲本作“正”(乙本残损),“政”通“正”而此处“正”为本字。

第九章(王弼本第四十六章)

天下有道,却走马以粪。天下无道,戎马产于鄗(郊)。故罪莫大于可欲,祸莫大于不智(知)足,咎莫灩(惨)于欲得。故智(知)足之足,恒足矣。

※“产”,帛书甲、乙本俱作“生”,“产”与“生”此处同义。“鄗”,帛书甲、乙本俱作“郊”,“鄗”为“郊”之异体字。“祸”,帛书甲本作“䠄”,乙本同汉简本,“䠄”为“祸”之异体字。“智”,帛书甲本作“知”(乙本残损),“智”、“知”为古今字。“灩”,帛书甲本作“憯”(乙本残损),“灩”、“憯”皆通“惨”。

第十章(王弼本第四十七章)

不出于户,以智(知)天下;不规(窥)于牖,以智(知)天道。其出璽(弥)远,其智(知)璽(弥)少。是以圣人弗行而智(知),弗见而命(名),弗为而成。

※“智”,帛书甲、乙本俱作“知”,“智”、“知”为古今字。“规”,帛书乙本作“䂓”,甲本同于汉简本,“规”、“䂓”皆通“窥”。“璽”,帛书乙本作“籋”,甲本同汉简本,“璽”、“籋”皆通“弥”(彌)。“命”,帛书乙本作“名”(甲本残损),“名”通“明”,“命”借作“明”。

第十一章(王弼本第四十八章)

为学者日益,为道者日损。〔损〕之有(又)损之,至于无[为,无为而无不为。取天下者恒以]无事,及其有事,有(又)不足以取天下。

※“为道”,帛书乙本作“闻道”(甲本残损),“为道”、“闻道”在此皆修道之义。“损”,帛书乙本作“云”(甲本残损),“云”为“损”之借字。“无”,汉简本作“無”,帛书乙本作“无”(甲本残损),“无”同“無”。“至于无(無)”下残损十余字,帛书甲、乙本相应文字唯存“取天下也,恒”或“取天下,恒”,汉简本阙文据郭店楚简本及王弼本等世传本当为“为,无(無)为而无(無)不为。取天下者,恒以”;汉简本所补文“取天下者,恒以”,帛书乙本相应文字为“取天下,恒无事”,甲本则为“取天下也,恒[无事]”。

第十二章(王弼本第四十九章)

圣人恒无心,以百生(姓)之心为心。善者虗(吾)亦善之,不善者虐(吾)亦善之,直(得)善也。信者虐(吾)信之,不信者虐(吾)亦信之,直(得)信也。圣人之在天下也,医医(歙歙)然,为天下浑[心]。而百姓皆属其耳目焉,圣人而皆晐(孩)之。

※"百生",帛书乙本作"百省"(甲本"百"下残一字),"生"、"省"皆为"姓"之借字。"虐",借作"吾",帛书甲、乙本之相应处俱无此字。汉简本次一"善"字上有"亦"字,帛书甲本无(乙本残损)。"直",帛书乙本作"德"(甲本残损),"直"或为"悳"之省写,而"悳"("德"之异体字)、"德"皆通"得"。"医医",帛书甲本作"愉愉",乙本作"欲欲",其皆用以形容无所施为之情状。汉简本"浑"下阙一字,据帛书甲本(乙本残损)当为"心"。"晐",帛书甲、乙本相应字词俱残损,"晐"借作"孩"。

第十三章(王弼本第五十章)

出生入死。生之徒十有三,死之徒十有三,而民姓(生)生焉,动皆之死地之十有三。夫何故也?以其姓(生)生也。盖闻善聂(摄)生者,陵行不避豲(兕)虎,入军不被兵革。虎无所错(措)其蚤(爪),豲(兕)无所椯(揣)其角,兵无所容其刃。夫何故也?以其无死地焉。

※二"姓"字,帛书甲、乙本俱作"生","姓"为"生"之借字。"动",帛书乙本作"僮",甲本同汉简本,"僮"借作"动"。"聂",帛书甲、乙本俱作"执","聂"通"摄","执"与"摄"此处义同。"避",帛书乙本作"辟"(甲本残损),"辟"同"避"。"豲",帛书甲本作"矢",乙本同汉简本,"矢"为"豲"("兕"之

古字)之借字。“兵革”,帛书甲本作“甲兵”,乙本同汉简本,“兵革”与“甲兵”同义。“无”,汉简本作“無”,帛书甲、乙本俱作“无”,“无”同“無”。“错”,帛书甲本作“昔”(乙本残损),“错”、“昔”皆通“措”。汉简本“虎无所”句在“兕无所”句前,帛书甲、乙本句序与之相反。“椯”,帛书甲本与之同(乙本残损),“椯”(duǒ)借作“揣”(duǒ),动之谓。

第十四章(王弼本第五十一章)

道生之,德畜之,物刑(形)之,热(势)成之。是以万物奠(尊)道而贵德。道之奠(尊),德之贵,夫莫之爵而恒自然。故道生之畜之,长之逐(遂)之,亭(成)之孰(熟)之,养之复(覆)之。故生而弗有,为而弗持(恃),长而弗宰,是谓玄德。

※“热”,帛书甲、乙本俱作“器”,“热”为“势”之误,“势”、“器”古音同而“势”借作“器”。“奠”,帛书甲、乙本俱作“尊”,“奠”、“尊”二字同源而形近,此处“奠”同“尊”。“道生之”上有“故”字,帛书甲、乙本俱无。“逐”,帛书甲本作“遂”(乙本残损),“逐”当为“遂”之误,《广雅·释言》谓“遂,育也”。“孰”,帛书乙本作“毒”(甲本残损),“孰”通“熟”,“毒”借作“熟”。“持”,帛书甲本作“寺”(乙本残损),“持”、“寺”皆通“恃”。

第十五章(王弼本第五十二章)

天下有始,可以为天下母。既得其母,以智(知)其子;既智(知)其子,复守其母,殁身不殆。塞其脱(兑),闭其门,终身不僅

(勤)。启其脱(兑),齐(济)其事,终身不来(救)。见小曰明,守柔曰强。用其光,复归其明,毋遗身央(殃),是谓袭常。

※"可以",帛书甲、乙本俱作"以"。"智",帛书甲、乙本俱作"知","智"、"知"为古今字。"殁",帛书甲、乙本俱作"没","没"通"殁",终之谓。"殆",帛书乙本作"佁",甲本同汉简本,"佁"借作"殆"。"脱",帛书甲本作"闆"(又作"闷"),乙本作"垅","脱"、"垅"皆当读作"兑"(yuè),"兑"为"阅"之省写,"闆"、"闷"或皆为"阅"之误,"阅"通"穴",这里指耳目鼻口。"终",帛书乙本作"冬",甲本同汉简本,"冬"、"终"为古今字。"僅",帛书甲、乙本俱作"堇","僅"、"堇"皆借作"勤"。"来",帛书乙本作"棘"(甲本残损),"来"与"棘"音近相假,"棘"通"吉"。"谓",帛书甲、乙本俱作"胃","胃"借作"谓"(或为"谓"之省写)。

第十六章(王弼本第五十三章)

使我介有智(知),行于大道,唯蛇(迤)是畏。大道甚夷,而民好街(径)。朝甚除,田甚芜,仓甚虚。服文采,带利剑,厌食,资货有馀。是谓盗竽,非道也。

※"介",帛书甲本作"摞",乙本同汉简本,"摞"借作"介",微或稍微之义。"蛇",帛书乙本作"他"(甲本残损),"蛇"、"他"皆为"迤"之借字,斜之谓。"街",帛书甲本作"解",乙本作"僻","街"、"解"、"僻"皆借作"径"。"芜",汉简本作"蕪",帛书甲、乙本俱作"芜","芜"同"蕪"。"厌食,资货有馀",帛书乙本为"猒食而齎財[有馀]"(甲本残损,唯余

“食”字)，“猒”同“厌”(厭)，“齎”通“资”。“盗竽”，帛书甲本残损，乙本“盗”下之字仅存右部木旁，帛书整理组推断其为一从木于声之字。

第十七章(王弼本第五十四章)

善建不拔，善抱不脱，子孙以其祭祀不绝。修之身，其德乃真；修之家，其德有馀；修之乡，其德乃长；修之国，其德乃逢(丰)；修之天下，其德乃薄(博)。以身观身，以家观家，以乡观乡，以国观国，以天下观天下。吾何以知天下然哉？以此。

※汉简本“建”、“抱”下无“者”字，帛书甲、乙本俱有“者”。“逢”，帛书乙本作“夆”(甲本残损)，“逢”、“夆”皆为“丰”(豐)之借字。“薄”，帛书乙本作“愽”，“愽”为“博”之异体字，“薄”通“博”。“以国观国”，帛书甲本作“以邦观邦”，乙本同汉简本，然其脱“以乡观乡”句。汉简本“天下”下无“之”字，帛书乙本则有(甲本残损)，且乙本“哉”作“兹”(“兹”与“哉”通用)。

第十八章(王弼本第五十五章)

含德之厚者，比于赤子。蠭(蜂)蠆虺蛇弗赫(螫)，猛兽攫(玃)鸟弗薄(搏)，骨弱筋柔而抠(握)固。未智(知)牝牡之合而狻(朘)怒，精之至也。终日号而不幽(嚘)，和之至也。和曰常，智(知)和曰明，益生曰详(祥)，心使气曰强。物壮则老，谓之不道，不道蚤(早)已。

※汉简本“厚”下有“者”字，帛书甲、乙本俱无。“蠭虿”，帛书甲本作“逢衛”，乙本作“螽疠”，皆读作“蜂虿”，指蜂蝎类毒虫。“蚖蛇”，帛书甲本作“螺地”，乙本作“虫蛇”，皆读作“虺蛇”，指蝮蛇一类毒蛇。“赫”，帛书甲本作“螫”，乙本同汉简本，“赫”借作“赦”而“赦”假为“螫”。“猛兽攫鸟”，帛书甲本作“攫鸟猛兽”，乙本作“据鸟孟兽”，词序及用字略异，然所指从同。“薄”，帛书甲本作“搏”，乙本作“捕”，“薄”、“捕”皆借作“搏”。“抠”，帛书甲、乙本俱作“握”，“抠”为“握”之借字。“狻”，帛书乙本作“朘”(甲本残损)，“狻”借作“朘”。“幽”，帛书甲本作“发”，乙本作“嚘”，“幽”、“发”皆为“嚘”之借字。“和曰常，智(知)和曰明”，帛书乙本作“[知和曰]常，知常曰明”，甲本同汉简本(唯“智”作“知”)，诸本皆略有误，该句当为“和曰常，知常曰明”。“详”，帛书甲、乙本俱作“祥”，“详”为“祥”之借字。“则”，帛书甲本作“即”，乙本同汉简本，此处“则”与“即”义同。

第十九章(王弼本第五十六章)

智(知)者弗言，言者弗智(知)。塞其脱(兑)，闭其门，和其光，同其畛(尘)，挫其兑(锐)，解其纷，是谓玄同。故不可得而亲，亦不可得而疏；不可得而利，亦不可得而害；不可得而贵，亦不可得而贱。故为天下贵。

※“脱”，帛书甲本作“闷”，乙本作“垅”，“脱”、“垅”皆借作“兑”，“闷”或为“阅”(“兑”)之误；“兑”，穴窍之谓，这里指耳目鼻口。“畛”，帛书甲本作“堥”，乙本作“塵”，“畛”、“堥”俱为“塵”之借字。“挫”，帛书甲本作“坐”，乙本作“锉”，其通

假而“挫”为本字。“兑”(ruì),帛书甲本作“阅”,乙本同汉简本,“兑”同“锐”,“阅”借作“锐”。“贱”,帛书甲本作“浅”,乙本同汉简本,“浅”为“贱”之借字。

第二十章(王弼本第五十七章)

以正之(治)国,以倚(奇)用兵,以无事取天下。吾何以智(知)其然也?夫天多忌讳而民璽(弥)贫,民多利器而固〈国〉家兹(滋)昏,人多智而苛物兹(滋)起,灋物兹(滋)章(彰)而盗贼多有。故圣人之言云:我无为而民自化,我无事而民自富,我好静而民自正,我欲不欲而民自朴。

※“倚”,帛书甲、乙本俱作“畸”,“倚”、“畸”皆通“奇”。“然也”,帛书甲本作“[然]也哉”,乙本作“然也才”,“才”通“哉”。“天”,帛书甲、乙本俱作“天下”,疑汉简本“天”下脱一“下”字。“璽”,帛书甲、乙本俱作“弥”,“璽”借作“弥”。“固”,帛书甲本作“邦”(乙本残损),“固”当为“国”之误。“苛”,帛书甲本作“何”(乙本残损),“苛”、“何”皆借作“奇”。“灋”,帛书甲、乙本俱残损,“灋”为古“法”字。“无”,汉简本作“無”,帛书甲、乙本俱作“无”,“无”同“無”。汉简本“我无(無)事”句在“我好静”句之上,帛书甲、乙本此两句句序与之相反。

第二十一章(王弼本第五十八章)

其正(政)昏昏(闷闷),其民萅萅(惇惇);其正(政)计计(察察),其国夬夬(狭狭)。福,祸之所倚;祸,福之所伏。夫孰智(知)

其极？其无正？正复为倚（奇），善复为芺（妖）。人之废，其日固久矣。

※“昏昏”，帛书乙本作“閩閩”（甲本残损），“昏昏”、“閩閩”皆借作“闷闷”，浑噩无条理貌。“菩菩”，帛书乙本作“屯屯”（甲本残损），其皆借作“惇惇”，质朴敦厚貌。“计计”，帛书甲、乙本俱作“察察”，“计”与“察”音近而义通，苛察烦琐貌。“国”，帛书甲本作“邦”（乙本残损），这里“国”、“邦”当指其国或其邦之民。“福，祸之所倚；祸，福之所伏”，帛书甲本作“𧰼（祸），福之所倚；福，𧰼（祸）之所伏”（乙本残损而仅存“所伏”二字），其语句异而文义略相侔。“无”，汉简本作“無”，帛书甲、乙本俱作“无”，“无”同“無”。“芺”，帛书甲、乙本相应处俱残损，“芺”当为“妖”之借字。“废”，帛书乙本作“䌷”（甲本残损），“䌷”同“悉”而借作“迷”，“废”通“费”而具暗昧不明义，其与“迷”意味略相侔。

第二十二章（王弼本第五十九章）

方而不割，廉而不刖（刿），直而不肆，光而不燿。治人事天，莫如啬。夫唯啬，是以蚤（早）服。蚤（早）服是谓重积德，重积德则无不克，无不克则莫智（知）其极，莫智（知）其极则可以有国，有国之母可以长久。是谓深根固抵〈柢〉，长生久视之道也。

※汉简本将“方而不割”至“光而不燿”四句置于本章，世传本则以其为上章文句。“廉”，帛书乙本作“兼”（甲本残损），“兼”借作“廉”。“刖”，帛书乙本作“刺”（甲本残损），“刖”、“刺”皆可与王弼本之“刿”通用。“肆”，帛书乙本作

"绁"(甲本残损),"绁"为"肆"之借字。"燿",帛书乙本作"眺"(甲本残损),"眺"借作"燿"。"如",帛书乙本作"若"(甲本残损),"如"、"若"义同。"根",帛书甲本作"槿",乙本同汉简本,"槿"为"根"之异体字。"抵",帛书甲、乙本俱作"氐","氐"为"柢"之古字,"抵"为"柢"之误书。

第二十三章(王弼本第六十章)

治大国,若亨(烹)小鲜。以道位(莅)天下,其鬼不神。非其鬼不神,其神不伤人。非其神不伤人也,圣人亦弗伤。夫两不相伤,故德交归焉。

※"位",帛书乙本作"立"(甲本残损),"位"、"立"皆借作"莅"。次一"神"字下、上一"人"字下、第三"伤"字下俱无"也"字,帛书甲、乙本并有其字。

第二十四章(王弼本第六十一章)

大国者,下游也,天下之牝也。天下之交也,牝恒以静胜牡。以其静也,故为下。故大国以下小国,则取小国;小国以下大国,则取于大国。故或下以取,或下[而取。故大国不过欲并畜人,小国不过欲入事人。夫各得其欲,则大者宜]为下。

※"游",帛书甲本作"流"(乙本残损),此处"游"、"流"同义。"交",帛书甲本作"郊",乙本同汉简本,"郊"为"交"之借字。"静",帛书甲本作"靓",乙本同汉简本,"靓"借作"静"。"胜",帛书乙本作"朕",甲本同汉简本,"朕"为"胜"

之借字。汉简本上一“故”下无“宜”字，帛书甲、乙本则俱有此字。汉简本次一“或下”下残损二十八字，据帛书本及王弼本等世传本，其当为：“而取。故大国不过欲并畜人，小国不过欲入事人。夫各得其欲，则大者宜。”

第二十五章（王弼本第六十二章）

道者，万物之椲（主）也。善人之葆（宝），不善人之所葆（保）也。美言可以市，奠（尊）行可以贺人。人之不善，何弃之有？故立天子，置三公，唯（雖）有共（拱）之璧以先四（驷）马，不如坐而进此。古之所以贵此者，何也？不曰求以得，有罪以免虖？故为天下贵。

※“椲”，帛书甲、乙本俱作“注”，“椲”、“注”皆借作“主”。上一“葆”字，帛书甲、乙本俱作“瑧”，“瑧”为“宝”之异体字，“葆”亦与“宝”通用。下一“葆”字，帛书甲本作“瑧”，乙本作“保”，“葆”、“瑧”与“保”通用。“奠”，帛书甲、乙本俱作“尊”，“奠”、“尊”二字同源而形近，此处“奠”同“尊”。“公”，帛书甲本作“卿”，乙本误“卿”为“鄉”，“公”、“卿”此处所指相同。“唯”，帛书甲、乙本俱作“雖”，“唯”为“雖”之省写。“如”，帛书乙本作“若”，甲本误“若”为“善”，“如”、“若”义同。“虖”，古“乎”字，帛书甲本作“舆”，乙本作“与”，“舆”为“与”之借字，“与”与“乎”为通用之语气词。

第二十六章（王弼本第六十三章）

为无为，事无事，味无味。小大，多少，报怨以德。圖（图）难虖其易也，为大虖其细也。天下之难事作于易，天下之大事作于细。是以圣人终不为大，故能成大。夫轻若（诺）必寡信，多易者必多难。是以圣人犹难之，故终无难。

※“味”，帛书甲本次一“味”字作“未”（乙本残损），“未”借作“味”。“小大”，帛书甲本作“大小”（乙本残损），以下句“多少”相推，“大小”较“小大”义略胜。“圖”，帛书甲本作“图”（圖）（乙本残损），“圖”为“图”（圖）之异体字。“虖”，帛书甲、乙本俱作“乎”，“虖”为古“乎”字。“难事”、“大事”，帛书甲、乙本作“难”、“大”，二“事”字并无。“多易者”，帛书乙本作“多易”（甲本残损），无“者”字。“终”，帛书甲本作“终于”（乙本残损），其义同。“无”，汉简本作“無”，帛书甲本作“无”（乙本残损），“无”同“無”。

第二十七章（王弼本第六十四章）

其安易持也，其未兆易谋也，其脃（脆）易判也，其微易散也。为之其无有也，治之其未乱也。合抱之木，作于豪（毫）末；九成之台，作于絫（蔂）土；百仞之高，始于足下。

※“其安”，帛书甲本作“其安也”（乙本残损），多一“也”字。“豪末”，帛书甲、乙本俱作“毫末”，“豪”为“毫”之借字。“絫”，帛书甲本作“羸”，乙本作“纍”，“纍”同“蔂”，“絫”、“羸”皆借作“蔂”。“仞”，帛书甲本作“仁”，乙本作“千”，“千”为“仞”之误，“仁”为“仞”之借字。

第二十八章(王弼本第六十四章)

为者败之,执者失之。是以圣人无为,故无败也;无执,故无失也。民之从事也,恒于其成事而败之。故慎终如始,则无败事矣。是以圣人欲不欲,不贵难得之货;学不学,而复众人之所过。以辅万物之自然,而弗敢为。

※王弼本等诸多世传本中,此章与上章原为一章,汉简本将之分而为二。

"为者",帛书乙本作"为之者"(甲本残损),其多一"之"字,然文义不相违。"无",汉简本作"無",帛书甲、乙本俱作"无","无"同"無"。"其成事",帛书乙本作"其成",其少一"事"字,而文义无异。"以辅",帛书甲、乙本俱作"能辅","以"、"能"义有异而不相违。

第二十九章(王弼本第六十五章)

古之为道者,非以明民也,将以愚之也。民之难治,以其智也。故以智智(知)国,国之贼也;以不智智(知)国,国之德也。恒智(知)此两者,亦楷式。恒智(知)楷式,是谓玄德。玄德深矣,远[矣,与物反矣,乃至大顺]。

※"古之",帛书甲本作"故曰",乙本同汉简本。第一、二、四"智"字,帛书甲、乙本俱作"知","智"、"知"古今字,此三处义为智慧、智巧之"智"。第三、五"智"字,帛书甲、乙本俱作"知",其义为治或治理之"知"。两"恒智",帛书甲、乙本俱作"恒知","知"为本字,分辨、辨别之谓。"楷式",帛书甲、乙

本俱作"稽式","楷式"、"稽式"皆治法或治理法式之谓。汉简本"远"下残损多字,据帛书甲、乙本当为"矣,与物反矣,乃至大顺"。

第三十章(王弼本第六十六章)

江海之所以能为百谷王者,以其善下之也,故能为百谷王。是[以圣]人之欲高民也,必以其言下之;其欲先民也,必以其身后之。是以居上[而]民弗重,居前而民弗害也。是以天下乐推而弗厌也。不以其无争邪?故天下莫能与之争。

※"之所以",帛书乙本作"所以",甲本同汉简本。"谷",帛书甲、乙本俱作"浴","谷"与"浴"古音义皆同。"下之也",帛书甲本作"下之",乙本同汉简本。"故",帛书甲、乙本俱作"是以"。"高",帛书甲、乙本俱作"上"。次一"是以",帛书甲、乙本俱作"故"。"居上[而]民弗重,居前而民弗害也",帛书乙本与之同,唯"重"下有"也"字;帛书甲本"居前"句在"居上"句之上,句序与汉简本相反,且两句末皆有"也"字。末一"是以",帛书甲、乙本俱无。"乐推",帛书甲本作"乐隼",乙本作"乐谁"而其上有"皆"字,"隼"、"谁"皆为"推"之借字。"不以其无(無)争邪",帛书甲本作"非以其无静(争)与",乙本作"不以其无争与","静"借作"争","邪"、"与"为通用之语气词。"与之争",帛书甲、乙本俱作"与争",其义无异。

第三十一章(王弼本第六十七章)

天下皆谓我大,以不宵(肖)。夫唯大,故不宵(肖);若宵

(肖),久矣其细也夫!我恒有三葆(宝),侍(持)而葆(宝)之:一曰兹(慈),二曰敛(俭),三曰不敢为天下先。兹(慈),故能勇;敛(俭),故能广;不敢为天下先,故能为成器长。今舍其兹(慈)且勇,舍其敛(俭)且广,舍其后且先,则死矣。夫兹(慈),以陈(阵)则正,以守则固,天之救之,若以兹(慈)衛(卫)之。

※“以不宵”,帛书乙本作“大而不宵”(甲本残损),“以”与“而”义同,“宵”为“肖”之借字。“夫唯大,故不宵”,帛书甲本与之同,乙本作“夫唯不宵,故能大”。“久矣其细也夫”,帛书乙本与之同,甲本作“细久矣”。“葆”,帛书乙本作“琛”,甲本同汉简本,“葆”、“琛”通用作“寶”。“侍而葆之”,帛书乙本作“市而琛之”,甲本无此句,“侍”、“市”皆借作“持”。“敛”,帛书甲、乙本俱作“检”,“敛”、“检”皆借作“俭”。“故能广”,帛书甲本与之同,乙本误书为“敢能广”。“成器长”,帛书乙本与之同,甲本作“成事长”,与《韩非子·解老》所引同。“舍其敛且广”,帛书乙本作“舍其检且广”,甲本脱此句。“则死矣”,帛书乙本与之同,甲本作“则必死矣”,多一“必”字。“以陈(阵)则正”,帛书甲本作“[以战]则胜”,乙本作“以单(战)则朕”,其用字有异而文义略通。“天之救之”,帛书甲、乙本俱作“天将建之”,其义相通而“建之”略胜。“若”,帛书甲本作“女”,乙本作“如”,其义无异。“衛”,即“衛”,帛书甲、乙本俱作“垣”,“衛”与“垣”音近义同。

第三十二章(王弼本第六十八章)

善为士者不武,善战者不怒,善胜適(敌)者弗与,善用人者为之下。是谓不争之德,是谓用人,是谓肥(配)天,古之极。

※首句句首帛书乙本有“故”字，汉简本与帛书甲本无。汉简本“战”，帛书乙本作“单”，甲本同汉简本，“单”（單）通“战”（戰）。“適”，帛书甲、乙本俱作“敌”，“適”为“敌”（敵）之借字。“不争”，帛书甲本作“不诤”，乙本同汉简本，“诤”通“争”。“肥”，帛书乙本与之同，甲本脱漏，“肥”借作“配”。末句句末帛书甲、乙本俱有“也”字，汉简本无。

第三十三章（王弼本第六十九章）

用兵有言曰：“吾不敢为主而为客，不敢进寸而退尺。”是谓行无行，攘无臂，执无兵，乃无適（敵）。祸莫大于无適（敵），无適（敵）则几亡吾葆（宝）矣。故亢（抗）兵相若，则哀者胜矣。

※“有言”，帛书乙本作“又言”，甲本同汉简本，“又”借作“有”。“不敢进寸而退尺”，帛书甲本作“吾不进寸而芮尺”，乙本同汉简本，“芮”为“退”之借字。“无”，汉简本作“無”，帛书甲、乙本俱作“无”，“无”同“無”。“攘无（無）臂”，帛书甲本作“褱无臂”，乙本同汉简本（唯“無”作“无”），“褱”借作“攘”。“乃无（無）適”，帛书甲本作“乃无敌矣”，乙本作“乃无敌”，“適”为“敌”（敵）之借字。“祸”，帛书甲本作“𩙸”，乙本同汉简本，“𩙸”为“祸”之异体字。“无適则几亡吾葆矣”，帛书甲本作“无适斤亡吾吾葆矣”，乙本作“无敌近亡吾琛矣”，“斤”借作“近”，“葆”与“琛”通用，甲本衍一“吾”字。“亢兵”，帛书甲本作“称兵”，乙本作“抗兵”，“亢”为“抗”之借字，“称兵”与“抗兵”同义。“哀者”，帛书乙本作“依者”，甲本同汉简本，“依”与“哀”同音相假，慈之谓。

第三十四章(王弼本第七十章)

吾言甚易智(知),甚易行;而天下莫之能智(知),莫之能行。言有宗,事有君。天〈夫〉唯无智(知),是以不吾智(知)。智(知)我者希,则我贵矣。是以圣人被褐而怀玉。

※汉简本两“易”字上并有“甚”字,帛书乙本俱无,甲本同汉简本。汉简本五“智”字,帛书甲、乙本俱作“知”,“智”、“知”为古今字,此处“智”之本义为知晓之“知”。第一、二、三、四、七句句末帛书甲、乙本俱有“也”字,汉简本无。“天下”,帛书甲本作“人”,乙本同汉简本。“言有宗,事有君”,帛书乙本作“夫言又宗,事又君”(“又”借作“有”),甲本则与汉简本同。“天唯无(無)智”,帛书甲、乙本俱为“夫唯无知”,汉简本“天”当为“夫”之误。“智(知)我者希”,帛书乙本作“知者希”(甲本残损),两者义皆可通,有“我”义略胜。“怀玉”,帛书甲、乙本俱作“褱玉”,“褱”同“怀”(懷)。

第三十五章(王弼本第七十一章)

智(知)不智(知),上矣;不智(知)智(知),病矣。夫唯病病,是以不病。圣人[之不]病,以其不病[病也,是以]不病。

※汉简本四“智”字,帛书甲、乙本俱作“知”,“智”、“知”为古今字,此处“智”之本义为知晓之“知”。“上”,帛书甲、乙本俱作“尚”,“上”通“尚”。“不智智”,帛书乙本作“不知知”,甲本作“不知不知”,其因重文号不当而衍一“不”字。汉简本“夫唯病病,是以不病”句,帛书甲、乙本俱无。“圣人[之

不]病,以其不病[病也]”句,帛书乙本作“是以圣人之不[病]也,以其病病也”,甲本略同于乙本(唯两句句末并无“也”字);依文义,汉简本此句之次一“不”字当属衍文。

第三十六章(王弼本第七十二章)

〔民〕不畏威,则大威至矣。毋柙其所居,毋厌其[所]生。夫唯弗厌,是以不厌。是以圣人自智(知)而不自见也,自爱而不自贵也。故去被(彼)取此。

※“威”,帛书甲、乙本俱作“畏”,“畏”借作“威”。“大威至”,帛书乙本作“大畏(威)将至”(甲本残损),有“将”字义略胜。“柙”,帛书甲本作“闸”,乙本作“伸”,“柙”、“闸”、“伸”皆“狭”之借字。“厌(厭)”,帛书甲、乙本俱作“猒”,“猒”、“厭”古今字。“被”,帛书乙本作“罢”,甲本同汉简本,“罢”、“被”皆借作“彼”。

第三十七章(王弼本第七十三章)

勇于敢则杀,勇于不敢则枯(活)。此两者,或利或害。天之所恶,孰智(知)其故?天之道,不争而善胜,不言善应,弗召自来,謍(默)然善谋。天罔(网)怪怪(恢恢),疏而不失。

※两“敢”字下帛书甲本并有“者”字,汉简本与乙本俱无。“枯”,帛书甲、乙本俱作“栝”,“枯”、“栝”皆“活”之借字。“恶”,帛书乙本作“亚”,甲本同汉简本,“亚”与“恶”古音义皆同。“不争而善胜”,帛书乙本作“不单(战)而善朕”(甲

本残损),“单”(單)通“战”(戰),“朕”借作“胜”,“不争”与“不单(战)”义略相通。“善应”、“自来”、“善谋”上帛书甲、乙本俱有“而”字,汉简本无。“譕(默)然”,帛书甲本作“弹(坦)而”,乙本作“单(坦)而”,“譕”为“默”之异体字,“弹”、“单”皆借作“坦”,“默”与“坦”义虽有别,却并不相违。“怪怪”,帛书乙本作“経経”(甲本残损),“怪怪”、“経経”皆“恢恢”之借字。

第三十八章(王弼本第七十四章)

民恒不畏死,奈何其以杀懼(惧)之也?若使民恒不畏死,而为畸(奇)者,吾得而杀之,夫孰敢矣?恒有司杀者,夫代司杀者杀,是代大匠斲也。夫代大匠斲者,希不伤其手矣。

※“民恒不畏死”,帛书乙本作“若民恒且畏不畏死”(甲本此句残损),其“不”上“畏”字当属衍文,宜删。“奈何其”,帛书甲本作“奈何”,乙本作“若何”,甲、乙本并无“其”字,“奈何”与“若何”义同。“懼”,帛书甲本作“愳”,乙本作“矅”,“懼”、“愳”、“矅”皆为“懼”之异体字。“若使民恒不畏死”,帛书甲本作“若民恒是死”,乙本作“使民恒且畏死”;帛书甲本“是”当为“畏”之误,汉简本“不”或为“且”之误,或为衍文。“而为畸(奇)者吾得而杀之”,帛书甲本作“则而为者吾将得而杀之”,乙本同汉简本;甲本衍一“则”字,而“为”下脱一“奇”字或“奇”的某一借字。“恒有司杀者”,此句前帛书甲、乙本并有“若民恒且必畏死”句,汉简本无;与帛书甲、乙本所多句相应,此句“恒”字前甲、乙本俱有“则”字。“希不伤其手矣”,帛书甲本此句句首有“则”字,乙本句首有“则”字而句末

无“矣”字。

第三十九章(王弼本第七十五章)

人之饥(飢)也,以其取食脱(税)之多也,是以饥(飢)。百姓之不治也,以上之有以为也,是以不治。民之轻死也,以其生之厚也,是以轻死。夫唯无以生为,是贤贵生也。

※“脱”,帛书甲本作“遂”,乙本作“跷”,“脱”、“遂”、“跷”皆“税”之借字。“百姓”,帛书乙本作“百生”,甲本同汉简本,“生”借作“姓”。“以上之有以为也”,帛书甲本作“以其上有以为[也]”,乙本作“以其上之有以为也”,义皆可通,有“其”字义略胜。“轻”,帛书甲本作“巠”,乙本同汉简本,“巠”借作“轻”(輕)。“生之厚”,帛书甲、乙本俱作“求生之厚”,义皆可通,有“求”字义略胜。“无(無)以生为”,帛书甲、乙本俱作“无以生为者”;末句句末汉简本有“也”字,帛书甲、乙本俱无。

第四十章(王弼本第七十六章)

人之生也柔弱,其死也倰(筋)信(韧)坚强。万物草木之生也柔弱,其死也苦(枯)蒿(槁)。故坚强者死之徒也,柔弱者生之徒也。是以兵强则不胜,木强则核(烘)。故强大居下,柔弱居上。

※“倰信”,帛书甲本作“𦳝仞”,乙本作“䏰信”,“倰信”、“𦳝仞”、“䏰信”皆借作“筋韧”。“坚强”,帛书甲本作“贤强”,乙本同汉简本,“贤”为“坚”之借字。次一“柔弱”,帛书

甲本作“柔脆”，乙本作“柔椊”，“椊”借作“脆”。“苦蒿”，帛书甲本作“楎𦡆”，乙本作“楎槁”，三者皆借作“枯槁”。“故”，帛书甲、乙本俱作“故曰”。“坚强者”，帛书乙本作“坚强”，无“者”字，甲本同汉简本。“柔弱者生之徒也”，帛书甲本作“柔弱微细生之徒也”，无“者”字，多“微细”二字；乙本作“柔弱生之徒也”，无“者”字。“核”，帛书甲本作“恒”，乙本作“竞”，“核”、“恒”、“竞”皆“烘”之借字。“柔弱居上”，帛书甲本作“柔弱微细居上”，多“微细”二字，乙本同汉简本。

第四十一章(王弼本第七十七章)

天之道，犹张弓者也。高者抑之，下者举之，有馀者损之，不足者辅(补)之。天之[道]，损有馀而奉不足，人之道不然，损不足而奉有馀。孰能有馀而有(又)取奉于天者？唯有道者也。是以圣人为而弗有，成功而弗居，其欲不见贤也。

※“犹”，帛书乙本作“酉”(甲本残损)，“酉”借作“犹”(猶)。“者也”，帛书乙本作“也”，无“者”字，甲本同汉简本。“抑”，帛书甲、乙本俱作“印”，“印”、“抑”古通用。“损”，帛书甲本作“敗”，乙本作“云”，“敗”为“损”之异体字，“云”借作“损”。“辅”，帛书甲本作“补”(乙本残损)，“辅”为“补”(補)之借字。次一“天之道”句，帛书甲本句首有“故”字(乙本残损)。上一“奉”字，帛书乙本作“益”(甲本残损)。“人之道不然”，帛书甲本残损而仅存“不然”二字，乙本作“人之道”，无“不然”二字。“孰能有馀而有取奉于天者”，帛书甲本作“孰能有馀而有以取奉于天者乎”，“取”上多一“以”字，句末有“乎”字；乙本作“夫孰能又余而[有以取]奉于天者”，句

首有“夫”字,依残处所损字数补其阙后“取”上有“以”字。“弗居”,帛书乙本作“弗居也”,甲本残损。“其欲不见贤也”,帛书乙本作“若此其不欲见贤也”,多“若此”二字,“欲不见”为“不欲见”;甲本此句残损而仅存“见贤也”三字。

第四十二章(王弼本第七十八、七十九章)

天下莫柔弱于水,而功(攻)坚强者莫之能失〈先〉也,以其无以易之也。故水之胜刚,弱之胜强,天下莫弗智(知),而莫能居,莫能行。故圣人之言云:受国之询,是谓社稷(稷)之主;受国之不恙(祥),是谓天下之王。正言若反。和大怨,必有馀怨,安可以为善?是以圣人执左契,而不以责于人。故有德司契,无德司肆(彻)。天道无亲,恒与善人。

※“功”,帛书甲、乙本俱残,王弼本等传世本作“攻”,“功”通“攻”。“失”,当为“先”之误。“无”,汉简本作“無”,帛书甲、乙本俱作“无”,“无”同“無”。“故水之胜刚”,帛书乙本作“水之朕刚也”(甲本残损),汉简本与帛书乙本此句之“水”似皆为“柔”之误,然亦皆可通。“莫能居”,帛书甲、乙本俱无此三字;“刚”、“强”、“知”、“行”下帛书乙本并有“也”字,甲本“知”、“行”下亦有“也”字,汉简本则无。“故”,帛书乙本作“是故”,甲本同汉简本。“国”,帛书甲本作“邦”,乙本同汉简本。“稷”,帛书甲、乙本俱作“稷”,“稷”为“稷”之异体字。“恙”,帛书甲、乙本俱作“祥”,“恙”为“祥”之借字。“和”,帛书乙本作“禾”,甲本同汉简本,“禾”通“和”。“安”,帛书甲本作“焉”(乙本残损),“安”、“焉”可通用。“是以圣人执左契”,帛书甲本作“是以圣右介”,乙本作“是以圣人执左

芥”，甲本“圣”下脱“人执”二字，而“介”、“芥”皆“契”之借字；古时契券以右为尊，汉简本、帛书乙本当据帛书甲本改“左”为“右”。“司肆”，帛书甲、乙本俱作“司𢿱”，“𢿱”同“徹”，“肆”借作“徹”。“天道无（無）亲”，帛书甲本作“夫天道无亲”（乙本残损），句首多一“夫”字。

第四十三章（王弼本第八十章）

小国寡民，使有什佰人之气（器）而勿用，使民重死而远徙。有舟车，无所乘之；有甲兵，无所陈之。使民复结绳而用之。甘其食，美其服，乐其俗，安其居。邻国相朢，鸡狗之音相闻，民至老而死不相往来。

※“使有什佰人之气而勿用”，帛书甲本作“使十百人之器毋用”，乙本作“使有十百人器而勿用”；汉简本“气”借作“器”，帛书甲本“使”下宜补一“有”字，“器”下宜补一“而”字，乙本“人”下脱一“之”字。“舟车”，帛书甲本作“车周”，乙本作“周车”，“周”为“舟”之借字。“无”，汉简本作“無”，帛书甲、乙本俱作“无”，“无”同“無”。“邻”，帛书甲本作“𩁺”，乙本作“哭”，“𩁺”、“哭”皆为“邻”之异体字。“朢”，帛书甲本作“聖”，乙本作“望”，“聖”为“朢”之误书，“朢”即“望”。“鸡狗之音”，帛书甲本作“鸡狗之声”，乙本作“鸡犬之[声]”，其用字有异而文义无别。“民至老而死”，帛书乙本作“民至老死”，甲本残损仅存“民至”二字，汉简本“老”下多一“而”字。

第四十四章（王弼本第八十一章）

信言不美，美言不信；智（知）者不博，博者不智（知）；善者不辩,辩者不善。圣人无责(积),气(既)以为人,已俞(愈)有;气(既)以予人,已俞(愈)多。天之道,利而弗害;人之道,为而弗争也。

※“智”,帛书甲、乙本俱作“知”,“智”、“知”为古今字,此处“智”之本义为知晓之“知”。“辩”,帛书甲、乙本俱作“多”,“辩”(巧言)与“多”(夸耀)于句中义皆可通。“无”,汉简本作“無”,帛书甲、乙本俱作“无”,“无”同“無”。“责”,帛书甲、乙本俱作“积”,“责”读作“积”(積),当为“积”(積)之省写。“气”,帛书乙本作“既”(甲本残损),“气”与“既”音近而为“既”之借字。“俞”,帛书乙本同汉简本(甲本残损),“俞”通“愈”。“天之道”,帛书乙本作“故天之道”(甲本残损);“弗害”,帛书乙本作“不害”(甲本残损)。末句句末汉简本有“也”字,帛书乙本无(甲本残损)。

【下经】

第四十五章(王弼本第一章)

道可道,非恒道殹(也);名可命,非恒名也。无名,万物之始也;有名,万物之母也。故恒无欲,以观其眇;恒有欲,以观其所侥(皦)。此两者同出,异名同谓。玄之有(又)玄之,众眇之门。

※帛书甲、乙本次一“道”字下、次一“名”字下皆有“也”字(乙本有残损,然依所存“道可道也”句之句脉可推次一“名”下亦有“也”字),汉简本(次一“名”作“命”)俱无。“殹”,帛书甲本作“也”(乙本残损),“殹”属秦系文字,即“也”;章樵注《古文苑·石鼓文》“汧殹沔沔”云:“‘殹’即

‘也’字。”“命”，帛书甲本作“名”（乙本残损），“命”同“名”。“无”，汉简本作“無”，帛书甲、乙本俱作“无”，“无”同“無”。帛书甲、乙本二“欲”字下并有“也”字，汉简本俱无。“侥”，帛书甲、乙本俱作“噭”，“侥”为“噭”或“曒”（敦煌写本之甲本作“曒”）之借字。“此两者”，帛书甲、乙本无“此”字而俱作“两者”。“玄之有（又）玄之”，帛书甲、乙本俱无下一“之”字而作“玄之又玄”（甲本作“玄之有玄”，其“有”与汉简本之“有”皆为“又”之借字）。

第四十六章（王弼本第二章）

天下皆智（知）美之为美，亚（恶）已；皆智（知）善之为善，斯不善矣。故有无之相生，难易之相成，短长之相刑（形），高下之相顷（倾），言（音）声之相和，先后之相隨（随）。是以圣人居无为之事，行不言之教。万物作而弗辤（始），为而弗侍（恃），成功而弗居。夫唯弗居，是以弗去。

※“智”，帛书甲、乙本俱作“知”，“智”、“知”为古今字，此处“智”之本义为知晓之“知”。“亚”，帛书甲本作“恶”，乙本同汉简本，“亚”、“恶”古音义皆同。“斯”，帛书甲本作“訾”，乙本同汉简本，“訾”通“此”而与“斯”同义。汉简本“有”上有“故”字，帛书甲、乙本俱无。“无”，汉简本作“無”，帛书甲、乙本俱作“无”，“无”同“無”。“顷”，帛书甲、乙本俱作“盈”，“顷”与“盈”义有异而“相顷”、“相盈”之于“高下”的意趣则略通。“言”，帛书甲本作“意”，乙本作“音”，“言”、“意”皆“音”之误书。“隨”，帛书甲、乙本俱作“隋”，“隋”借作“随”，“隨”则为“随”之异体字。帛书甲、乙本“相隋（随）”

句后有“恒也”二字构成的短语,汉简本无。“圣”,帛书甲本作“声”,乙本同汉简本,“声”为“圣”之借字。“作”,帛书乙本作“昔”(甲本残损),“昔”读作“措”(其或为“措”之省写)而通“作”。“辝”,帛书乙本作“始”(甲本残损),“辝”为“辞”之异体,借作“始”。“侍”,帛书甲本作“志”,乙本同汉简本,“侍”、“志”皆“恃”之借字。“万物”句及其下两句句末帛书甲、乙本并有“也”字,汉简本俱无。“夫唯弗居”,帛书甲本作“夫唯居”,乙本同汉简本,甲本“唯”下脱一“弗”字。

第四十七章(王弼本第三章)

不上贤,使民不争;不贵难得之货,使民不为盗;不见可欲,使心不乱。是以圣人之治也,虚其心,实其腹,弱其志,强其骨。恒使民无智(知)无欲,使夫智(知)不敢,弗为,则无不治矣。

※“使心不乱”,帛书甲、乙本俱作“使民不乱”,其义皆可通。“圣”,帛书甲本作“声”,乙本同汉简本,“声”为“圣”之借字。“无”,汉简本作“無”,帛书甲、乙本俱作“无”,“无”同“無”。“智”,帛书乙本作“知”(甲本残损),“智”、“知”为古今字,此处“智”之本义为知晓之“知”。“欲”下帛书甲、乙本俱有“也”字,汉简本无。“弗为”下帛书乙本有“而已”二字(甲本残损),汉简本无。

第四十八章(王弼本第四章)

道沖,而用之有(又)弗盈。渊旖(兮),佁(似)万物之宗。桦(挫)其脱(锐),解其纷,和其光,同其袗(尘)。湛旖(兮),佁(似)

或存。吾不智(知)其谁子,象帝之先。

※“盈”下帛书甲、乙本俱有“也”字,汉简本无。“渊旖”,帛书甲本作“潚呵”,乙本作“渊呵”,“旖”借作叹词而与“兮”、“呵”相当,“潚”乃水深而清之谓,与“渊”之所喻相通。“佁”,帛书甲本作“始”,乙本同汉简本,“佁”、“始”皆通“似”。“桂其脱”,帛书甲本作“銼其”,乙本作“銼其兑”,“桂”为“挫”之误书,“銼”借作“挫”,“脱”、“兑”皆为“锐”之借字,甲本“其”下脱一“锐”字。“纷”,帛书乙本作“芬”,甲本同汉简本,“芬”借作“纷”。“袗”,帛书乙本作“尘”(甲本残损),“袗”为“尘”之借字。“智”,帛书甲、乙本俱作“知”,“智”、“知”为古今字,此处“智”之本义为知晓之“知”。“其谁子”,帛书乙本作“其谁之子也”,甲本“子也”上残损三字。

第四十九章(王弼本第五章)

天地不仁,以万物为刍狗;圣人不仁,以百姓为刍狗。天地之间,其犹橐籥虖?虚而不屈,动而揄(愈)出。多闻数窮(穷),不若守于中。

※“圣”,帛书甲本作“声”,乙本作“耶”,“声”为“圣”之借字,“耶”为“圣”(聖)之省写。“百姓”,帛书甲本作“百省”,乙本同汉简本,“省”借作“姓”。“虖”,即“乎”,帛书甲、乙本俱作“与”,“与”、“乎”可通用。“屈”,帛书甲、乙本俱作“淈”,“淈”读作“屈”。“动而揄出”,帛书甲本作“蹱而俞出”,乙本作“动而俞出”,“俞”通“愈”,“揄”为“愈”之借字,“蹱”为“动”之借字。“窮”,帛书甲、乙本并作“穷”,“窮”或

由"穿"演变而来,而"穿"为"穷"(窮)之异体字。

第五十章(王弼本第六、七章)

谷神不死,是谓玄牝;玄牝之门,是谓天地之根。緜(緜)虖若存,用之不墐(勤)。天长地久。天地之所以能长且久者,以其不自生也,故能长生。是以圣人后其身而身先,外其身而身存。不以其无私虖?故能成其私。

※"谷",帛书甲、乙本俱作"浴","谷"、"浴"古音义皆同。"緜虖",帛书甲、乙本俱作"緜緜呵","緜"同"緜"。"若存",帛书乙本作"其若存",多一"其"字,甲本同汉简本。"墐",帛书甲、乙本俱作"堇","墐"、"堇"皆借作"勤"。"后其身",帛书甲本作"芮其身",乙本作"退其身","芮"借作"退","退"、"后"则词义相通;"退其身而身先"句下,乙本衍"外其身而身先"句。"无",汉简本作"無",帛书甲、乙本俱作"无","无"同"無"。"虖",即"乎",帛书甲、乙本俱作"舆","舆"借作"与"(與),其与"虖"(乎)可通用。

第五十一章(王弼本第八章)

上善如水。水善利万物而有争(静),众人之所恶,故几于道矣。居善地,心善渊,予善天,言善信,正善治,事善能,动善时。夫唯不争,故无尤。

※"如水",帛书甲本作"治水",乙本同汉简本,"治"借作"似",与"如"同义。"有争",帛书甲本作"有静",乙本同汉简

本,“争”借作“静”。“众人之所恶”,帛书甲本作“居众之所恶”,乙本作“居众人之所亚”,“亚”、“恶”古音义皆同,汉简本此句句首脱一“居”字。“渊”,帛书甲本作“潚”,乙本同汉简本,“潚”与“渊”义同。“予善天”,帛书甲本脱一“天”字,乙本同汉简本。“动”,帛书甲本作“踵”,乙本同汉简本,“踵”借作“动”。“不争”,帛书甲本作“不静”,乙本同汉简本,“静”借作“争”。“无”,汉简本作“無”,帛书甲、乙本俱作“无”,“无”同“無”。

第五十二章(王弼本第九章)

持而盈之,不如其已。梪(揣)而允(兑)之,不可长葆(保)。金玉盈室,莫能守。富贵而骄,自遗咎。功遂身退,天之道也。

※“持”,帛书甲、乙本俱作“植”,“持”、“植”义同,皆握持之谓。“如”,帛书乙本作“若”(甲本残损),“如”、“若”义同。“梪”,帛书乙本作“拪”(甲本残损),“梪”或为“拪”之误,“拪”即“揣”,治之谓。“允之”,帛书乙本同汉简本,甲本仅存“之”字,“之”上之字残存右半“㕣”,“㕣”疑为残其下部之“兑”,其与左旁(或“金”或“木”等)相合当为读作“兑”(ruì)之字(或“锐”或“棁”等);“允”与“兑”(ruì)因形近相混而通用;此外,甲本所存“之”字下衍二字,上一字残不可辨,下一字为“之”。“不可长葆”,帛书甲本作“不可长葆之[也]”(末字残,据乙本当为“也”),乙本作“不可长葆也”。“莫能守”,帛书甲本作“莫之守也”,乙本作“莫之能守也”。“自遗咎”,帛书甲、乙本句末俱有“也”字。“功遂身退”,帛书甲本作“功述身芮”,乙本同汉简本,“述”借作“遂”,“芮”借作

"退"。

第五十三章(王弼本第十章)

载荧(营)魄抱一,能毋离虖?槫(抟)气致柔,能婴儿虖?修(涤)除玄鑑,能毋有疵虖?爱民沽〈治〉国,能毋以智(知)虖?天门启闭,能为雌虖?明白四达,能毋以智虖?故生之畜之,生而弗有,长而弗宰,是谓玄德。

※"荧魄",帛书乙本作"营袙"(甲本残损),"荧"借作"营","袙"为"魄"之异体字。"虖",帛书甲、乙本俱作"乎","虖"同"乎"。"致柔",帛书乙本作"至柔"(甲本残损),"至"通"致"。"玄鑑",帛书甲本作"玄蓝",乙本作"玄监","蓝"借作"监",而"监"为"鑑"之古字。"沽",帛书乙本作"栝"(甲本残损),"沽"为"治"之误书,"栝"为"治"之借字。"智",帛书乙本作"知","智"、"知"为古今字;然上一"智"或"知"之本义为作、为意味上的"知",下一"智"或"知"之本义则为智巧或智慧意味上的"智"。"启闭",帛书乙本作"启阖"(甲本残损),"阖"与"闭"义同。汉简本"生"上有"故"字,帛书甲、乙本俱无;帛书乙本"宰"下有"也"字(甲本残损),汉简本无。

第五十四章(王弼本第十一章)

卅辐同一毂,当其无、有,车之用也。挻殖(埴)器,当其无、有,殖(埴)器之用也。凿户牖,当其无、有,室之用也。故有之以为利,无之以为用。

※“辐”,帛书乙本作“楅”(甲本残损),“楅”为“辐”之借字。“无”,汉简本作“無”,帛书甲、乙本俱作“无”,“无”同“無”。“挻殖器”,帛书甲本作“然埴为器”,乙本作“燃埴而为器”,“然”为“燃”之借字,“燃”为“挻”之异体;“殖”借作“埴”,汉简本“殖”(埴)下或脱一“为”字。

第五十五章(王弼本第十二章)

五色令人目盳(盲),敺(驱)骋田猎令人心发狂,难得之货令人行方(妨),五味令人之口爽,五音令人之耳聋。是以圣人为腹不为目,故去被(彼)取此。

※“令”,帛书甲、乙本俱作“使”,“令”、“使”义同。“目盳”,帛书甲本作“目明”,乙本作“目盲”,“明”为“盲”之误书,“盳”为“盲”之异体。“敺骋”,帛书甲、乙本俱作“驰骋”,“敺”为“驱”之古字,“驱骋”与“驰骋”义同。“猎”,帛书甲、乙本俱作“腊”,“腊”通“猎”。“货”,帛书甲本作“僓”,乙本同汉简本,“僓”为“货”之异体。“方”,帛书甲本同汉简本,乙本作“仿”,“方”、“仿”皆借作“妨”。“爽”,帛书甲本作“哘”,乙本同汉简本,“哘”借作“爽”。“是以圣人”,帛书甲、乙本俱作“是以圣人之治也”(甲本“声”借作“圣”),多“之治也”三字。“故去被取此”,帛书甲本作“故去罢耳此”,乙本作“故去彼而取此”,“被”、“罢”皆借作“彼”,甲本“取”作“耳”,“耳”为“取”之误书。

第五十六章(王弼本第十三章)

宠辱若[驚(惊)],贵大患若身。何谓宠辱?宠为下,是谓宠辱。得之若驚（惊），失之若驚（惊），是谓宠辱若驚（惊）。何谓贵大患若身？吾所以有大患者，为吾有身；及吾无身，吾有何患？故贵以身为天下，若可以橐（托）天下；爱以身为天下，若可以寄天下。

※“宠”，帛书甲本作“龙”，乙本作“弄”，“弄”借作“龙”，而“龙”为“宠”之古字。“若”下残损一字，据帛书本及汉简本之下文其当为“驚”；“驚”，帛书甲、乙本俱作“惊”，“驚”为“惊”（驚）之异体字。“患”，帛书甲本作“梡”，乙本同汉简本，“梡”为“患”之借字。“何谓宠辱”，帛书甲本作“苛胃龙辱若惊”，乙本作“何胃弄辱若惊”，“苛”借作“何”，汉简本或于“辱”下脱“若惊”二字。“宠为下”（帛书甲本作“龙之为下”，乙本作“弄之为下也”）之下，汉简本有“是谓宠辱”四字，帛书甲、乙本俱无。“无”，汉简本作“無”，帛书乙本同汉简本，甲本作“无”，“无”同“無”。“故贵以身为天下”，帛书甲、乙本俱作“故贵为身于为天下”。“橐”，帛书甲本作“迈”，乙本同汉简本，“橐”、“迈”皆借作“托”。下一“若”字，帛书甲、乙本俱作“女”（如），“女”（如）与“若”义同。第二、四“天下”下帛书乙本并有“矣”字（第二“矣”字残损），第二“天下”下帛书甲本有“矣”字，汉简本“矣”字悉无。

第五十七章（王弼本第十四章）

视而弗见，命之曰夷；听而弗闻，命之曰希；搏而弗得，命之曰微。参（三）也，不可致计，故运（混）而为一。参（三）也，其上不杲（曒），其下不没（忽）。台台微微，不可命，复归于无物。是谓无状之状，无物之象，是谓没（惚）芒（恍）。随而不见其后，迎而不见其首。执古之道，以御今之有，以智（知）古以（始），是谓道纪。

※前三“而”字上帛书甲、乙本俱有“之”字,汉简本无。三“命之曰”,帛书甲本均作“名之曰”,乙本则同汉简本,“命”同“名”。“夷”,帛书甲、乙本俱作“微”(甲本作“왞”,“왞”为“微”之异体);“微”,帛书甲、乙本俱作“夷”。“搏”,帛书甲、乙本俱作“播”,“播”与“搏”词义相通。“参也不可致计”,帛书甲、乙本俱作“三者不可至计”,“参”通“三”,“至”通“致”。“运”,帛书甲本作“囷”,乙本作“绲”,“运”、“囷”、“绲”皆借作“混”。下一“参也”,帛书甲、乙本俱作“一者”,据上下文脉,“一者”义胜。“杲”,帛书甲本作“攸”,乙本作“谬”,“杲”、“攸”、“谬”皆借作“皦”。上一“没”,帛书甲、乙本俱作“忽”,“没”借作“忽”。“台台微微”,帛书甲、乙本俱作“寻寻呵”。“无”,汉简本作“無”,帛书甲、乙本俱作“无”,“无”同“無”。“没芒”,帛书乙本作“沕望”(甲本残损),“没芒”、“沕望”皆读作“惚恍”。“执古之道”,帛书甲、乙本俱作“执今之道”,由下文“以知古始”看,当从帛书本。“以智古以”,帛书甲、乙本俱作“以知古始”,“智”、“知”为古今字,此处本义当为知晓之“知”,“古以”之“以”通“似”而通“始”。

第五十八章(王弼本第十五章)

古之为士者,微眇玄达,深不可识。夫唯不可识,故强为之颂(容)曰:就(蹴)虖其如冬涉水,犹虖其如畏四邻,严(俨)虖其如客,涣虖其如冰之泽(释),杝(敦)虖其如朴,沌虖其如浊,广(旷)虖其如浴(谷)。孰能浊以静之,徐清;孰能安以动之,徐生。抱此道者不欲盈,夫唯不盈,是以能敝不成。

※“为士者”,帛书乙本作“善为道者”(甲本残损),此处

其皆指能依道而行之人。"识",帛书甲、乙本俱作"志","志"通"识"。"颂曰",帛书甲、乙本俱作"容","颂"与"容"字异而义同,皆形容之谓。"就",帛书甲、乙本俱作"与","就"通"蹴"而有惊悚之义,"与"通"豫"而有犹豫之义,其意略通。"虖",帛书甲、乙本俱作"呵","虖"、"呵"为可通用之语气词。"如",帛书甲、乙本俱作"若","如"、"若"义同而可通用。"邻",帛书乙本作"叟"(甲本残损),"叟"为"邻"(鄰)之异体字。"冰之泽",帛书甲、乙本俱作"淩泽","淩"即"凌",亦即冰,"泽"通"释"而义为消溶。"杶",帛书乙本作"沌"(甲本残损),"杶"、"沌"皆借作"敦"。"沌",帛书甲、乙本俱作"湷","沌"、"湷"皆读作"混"。"广",帛书甲、乙本俱作"莌","广"、"莌"皆读作"旷"。"孰能浊以静之徐清",帛书甲本作"浊而情之余清",乙本作"浊而静之徐清","情"借作"静","余"为"徐"之省写,帛书甲、乙本俱无"孰能"二字。"孰能安以动之徐生",帛书甲本为"女以重之余生",乙本同于甲本,唯"余"作"徐";"女"为"安"之省写,"重"通"动",帛书甲、乙本俱无"孰能"二字。"抱",帛书甲、乙本俱作"葆","抱"、"葆"词义略通。"夫唯不盈",帛书甲本作"夫唯不欲盈",多一"欲"字,乙本脱漏此句。"能敝不成",帛书乙本作"能褩而不成"(甲本残损,仅存一"成"字),"褩"通"敝"。

第五十九章(王弼本第十六章)

至(致)虚极,积正督(笃)。万物竝作,吾以观其复。天物云云,各复归其根。曰静,静曰复命。复命,常也;智(知)常,明也。不智(知)常,忘(妄)作,凶。智(知)常曰容,容乃公,公乃王,王乃天,天乃道,道乃久,没而不殆。

※第一、二、四句句末帛书甲、乙本俱有“也”字，汉简本悉无。“积正督”，帛书甲本作“守情表”，乙本作“守静督”，老子以静为正，此处“正”与“静”所指相通，“情”借作“静”，“表”为“裻”(dū)之讹而“裻”借作“督”，“督”通“笃”。“竝”(“并”之古字)，帛书甲、乙本并作“旁”，高诱注《淮南子·本经训》“旁薄众宜”云：“旁，竝。”“云云”，帛书甲本作“雲雲”，乙本作“秐秐”，“雲雲”、“秐秐”皆同“云云”，形容其多。“归”下帛书甲、乙本俱有“于”字，汉简本无。“曰静”，帛书乙本同汉简本(甲本残损)，疑其上脱“归根”二字。“静曰复命”，帛书甲、乙本俱作“静，是胃复命”，其句脉略异而文义并无不同。“忘作，凶”，帛书甲本作“巿，巿作，凶”，乙本作“芒，芒作，凶”，“忘”、“巿”、“芒”皆为“妄”之借字。“没而不殆”，帛书甲本作“沕身不怠”，乙本作“没身不殆”，“沕”借作“没”，“怠”借作“殆”，“没而”与“没身”其义略通。

第六十章(王弼本第十七、十八、十九章)

大(太)上，下智(知)有之；其次，亲誉之；其次，畏之；其下，母(侮)之。信不足，安有不信。犹虖其贵言。成功遂事，百姓曰我自然。故大道废，安有仁义；智慧出，安有大伪；六亲不和，安有孝兹(慈)；国家揩(昏)乱，安有贞臣。绝圣弃智，民利百倍；绝仁弃义，民复孝兹(慈)；绝巧弃利，盗贼无有。此参(三)言以为文未足，故令之有所属：见素抱朴，少私寡欲。

※此章在王弼本等诸多传世本中分为三章，汉简本将之并而为一。

“智”，帛书甲、乙本俱作“知”，“智”与“知”为古今字，此处其义为知晓之“知”。“安”,帛书甲本作“案”,乙本同汉简本,“案”通“安”,皆“于是”之谓。“犹虖其贵言”,帛书甲、乙本俱作“猶呵其贵言也”(甲本前二字残损),“言”后有“也”字。“百姓曰”,帛书甲本作“而百省胃”,乙本作“而百姓胃”,其句首俱有“而”字,“省”借作“姓”,“胃”即“谓”。“智慧”,帛书甲本作“知快”,乙本作“知慧”,“智”与“知”为古今字,此处之义当为巧智之“智”,“快”或为“慧”之误,亦或为“狭”(狯)之借字。“百倍”,帛书甲本作“百负”,乙本同汉简本,“负”与“倍”古音同而相通。“孝兹”,帛书甲本作“畜兹”,乙本同汉简本,“畜”通“孝”,“兹”通“慈”。“无”,汉简本作“無”,帛书甲、乙本俱作“无”,“无”同“無”。“此参言”,帛书甲、乙本俱作“此三言也”,其“言”下有“也”字,“参”通“三”。“少私寡欲”,帛书乙本作“少私而寡欲”(甲本残损),其多一“而”字。

第六十一章(王弼本第二十章)

绝学无忧。唯与何(诃),其相去几何?美与恶,其相去何若?人之所畏,不可以不畏人。芒(荒)虖,未央哉!众人配配(熙熙),若乡(享)大牢而萅(春)登台。我袙(泊)旖(兮)未佻(兆),若婴儿之未眩(咳)。絫旖(兮),台(似)无所归。众人皆有余,而我蜀(独)遗(匮)。我愚人之心也,屯屯(沌沌)虖。猷(俗)人昭昭,我蜀(独)若昏;猷人计计(察察),我独昏昏。没(忽)旖(兮),其如晦;芒(恍)旖(兮),其无所止。众人皆有以,而我独抏(顽)以鄙。我欲独异于人,而唯贵食母。

※“无”,汉简本作“無”,帛书甲、乙本俱作“无”,“无”同

“無”。“唯与何”之“何”，帛书甲本作“诃”，乙本作“呵”，“何”通“呵”，“呵”同“诃”。“恶”，帛书乙本作“亚”，甲本同汉简本，“亚”、“恶”古音义并同。“不可以不畏人”，帛书甲、乙本此句句首俱有“亦”字，有“亦”字义略胜。“芒虖，未央哉”，帛书乙本作“望呵，其未央才”（甲本残损），“芒虖”、“望呵”为可通之喟叹语，“才”、“哉”古字通。“萅”，帛书甲、乙本俱作“春”，“萅”同“春”。“柏旖”，帛书甲本作“泊焉”，乙本作“博焉”，“柏”、“博”皆借作“泊”。“佻”，帛书乙本作“垗”，甲本同汉简本，“佻”、“垗”皆通“兆”。“晐”，帛书乙本作“咳”（甲本残损），“晐”借作“咳”。“絫”，帛书甲、乙本俱作“纍”，“絫”为“纍”之异构字，皆“累”之古字。“台”，帛书甲本作“如”，乙本作“佁”，“台”（sì）借作“似”，“佁”通“似”。“而我蜀遗”，帛书甲本作“我独遗”，乙本脱此句，“蜀”犹“独”（獨）。“愚”，帛书甲本作“禺”，乙本同汉简本，“禺”借作“愚”。“屯屯”，帛书甲本作“惷惷”，乙本作“湷湷”，其皆读作“沌沌”。“猷”，帛书甲、乙本俱作“鬻”，“猷”、“鬻”皆借作“俗”。“若昏”，帛书甲本作“[若]閒”，乙本作“若䦣”，“閒”、“䦣”皆借作“昏”。“计计”，帛书甲本作“蔡蔡”，乙本作“察察”，“计计”、“蔡蔡”皆借作“察察”。“昏昏”，帛书甲本作“䦣䦣呵”，乙本作“闽闽呵”，“昏昏”、“䦣䦣”、“闽闽”皆通于“闷闷”。“没旖”，帛书甲本作“忽呵”，乙本作“沕呵”，“没”、“沕”皆读作“忽”或“惚”。“晦”，帛书乙本作“海”（甲本残损），“晦”、“海”古音同而义不相违。“芒旖”，帛书甲、乙本俱作“望呵”，“芒”、“望”皆读作“恍”。“其无所止”，帛书甲本作“其若无所止”，乙本作“若无所止”。“抏以鄙”，帛书甲本作“[顽]以悝”，乙本作“閌以鄙”，“抏”、“閌”皆借作“顽”，“悝”当为“俚”之讹，而“俚”与“鄙”义同。“而唯贵食母”，帛书甲、乙本俱作“而贵食母”，并无“唯”字。

第六十二章（王弼本第二十一章）

孔德之容，唯道是从。道之物，唯讹（恍）唯没（惚）。没（惚）旖（兮）讹（恍）旖（兮），其中有象旖（兮）。讹（恍）旖（兮）没（惚）旖（兮），其中有物旖（兮）。幽旖（兮）冥旖（兮），其中有请（情）旖（兮）。其请（情）甚真，其中有信。自今及古，其名不去，以说（阅）众父。吾何以知众父之然哉？以此。

※“讹”，帛书甲、乙本俱作“望”，“讹”、“望”皆读作“恍”。“没”，帛书甲本作“忽”，乙本作“沕”，“没”、“沕”皆当读作“忽”或“惚”。“旖”，帛书甲、乙本俱作“呵”，“旖”、“呵”于此皆为感叹助词。“其中有象”，帛书甲、乙本俱作“中有象”（乙本“又”借作“有”），无“其”字。“其中有物”，帛书甲、乙本俱作“中有物”，无“其”字。“幽旖冥旖”，帛书甲本作“灣呵鸣呵”，乙本作“幼呵冥呵”，“灣”、“幽”、“幼”皆当读作“窈”，“鸣”借作“冥”。“请”，帛书甲、乙本亦作“请”，此处“请”为“情”之借字。“以说众父”，帛书甲本作“以顺众仪”，乙本作“以顺众父”，“说”借作“阅”（观之谓），“父”、“仪”皆同“甫”（始之谓），此处“说”（“阅”）、“顺”（循之谓）义虽有异而略不相违。“然哉”，帛书甲本作“然”，乙本作“然也”，其语义从同。

第六十三章（王弼本第二十二章）

曲则全，枉则正，洼则盈，敝则新，少则得，多则或（惑）。是以圣人执一以为天下牧。不自见故明,不自视(是)故章(彰),不自发(伐)故有功,弗矜故长。夫唯无争,故天下莫能与之争。古之所谓曲全者,几语邪?诚全归之也。

※“全”,帛书甲本作“金”,乙本同汉简本,“金”当为“全”之误。“枉则正”,帛书甲本作“枉则定”,乙本作“汪则正”,“汪”借作“枉”,“定”为“正”之借字。“敝”,帛书乙本作“整”,甲本同汉简本,“整”同“敝”。“或”,帛书甲、乙本俱作“惑”,“或”通“惑”。“圣”,帛书甲本作“声”,乙本同汉简本,“声”为“圣”之借字。“不自见”与“不自视(是)”句,帛书甲、乙本与汉简本之句序互倒,帛书甲本“章”、“明”二字在两句中的位置互倒,乙本“不自见”下衍一“也”字。“发”,帛书甲、乙本俱作“伐”,“发”为“伐”之借字。“弗矜故长”,帛书甲、乙本俱作“弗矜故能长”,多一“能”字。“无”(無),帛书甲、乙本俱作“不”;“故天下”,帛书甲、乙本俱作“故”,无“天下”二字。“邪”,帛书甲、乙本俱作“才”,“才”通“哉”而与“邪”同为语助词。“诚全归之也”,帛书甲、乙本俱无句末“也”字(甲本“金”借作“全”)。

第六十四章(王弼本第二十三章)

希言自然。故剽(飘)风不终朝,趋(骤)雨不终日。孰为此?天地弗能久,而兄(况)于人虖?故从事而道者同于道,得者同于德,失者同于失。故同于道者,道亦得之;同于失者,道亦失之。信不足,安有不信。

※“故剽风不终朝”,帛书甲本作“飘风不冬朝”,乙本作

“剽风不冬朝”，汉简本句首有“故”字，帛书甲、乙本俱无；“剽”、“剽”皆为“飘”之借字，“冬”、“终”为古今字。“趋”，帛书甲、乙本俱作“暴”，“趋”借作“骤”，其义与“暴”同。“而兄(况)于人虖”，帛书乙本作“有(又)兄(况)于人乎”(甲本残损)，其义相侔。“得者”，帛书甲、乙本俱作“德者”，“得”、“德”相通。上一“失者”，帛书甲本作“者者”，乙本同汉简本，甲本前一“者”当为“失”字之误。“故同于道者”，帛书乙本作“同于德者”(甲本残损仅存一“同”字)，从上下文看，汉简本“道”当为“德”之误。“信不足，安有不信”，帛书甲、乙本俱无此两句，其与上文意不相属，当为错简误置所衍之文。

第六十五章(王弼本第二十四章)

炊(企)者不立，自见者不明，自视(是)者不章(彰)，自发(伐)者无功，矜者不长。其在道也，斜(馀)食叕(赘)行，物或恶之，故有欲者弗居。

※“自见”与“自视(是)”句，帛书甲、乙本与汉简本之句序互倒，甲本“自视(是)”下脱一“者”字。“发”，帛书甲、乙本俱作“伐”，“发”为“伐”之借字。“无”，汉简本作“無”，帛书甲、乙本俱作“无”，“无”同“無”。“矜者不长”，帛书甲、乙本俱作“自矜者不长”，从其上文看，汉简本脱一“自”字。“其在道也”，帛书甲本作“其在道”，乙本同汉简本。“斜食叕行”，帛书甲、乙本俱作“粽食赘行”，“斜”、“粽”皆“馀”之异体字，“叕”借作“赘”。“恶”，帛书乙本作“亚”，甲本同汉简本，“亚”、“恶”古音义皆同。

第六十六章(王弼本第二十五章)

有物纶(混)成,先天地生。肃(寂)觉(寥),独立而不孩(改),偏(徧)行而不殆,可以为天地母。吾不智(知)其名,其字曰道,吾强为之名曰大。大曰筮(逝),筮(逝)曰远,远曰反。天大,地大,道大,王亦大。或(域)中有四大,而王居一焉。人灋地,地灋天,天灋道,道灋自然。

※"纶",帛书甲、乙本俱作"昆","昆"通"混","纶"为"混"之借字。"肃觉",帛书甲本作"绣呵缪呵",乙本作"萧呵漻呵","肃"、"绣"、"萧"皆为"寂"之借字,"觉"、"缪"、"漻"亦皆借作"寥",帛书本俱有两语助词"呵"。"孩",帛书乙本作"琼","孩"、"琼"皆借作"改"。"偏(徧)行而不殆",帛书甲、乙本俱无此句。"不智",帛书甲、乙本俱作"不知","智"、"知"为古今字,此处其本义为知晓之"知"。"其字",帛书甲、乙本俱作"字之"。"筮",帛书甲、乙本俱作"筮","筮"、"筮"皆借作"逝"。"天大,地大,道大",帛书甲、乙本俱作"道大,天大,地大"。"或",帛书甲、乙本俱作"国","或"(yù)为"国"(國)之古字。"灋",帛书甲、乙本俱作"法","灋"、"法"为古今字。

第六十七章(王弼本第二十六章)

重为轻根,静为趮君。是以君子冬(终)日行,而不远其辎重。唯(雖)有荣(萦)馆,燕处超若。奈何万乘之王,而以身轻于天下?轻则失本,趮(躁)则失君。

※“轻”,帛书甲本作“巠”,乙本同汉简本,“巠”借作“轻”(輕)。“静”,帛书甲本作“清”,乙本同汉简本,“清”为“静”之借字。“冬”,帛书甲本作“众”,乙本同汉简本,“冬”为“终”之古字,“众”为“终”之借字。“而不远其輜重”,帛书甲本作“不离其甾重”,乙本作“不远其甾重”,甲、乙本俱无句首之“而”字,“离”与“远”义同,“甾”为“輜”之古字。“唯有荣馆”,帛书甲本作“唯有环官”,乙本作“虽有环官”,“唯”为“虽”(雖)之省写,“荣”借作“萦”而与“环”义同,“官”为“馆”之古字。“超若”,帛书乙本作“则昭若”(甲本“若”上残损二字),“昭”借作“超”。“奈何”,帛书甲、乙本俱作“若何”,“若何”、“奈何”义同。

第六十八章(王弼本第二十七章)

善行者无僌(辙)迹,善言者无瑕適(谪),善数者不用梼(筹)筴。善闭者无关键,不可启;善结者无绳约,不可解。故圣人恒善救人,而无弃人,物无弃财(材),是谓欲(袭)明。善人,善人之师也;不善人,善人之资也。不贵其师,不爱其资,唯(雖)智必大迷,此谓眇要。

※“无”,汉简本作“無”,帛书甲、乙本俱作“无”,“无”同“無”。“僌”,帛书乙本作“达”,甲本同汉简本,“达”通“辙”,“僌”为“撤”之古字而与“辙”通。“筴”,帛书甲本作“筴”,乙本作“笇”,“筴”、“箣”、“笇”皆为“策”之异体。“关键”,帛书甲本作“閞籥”,乙本作“关籥”,“閞”为“关”之异体字,“关键”、“关籥”皆指锁钥。“不可启”,帛书甲、乙本句首皆有“而”字,句末皆有“也”字。“绳约”,帛书乙本作“纆约”(甲本

“约”上之字残损),“纆”(méi)与“绳”义同。“不可解”,帛书甲、乙本句首皆有“而”字,句末皆有“也”字。“是以”,帛书甲、乙本俱作“故”。“救”,帛书甲、乙本俱作“怵”,“怵”同“救”。“欲明”,帛书甲本作“愧明”,乙本作“曳明”,“欲”、“曳”借作“愧”,“愧”与“袭”音义相近而可通。上一“善人”,其上帛书甲、乙本俱有“故”字;“善人之师也”,其句末帛书甲、乙本俱无“也”字。“资”,帛书甲本作“齎”,乙本同汉简本,“齎”通“资”。“智必大迷”,帛书甲本作“知乎大眯”,乙本作“知乎大迷”,“智”、“知”为古今字,此处“知”之义当为智巧之“智”,“眯”通“迷”。“此谓眇要”,帛书甲、乙本俱作“是胃眇要”,“是”、“此”义同。

第六十九章(王弼本第二十八章)

智(知)其雄,守其雌,为天下谿;为天下谿,恒德不离,复归于婴儿。智(知)其白(日),守其辱,为天下谷;为天下谷,恒德乃足,复归于朴。智(知)其白,守其黑,为天下武〈式〉;为天下武〈式〉,恒德不贠(忒),复归于无极。朴散则为成器,圣人用则为官长。

※“智”,帛书甲、乙本俱作“知”,“智”、“知”为古今字,本章所有“智”字之本义皆为知晓之“知”。“谿”,帛书甲本作“溪”,乙本作“雞”,“溪”同“谿”,“雞”为“谿”之借字。“离”,汉简本作“離”,帛书甲本作“雞”,乙本作“离”,“离”同“離”,“雞”为“離”之借字。“恒德不离”,帛书甲、乙本此句俱有重句,汉简本无。上一“智其白”句,帛书甲本作“知其日”,乙本同汉简本(“其”上残损“知”字),“白”当为“日”之误,“日”借作“荣”。“谷”,帛书甲、乙本俱作“浴”,“谷”与“浴”古音义

皆同。“恒德乃足”，帛书甲、乙本此句俱有重句，汉简本无。下一“智其白”句，帛书甲本作“知其”，脱一“白”字，乙本同汉简本(唯“智”作“知”)。“武”，帛书甲、乙本俱作“式”，“武”当为“式”之误书。“贠”，帛书乙本作“贷”，甲本同汉简本，“贠”、“贷”皆借作“忒”。“恒德不贠(忒)”，帛书甲、乙本此句俱有重句，汉简本无。“无”，汉简本作“無”，帛书甲、乙本俱作“无”，“无”同“無”。“朴散则为成器”，帛书甲本作“楃散[则为器]”，乙本作“朴散则为器”，“楃”通“朴”，汉简本多一“成”字。王弼本等传世本此章末句“夫大制无割”，汉简本将之置于下章。

第七十章(王弼本第二十九章)

大制无畍(割)。将欲取天下而为之，吾见其不得已。天下神器，非可为，为之者败之，执之者失之。物或行或随，或热(嘘)或炊(吹)，或强或桦〈挫〉，或伓(培)或隋(堕)。是以圣人去甚，去奢，去泰。

※“无”，汉简本作“無”，帛书甲、乙本俱作“无”，“无”同“無”。“畍”，帛书甲、乙本俱作“割”，“畍”即“界”，其有划分、隔开义，与“割”之义略通。“不得已”，帛书甲、乙本作“弗得已”(甲本残损后二字，乙本残损前一字)，“弗”与“不”义同。“天下神器”，帛书甲、乙本之句末俱有“也”字，乙本之句首有“夫”字(甲本“器”上残损多字)。“非可为”，帛书甲、乙本之句末俱有“者也”二字。“为之者”、“执之者”，其两“之”字帛书甲本并无，乙本同汉简本。“物或行或随”，帛书乙本作“故物或行或隋”，甲本同汉简本，“隋”借作“随”。“或热或

炊”，帛书甲本作“或果或[吹]”（残损末一字），乙本作“或热[或吹]”（残损后二字），“果”为“热”之异体，借作“嘘”，“炊”为“吹”之借字。“或强或桂”，帛书乙本作“[或强]或硅”（残损前二字），甲本此句悉残损，“桂”当为“挫”之误，“硅”借作“挫”。“或伓或隋”，帛书甲本作“或坏或撱”，乙本作“或陪或堕”，“伓”、“坏”、“陪”皆为“培”之借字，“隋”、“撱”皆借作“堕”。“奢”，帛书甲本作“楮”，乙本作“诸”，“楮”、“诸”皆为“奢”之借字。“泰”，帛书甲、乙本俱作“大”，“大”为“太”之古字，“太”与“泰”皆有骄纵之义。帛书甲、乙本“去大(泰)”俱在“去奢”之前。

第七十一章(王弼本第三十章)

以道佐人主，不以兵强于天下，其事好睘(还)。师之所居，楚棘生之。善者果而已，不以取强。故果而毋矜，果而毋骄，果而毋发(伐)，果而毋不得已。物壮则老，谓之不道，不道蚤(早)已矣。

※“睘”，帛书甲、乙本俱残损，“睘”同“还”(還)。“棘”，帛书甲本作“朸”，乙本同汉简本，“朸”与“棘”音近而义同。“而已”，帛书甲、乙本其后俱有“矣”字。“不以取强”，帛书甲、乙本俱作“毋以取强焉”，“不”、“毋”义同。“毋骄”，帛书甲本作“毋驕”，乙本同汉简本，“驕”为“骄”之异体，甲、乙本“毋骄”句在“毋矜”(甲、乙本俱作“勿矜”)句之前，且其句首无“故”字。“发”，帛书乙本作“伐”(甲本残损)，“发”为“伐”之借字。“果而毋不得已”，帛书甲、乙本俱作“果而毋得已居”，其“毋”下无“不”字，“已”后有“居”字。帛书甲、乙本俱有“是胃(谓)果而不强”(甲本残损一“果”字，乙本脱一“不”

字)句,汉简本无。“则老”,帛书甲、乙本俱作“而老”;“谓之”,帛书甲本作“是胃(谓)”,乙本同汉简本(唯“胃”借作“谓”)。此章末句句末汉简本有“矣”字,帛书甲、乙本俱无。

第七十二章(王弼本第三十一章)

夫觟(佳)美,不恙(祥)之器也,物或恶之,故有欲者弗居也。是以君子居则贵左,用兵则贵右。兵者,非君子之器也,不恙(祥)之器也。不得已而用之,恬偻为上,弗美。若美之,是乐之;乐之,是乐杀人。是乐杀人,不可以得志于天下。是以吉事上左,丧事上右,扁(偏)将军居左,上将军居右,言以丧礼居之。杀人众,则以悲哀立(泣)之。战胜,以丧礼居之。

※“觟美”,即“佳美”,帛书甲、乙本俱作“兵者”,二者义不相属,由下文看,宜从帛书本。“恙”,帛书甲、乙本俱作“祥”,“恙”为“祥”之借字。“欲”,帛书甲、乙本与之同,“欲”借作“裕”,“裕”即“道”;《方言》卷三:“裕、猷,道也。”“是以”,帛书甲、乙本俱无此二字。“兵者”,帛书甲、乙本其上俱有“故”字。下一“不恙(祥)”句,其句首帛书甲、乙本多“兵者”二字。“恬偻”,帛书甲本作“铦袭”,乙本作“铦憶”,“恬偻”、“铦袭”、“铦憶”皆当读作“恬淡”。“弗美”,帛书甲、乙本俱作“勿美也”。“是乐之,乐之”,帛书甲、乙本俱无此五字。下一“是乐杀人”句,帛书甲、乙本俱作“夫乐杀人”,汉简本“是”或当为衍字。“扁”,帛书甲本作“便”,乙本作“偏”,“扁”、“便”皆“偏”之借字,“偏”上帛书甲、乙本俱有“是以”二字,汉简本无。“上将军居右”,其句首帛书乙本有“而”字,甲本同汉简本。“言以丧礼居之”,帛书甲、乙本句末俱有“也”

字。"悲哀",帛书甲本作"悲依"(乙本残损),"依"通"恷",而"恷"为"哀"之异体字。末句之"居",帛书甲、乙本俱作"处",乙本句首有"而"字,甲本与汉简本无。

第七十三章(王弼本第三十二、三十三章)

道恒无名、朴,唯(雖)小,天下弗敢臣。侯王若能守之,万物将自宾。天地相合,以俞(雨)甘露,民莫之令而自均安(焉)。始正(制)有名,名亦既有,夫亦将智(知)止,智(知)止所以不殆。避(譬)道之在天下,犹小谷之与江海。故智(知)人者智,自智(知)者明。胜人者有力,自胜者强。智(知)足者富,强行者有志,不失其所者久,死而不亡者寿。

※"无",汉简本作"無",帛书甲、乙本俱作"无","无"同"無"。"朴",帛书甲本作"楃",乙本同汉简本,"楃"通"朴"。"天下弗敢臣",帛书乙本句首有"而"字,甲本残损。"相合",帛书甲本作"相谷",乙本同汉简本,"谷"为"合"之误书。"露",帛书甲、乙本俱作"洛","洛"为"露"之借字。"安",帛书甲、乙本作"焉","安"、"焉"为可通用之语助词。"正",帛书甲、乙本俱作"制","正"借作"制"。"智",帛书甲、乙本俱作"知","智"、"知"为古今字,"智止"、"智人"之"智",其义皆在于知晓之"知"。"避",帛书甲本作"俾",乙本作"卑","避"、"俾"、"卑"皆为"譬"之借字。"谷",帛书甲、乙本俱作"浴","浴"、"谷"古音义皆同。"故智人者智",帛书甲、乙本俱作"知人者知也","智"、"知"为古今字,上一"智"与上一"知"义为知晓之"知",下一"智"与下一"知"义为巧智之"智"。"自智者",帛书甲本作"自知[者]"("知"下残损一

"者"字),乙本作"自知"而无"者"字。"胜",帛书乙本作"朕",甲本同汉简本,"朕"借作"胜"。"死而不亡者寿",帛书甲本作"死而不忘者寿也"也,乙本作"死而不忘者寿","忘"借作"亡"。"知人者智"以下八句句尾帛书甲、乙本俱有"也"字,汉简本悉无。

第七十四章(王弼本第三十四章)

道泛旖(兮),其可左右。万物作而生弗辤,成功而弗名有,爱利万物而弗为主。故恒无欲矣,可名于小;万物归焉而弗为主,可名于大。是以圣人能成大也,以其不为大,故能成大。

※"道泛旖",帛书乙本作"道沨呵"(甲本残损后二字),"沨"同"汎","汎"为"泛"之异体。"万物作而生弗辤",帛书甲、乙本俱无此句。"成功而弗名有",帛书甲、乙本俱作"成功遂事而弗名有也"(甲本残损"成功"二字,乙本残损"事而"二字)。"爱利万物",帛书甲、乙本俱作"万物归焉"。"故",帛书甲、乙本俱作"则"。"无",汉简本作"無",帛书甲、乙本俱作"无","无"同"無"。"可名于大",帛书乙本作"可命于大",甲本同汉简本,此处"命"、"名"可通用。"圣人"下帛书甲、乙本俱多一"之"字,"不为大"下帛书甲、乙本俱多一"也"字。

第七十五章(王弼本第三十五章)

埶(执)大象,天下往;往而不害,安平大。乐与饵,过客止。道之出言曰:淡旖(兮)其无味,视之不足见,听之不足闻,用之不可既也。

※"埶",帛书甲、乙本俱作"执"(執),"埶"、"执"(執)形近,"埶"当为"执"(執)之误。"客",帛书甲、乙本俱作"格","格"为"客"之借字。"道之出言曰",帛书甲、乙本俱作"故道之出言也,曰"。"淡旖其无(無)味",帛书甲、乙本俱作"淡呵其无味也"。一如"味"下,"见"、"闻"下帛书甲、乙本俱有"也"字,汉简本无。

第七十六章(王弼本第三十六章)

将欲歙(翕)之,必古(固)张之;将欲弱之,必古(固)强之;将欲废之,必古(固)举之;将欲夺之,必古(固)予之。是谓微明。耎弱胜强。鱼不可说(脱)于渊,国之利器不可以视(示)人。

※"歙",帛书甲本作"拾",乙本作"擒","歙"、"拾"、"擒"皆通"翕",闭合或敛收之谓。"废",帛书甲、乙本俱作"去","去"与"废"义同。"举",帛书甲、乙本俱作"与","与"(與)通"举"(舉)。"耎",帛书甲本作"友"(写作"㞢"),乙本作"柔","耎"同"软"而与"柔"义同,"友"与"柔"音近而借作"柔"。"说",帛书甲本作"脱",乙本同汉简本,"说"为"脱"之借字。"渊",帛书甲本作"潚",乙本同汉简本,"潚"与"渊"字异而义同。"视",帛书乙本作"示",甲本同汉简本,"视"为"示"之借字。

第七十七章(王弼本第三十七章)

道恒无为,侯王若能守之,万物将自化。化而欲作,吾将寘

(镇)之以无名之朴。无名之朴,夫亦将不辱。不辱以静,天地将自正。

※“无”,汉简本作“無”,帛书甲、乙本俱作“无”,“无”同“無”。“无(無)为”,帛书甲、乙本俱作“无名”,其义略异而并不相违。“能守之”,帛书甲本作“守之”,少一“能”字,乙本同汉简本。“自化”,帛书甲本作“自憍”,乙本同汉简本,“憍”借作“化”。“寘”,帛书乙本作“阗”(甲本残损),“寘”、“阗”皆通“镇”。“朴”,帛书甲本作“楃”,“楃”通“朴”。下一“无名之朴”句,其上帛书乙本有“阗(镇)之以”三字,甲本残损。“夫亦将不辱”,帛书甲、乙本俱无“亦”字。“静”,帛书甲本作“情”,乙本同汉简本,“情”借作“静”。

本书校勘所据书目

（一）简帛本

郭店楚墓竹简《老子》　武汉大学简帛研究中心、荆门市博物馆编著《楚地出土战国简册合集（一）》，北京：文物出版社，2011　简称：郭店楚简本

马王堆汉墓帛书《老子》甲、乙本　国家文物局古文献研究室编《马王堆汉墓帛书（壹）》，北京：文物出版社，1980　简称：帛书甲本、帛书乙本

北京大学藏西汉竹书《老子》　北京大学出土文献研究所编《北京大学藏西汉竹书（贰）》，上海：上海古籍出版社，2012　简称：汉简本

（二）碑刻、石刻本

唐景龙二年（公元 708 年）河北《易州龙兴观道德经碑》　简称：易州景龙碑本

唐开元二十六年（公元 738 年）河北《易州龙兴观道德经幢》简称：易州开元幢本

唐开元二十七年（公元 739 年）河北《邢州龙兴观道德经幢》简称：邢州开元幢本

唐广明元年（公元 880 年）江苏《泰州道德经幢》（有残损，今存镇

江焦山）　简称:泰州广明幢本

唐景福二年(公元893年)河北《易州龙兴观道德经碑》　简称:易州景福碑本

宋景祐四年(公元1037年)甘肃《庆阳天真观道德经幢》(有残损）　简称:庆阳景祐幢本

元至元二十七年(公元1290年)陕西《周至楼观台道德经碑》　简称:周至至元碑本

元大德三年(公元1299年)陕西《宝鸡磻溪宫道德经幢》　简称:磻溪大德幢本

元延祐三年(公元1316年)赵孟頫书《道德经》石刻(今存北京白云观)　简称:北京延祐石刻本

陕西《周至楼观台道德经碑》(年代不详)　简称:楼观台碑本

《遂州龙兴观道德经碑》(年代不详)(《道藏》罔七—罔八,无名氏《道德真经次解》)　简称:遂州龙兴观碑本

(三)敦煌写本

敦煌唐人写本《老子道德经》残卷(首章至五章首),《西陲秘籍丛残》　简称:敦煌写本之甲本

敦煌唐人写本《老子道德经》残卷(九章至十四章首),《西陲秘籍丛残》　简称:敦煌写本之乙本

敦煌唐人写本《老子道德经》残卷(十章至十五章首),《西陲秘籍丛残》　简称:敦煌写本之丙本

敦煌唐人写本《老子道德经》残卷(二十七章后半至三十六章首),《西陲秘籍丛残》　简称:敦煌写本之丁本

敦煌唐人写本《老子道德经》残卷(三十九章至四十一章),《西陲秘籍丛残》　简称:敦煌写本之戊本

敦煌唐人写本《老子道德经》残卷(四十一章末至五十五章),《西陲秘籍丛残》　简称:敦煌写本之己本

敦煌六朝写本《老子道德经》残卷(五十七章至八十一章)　简称:敦煌写本之庚本

敦煌唐人写本《成玄英道德经开题序诀义疏》(六十章至八十章),《鸣沙石室古籍丛残》　简称:敦煌写本之辛本

敦煌唐人写本《老子道德经》残卷(六十三章至七十三章),《西陲秘籍丛残》　简称:敦煌写本之壬本

敦煌唐人写本《老子道德经》残卷(十章至三十七章,今存英国伦敦图书馆)　简称:敦煌写本之英本

敦煌唐人写本《老子道德经》残卷(二十章下半至二十七章,存国家图书馆)　简称:敦煌写本之馆本

(四)刊刻本

韩非:《解老》、《喻老》,《韩非子》之《诸子集成》本　简称:韩非本

严遵:《道德真经指归》,文物出版社、上海书店、天津古籍出版社影印明正统《道藏》(1988)本　简称:严遵本

河上公:《老子道德经章句》,上海涵芬楼影印常熟瞿氏藏宋刊本　简称:河上公(影宋)本

河上公:《道德真经注》,文物出版社等影印明正统《道藏》本　简称:河上公(道藏)本

王弼:《老子道德经注》,浙江书局重刻明华亭张子象本　简称:王弼本

傅奕:《道德经古本篇》,文物出版社等影印明正统《道藏》本　简称:傅奕本

陆德明:《经典释文·老子道德经音义》,上海古籍出版社影印

国家图书馆藏宋刊本　　简称:《经典释文》本

魏征等编纂《群书治要·老子治要》,宗教文化出版社《老子集成》(2011)本　　简称:《群书治要》本

唐李荣:《老子道德经注》,文物出版社等影印明正统《道藏》本　　简称:李荣本

《唐玄宗御注道德真经》,文物出版社等影印明正统《道藏》本　　简称:唐《御注》本

《唐玄宗御注道德真经疏》,文物出版社等影印明正统《道藏》本　　简称:唐《御疏》本

李约:《老子道德真经新注》,文物出版社等影印明正统《道藏》本　　简称:李约本

王真:《道德经论兵要义述》,文物出版社等影印明正统《道藏》本　　简称:王真本

陆希声:《道德真经传》,文物出版社等影印明正统《道藏》本　简称:陆希声本

杜光庭:《道德真经广圣义》,文物出版社等影印明正统《道藏》本　　简称:杜光庭本

强思齐:《道德真经玄德纂疏》,文物出版社等影印明正统《道藏》本　　简称:强思齐本

张君相:《道德真经注疏》(旧题"吴郡征士顾欢述"),文物出版社等影印明正统《道藏》本　　简称:张君相本

赵志坚:《道德真经疏义》,文物出版社等影印明正统《道藏》本　　简称:赵志坚本

《道德真经》(无注),文物出版社等影印明正统《道藏》本　简称:道藏无注本

陈景元:《道德真经藏室纂微篇》,文物出版社等影印明正统《道藏》本　　简称:陈景元本

司马光:《道德真经论》,文物出版社等影印明正统《道藏》本　简称:司马光本

吕惠卿:《道德真经传》,文物出版社等影印明正统《道藏》本　简称:吕惠卿本

苏辙:《道德真经注》,文物出版社等影印明正统《道藏》本　简称:苏辙本

陈象古:《道德真经解》,文物出版社等影印明正统《道藏》本　简称:陈象古本

《宋徽宗御解道德真经》,文物出版社等影印明正统《道藏》本　简称:宋《御解》本

邵若愚:《道德真经直解》,文物出版社等影印明正统《道藏》本　简称:邵若愚本

李霖:《道德真经取善集》,文物出版社等影印明正统《道藏》本　简称:李霖本

黄茂材:《老子解》(见彭耜《道德真经集注释文》),文物出版社等影印明正统《道藏》本　简称:黄茂材本

曹道冲:《老子注》(见彭耜《道德真经集注释文》),文物出版社等影印明正统《道藏》本　简称:曹道冲本

达真子:《老子》(见彭耜《道德真经集注释文》),文物出版社等影印明正统《道藏》本　简称:达真子本

叶梦得:《老子解》(见彭耜《道德真经集注释文》),文物出版社等影印明正统《道藏》本　简称:叶梦得本

刘骥:《老子通论语》(见彭耜《道德真经集注释文》),文物出版社等影印明正统《道藏》本　简称:刘骥本

崇宁《五注》(王安石、王雱、陆佃、刘槩、刘泾注,见彭耜《道德真经集注释文》),文物出版社等影印明正统《道藏》本　简称:崇宁《五注》本

程大昌:《易老通言》(见彭耜《道德真经集注释文》),文物出版社等影印明正统《道藏》本　　简称:程大昌本

白玉蟾:《道德宝章》,《道藏集要》本　　简称:白玉蟾本

彭耜:《道德真经集注》,文物出版社等影印明正统《道藏》本　　简称:彭耜本

董思靖:《道德真经集解》,文物出版社等影印明正统《道藏》本　　简称:董思靖本

宋李荣:《道德真经义解》,文物出版社等影印明正统《道藏》本　　简称:宋李荣本

林希逸:《道德真经口义》,文物出版社等影印明正统《道藏》本　　简称:林希逸本

范应元:《老子道德经古本集注》,《续古逸丛书》影印傅沅叔藏宋刊本　　简称:范应元本

文如海:《道德真经集注》(《道藏》本此书题为《唐明皇、河上公、王弼、王雱注》),文物出版社等影印明正统《道藏》本　　简称:文如海本

无名氏:《道德真经解》,文物出版社等影印明正统《道藏》本　　简称:无名氏本

吕知常:《道德经讲义》,国家图书馆藏明刊本　　简称:吕知常本

寇才质:《道德真经四子古道集解》,文物出版社等影印明正统《道藏》本　　简称:寇才质本

赵秉文:《道德真经集解》,文物出版社等影印明正统《道藏》本　　简称:赵秉文本

时雍序《道德真经全解》,文物出版社等影印明正统《道藏》本　　简称:时雍本

李道纯:《道德会元》,文物出版社等影印明正统《道藏》本

简称:李道纯本

邓锜:《道德真经三解》,文物出版社等影印明正统《道藏》本　简称:邓锜本

刘惟永:《道德真经集义》,文物出版社等影印明正统《道藏》本　简称:刘惟永本

杜道坚:《道德玄经原旨》,文物出版社等影印明正统《道藏》本　简称:杜道坚本

王守正:《道德真经衍义手钞》,文物出版社等影印明正统《道藏》本　简称:王守正本

吴澄:《道德真经注》,文物出版社等影印明正统《道藏》本　简称:吴澄本

林志坚:《道德真经注》,文物出版社等影印明正统《道藏》本　简称:林志坚本

张嗣成:《道德真经章句训颂》,文物出版社等影印明正统《道藏》本　简称:张嗣成本

明太祖《御注道德真经》,文物出版社等影印明正统《道藏》本　简称:明《御注》本

《永乐大典》本《老子》,据武英殿聚珍版所引　简称:《永乐大典》本

危大有:《道德真经集义》,文物出版社等影印明正统《道藏》本　简称:危大有本

释德清:《道德经解》,金陵刻经处刊本　简称:释德清本

薛蕙:《老子集解》,中华书局"四部要籍注疏丛刊"《老子》(1998)影印《惜阴轩丛书》本　简称:薛蕙本

焦竑:《老子翼》,中华书局"四部要籍注疏丛刊"《老子》影印渐西村舍刻本　简称:焦竑本

周如砥:《道德经解集义》,宗教文化出版社《老子集成》本

简称:周如砥本

潘静观:《道德经妙门约》,宗教文化出版社《老子集成》本

简称:潘静观本

本书义训参考书目

（注:本书校勘所据诸书亦多用于义训参考,这里不再重复列出）

《尔雅》
许慎:《说文解字》
段玉裁:《说文解字注》
朱骏声:《说文通训定声》
刘熙:《释名》
张揖:《广雅》
扬雄:《方言》
王念孙:《广雅疏证》
王引之:《经传释词》
黄生:《字诂》、《义府》
于省吾主编:《甲骨文字诂林》(中华书局,1996)
宗福邦等编:《故训汇纂》(商务印书馆,2003)
《十三经注疏》(清乾隆四年武英殿刻,附考证本)
《管子》
《孙子》
《尹文子》
《庄子》
《孟子》

《列子》
《荀子》
《韩非子》
《吕氏春秋》
《淮南子》
《抱朴子》(内外篇)
《史记》
《汉书》
《后汉书》
《三国志》
《四库全书总目提要》
王道:《老子亿》(《老子集成》本)
沈一贯:《老子通》(《老子集成》本)
王夫之:《老子衍》(《老子集成》本)
傅山:《老子解》(《老子集成》本)
张尔岐:《老子说略》(《老子集成》本)
卢文弨:《老子音义考证》(《老子集成》本)
毕沅:《老子道德经考异》(《老子集成》本)
姚鼐:《老子章义》(《老子集成》本)
王念孙:《老子杂志》(辑于其《读书杂志》,《老子集成》本)
严可均:《老子唐本考异》(《老子集成》本)
魏源:《老子本义》(《老子集成》本)
高延第:《老子证义》(《老子集成》本)
易顺鼎:《读老札记》(《老子集成》本)
孙诒让:《老子札迻》(辑于其《札迻》,《老子集成》本)
严复:《老子道德经评点》(日本东京朱墨套印本,1905;商务印书馆,1931)

陶鸿庆:《读老子札记》(待晓庐排印本,1911;中华书局,1959)
马其昶:《老子故》(秋浦周氏刊本,1920;《老子集成》本)
俞樾:《老子平议》(双流李氏重刊《诸子平议》本,1922;《老子集成》本)
杨树达:《老子古义》(中华书局,1922;再版,1926;三版,1928)
罗振玉:《老子考异》(永丰乡人杂著本,1923;《老子集成》本)
马叙伦:《老子覈古》(景山书社,1924;更名《老子校诂》,北京古籍出版社,1956;中华书局,1974)
奚侗:《老子集解》(排印本,1925;上海古籍出版社,2007)
曹聚仁:《老子集注》(上海群学社,1926)
丁福保:《道德经笺注》(上海医学书局,1926)
王重民:《老子考》(北京中华图书馆协会,1927)
王力:《老子研究》(上海商务印书馆,1928)
陈柱:《老子集训》(上海商务印书馆,1928)
郎擎霄:《老子学案》(上海大东书局,1928)
陈澧:《老子注》(石肇纯手抄本,1930;台湾商务印书馆,1967)
钱基博:《老子道德经解题及读法》(上海大华书店,1934;中国书店,1988 影印)
胡哲敷:《老庄哲学》(上海中华书局,1935;台湾中华书局,1979)
钱穆:《老子辨》(上海大华书局,1935;中国书店,1988 影印)
刘师培:《老子校补》(《刘申叔先生遗书》本,1936)
蒋锡昌:《老子校诂》(上海商务印书馆,1937;成都古籍书店,1988 影印)
王恩洋:《老子学案》(上海佛学书局,1938)
于省吾:《老子新证》(《燕京学报》,1939;辑于于氏《双剑誃群经新证　双剑誃诸子新证》,上海书店出版社,1999)
劳健:《老子古本考》(手稿影印本,1941;《老子集成》本)

张默生:《老子章句新释》(成都东方书社,1943;成都古籍书店,1988)

高亨:《老子正诂》(上海开明书店,1943)

严灵峰:《老子章句新编》(重庆文风书店,1944)

陈梦家:《老子分释》(重庆商务印书馆,1945)

张纯一:《老子通释》(重庆商务印书馆,1946;台湾学生书局,1981)

任继愈:《老子今译》(北京古籍出版社,1956)

朱谦之:《老子校释》(龙门联合书局,1958;中华书局,1963,1984)

严灵峰:《老庄研究》(台湾中华书局,1966)

陈鼓应:《老子今注今译及评介》(台湾商务印书馆,1970;修订版,1978;北京中华书局,1984)

严灵峰:《老子达解》(台湾艺文印书馆,1971;台湾华正书局,1983)

周绍贤:《老子要义》(台湾中华书局,1977)

钱钟书:《管锥编》(中华书局,1979)

楼宇烈:《王弼集校释》(中华书局,1980)

王邦雄:《老子的哲学》(台北东大图书公司,1980)

高亨:《老子注释》(河南人民出版社,1980)

张松如:《老子校读》(吉林人民出版社,1981)

许抗生:《帛书老子注译与研究》(浙江人民出版社,1982)

詹剑锋:《老子其人其书及其道》(湖北人民出版社,1982)

张舜徽:《老子疏证》(收于《周秦道论发微》,中华书局,1982)

卢育三:《老子释义》(天津古籍出版社,1987)

徐梵澄:《老子臆解》(中华书局,1988)

饶宗颐:《老子想尔注校证》(上海古籍出版社,1991)

南怀瑾:《老子他说》(国际文化出版公司,1991)

陈鼓应:《老庄新论》(上海古籍出版社,1992)

高明:《帛书老子校注》(中华书局,1996)
彭浩:《楚简〈老子〉校读》(湖北人民出版社,1998)
魏启鹏:《楚简〈老子〉柬释》(台湾万卷楼图书有限公司,1999)
刘信芳:《荆门郭店竹简老子解诂》(台湾艺文印书馆,1999)
丁原植:《郭店竹简〈老子〉释析与研究》(台湾万卷楼图书有限公司,1999)
李零:《郭店楚简校读记(增订本)》(北京大学出版社,2002)
徐志钧:《老子帛书校注》(学林出版社,2002)
廖名春:《郭店楚简老子校释》(清华大学出版社,2003)
刘钊:《郭店楚简校释》(福建人民出版社,2003)
聂中庆:《郭店楚简〈老子〉研究》(中华书局,2004)
陈锡勇:《郭店楚简老子论证》(台湾里仁书局,2005)
刘笑敢:《老子古今(修订版)》(中国社会科学出版社,2006)
丁四新:《郭店楚竹书〈老子〉校注》(武汉大学出版社,2010)
韩巍:《西汉竹书〈老子〉释文、注释》,(见《北京大学藏西汉竹书(贰)》,上海古籍出版社,2012)
裘锡圭:《裘锡圭学术文集》(2、3)(复旦大学出版社,2015)